铁路科技图书出版基金资助出版

隧道施工安全风险管理研究与实务

吴　波　编著

中　国　铁　道　出　版　社

2010年·北 京

内容提要

本书紧密结合隧道工程施工安全风险管理研究和工程实践，共分3篇11章，第1篇主要论述隧道施工安全风险管理技术体系和各关键技术，第2篇主要论述隧道施工安全风险管理的实践技术和结合工程案例的应用，第3篇主要介绍隧道施工安全风险管理的信息化技术及其在隧道工程中的应用，主要包括：绪论、隧道施工安全风险管理技术体系、隧道施工安全风险识别技术、隧道施工安全风险评估技术、隧道施工安全风险控制技术、隧道施工安全风险事故管理技术、隧道施工安全风险管理实用技术、金沙洲隧道施工安全风险管理、浏阳河隧道施工安全风险管理、东庐山隧道施工安全风险管理、隧道施工安全风险管理软件系统等内容。

本书内容全面、丰富，层次清晰，理论阐述清楚，方法叙述明确，既有利于读者系统掌握理论知识体系，又便于在工作中进行实际应用，可供从事隧道工程技术工作的科研、设计、施工人员使用，同时，可作为高等院校隧道工程及相关专业的参考书，也可供政府部门或企业的有关安全管理人员参考查阅。

图书在版编目(CIP)数据

隧道施工安全风险管理研究与实务/吴波编著．—北京：中国铁道出版社，2010.7

ISBN 978-7-113-11409-1

Ⅰ.①隧…　Ⅱ.①吴…　Ⅲ.①隧道工程—工程施工—安全管理：风险管理—研究　Ⅳ.①U458

中国版本图书馆CIP数据核字(2010)第084884号

书　　名：隧道施工安全风险管理研究与实务
作　　者：吴　波

责任编辑：江新锡　曹艳芳　　**电话**：010-51873018　　**电子信箱**：jxinxi@sohu.com
封面设计：冯龙彬
责任校对：张玉华
责任印制：李　佳

出版发行：中国铁道出版社(100054，北京市宣武区右安门西街8号)
网　　址：http://www.tdpress.com
印　　刷：北京信彩瑞禾印刷厂
版　　次：2010年7月第1版　　2010年7月第1次印刷
开　　本：787 mm×1 092 mm　1/16　印张：27.75　字数：700千
书　　号：ISBN 978-7-113-11409-1
定　　价：120.00元

作 者 简 介

吴波，四川阆中人。湖南科技大学地质工程专业获工学学士学位，中南大学桥梁与隧道工程专业获工学硕士学位，西南交通大学桥梁与隧道工程专业获工学博士学位，北京交通大学木土工程博士后流动站从事博士后研究工作，先后在中铁隧道勘测设计院从事设计工作、铁道第三勘察设计院博士后科研工作站从事博士后研究工作。现为中国中铁四局集团副总工程师，硕士生导师，中国中铁股份公司青年科技拔尖人才，茅以升铁道工程师奖获得者，长期从事地下工程施工技术研究与管理方面的工作，先后主持和参与了多项国家及省部级课题研究，获安徽省科技进步二等奖、天津市科技进步三等奖等多项奖励，发表科技论文50余篇，出版专著2部。

随着我国经济的快速发展，高速铁路建设迎来了高速发展时期，隧道工程的规模和数量正以惊人的速度增长，而隧道工程施工的安全事故却屡次发生，如四川都—汶高速公路董家山隧道发生特大瓦斯爆炸事件，造成44人死亡，11人受伤，直接经济损失2 035万元；宜万铁路野三关隧道突发特大突水、突石事件，造成3人死亡、7人失踪，直接经济损失1 349万元；洛湛铁路大桂山隧道进口洞内发生爆炸，当场死亡3人，伤3人（其中2人送医院抢救无效死亡），失踪1人；上海地铁4号线联络通道施工中发生涌水涌泥，致使地面大幅沉降，造成高层建筑物倾斜破坏，直接经济损失达1.5亿元，也对社会造成了极恶劣的不良影响，等等。这些施工安全事件的发生，就其原因，无不与隧道施工安全风险管理有关，因此，受到了党和政府及各界人士的高度关注。

中共中央总书记胡锦涛在党的十六届五中全会上指出："把安全发展作为一个重要理念纳入社会主义现代化建设的总体战略，是我们党对科学发展观认识的深化。"因此，贯彻"安全发展"的理念，是保护人民的生命财产、发展社会生产力、促进社会和经济全面协调可持续发展的有力保障，是社会进步的重要标志，是全面建设和谐社会、实现小康生活的基本内涵。毫无疑问，隧道施工安全风险管理是推进这一工作的重要举措和步骤。

本书从不同角度反映了隧道工程施工安全风险管理的新成果，并结合隧道专业特点和工程实例，对隧道施工安全风险管理进行了系统、全面、深入的研究和论述，完善了隧道施工安全风险管理技术体系，将风险管理理论与隧道工程实践进行了创造性的结合，开发了隧道施工信息化风险管理软件系统，所取得的研究成果具有很大程度的创新和很强的实用性，是国内第一部全面论述和深入研究隧道施工安全风险管理的专著。

我相信，该书的出版，一定能为我国从事隧道设计、施工、管理和研究的相关人员提供十分有益的帮助，如能提高我国隧道安全风险管理的技术水平，防止或减少隧道安全事件的发生，将是我最大的期盼。

国家设计大师 史玉新

2009.12.16

安全是人类最重要和最基本的需求，安全生产是社会文明和进步的重要标志，是经济社会发展的综合反映，是企业生存、发展的基本要求。

在隧道施工中，如何充分整合、利用所具有的资源，减少和控制施工中的危害、降低施工风险事故，已成为隧道工程中必须解决的问题。安全施工风险管理是针对施工中的事故风险，通过安全计划、组织、指挥、协调和控制等，减少事故发生及其损失、实现保护作业人员安全与健康的过程。隧道工程项目实施过程中，应该根据风险因素识别和风险评估结果，采取事故预测、预防、预警、风险控制、应急管理等技术措施和管理措施，降低施工安全风险。

尽管隧道施工安全风险管理的重要性和紧迫性日益为大家所认识，该领域的理论研究也成为当前的热点，但在工程实践中，广大工程科技人员仍然感到难以入手，鉴于此，作者希望能够结合所进行的风险管理研究和工程实践，编著一本理论和实际紧密结合、有助于人们系统掌握理论体系又方便实际应用的书籍。

本书在广泛吸收国内外相关研究成果和论述精华的基础上，紧密结合隧道工程特点和具体工程实例，坚持理论联系实际的思想，对隧道施工安全风险管理技术体系和关键技术进行了系统和深入研究，具有很强的可读性、参考性和指导性。全书共分3篇11章：第1章主要介绍了隧道施工安全风险管理现状及本书撰写思路；第2章～第6章主要论述了隧道施工安全风险管理技术体系及主要关键技术；第7章～第10章主要论述了隧道施工安全风险管理的实用技术以及在案例中的推广应用，第11章主要介绍了隧道施工安全风险管理信息化软件系统以及在工程实践中的应用。

本书参阅了大量文献和研究成果，在此谨向这些文献和成果的作者表示感谢。在本书成果的编撰过程中，中南大学彭立敏教授、阳军生教授、施成华副教授、陈洁金博士，北京交通大学骆建军副教授，中铁四局集团公司闫子才总工、杨仲杰副总工、伍军副总工、周振强教高、罗传义教高、李静高工等给予了许多的指导和帮助。中国铁道出版社为本书的出版提供了资助，江新锡主任、曹艳芳女士等为本书出版付出了辛勤劳动，在此一并表示由衷的感谢！史玉新设计大师在百忙之中仔细审阅了书稿，提出了许多宝贵意见并为本书作序，在此表示衷心的感谢！

隧道施工安全风险管理是一门非常年轻、发展迅速的交叉综合性学科，涉及领域非常广泛，理论和方法体系以及实践应用还在不断研究和探索中，虽然作者在系统性、整体性、前瞻性和实用性等方面付出了极大的努力，但由于水平和时间有限，疏漏与不足之处在所难免，恳请读者批评指正。

吴　波

2010年2月于合肥

目录

第1章 绪 论

1.1 隧道安全风险管理的必要性和紧迫性

1.1.1 我国隧道工程发展现状与前景

20世纪80年代,国际隧道协会提出了"大力开发地下空间,开始人类新的穴居时代"的倡议。科学预测指出21世纪将是大规模开发利用地下空间的年代。日本也提出了利用地下空间、把国土扩大10倍的设想。现在,各国政府都把地下空间的利用,作为一项国策,来推进其发展。

进入21世纪以来,随着中国经济的飞速发展和城市化进程的加快,城市轨道交通也进入大发展时期。

目前,中国已经开通运行轨道交通的城市12个(含香港、台湾地区),其中大陆10个城市通车线路总计达30条,通车总里程775.6 km。随着中国政府进一步加大基础设施建设力度,各地方政府也纷纷出台政策规划,大批城市开始筹建轨道交通,根据国务院新近批准的城市轨道交通项目规划,至2015年的规划线路长度是2 400 km,投资规模近7 000亿元。

总体来看,中国城市轨道交通仍然处于初级发展阶段,各地建设城市轨道交通的热情日渐高涨。随着城市化建设步伐的加快,中心城市不断在向周边辐射,轨道交通建设的紧迫性也在增加。预计到2050年中国城市轨道交通线路总长将超过4 500 km。中国的城市轨道交通建设速度位居世界首位,史无前例。中国的城市轨道交通行业步入一个跨越式发展的新阶段,中国已经成为世界最大的城市轨道交通市场。

"十五"期间,我国铁路、公路等领域合计约有总长3 000 km的隧道工程需要修建,隧道长度大于10 km的约占10%左右。据规划,中国在21世纪前20年要建设6 000 km隧道,10年内建设155 km长的城市公路隧道,其中许多是长、大和深埋隧道。

中国是目前世界上地下空间开发利用的大国,已成为世界上隧道最多,建设发展最快的国家。

1.1.2 我国隧道工程安全现状

由于隧道工程具有投资大、施工周期长、施工项目多、施工技术复杂、不可预见风险因素多和对社会环境影响大等特点,隧道工程建设是一项高风险建设工程。

由于规模大、发展快,技术和管理力量难以充分保证的客观原因,加上对隧道工程安全风险的认识不客观,风险管理不科学,风险管理的投入不到位的主观原因,所以隧道工程建设中,事故频发,形势非常严峻,令人担忧。

例如,2003年7月1日上海地铁4号线由于施工单位在用于冷冻法施工的制冷设备发生故障,没有及时采取有效措施排除险情,导致大量流沙涌入,造成地面大幅沉降、建筑物破坏和黄浦江防汛墙断裂,直接经济损失达1.5亿元;2005年12月22日四川省都(江堰)汶(川)高速公路董家山隧道发生特大瓦斯爆炸事件,造成44人死亡,11人受伤,直接经济损失2 035万元;2006年8月5日宜万铁路野三关隧道突发特大突水、突石事件,造成3人死亡、7人失踪,直接经济损失 1 349 万元；2006 年 12 月 10 日洛湛铁路大桂山隧道进口洞内发生爆炸，当场死亡 3 人，伤 3 人(其中 2 人送医院抢救无效死亡)，失踪 1 人；2007 年 7 月 15 日下午到 18 日郑西客运专线南山口隧道陆续出现掉块、坍塌，楣钢架压垮、上台阶全部被掩埋，坍塌长度 110 余米，地表房屋开裂；2007 年 11 月 20 日宜万铁路高阳寨隧道岩崩事故造成遇难者达 30 人；2008 年 4 月 2 日襄渝二线铁路新龙湾隧道发生塌方，引发隧道上方的高滩镇初级中学等建筑出现多处裂缝、塌陷险情，该校 795 名学生被迫停课放假；2009 年 3 月 15 日连云港东疏港高速公路后云台山隧道发生局部塌方，造成三人死亡、一人重伤、三人轻伤，等等。

1.1.3 风险管理研究的必要性和紧迫性

安全是人类最重要、最基本的需求，是人民生命与健康的基本保证。隧道工程是一个风险源多、风险性较大的行业，也是事故多发的行业。

因此，隧道工程安全风险管理的必要性和紧迫性是由中国隧道工程建设规模大、发展快的客观事实以及隧道工程严峻的安全形势所决定的。

1.2 隧道安全风险管理现状

1.2.1 国外风险管理研究现状

1.2.1.1 国外风险管理理论研究现状

人类历史上最早的风险问题的研究可追溯到公元前 916 年的共同海损制度，以及公元前 400 年的船货押贷制度，当时欧洲地中海沿岸各港口的海上保险揭开了人类探索风险的序幕。十八世纪产业革命时期，法国的经营管理理论创始人亨瑞·法约尔(HenriFayol)在《一般管理和工业管理》一书中才第一次把面临风险的管理列为企业管理的重要职能之一，自此风险管理思想才被正式引进企业经营领域。1931 年美国管理协会成立，其保险部最先倡导风险管理，并开展风险管理的研究和咨询活动。1932 年成立的纽约经纪人协会标志着风险管理的兴起。1953 年 8 月 13 日的美国通用汽车公司的自动变速装置发生大火，导致该公司蒙受了高达 5 000万美元的损失，这场大火震动了世界企业界和学术界，使风险管理的研究开始进入了一个新的阶段。1963 年，梅尔(Mehr)和赫奇斯(Hedges)合著《Risk Management in Business Enterprise》成为该学科领域影响最为深远的历史文献，引起欧美各国的普遍重视，此后，对风险管理的研究逐步趋向系统化，专门化，使风险管理逐渐成为企业管理中一门独立学科。

而风险管理研究中堪称里程碑的事件当属 1975 年美国保险管理协会更名为风险与保险管理协会(Risk & Insurance Management Society，简称 RIMS)，拥有 3 500 多家大型工商企业为会员，这标志着风险管理从原来意义上的用保险方式处置风险转变到真正按照风险管理的方式处置风险。协会的活动为风险管理在工商企业界的推广、风险管理教育的普及和人才培养诸方面做出了突出的贡献，促进了全球性风险管理运动的发展。时至今日，RIMS 仍然是世界上最重要的风险管理协会。自此，在西方发达国家，风险管理协会纷纷成立，各大企业也相继建立风险管理机构，专门负责风险的分析和处理方面的工作。1978 年日本风险管理协会(JRMS)成立。英国也成立了工商企业风险管理与保险协会(AIRMIC)。同时，风险管理方面的课程及论著数量大增。

20 世纪 70 年代中期，全美大多数大学工商管理学院均普遍开设风险管理课程。美国还设立了 ARM(AssoeiateinRiskManagement)证书，授予通过风险管理资格考试者，该证书具有相当的权威性。获得证书即表明已在风险管理领域取得一定的资格，为全美和西方国家所认可，是从业的重要依据。

1983年在美国风险与保险管理协会年会上，云集来自各国的风险管理领域的专家学者，讨论并通过了“101条风险管理准则”，作为各国风险管理的一般原则(其中包括风险识别和衡量、风险控制、风险财务处理、索赔管理、职工福利、退休年金、国际风险管理、行政事务处理、保险单条款安排技巧、管理哲学等)。这标志着风险管理已经达到一个新的水平。

1986年10月在新加坡召开的风险管理国际学术讨论会表明，风险管理运动已经从西方发达国家走向全球，开始成为全球范围的国际性运动。

1.2.1.2 国外隧道安全风险管理现状

风险评估在工程项目上的应用研究相对于风险管理的理论研究，就显得进展有些缓慢。尤其是隧道工程，虽然自20世纪70年代以后，隧道工程风险分析的研究也取得了一定的成果，但也多以理念的建立和定性的研究为主，而定量的研究往往止步于可靠度的计算，如何进一步的达到技术与经济指标的结合，目前的成果不是特别多。隧道工程风险评估的代表人物是美国的Einstein·H·H。Einstein·H·H曾撰写多篇有价值的文献，主要贡献是指出了隧道工程风险分析的特点和应遵循的理念，诸如《Geofogical model for tunnel eost model》(Einstein，1974)、《Risk and risk analysis in rock engineering》(Einstein，1996)、《Decision Aids in tunneling》(Einstein，1995)

在Einstein研究的基础上，剑桥大学的Salazar. GF 1983年在博士论文“隧道设计和建设中的不确定性以及经济评估的实用性研究”中，将不确定性的影响和工程造价联系起来。GNarayanan指出了风险评估在降低软土隧道造价中的作用。J Reilly于2000年提出了“隧道工程的建设过程就是全面的风险管理和风险分担的过程”，将地下隧道工程中的主要风险分为四类：造成人员受伤或死亡、财产和经济损失的风险；造成项目造价增加的风险；造成工期延误的风险和造成不能满足设计、使用要求的风险。

除此之外，国外学者对隧道工程的风险分析应用方面也作了一定的研究工作。A. J. M. Snel & D. R. S. van Hasselt在考虑投资、工期和工程质量的前提下研究了阿姆斯特丹南北地铁线路设计和施工中的风险管理问题，提出了“IPB”风险管理模式(Inventory of eritical aspects；preventive measures；Backup measures)。R·Stuzk等将风险分析技术应用于斯德哥尔摩环形公路隧道，得到了一些规律性的结论(stuzk等，1996)。B·Nilsen等的论文对复杂地层条件地区的海底隧道的风险进行相对深入的研究(B. Nilsen等，1992)。国际隧协委员Heinz·D在其论文中(Heinz·D，1996)对穿越海峡的隧道、穿越阿尔卑斯山的隧道如何进行风险评估进行了探讨。另外，日本在隧道工程的事故统计方面做了大量细致的工作(佐藤久等，1998)。国际隧协也在2002年10月由Soren Degn Eskesen和per Tengborg等撰写了Guidelines for Tunnelling Risk Management，为隧道工程(以岩石隧道为主)的风险管理提供了一整套参照标准和方法。2004年国际隧协年会专门设置了安全、费用与风险的专题，J·Reilly and J·Brown提交了题为Management and control of cost and risk for tunneling and infrastructure projeets的论文。

国际隧道协会在2004年发布了《隧道工程风险管理指南》(Guidelines for Tunnelling Risk Management)，为隧道工程的风险管理提供了一整套参照标准和方法；国际隧道工程保险集团在2006年发布了《隧道工程风险管理实践规程》。近些年来，一些学者开始了隧道风险管理信息系统的研究，并取得了一定的研究成果。

1.2.2 国内安全风险管理现状

1.2.2.1 国内风险管理理论研究现状

我国台湾省风险管理理论的研究还是相当活跃的,其从美国引入风险管理的思想也比内地要早,早期的代表人物是美籍华人段开龄博士,他在台湾岛内推动了风险管理运动,其后宋明哲等做出了非常大的贡献,撰写了《风险管理》(宋明哲,1984)等著作。但遗憾的是目前岛内的风险评估还仅限于理论研究,实际应用的例子比较少。

我国香港地区的风险管理研究成果主要集中在岩土工程的应用上。由于香港的特定地质情况,岩土工程问题非常严重,尤其滑坡等地质灾害发生率高,因此,如何对岩土工程病害进行防治,成为了风险研究的热点,相关的成果很多,但主要是以可靠度理论作为依托,依然没有很好地实现环境、经济、技术相结合的风险定量研究。

相比之下,我国内地的风险管理研究起步很晚,从20世纪80年代才开始从美国等西方发达国家引入了风险管理思想,当时主要是翻译国外著作为主。由于在过去的计划经济体制下,原材料的价格由国家控制,国家是唯一的投资主体,企业没有独立的经济效益,风险由国家承担。随着社会主义市场经济体制的完善,对风险管理的研究开始在学术界成为了一个热点,在工程项目、国际工程、金融、房地产等领域逐步开展应用研究,取得了较为明显的效果。并以三峡工程为代表,在大型水利工程首先获得应用,取得了一定的基础性资料。清华大学的郭仲伟教授可以说是国内引入风险分析理论的主要代表,他在1987年所撰写的《风险分析与决策》(郭仲伟,1987)一书详细地介绍了风险分析的理论和方法,对国内外研究成果做了全面的综述,时至今日仍有极大的参考价值。天津大学于九如教授结合三峡工程风险分析成果,撰写了《投资项目风险分析》(于九如,1997)一书,为风险分析理论在大型工程中应用作了理论上的探讨。近年来,我国风险管理理论研究重点也转移到风险定量分析上来,并取得了不少的成果。姜青肪在其《风险度量原理》(姜青舫,2000)一书中,对风险的定义提出了新的数学描述,结合效用理论用数学的方法给出了风险度量的理论方法。邱菀华在其《管理决策与应用熵学》(邱菀华,2002)中提出将热力学中"熵"的概念引入风险评价和决策中来,为评价目标的不确定性提供了一种验证的手段。

1.2.2.2 国内隧道安全风险管理现状

至于隧道工程的风险分析研究,由于我国的隧道工程研究和实践时间都比较短,还属于发展阶段,因此,风险分析在隧道工程中的应用研究还比较少,但是,随着我国轨道交通的发展,以及大力发展西部地区所遇到的隧道建设问题,使得这一领域受到了前所未有的关注,各大设计院、保险公司以及高校都在近几年内开始了相关研究。

同济大学的丁士昭教授(1992)对我国广州地铁首期工程、上海地铁一号线工程等地铁建设中的风险和保险模式进行了一定研究。上海隧道设计研究院的范益群博士(2000)以可靠度理论为基础,提出了地下结构的抗风险设计概念,计算出基坑、隧道等地下结构风险发生的概率以及定性评价风险造成的损失,并提出改进的层次分析方法。香港的 L. Mcfeat-Smith (2000)提出了亚洲复杂地质条件下隧道工程的风险评估模式,根据发生频率的高低将风险分为五级,根据风险发生影响后果也将风险分为五级。台湾的游步上、沈劲利(2003)应用多属性效用理论(Multiple Attributes UtilityTheory),从施工单位的角度,对隧道工程风险管理的决策程序作了完整的探讨。

近些年来,国内的一些地下工程科技工作者将风险管理理论进行了应用和研究,其中,同济大学的黄宏伟教授在地下工程风险管理理论和软件开发方面开展了相关的研究工作,北京交通大学的张顶立教授在浅埋暗挖隧道施工安全风险控制方面开展了相关的工作。中国政府对地下工程的风险管理也相当重视,2007年建设部颁发了《地铁及地下工程建设风险管理指南》,2007年铁道部也发布了《铁路隧道风险评估与管理暂行规定》,标志着我国隧道风险管理正逐步走向稳步发展的道路。但总体来说,目前关于隧道工程的风险研究还不太完善,还基本停留在定性分析阶段,仍然需要做大量的工作。

1.3 隧道风险管理需要研究的主要问题

尽管国内外进行了较多的理论与应用研究,但由于隧道工程的多样性和复杂性,理论与应用研究还很不系统、很不完善。主要还需要进行以下几个方面的研究。

1.3.1 隧道风险管理理论体系的研究

国际隧道协会的 Guidelines for Tunnelling Risk Management 之中,提出了五阶段风险管理模式,即风险辨识、风险估计、风险评价、风险决策、风险控制。我国《地铁及地下工程建设风险管理指南》将风险管理内容划分为:风险界定、风险辨识、风险估计、风险评价、风险控制五部分;我国《铁路隧道风险评估与管理暂行规定》将风险管理内容划分为:风险计划、风险识别、风险估计、风险评价、风险控制五部分。

对一个工程项目,风险管理应实施全程的风险管理和完善的流程。目前国内地下工程安全风险管理的流程和内容还不完善、不规范,需要结合地下工程特点,研究适合地下工程的风险管理流程和体系;需要结合地下工程特点,研究风险识别、风险估计、风险评价、风险控制等风险管理工具的具体内容和流程;需要研究不同风险管理目标和工程建设阶段的风险管理体系;目前的行业标准和规范还比较粗,在实践应用方面的指导性还不强,需要研究出专业性更强、指导性更强、内容更丰富、过程更全面的行业标准和规范。

1.3.2 隧道风险管理应用的研究

目前,国内隧道风险管理在隧道工程应用方面的研究还很不成熟,大部分主要是利用传统的风险管理方法在隧道工程中进行应用研究,还不能将隧道工程常用的技术手段和管理方法与风险管理很好地结合,比如地下工程中常用的数值模拟分析、监控量测、地质预报、试验、检测等手段;目前的研究成果理论性比较强,实用性比较差或者是不便于应用和推广,结合地下工程特点和项目管理目标的风险管理研究成果还不系统、不深入;结合地下工程具体项目进行全过程和示范性研究的案例还很少,主要的研究成果集中在风险评估方面,针对风险控制方面的研究成果还较少;针对隧道工程设计阶段和施工阶段的风险管理体系、内容和方法还很不完善,还需要进行大量的探索、尝试和总结。

目前国内各单位所从事的隧道及地下工程风险管理项目,主要侧重于风险的分析与评估,而且大多数是应用一种或几种评估方法对工程或工程中的某一部分或某一阶段进行估计,得出风险值,由风险值大小排序。对于其他方面则研究较少,对风险的评价及如何降低风险,只是凭着个人取舍或现有资料来确定使用何种评估方法,各评估方法得出的结果有时也缺少可比性,在评估方法的选取上,尚没有统一的共识。另外,对风险评估的认可也存在很大程度的差异,风险评估的结果本身有多大的风险,有多大的可信度,还存在疑问。

1.3.3 隧道风险管理信息化平台的研究

利用信息化系统可以加快信息传输速度，提高管理的效率和科学水平，但是，在信息化飞速发展的今天，国内安全风险管理的信息化水平还很低，还缺乏符合安全风险管理体系，适合地下工程建设实际的信息化风险管理平台。

通过风险管理软件的利用，可以规范风险管理工作、逐步完善风险管理体系、积累风险管理经验、传播风险管理知识。同时，可以积累很多既有隧道的风险管理历史数据、建立隧道风险管理识别库、措施库等，供类似工程参考和借鉴，意义重大。

风险管理软件是一个系统的工程，不仅仅是风险评估，而应该包括风险管理的各个方面，将风险管理流程规范化，并为工程的管理提供一个信息平台和管理模式。

目前国内还没有隧道风险管理的系统软件，如果能开发出一个适合隧道及地下工程风险管理的软件，就可以简化风险分析工作，避免大量、重复、繁琐的计算，也利于进行隧道工程风险管理的推广和开展。

1.3.4 隧道工程保险与工程技术结合的研究

随着保险业的发展和管理行业的规范，在隧道及地下工程建设中实行了强制性保险。使得有些建设方、承包和施工方片面地认为购置了保险就安全了。事实上，购买保险只是一种转嫁风险的方式，但并不是风险处理的唯一方式。风险管理在风险评估后需要对风险进行处理，可以选择的方式主要包括风险自留和风险转移，工程项目的风险事故完全采用保险公司进行风险转移并不一定是最佳的选择，而是应该通过科学的决策，理性的做出处理对策。保险公司无法从根本上起到抑制风险事故发生的作用。由于保险公司的作用属于事后补偿，无论如何制定理赔条款，也只能最大限度地减少事故产生的直接经济损失，而无法在事前对事故进行预防和处理。而且，由于提高了保险公司的理赔力度，又会使施工单位预防事故发生的警惕性降低，客观上使工程的安全性降低。保险公司与工程建设单位对风险评估的需求存在较大的差异。保险公司所进行的风险评估是以降低工程的直接经济风险为主要目的，而工程建设单位还需要兼顾工程事故造成的社会影响、工期延误、人员伤亡等其他风险。

目前在隧道及地下工程领域，应积极推动保险业与设计施工技术相结合。从事保险业工作者应紧密结合工程，努力掌握隧道及地下工程的设计和施工技术；另一方面，从事技术管理和研究的，也应努力掌握保险的有关理论。如何根据风险分析结果确定工程保险标的和合理保费，以取得最大的风险效益，这是一个值得研究的课题。

1.3.5 隧道风险管理科学的基础研究

(1) 由于目前所进行的风险估计方法很难对风险的概率和损失进行准确的评价，因此针对隧道及地下工程的特点，从风险产生的原因、产生的过程、产生的损失以及规避措施上研究风险机制是首要的工作，完善和开展其理论研究。

(2) 风险发生的分布特征及规律是基础性的研究。在隧道及地下工程在建设中，风险很多且较为复杂，各个风险事故可能服从不同的分布形式。应针对不同的风险类别，开展其分布特征和分布规律研究。需要在工程中整理收集大量数据，加强工程经验数据的统计和研究工作。

(3) 风险分析是风险管理的核心，其目标是实现风险定量分析。目前常用的风险分析方法有德尔菲方法、层次分析法、影响图方法、蒙特卡洛模拟法、等风险图法、模糊综合评判、敏感性分析方法、概率树、专家调查法等等。这些方法结果往往都是定性化结果，很难得到定量的客观风险分析结果，存在着较大的人为影响因素。因此，真正的风险定量分析研究是否能够进行？如何进行？能进行到什么程度？这些问题还有待进行深层次的思考和研究。同时，应开展隧道及地下工程领域建设期间的风险类别的划分研究，并针对不同类别选用合理的分析方法。

目前的风险评估，大多数认为各风险事故是相互独立的。事实上，各风险事故之间是相互联系的有的联系还是很密切的。如何考虑各种风险之间的关联性，对风险事故进行合理的计算也是很必要的在计算风险造成的损失方面，如何选择合适的方法和指标来计算各类损失，如直接经济损失、工期延误和提前损失、环境影响损失、人员伤亡问题、耐久性损失等。现有的方法主观成分比较大，可信度不高。在各种风险损失不能统一用费用表示时，试图从多目标决策问题上予以研究可能是一条路径。

对于风险的估计包括 P（发生可能性）和 C（损失）两项指标，一般由发生的概率和该风险发生后的损失乘积对风险进行描述和评价。针对这种方式很多学者提出了不同观点。英国学者 T. M. Williams(1996)对这种计算方法的弊端进行了分析。认为仅仅采用风险值，不能全面准确地描述风险的大小和分布规律。应改进风险评价模型，增加风险评价指标。为此，风险评估模型是风险管理学科的基础研究。

(4) 风险接受准则及接受等级是事先给定的，是为风险规避措施的制定和分析提供直接的依据。在隧道及地下工程建设中，周围地层、地形地貌和环境、开挖方法、支护措施及参数、施工设备、结构具体条件、经济承受能力等严重地影响着风险的接受准则和等级。风险接受准则可以按照费用、死亡、工期以及对周围环境损害等作为风险度量的准则，也可以按照短期影响还是长期影响来度量，因此研究合理的度量准则显得很有必要。其次，由于某一风险在建设全过程中是在不断变动和演变，其接受准则也应是在不断变动，研究工程全寿命周期内的风险接受准则和等级的研究将是一个方向。现有的一些风险接受准则，按照个人风险接受准则、社会接受准则以及环境接受准则，都有一些比较成熟的准则和划分等级。而对于我国现行国情、不同地区、不同工程类别，采用不同接受准则都会产生很大的区别和差异，严重地影响决策水平，影响综合效益。因此建立适合于我国目前经济技术条件，适合不同隧道及地下工程类别，并能被工程界广泛接受的风险接受准则及等级将是一个重要的研究方向。

(5) 在隧道及地下工程界，仍然存在着对风险决策分析认识的误区，认为风险越小越好。因为风险越小，要付出的代价是最高的。因此如何将风险限定在一个合理、可接受的水平，在经济投入、技术方案工期、劳动强度和综合效益方面达到最佳。这里涉及到的问题就是风险决策中的接受准则的研究，以及最优化技术和博弈论思维的应用。

风险管理研究的最终目的是对不同的风险进行决策，通过风险决策分析确定科学、合理的风险技术控制方案，因而，在风险决策分析中得到的风险评估结论尤其重要。根据风险影响分析，发生风险事故后可能出现的损失主要有：人员伤亡、经济损失工期损失和环境影响。不同的风险损失需要采用不同的风险分析和决策模型，同时，不同的研究得到不同的风险决策标准。根据文献资料统计，全世界已建立了大约有 25 种风险决策标准。因此在风险决策分析时，目前仍有盲目使用，采用了根本不适合此类风险的决策方法，导致重大的不必要的损失。

1.4　主要内容及技术路线

结合国内外隧道施工安全风险管理研究现状以及存在的主要问题，以高速铁路武广客运专线金沙洲隧道、武广客运专线浏阳河隧道和沪宁城际高速铁路东庐山隧道为工程背景，开展隧道施工安全风险管理技术体系、关键技术、实用技术、应用案例和信息化系统的研究，并将研究成果用于工程实践，理论研究来源于工程实践的需要，工程实践在风险管理技术的指导下进行，理论紧密联系实际，相互促进和发展，为完善隧道施工安全风险管理理论、提高隧道施工安全风险管理及信息化水平和确保隧道施工安全做了一些探索和创新，主要研究内容如下：

（1）隧道施工安全风险管理技术体系研究

在目前国内外风险管理理论体系的基础上，将隧道工程技术、风险管理理论、安全生产理论紧密结合起来，以突出研究成果的实用性为出发点，建立适合隧道工程的安全风险管理体系，研究适合隧道工程的安全风险识别技术、安全风险评估技术、安全风险控制技术、事故管理等方面的内容，全面、系统地研究隧道工程施工安全风险管理理论。

（2）隧道施工安全风险管理实践和应用技术研究

研究提出了隧道工程常用的风险管理实用技术，结合浏阳河隧道、金沙洲隧道和东庐山隧道，针对复杂的地质和环境条件，运用适合隧道工程的风险识别技术、风险评估技术、风险控制技术等理论和实践研究成果，开展隧道施工安全风险管理的应用研究，并将研究成果用于指导施工生产，确保施工安全。

（3）隧道施工安全风险管理软件系统研究

在施工安全风险管理理论和应用研究的基础上，研究施工安全风险管理软件体系，并将研究成果在浏阳河、金沙洲和东庐山等隧道的施工安全风险管理中进行初步应用和验证，初步完善施工安全风险管理软件体系和增强其实用性，开发出风险管理系统软件初级版本，并为后续的开发以及构建实用性很强的风险数据库，打下坚实的基础，也为适合隧道工程而比较复杂的评估方法在实践中得到应用提供了可能和平台。

研究技术路线如图 1.4-1 所示。

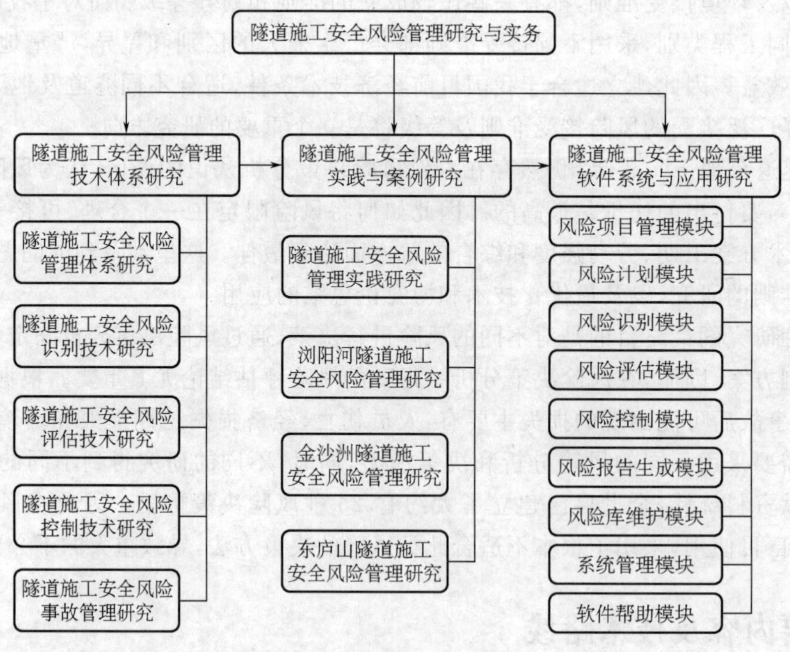

图 1.4-1　研究技术路线

第 1 篇　隧道施工安全风险管理技术

本篇主要论述了隧道施工安全风险管理的理论体系以及隧道施工安全风险管理中涉及的各种关键技术，内容包括隧道施工安全风险管理体系、隧道施工安全风险识别技术、隧道施工安全风险评估技术、隧道施工安全风险控制技术、隧道施工安全风险事故管理技术等。

第 2 章　隧道施工安全风险管理体系

2.1 风　　险

2.1.1 风险的定义

“风险”一词早在 17 世纪就已经出现，它来自于西班牙的航海术语，意思是指航海时遇上危机或触礁，反映了资本主义早期商贸航行活动中的不确定性因素。随着社会的发展，“风险”这一概念的含义不断得以丰富。

当前，对于风险的概念可以从经济学、管理学、保险学等不同的角度去认识。风险常被用于描述人们的财产受损和人员伤亡的危险情景；说明人们从事某项事业面临损失的情景；是人们为获得某种利益和某种成功而甘愿付出的代价等。

曾流行的风险定义有：风险是损失的可能性；风险是损失的机会或概率；风险是潜在损失；风险是潜在损失的变化范围与幅度等。虽然风险的说法不统一，但其具有两个基本特征，即不确定性和损失性。

在隧道工程中，风险是指事故发生的可能性(概率)及其损失(后果)的组合。事故，是指可能造成工程发生人员伤亡、伤害、职业病、设备或财产损失、环境影响、经济损失等不利事件，也称为风险事件、风险事故。损失，是指工程建设中任何潜在的或外在的负面影响或不利的后果，包括人员伤亡、经济损失、环境影响、社会影响或其他等。

风险具有概率和后果的双重性，风险 R 可用不利事件发生概率 P 和后果或损失程度 C 的函数来表示，即

$$R = f\ (P, L) \tag{2.1—1}$$

这一定义不仅确认风险是客观存在的，而且说明其大小也是可以科学度量的。根据定义可知，风险的存在与客观环境有关，与一定的时空条件有关，与人们对某一事件所抱的期望值有关。当这些情况发生变化时，风险也可能发生变化。通常，风险是伴随着人类的生存与活动而存在的，若没有人类的生存需要和活动，也就不存在风险。

2.1.2 风险的构成要素

为了进一步理解风险的含义，还必须弄清风险的构成要素：风险因素、风险事件、风险损失，以及它们之间的关系。

(1) 风险因素

风险因素是指促使风险事件发生概率(频率)和(或)损失幅度增加的因素,它是风险事故发生的潜在原因,是造成损失的间接的和内在的原因。根据其性质,通常把风险因素分为实质性风险因素、道德风险因素和心理风险因素三类:

实质性风险因素,属于有形因素,指能引起或增加损失机会与损失程度的物质条件。如失灵的刹车系统、恶劣的气候、易爆物品等。

道德风险因素,属于无形因素,与人的不正当社会行为和个人的品德修养有关。常常表现为不良企图或恶意行为、故意促使风险事故发生或损失扩大,如不诚实、纵火、勒索、扣押人质谋钱财等。

心理风险因素,也属于无形因素,是指可能引起或增加风险事故发生和发展的人的心理状态方面的原因,如违章作业、一时疏忽造成合同上的漏洞等。心理风险因素偏向于人的无意或疏忽,而道德风险因素强调的是人的故意或恶行。

(2) 风险事件

风险事件是指工程中发生的人员伤亡、环境破坏、财产损失、工程经济损失、工期延误等偶然性事件,也称风险事故。风险事件是直接造成损失或损害的风险条件,它是酿成事故和损失的直接原因和条件。风险事件的发生引起损失的可能性转化为现实的损失,它的可能发生或可能不发生是不确定性的外在表现形式。例如因水灾中断交通而引起的巨大经济损失,水灾就成为风险事件。因此,风险事件是损失的媒介,它的偶然性是由客观存在的不确定性所决定的。

(3) 风险损失

风险损失是指非预期的不利后果,包括人员伤亡、环境破坏、财产损失、工程经济损失、工期延误等直接或间接损失。风险控制与管理中的损失不同于一般损失,它是风险的结果,是风险承担者不愿看到的后果,是指非故意的、非计划的和非预期的经济价值的减少。这种损失分为直接损失和间接损失两种:直接损失是指实质性的经济价值的减少,是可以观察、计量和测定的;间接损失是由直接损失引起的破坏事实。一般是指额外的费用损失、收入的减少和责任的追究。例如,由于机器损失导致生产线的中断所引起的直接损失是机器的价值和产出的减少;而因未能按期交货而引起客户索赔及造成订单减少,就是间接损失。

(4) 风险要素间的关系

风险因素、风险事件和风险损失三者之间是紧密相关的。风险因素引发风险事件,风险事件导致损失,产生实际结果与预期结果的差异,这就是风险。

风险的构成要素也称为风险属性,包括风险因素、风险事故和风险损失。风险属性关系如图 2.1-1 所示,即由于潜在的风险因素导致发生风险事故,从而导致承险体发生损失。

承险体是指遭受或承担风险损失的具体对象。风险一旦发生必然导致不良后果,工程风险具有不确定性、可度量性、相对性和可变性等特点。

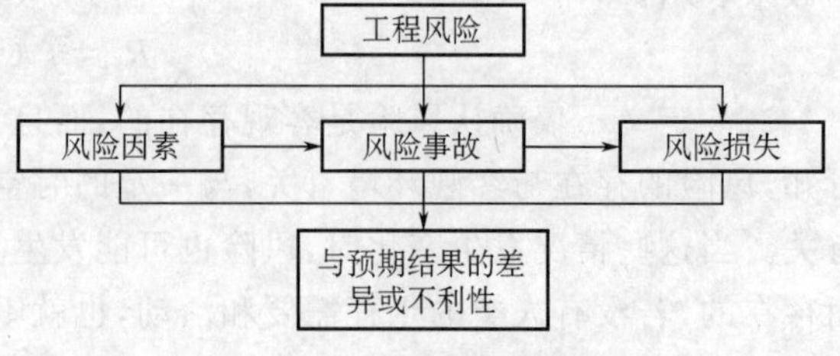

图 2.1-1　风险属性关系图

2.2　风险管理概述

2.2.1　风险管理的定义

风险管理是人类在不断追求安全与幸福的过程中,结合历史经验和近代科技成就,研究风险发生规律和风险控制技术的一门新兴管理学科。

隧道工程风险管理是指工程建设参与各方(包括建设单位、勘察单位、咨询单位、设计单位、施工单位、监理单位、监测单位等)通过风险界定、风险辨识、风险估计、风险评价、风险处理和风险监测等,优化组合各种风险管理技术,对工程实施有效风险控制和妥善的跟踪处理,以求减少风险的影响,以较低合理的成本获得最大安全保障的管理行为。

它的目标应是在安全可靠、经济合理、技术可行的前提下,把隧道工程建设期中潜在的各类风险降到尽可能低的水平,以获得最大程度的建设安全与优质的工程质量,控制工程建设投资,降低经济损失或人员伤亡,保障工程建设工期,提高风险管理效益。

风险管理的对象、方法和程序等一系列活动都应以选择最佳风险管理技术为中心,保障最佳安全和最佳经营效能并且讲求经济效益,以最低成本进行风险管理以获取最佳效益,风险管理方案的实施是一动态过程,管理者必须根据实际情况随时修改管理方案,这样才能达到以最少的成本实现最大安全保障的目标。

2.2.2　风险管理的工程类型及阶段

2.2.2.1　风险管理的地下工程类型

我国地下工程包括城市地铁、公路隧道、铁路隧道、水工隧洞、地下洞室、地下停车场等,其中,城市地铁和公路、铁路隧道发展迅猛,所占的比例较大,所涉及的地下工程类型主要包括矿山法隧道、盾构法隧道、明挖法隧道(基坑工程)和掘进机法隧道(TBM 法隧道)、沉管隧道等,由于各种隧道施工方法中的典型风险事故又各不相同,而矿山法隧道的风险管理具有代表性和典型性,本书以矿山法隧道的风险管理为主,限于篇幅,其他施工方法的隧道不做专门介绍,可参考矿山法隧道风险管理相关内容或作进一步专题研究。

2.2.2.2　风险管理的建设阶段

矿山法隧道建设期的风险管理应贯彻于整个工程建设全过程,结合我国地下工程建设实际情况,一般按照工程进度可划分为五个阶段,包括:规划阶段、工程可行性研究(工可)阶段、设计阶段、招投标阶段和施工阶段等。其中,施工阶段的风险较大(可通过层次分析法确定其重要度或权重,体现其在五个阶段中的相对重要性),而施工阶段的风险管理研究更具有代表性和现实意义,因此,本书重点研究矿山法隧道施工阶段的风险管理。

2.2.3　风险管理的目标及关系

隧道施工阶段风险管理目标包括安全风险、质量风险、环境风险、工期风险、成本(投资)风险及第三方风险等。地下工程施工过程中,人、机械设备、物料、环境组成了一个生产系统。施工方项目管理的安全目标、成本目标、进度目标、质量目标等是相互制约、相互促进的目标体系,安全问题是其他目标实现的巨大障碍。

由于施工阶段最主要目标就是顺利施工和保证安全,因此风险管理的重点应放在安全上,以按安全风险事故为主要管理目标。同时,安全风险也是管理目标全面实现的基础和关键,安全风险的管理尤其重要,在条件允许时应尽量进行较为全面、系统的风险管理。

(1) 施工进度与安全的关系

在项目实施过程中往往由于加快施工进度,而增加人、材、机在某一段时间的投入,或者增加每个劳动力的劳动强度和劳动时间。所有这些,都直接或间接地增加了安全控制的难度和安全事故发生的概率,同时也造成工程质量的下降和各种施工成本的增加。把安全管理与施工项目的进度计划结合起来，在项目的进度计划中充分考虑安全管理问题，根据进度计划确定安全管理的对象、措施和目标，从而实现安全管理目标与进度计划同步、协调实施，达到在保证安全的前提下实现进度计划。

(2) 安全投入和施工项目成本的关系

安全投入是施工项目工程费的一部分，但它和其他工程费用不同，安全投入也是一种投资，是有投资回报的。安全投入增加，为施工现场操作人员营造一个良好的安全氛围和工作环境，有助于保证工程质量和加快工程进度，避免处理安全事故而投入费用。

(3) 安全管理和工程质量的关系

安全管理好，表现到施工项目中就是施工操作要求严格、规范，工序流程科学、合理，各种交叉作业井然有序，这样，工程质量自然就有保障。

我国安全生产的基本方针是："安全第一、预防为主、综合治理"。"安全第一"就是在生产经营活动中，在处理保证安全与生产经营活动中的关系上，要始终把安全放在首要位置，优先考虑从业人员和其他人员的人身安全，实行"安全优先"的原则。在确保安全的前提下，努力实现生产的其他目标。

2.2.4 风险管理范围

(1) 对工程自身可能造成经济损失以及意外损坏的风险。工程自身(project)，指工程的自身结构及附属工程设施。

(2) 工程建设相关人员的安全和健康的风险，包括个人伤害直至死亡。

(3) 第三方的财产损失风险，主要针对邻近既有各类建(构)筑物，尤其注意历史保护性建筑物、地表和地下基础设施的施工风险。

(4) 第三方的人员安全和健康等风险。第三方(third party)，指不参与工程建设，受到工程活动影响的周边区域环境、社会群体及人员等。

(5) 周围区域环境风险，包括对土地、水资源、动植物的破坏，以及对空气的污染、电磁辐射、噪声及振动等。

2.3 隧道工程风险管理主要特点

(1) 施工环境差。外部环境，要么位于深山、水下、市区。内部环境，工作场地狭小，环境恶劣，自然灾害和作业人员健康安全风险大。

(2) 地质状况复杂。不良工程水文地质或特殊岩土及隧道埋深条件导致隧道施工可能遇上各种险情。隧道塌方、涌水、涌泥风险大。

(3) 环境风险大。位于市区时，施工期间会对沿线居民、建筑物、地面交通、商业设施、等造成不同程度的影响，第三者风险很大。

(4) 不确定性因素多。目前勘测手段所限和地层的不均匀性，导致设计的水文地质条件与实际情况存在差异；施工单位的管理、技术水平导致施工效果存在差别；施工调查的完整性和准确性存在缺陷。

以上特点注定了隧道及地下工程建设有着较高的风险，而且风险管理的难度也比较大。

2.4　隧道施工安全风险管理基本流程

工程风险管理内容根据不同建设阶段分步实施，隧道安全风险管理内容与过程包括：风险界定或风险计划、风险识别、风险分析、风险评估、风险控制等。风险管理技术部分可以归结为主要由风险识别、风险评估、风险控制三大部分组成。进行静态风险管理的基本流程如图 2.4-1所示。进行动态隧道风险管理的基本流程如图 2.4-2 所示。

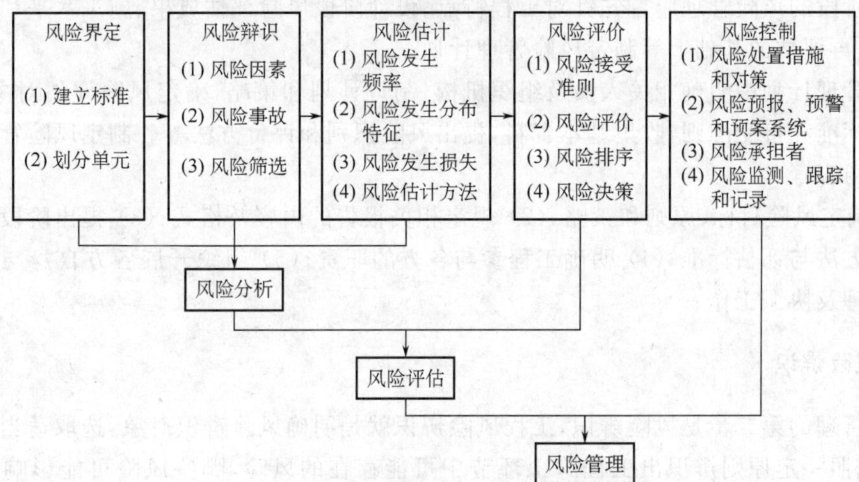

图 2.4-1　隧道静态风险管理基本流程

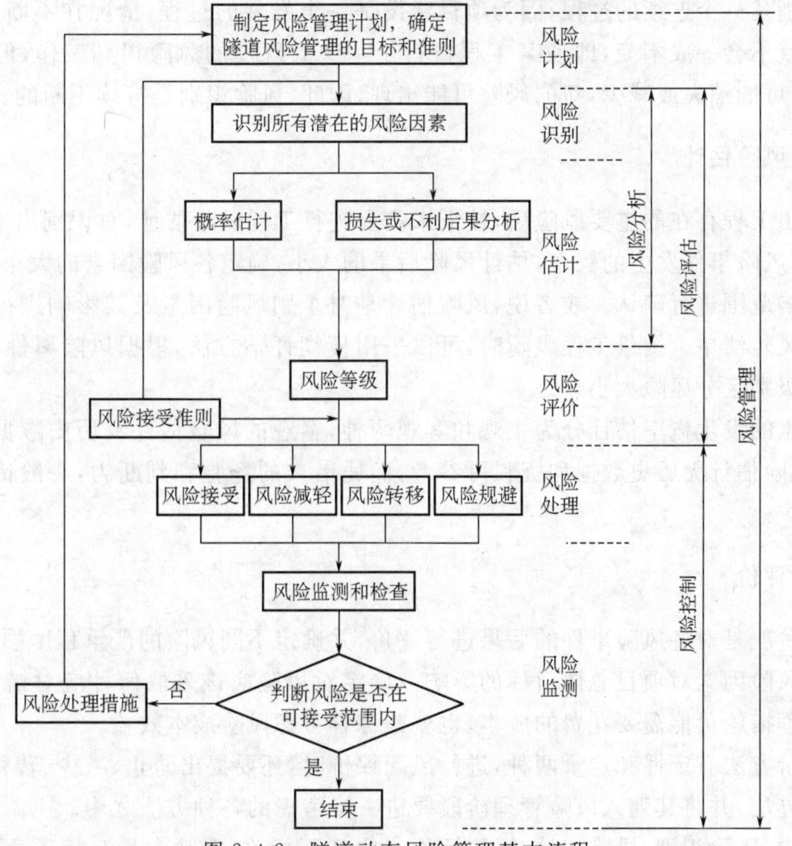

图 2.4-2　隧道动态风险管理基本流程

2.5 隧道安全风险管理内容

2.5.1 风险管理计划的制订

工程风险管理计划是工程风险管理组织进行风险管理的重要工具，是全部风险管理过程的基础环节。

施工阶段的风险管理应首先针对工程特点、设计阶段风险评估成果、施工水平和对风险进行再识别、再评估的基础上等制定风险管理计划。

风险管理计划中明确相关人员及组织机构，制订计划和策略，确定风险评估对象及目标、风险等级标准和接受准则，收集基本资料，提出风险识别和评价方法等。制定风险管理计划应包括下列内容：

(1) 确定风险目标、原则和策略；(2) 规定相关报告的内容及格式；(3) 提出阶段性工作目标、范围、方法与评估标准；(4) 明确工程参与各方的职责；(5) 组织开展各方自身与相互之间的风险管理及协调工作。

2.5.2 风险辨识

风险管理的第二步是风险辨识，工程风险辨识就是明确风险辨识对象，选取适当的风险辨识方法，按照一定原则辨识出工程施工环节中可能存在的风险，哪些风险可能影响项目的进展，并记录每个风险因素所具有的特点。

风险识别是一个连续的过程，因为项目建设是一个发展的过程，情况在不断地变化，风险因素当然也就不会一成不变，即使某工程进行了一次大规模的风险识别工作，但在一段时间后，旧的风险可能消失或减少，新的风险可能出现，因此，风险识别是持续不断的。

2.5.3 工程风险估计

在辨识出工程存在的主要风险后，接下来需要进行工程风险估计，对识别出来的风险尽可能量化，估算风险事件发生的概率，估计风险后果的大小，确定各风险因素的大小，对风险出现的时间和影响范围进行确认。或者说，风险估计是对个别风险因素及其影响进行量化并以此为基础形成风险清单。衡量工程风险时，可以采用模糊评估方法，根据风险属性将其定级，以不同的风险级别区分风险大小。

风险因素的发生概率估计分为主观和客观两种，客观的风险估计及历史数据和资料为依据，主观的风险估计无历史数据和资料可参考，而凭借人的经验和判断力，一般情况下这两种估计都要做。

2.5.4 风险评价

风险评价就是对各风险事件的后果进行评价，并确定不同风险的严重程度顺序，重点是综合考虑各种风险因素对项目总体目标的影响。确定对风险应该采取何种应对措施，同时也要评价各种处理措施可能需要花费的成本，也就是综合考虑风险成本效益。

风险评价方法有定性和定量两种，进行风险评价时，还要提出防止、减少、转移或消除风险损失的初步办法，并将其列入风险管理阶段要进一步考虑的各种方法之中。

在实践中，风险识别、风险估计、风险评价绝非互不相关，而常常是互相重叠，需要反复交替进行。

2.5.5 风险处理

在明确了工程所有存在的风险，并估计和评价了风险损失对项目目标的影响程度之后，应该采取一定的风险处置对策来避免风险的发生或减少风险造成的损失，处置工程风险的方法有三大类，即风险回避、风险自留和风险转移，根据工程风险环境的不同，每类工程风险处置方法中的具体处置措施是不同的，工程风险安排方案也是不同的。

2.5.6 风险监控

风险因素以及风险管理的过程并非一成不变的，随着工程项目的进展和相关措施的实施，影响项目目标的各种因素都会发生变化，只有适时地对风险新的变化进行跟踪，才可能发现新的风险因素，并及时对风险管理计划和措施进行修改和完善。

2.6 动态风险管理

2.6.1 动态风险管理思想

工程项目具有很强的过程性，项目因内外环境、目标变化以及实施过程中不断受到不确定因素的影响，因此，项目的风险管理应是实时的、连续的。由于静态的风险管理思想显然不能反映这种过程性，管理的结果会远远达不到预期的目标。1990 年以后，面向过程的、动态的风险观念逐渐被引入到风险管理当中来。动态风险管理即在特定环境下，在完成预订目标的过程中对风险进行系统的、动态的控制，以减少项目实施过程中的不确定性。动态风险管理不仅使各级的项目管理者建立风险意识，重视风险问题，而且还在各个阶段、各个方面实施有效的风险控制措施，形成一个前后连贯的管理过程。

单一过程的项目风险管理方法，包括项目风险因素（风险源）辨识、对项目风险因素影响结果的量化、针对项目风险提出的响应对策；动态过程的风险管理方法，即是在项目的实施过程中不断地重复上述步骤，利用风险管理过程中的反馈机制实现动态的风险管理过程。动态风险管理包含以下含义：

(1) 是对项目全过程的风险管理，动态风险管理伴随着项目的整个寿命期，从项目的建议、可行性研究、设计、投标、施工，到项目建设的完成，乃至于整个项目的运营阶段，贯穿于整个项目管理生命周期，都必须进行风险的研究与预测、控制以及风险评价，实行全过程的有效控制以及经验积累与教训，并在风险管理过程中形成风险管理文档，为以后的项目提供历史数据。前一个阶段的风险管理，是后一个阶段风险管理的基础，后一个阶段是对前一个阶段风险管理的确认和调整，这种多阶段、多周期的风险管理，也称为风险管理阶段的动态性。

(2) 在每一个工程的阶段建设周期中，动态风险管理应该以一定的技术手段对项目实施过程中出现的使项目目标（成本、进度、质量、安全等）有可能出现的偏差的风险进行动态的系统管理。项目目标之间有相互影响、相互制约等关系，呈现出动态调整和平衡的关系，这种多目标的风险管理，也称为风险管理目标的动态性。

(3) 在每一个工程阶段建设周期和目标管理中，工程中的风险源的类型、数量、分布和大小等也呈现出一定的动态性，对每一个风险源的动态风险管理主要经历两个阶段：第一个阶段是风险管理计划的制订；第二个阶段是风险管理计划的实施与调整。这两个阶段是前后衔接互相影响的，最终构成了动态工程风险管理过程的闭环循环系统如图 2.6-1 所示。

工程风险管理从计划的制订开始，经历风险管理计划的实施、控制与调整等过程。在风险管理计划实施过程中，根据实施过程反馈的信息，进行风险控制或调整风险管理计划，然后再实施、再反馈、再调整，该动态管理系统直至实现预定的工程风险管理目标后将终止循环。也称为风险管理过程的动态性。

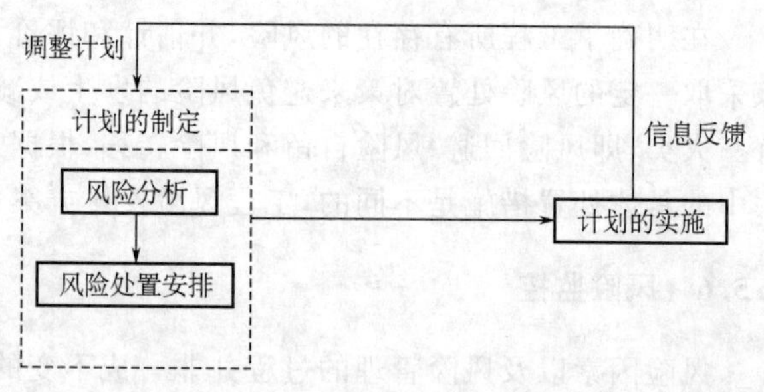

图 2.6-1 动态风险管理周期

（4）是对风险管理单位以及各单位对人员、材料、设备、资金等应进行全方位管理，及时实施全面动态风险管理的组织措施。

隧道工程风险管理的动态性也是由客观因素的多变以及对地质因素了解的局限所决定的。风险管理的主体通过风险识别、估计、评价，并以此为基础采取主动行动，合理地使用风险处理方法和技术对活动或事件所涉及的风险实行有效的控制，妥善地处理风险事件造成的不利后果，以合理的成本保证安全、可靠地实现预定的目标。

风险管理过程应根据工程环境的变化、工程的推进及时进行修正、登记及监测检查，定期反馈，随时与相关单位沟通。

2.6.2 工程不同阶段的动态风险管理

地下工程建设期的风险管理应贯彻于整个工程建设全过程，结合我国地下工程建设实际情况，一般按照工程进度可划分为五个阶段，包括：规划阶段、工程可行性研究（工可）阶段、设计阶段、招投标阶段和施工阶段。

考虑工程建设期内不同阶段的建设内容，从工程建设参与各方的角度出发，工程建设期内不同阶段的风险管理内容见表 2.6-1。

表 2.6-1 工程建设期不同阶段的风险管理内容

建设阶段划分	风险管理内容
工程规划阶段	（1）规划方案的风险分析；（2）工程重大风险源辨识；（3）工程投融资风险分析
工程可行性研究（工可）阶段	（1）工程风险管理等级标准及对策；（2）工程可行性方案风险辨识与评估
工程设计阶段（包括：工程详勘与环境调查、初步设计和施工图设计）	（1）工程设计方案与施工方法的风险辨识与评估；（2）重大风险源专项风险控制
工程施工招投标阶段	（1）招标文件的风险管理要点；（2）投标文件的风险管理要点；（3）合同签订的风险管理要点
工程施工阶段	（1）施工风险管理专项实施细则；（2）建立风险预报、预警、预案体系；（3）风险控制措施的实施与记录；（4）工程施工风险动态跟踪与监控

对于与隧道工程施工紧密相关的设计阶段、施工准备阶段、施工阶段而言，施工准备阶段的风险管理，应在设计阶段风险管理的基础上进行，施工阶段的风险管理，应在施工准备阶段的风险管理的基础上进行，阶段之间体现了风险管理的连续性，每个阶段内体现了风险管理的

动态性。

2.6.3　施工阶段的动态风险管理

在施工阶段，要对隧道整个施工过程的风险进行动态管理，体系框架图如图 2.6-2 所示。

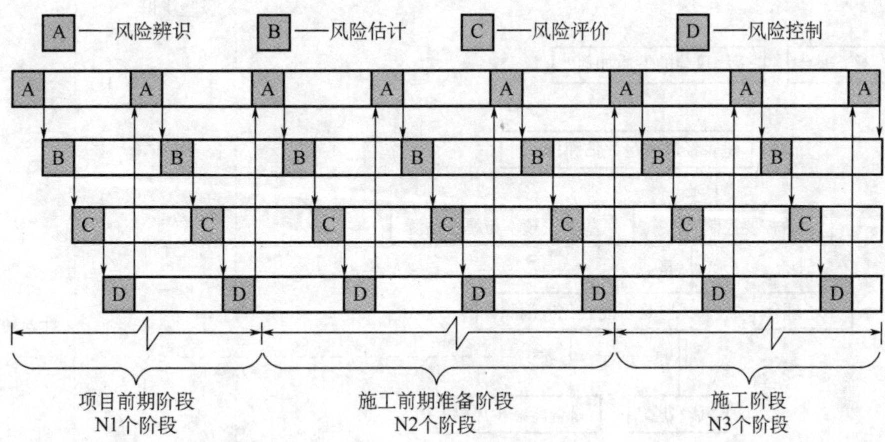

图 2.6-2　面向施工过程的动态风险管理体系

对整条隧道应根据施工部位、施工环境条件等划分评价单元，对每一单元中的风险源应根据施工进展情况进行动态的风险管理，每个风险源应形成一个可以进行循环作业的封闭管理系统。每个风险源随施工进展的动态风险管理流程如图 2.6-3 所示。

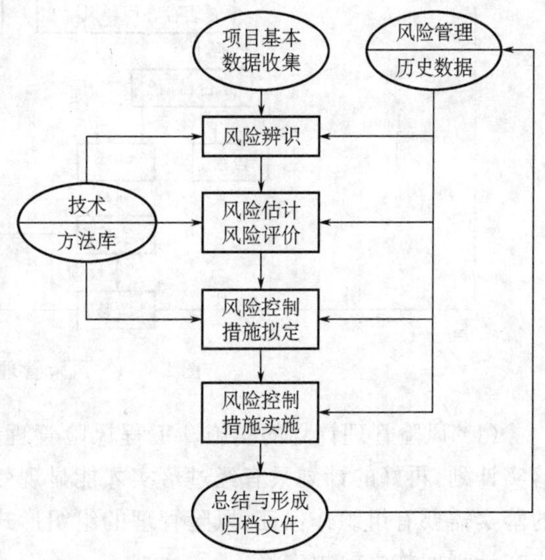

图 2.6-3　风险源动态风险管理循环体系

2.6.4　风险管理单位间的动态性

工程风险管理单位的动态性，是指工程建设参与各方包括建设单位、勘察单位、咨询单位、设计单位、施工单位、监理单位、监测单位等，通过风险界定、风险辨识、风险估计、风险评价和风险决策，优化组合各种风险管理技术，对工程实施有效风险控制和妥善的跟踪处理的全过程。

工程建设参与各方的责、权、利平等、互利与均衡，责、权、利的分配应与工程建设目标和特点相匹配，从工程整体效益出发，制定的责、权、利应最大限度地调动工程建设参与各方的积极性，建设单位承担工程风险管理的监管与决策责任，不同工程建设阶段中，工程建设执行方负责风险管理的实施，对工程建设期的风险承担合同规定的相应责任。

2.6.5　风险管理计划的动态性

整个风险管理过程是个循环系统，其中的基本过程分为工程风险管理计划的制订、工程风险管理计划的实施、工程风险管理计划的调整与控制三大阶段。风险管理计划动态管理流程可以用图 2.6-4 表示。

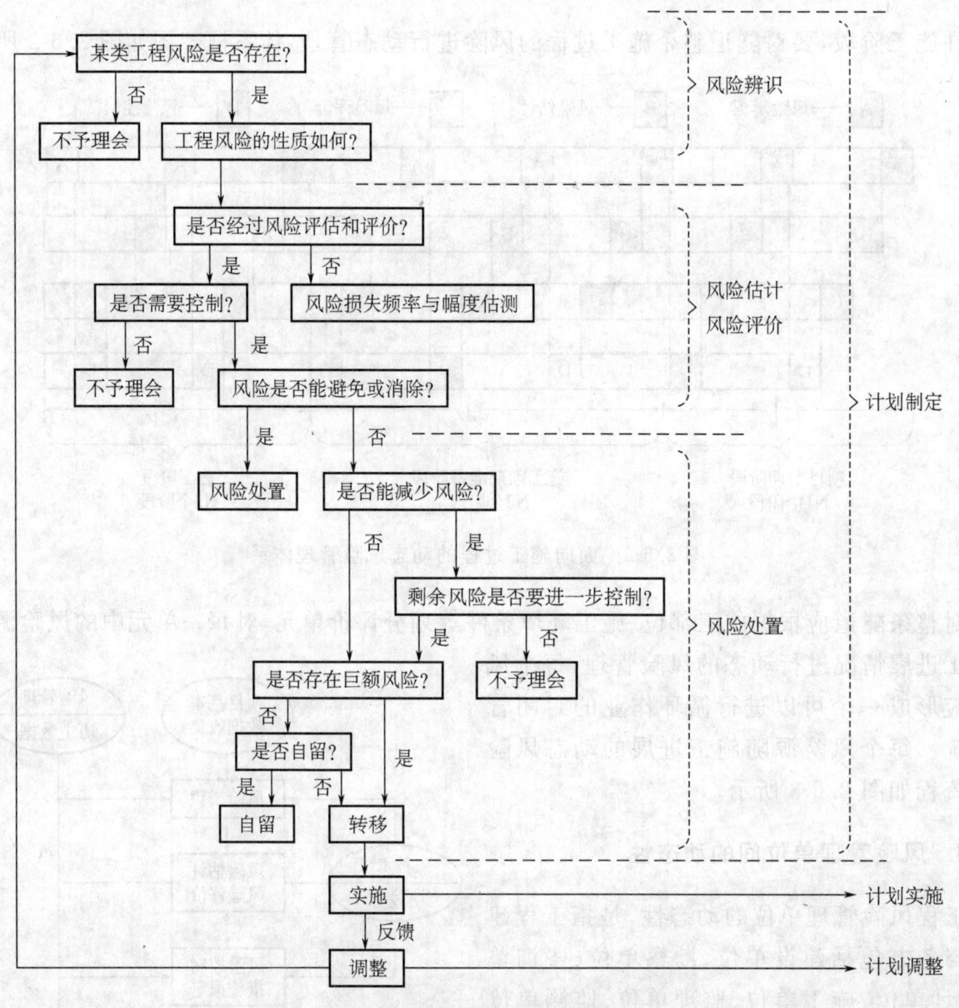

图 2.6-4　风险管理计划动态管理流程

(1) 风险管理计划的实施。工程风险管理计划制定之后，接下来要做的工作就是贯彻和落实计划，再好的计划只有经过落实才能显现效力，实现风险管理的目标。工程风险管理计划的落实需要有组织作保证，风险管理的组织形式、规模以及组织中的每个岗位的职责和权限都应在计划实施之前拟定好。

在工程风险管理计划的落实过程中，管理人员应做好指导、监督、检查和信息反馈或决策等工作，对于工程项目风险管理来说，风险管理是全员参加的、施工周期内全过程的、动态监控的复杂管理系统。

工程风险管理必须动员全员参与风险的防范和处置，才能更有效地降低风险，工程风险管理计划实施过程中的指导和组织协调是非常重要的，风险管理组织人员向施工人员、技术人员、现场管理人员等介绍风险管理计划的思想和内容，并且帮助他们明确自己在风险管理中的职责和具体的风险管理办法等，在计划实施过程中，风险管理人员应根据项目的进展和施工中的风险分布情况，对风险计划的落实情况进行动态的监督和检查，如在计划实施过程中发现了风险计划的不当之处，比如计划制定时假设的环境发生了变化或计划的风险分析结论存在问题，计划中提出的风险处置方案不符合工程施工的实际情况等，需要及时调整工程风险管理计划。

(2) 风险管理计划的调整。动态工程风险管理的思想要求风险管理者根据风险环境的变化不断地调整风险管理策略，若出现工程风险管理计划不适合实际工程风险管理要求的情况，应调整计划，在调整计划时，一般采取局部修补的方式，这样需要注意调整的部分与其他未调整部分的协调关系。

工程风险管理计划的调整主要涉及如下几个环节。一是风险管理组织的调整，增减或调整施工现场的工程风险管理人员，风险管理组织是贯彻风险管理计划、实现风险管理目标的重要组织基础，一般情况下，风险管理组织根据预测的风险情况设计组织人数，当风险环境发生变化时，应作相应的调整，应根据风险属性和风险管理任务的要求，加派或减少风险管理人数，或重新调配适合新的风险管理任务要求的风险管理者。二是补充或修正风险分析，调整工程风险处置对策，在以发生变化的风险环境下，查找新的风险源，并且判断风险属性，若辨识出新的风险，则要衡量和评价风险损失、风险发生的频率以及每次事件的损失程度等，评价风险损失及影响之后，提出风险处置方案。

2.7　风险管理的成本效益

众所周知，对工程项目实施有效的风险管理的意义就在于能够减少风险带来的经济损失。正是因为风险管理有这样的作用，业主和承包商才不惜人力、物力和财力进行工程风险管理。从另一个侧面来理解工程风险管理，其实质就是以风险管理资源的消耗换取风险管理目标资源在风险因素作用下的经济损失的减少，因此在制定工程风险管理计划时应该综合分析工程风险管理的成本和因风险管理而避免或减少的风险损失程度。

实施风险管理将会增加管理的成本，通常称为风险成本，在进行工程风险分析时，也应考虑工程风险分析成本与风险分析能够避免或减少的风险损失之间的关系。这里可以把风险分析避免或减少的风险损失看做是进行风险分析的收益，因风险管理而支出的工程风险管理人员的工资、设施的投资和其他管理协调费用是风险分析的成本。

风险分析的成本与收益的关系如图 2.7-1 所示。在风险分析的成本与收益的关系图中，为了表达方便，把本来意义上的风险分析收益与风险分析成本之差，即净收益定义为收益。从图 2.7-1 表达的风险分析成本与收益的关系可以看出，工程风险分析的净收益符合边际效益递减规律。工程风险分析的净收益变化过程分为两个阶段：第一阶段是随着风险分析投入成本的增加，其净收益为正值，说明风险分析所避免或降低的风险损失始终大于风险分析投入的成本，风险分析的投入是经济合理的；第二阶段是风险分析投入成本的继续增加，净收益变为负值，零值净收益是正负收益之间的分界点，说明风险分析所避免或降低的风险损失小于风险分析投入的成本，风险分析的投入是不经济的。

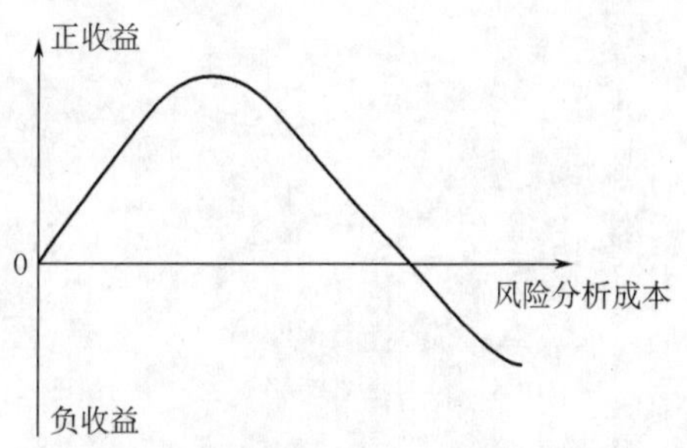

图 2.7-1　风险分析的成本与收益的关系

风险管理能阐明风险并且使风险明确化，通过运用一系列的管理技术措施来帮助降低风险所造成的损失，从而降低项目的总体成本，从某种意义上说可以带来收益。

在项目的开始阶段，不确定因素较多，风险发生的概率较大，而此时处理风险的成本却比较低，也就是说，通过进行低成本的风险分析就能获得避免发生损害的最大机会；随着项目的进行，虽然不确定性逐渐减少，但项目已经大量投入，处理风险事件的成本也急剧上升，因此，在项目早期阶段就重视风险问题的解决方法更可能获得较高的成本收益。

风险管理有助于控制风险，但是所承担的成本要多于简单地凭个人直觉做出的决定，在项目的开始阶段，采用直觉的决定可能不需要花费时间，也不需要花费直接的管理成本，从某种意义上来说，直觉的方式可以带给你一定的成本收益，但有时直觉的决定是错误的。一方面，采用风险管理将在一定的程度上增加管理的成本，而且，风险评估越准确、越详细，所需增加的成本就越大；另一方面，有效的、系统化的风险管理使得你可以随时对风险有正确的认识，减少了决策的盲目性，并且提供了减少风险带来损失的手段和方法，从而带来正面的收益。控制风险所需付出的成本和相应带来的收益综合起来，将会大于仅仅依靠直觉的判断所带来的收益。也就是说，采用有效的风险管理系统，它的成本收益很可能会更接近于最佳效果。

第3章　隧道施工安全风险识别技术

风险辨识(risk identification),是指对存在于工程项目中的风险因素(事件)进行确认和分类或调查工程建设中潜在的风险类型、事故发生的地点、时间及原因,并进行系统的筛选、分类的过程。

风险识别是风险评估的基础,也是风险分析中重要的步骤,风险辨识是工程风险管理的重要内容,是工程风险管理系统的基础。其目标是了解并寻找项目所有可能的风险因素。要进行正确、有效的风险识别,应具有该领域丰富的经验并采用正确的识别方法。

风险识别应确定风险的来源并分类,建立适合的风险指标体系。风险指标体系是指按照风险产生的根源或类别等建立的体现风险因素与事件分类及层次关系的树状或层状结构。

为实现项目的总体目标,保证评估效果,需进行风险管理。在管理过程中,除从技术方面进行风险评估外,还应注意识别管理风险。其中,设计单位的管理风险主要有:设计程序不完整、审查制度有欠缺、设计人员责任心不强、设计工期不合理、专业接口不顺畅等;施工单位的管理风险主要有:缺乏经验、劳务分包合同不严谨、施工人员责任心不强、施工程序不合理、决策不科学等。

要管理风险必须首先识别风险,对风险的严重程度及可能造成多大的损失必须认真估量,如果风险不能被识别,它就不能被控制、转移或管理。然而在绝大多数情况下风险并非显而易见,也不容易辨识和预测,至少不容易准确地预测。风险通常具有隐蔽特征,而人们常常容易被一些表面现象迷惑,或被一些细小利益所引诱,而看不到内在的危险。因此,风险识别在风险管理中显得尤为重要。风险识别结论的正确与否直接关系到风险管理的成效。如果在风险识别的过程中,关键的风险因素没有被识别出来,而仅就非关键的风险去识别、分析和处理。这将会对整个项目产生很大的负面影响,使承包商面临没有意识到的风险。

工程风险识别是工程风险管理的最基础的环节,工程风险管理必须以风险识别的结果为基础。工程风险识别是指通过风险调查和分析,查找出工程项目的风险源,并且找出风险因素向风险事故转化的条件。主要存在两个环节,一是查找风险源,二是找出风险因素向风险事故转化的条件。

在工程风险识别过程中找出风险源后,找出风险因素向风险事故转化的条件,在转化的链条中间加以干预,控制风险的转化,降低风险事故发生的几率和损失程度,是进行所有的工程风险管理工作的主旨所在。

3.1　隧道风险产生的原因

3.1.1　直接原因

系统工程的分析观点认为,引发隧道安全事故的原因,主要是由生产过程中物的不安全状态、环境的不安全因素、人的不安全行为和管理缺陷(混乱)等四项基本原因所组成,生产事故发生的原因及基本规律如图 3.1-1 所示。

3.1.1.1 人的不安全行为

人的不安全行为是事故产生的最直接因素。除了先天性的身体、生理因素外，导致事故发生的人的因素主要包括人的安全知识、安全意识和安全习惯等方面。

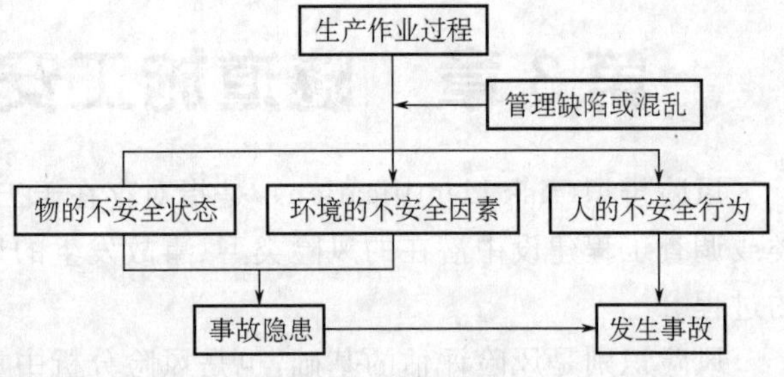

图 3.1-1 事故发生的基本规律模型

(1) 安全知识不够。操作人员缺乏必要安全知识，就不能正确判断其操作过程是否是安全的。如缺乏必要的电气安全知识，容易发生检修作业中的误合开关，造成检修中的带电作业，或检修中的设备启动。由于缺乏必要预防中毒、窒息专业知识，可能盲目地进入窒息、中毒、高温、低温、重物掉落等危险场所。

(2) 缺乏安全意识。缺乏必要的安全意识，对不安全行为视而不见，在自觉不自觉中产生失误。如拆除转动设备的安全保护罩、强行启动不安全的设备等使用不安全设备的情况；本来应该用设备或工具操作，但为了省事，用手、脚或身体其他部位操作。

(3) 不安全的习惯。人们在长期的生产过程中形成了一些不安全习惯，这些习惯也是造成人失误的一个原因。如由于作业习惯，有时物体的存放角度、位置、高度、方式等不合理，容易引起物体的掉落；不系好安全带在高处作业、不戴安全帽进入低处作业等。

3.1.1.2 物的不安全状态

物的不安全状态也是事故产生的直接因素。导致事故发生的物的因素主要包括施工设备、施工设施、施工材料、隧道结构等方面的原因。

(1) 施工设备的不安全状态。主要是指隧道加固、开挖、支护、衬器、出渣、提升、通风、运输、地质预报等过程中所用到的机械设备。

(2) 施工设施的不安全状态。主要是指隧道施工涉及的脚手架、安全防护装置、个人防护用品、施工便道等临时设施。

(3) 施工材料的不安全状态。主要是指施工原材料、构件有质量缺陷，性能不达标等。

(4) 隧道结构的不安全状态。主要是指施工方案不合理导致隧道围岩和结构处于不稳定状态，或原材料标准、施工质量不合格导致隧道围岩和结构处于不稳定状态。

3.1.1.3 环境的不安全条件

环境的不安全条件也是事故产生的直接因素。导致事故发生的环境因素主要包括隧道内部的作业环境，隧道外部的自然环境，隧道外部的周边环境等方面的原因。

(1) 作业环境的不安全条件。主要是指造成职业健康危害方面的不安全风险因素，比如照明不足，尘、毒、噪声、振动超标，作业空间狭小、温湿度等不良、恶劣的作业环境。

(2) 自然环境的不安全条件。一方面是指滑坡、崩塌、泥石流等引发的自然灾害，一般包括来源于隧道内部的自然灾害和来源于隧道外部自然灾害。另一方面是指隧道施工对自然环境破坏和污染。

(3) 周边环境的不安全条件。一方面是指主要是指由于隧道施工导致周围建筑物、管线、既有线、桥梁等环境结构物破坏或不能正常使用。另一方面是指隧道施工噪声、振动、扬尘等对周围居民健康的不良影响。

3.1.1.4　管理缺陷

人的不安全行为和物的不安全状态，往往只是事故直接和表面的原因，深入分析可以发现，发生事故的根源在于管理的缺陷。造成安全事故的原因是多方面的，根本原因在于管理系统，包括安全费用投入、管理的程序、监督的有效性、员工训练、施工检查、方案制订与审批、作业标准、施工质量控制、原材料质量控制等方面的缺陷，都是因管理失效而造成的安全事故。导致安全事故的管理因素主要包括企业主要领导者对安全不重视，组织结构和人员配置不完善，安全规章制度不健全，安全操作规程执行不力等。在隧道业，劳动力密集，劳动者文化素质低，在这种情况下加强安全管理就显得十分重要。

上述是事故形成的四项基本原因，在事故管理中，尤其是在具体的事故分析以及事故的报告中，是按照事故的性质来划分事故原因的。即在实际的工作中必须找出事故的直接原因和事故的间接原因，以便分清事故的最直接和最真正的触发原因，从而采取切实可行的防范措施，防止类似的事故重复发生。

事故的管理原因既是直接原因，在某种情况又是间接原因。在一般情况下，管理原因基本上属于间接原因的范畴。

3.1.2　间接原因

事故的间接原因，是指引起事故原因的原因。事故是由直接原因产生的，而直接原因又是由间接原因引起的。换句话讲，事故最初就存在着间接原因，由于间接原因的存在而产生了直接原因，然后通过某种触发的加害物而引起了事故发生。

间接原因又与人的技术水平、受教育的程度、身体健康状况、精神状况以及管理、社会等因素有关。

(1) 技术原因

技术原因，是指由于技术上的缺陷引起事故的原因。如工程、装置或设施的设计不合理、没有考虑安全系数和物质的自然规律，结构材料选择不当，设备的检查及保养技术不科学，操作标准技术水平低，设备布置和作业场所(地面、空间、照明、通风技术)有缺陷，机械工具的设计与保养技术不良，危险场所的防护及警报技术不过关，防护设施及用具的维护与使用不当和设置设备的性能存在问题，以及使用的材料达不到要求或者是假冒伪劣材料、产品等。

(2) 教育原因

教育原因，主要是指对上岗人员缺乏应有的安全教育。如缺乏安全知识和安全技术教育，对作业过程中的危险性及应当掌握的安全操作、运行方法不了解或安全训练不够，不安全的坏习惯未克服，存在或根本就没有进行安全教育与培训(如采用替考或弄虚作假进行安全培训)等。

(3) 身体原因

身体原因，是指操作人员的健康状况。如生病(头痛、头晕、腹痛、癫痫等)、身体缺陷(色盲、近视、耳聋等)、疲劳(睡眠不足、局部器官较长时间工作等)、饮食失调(醉酒、饥饿、口渴等)等因素。

(4) 精神原因

精神原因，通常分为三种类型：一种是精神状态不良，例如思想松懈、反感、不满、幻觉、错觉、冲动、忘却、紧张、恐怖、烦躁、心不在焉等；二是属于性格方面的缺陷，例如固执、心胸狭窄和“内向”，不愿交流等；三是属于智力方面的缺陷，如白痴、脑膜炎患者和反应迟钝等。

(5) 管理原因

管理原因，是指管理不善、缺陷与混乱造成的事故。管理原因造成的事故是多种多样的。如领导者的安全责任心不强，安全管理机构不健全，安全技术措施不落实，安全教育与培训不完善，安全标准不明确，安全对策的实施不及时，作业环境条件不良，劳动组织不合理，职工劳动热情不高和管理者的急功近利行为严重等。

(6) 社会及历史原因

社会及历史原因，是指造成事故的社会原因和历史原因。社会及历史原因涉及的面很广，情况也比较复杂。如学校对安全教育不重视，国家或政府部门没有切实可行的或没有制定健全的安全法律及政策，安全行政机构不健全，社会对安全的重要性认识不清，生产技术水平落后等。

总而言之，导致事故发生或事故发生的间接原因，大体上是上述诸原因中的一种或几种。在实际的工作中，技术原因、教育原因和管理原因是较经常出现的，身体原因和精神原因也时有出现，而社会及历史原因由来深远，牵涉面较广，直接提出针对性的对策也比较困难。但这绝不是说社会及历史原因就不应当受到重视，恰恰相反，更应当深刻认识并重视社会及历史原因，只有这样，我们国家国民的安全素质才能得到真正提高，事故发生率才会真正彻底减少。

3.2 隧道施工安全风险机理

隧道工程与其他工程相比具有其隐蔽性、施工复杂性、地层条件和周围环境的不确定性的突出特点，从而加大了施工技术的难度和建设的风险性。

3.2.1 隧道工程施工风险特点

(1) 由于地基岩土性质、工程水文地质条件复杂，隧道施工的风险是客观存在的；

(2) 由于勘察设计资料有限，设计计算理论不完善和在隧道施工中会不可避免地遇到一些突发偶然事件等原因，使得隧道施工的风险具有发生的偶然性和大量发生的必然性；

(3) 在隧道施工过程中，由于试验数据离散性大，勘察报告提供的场地性质资料有限，地下情况的不可预知性，施工风险的可变性就更加明显；

(4) 由于隧道施工对场地周围土体的扰动大，造成了对场地周围建(构)筑物、地下管线、桥梁、既有地铁线、居民生活和环境的影响，除本身的技术因素影响外，隧道施工还不得不与外部环境发生关系，这样使得隧道施工风险不但具有内部因素的多样性，而且还具有鲜明的层次性，同时也使得隧道工程风险更加复杂化。

3.2.2 隧道施工风险因素

施工期的风险由于其事故的高发性和对经济效益的制约性而成为工程风险分析研究的焦点，对隧道工程施工过程中的风险因素可以归纳以下几个方面：

3.2.2.1 水文地质条件的复杂性导致的自然风险和环境风险

工程水文地质条件是隧道设计和施工最重要的基础资料。其复杂性主要表现在：

(1) 地层方面体现在地层层次分布情况、不同岩土介质材料的物理力学性质与参数、岩土介质在切削搅拌后的流动性、黏性和变形以及各种不良地质情况(如潜在有害气体的侵入)等。

(2) 水文资料方面，主要包括：岩土的渗透性、含水量、流向与流速；水位、水压和水的冲刷力;水的腐蚀性;水的补给来源等。

(3) 地层中的其他障碍物,主要包括:建筑或其他构筑物基础、各种管线设施、废弃构筑物、其他孤立物,如孤石或江底沉船等。

工程所在区域的水文地质条件是经过漫长的地质年代形成的,经历了各种各样的自然和人为因素作用,其介质特性表现出很大的随机变异性。同时,地层中还存在大量水的活动与作用,如地表径流、地下潜水和承压水等。由于地质勘探、现场和室内试验等设备条件的限制,人们只能通过个别测试点的现场试验和若干试样的室内试验对岩土性和水文参数作近似的量测估计。大量的试验统计结果表明,岩土体的水文地质参数是十分离散、不确定的,具有很高的空间变异性,这些复杂因素的存在给隧道及地下工程的建设带来了巨大的本质上的风险,如:各种自然灾害,包括地震、滑坡、洪水、雷击、严寒、高温、雨季等,以及开挖造成的围岩扰动,岩体内有毒气体释放,影响地下水流,引起噪声、废气、废渣污染等。

3.2.2.2　建设中的机械设备、技术人员和技术方案的复杂性引起的施工风险

隧道及地下工程建设中,建设队伍、机械设备、施工操作技术水平等对工程的建设风险都有直接的影响。由于工程施工技术方案与工艺流程复杂,且不同的工法又有不同的适用条件,贸然采取某种方案、技术和设备势必会产生风险。同时,整个工程的建设周期长、施工环境条件差,这些对施工单位人员都很容易产生不良影响,容易导致出现各种意外风险事故。

(1) 施工技术风险因素

新技术、新方法的应用困难或失败,施工工艺的落后,施工技术与方案不合理,施工进度不合理,现场工作不均衡系数大,隧道施工技术问题的不确定性,爆破控制不当,隧道轴线定位偏差,隧道变形超出控制以及质量检测技术失误等。

(2) 施工现场风险因素

地质资料的不确定性、工作面塌方、密封漏损、岩爆、瓦斯爆炸、有毒气体释放(H_2S气体等)、岩溶、突涌水、洞外危崖落石、危石、洞口滑坡、施工用电事故、通讯不畅以及安全措施不力等。

(3) 设备风险因素

包括隧道掘进机损坏、刀具磨损过快、施工设备备件短缺、施工设备维修不当、设备安装调试失误以及机电设备安装事故等。

(4) 原材料和成品半成品材料风险因素

原材料和成品半成品的订货或供应不足、原材料和成品半成品品种和数量的差错、原材料和成品半成品质量和规格不合格、运输存储和施工损耗以及特殊材料或新材料质量稳定性等。

(5) 进度施工管理及人员素质

施工控制计划不完善、施工控制计划可操作性差、施工控制计划组织机构人员不落实、施工控制信息不畅通、有效控制方法落后、管理人员素质差以及承包商和监理工程师不合作等。

3.2.2.3　工程决策、管理和组织方案的复杂性

在规划、设计、施工和运营期的全寿命周期内,最主要的问题就是建设的决策、管理和组织。隧道及地下工程与其他工程项目相比,由于具有隐蔽性、复杂性和不确定性等突出特点,工程投资风险很大,无论是哪个阶段,都会遇到很多决策、管理和组织问题。从工程立项规划开始,如何选择合理的工程建设地址、技术方案、如何减少工程对周围环境的影响、如何评估工程建设的经济效益和社会效益、如何保持整个工程建设的“绿色”和可持续性,每一个问题的决策与执行都需要综合各种的风险和效益。

3.2.2.4　工程建设周边环境(建筑物、道路和地下管线等)的复杂性

所建工程周围的地面构筑物和周围环境设施一般都很复杂，尤其是城市繁华地带。周边环境的复杂性主要体现在：

(1) 地面构筑物的使用年限、结构类型(框架结构、砖混结构、砖结构)、基础类型(如条形基础、桩基等)和文物价值；

(2) 构筑物与隧道及地下工程之间的空间关系；

(3) 临近已有的隧道和地下工程情况；

(4) 周边道路及管线的类别、年限、材料及施工方法；

(5) 周围生态环境状况和社会群体等。

在隧道及地下工程的建设过程中，无论采用何种工法或工艺都会不可避免的对以上这些构筑物和人群造成直接的影响或一定程度的破坏。

3.2.3　隧道施工风险发生机理

孕险环境－致险因子－承险体－风险损失的风险发生范式范式认为风险发生的机理是某种或多种致险因子通过孕险环境作用于特定的承险体而产生风险事故，如图 3.2-1 所示。

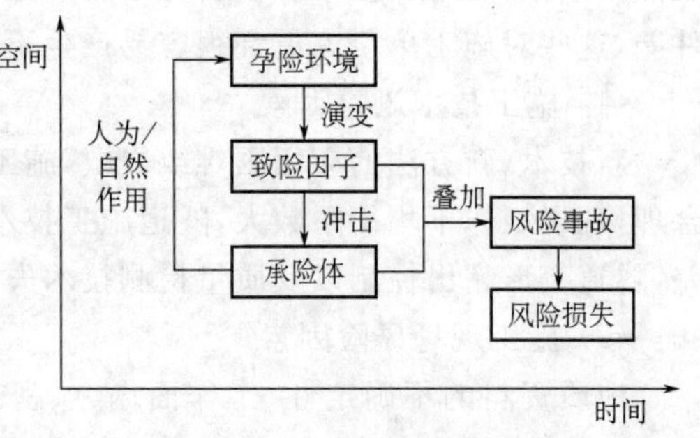

图 3.2-1　风险发生机理示意

(1) 孕险环境。指可能会产生事故的区域和环境。在隧道施工中，存在不良地质状况的土层环境、地下水文、施工段附近的路面、建筑物、管线等均构成了孕险环境。可以想见，如果地下水位足够低，隧道施工事故发生率将下降很多；如果隧道周围没有那么多建筑物，也就不会牵涉到那么多的环境影响问题。因此，可以说孕险环境是风险的客观基础，是决定风险事故是否发生的根本性因素，也可以称之为风险的内因。如果能在施工前期，通过规划选线尽量避开孕险环境，那么风险自然可以得到控制。

(2) 致险因子。是风险事故产生的直接原因，与孕险环境构成了风险事故的两个必备要素。对于某种承险体来说，当致险因子超过某一些阀值时才能造成伤亡或损失，风险的发生是致险因子对承险体作用的结果，没有致险因子，就没有风险。如果说孕险环境是风险的基础，那么致险因子就可以说是风险的外因。例如隧道施工中遇到的复杂地质、爆破方法、支护强度、地下水等等都是风险的致险因子。

(3) 承险体。指承担风险损失的对象，也是各种致险因子的作用对象，如机械设备、隧道结构、邻近建筑物、地下管线、社会群体、生态环境等等。各类承险体构成了整个项目的承险体系统。

(4) 风险事故。是在孕险环境和致险因子作用下，发生偏离目标期望的事件。隧道工程项目中，风险事故往往是指会给项目带来损失的事件。这些事件有时可能比较严重，则被称为工程事故，但更多的情况下，只是一些会造成损失的工程问题。

(5) 风险损失。指风险事故发生后所产生的一系列问题，由于风险分析是事前进行，风险损失的分析就带有预测的成分。而且，风险损失也不一定就是一种，可能牵涉到承载体多方面的损失，例如工期、耐久性、环境影响。同一类风险事件在不同工程中所发生的风险损失往往带有很大的差异性，因此，风险损失的分析就变得异常复杂，也是影响风险分析的可信度的最

重要因素。

综上所述，孕险环境、致险因子和承险体的相互作用都将对风险事故的时空分布、程度造成影响，风险损失的发生就是承险体不能动态适应或动态调整孕险环境动态变化的结果。可以看到，由于隧道工程孕育风险的环境，加上致险因子的诱导，就有可能引发各类风险事故的发生，进一步对各种承载体造成损失。隧道施工安全风险发生机理如图3.2-2所示。

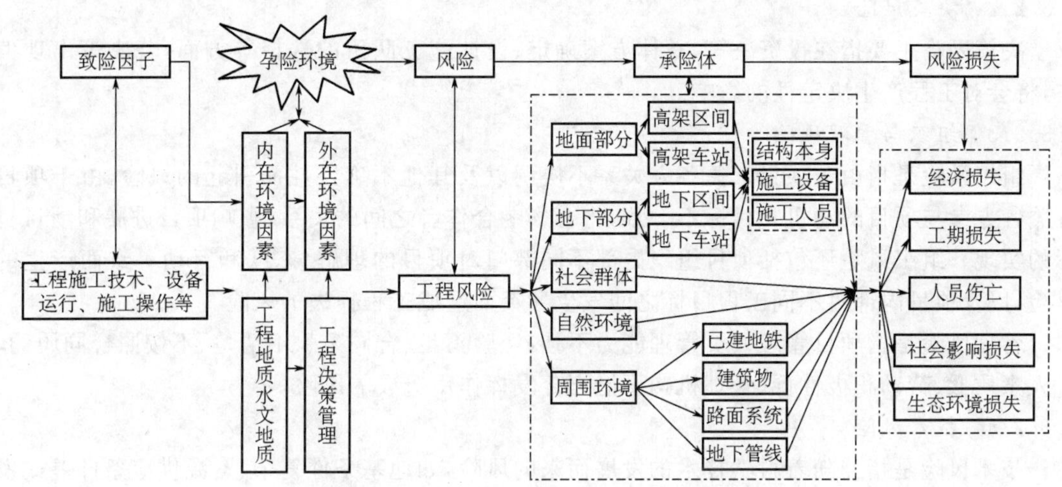

图3.2-2　隧道施工安全风险发生机理

3.3　工程风险分类及主要风险

3.3.1　工程风险分类

(1) 按照风险损失产生原因可分为：自然风险和人为风险。

(2) 按照项目建设阶段可分为：规划风险、可行性研究风险、设计风险、招投标风险、施工风险等。

(3) 按照项目建设目标和承险体的不同可分为：安全风险、质量风险、工期风险、环境风险、投资风险及对第三方风险等。

(4) 按损失标的物可分为：人身风险、财产风险、环境风险。

(5) 按风险来源风险可分为：自然风险、技术风险、社会风险、政治风险、经济风险、文化风险、行动风险。

(6) 按照风险管理层次关系与技术影响因素可分为：总体风险和具体风险。具体包括：

1) 总体风险，社会、政治和金融影响，合同纠纷，企业破产和体制问题，政府干涉，第三方干扰，员工冲突，自然灾害（台风、暴雨或雷击等）等；

2) 具体风险，工程地质勘察有误或失真，设计失误或漏项，执行的规范或设计存在问题，工程施工方案有误，施工设备故障，人员决策或操作失误，施工质量不能满足标准要求，施工工期延误等。

3.3.2　主要风险分类

工程风险是指一项工程在设计、施工及移交运行的各个阶段可能遭受的、影响项目系统目标实现的风险。隧道工程主要有以下几种风险类型。

3.3.2.1 自然风险

自然风险是指由于大自然的影响而造成的风险，一般包括三个方面的风险：(1)恶劣天气的情况，如严寒、台风、暴雨等都会对工程建设产生影响；(2)未曾预料到的工程水文地质条件，如洪水、地震、泥石流等；(3)未曾预料到的一些不利地理条件等。

3.3.2.2 决策风险

决策风险主要指在投资决策、总体方案确定、设计施工队伍的选择等方面，若决策出现偏差，将会对工程产生决定性的影响。

3.3.2.3 组织与管理风险

组织风险是指由于项目有关各方关系不协调以及其他不确定性而引起的风险，由于项目有关各方参与项目的动机和目标不一致，将会影响合作者之间的关系、影响项目进展和项目目标的实现。组织风险还包括项目组织内部不同部门对项目的理解、态度和行动一致而产生的风险，以及项目内部对不同工程目标之间发生冲突而造成工程损失的风险。

管理风险是指项目管理人员管理能力不强、经验不足、合同条款不清楚、不按照合同履约、工人素质低、劳动积极性低、管理机构不能充分发挥作用造成的风险。

3.3.2.4 技术风险

技术风险是指伴随着科学技术的发展而来的风险，如地基条件复杂、资源供应条件差或发生变化，项目施工技术专业度高、难度高。一般表现在方案的选择、工程设计及施工过程中由于技术标准的选择、计算模型的选择、安全系数的确定等方面出现偏差而形成的风险。

3.3.2.5 责任风险

在建设项目的整个开发过程中，所有项目参与主体的行为是基于合同当事人的责任、权利和义务的法律行为，任何一方都需要向合同对方承担相应的责任，同时，建设项目涉及社会大众的利益，因此，项目的参与方还对社会负有义务，行为责任风险是指项目管理人的过失、疏忽、侥幸、恶意等不当行为造成财产毁损、人员伤亡的风险。

3.4 风险识别依据

要正确地识别项目的风险因素，首先要具备全面而真实的项目相关资料，并认真、细致地对这些资料进行分析研究，一般来说，项目风险识别的依据包括以下内容：

(1) 风险管理计划

风险管理计划是规划和设计如何进行项目风险管理的活动过程。该过程包括界定项目组织及成员风险管理的行动方案，并且决定适当的风险管理方法，在计划中，应该对整个项目生命周期内的风险识别、风险分析与风险估计及风险应对等方面进行详细的描述。

(2) 施工组织设计

项目目标、任务、范围、进度、质量、造价、资源等涉及项目进行过程的计划和方案都是进行项目风险识别的依据，特别是这些计划中的各种假设条件和约束条件，项目不同参与者的相关利益，以及对项目目标的期望值等。

(3) 风险分类

明确合理的风险分类可以避免在风险识别时误判和遗漏，有利于突出重要的因素，发现那些对项目目标实现有严重影响的风险源。

(4) 历史资料

以往相关项目或相近项目的历史资料(如项目风险应对计划、风险因素或评估资料等)、其他的统计与出版资料(如商业数据库、学术研究成果、行业标准以及书籍、报刊等)都是风险识别的重要信息和依据。同时,项目风险管理人员的知识和经验也是进行风险识别的重要依据。

3.5 风险识别的基本原则

工程风险识别是工程风险管理中比较重要的基础性工作,这一阶段的工作结果直接影响其后的风险分析和处置,因此工程风险管理者应遵循一定的原则做好工程风险识别工作。

(1) 完整性原则

工程风险识别的完整性原则是指在工程风险计划制定阶段应全面完整地识别出标的工程所潜伏的风险。为了保证工程风险识别的完整性,可以采用多种风险识别方法,从多个角度进行分析和识别,各种方法之间具有相互补充的作用。多角度的工程风险识别也可以避免遗漏风险,工程风险识别可以选取的角度包括时间角度和空间角度等。

工程风险的时间角度是指按照工程施工各个阶段的风险环境、施工特点等因素进行工程风险的识别。从时间角度看,工程风险识别主要分为三个阶段,第一阶段是工程施工准备中的风险识别,第二阶段是工程施工中的风险识别,第三阶段是工程竣工试运行阶段的风险识别。

工程风险识别的空间角度,是指从不同的分部工程或者分项工程识别工程风险,分部工程是工程的进一步分解,是按照工程的部位和专业性质划分的工程单位,分部工程可以进一步划分为分项工程,分项工程是指按工程、材料、施工工艺等因素划分的工程单位。

总之,多种方法和多个角度变换和交叉的结果有助于全面而无遗漏地识别工程风险。

(2) 系统性原则

工程风险识别的系统性原则就是要求在工程风险计划的制订阶段,应从工程全局的角度系统地识别工程风险,工程风险识别的系统性主要表现为按照工程的内在施工工艺顺序和内在结构关系识别风险,为了实现系统地识别工程风险,风险管理人员应深入了解工程设计和施工工艺,清楚工程施工流程和施工进度,按照工程项目施工系统的自然发展过程进行工程风险识别。

(3) 重要性原则

重要性原则是指工程风险识别应有所侧重,侧重点应放在两个方面:一是风险属性,着力把一些重要的工程风险即期望风险损失较大的风险识别出来,对于影响较小的风险可以忽略,不必花费太多的时间和人力、物力进行风险分析,这样有利于节约成本,保证工程风险识别的效率;二是风险载体,那些对整体工程项目都有重要影响的结构和环节,必然是工程风险识别的重点。

在风险识别过程中,系统性原则与重要性原则是紧密联系在一起的一对重要的风险识别原则,在系统性原则的指导下,还应按照重要性原则有所侧重地识别风险,只有系统性原则和重要性原则相互结合,才能保证风险识别的效果和效率。

系统性原则保证了风险识别的效果,而重要性原则保证了工程风险识别的效率,从工程总体目标来说,工程风险识别的效率和效果都是必不可少的,不能偏弃任何一方,系统性原则与重要性原则应配合应用,在重要性原则指导下的工程风险识别必须站在工程项目系统的高度来判断风险或风险载体的重要性,即重要性原则必须以系统性原则为指导,否则从非系统的角度判断重要性可能会造成遗漏一些原本很重要的风险,在系统性原则指导下的工程风险识别应该在系统地识别风险的同时,有所侧重地把重要的风险载体的风险和一些比较重要的风险识别出来。

3.6 风险识别方法及选择

3.6.1 风险识别方法

目前,常用的项目风险识别的方法有很多:核对表法、专家法(德尔菲方法、头脑风暴法)、情景分析法、故障树分析法、层次分析法、调查问卷等。这些方法都可以用来识别隧道工程项目中的各种风险。

3.6.1.1 核对表法

核对表法是一种十分常用和有效的风险识别方法,它主要是应用核对表来作为风险识别的工具,这种方法实质上就是把人们经历过的风险事件及其来源罗列出来,写成一张核对表。该方法利用人们考虑问题的联想习惯,在过去经验的启示下,对未来可能发生的风险因素进行预测。该方法的优点在于使风险识别工程变得较为简单,容易掌握;缺点是没有揭示出风险来源之间的相互依赖关系,对指明重要风险的指导力度不够,而且受制于某些项目的可比性,有时不够详尽,没有列入核对表上的风险容易发生遗漏,应设计出核对表典型式样。

3.6.1.2 幕景分析法

情景分析法,也称幕景分析法,是由美国科研人员于 1972 年提出的。该方法根据演展趋势的多样性,通过对系统内外的相关问题的分析,设计出多种可能的未来前景,然后用类似于撰写电影剧本的手法,对系统发展态势作出自始至终的情景和画面的描述。当一个项目持续的时间较长时,往往要考虑各种技术、经济和社会因素的影响,对这种项目进行风险预测和识别,就可用情景分析法来预测和识别其关键风险因素及其影响程度。

情景分析法对以下情况是特别有用的:提醒风险决策者注意某种措施可能引起的风险或危机性的后果;建议需要进行监视的风险范围;研究某些关键性因素对未来过程的影响;提醒注意某种技术的发展会给人们带来哪些风险。

情景分析法是一种适用于对可变因素较多的项目进行风险预测和识别的系统技术,它在假定关键影响因素有可能发生的基础上,构造出多重情景,提出多种未来的可能结果,以便采取适当措施防患于未然。

近年来,随着计算机软硬件的发展,各种模拟地下工程施工过程的仿真程序得到了广泛的应用和不断的完善和发展,地下工程施工过程的仿真模拟法则属于此方法。

3.6.1.3 资 料 法

这是工程风险识别中常用的辅助风险识别方法,由于工程风险的复杂性以及工程项目的子工程之间的某些风险状态的相似性,可以通过收集各种相关工程的文字和图表资料识别工程风险,尤其对工程尚未施工或刚刚动工就进行风险分析的项目,难以通过实地观察识别风险,使用资料法较为合适。但是资料法本身具有一定的局限性,资料的真实性、完整性和有效性影响着风险分析的结论,因而资料法一般作为辅助的风险识别方法,配合其他方法进行风险识别。

3.6.1.4 询 问 法

识别风险仅靠资料是不够的,还要对具体工程具体分析,询问即是比较适合的方法,风险管理者可以询问专家、承包商或施工现场技术人员及管理人员。采用询问法获取风险资料时,可以事先拟定风险调查表,让被询问者根据调查表的内容,提供风险资料,这样,询问有一个纲目可以遵循,使得风险询问过程变得更容易。

3.6.1.5　实地观察和调查法

风险识别实质上就是客观地反映工程项目的风险状况，若要保证风险分析的客观性就要实地观察，通过实地观察发现现场可能存在的风险，使用此法时可借鉴资料法收集类似工程的风险资料，到工程现场实地观察询问，印证某一风险存在的可能性。

隧道风险和其实际所处的环境和施工状况有着密切的联系，只有亲自到隧道施工现场进行调查，才可能发现这些风险。此外，通过亲自到施工现场进行调查，项目风险管理者有机会与第一线的施工人员进行交流，听取他们对公路工程项目风险的意见。由于现场施工人员对自己从事的工作已经非常熟悉，所以他们对公路工程风险发生的情况也特别的清楚，如果给予充分利用的话，那么一定能够从这些施工人员身上获得重要的风险信息。

3.6.1.6　专家调查法

专家调查法也是常用的风险识别方法，专家调查法中被调查的专家主要分为两类，一类是从事工程项目风险管理的技术人员和管理人员，另一类是从事与工程项目相关领域研究的工作人员。专家调查法主要包括德尔菲法和头脑风暴法。

(1) 德尔菲法

用德尔菲法进行项目风险预测和识别的过程是由项目风险小组选定与该项目有关的专家，并与这些适当数量的专家建立直接的函询联系（目前还可结合手机短信、网络、电话、传真），通过函询收集专家意见，然后加以综合整理，再匿名反馈给各位专家，再次征询意见，这样反复经过四至五轮，逐步使专家的意见趋向一致，作为最后预测和识别的根据。

(2) 头脑风暴法

头脑风暴法一般是在一个专家小组内进行，通过专家会议，发挥专家的创造性思维来获取未来信息，这就要求主持专家会议的人在会议开始时的发言应能激起专家们的思维灵感，促使专家们感到急需回答会议提出的问题，通过专家之间的信息交流和相互启发，从而诱发专家们产生思维共振，以达到相互补充的目的，并产生组合效益，获取更多的未来信息，使预测和识别的结果准确。

3.6.1.7　分解分析法

分解分析法，就是将复杂的事物分解成较为简单的容易被识别的事物，将大系统分解成若干个小系统，从而识别大系统和复杂事物风险的风险识别方法。对于一个隧道工程项目来说，很难从整体上找出存在的风险，而通过将隧道工程项目的层层分解，原本深藏在隧道程项目内部的风险就会被逐渐暴露出来，这样就可以比较容易地找出风险。采用分解分析对隧道工程项目风险进行识别，可将其分解为单项工程、单位工程、分部工程和分项工程，然后，从最小单位开始，逐步找出工程项目中存在的风险。

3.6.1.8　常识经验判断法

常识经验判断法，根据以前掌握的隧道工程风险管理的资料、数据、经验和教训，及隧道项目班子成员的常识、经验和判断对当前隧道工程的风险进行识别。这种方法是非常有用的。对于那些采用新的施工技术，无先例可循的隧道工程更是如此。

3.6.1.9　隧道监控量测法

监控量测法，是根据监控量测的结果，动态判断隧道工程及第三方（邻近结构物）是否存在安全风险，识别新的风险，这在隧道快速信息化施工中非常重要，其适合于施工过程中的风险识别。

监控量测是新奥法施工的重要组成部分，是确保隧道施工安全的信息化手段，围岩监控量测对于指导现场施工是必不可少的。通过监控量测，掌握围岩和支护的动态变位情况，及时提供围岩稳定程度和支护结构可靠性的安全信息，作为调整和修改支护设计的依据；对已开挖、支护段的力学状态进行评价，预见事故和险情，以及时采取必要补救措施，确保隧道安全、经济、快速地施工；确定二次衬砌施作时间；对于已有工程的量测结果可以应用到类似工程中，作为设计和施工的依据。

通常情况下，洞内外地质和支护状态观察、周边位移、拱顶下沉、地表下沉项为必测项目。它是用以判断围岩的变化情况，测定支护结构工作状态，经常进行的量测项目；也是为设计、施工中确保围岩稳定，并通过判断围岩的稳定性来指导设计，施工的经常性量测。这类量测方法较简单，费用较少，可靠性较高，但对监视围岩稳定性、指导设计与施工却有直接意义。

其他项目为选测项目，是用以判断隧道围岩松动状态，喷锚支护效果和积累技术资料为目的的量测。选测项目是对一些有特殊意义和具有代表性的区段进行补充测试，以求更深入地掌握围岩的稳定状态与锚喷支护的效果，对未开挖区的设计与施工具有指导意义。这类量测项目测试较为麻烦，量测项目较多，费用较大，一般只根据需要选择其中的部分项目进行测试。

总而言之，必测项目是指在一般情况下均应量测的项目，选测项目是指在必要时可量测的项目。监控量测信息反馈程序如图 3.6-1 所示。

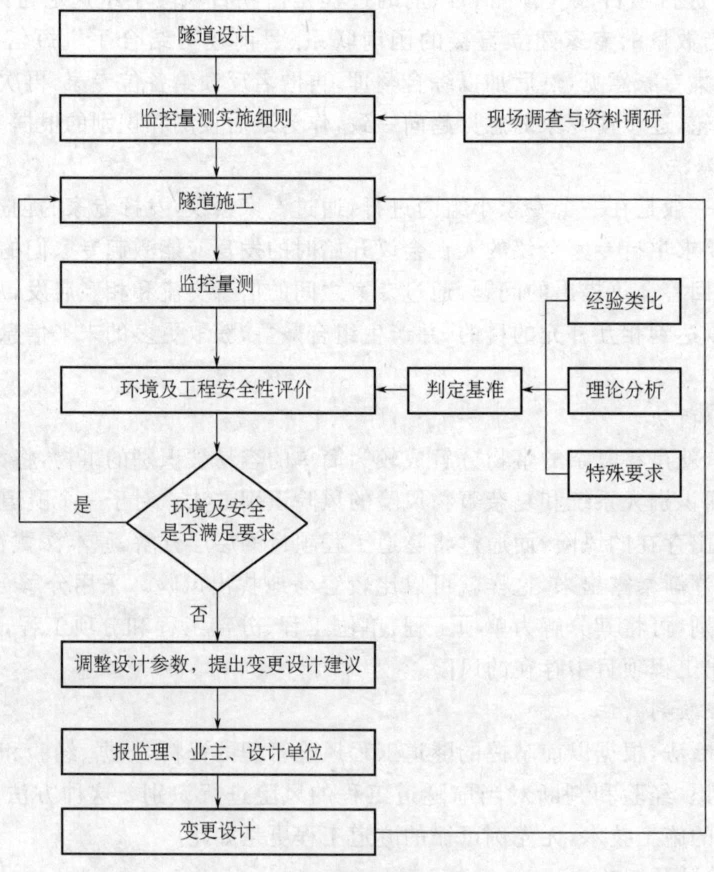

图 3.6-1　隧道监控量测信息反馈程序

3.6.1.10　隧道超前地质预报法

隧道超前地质预报：是指在分析既有地质资料的基础上，采用地质调查、物探、超前地质钻探、超前导坑等手段，对隧道开挖工作面前方的工程地质与水文地质条件及不良地质体的工程性质、位置、产状、规模等进行探测、分析判释及预报,并提出技术措施建议。

隧道超前地质预报的主要内容:(1)地层岩性预测预报,特别是对软弱夹层、破碎地层、煤层及特殊岩土的预测预报;(2)地质构造预测预报,特别是对断层、节理密集带、褶皱带等影响岩体完整性的构造发育情况的预测预报;(3)不良地质预测预报,特别是对岩溶、人为坑洞、瓦斯等发育情况的预测预报;(4)地下水预测预报,特别是对岩溶管道水及富水断层、富水褶皱轴、富水地层中的裂隙水等发育情况的预测预报。

施工阶段的超前地质预报方法主要包括,地质素描、洞探、钻探、物探等类型。隧道超前地质预报工程程序如图 3.6-2 所示。

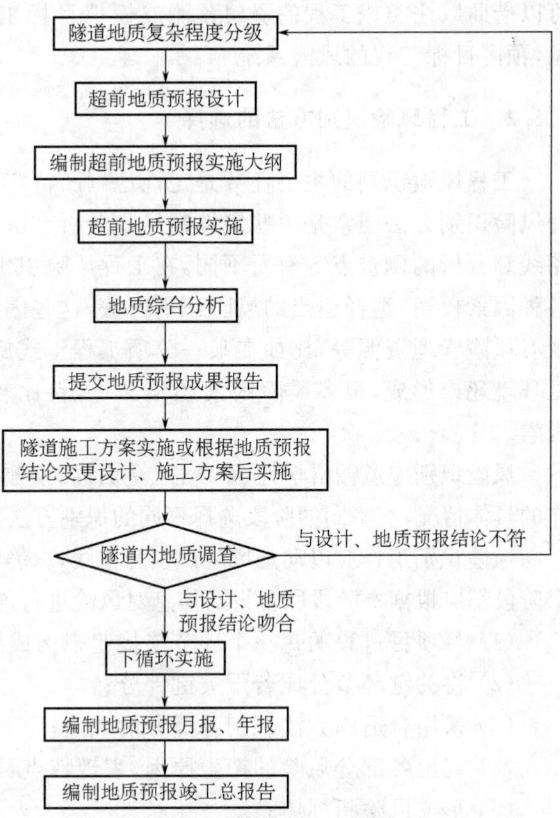

图 3.6-2　隧道超前地质预报工程程序

3.6.1.11　试验检测法

通过现场工艺和室内试验以及现场毒害气体的检测等试验、检测手段,利用结果对风险进行识别,其识别程度较高。

隧道的建造是百年大计,保证工程质量是基本要求。检测技术作为质量管理的重要手段越来越为人们所重视。隧道检测技术涉及面广,按隧道修建过程分,隧道检测的内容有:原材料质量检测、工序检测(超前支护与预加固围岩施工质量检测、开挖质量检测、初期支护施工质量检测、防排水质量检测、施工监控量测、混凝土衬砌质量检测)、施工监控量测、施工环境检测(通风检测、照明检测)等。矿山法隧道的检测分类体系如图 3.6-3 所示。

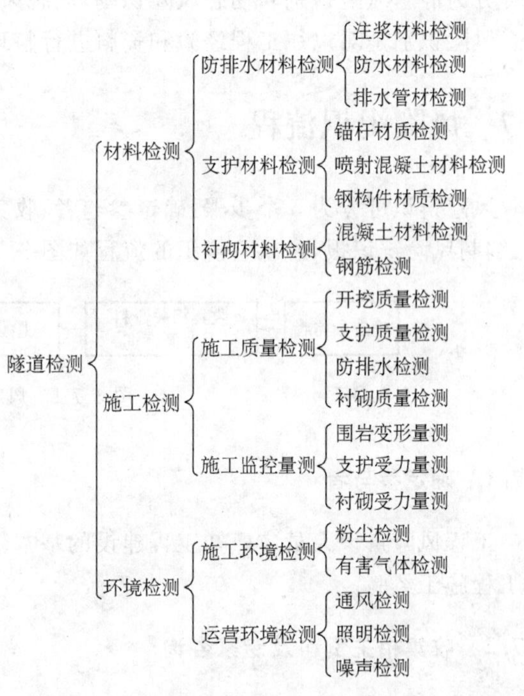

图 3.6-3　隧道检测分类

3.6.1.12　工程风险系统的预测和以往资料的利用

通常在识别工程风险时,可能尚未施工或仅部分施工,工程风险系统也尚未完全形成,而风险管理者必须事先预测这些风险,制定风险管理计划,因而风险管理者必须通过恰当的途径预测风险系统、查找风险源、判断风险属性。工程风险系统可以借助以往类似工程的资料预测或模拟目标工程的风险。也可以通过询问或调查专家意见，预测目标工程的风险系统。

3.6.2 工程风险识别方法的选择

工程风险识别的主要任务是定性地判断特定的工程风险是否存在及其属性如何，因而工程风险识别方法通常是一些定性的风险分析方法，且各种工程风险识别方法的分析角度、分析路线和分析的侧重点等有所不同，在工程风险识别过程中，应根据具体的工程风险识别对象的各种因素权衡，选择适当的风险识别方法，这些因素包括施工特点、风险环境、项目进展阶段和现有风险管理资源等，比如在某一分项工程正式施工之前识别风险，由于此时还没有开工，施工环境还未形成，很多风险因素还未出现，就比较适合采用资料法、专家调查法来查找风险因素。

风险识别应遵循科学性、系统性、全面性、预测性的原则。风险识别工作应根据各个阶段工作的具体情况，在不同的阶段选择不同的识别方法，以使本阶段的风险识别工作及时、有效。

风险识别工作应以动态风险识别为主线，以静态风险识别为手段进行，在项目建设进行的每个阶段都应根据本阶段所获得的信息对风险进行连续的，不断深入的识别。具体流程如下：

(1) 将项目过程的每一个环节连接起来构成风险识别的主线；

(2) 将关键环节分成若干关键部分；

(3) 采用合适的方法识别各部分的风险；

(4) 列出各部分风险的产生原因、表现特点、预期后果；

(5) 形成风险指标体系。

风险识别的方法较多，可采用核对表法、专家调查法、头脑风暴法和层次分析法等。大体上可分为静态风险识别和动态风险识别，动态风险识别是根据项目进展的过程进行风险识别，静态风险识别是对以往工程经验和资料进行整理和反馈，从而得到风险因素。

3.7 风险辨识流程

风险辨识可分为 5 个步骤：确定参与者、收集阅读相关资料及专家咨询、风险识别、风险筛选、编制风险辨识报告，风险辨识的流程如图 3.7-1。

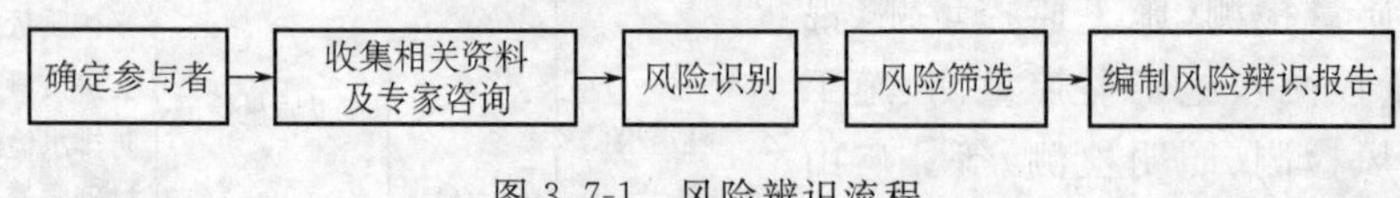

图 3.7-1 风险辨识流程

3.7.1 确定参与者

工程风险辨识人员应熟知工程建设的基本信息，了解工程风险管理的目标和需求，具备地下工程施工经验。

3.7.2 收集相关资料及专家咨询

工程风险辨识时，应广泛收集工程相关资料，并向有丰富经验的专家咨询。其中，需收集的主要资料包括：

(1) 工程周边水文、地质、自然环境以及人文、社会区域环境等资料;(2) 类似工程的、施工经验和风险事故或相关数据;(3) 工程规划、可行性分析和工程地质勘察等资料;(4) 工程周边的建(构)筑物(含地下管线、民防设施、道路等)资料;(5) 工程邻近已有地铁及地下工程等资料;(6) 工程的设计、施工方案或其他相关文件;(7) 可能存在业务联系或影响的相关部门与第三方等信息;(8) 其他相关资料。

3.7.3　风险识别

3.7.3.1　风险识别内容

风险识别主要包括以下三个方面:

(1) 风险因素分析

系统分析工程建设基本资料,对工程建设的目标、阶段、活动和周边环境中存在的各种风险因素进行分析。

(2) 建立初步识别清单

利用风险调研表或检查表建立初步风险清单,清单中明确列出客观存在的和潜在的各种风险,包括影响工程安全、质量、进度、费用、环境、信誉等方面的各种风险。

(3) 确定风险事故

根据初步风险清单中整理的风险因素,分析与其相关联的各种潜在的损失或影响,明确工程风险事故及其发生原因。

3.7.3.2　工程风险识别路线的选择

工程风险识别是一项复杂的系统工程,风险识别的路线不同,最终识别结果也就不同,工程风险识别路线如下:(1) 按照工程承包的标段进行风险识别,即以每个标段作为风险识别单位进行风险识别;(2) 按照工程施工顺序进行风险识别,一般是在工程施工之前进行,可以根据类似工程来设想或模拟工程施工顺序,预测风险源和风险事件及其转化条件;(3) 按照相对独立的分项工程或分部工程进行风险识别,识别其动态风险管理过程存在的风险。

在查找风险源时,首先应将整个工程项目分解成若干分项工程,对逐个子项工程进行分析和识别,其次应熟悉各子项工程的施工顺序和技术措施,再次应了解类似工程的风险状况为本项目的风险识别提供借鉴,以此作为参考,分析当前进行工程风险识别的分项工程是否也存在类似的风险源。

3.7.4　风险筛选

根据风险识别的结果对工程风险进行二次识别,整理并筛选与工程活动直接相关的各项风险,删除其中与工程活动无关或影响极小的风险因素及事故,并进行进一步识别分析,确定是否有遗漏的风险点。

3.7.5　编制风险辨识报告

在工程风险识别和筛选的基础上,根据建设各方的具体要求,结合工程特点和需要,以表单形式给出详细的风险点,列出所有工程风险清单。

3.8　风险识别的成果

风险识别的成果是进行风险分析和评估的重要基础,同时,通过风险识别可以增强进行风险控制的信心，风险识别最主要的成果是风险清单，风险清单是记录和控制风险管理过程的一种方法，并且在做出决策时具有不可替代的作用，风险清单最简单的作用是描述存在的风险并记录可能减轻风险的行为。应设计出风险清单典型式样。

风险识别应确定风险的来源并分类，建立适合的风险指标体系。风险识别应提出风险指标体系和风险清单等成果。

第 4 章　隧道施工安全风险评估技术

隧道施工安全风险评估包括安全风险辨识、安全风险估计和安全风险评价三个部分，由于在第 3 章中对安全风险辨识进行了专门的论述，本章重点介绍安全风险估计和安全风险评价这两部分内容，隧道安全风险评估既可以作为整个风险管理过程中的前一个阶段，进行风险的静态评估，也可以作为一个独立的控制模块在风险控制中进行风险的动态评估，为了确保安全风险评估内容的系统性、完整性和便于独立运用，本章对风险评估的介绍还会涉及后面风险控制中的部分内容或涉及风险控制的内容时可参考文后风险控制的专门论述。

4.1　概　　述

4.1.1　隧道安全风险评估概念

安全风险评估(Risk assessment)，是指对安全风险进行识别、估计和评价，是辨识其不确定性及评价其影响程度的过程，或定义为包括安全风险辨识、安全风险分析和安全风险评价，对工程中存在的各种风险及其影响程度进行综合分析、对比排序的过程。

在实际工程运用中，安全风险评估是指以实现安全为目的，应用风险管理理论和安全系统工程原理和方法，对拟建或已有工程中的风险进行辨识，预测风险事故发生的可能性及其严重程度，提出科学、合理、可行的安全对策措施建议，做出评价结论的活动。安全风险评估可针对一个特定的对象，也可针对一定区域范围。

对工程进行安全评估，既是政府安全监督管理的需要，也是企业、生产经营单位搞好安全生产的重要保证。安全评估应贯穿工程整个生命周期的各个阶段。实际上隧道工程施工阶段安全风险的动态管理也表项为评估—控制—再评估—再控制……的一个动态管理过程。随着掌握信息量和深度的增加，安全风险评估过程是一个循环过程，类似于 PDCA 循环过程，该过程在安全风险管理计划(Plan)、实施 (Do)、检查 (Check)和评审改进(Action)中使安全风险管理计划不断完善，安全风险管理不断向着更高的目标发展，如图 4.1-1 所示，体现出了风险评估过程的动态特性。

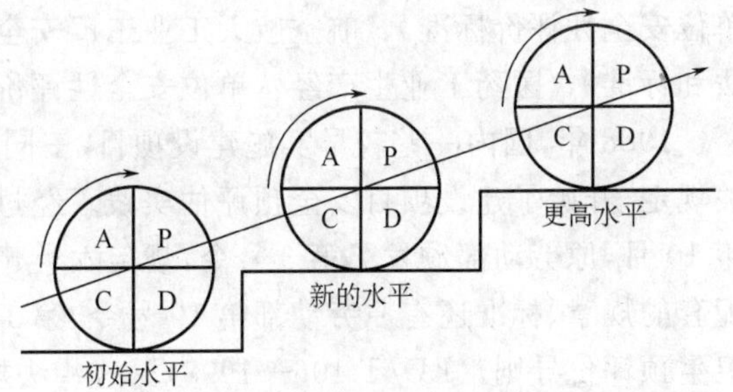

图 4.1-1　安全风险评估的 PDCA 循环

4.1.2　安全评估的产生、发展和现状

20 世纪 30 年代，随着保险业的发展需要，安全评估技术逐步发展起来。保险公司为客户承担各种风险，必然要收取一定的费用，而收取费用的多少是由所承担风险的大小决定的。因此，就产生了一个衡量风险程度的问题，这个衡量风险程度的过程就是当时的美国保险协会所

从事的风险评估。

安全评估技术在20世纪60年代得到了很大的发展，首先使用于美国军事工业。1969年7月美国国防部批准颁布了最具有代表性的系统安全军事标准《系统安全大纲要点》，首次奠定了系统安全工程的概念，以及设计、分析、综合等基本原则。该标准于1977年修订为MIL-STD-882A，1984年又修订为MIL-STD-882B，该标准对系统整个寿命周期内的安全要求、安全工作项目都作了具体规定。我国于1990年10月由国防科学技术工业委员会批准发布了《系统安全性通用大纲》(GJB 900—90)。MIL-STD-882系统安全标准从开始实施，就对世界安全和防火领域产生了巨大影响，迅速被日本、英国和其他欧洲各国引进使用。此后，系统安全工程方法陆续推广到航空、航天、核工业、石油、化工等领域，在当今安全科学中占有非常重要的地位。

1964年美国道(DOW)化学公司根据化工生产的特点，首先开发出《火灾、爆炸危险指数评价法》，用于对化工装置进行安全评估，该法1993年已发展到第七版。由于该评估方法日趋科学、合理、切合实际，在世界工业界得到一定程度的应用，引起各国的广泛研究、探讨，推动了评估方法的发展。1974年美国原子能委员会在没有核电站事故先例的情况下，应用系统安全工程分析方法，提出了著名的《核电站风险报告》(WASH-1400)，并被后来发生的核电站事故所证实。随着安全评估技术的发展，安全评估已在现代安全管理中占有十分重要的地位。

20世纪80年代初期，我国引入了安全系统工程，受到许多大中型生产经营单位和行业管理部门的高度重视。1987年原机械电子部首先提出了在机械行业内开展机械工厂安全评价，并于1988年1月1日颁布了第一个部颁安全评估标准《机械工厂安全性评价标准》，1997年又对其进行了修订。该标准的颁布实施，标志着我国机械工业安全管理工作进入了一个新的阶段。由原化工部劳动保护研究所提出的化工厂危险程度分级方法，是在吸收道化学公司火灾、爆炸危险指数评估方法的基础上，通过计算物质指数、物量指数和工艺参数、设备系数、厂房系数、安全系数、环境系数等，得到工厂的固有危险指数，进行固有危险性分级，用工厂安全管理的等级修正后，得到工厂的实际危险等级。

此外，我国有关部门还颁布了《石化生产经营单位安全性综合评价办法》、《电子生产经营单位安全性评价标准》、《航空航天工业工厂安全评价规程》、《兵器工业机械工厂安全性评价方法和标准》、《医药工业生产经营单位安全性评价通则》等。

1988年，国内一些较早实施建设项目“三同时”的省、市，根据原劳动部〔1988〕48号文的有关规定，开始了建设项目安全预评估实践。经过几年的实践，在初步取得经验的基础上，1996年10月，原劳动部颁发了第3号令，规定六类建设项目必须进行劳动安全卫生预评价。与之配套的规章、标准还有原劳动部第10号令、第11号令和部颁标准《建设项目(工程)劳动安全卫生预评价导则》(LD/T 106—1998)。这些法规和标准对进行预评估的时机、预评估承担单位的资质、预评估程序、预评估大纲和报告的主要内容等方面作了详细的规定，规范和促进了建设项目安全预评估工作的开展。

2002年6月29日，中华人民共和国第70号主席令颁布了《中华人民共和国安全生产法》，规定矿山建设项目和用于生产、储存危险物品的建设项目应进行安全条件论证和安全评估。2002年1月9日中华人民共和国国务院令344号发布了《危险化学品安全管理条例》，在规定了对危险化学品各环节管理和监督的同时，提出了“生产、储存、使用剧毒化学品的单位，应当对本单位的生产、储存装置每年进行一次安全评估；生产、储存、使用其他危险化学品的单位，应当对本单位的生产、储存装置每两年进行一次安全评估”的要求。《中华人民共和国安全生产法》和《危险化学品安全管理条例》的颁布，进一步推动了安全评估工作向更广、更深的方向发展。

2006 年 9 月国家安全生产监督管理总局令第 8 号《危险化学品建设项目安全许可实施办法》的公布实施，使我国对危险化学品建设项目安全管理提升到一个新的高度。

2007 年 1 月 4 日，国家安全生产监督管理总局发布《安全评价通则》(AQ 8001—2007)、《安全预评价导则》(AQ 8002—2007)、《安全验收评价导则》(AQ 8003—2007)三个安全生产行业标准，上述三个标准于 2007 年 4 月 1 日开始实施，其他相应的安全评估导则也正在制定之中。

截止到 2007 年底，我国经安全监管部门审查批准的甲级资质安全评估机构 165 家，由省级安全监管部门审查批准的乙级安全评估机构 470 家，国家注册安全评估人员已达 17 600 余人，安全评估从业人员已达到 5 万余人。

2007 年，建设部发布了《地铁及地下工程建设风险管理指南》，同年，铁道部发布了《铁路隧道风险评估与管理暂行规定》，安全风险评估和安全评价技术也在地下工程领域开始应用推广和逐步规范。

4.1.3　安全评估的目的和意义

4.1.3.1　安全评估的目的

安全评估的目的是查找、分析和预测工程、系统、生产经营活动中存在的危险、有害因素及可能导致的危险、危害后果和程度，提出合理可行的安全对策措施，指导危险源监控和事故预防，以达到最低事故率、最少损失和最优的安全投资效益。安全评估要达到的目的包括以下几个方面。

(1) 提高系统本质安全化生产。通过安全评估，对工程或系统的设计、建设等过程中存在的事故和事故隐患进行科学分析，针对事故和事故隐患发生的各种可能原因事件和条件，提出消除危险源和降低风险的安全技术措施方案，特别是从技术方案上采取相应措施，设置多重安全屏障，实现生产过程的本质安全化。

(2) 实现全过程安全控制。在设计前进行安全评估，可以避免选用不安全的工艺流程和危险的原材料以及不合适的设备、设施，或当必须采用时，提出降低或消除危险的有效方法。设计之后进行的安全评估，可以查出设计中的缺陷和不足，及早采取改进和预防措施。系统建成以后运行阶段进行的安全评估，可以了解系统的现实危险性，为进一步采取降低危险性的措施提供依据。

(3) 建立系统安全的最优方案，为决策者提供依据。通过安全评估，分析系统存在的危险源及其分布部位、数目，预测事故发生的概率、事故严重度，提出应采取的安全对策措施等。为决策者选择系统安全最优方案和管理决策提供依据。

(4) 为实现安全技术、安全管理的标准化和科学化创造条件。通过对设备、设施或系统在生产过程中的安全性是否符合有关技术标准、规范、相关规定的评价，对照技术标准、规范，找出存在的问题和不足，实现安全技术和安全管理的标准化、科学化。

4.1.3.2　安全评估的意义

安全评估可有效地预防事故发生，减少财产损失和人员伤亡。安全评估是从系统安全的角度出发，分析、论证和评估可能产生的损失和伤害及其影响范围、严重程度，提出应采取的对策措施等。安全评估的意义可概括为以下几个方面：

（1）安全评估是安全生产管理的一个必要组成部分。“安全第一，预防为主，综合治理”是我国安全生产的基本方针，作为预测、预防事故重要手段的安全评估，对贯彻安全生产方针起着十分重要的作用，通过安全评估可确认生产经营单位是否具备必要的安全生产条件，是否在生产过程中贯彻安全生产方针和“以人为本”的管理理念。

（2）有助于政府安全监督管理部门对生产经营单位的安全生产实行宏观控制。安全预评估能有效地提高工程安全设计的质量和投产后的安全可靠程度；安全验收评估是根据国家有关安全生产法律法规、规章、标准、规范对安全设施、设备、装备等进行的符合性评估，提高安全达标水平；安全现状评估可客观地对生产经营单位和工程现状安全水平作出结论，使生产经营单位不仅了解可能存在的危险性，而且明确了改进的方向，同时也为安全监督管理部门了解生产经营单位安全生产现状、实施宏观调控打下基础。

（3）有助于安全投资的合理选择。安全评估不仅能确认系统的危险性，而且能进一步考虑危险性发展为事故的可能性及事故造成损失的严重程度，并以此说明系统危险可能造成负效益的大小，合理地选择控制措施，确定安全措施投资的多少，从而使安全投入和可能减少的负效益达到合理的平衡。

（4）有助于提高生产经营单位的安全管理水平。安全评估可以使生产经营单位安全管理变事后处理为事先预测、预防。通过安全评估，可以预先识别系统的危险性，分析生产经营单位的安全状况，全面地评估系统及各部分的危险程度和安全管理状况，促使生产经营单位达到规定的安全要求。

（5）有助于生产经营单位提高经济效益。安全预评估可减少项目建成后由于安全要求引起的调整和返工建设；安全验收评估可将潜在事故隐患在设施开工运行前及时消除；安全现状评价可使生产经营单位较好了解可能存在的危险，并为安全管理提供依据。生产经营单位的安全生产水平的提高可带来经济效益的提高，使生产经营单位真正实现安全生产和经济效益的同步增长。

4.2　安全评估的分类

按照国家安全生产行业标准《安全评价通则》（AQ 8001—2007），安全评估按照实施阶段的不同分为安全预评估、安全验收评估和安全现状评估三类。

4.2.1　安全预评估

安全预评估是在建设项目规划阶段、可行性研究阶段或生产经营活动组织实施之前，根据相关的基础资料，辨识与分析建设项目、生产经营活动潜在的危险、有害因素，确定其与安全生产法律法规、规章、标准、规范的符合性，预测发生事故的可能性及其严重程度，提出科学、合理、可行的安全对策措施建议，做出安全评估结论的活动。

安全预评估对落实建设项目安全生产“三同时”、制订安全生产规划、降低生产经营活动事故风险提供技术支撑。安全预评估是应用安全评估的原理和方法对系统（建设项目、生产经营活动）中存在的危险、有害因素及其危害性进行预测性评价。为保障评价对象建成或实施后能安全运行，安全预评估应从评价对象的总图布置、功能分布、工艺流程、设施、设备、装置等方面提出安全技术对策措施；从评价对象的组织机构设置、人员管理、物料管理、应急救援管理等方面提出安全管理对策措施；从保证评价对象安全运行的需要提出其他安全对策措施。

安全预评估结论应简要列出主要危险、有害因素评价结果，指出评估对象应重点防范的重大危险有害因素，明确应重视的安全对策措施建议，明确评估对象潜在的危险、有害因素在采取安全对策措施后，能否得到控制以及受控的程度如何。给出评估对象从安全生产角度是否符合国家有关法律法规、标准、规章、规范的要求。

通过安全预评估形成的安全预评估报告，将作为建设项目报批或开工的文件之一，向政府安全生产监管、监察部门、行业主管部门提供的同时，也提供给建设单位、设计单位、业主，作为项目最终设计的重要依据文件之一。建设单位、设计单位、业主在项目设计阶段、建设阶段和运营时期，必须落实安全预评估所提出的各项措施，切实做到建设项目在设计中的“三同时”。

4.2.2　安全验收评估

安全验收评估是在建设项目竣工后正式生产运行前或建设完成后，通过检查建设项目安全设施与主体工程同时设计、同时施工、同时投入生产和使用的情况或生产区内的安全设施、设备、装置投入生产和使用的情况，检查安全生产管理措施到位情况，检查安全生产规章制度健全情况，检查事故应急救援预案建立情况，审查确定建设项目、工业园区、建设满足安全生产法律法规、规章、标准、规范要求的符合性，从整体上确定建设项目、工业园区的运行状况和安全管理情况，做出安全验收评估结论的活动。

安全验收评估通过对建设项目实际存在的危险、有害因素引发事故的可能性及其严重程度进行预测性评估，评估对象运行后存在的危险、有害因素及其危险危害程度，明确给出评估对象是否具备安全验收的条件，对达不到安全验收要求的评估对象，明确提出整改措施建议。

安全验收评估是为安全验收进行的技术准备。在安全验收评估中要查看评估对象前期(安全预评估、可行性研究报告、初步设计等)对安全生产保障等内容的实施情况和相关对策措施建议的落实情况，评估对象的安全对策措施的具体设计、安装施工情况有效保障程度，评估对象的安全对策措施在试投产中的合理有效性和安全措施的实际运行状况，评估对象的安全管理制度和事故应急预案的建立与实际开展和演练有效性。最终形成的安全验收评估报告将作为建设单位向政府安全生产监督管理机构申请建设项目安全验收审批的依据。另外，通过安全验收评估还可检查生产经营单位的安全生产保障、安全管理制度，确认《安全生产法》的落实。

4.2.3　安全现状评估

安全现状评估是针对生产经营活动中、工业园区内的事故风险、安全管理等情况，辨识与分析其存在的危险、有害因素，审查确定其与安全生产法律法规、规章、标准、规范要求的符合性，预测发生事故或造成职业危害的可能性及其严重程度，提出科学、合理、可行的安全对策措施建议，做出安全现状评估结论的活动。

安全现状评估既适用于对一个生产经营单位的评估，也适用于某一特定的生产方式、生产工艺、生产装置或作业场所的评估。

这种对在生产经营中事故风险及安全管理等状况进行的现状评估，是根据政府有关法律法规、规章、标准、规范的规定或是根据生产经营单位安全管理的要求进行的，主要内容如下：

(1) 全面收集安全评估所需的国内外相关法律法规、标准、规章、规范等信息资料，采用合适的安全评估方法，对评估对象发生事故的可能性及其严重程度进行定性、定量评估。

(2) 对于可能造成重大后果的事故隐患，采用相应的评估数学模型，进行事故模拟，预测极端情况下的影响范围，分析事故的最大损失，以及发生事故的概率。

(3) 依据危险、有害因素辨识结果与定性、定量评价结果，遵循针对性、技术可行性、经济合理性的原则，提出消除或减弱危险、危害的技术和管理措施建议。

(4) 按照针对性和重要性的不同，提出整改措施与建议可分为应采纳和宜采纳两种类型。

形成的安全现状评估报告的内容应纳入生产经营单位安全隐患整改和安全管理计划，并按计划加以实施和检查。

4.3 安全评估的内容

安全评估主要内容包括：高度概括评估结果；从风险管理角度给出评估对象在评估时与国家有关安全生产的法律法规标准、规范的符合性结论；给出事故发生的可能性和严重程度的预测性结论以及采取安全对策措施后的安全状态等。

4.3.1 安全预评估内容

(1) 前期准备工作应包括：明确评估对象和评估范围；组建评估组；收集国内外相关法律法规、标准、行政规章、规范；收集并分析评估对象的基础资料、相关事故案例；对类比工程进行实地调查等内容。

(2) 辨识和分析评估对象可能存在的各种危险、有害因素；分析危险、有害因素发生作用的途径及其变化规律。

(3) 评估单元划分应考虑安全预评估的特点，以自然条件、基本工艺条件、危险、有害因素分布及状况、便于实施评估为原则进行。

(4) 根据评估的目的、要求和评估对象的特点、工艺、功能或活动分布，选择科学、合理、适用的定性、定量评估方法对危险、有害因素导致事故发生的可能性及其严重程度进行评估。

对于不同的评估单元，可根据评估的需要和单元特征选择不同的评估方法。

(5) 为保障评估对象建成或实施后能安全运行，应从评估对象的总图布置、功能分布、工艺流程、设施、设备、装置等方面提出安全技术对策措施；从评估对象的组织机构设置、人员管理、物料管理、应急救援管理等方面提出安全管理对策措施；其他安全对策措施。

(6) 评估结论

应概括评估结果，给出评估对象在评估时的条件下与国家有关法律法规、标准、行政规章、规范的符合性结论，给出危险、有害因素引发各类事故的可能性及其严重程度的预测性结论，明确评估对象建成或实施后能否安全运行的结论。

4.3.2 安全验收评估内容

安全验收评估主要包括：危险、有害因素的辨识与分析；符合性评估和危险危害程度的评估；安全对策措施建议；安全验收评估结论等内容。

安全验收评估主要从以下方面进行评估：评估对象前期(安全预评估、可行性研究报告、初步设计等)对安全生产保障等内容的实施情况和相关对策措施建议的落实情况；评估对象的安全对策措施的具体设计、安装施工情况有效保障程度；评估对象的安全对策措施在试投产中的合理有效性和安全措施的实际运行情况；评估对象的安全管理制度和事故应急预案的建立与实际开展和演练有效性。

(1) 前期准备工作包括:明确评估对象及其评估范围;组建评估组;收集国内外相关法律法规、标准、行政规章、规范;安全预评估报告、初步设计文件、施工图、工程监理报告、工业园区规划设计文件,各项安全设施、设备、装置检测报告、交工报告、现场勘察记录、检测记录,查验特种设备使用、特种作业、从业等许可证件,典型事故案例、事故应急预案及演练报告、安全管理制度台账、各级各类从业人员安全培训落实情况等实地调查收集到的基础资料。

(2) 参考安全预评估报告,根据周边环境、平立面布局、生产工艺流程、辅助生产设施、公用工程、作业环境、场所特点或功能分布,分析并列出危险、有害因素及其存在部位、重大危险源的分布、监控情况。

(3) 划分评估单元应符合科学、合理的原则。评估单元可按以下内容划分:法律、法规等方面的符合性;设施、设备、装置及工艺方面的安全性;物料、产品安全性能;公用工程、辅助设施配套性;周边环境适应性和应急救援有效性;人员管理和安全培训方面充分性等。

评估单元的划分应能够保证安全验收评估的顺利实施。

(4) 根据建设项目建设的实际情况选择适用的评估方法。同时,要做符合性评估以及事故发生的可能性及其严重程度的预测。

1) 符合性评估:检查各类安全生产相关证照是否齐全,审查、确认主体工程建设、工业园区建设是否满足安全生产法律法规、标准、行政规章、规范的要求,检查安全设施、设备、装饰是否已与主体工程同时设计、同时施工、同时投入生产和使用,检查安全生产管理措施是否到位,安全生产规章制度是否健全,是否建立了事故应急救援预案。

2) 事故发生的可能性及其严重程度的预测:采用科学、合理、适用的评估方法对建设项目实际存在的危险、有害因素引发事故的可能性及其严重程度进行预测性评估。

(5) 安全对策措施建议

根据评估结果,依照国家有关安全生产的法律法规、标准、行政规章、规范的要求,提出安全对策措施建议。安全对策措施建议应具有针对性、可操作性和经济合理性。

(6) 安全验收评估结论

安全验收评估结论应包括:符合性评估的综合结果;评估对象运行后存在的危险、有害因素及其危险危害程度;明确给出评估对象是否具备安全验收的条件。对达不到安全验收要求的评估对象明确提出整改措施建议。

4.4 安全评估的流程与程序

4.4.1 安全风险评估流程(图 4.4-1)

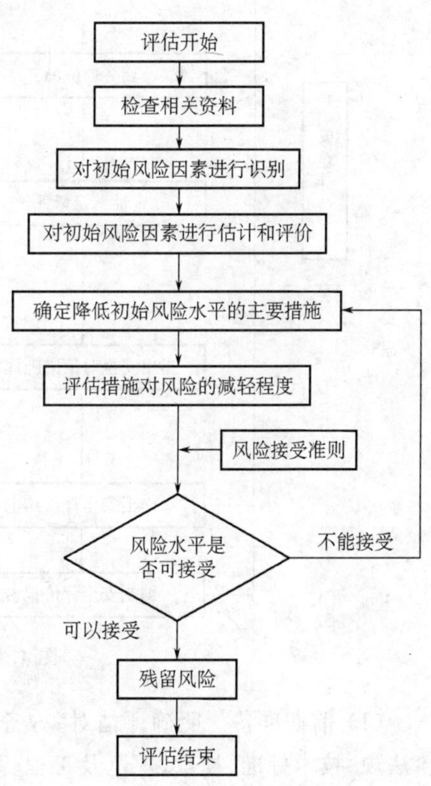

图 4.4-1 安全风险评估流程

安全风险估计和评价应建立合理、通用、简洁和可操作的风险评估模型,并按下列基本程序进行:

(1) 对初始风险进行估计，分别确定各风险因素对目标风险发生的概率和损失。风险概率难以取得时，可采用风险频率代替；

(2) 分析各风险因素对目标风险的影响程度；

(3) 评价初始风险等级；

(4) 根据评价结果制定相应的风险处理方案或措施；

(5) 对风险进行再评价，提出残留风险。

4.4.2 安全风险评价基本程序

另一种常用的安全评价基本程序(图 4.4-2)与上述安全评估程序类似，该安全评价程序包括：前期准备，辨识与分析危险、有害因素，划分评价单元，定性、定量评价，提出安全对策措施建议，作出安全评价结论，编制安全评价报告。

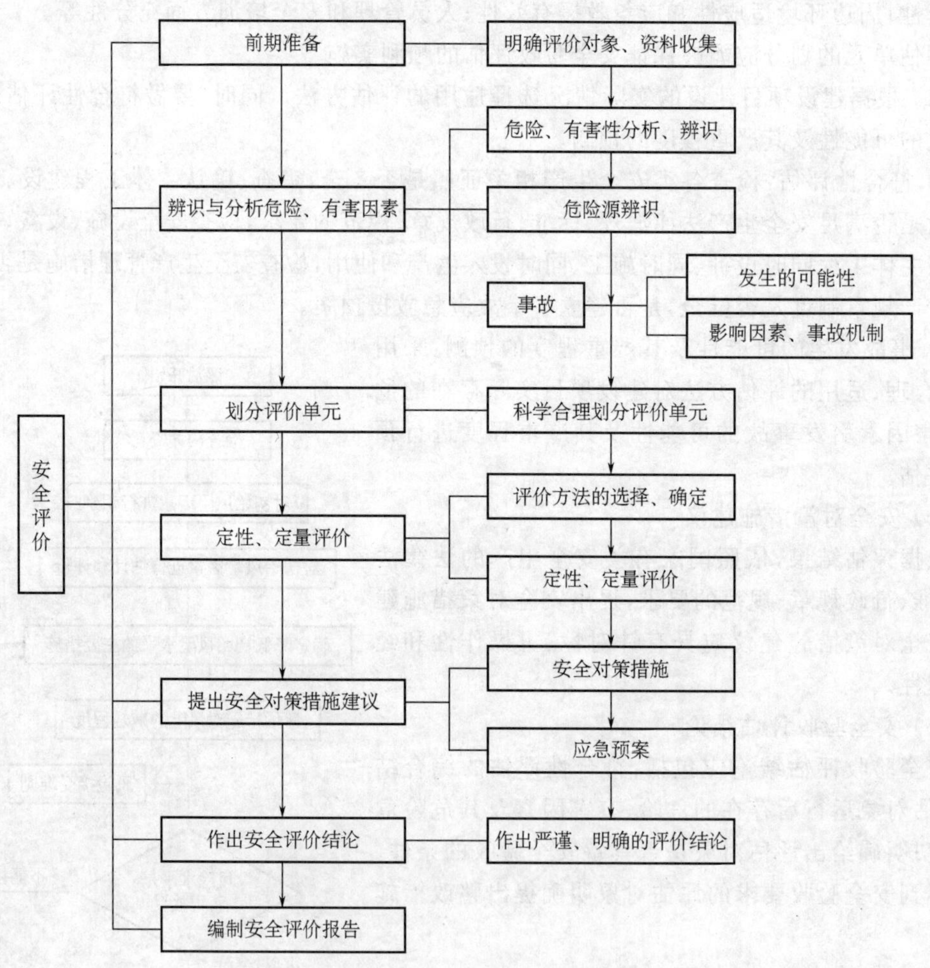

图 4.4-2　安全评估的基本程序

(1) 前期准备。明确评估对象，备齐有关安全评估所需的设备、工具，收集国内外相关法律法规、技术标准、规章、规范及工程、系统的技术资料等资料。

(2) 辨识与分析危险、有害因素。根据评估对象的具体情况，辨识和分析危险、有害因素，确定危险、有害因素存在的部位、方式，以及事故发生的途径和变化规律。这一部分内容在第

3 章中有专门的论述。

(3) 划分评估单元。在辨识和分析危险、有害因素的基础上,划分评估单元。评估单元的划分应科学、合理,便于实施评估、相对独立且具有明显的特征界限。

(4) 定性、定量评估。根据评估单元的特征,选择合理的评估方法,对评估对象发生事故的可能性及其严重程度进行定性、定量评估。

(5) 对策措施建议。依据危险、有害因素辨识结果与定性、定量评估结果,遵循针对性、技术可行性、经济合理性的原则,提出消除或减弱危险、有害因素的技术和管理措施建议。这一部分内容有专门的论述。

对策措施建议应具体翔实、具有可操作性。按照针对性和重要性的不同,措施和建议可分为应采纳和宜采纳两种类型。

(6) 安全评估结论。根据客观、公正、真实的原则,严谨、明确地做出安全评估结论。安全评估结论的内容应包括高度概括评估结果,从风险管理角度给出评估对象在评估时与国家有关安全生产的法律法规、标准、规章、规范的符合性结论,给出事故发生的可能性和严重程度的预测性结论,以及采取安全对策措施后的安全状态等。

(7) 安全评估报告的编制。依据安全评估的结果编制相应的安全评估报告。安全评估报告应全面、概括地反映安全评估过程的全部工作,文字应简洁、准确,提出的资料应清楚可靠,论点明确,利于阅读和审查。

安全评估报告是安全评估过程的具体体现和概括性总结;是评估对象完善自身安全管理、应用安全技术等方面的重要参考资料;是由第三方出具的技术性咨询文件,可为政府安全生产管理、安全监察部门、行业主管部门等相关单位对评估对象的安全行为进行法律法规、标准、行政规章、规范的符合性判别所用;是评估对象实现安全运行的技术性指导文件。

4.5　评估单元的划分

4.5.1　评估单元定义

评估单元就是在危险、有害因素辨识与分析的基础上,根据评估目标和评估方法的需要,将系统分成若干有限的、确定范围的、可分别进行评估的、相对独立的子系统。

4.5.2　评估单元划分的原则和方法

评估单元的划分应服务于评估目标和评估方法,而评估目标各有不同,各种评估方法又有各自的特点,因此只要能达到评估目的,评估单元的划分并没有绝对统一的要求,但应遵守以下的原则和方法。

4.5.2.1　以危险、有害因素的类别为主划分评估单元

(1) 在进行工艺方案、总体布置及自然条件、社会环境对系统影响等方面的分析和评估时,可将整个系统作为一个评估单元。

(2) 将具有共性危险、有害因素的场所和装置划分为一个评估单元。再按工艺、物料、作业特点划分成子单元分别评估。

4.5.2.2　以装置和物质的特征划分评估单元

(1) 按照装置、工艺、功能划分评估单元

(2) 按布置的相对独立性划分评估单元

1）可以将以安全距离、防火墙、防火堤、隔离带等与其他装置隔开的区域或装置作为一个评估单元。

2）在储存区域内，可以将在一个共同的防火墙或防火建筑物内的储罐或储存空间作为一个评估单元。

(3) 按工艺条件划分评估单元

1）可按操作温度、压力范围的不同来划分评估单元。

2）可按开车、加料、卸料、正常运转、加入添加剂、检修等不同作业条件来划分评估单元。

(4) 按所储存、处理危险物质的潜在化学能、毒性和危险物质的数量划分评估单元

1）在一个储存区域内储存不同危险物质时，为了能够正确识别其相对危险性，可按照危险物质的类别划分成不同的评估单元。

2）为避免夸大评估单元的危险性，评估单元内的可燃、易燃、易爆等危险物质应有最低限量。在美国道化学公司火灾、爆炸危险指数评估法(第七版)中就要求：评估单元内可燃、易燃、易爆等危险物质的最低限量为 2 270 kg 或 2.27 m^3；小规模实验工厂上述物质的最低限量为 454 kg 或 0.545 m^3。若低于该要求不能列为评估单元。

(5) 根据以往事故资料划分评估单元

1）可将发生事故时能导致停产、波及范围大、造成巨大损失和伤害的关键设备作为一个评估单元。

2）可将危险、有害因素大且资金密度大的区域作为一个评估单元。

3）可将危险、有害因素特别大的区域、装置作为一个评估单元。

4）可将具有类似危险性潜能的单元合并为一个大的评估单元。

4.5.2.3 依据各种评估方法的有关具体规定划分评估单元

参见有关评估方法的具体要求。

4.6 安全评估方法分类

安全评估方法是对系统中的危险性、危害性进行分析评估的工具。安全评估方法分类的目的是为了根据安全评估对象和评估目标选择适用的评估方法。安全评估方法的分类方法很多，有按评估结果的量化程度分类法、按评估的推理过程分类法、按针对的系统性质分类法、按安全评估要达到的目的分类法等。其中常用的是按评估结果的量化程度进行分类。按照安全评估结果的量化程度，安全评估方法可分为定性安全评估法和定量安全评估法。

4.6.1 定性安全评估方法

目前定性安全评估方法在国内外企业安全管理工作中被广泛使用。定性安全评估方法主要是根据经验和直观判断对生产系统的工艺、设备、设施、环境、人员和管理等方面的状况进行定性的分析，安全评估的结果是一些定性的指标，如是否达到了某项安全指标、事故类别和导致事故发生的因素等。

定性的评估方法一般都是以表格分析的形式出现。常用的定性安全评估方法有安全检查表、预先危险性分析法、因果分析图法、故障假设分析法、故障类型和影响分析法、作业条件危险性评估分析法(格雷厄姆—金尼法或 LEC 法)、危险可操作性研究分析法、人员可靠性分析法、风险指数矩阵分析法等。

4.6.2　定量安全评估方法

定量安全评估是用系统事故发生概率和事故严重程度来评估，通常基于大量的实验结果和广泛的事故资料统计分析获得的指标或规律(数学模型)，对生产系统的工艺、设备、设施、环境、人员和管理等方面的状况进行定量的计算，安全评估的结果是一些定量的指标，如事故发生的概率、重要度、事故的伤害(或破坏)范围、定量的危险度等。

按照安全评估给出的定量结果的类别不同，定量安全评估方法还可以分为概率风险评估法、伤害(或破坏)范围评估法和危险指数评估法。

(1) 概率风险评估法

概率风险评估法是根据事故的基本致因因素的事故发生概率，应用数理统计中的概率分析方法，求取整个评估系统的事故发生概率的安全评估方法。

常用的概率风险评估方法包括：故障类型和影响分析法、事故树分析法、事件树分析法等。

概率风险评估法是建立在大量的实验数据和事故统计分析基础之上的，因此评估结果的可信程度较高，由于能够直接给出系统的事故发生概率，因此便于各系统可能性大小的比较。特别是对于同一个系统，概率风险评估法可以给出发生不同事故的概率，便于不同事故可能性的比较。但该类评估方法要求数据准确、充分，分析过程完整，判断和假设合理，特别是需要准确地给出基本致因因素的事故发生概率，显然这对一些复杂、存在不确定因素的系统是十分困难的。在实际工作中，由于数据不足或资料不准确，可比条件与环境不易确定等原因，在系统设计过程初期是很难用概率风险评估法定量地估算出风险大小，但在预计风险值和确定特定事件发生概率时仍有很高的实用价值。随着计算机在安全评估中的应用，模糊数学理论、灰色系统理论和神经网络理论已经应用到安全评估之中，弥补了该类评估方法的一些不足，扩大了概率风险评估法的应用范围。

概率风险评估法在核电站应用广泛，是复杂系统安全评估的重要方法，在核工业、化工及航天领域安全工作中得到重视。随着社会的发展，概率风险评估法中常用评估法如事故树、事件树等方法也被广大安全评估工作人员使用。

(2) 危险指数评估法

危险指数评估法是应用系统的事故危险指数模型，根据系统及其物质、设备(设施)和工艺的基本性质和状态，采用推算的办法，逐步给出事故的可能损失、引起事故发生或使事故扩大的设备、事故的危险性以及采取安全措施的有效性的安全评估方法。

常用的危险指数评估法有：DOW 化学火灾、爆炸危险指数评估法，ICI 蒙德火灾、爆炸、毒性指数评估法，易燃、易爆、有毒重大危险源评估法等。

在危险指数评估法中，由于指数的采用，使得系统结构复杂、难以用概率计算事故可能性的问题，通过划分为若干个评估单元的办法得到了解决。这种评估方法，一般将有机联系的复杂系统，按照一定的原则划分为相对独立的若干个评估单元，针对评估单元逐步推算事故可能损失和事故危险性以及采取安全措施的有效性，再比较不同评估单元的评估结果，确定系统最危险的设备和条件。评估指数值同时含有事故发生可能性和事故后果两方面的因素，避免了事故概率和事故后果难以确定的缺点。

该类评估方法的缺点是，采用的安全评估模型对系统安全保障设施(或设备、工艺)功能的重视不够，评估过程中的安全保障设施(或设备、工艺)的修正系数，一般只与设施(或设备、工艺)的设置条件和覆盖范围有关，而与设施(或设备、工艺)的功能多少、优劣等无关;特别是忽略了系统中的危险物质和安全保障设施(或设备、工艺)间的相互作用关系;而且,给定各因素的修正系数后,这些修正系数只是简单地相加或相乘,忽略了各因素之间的重要度的不同。

因此,使得该类评估方法,只要系统中危险物质的种类和数量基本相同,系统工艺参数和空间分布基本相似,即使不同系统服务年限有很大不同而造成实际安全水平已经有了很大的差异,其评估结果也是基本相同的,从而导致该类评估方法的灵活性和敏感性较差。

(3) 伤害(或破坏)范围评估法

伤害(或破坏)范围评估法是根据事故的数学模型,应用计算数学方法,求取事故对人员的伤害范围或对物体的破坏范围的安全评估方法。液体泄漏模型、气体泄漏模型、气体绝热扩散模型、池火火焰与辐射强度评估模型、火球爆炸伤害模型、爆炸冲击波超压伤害模型、蒸气云爆炸超压破坏模型、毒物泄漏扩散模型和锅炉爆炸伤害 TNT 当量法都属于伤害(或破坏)范围评估法。

伤害(或破坏)范围评估法是应用数学模型进行计算,只要计算模型以及计算所需要的初值和边值选择合理,就可以获得可信的评估结果。评估结果是事故对人员的伤害范围或(和)对物体的破坏范围,因此评估结果直观、可靠,评估结果可用于危险性分区,同时还可以进一步计算伤害区域内的人员及其人员的伤害程度,以及破坏范围内物体损坏程度和直接经济损失。但该类评估方法计算量比较大,一般需要使用计算机进行计算,计算的初值和边值选取往往比较困难,而且评估结果对评估模型和初值、边值的依赖性很大,评估模型或初值、边值选择稍有不当或偏差,评估结果就会出现较大的失真。因此,该类评估方法适用于系统的事故模型和初值、边值比较确定的安全评估。

4.7 安全评估方法的选择

4.7.1 安全评估方法选择的原则

任何一种安全评估方法都有其适用条件和范围,在安全评估中如果使用了不适用的安全评估方法,不仅浪费工作时间,影响评估工作正常开展,而且导致评估结果严重失真,安全评估失败。因此,在安全评估中,合理选择安全评估方法是十分重要的。

在进行安全评估时,应该在认真分析并熟悉被评估系统的前提下,选择安全评估方法。选择安全评估方法应遵循充分性、适应性、系统性、针对性和合理性的原则。

(1) 充分性原则

充分性是指在选择安全评估方法之前,应该充分分析评估的系统,掌握足够多的安全评估方法,并充分了解各种安全评估方法的优缺点、适用条件和范围,同时为安全评估工作准备充分的资料,供选择评估方法时参考和使用。

(2) 适应性原则

适应性是指选择的安全评估方法应该适应被评估的系统。被评估的系统可能是由多个子系统构成的复杂系统,评估的各子系统可能有所不同,应根据系统和子系统、工艺的性质和状态,选择适当的安全评估方法。

(3) 系统性原则

系统性是指安全评估方法与被评估的系统所能提供安全评估的初值和边值条件应形成一个和谐的整体。安全评估方法获得的可信的安全评估结果,是必须建立在真实、合理和系统的基础数据之上的，被评估的系统应该能够提供所需的系统化数据和资料。

(4) 针对性原则

针对性是指所选择的安全评估方法应该能够提供所需的结果。由于评估的目的不同，需要安全评估提供的结果可能不同，只有安全评估方法能够给出所要求的结果，才能满足评估目的的要求。

(5) 合理性原则

在满足安全评估目的、能够提供所需的安全评估结果的前提下，应该选择计算过程最简单、所需基础数据最少和最容易获取的安全评估方法，使安全评估工作量和要获得的评估结果都是合理的。

4.7.2 安全评估方法选择过程

各种安全评估方法在实际应用中如何选取，要具体问题具体分析，对于特定的环境和资源条件，应根据系统的特点，选用不同的评估方法，以提高评估的准确性，有效地消除或控制系统中的危险、有害因素，达到安全生产的目的。不同的评估系统，可以选择不同的安全评估方法，安全评估方法一般可按如图 4.7-1 所示的步骤来选择。

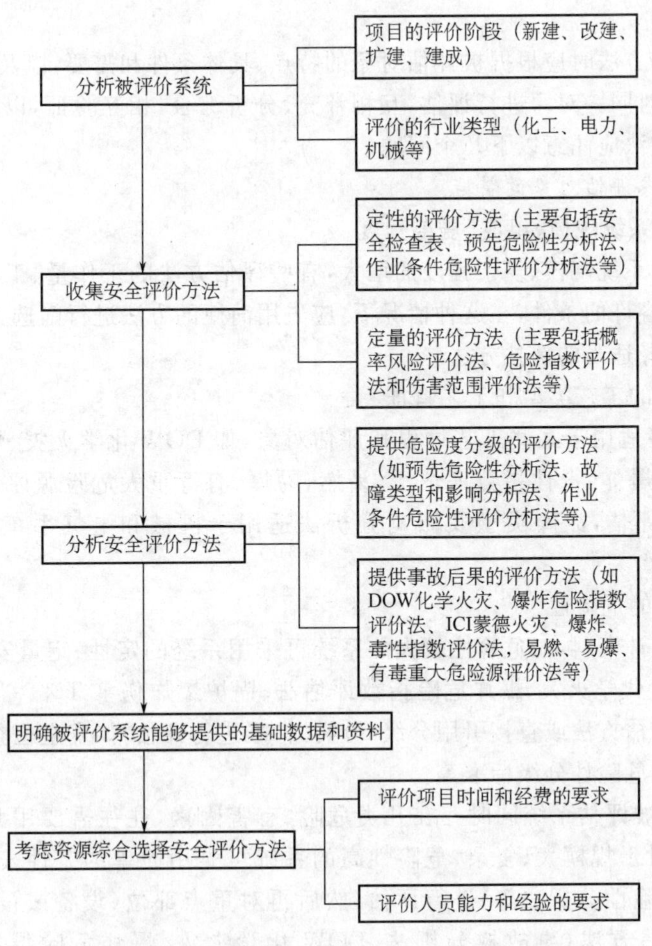

图 4.7-1　安全评估方法选择过程

在选择安全评估方法时，首先应详细分析被评估的系统，明确通过安全评估要达到的目标，即通过安全评估需要给出哪些、什么样的安全评估结果；然后应收集尽量多的安全评估方法；将安全评估方法进行分类整理；明确被评估的系统能够提供的基础数据、工艺和其他资料；最后，根据安全评估要达到的目标以及所需的基础数据、工艺和其他资料，选择适用的安全评估方法。

4.7.3 选择安全评估方法应注意的问题

安全评估方法多种多样，各有其适用对象，各有其优缺点，各有其局限性。许多方法是利用过去发生过的事件的概率和危害程度做出推断，往往对高风险性事件更为关注，而高风险事件通常发生概率很小，概率值误差很大，因此在预测低风险事件危险度时可能会得出不符合实际的判断。有时在利用定量评估方法计算绝对危险度时，选取事件的发生频率和事故的严重度的基准标准不准时可能得出的结果会有高达数倍的不准确性。另外，方法的误用也会导致错误的评估结果。

企业为了某项工作的需要，请专业的安全评估机构进行安全评估，参加安全评估的人员都是专业的安全评估人员，他们有丰富的安全评估工作积累，掌握很多安全评估方法，甚至有专用的安全评估软件，因此可以使用定性、定量安全评估方法对评估的系统进行深入的分析和系统的安全评估。

选用安全评估方法时应根据被评估对象的特点、具体条件和需要，以及安全评估方法的特点，选用几种方法对同一对象进行评估，互相补充、分析综合、相互验证，以提高评估结果的准确性。选择评估方法应注意以下几个问题。

4.7.3.1 充分考虑评估对象的特点

(1) 被评估的系统规模、组成、复杂程度

随着被评估的系统规模、复杂程度的增大，有些评估方法的工作量、工作时间和费用相应的增大，甚至超过容许的条件，在这种情况下，应先用简捷的方法进行筛选，然后确定需要评估的详细程度，再选择适当的评估方法。

(2) 评估对象的工艺类型和工艺特征

评估方法大多适用于某些工艺过程和评估对象，如 DOW 化学火灾、爆炸危险指数评估法、ICI 蒙德火灾、爆炸、毒性指数评估法，易燃、易爆、有毒重大危险源评估法适用于化工类工艺过程的安全评估，故障类型及影响分析法适用于机械和电气系统硬件、装置的安全评估。

(3) 评估对象的危险性

根据过去的统计资料，对危险性较大的系统可采用系统的定性、定量安全评估方法，如事故树分析法、DOW 化学火灾、爆炸危险指数评估法、锅炉爆炸伤害 TNT 当量法等。反之，可采用经验的安全评估方法或直接引用分级(分类)标准进行评估，如安全检查表、直观经验法或直接引用高处坠落危险性分级标准等。

一般而言，若被评估系统同时存在几类危险、有害因素，往往需要用几种安全评估方法分别进行评估。对于规模大、复杂、危险性高的系统可先用简单的定性安全评估方法(如安全检查表、预先危险性分析法等)进行评估，然后再对重点部位(设备或设施)采用系统的定性或定量安全评估方法(事故树分析法、DOW 化学火灾、爆炸危险指数评估法等)进行评估。

4.7.3.2　评估的具体目标

虽然对系统评估的最终目的是评估系统的危险性(危害性)，但在具体评估中可以根据需要(或客户提出要求)对系统提出不同的评估目标，由于评估目标不同，要求的最终评估结果是不同的，如危险(危害)等级、事故概率、事故造成的经济损失、危险区域(半径)等，因此需要根据评估目标选择适用的安全评估方法。

4.7.3.3　评估资料的占有情况

如果被评估系统技术资料、数据齐全，可进行定性、定量评估并选择合适的定性、定量评估方法。反之，如果是一个正在设计的系统、缺乏足够的数据资料或工艺参数不全，则只能选择较简单的、需要数据较少的安全评估方法(如预先危险性分析法)。有些评估方法特别是定量的评估方法，应用时需要有必要的统计数据(如事件、故障发生的概率，评估目标所需的参数值等)作依据，如果缺少这些数据，就必然限制了这些定量评估方法的应用。

4.7.3.4　其　　他

主要包括安全评估人员的知识、经验、完成评估工作的时限、经费支持情况、评估单位设施配备和评估人员及管理人员的习惯、爱好等。如一个企业进行安全评估的目的是为了提高全体员工的安全意识，需要全体员工的参与，使他们能够识别出与自己作业相关的危险有害因素，找出事故隐患，树立“以人为本”的安全理念，全面提高企业的安全管理水平。安全评估人员可根据经验采用较简单的安全评估方法(如作业条件危险性评估分析法)，提供危险性的分级，便于员工理解、掌握和使用。

4.7.4　评估方法的选择与比较

在安全评估过程中，选择安全评估方法的要求以及各种评估类型中通常选择的评估方法见表 4.7-1。常用的评估方法在系统寿命周期内的适用情况见表 4.7-2。各种常用评估方法的比较见表 4.7-3。

表 4.7-1　选择安全评估方法的要求及各种评估类型中选择的评估方法表

评估类型	选择安全评估方法的要求	推荐使用的评估方法	不推荐使用的评估方法
安全预评估	① 根据评估的目的、要求和被评估对象的特点，选择适用的定性、定量评估方法；② 对于不同评估单元，必要时可根据评估的需要和单元特征选择不同的评估方法	① 定性评估方法：预先危险性分析法(PHA)，危险可操作性研究分析法(HAZOP)等；② 定量安全评估方法：事故树分析法(FTA)，危险指数评估法，事故后果模拟分析评估等	安全检查表(SCL)，作业条件危险性评估分析法(LEC)
安全验收评估	主要考虑评估结果是否能达到安全验收评估所要求的目的，依据建设项目的实际情况选择适当的安全验收评估方法	① 定性评估方法：安全检查表(SCL)，作业条件危险性评估分析法(LEC)，风险指数矩阵分析法等；②定量安全评估方法：事故树分析法(FTA)，危险指数评估法，事故后果模拟分析评估等	预先危险性分析法(PHA)；人员可靠性分析法(HRA)法等
安全现状评估	结合国内外安全评估方法，确定建立评估的模式及采用的评估方法。安全现状评估不仅有定性评估，还要尽可能地采用定量化的安全评估方法	① 定性评估方法：预先危险性分析法(PHA)，风险指数矩阵分析法等；② 定量安全评估方法：危险指数评估法，事故树分析法(FTA)，事故后果模拟分析评估等	

注：不推荐使用的评估方法并不是不可以使用，只是用得比较少，一般不推荐使用。

表 4.7-2 评估方法系统寿命周期适用表

阶 段	安全检查法	指 数 法	PHA	HAZOP	FMEA	FTA	ETA	HRA
研究、开发	×	√	√	×	×	×	×	×
设 计	√	√	√	×	×	×	×	×
试 生 产	√	×	√	√	√	√	√	√
工程实施	√	×	√	√	√	√	√	√
建造、启动	√	×	×	×	×	×	×	√
正常运转	√	×	√	√	√	√	√	√
扩 建	√	√	√	√	√	√	√	√
事故调查	×	×	×	√	√	√	√	√
拆除、退役	√	×	×	×	×	√	√	×

表 4.7-3 各种评估方法比较分析表

方 法	事故情况	事故频率	事故后果	风险分级
安全检查表	不 能	不 能	不 能	不 能
指 数 法	提 供	不 能	提 供	事故后果分级
PHA	不 能	不 能	提 供	提 供
HAZOP	提 供	提 供	提 供	事故后果分级
FMEA	提 供	提 供	提 供	事故后果分级
FTA	提 供	提 供	不 能	在结构重要度基础上提供事故频率分级
ETA	提 供	提 供	提 供	提 供
HRA	提 供	提 供	不 能	事故频率分级

4.8 安全评估方法

风险评估是对风险因素和风险事件进行分析和等级评定。风险评估的主要内容是判断风险发生的概率和后果的严重性。在进行概率和后果严重性的取值时，一般有两种途径，一是通过对足够的已知数据的分析来找出风险因素的分布规律，从而预测出其发生的概率、权重及后果进行风险定级；另一条是在缺少足够数据的情况下，由决策者或专家对风险的概率和后果严重性做出一个主观估计，通过分析确定风险等级。由于城市隧道风险评估还处在起步阶段，在缺少足够数据的情况下，主要采用主观估计方法。目前常用的风险评估方法主要有：安全检查表、专家调查法、$R=P\times C$ 矩阵法、肯特风险评估法、故障树法、层次分析法、模糊综合评估法、风险矩阵法、肯特指数法、可拓法和范例推理法、敏感性分析等。

4.8.1 隧道安全检查表

4.8.1.1 安全检查表定义

安全检查表是按照相关的法律、法规和标准等利用检查条款对已知的危险类别、设计缺陷以及与一般工艺设备、操作、管理有关的潜在危险性和有害性进行判别检查。通常安全检查表被称为是一种法律、法规和标准的符合性审查。

通过安全检查表分析能及时了解和掌握系统的安全工作情况，查找物的不安全状态和人的不安全行为，采取措施加以改进，总结经验，指导工作，是安全工作人员或企业安全管理部门防止事故发生、保护职工安全与健康的好方法。

4.8.1.2　安全检查表的特点

安全检查表是安全系统工程最初的，也是最基础的手段，对有计划解决安全问题是很有效的，主要优缺点如下：

(1) 安全检查表的优点

1) 能够事先编制检查表，有充分的时间组织有经验的人员来编写，做到系统化、完整化，不至于遗漏能导致危险的关键因素。

2) 安全检查表可以根据现有的规章制度、法律、法规和标准规范等检查执行情况，评估结果客观、准确。

3) 安全检查表采用提问的方式，有问有答，给人的印象深刻，能使人知道如何做才是正确的，因而可起到安全教育的作用。

4) 编制安全检查表的过程本身就是一个系统安全分析的过程，使检查人员对系统的认识更深刻，更便于发现危险因素。

5) 简单易懂、易于掌握。

(2) 安全检查表的缺点

1) 安全检查表只能进行定性评估，不能进行定量评估。如何利用是否模式和打分模式的检查表进行风险分级还需要进一步研究。

2) 安全检查表的质量受编制人员的知识水平和经验影响。

4.8.1.3　安全检查表的编制步骤

为了系统地找出系统中的不安全因素，安全检查表把系统加以剖析，查出各层次的不安全因素，确定检查项目，以提问的方式把检查项目按系统的组成顺序编制成表，以便进行检查或评审。安全检查表编制步骤如下。

(1) 熟悉系统：包括系统的结构、功能、工艺流程、主要设备、操作条件、布置和已有的安全设施等。

(2) 搜集资料：搜集有关的安全法律法规、标准、制度及本系统过去发生事故的资料，作为编制安全检查表的依据。

(3) 划分单元：按功能或结构将系统划分成子系统或单元，逐个分析潜在的危险因素。

(4) 编制检查表：针对危险因素，依据有关法律法规、标准规定，参考过去事故的教训和经验确定安全检查表的检查要点、内容和为达到安全指标应采取的措施。

安全检查表编制程序如图 4.8-1 所示。

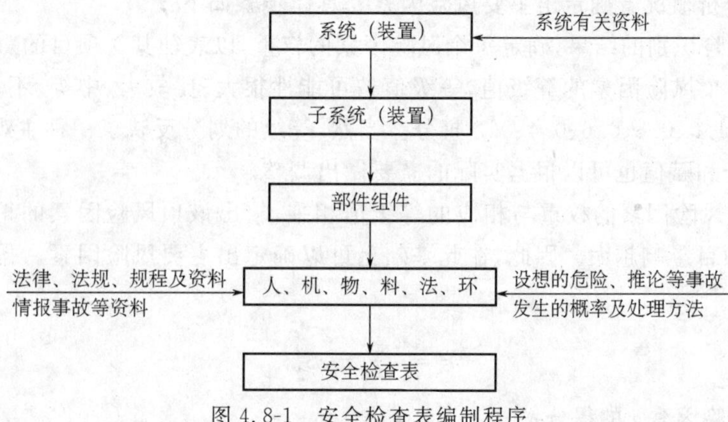

图 4.8-1　安全检查表编制程序

4.8.2　调查打分法

一般情况下需对风险的概率和后果分别进行估计,但根据以往工程经验,对于那些具有突发性和灾难性的典型风险事件,其后果的严重程度可直接判定,这时,只需分析风险事件发生的可能性,就可得到风险等级。

风险估计和评估是风险评估的重点,风险评估中最关键的是风险因素概率和后果等级的取值。在进行概率和后果等级的取值时,一般有两条途径,一是通过对足够的已知数据的分析来找出风险发生的分布规律,从而预测出其发生概率和后果大小;二是在缺少足够数据的情况下,由评估人员或专家根据隧道实际情况对风险等级进行综合判断。由于铁路隧道风险评估刚刚起步,在缺少足够数据的情况下,可主要采用主观估计的方法(如专家调查法)。

目前的风险分析技术仍然是以主观概率法为主。主观概率法的风险估计使风险分析结果呈现一定的主观性,有人对该方法的科学性提出质疑。但是项目风险的主观估计也并非是主观臆造出来的,而是通过项目风险管理者与相关专家的经验,并结合项目本身特点和项目所处的环境特点得出的。这种风险分析的方法实质是以主观形式反映客观的规律,结论的客观性主要取决于风险分析者的判断能力和风险源的风险状态的暴露程度。这说明,并不是基于主观概率估计的风险分析方法就不能得出客观的结论。只要将风险分析方法不断改造,就可以得出客观的令人信服的风险分析结果。

从当前的工程风险管理的发展来看,风险分析方法主要朝着定量化的方向改进。工程风险的概率分析不可能完全定量化,因为定量化的风险概率分析需要以大量的历史统计数据为基础,而工程风险及工程项目的个体特征很强,所以工程风险分析方法主要介于定性分析和定量分析之间。通过参考类似项目的风险统计规律,并结合标的项目的风险特点,以风险量或模糊变量的形式表示风险估计的结果。迄今为止,这种基于主观估计与客观估计相结合的风险分析技术与风险管理方法是工程风险分析与风险管理领域普遍采用的方法,已经被学术界所接受,并在各个领域和不同国家得到广泛关注和应用。

调查打分方法,又称为综合评估法或主观评分法,是一种最常用、最简单且易于应用的风险评估方法。该方法主要包括三部分的工作内容:① 识别出工程项目可能遇到的所有风险,并列出风险表(Checklist);② 将列出的风险表提交给有关专家,利用专家的经验,对可能的风险因素的重要性进行评估;③ 收集专家对风险的评估意见,对专家评估结果作计算分析,综合整个项目风险分析概况着确定出主要风险因素。具体步骤如下:

(1) 针对风险识别的结果,确定每个风险因素的权重,以表征其对项目的影响程度。

(2) 确定每个风险因素的等级值,等级值按可能性很大、比较大、中等、不大、较小分为五个等级,分别以 1.0、0.8、0.6、0.4、0.2 打分。当然,等级的划分反映了一种主观的判断,因此,等级数量的划分和赋值也可以根据实际的需要做出调整。

(3) 将每项风险因素的权重与相应的等级值相乘,求出该项风险因素的得分。得分越高的风险因素对项目影响越大。因此,在此基础上可以确定出主要风险因素。得分的计算公式如下:

$$r_i = \sum_{j=1}^{m} w_{ij} S_{ij} \tag{4.8—1}$$

式中　r_i——风险因素 i 的得分;

w_{ij}——j 专家对风险因素 i 赋的权重；

S_{ij}——j 专家对风险因素 i 赋的等级值；

m——参与打分的专家数。

(4) 将逐项风险因素的得分相加得出工程项目风险因素的总分,总分越高、风险越大。总分计算公式如下：

$$R = \sum_{i=1}^{n} r_i \tag{4.8—2}$$

式中　R——项目总风险得分；

r_i——风险因素 i 的得分；

n——风险因素的个数。

这种方法的一个明显缺点是,将不同专家的意见等同对待,未考虑专家在某一方面的专长。为了规范这种方法,可根据专家的经验,以及其对所评估项目的了解程度、知识领域等,对专家评分的权威性确定相应的权重值。权威性权重值的设定主要考虑下列因素：

(1) 进行工程承包和项目管理工作的经验。

(2) 对工程项目投标的市场环境、社会环境、政治环境和经济环境等方面的了解程度。

(3) 对有关工程项目实施的技术的掌握程度。

(4) 对风险管理方法的认识程度。

该权威性的取值建议在 0.5～1.0 之间,1.0 代表专家的最高水平,其他专家取值可相应减少。这样,具体风险因素的最后风险得分值为每位专家评定的风险得分乘以该专家的权威性权重值的总和,可用下列公式表示：

$$r_i = \sum_{j=1}^{m} w_{ij} S_{ij} a_j \tag{4.8—3}$$

式中　r_i——风险因素 i 的得分；

w_{ij}——j 专家对风险因素 i 赋的权重；

S_{ij}——j 专家对风险因素 i 赋的等级值；

m——参与打分的专家数；

a_j——j 专家的权威性权重值。

项目的总风险得分仍然为

$$R = \sum_{i=1}^{n} r_i \tag{4.8—4}$$

该方法采用归纳统计将大多数人的意见和少数人的意见都包含在内,避免了一般归纳法不全面的弊端。采用该方法的预测时间不宜过长,越长准确性越差。本方法分析结果往往受组织者、参加者的主观因素影响,可能存在偏差。

4.8.3　风险指数矩阵法

风险指数矩阵法也称为 $R=P\times C$ 定级法,风险指数矩阵分析法常用于进行定性的风险估算,此分析法是将决定危险事件的风险的两种因素,即危险事件的严重性和危险事件发生的可能性,按其特点相对地划分为等级,形成一种风险评价矩阵,并赋以一定的加权值定性衡量风险的大小。

此方法操作简单方便,能初步估算出危险事件的风险指数,并能进行风险分级。风险指数矩阵分析法风险评估指数通常是主观定的，定性指标有时没有实际意义。风险等级的划分具有随意性，有时不便于风险的决策。该方法只能定性不能定量评价。此方法一般不单独使用，常和其他评价方法结合使用。风险指数矩阵分析法编制步骤为：

（1）由系统、分系统或设备的故障、环境条件、设计缺陷、操作规程不当、人为差错引起的有害后果，将这些后果的严重程度相对地定性为若干级，称为危险事件的严重分级。通常严重性等级分为四级，见表 4.8-1。

表 4.8-1　危险事件的严重性分级

严重性等级	等级说明	事故后果等级
Ⅰ	灾难的	人员死亡或系统报废
Ⅱ	严重的	人员严重受伤、严重职业病或系统严重损坏
Ⅲ	轻度的	人员轻度受伤、轻度职业病或系统轻座损坏
Ⅳ	轻微的	人员伤害程度和系统损坏程度都轻于Ⅲ级

（2）把上述危险事件发生的可能性根据其出现的频繁程度相对地定性为若干级，称为危险事件的可能性等级。通常可能性等级分为五级，见表 4.8-2。

表 4.8-2　危险事件的可能性等级

可能性等级	说　明	单个项目具体发生情况	总体发生情况
A	频　繁	频繁发生	连续发生
B	很可能	在寿命期内会出现若干次	频繁发生
C	有　时	在寿命期内有时可能发生	发生若干次
D	极　少	在寿命期内不易发生，但仍有可能发生	不易发生，但有理由可预期发生
E	不可能	极不易发生，以至于可以认为不会发生	不易发生

（3）将上述危险严重性和可能性等级制成矩阵并分别给以定性的加权指数，形成风险评价指数矩阵，见表 4.8-3。

表 4.8-3　风险评价指数矩阵

后果等级 概率等级	Ⅰ（灾难的）	Ⅱ（严重的）	Ⅲ（轻度的）	Ⅳ（轻微的）
A(频繁)	1	2	7	13
B(很可能)	2	5	9	16
C(有时)	4	6	11	18
D(极少)	8	10	1d	19
E(不可能)	12	15	17	20

矩阵中的加权指数称为风险评估指数，指数从 1 到 20 是根据危险事件可能性和严重性水平综合而定的，通常将最高风险指数定为 1，相对应于危险事件是频繁发生的，并是有灾难性的后果的。最低风险指数 20，对应于危险事件是几乎不可能发生而且后果是轻微的。数字等级的划分具有随意性，为了便于区别各种风险的档次，需要根据具体评价对象确定风险评价

指数。

(4) 根据矩阵中的指数确定不同类别的决策结果，确定风险等级，见表 4.8-4。

表 4.8-4　风 险 等 级

风险值(风险指数)	1～5	6～9	10～17	18～20
风险等级	1	2	3	4

(5) 根据风险等级确定相应的风险控制措施。一般来说 1 级为不可接受的风险；2 级为不希望有的风险；3 级为需要采取控制措施才能接受的风险；4 级为可接受的风险，需要引起注意。评价人员可以结合实际情况，综合考虑风险等级。

4.8.4　层次分析法(AHP 法)

层次分析法(AHP 模型)。在研究复杂问题时，需要考虑的因素很多，而且这些因素往往不在一个层次上，因此大多数情况需要进行分级综合评定，此时，就要借助另一种风险评估的方法—层次分析法来进行。该方法能把定性因素定量化，并能在一定程度上检验和减少主观影响，使评估更趋科学化。该方法通过风险因素间的两两比较，形成判断矩阵，从而计算同层风险因素的相对权重。AHP 法是定性分析和定量分析相结合的工程风险估计方法，这种方法在工程领域应用得比较普遍。

AHP 法进行风险评估的特点表现为：一是风险损失期望和损失概率估计主要是基于专家们的主观判断；二是风险评估结果是以本项目的风险系统中的各因素的相对重要程度表示的，并不能得出各种风险的损失额及损失发生概率等绝对指标。

4.8.4.1　*层次递阶模型*

层次分析法的理论核心是将一个复杂的系统(如项目风险管理目标)分解为若干个组成部分或因素(比如各种施工活动、项目风险因素)。这些因素按属性不同分成若干组，每个因素又受到一系列子因素的影响，根据目标、因素及子因素相互间的支配关系构成一个递阶层次结构。

这种递阶层次结构可以清楚地揭示各个因素的性质及相互之间的关系，对于综合评估目标有重大意义。如果这些子因素是各种风险因素，这个层次结构图便成为一个风险层次结构图。在层次模型中，自上而下通常包括目标层、准则层、指标层和方案层等。目标层反映的是最终需要完成的目标，如需要完成不同施工方案风险程度的评估或者是在几个方案中选择最好的方案等，都可以作为层次分析的目标；准则层是用以判别目标结果的标准；指标层反映的是参与评估的各种风险因素等。除了常见的几个层次外，层次还可以进一步划分，一般情况下，上一个层次可以作为下一个层次的准则层，而下一个层次均可作为上一个层次的指标层。

在层次分析法中，风险层次递阶模型构造得是否合理准确，是分析能否成功的关键。图 4.8-2 反映的一种完全相关的层次模型，也就是在比较不同的项目实施方案时，任何一个风险因素都可能对其中的任何一个方案产生影响；图 4.8-3 所表示的是部分相关结构，也就是说，参与评估的某一方案除了和自身上一个层次的因素相关外，也部分地和其他因素相关；图 4.8-4所示为一种完全独立的递阶层次结构，即每一种方案的风险只和上一个层次的风险因素相关。

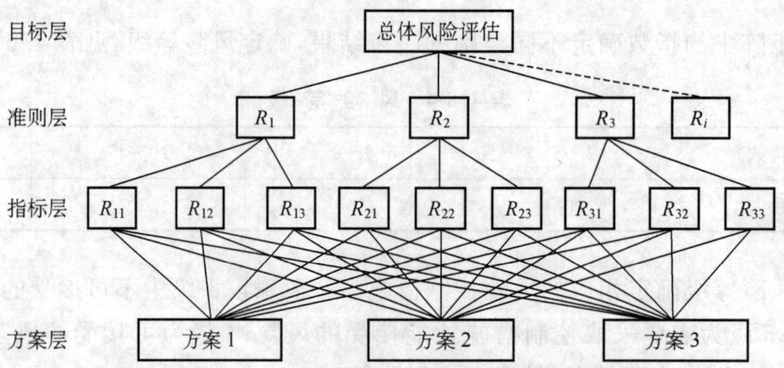

图 4.8-2　风险递阶层次模型(完全相关结构)

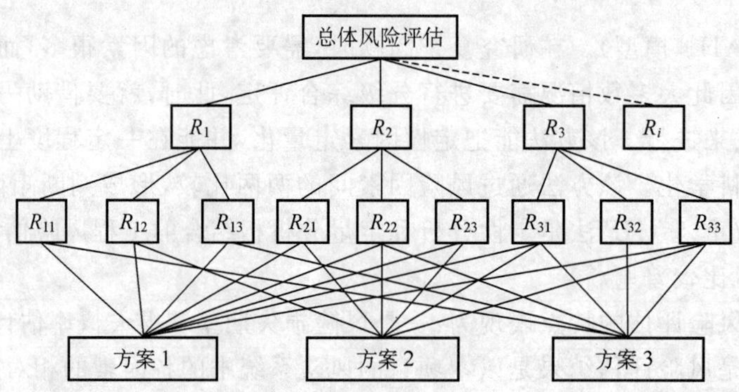

图 4.8-3　风险递阶层次模型(部分相关结构)

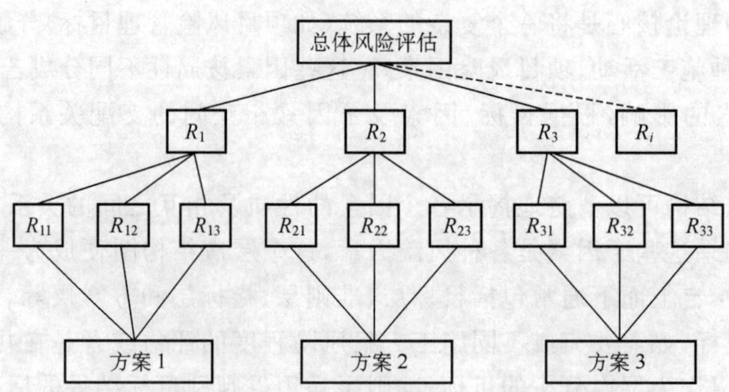

图 4.8-4　风险递阶层次模型(完全独立结构)

4.8.4.2　*层次分析法的步骤*

运用 AHP 法进行风险估计需要先根据风险辨识的结论选择风险估计的对象。然后以递阶层次结构辨识标的工程的风险因素，递阶层次呈现了各种风险因素，需要从中选择某一风险进行下一步的风险估计；其次确定专家，AHP 法中的所有风险因素的两两判断需要由专家来完成，专家组成员构成的合理性直接影响风险分析的结论，因而应慎重选择专家组成员，考虑专家组成员的专业结构、年龄结构、类似工程风险管理的经验等方面；再其次是整理专家判断结果，形成相对矩阵，并进行一致性检验，若未能通过一致性检验，则组织专家重新判断，得出新的相对矩阵，再进行一致性检验，反复修正直至最终通过一致性检验；最后是根据相对矩阵计算相对重要度的排序，得出风险估计结论。利用层次分析法进行风险整体评估的主要步骤如下：

(1) 把项目的目标系统分解成可管理的若干组成部分，然后有针对性地对每一个组成部分的活动作风险分析。

(2) 应用适当的风险识别方法进行风险识别和分类，构造并建立影响项目目标活动的风险框架图，即风险递阶层次结构。

(3) 构造各个风险因素和子因素的判断矩阵，考虑到每个因素的重要程度不同，因此，需要赋权重值加以反映，对风险层次结构图中各因素权重值的确定是利用层次分析法进行项目风险综合评估的关键一步。

表 4.8-5　因素两两间相对重要性评估准则及其赋值

标度(b_{ij} 赋值)	含　义
1	i，j 两因素同样重要
3	i 因素比 j 因素
5	i 因素比 j 因素明显重要
7	i 因素比 j 因素强烈重要
9	i 因素比 j 因素极端重要
1/3	i 因素比 j 因素稍不重要
1/5	i 因素比 j 因素明显不重要
1/7	i 因素比 j 因素强烈不重要
1/9	i 因素比 j 因素极端不重要
2、4、6、8、1/2、1/4、1/6、1/8	上述两相邻判断的中间值，如“2”为属于同样重要和稍微重要之间

完成这一步一般通过专家调查表收集有关数据，从第二层开始，请专家按照表 4.8-5 所示的规则对因素层和子因素层间各元素的相对重要性给出评估和赋值，得出判断矩阵。判断矩阵表示针对上一层次某一因素、本层次与之相关因素之间相对重要性的比较，假定上一层次 A 中的某一因素中 a_k 与下一层次 B 中的因素 B_1，B_2，…，B_n 有联系，则所构造的判断矩阵一般见表 4.8-6。

表 4.8-6　判断矩阵 A 中的赋值

a_k	B_1　B_2　B_3　…	B_n
B_1	b_{11}　b_{12}　b_{13}　…	b_{1n}
B_2	b_{21}　b_{22}　b_{23}　…	b_{2n}
…	…　…　…　…	…
B_n	b_{n1}　b_{n2}　b_{n3}　…	b_{2n}

(4) 计算判断矩阵的最大特征根及其对应的特征向量，一般并不需要较高的精度，这是因为判断矩阵本身有相当的误差，应用层次分析法给出的层次中各种因素优先排序权值，从本质上也仅是表达了某种定性的概念。下面介绍一种近似方根算法。

1) 计算判断矩阵每一行元素的乘积 M_i。

$$M_i = \prod_{j=1}^{n} b_{ij} \quad (i = 1, 2, \cdots, n)$$

2) 计算 M_i 的 n 次方根 $\overline{W}_i$。

$$\overline{W}_i = \sqrt[n]{M_i}$$

3) 对向量 $\overline{W}_i=[\overline{W}_1,\overline{W}_2,\cdots,\overline{W}_n]^T$。

$$\overline{W}_i=\frac{\overline{W}_i}{\sum_{i=1}^{n}\overline{W}_i}$$

则 $W_i=[W_1,W_2,\cdots,W_n]^T$，即为所求的特征向量。

4) 计算判断矩阵的最大特征根 λ_{max}。

$$\lambda_{max}=\sum_{i=1}^{n}\frac{(AW)_i}{nW_i}$$

式中，λ_{max} 为矩阵 A 的最大特征根；$(AW)_i$ 为 AW 的第 i 个元素。

(5) 利用层次分析计算机软件，对专家评估的一致性加以检验。

由于在第三步中，采用了专家凭经验、直觉的主观判断，因此，有可能会出现诸如 B_1 比 B_2 重要、B_2 比 B_3 重要，而 B_3 又比 B_1 重要的不一致情况。为了防止这种可能，就需要对专家主观判断的一致性加以检验。如检验不通过，就要让专家作重新评估，调整其评估值，然后再检验，直至通过为止。为此，要计算一致性指标 CI，其定义如下：

$$CI=\frac{\lambda_{max}-n}{n-1}$$

式中，n 为判断矩阵的阶数；λ_{max} 为判断矩阵的最大特征根。

然后，查取随机性指标 RI，并计算比值 CI/RI，当 $CI/RI<0.1$ 时，可认为评估者分析得出的判断矩阵的一致性达到了要求。否则，需要重新进行判断，写出新的判断矩阵。随机性指标 RI 的经验数值可从表 4.8-7 中查出。

表 4.8-7　随机性指标的取值

n	1	2	3	4	5	6	7	8	9	10	11
RI	0	0	0.58	0.9	1.12	1.24	1.32	1.41	1.45	1.49	1.51

(6) 把所求出的各子因素相对风险程度值统一起来，就可求出该项目活动中风险所处的水平以及发生概率的大小；把项目的所有风险活动都如此分析评估，并把各项风险程度统一起来，就可得出项目的风险水平，由此判断该项目的风险程度。此过程也就是对风险层次进行总排序。层次总排序是指同一层次所有因素对于最高层(总目标)相对重要性的排序权值。这一过程是从最高层次到最低层次逐层进行的。若上一层次 A 包含 n 个因素 $B_1,B_2,\cdots,B_n$。它们对于因素 a_j，的层次单排序权值分别为 $b_{1j},b_{2j},\cdots,b_{nj}$。(当 B_k 与 A_j 无联系时，$b_{kj}=0$)，此时 B 层次总排序权值由表 4.8-8 给出。

表 4.8-8　层次总排序

层次 A / 层次 B	A_1 a_1	A_2 a_2	…	A_m A_m	B 层次总排序权值
B_1	b_{11}	b_{12}	…	b_{1m}	$\sum_{j=1}^{m}a_jb_{1j}$
B_2	b_{21}	b_{22}	…	b_{2m}	$\sum_{j=1}^{m}a_jb_{2j}$
…	…	…	…	…	…
B_n	b_{n1}	b_{n2}		b_{nm}	$\sum_{j=1}^{m}a_jb_{nj}$

然后,同样需要对风险层次总排序进行一致性检验。这也是从高到低逐层进行的,如 B 层次某些因素对于 A_j 单排序的一致性指标 CI_j,相对应的平均随机一致性指标为 RI_j,则 B 层次总排序随机一致性比率为

$$CR = \frac{\sum_{j=1}^{m} a_j CI_j}{\sum_{j=1}^{m} a_j RI_j}$$

类似地,当 $CR<0.1$ 时,可认为层次总排序结果具有满意的一致性,否则需要重新调整判断矩阵的元素值。

4.8.5 肯特风险综合指数法

4.8.5.1 肯特风险综合指数法基本模型

肯特综合指数风险评估法属于定量范围的危险指数评价法,该法是在管道风险评估方面比较完整的方法,现在相对比较成熟,优点是不必建立精确的数学模型和计算方法,不必采用复杂的强度理论,而是在有经验的现场操作人员和专家意见的基础上,结合一些简单的公式进行打分评判,其评估的精确性取决于专家经验的全面性和划分影响因素的细致性、层次性。肯特综合指数风险评估基本模型如图4.8-5所示。

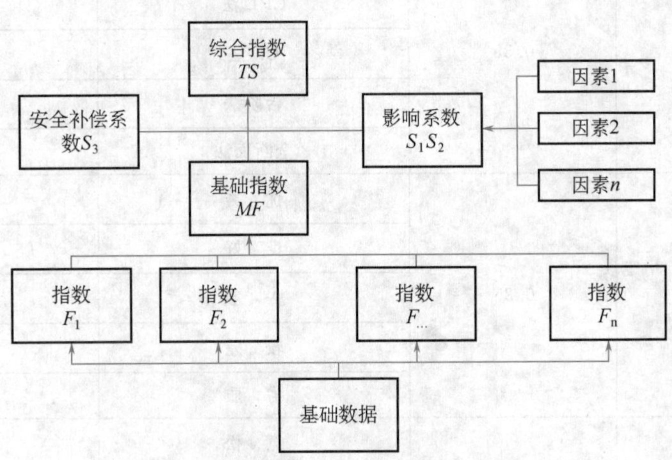

图4.8-5 肯特综合风险指数评估基本模型

4.8.5.2 肯特指数法评估隧道邻近结构物安全风险原理

肯特指数法评估隧道邻近结构物施工风险的流程如图4.8-6所示。

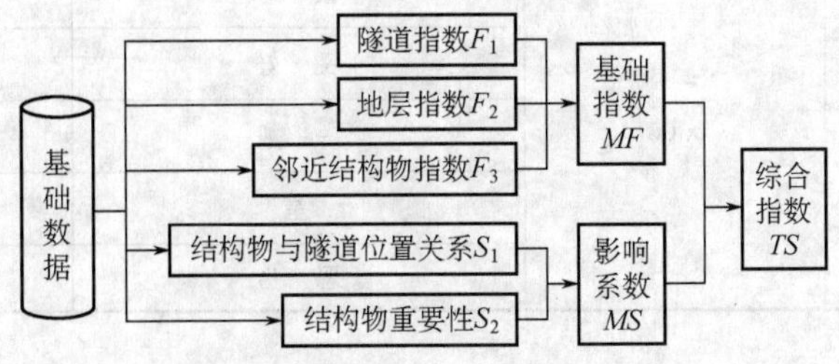

图4.8-6 隧道邻近结构物肯特法评估流程

(1) 隧道指数 F_1

影响隧道指数的因素主要有隧道断面几何尺寸、隧道埋深、施工方法、施工技术水平、工期影响、外界环境等，隧道指数见表 4.8-9。

表 4.8-9　隧道指数 F_1

因　素	权　重	取　值	评　分
跨　度	0.1	<5 m	1～3
		5～9 m	3～6
		9～15 m	6～8
		>15 m	8～10
埋　深	0.1	>45 m	1～3
		30～45 m	3～6
		15～30 m	6～8
		<15 m	8～10
施工方法	0.35	双侧壁导坑	10～15
		CRD 法	15～20
		CD 法	20～25
		台阶法	25～30
		全断面法	30～35
施工技术水平	0.35	优　秀	10～15
		良　好	15～20
		一　般	20～25
		较　差	25～30
		劣　质	30～35
工期影响	0.05	宽　松	1
		一　般	2
		紧　张	3
		抢工期	5
外界环境	0.05	很　好	1
		良　好	2
		一　般	3
		差	4
		恶　劣	5

(2) 地层指数 F_2

影响地层指数的因素有围岩级别和地下水位等，地层指数见表 4.8-10。

表 4.8-10　地层指数 F_2

围岩分级	分级说明	取值
Ⅰ	围岩稳定，无坍塌，可能产生岩爆	25
Ⅱ	暴露时间长，可能会出现局部小坍塌；侧壁稳定	25～40
Ⅲ	拱部无支护时可产生小坍塌，侧壁基本稳定，爆破震动过大易塌	40～55
Ⅳ	拱部无支护时可产生较大坍塌，侧壁有时失去稳定	55～75
Ⅴ	围岩易坍塌，处理不当会出现大坍塌，侧壁经常小坍塌；浅埋时易出现地表下沉或塌至地表	70～85
Ⅵ	围岩极易坍塌变形，有水时土砂与水一齐涌出；浅埋时易塌至地表	85～100

（3）邻近结构物指数 F_3

邻近结构物指数分为三类：管线指数、桥梁指数和路面指数。影响管线主要因素为管线类型、管线材质、管线大小、接头性质等；影响桥梁主要因素为基础类型、结构形式、完损现状、桥梁基础埋深与隧道埋深等；影响路面主要因素为路面结构形式、路面完损状况。各邻近结构物指数见表 4.8-11～表 4.8-13。

表 4.8-11　管线指数 F_{3-1}

因素	权重	取值	评分
管线类型	0.1	供热	6
		自来水	7
		污水	8
		煤气	9
		电缆	10
管线材质	0.3	柔性管(PVC)	3～9
		钢管	9～15
		钢筋混凝土管	15～21
		混凝土管	21～24
		铸铁管	24～30
管线大小	0.1	＜200 mm	0～2
		200～500 mm	2～4
		500～1 000 mm	4～6
		1 000～1 500 mm	6～8
		＞1 500 mm	8～10
接头性质	0.3	柔性管(PVC)	3～9
		钢管	9～15
		铸铁管	15～21
		钢筋混凝土管	21～24
		混凝土管	24～30
管线完损现状	0.2	完好	8～12
		基本完好	12～14
		一般损坏	14～16
		严重损坏	16～20

表 4.8-12 桥梁指数 F_{3-2}

因素	权重	取值	评分
基础类型	0.2	桩基础	0～10
		扩大基础	5～20
结构形式	0.3	简支梁结构	0～20
		连续梁结构	10～30
完损现状	0.3	完好	9～15
		基本完好	15～21
		一般损坏	21～24
		严重损坏	24～30
桥梁基础与隧道埋深	0.2	隧道底板以下 2 m	2～6
		隧道顶板以上 5D	6～10
		隧道顶板以上 3D～5D	10～14
		隧道顶板以上 1D～3D	14～16
		隧道顶板以上 1D～隧道底板以下 2 m	16～20

注：D 为隧道等效直径。

表 4.8-13 路面指数 F_{3-3}

因素	权重	取值	评分
结构形式	0.5	沥青路面	20～40
		混凝土路面	30～50
完损现状	0.3	完好	10～16
		基本完好	16～20
		一般损坏	20～24
		严重损坏	24～30
路面基层距隧道拱顶的距离	0.2	$>5D$	6～10
		3D～5D	10～14
		1D～3D	14～16
		$<1D$	16～20

(4) 影响系数 MS

影响系数 MS 主要包括邻近结构物与隧道的位置关系影响系数 S_1、邻近结构物的重要度影响系数 S_2，各系数的指数见表 4.8-14～表 4.8－15。

表 4.8-14 影响系数 S_1

平面临近程度	级别说明	影响系数 S_1
非临近	大于 2 倍 H 的区域	0.1
较临近	以隧道轴线为中心线，两侧各 1.5H～2H 范围内	0.3
临近	以隧道轴线为中心线，两侧各 1H～1.5H 范围内	0.8
极临近	以隧道轴线为中心线，两侧各 1 倍 H 范围内	1

注：H 为隧道埋深。

表 4.8-15　影响系数 S_2

建筑物重要程度	级别说明	影响系数 S_2
不重要	结构破坏后果可忽略	0.1
一　般	结构破坏会引起一般的后果	0.3
重　要	结构破坏会引起重要的后果	0.8
非常重要	结构破坏会引起灾难性的后果	1

(5) 综合指数的确定及风险分级

由综合隧道指数、地层指数和建筑物指数可得到基础指数，在此基础上通过影响系数指数进行修正，得到风险综合指数 TS。

$$MF=F_1F_2F_3 \tag{4.8—5}$$

$$TS=\frac{1}{1\,000}MS\cdot MF=\frac{1}{1\,000}S_1\cdot S_2\cdot F_1\cdot F_2\cdot F_3 \tag{4.8—6}$$

根据以上分析计算，得到地下开挖工程的风险分级见表 4.8-16，表中安全等级定为 4 级，可满足隧道工程开挖引起的环境风险评估要求。

表 4.8-16　隧道施工环境风险分级

TS	风险等级	TS	风险等级
<250	低　度	400～550	高　度
250～400	中　度	>550	极　高

4.8.6　敏感性分析

在建设项目小，敏感性分析主要用于评估确定型风险变量对项目目标的影响，敏感程度或说敏感性是指由于特定因素或变量(比如某一材料价格变动)的变化而引起评估目标(比如项目成本、工期或质量标准)的变动幅度。如果这一因素在一定范围内变动但不对评估目标造成变化，就可以被认为对评估目标是弱敏感性因素，反之为强敏感性因素。例如，工程建设项目中，建筑材料的价格、人工成本等风险因素将会对项目的总体成本和工期等产生影响，但上述风险因素的变化对项目成本、工期的影响幅度是不同的，敏感性分析可以帮助人们确定评估对象对哪个变量或因素的变化最为敏感、哪个其次，从而可以排出各种因素对项目目标的敏感性顺序，敏感性强的因素将给项目带来较大的风险。使用这种方法，能向决策者简要地提供可能影响项目目标变化的主要因素及其影响的重要程度，使决策者可以优先考虑某种最敏感因素对项目的影响。

敏感性分析是在假设其他参数不变的前提下，只辨识影响项目总目标的某一参数变化的影响。它能初步分析出在影响项目的众多风险因素中，哪些是主要影响因素，主要因素中哪几个是更重要的并要优先考虑的。敏感性分析是用来估计可量化的变量对项目决策结果影响的方法，一般步骤为：

(1) 选定分析目标；

(2) 确定可能对评估目标产生影响的因素；

(3) 根据实际需要选定因素变动范围；

(4) 按照不同的因素分别计算评估指标值；

(5) 明确敏感因素；

(6) 进行综合分析，根据分析结果采取相关措施，为决策者提供决策依据。

该方法能够预测各风险因素对项目的影响，从而判断项目可能容许的风险程度。但由于没有考虑影响因素发生变化的概率，具有相当大的主观随意性，故事先需做好调查研究工作，充分注意各因素之间的关联性。

在实际应用中，由于影响项目目标的因素众多，没有必要也不可能对所有因素都作敏感性分析，因此，只能有针对性地选择一些因素，一般选择那些不确定性很强的因素，例如，基础工程成本及某些特殊材料的价格的不确定性很强，对项目的成本目标敏感性也很大，常常被用来作为项目成本的敏感性因素。在具体分析时，因素的变化可以用相对值或绝对值来表示，例如材料的价格变动幅度为±15%，基础工程成本的变动为±100 000。当选定因素的变动幅度确定之后，假设其他因素不变，计算出项目目标(如项目成本)的变动情况。如此对选定的所有因素进行类似的计算，可以得出项目目标相对于各选定因素变动而变动的幅度，项目目标变动幅度越大对应的因素敏感性就越强。有多种方式来表示敏感性分析所得出的结果，在所考虑因素不是很多的情况下，可以制成敏感性表格，但是，如果考虑的变量较多，最好的方法就是制成敏感性图表，这样可以一目了然地表述最敏感的风险因素。

如果考虑每次变动的风险因素超过一个，这就成为了多因素敏感性分析。多因素的敏感性分析就是要考虑各种风险因素可能发生的不同变化幅度的多种组合。多因素的组合关系有多种，分析起来非常困难，通常情况下，多因素敏感性分析都假定同时变动的因素是相互独立的。

4.8.7　数值模拟方法

数值模拟方法属于安全风险评估方法中事故后果模拟评估方法即伤害和破坏范围评估方法，数值模拟方法在地下工程技术中应用非常广泛，能够考虑很多复杂的因素甚至达到了高度仿真，目前，地下工程的数值分析能够考虑时间、空间、地下水、动荷载、接触等方面的问题，常常用于围岩和结构的安全稳定评估，预测施工安全、优化施工方案等，是一种非常有前景的安全风险识别和评估方法。

数值模拟分析方法评估的主要步骤为：(1) 构建所要分析问题的几何模型即事故几何模型；(2) 在几何模型基础上，构建所要分析问题的数值模型即事故数值模型；(3) 对划分网格的几何模型，施加初、边值条件，并给材料和接触边界赋予本构关系；(4) 计算分析，或对计算基础参数进行反分析后再计算分析，利用表格、图形、动画等结果形式，评判安全稳定性；(5) 施工优化方案、作出评价结论、提出措施建议。

数值模拟方法作为一种独立的风险评估方法时，属于伤害(或破坏)范围评价方法，同时，该方法可以非常灵活地与其他风险评估方法相结合使用，对于复杂而具有典型的不确定特点的地下工程而言，只有很好地将数值模拟方法与传统的风险评估方法相结合，才能系统地发挥数值模拟方法的优点，也才能促进传统的风险评估方法在地下工程的实用性。因此，将适合风险管理理论的评估方法与数值模拟分析方法将结合，是隧道工程风险管理发展的必然趋势。目前，这两个方面单独应用研究的成果比较多，很好结合还需要做很多的工作和尝试。

评估隧道施工对邻近结构物的影响时，采用风险管理理论与数值模拟分析方法相结合的风险评估流程如图 4.8-7 所示。

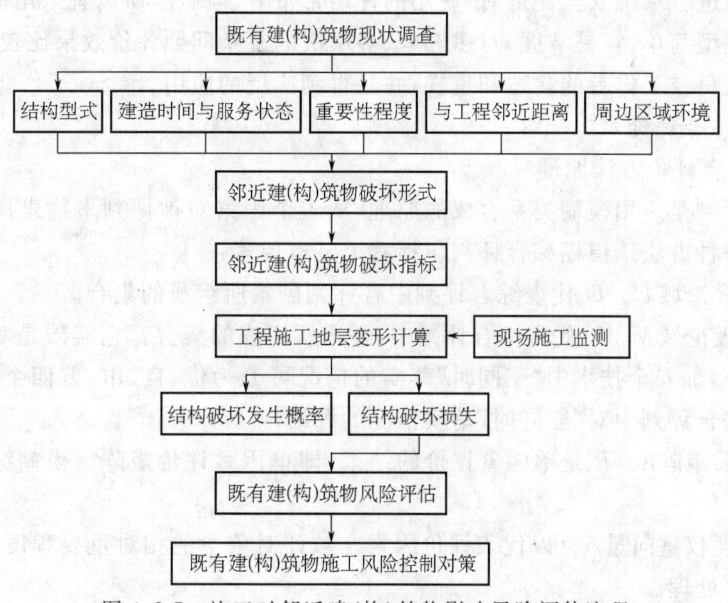

图4.8-7　施工对邻近建(构)筑物影响风险评估流程

地铁及地下工程的施工都可能会对邻近的各类建(构)筑物产生一定的影响。风险分析的目的是通过建立工程施工引起地层变形与邻近建(构)筑物损坏的费用损失之间的关系,完成施工影响风险分析的经济损失评估。风险评估的主要内容为。

(1) 对既有建(构)筑物的现状调查,包括:结构形式、建造时间、重要性程度、服务年限与状态、与工程邻近距离及周边区域环境等;

(2) 判断邻近建(构)筑物的破坏形式,用可以衡量的指标(如裂缝宽度、倾斜度、差异沉降等)定义各个破坏阶段;

(3) 采用工程施工地层变形计算分析,结合现场监测数据,得到周围地面沉降值,并分析影响地层变形的因素;

(4) 通过力学计算和统计分析,得到建(构)筑物发生破坏概率,计算建(构)筑物与破坏衡量指标的关系;

(5) 建立建(构)筑物破坏和损失赔偿之间的关系,将不同级别的破坏与建(构)筑物造价的损失比相对应;

(6) 得到不同施工工况下建(构)筑物的损失评估,提出工程施工风险控制对策与处置措施。

4.8.8　模糊综合评估方法

隧道工程的风险都是模糊的,难以准确定义。因此,非常适宜于用模糊方法对其进行分析和评估。采用通常的方法进行风险评估,其结果是单一的,评估的结果往往用一个数值来表示,即风险的影响用大、中、小等来衡量,这显然不是完全合理和适用的。在项目的风险评估过程中,往往要考虑很多因素。不同的风险因素重要程度不同,评级标准和自然状态模糊,也就是说,在做出任何一个评估时,都必须对多个相关因素作综合考虑,在作出任何一个决策时,都必须对多个相关因素做综合考虑,这就是所谓的综合评估问题。综合评估问题是多因素、多层次决策过程中所遇到的一个带有普遍意义的问题,而且评估的结果也往往不是用单一指标就能够完全表述的,这就需要进行所谓的综合评估。而采用模糊综合评估就可以较好地解决上述问题。由于在进行系统安全评价时,使用的评语常带有模糊性,所以宜采用模糊综合评价方法。由于数学模型简单,容易掌握,对多因素、多层次的复杂问题评价效果比较好,因而这一应用方法受到广大科技工作者的欢迎和重视,并且得到广泛的应用。

4.8.8.1 模糊综合评价方法介绍

(1)模糊综合评价方法原理

模糊综合评判是应用模糊关系合成的原理,从多个因素对被评判事物隶属度等级状况进行综合评判的一种方法。模糊综合评判包括六个基本要素:

1)评判因素论域U。U代表综合评判中各评判因素所组成的集合。

2)评语等级论域V。V代表综合评判中,评语所组成的集合。它实质是对被评事物变化区间的一个划分,如安全技术中"三同时"落实的情况可分为优、良、巾、差四个等级,这里,优、良、中、差就是综合评判中对"三同时"落实情况的评语。

3)模糊关系矩阵$\underset{\sim}{R}$。$\underset{\sim}{R}$是单因素评价的结果,即单因素评价矩阵。模糊综合评判所综合的对象正是$\underset{\sim}{R}$。

4)评判因素权重向量$\underset{\sim}{A}$。以代表评价因素在被评对象中的相对重要程度,在综合评判中用来对$\underset{\sim}{R}$作加权处理。

5)合成算子。合成算子指合成$\underset{\sim}{A}$与$\underset{\sim}{R}$所用的计算方法,也就是合成方法。

6)评判结果向量$\underset{\sim}{B}$。它是对每个被评判对象综合状况分等级的程度描述。

(2)模糊综合评价数学模型

上述的模糊关系矩阵$\underset{\sim}{R}$作为一个从因素集U到评语集V的Fuzzy(模糊)变换器,每输入一组因素的权重向量$\underset{\sim}{A}$,就可以得到一组相应的评判结果$\underset{\sim}{B}$。这个关系可用图4.8-8来表示,即模糊综合评判的基本模型。

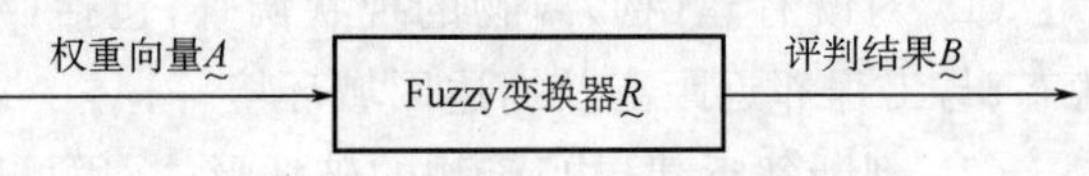

图 4.8-8 模糊综合评判基本模型

模糊综合评判的数学模型可分为一级模型和多级模型。根据对评价因素的分析,有些因素之间是并列关系,有些因素彼此之间是因果关系。即这些因素间具有不同的层次级别,这是客观存在的现实问题。权重难以细致分配,由于权重总值要满足归一化,这样,每一因素所分得的权重值a_i必然很小,如果采用主因素突出型算子,微小的权数将会使相应的单因素评价值失去意义。

1)建立一级模型的五个步骤

① 建立评判对象的因素论域U

$$U=\{u_1,u_2,\cdots,u_n\}$$

这一步就是要确定评价因素体系,解决从哪些因素来评价客观对象的问题。

② 确定评语等级论域V

$$V=\{v_1,v_2,\cdots,v_n\}$$

正是由于这一论域的确定,才使得模糊综合评判得到一个模糊评判向量,被评价对象对各评语等级隶属程度的信息,通过这个模糊向量表示出来,体现评判的模糊特性。

③ 进行单因素评价,建立模糊关系矩阵$\underset{\sim}{R}$

$$R=\begin{bmatrix} r_{11} & r_{12} & \cdots & r_{1m} \\ r_{21} & r_{22} & \cdots & r_{2m} \\ \vdots & \vdots & \vdots & \vdots \\ r_{n1} & r_{n2} & \cdots & r_{mm} \end{bmatrix}$$

其中,r_{ij} 为 U 中因素 u_i 对应 V 中等级 v_j 的隶属关系,即从因素 u_i 着眼评价对象被评为 v_j 等级的隶属关系,因而 r_{ij} 是第 i 个因素对该评价对象的单因素评价,它构成了模糊综合评判的基础。

④ 确定评判因素权重向量$\underline{A}$

$\underline{A}$ 是 U 中各因素对被评价对象的隶属关系,它取决于人们进行模糊综合评判时的着眼点,即评判时依次着重于哪些因素。

由于因素集 U 中各因素对被评价对象的重要性不一样,因此,要用模糊方法对每个因素赋予不同的权重,它可表示为 U 上的一个模糊子集$\underline{A}=\{a_1,a_2,\cdots,a_n\}$,并且规定

$$\sum_{i=1}^{n} a_i = 1 \quad a_i \geqslant 0 \ (i=1,2,\cdots,n)$$

⑤ 选择合成算子,进行综合评判

模糊综合评判的基本模型用公式表示为:

$$\underline{B}=\underline{A} \circ \underline{R}$$

其中,"O"代表合成算子。

记$\underline{B}=\{b_1,b_2,\cdots,b_n\}$,它是评语集 V 上的一个模糊子集。如果模糊综合评判结果 $\sum_{j=1}^{n} b_j \neq 1$,应将它归一化。

模糊综合评判也可以表示为:$b_j=(a_1 \ \dot{*} \ r_{1j}) \overset{+}{*} (a_1 \ \dot{*} \ r_{1j}) \overset{+}{*} \cdots \overset{+}{*} (a_n \ \dot{*} \ r_{nj})(j=1,2,\cdots,m)$,简记为 $M(\dot{*},\overset{+}{*})$。其中 $\dot{*}$ 为广义模糊"与"运算,$\overset{+}{*}$ 为广义模糊"或"运算。广义"与"运算是全面考虑各种因素时,u_i 的评价对等级 v_i 的隶属度,即根据 u_i 在所有因素中的重要程度,对原来单因素评价的 r_{ij} 作一修正。公式中的广义"或"运算就是对修正后的隶属度进行合成处理,以求得到一个综合评判向量。

2) 建立多级模糊综合评判模型步骤

建立多级模糊综合评判模型,可以先对低层因素进行综合评判,再对评判结果进行高层次的综合评判。具体步骤是:

① 把因素集 U 分为几个子集,记为 $U=\{U_1,U_2,\cdots,U_n\}$。设第 i 个子集 $U_i=\{U_{i1},U_{i2},\cdots,U_{in}\}$,$(i=1,2,\cdots,p)$,则 $\sum_{i=1}^{p} ik = n$。

② 对每个 U_i 按一级模型分别进行综合评判。设因素权重分配为$\underline{A}_i$,U_i 的模糊评价矩阵为 R。则得到

$$\underline{B}_i = \underline{B}_i \circ \underline{R}_i = (B_{i1},B_{i2},\cdots,B_{in}) \qquad (i=1,2,\cdots,p)$$

③ 把 $U=\{U_1,U_2,\cdots,U_n\}$ 中 U_i 的综合评判$\underline{B}_i$ 看做是 U 中的 p 个单因素评价,又设新的权重分配为$\underline{A}$,那么总的模糊评价矩阵为

$$\underline{R}\begin{bmatrix}\underline{B}_1\\ \underline{B}_2\\ \vdots\\ \underline{B}_p\end{bmatrix}=(b_{ij})_{p\times m}=\begin{matrix} b_{11} & b_{12} & \cdots & b_{1m}\\ b_{21} & b_{22} & \cdots & b_{2m}\\ \vdots & \vdots & & \vdots\\ b_{p1} & b_{p2} & \cdots & b_{pm}\end{matrix}$$

则经过模糊合成运算得二级综合评判结果

$$\underline{B}^* = \underline{A} \circ \underline{R}$$

它既是 $U_1,U_2,\cdots,U_p$ 的综合评判结果,也是 U 中所有因素的综合评判结果。第一步到

第三步可根据具体情况多次循环，直到得出满意的综合评判结果为止。

总之，多层次综合评判模型可以反映评价对象的各因素的层次性，同时又避免了因素过多时难以分配权重的弊病。它比单层次模型更加精细、更加正确地反映了因素间的相互关系。

用框图来表示上述两级合成过程如图 4.8-9 所示：

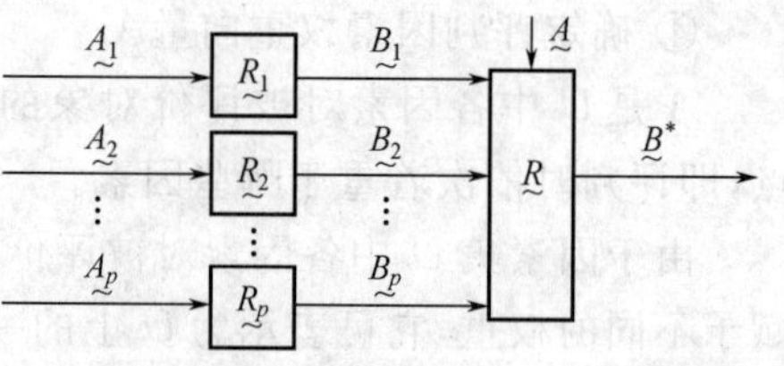

图 4.8-9　两级模糊综合评判示意图

(3) 层次分析法确定权重

模糊综合评价中，求权重是综合评价的关键。层次分析法是一种行之有效的确定权重系数的有效方法，特别适宜于那些难以用定量指标进行允析的复杂问题。它把复杂问题中的各因素划分为互相联系的有序层使之条理化，根据对客观实际的模糊判断，就每一层次的相对重要性给出定量的表示，再利用数学方法确定全部元素相对重要性次序的权重系数。具体步骤如下：

1）确定目标和评价因素

p 个评价指标，$u=\{u_1,u_2,\cdots,u_p\}$。

2）构造判断矩阵

判断矩阵元素的值反映了人们对各元素相对重要性的认识，一般采用 1～9 及其倒数的标度方法。但当相互比较因素的重要性能够用具有实际意义的比值说明时，判断矩阵相应元素的值则取这个比值。可得如下结果：

	A_1	A_2	…	A_n
A_1	a_{11}	a_{12}	…	a_{1n}
A_2	a_{21}	a_{22}	…	a_{2n}
⋮	⋮	⋮	⋮	⋮
A_n	a_{n1}	a_{n2}	…	a_{nn}

根据此结果，得到判断矩阵 A：

$$A=(a_{ij})_{n\times n}$$

3）计算判断矩阵

选用“和积法”，其具体计算步骤如下：

对 A 按列规范化，即对判断矩阵 A 的每一列正规化

$$\bar{a}_{ij}=\frac{a_{ij}}{\sum_{i=1}^{n}a_{ij}}\quad(i=1,2,\cdots,n)$$

再按行相加得和向量

$$W_i=\sum_{j=1}^{n}\bar{a}_{ij}\quad(i=1,2,\cdots,n)$$

将得到的和向量正规化，即得权重向量

$$\overline{W}_i=\frac{W_i}{\sum_{i=1}^{n}W_i}\quad(i=1,2,\cdots,n)$$

根据权重向量，计算判断矩阵 A 的最大特征根 $\lambda_{\max}=\sum_{i=1}^{n}\frac{[A\overline{W}_i]_i}{n(\overline{W}_i)_i}$，以及其对应的特征向量 a，此特征向量就是各评价因素的重要性排序，也就是权重系数的分配。

4）一致性检验

为进行判断矩阵的一致性检验，需计算一致性指标 $CI=\frac{\lambda_{\max}-n}{n-1}$。当一致性比率小于 0.1 时，认为层次分析排序的结果有满意的一致性，即权系数的分配是合理的；否则，要调整判断矩阵的元素取值，重新分配权重系数的值。

4.8.8.2　模糊综合评估的步骤

(1) 确定评估指标体系。在多因素的风险综合评估体系中，风险指标体系的建立是前提条件，是整个评估问题的核心，风险因素指标的选取应结合风险的识别和单个风险因素的评估结果来进行。

(2) 建立风险因素集 U。在复杂的风险评估系统中，需要考虑的因素往往很多，因素还要分成若干层次，形成评估树状结构，对各层次的因素划分评估等级。各层次划分的评估等级数目应相同、上一层次与下一层次划分的评估等级要有一一对应的关系，以便数学处理运算，并确定各因子的隶属函数，求得各层次的模糊矩阵。

(3) 确定影响因素的权重向量。建立了评估对象的多指标体系，就需要确定各评估指标的权重及因素重要程度系数。确定权重的方法，主要有德尔菲法、专家调查法和层次分析法等。

(4) 建立隶属度。在普通集合理论中，任何一个元素或者是属于某集合 U，或者是不属于它。而在模糊集合理论中，由于存在着模糊性，论域中的元素对一个模糊子集的关系就不再是“属于”和“不属于”那么简单了，其对该模糊子集的隶属程度大小即为隶属度，取值在 0～1 之间。在进行模糊评估的时候，如何确立各个因素对应于各个评估等级的隶属程度的大小，是整个评估能否进行的关键。目前确定隶属函数的方法多数还处于研究阶段，远没有达到像确定概率分布那样成熟。现在，随机变量统计分析方法已经提供了一整套利用随机抽样逐步逼近研究随机事件不确定性的方法，而隶属函数的确定主要还停留在依靠经验、从实践效果中进行反馈、不断校正自己的认识来达到预定目标的阶段。

(5) 根据隶属函数对方案各目标的影响因素建立模糊评估矩阵。评估顺序为：首先进行最低层次的模糊综合评估，其次由最低层次的评估结果构成上一层次的模糊矩阵，再进行上一层次的模糊综合，循此自下而上逐层进行模糊综合评估。

(6) 按照模糊数学的计算方法，得出最终的评估结果。

(7) 在确定了评估指标体系和各评估指标的隶属函数和权重后，根据指标体系特点确定模糊判断的算子，由下层指标复合成上层指标并据此得出评估结论。

4.8.8.3　模糊运算规则

模糊数学的运算规则较多，在综合评估中，主要应用到模糊矩阵的运算，包括了模糊集合的并运算、交运算和乘积运算等，在此仅对主因素：决定型的运算规则作简单的介绍，设有模糊矩阵 R 和 S：

$$R=\begin{bmatrix}0.6 & 0.3\\0.5 & 0.7\end{bmatrix}\qquad S=\begin{bmatrix}0.8 & 0.2\\0.5 & 0.6\end{bmatrix}$$

则定义 R 和 S 的并运算为两中取大，即

$$R \cup S=\begin{bmatrix} 0.6\cup 0.8 & 0.3\cup 0.2 \\ 0.5\cup 0.5 & 0.7\cup 0.6 \end{bmatrix}=\begin{bmatrix} 0.8 & 0.3 \\ 0.5 & 0.7 \end{bmatrix}$$

定义 R 和 S 的交运算为两中取小，即

$$R \cap S=\begin{bmatrix} 0.6\cap 0.8 & 0.3\cap 0.2 \\ 0.5\cap 0.5 & 0.7\cap 0.6 \end{bmatrix}=\begin{bmatrix} 0.6 & 0.2 \\ 0.5 & 0.6 \end{bmatrix}$$

模糊矩阵的乘积定义为

$$C=R\cdot S=C_{ij}=\bigcup_{k}(r_{ij}\cap s_{ij})$$

$$R\cdot S=\begin{bmatrix} (0.6\cap 0.8)\cup(0.3\cap 0.5) & (0.6\cap 0.2)\cup(0.3\cap 0.6) \\ (0.5\cap 0.8)\cup(0.7\cap 0.5) & (0.5\cap 0.2)\cup(0.7\cap 0.6) \end{bmatrix}=\begin{bmatrix} 0.6 & 0.3 \\ 0.5 & 0.6 \end{bmatrix}$$

4.8.8.4 模糊综合评价方法的优缺点

(1) 模糊综合评价方法的优点

从模糊综合评判的特点可以看出，它具有其他综合评价方法所不具备的优点，主要表现为：

1) 模糊综合评价结果以向量的形式出现，提供的评价信息比其他方法更全面更系统。首先，模糊综合评价结果本身是一个向量，而不是一个单点值，并且这个向量是一个模糊子集，较为准确地刻画了对象本身的模糊状况。

2) 模糊综合评价从层次角度分析复杂对象。一方面，符合复杂系统的状况，有利于最大限度地客观描述被评价对象；另一方面，还有利于尽可能准确地确定权数指标。

3) 模糊综合评判方法的适用性强，既可用于主观因素的综合评价，又可以用于客观因素的综合评价。在实际生活中，“亦此亦彼”的模糊现象大量存在，所以模糊综合评价的应用范围很广，特别是在主观因素的综合评价中，由于主观因素的模糊性很大，使用模糊综合评判可以发挥模糊方法的优势，评价效果优于其他方法。

4) 模糊综合评价中的权数属于估价权数。估价权数是从评价者的角度认定各评价因素重要程度如何而确定的权数，因此是可以调整的。根据评价者的着眼点不同，可以改变评价因素的权数，这种定权方法适用性较强。另外还可以同时用几种不同的权数分配对同一被评价对象进行综合评价，以进行比较研究。

(2) 模糊综合评价方法的缺点

1) 模糊综合评价过程中，不能解决评价因素间的相关性所造成的评价信息重复的问题。因此，在进行模糊综合评价前，因素的预选和删除十分重要，需要尽量把相关程度较大的因素删除，以保证评价结果的准确性。另一方面，如果评价因素考虑得不够充分，有可能影响评价结果的区分度。

2) 在模糊综合评价中，因素的权重不是伴随评判过程产生的，这样人为确定权重具有较大灵活性，一定程度上反映了因素本身对被评价对象的重要程度，但人的主观性较大，与客观实际可能会有偏差。

4.9 安全风险判别指标和评估标准

地下工程建设期间发生的工程风险，是否可接受以及接受程度如何，决定着不同的风险控制对策及处置措施，风险管理中需预先制定明确的风险等级及接受准则。

风险分级标准包括风险事故发生概率的等级标准（简称风险概率等级）和风险事故发生后

的损失等级标准(简称风险损失等级),根据工程风险定义,制定相应风险的分级标准和接受准则。

在生产过程中,建立科学、可以对比的安全生产风险判别指标是十分重要的。只有建立了安全生产风险判别指标或判别的目标值,才能衡量安全生产系统风险大小和可接受保准。无论是定性、还是定量的安全生产风险判别指标,若没有可比性,安全管理人员将无法判定生产过程风险的高低以及是否达到了可接受的程度,也无法判断改善到什么程度生产过程才达到了期望的安全水平,这将使安全生产风险管理无法进行或失去意义。

地下工程常用的安全生产风险判别指标有工程经济损失、人员伤亡、工期延误、环境影响、社会信誉损失等。

4.9.1　风险概率等级标准

根据工程风险发生的概率(或频率)可分为五级,具体等级标准见表 4.9-1。

表 4.9-1　事故发生概率等级标准

概率范围	中心值	概率等级描述	概率等级
>0.3	1	很可能	5
0.03～0.3	0.1	可　能	4
0.003～0.03	0.01	偶　然	3
0.000 3～0.003	0.001	不可能	2
<0.000 3	0.000 1	很不可能	1

注:(1) 当概率值难以取得时,可用频率代替概率;(2) 中心值代表所给区间的对数平均值。

4.9.2　风险后果等级标准

考虑风险损失不同的严重程度,事故发生后果的等级分成五级,建立风险损失的等级标准见表 4.9-2。

表 4.9-2　事故发生后果等级标准

等　级	1	2	3	4	5
描　述	轻微的	较大的	严重的	很严重的	灾难性的

不同风险承险体(工程自身、第三方或周边区域环境)的定量风险损失和后果等级标准,见表 4.9-3～表 4.9-5。

4.9.2.1　经济损失等级标准

经济损失是指风险事故发生后造成工程项目发生的各种费用的总和,包括直接费用和事故处理所需的各种费用,见表 4.9-3。

表 4.9-3　经济损失等级标准

后果定性描述	灾难性的	很严重的	严重的	较大的	轻微的
后果等级	5	4	3	2	1
经济损失(万元)	>1 000	300～1 000	100～300	30～100	<30

注:"～"含义为包括上限值而不包括下限值,以下各表均同。

4.9.2.2 人员伤亡等级标准

人员伤亡是指在参与施工活动过程中人员所发生的伤亡,依据人员伤亡的类别和严重程度进行分级,见表 4.9-4。

表 4.9-4 人员伤亡等级标准

后果定性描述	灾难性的	很严重的	严重的	较大的	轻微的
后果等级	5	4	3	2	1
人员伤亡数量(人)	$F>9$	$2<F\leqslant9$ 或 $SI>10$	$1\leqslant F\leqslant2$ 或 $1<SI\leqslant10$	$SI=1$ 或 $1<MI\leqslant10$	$MI=1$

注:F=死亡人数 SI=重伤 MI=轻伤

4.9.2.3 工期延误等级标准

工期延误是指工程风险事故引起的工程建设时间延长。对不同性质的工程和建设工期,采用不同的绝对延误时间,见表 4.9-5。

表 4.9-5 工期延误等级标准

后果定性描述	灾难性的	很严重的	严重的	较大的	轻微的
后果等级	5	4	3	2	1
延误时间 1(控制工期工程)(月/单一事故)	>10	1~10	0.1~1	0.01~0.1	<0.01
延误时间 2(非控制工期工程)(月/单一事故)	>24	6~24	2~6	0.5~2	<0.5

4.9.2.4 环境影响等级标准

环境影响是指隧道施工对周围建(构)筑物破坏或损害、环境污染等,根据其影响程度进行分级,见表 4.9-6。

表 4.9-6 环境影响等级标准

后果定性描述	灾难性的	很严重的	严重的	较大的	轻微的
后果等级	5	4	3	2	1
环境影响描述	永久的且严重的	永久的但轻微的	长期的	临时的但严重的	临时的且轻微的

注:"临时的"含义为在施工工期以内可以消除;"长期的"含义为在施工工期以内不能消除,但不会是永久的;"永久的"含义为不可逆转或不可恢复的。

4.9.2.5 社会信誉损失等级标准

任何灾害或事故的发生都会引起社会负面压力,严重影响公众和政府对工程建设的良好意愿,从而导致工程建设参与单位发生社会信誉损失。社会舆论与公众评估对地铁及地下工程的建设进展影响巨大,社会信誉损失是建设参与单位潜在风险损失的重要部分。社会信誉损失与不同风险事故的后果密切相关,特别是如造成第三方损失或对周边区域环境造成损害,将会引起严重的社会信誉损失。社会信誉损失具体等级标准见表

4.9-7。

表 4.9-7　社会信誉损失等级标准

等　级	1	2	3	4	5
描　述	轻微的	较大的	严重的	很严重的	灾难性的

4.9.3　风险分级标准

根据事故发生的概率和后果等级，建立风险分级评估矩阵(简称风险评估矩阵)，将风险等级分为四级，风险评估矩阵见表 4.9-8。

表 4.9-8　风险等级标准

后果等级 / 概率等级		轻微的	较大的	严重的	很严重的	灾难性的
		1	2	3	4	5
很可能	5	高　度	高　度	极　高	极　高	极　高
可　能	4	中　度	高　度	高　度	极　高	极　高
偶　然	3	中　度	中　度	高　度	高　度	极　高
不可能	2	低　度	中　度	中　度	高　度	高　度
很不可能	1	低　度	低　度	中　度	中　度	高　度

4.9.4　风险接受标准

隧道风险管理采用国际隧协推荐的 ALARP 准则，英文原文是：The general objective of the construction risk policy is to reduce all risks covered to a level as low as reasonably practicable。该准则最早出现在经济风险控制领域，目前已经是风险管理方面的一种普遍适用的原则。

ALARP 准则是最常用的风险接受准则，又称最低合理可行准则，其含义是任何工程活动都具有风险，不可能通过预防措施来彻底消除风险，必须在风险水平与利益之间做出平衡。

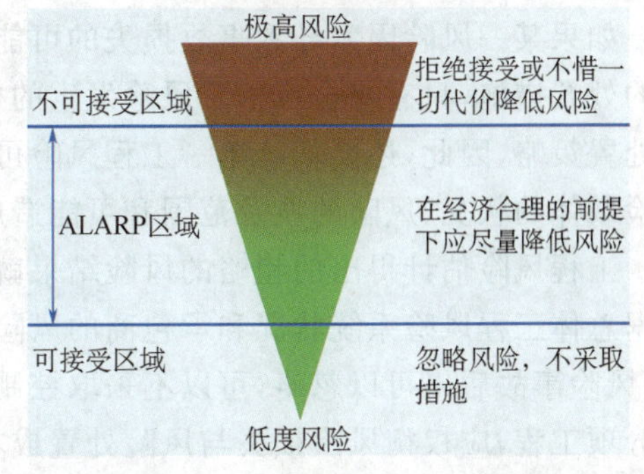

图 4.9-1　ALARP 风险管理准则

图 4.9-1 中风险分为三个区域，若风险评价所得的风险等级处在不可接受区域，必须拒绝或采取强制性的措施降低风险水平；若风险等级处在风险可接受区，由于风险水平很低，无需采取任何对应措施；若风险等级处在合理可行的最大限度降低区，则需要考察实施各种降低风险水平措施后的效果，并进行对比分析，据此确定风险是否可以接受。隧道风险接受准则与采取的风险处理措施见表 4.9-9。

表 4.9-9 风险接受准则

风险等级	接受准则	处理措施
低　度	可忽略	此类风险较小，不需采取风险处理措施和监测。
中　度	可接受	此类风险次之，一般不需采取风险处理措施，但需予以监测。
高　度	不期望	此类风险较大，必须采取风险处理措施降低风险并加强监测，且满足降低风险的成本不高于风险发生后的损失。
极　高	不可接受	此类风险最大，必须高度重视并规避，否则要不惜代价将风险至少降低到不期望的程度。

4.10 隧道安全风险评估内容与流程

4.10.1 概　述

从工程项目的风险管理周期来看，风险识别是风险管理的基础，通过风险识别将工程中可能存在的风险定性地识别出来，仅仅知道风险载体可能存在的风险还不够，还要掌握风险发生的可能性、风险一旦发生可能造成的损害程度等，这些问题需要风险估计来解决，因而风险估计是工程风险管理量化和深化的过程，也是工程风险管理不可或缺的环节。

工程风险估计必须遵循一定的原则。一是系统性原则，即本着系统性原则进行风险估计，主要从已识别出的风险的整体考虑，保证既能全面地估计风险，又有重点地估计风险；二是谨慎性原则，风险估计的结论将影响风险处置措施的选择，因而风险估计很重要，应慎重估计，不要不合理地低估风险；三是相对性原则，多数风险估计方法得出的结论是相对的，即一种风险的大小是相对本风险系统内的其他风险因素对风险目标的影响程度而言的；四是定性估计与定量估计相结合原则。

在工程风险发展过程中，并不是所有风险都能最终发展成导致损失的风险事件，需要采用专家调查法、现场观察法、模糊综合评判法等方法，对工程风险进行现场观测或试验模拟，估计出风险的概率分布。

如果某一风险因素导致事故损失的可能性很大，但可能的损失却很小，就没有必要采取复杂的处置措施，只有综合考虑了风险发生的概率和损失程度后，才能根据风险损失期望制定风险处置策略，因此，还要估计单一工程风险可能造成的损失程度，工程风险损失可以依据工程风险载体的状况、风险的波及范围和可能造成的损害程度来估计。

工程风险估计得出的粗略的风险结果就是风险定级。通过风险估计，预测风险损失结果，根据总体工程风险系统状况和承包商的风险承受能力，将工程风险粗略地分成四个等级。一级，风险事故后果可以忽略，可以不采取控制措施；二级，风险事故后果较轻微，不至于破坏某个分项工程，应权衡风险损失与风险处置成本，采取适当的处置措施；三级，风险事故后果很严重，可能破坏某个分项工程并有人员伤亡，应立即采取措施；四级，这是危险等级最高的风险，风险事故后果是灾难性的，应立即排除。将工程风险分为不同级别，有利于把握风险的处置原则，并以此为基础制定工程风险处置方案。

工程风险估计从量的角度衡量了工程风险发生的概率和损失程度，然而要确定风险对风险管理目标的危害程度，决定是否采取措施以及采取何种措施，采取措施后的风险因素将会发生什么变化，则是风险评估需要解决的问题。

工程风险评估是指在工程风险识别和估计的基础上，综合考虑风险属性、风险管理的目标和风险主体的风险承受能力，确定工程风险和风险处置措施对系统的影响程度。

决策是为了实现特定的目标，根据客观的可能性，在占有一定信息和经验的基础上，采用一定的科学方法和手段，从两个以上的可行方案中择优选取一个合理方案的分析、判断过程。

决策是一种主观判定过程，风险能否被接受因人而异，同样的风险水平，偏爱冒险的决策者感知到的风险程度要低于厌恶风险的决策者，因此，在项目的决策过程中，除了要考虑项目客观上的风险水平，还不可避免地要考虑到决策者的风险态度问题。风险决策是整个风险管理的核心，建设项目风险决策应解决以下4个层次的问题：

(1) 对单一开发项目进行风险评估，判断项目风险程度是否在项目风险管理目标之内，从风险角度判断项目是否可行。

(2) 针对可行的各个开发项目进行项目风险综合评估，选择符合项目管理目标的最佳开发方案。

(3) 对某一风险管理措施，通过分析其风险管理成本和风险管理效益，判断风险管理措施经济上是否可行。

(4) 在经济可行的风险管理和控制措施中选择最合理的方案。

风险态度指的是决策者对风险的偏好程度，风险态度可以分析好冒风险的冒险型、回避风险的保守型、漠视风险的中性型。

冒险型的决策者对某种经济活动的高回报给予较大的期望，为了实现这一期望愿意冒风险，换句话说，冒险型决策者愿意为追求高回报而冒险、付代价。

避险型决策者不愿意承担风险，即使某种经济活动可能有较高的收益回报，只要存在一定的风险就宁可放弃高回报的机会而不会去冒险从事该活动，因此，回避风险是这类人士的主要对策。

还有一类是既不愿意冒大的风险，又不愿意放弃有较高回报可能性的中性型决策者，其决策基本原则是风险损失至少不大于可能获取的利益的期望值，通常通过统计计算出的回报期望值作为决策信息。

人们的风险态度是会发生变化的，由于决定人们风险态度的主要因素包括经验、知识背景、技术能力、管理能力等，如果这些因素发生变化，人们的风险态度自然也将发生变化。

4.10.2　初步设计阶段隧道安全风险评估

(1) 初步设计阶段应根据可行性研究阶段评估结果，结合本阶段的勘察资料和设计原则，对采用矿山法施工的塌方、瓦斯、突水(泥、石)、岩爆、大变形等典型风险进行评估。初步设计阶段风险评估内容和成果应满足施工阶段安全风险评估的基本要求。

(2) 初步设计阶段应根据隧道地质纵断面情况分段评估，确定初始风险(典型风险)等级，提出相应的设计措施，主要工作包括：

1) 分段评估初始风险，选择设计措施；2) 根据设计措施进行再评估，确定残留风险；3) 对极高等级的残留风险应上报业主及上级主管部门，业主必须采取放弃或修改线路方案等措施；4) 对高度等级的残留风险，设计单位应加强监测，在施工图阶段补充地质勘探；5) 对中度等级的残留风险，设计单位应予以监测。

(3) 初步设计阶段风险评估流程如图4.10-1所示。

4.10.3 施工设计阶段隧道安全风险评估

施工图阶段应根据初步设计审查意见，对设计方案需进行重大修改的隧道进行评估。施工图阶段风险评估主要工作内容同初步设计阶段。

对高度等级的残留风险，设计单位应提出风险减缓措施，减低风险到中度及以下。

对中度等级的残留风险，应在施工图注意事项中明确，在施工阶段予以监测。

隧道施工设计阶段风险评估流程类似图 4.10-1。

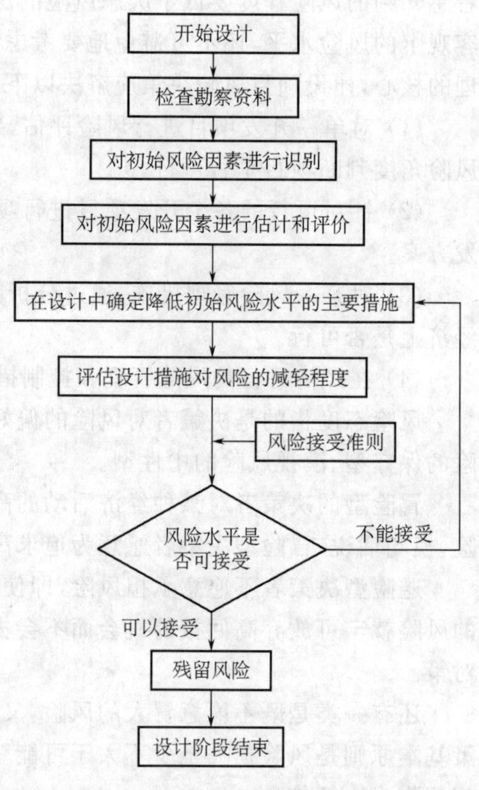

图 4.10-1 隧道设计阶段风险评估流程图

4.10.4 施工阶段隧道安全风险评估

施工阶段应在施工图阶段的风险评估结果基础上，结合实施性施工组织设计，对所有隧道进行评估。其中采用矿山法施工的隧道侧重于安全，对塌方、瓦斯、突水(泥、石)、岩爆、大变形等典型风险进行评估。施工阶段风险评估内容和成果应满足指导施工中进行风险控制的基本要求。

施工阶段应根据设计阶段风险评估结果，依据施工地质、资源配置及实施方案进行再评估。提出相应的施工措施，着重于施工管理、措施评估和落实，主要工作包括：

(1) 在施工过程中，应根据施工揭示地质情况对风险进行动态评估，对中度等级的风险予以监测。若采用原设计方案不能有效减低风险等级到设计要求的水平，应及时上报业主，经业主决策后采取相应措施。

(2) 根据施工流程按核对表法对其他风险进行识别，结合风险评估结果，按不同的评估目标(安全、工期、投资等)确定应对措施。

(3) 施工中应对风险跟踪管理，定期反馈，随时与相关单位沟通。

隧道施工阶段风险评估流程如图 4.10-2 所示。

4.11 隧道安全风险评估报告

隧道风险评估报告是铁路隧道风险评估过程的记录，应将风险评估的过程、采用的评估方法、获得的评估结果等写入评估报告中。风险评估报告应内容全面，数据完整，客观公正，提出的对策措施具有可操作性。

4.11.1 安全评估报告内容

风险评估报告应包含以下内容：

(1) 编制依据

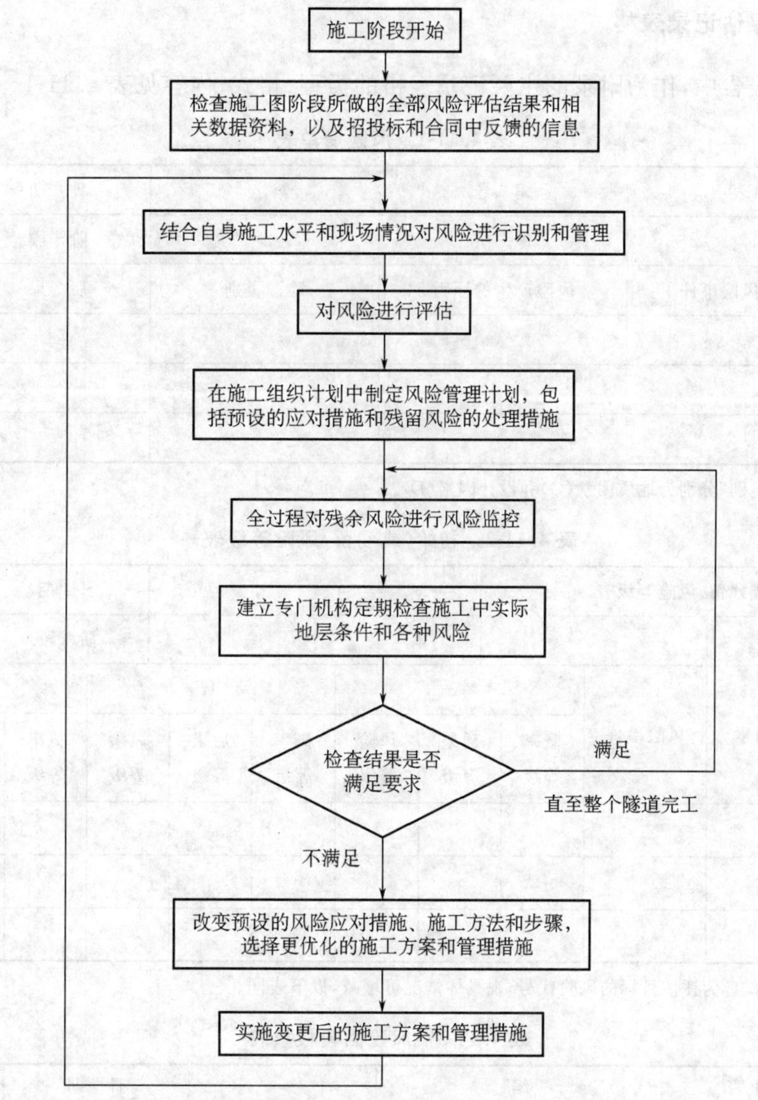

图 4.10-2　隧道施工阶段风险评估流程

1）业主制定的风险管理方针及策略；2）相关的国家和行业标准、规范及规定；3）隧道基础资料；4）各阶段审查意见；5）上阶段评估结果。

（2）隧道概况

（3）风险评估程序和评估方法

（4）风险评估内容

（5）风险对策措施及建议

（6）风险评估结论

4.11.2　安全评估报告的格式

风险评估报告格式包括以下内容：

（1）封面；（2）评估机构评估资质证书副本复印件；（3）著录项；（4）目录；（5）编制说明；（6）正文；（7）附件及附录。

4.11.3 风险评估记录表格

风险评估报告中，作为附录的主要记录表格的类型、格式、内容见表 4.11-1～表 4.11-8。

表 4.11-1 风险清单表

风险清单表		编　号		日　期	
隧道名称		审　核		阶　段	
序　号	风险事件	风险产生的原因	险源类别	后　果	备　注
1					
2					
…					

注：表中"险源类别"分别为地质因素(G)和设计因素(D)。

表 4.11-2 初始(或残留)风险等级表

初始(或残留)风险等级表			编　号					日　期			
隧道名称			审　核					阶　段			
序　号	风险因素	风险事件	A			B			C		
			概率等级	后果等级	风险等级	概率等级	后果等级	风险等级	概率等级	后果等级	风险等级
1											
2											
…											

注：上表中，A、B、C 为评估目标的风险代号，视具体情况可增减，以下表同。

表 4.11-3 风险因素权重表

风险权重表		编　号		日　期	
隧道名称		审　核		阶　段	
序　号	风险因素	风险事件	A	B	C
1					
2					
…					

表 4.11-4 风险因素综合权重表

风险因素综合权重表		编　号		日　期	
隧道名称		审　核		阶　段	
序　号	风险因素	综合权重		重要度	
1					
2					
…					

表 4.11-5　风险期望损失表

<table>
<tr><td colspan="3">风险期望损失表</td><td>编　号</td><td></td><td>日　期</td><td></td></tr>
<tr><td>隧道名称</td><td colspan="2"></td><td>审　核</td><td></td><td>阶　段</td><td></td></tr>
<tr><td>序　号</td><td>风险因素</td><td>风险事件</td><td colspan="2">预计损失(万元)</td><td>期望概率</td><td>期望损失(万元)</td></tr>
<tr><td>1</td><td></td><td></td><td colspan="2"></td><td></td><td></td></tr>
<tr><td>2</td><td></td><td></td><td colspan="2"></td><td></td><td></td></tr>
<tr><td>…</td><td></td><td></td><td colspan="2"></td><td></td><td></td></tr>
</table>

表 4.11-6　风险对策措施表

<table>
<tr><td colspan="4">风险对策措施表</td><td>编　号</td><td colspan="2"></td><td>日　期</td><td></td></tr>
<tr><td>隧道名称</td><td colspan="3"></td><td>审　核</td><td colspan="2"></td><td>阶　段</td><td></td></tr>
<tr><td rowspan="2">序　号</td><td rowspan="2">风险
因素</td><td rowspan="2">风险
事件</td><td colspan="2">A</td><td colspan="2">B</td><td colspan="2">C</td></tr>
<tr><td>风险
等级</td><td>对策
措施</td><td>风险
等级</td><td>对策
措施</td><td>风险
等级</td><td>对策
措施</td></tr>
<tr><td>1</td><td></td><td></td><td></td><td></td><td></td><td></td><td></td><td></td></tr>
<tr><td>2</td><td></td><td></td><td></td><td></td><td></td><td></td><td></td><td></td></tr>
<tr><td>…</td><td></td><td></td><td></td><td></td><td></td><td></td><td></td><td></td></tr>
</table>

表 4.11-7　风险评估综合表

<table>
<tr><td>评估阶段</td><td colspan="3"></td><td colspan="2">时间</td><td></td></tr>
<tr><td>隧道名称</td><td colspan="2"></td><td>长　度</td><td></td><td>线　别</td><td></td></tr>
<tr><td>地质概况</td><td colspan="6"></td></tr>
<tr><td>设计情况</td><td colspan="6"></td></tr>
<tr><td>施工情况</td><td colspan="6"></td></tr>
<tr><td>评估目标：</td><td colspan="6">□安全　□环境　□工期　□投资　□第三方</td></tr>
<tr><td>识别方法</td><td colspan="6"></td></tr>
<tr><td>风险因素</td><td>A</td><td>原因背景</td><td>B</td><td>原因背景</td><td>C</td><td>原因背景</td></tr>
<tr><td></td><td></td><td></td><td></td><td></td><td></td><td></td></tr>
<tr><td>…</td><td></td><td></td><td></td><td></td><td></td><td></td></tr>
<tr><td>评估方法</td><td colspan="6"></td></tr>
<tr><td>风险事件</td><td>A 等级</td><td>风险对策</td><td>B 等级</td><td>风险对策</td><td>C 等级</td><td>风险对策</td></tr>
<tr><td></td><td></td><td></td><td></td><td></td><td></td><td></td></tr>
<tr><td>…</td><td></td><td></td><td></td><td></td><td></td><td></td></tr>
<tr><td>评估结论：</td><td colspan="6"></td></tr>
<tr><td colspan="7">下阶段注意事项：</td></tr>
</table>

表 4.11-8　风险登记表

<table>
<tr><td rowspan="2">序　号</td><td rowspan="2">风险
事件</td><td rowspan="2">成　因</td><td colspan="3">初始风险</td><td rowspan="2">风险处理措施</td><td colspan="3">残余风险</td><td rowspan="2">残余
风险</td><td rowspan="2">风险处理
负责人</td><td rowspan="2">填写
日期</td><td rowspan="2">意见/
备注</td></tr>
<tr><td>概率
等级</td><td>后果
等级</td><td>风险
等级</td><td>概率
等级</td><td>后果
等级</td><td>风险
等级</td></tr>
<tr><td>1</td><td></td><td></td><td></td><td></td><td></td><td></td><td></td><td></td><td></td><td></td><td></td><td></td><td></td></tr>
<tr><td>2</td><td></td><td></td><td></td><td></td><td></td><td></td><td></td><td></td><td></td><td></td><td></td><td></td><td></td></tr>
<tr><td>…</td><td></td><td></td><td></td><td></td><td></td><td></td><td></td><td></td><td></td><td></td><td></td><td></td><td></td></tr>
</table>

第 5 章　隧道施工安全风险控制技术

在风险评估(包括风险辨识、风险估计和风险评价)之后，接下来的工作是如何有效地控制这些风险，以达到减少事故发生的概率和降低损失程度的目的。

所谓风险控制是指在风险辨识、风险估计和风险评价的基础上，针对工程中所存在的风险因素，积极采取控制措施，以消除风险因素或减少风险因素的危害性，在事故发生前，降低事故的发生概率；在事故发生后，将损失减少到最低限度，从而达到降低风险承担主体预期财产损失的目的。

风险控制是风险管理过程中的后阶段，也是整个风险管理成败的关键所在。风险控制的目的在于改变生产单位所承受的风险程度，其主要功能是怎样避免风险，预防损失，降低损失的程度，当损失无法避免的时候，务求尽量减低风险所带来的不良影响。

5.1　风险控制方法

5.1.1　风险控制的基本原则

为了控制系统存在的风险，必须遵循以下基本原则：

(1) 闭环控制原则。闭环控制是自动控制的核心。安全管理工作部署应当设法形成一种自动反馈机制，以提高工作效率。为此应制定合理的工作程序，畅通的信息处理、传递路线，形成完善的规章制度。

(2) 动态控制原则。动态风险控制系统通过对各种状态信息进行实时检测，及时发现事故隐患，迅速采取控制措施防止事故的发生，是事故预防的有效手段，预期效果十分明显。

(3) 分级控制原则。风险控制系统组织结构复杂，必须建立较完善的安全多级递阶控制体系。各控制层次之间除了督促下层贯彻执行有关方针、政策、规程和决定外，还要采取一切可行的措施，提高下属层次的自组织能力，使之具有较高的控制能力，能够审时度势，加强自我就地反馈。

(4) 多层次控制原则。多层次控制可以增加系统的可靠程度。通常包括 6 个层次：

根本的预防性控制、补充性控制、防止事故扩大的预防性控制、维护性能的控制、经常性控制以及紧急性控制。各层次控制采用的具体内容随事故危险性质不同而不同。

5.1.2　风险控制的策略性方法

根据风险控制的目标，制定风险控制的基本策略：设法降低风险事故发生的概率；设法降低风险事故发生后所造成的损失。

具体的风险控制策略和方法很多，常用的控制策略可以分为两大策略，即风险避免策略、损失控制策略。风险避免策略就是在事故前采取一定的措施避免事故的发生，损失控制策略就是在发生事故后，采取各种措施尽量减少事故损失。

(1) 减轻风险

该策略的目标是降低风险发生的可能性或减少后果的不利影响。具体目标是什么，则在很大程度上要看风险是已知风险、可预测风险还是不可预测风险。另外，在实施减轻策略时，最好将每一个可知"风险"都减轻到可接受的水平。具体的风险减轻了，失败的概率就会减少，成功的概率就会增加。

(2) 预防风险策略通常包括有形和无形的手段

1) 有形的手段如工程法，此法以工程技术为手段，消除物质性风险威胁。其措施是：① 防止风险因素出现。在项目活动开始之前，采取一定措施，减少风险因素。② 减少已存在的风险因素。③ 将风险因素同人、财、物在时间和空间上隔离。

工程法的特点是，每一种措施都与具体的工程技术设施相联系，但又不能过分依赖工程法。因为采取工程措施需要很大的投入，而且决策时必须进行成本效益分析，再者任何工程设施都不会百分之百的可靠。所以，工程法要与其他措施结合起来使用。

2) 无形的风险预防手段有教育法和程序法

教育法。要减轻与不当行为有关的风险，就必须对有关人员进行风险和风险管理教育。教育内容应该包括有关安全、投资、城市规划、土地管理与其他方面的法规、规章、规范、标准和操作规程、风险知识、安全技能及安全态度等。风险和风险管理教育的目的是，要让有关人员充分认识到种种风险的存在，了解和掌握控制这些风险的方法。使他们深深认识到，个人的任何疏忽或错误行为，都可能带来巨大损失。

程序法。指以制度化的方式从事生产经营活动，减少不必要的损失。风险管理班子指定的各种管理计划、方针和监督检查制度一般都能反映客观规律性。实践表明，不按程序办事，就会犯错误，就要造成浪费和损失。

(3) 转移风险

风险转移是指在从业单位不能回避风险的情况下，将自身面临的风险转移给其他主体来承担，但转移风险并不是转嫁损失，有些原来风险主体可能无法控制的风险因素，在其他主体那里却可以得到控制。当投入资源有限，不能实行减轻和预防策略，或风险发生频率不高，但潜在的损失或损害很大时可采用此策略。转移风险的主要方式有：出售、发包、开脱责任合同、保险与担保。其中保险是企业和个人转移事故风险损失的重要手段和最常用的一种方法，是补偿事故经济损失的主要方式。无论是商业保险还是社会保险，与企业的安全问题都有着千丝万缕的联系。保险的介入对于控制事故经济损失，保证企业的生存发展，促进企业防灾防损工作和事故统计、分析乃至管理决策过程的科学化、规范化都是相当重要的。

(4) 回避风险

回避是指考虑到风险损失的存在，主动放弃和拒绝实施某项可能引起大风险损失的方案，从而避免与该方案相联系的风险，以免除可能产生风险损失的一种控制风险策略。回避是一种最彻底的控制风险技术，它在风险事故发生之前，将风险因素完全消除，也即完全消除了某一特定风险所造成的各种可能损失，而其他控制技术，则只能减少损失发生的概率和损失的严重程度。但回避会使企业同时也失去了从风险源中获利的可能性。

(5) 自留风险

它是一种由企业或单位自己承担风险事故所致损失的财务型风险管理技术。是一种行之有效，且愈来愈被广泛采用的财务型风险管理技术。自留风险是最省事的风险规避方法，在许多情况下也最省钱。当采取其他风险规避方法的费用超过风险事件造成的损失数额时，可采取自留风险的方法。

(6) 应急措施

有些风险要求事先制定后备措施,一旦发生事故或活动的实际进展情况与计划不同,就动用预备措施。好的应急措施能在风险事故发生后,以最快的速度发挥最大的效能,有序地实施风险事故处理,达到尽快控制事态发展,降低事故造成的危害,减少事故损失的目的。

5.1.3 风险控制的技术性方法

风险控制是指采取风险控制方法去降低风险程度,使风险的程度降到在生产作业中可以接受的程度,并对风险进行有效控制。风险控制方法主要有以下七种:

(1) 排除。排除风险就是消除隐患,如某燃气管段受外力冲击受损比较严重,尽管仍然没有破裂,但评估结果风险程度很高,是不可容忍的,必须更换该管段,以排除该隐患。

(2) 替换。当隐患无法消除时,可以更换方案,如某区域地下土壤腐蚀性比较强,钢管容易腐蚀,这时可以在保证压力强度的条件下,考虑更换为 PE 管。

(3) 降低。它是指提高工程设计等要求及措施来降低风险程度。如对于路面交通量比较大的地段,在设计中要求增加埋在它下面的管道的壁厚,以降低风险程度。

(4) 隔离。隔离就是将人、财、物等与隐患隔离开来的控制方法。如天然气门站、高压储罐等危险源,要求保持一定的安全距离,一旦发生事故,可以将损失降低到最小。

(5) 程序控制。它指针对生产、运行、操作中制定工作程序,并且必须严格遵守程序,如,燃气管道焊接施工,必须严格按焊接工艺进行焊接,焊接完后还需按程序进行焊接质量检测等,以确保焊接质量,杜绝隐患。

(6) 保护。保护是指对人员进行保护。如在燃气管网施工或抢修过程中,人员必须配备必须的安全防护装备,以防止受伤或中毒,从而降低风险事故发生的可能性。

(7) 纪律。纪律指加强劳动纪律,对违反劳动纪律的人员进行必要的处罚。如对损坏工厂生产设备人员的纪律处罚。

以上七种方法中从(1)～(7)控制效果逐渐减弱,控制风险最好的方法是排除方法,最不好的方法是通过加强劳动纪律,进行纪律处罚,但也不是说加强劳动纪律不重要。根据企业的能力和效益,应尽可能地采取较高级的风险控制方法,并多级控制,在企业能力范围内将风险降至最低。

5.2 隧道风险处置对策

从工程风险源入手,完成风险辨识与评估后,根据项目建设的总体目标,以有利于提高对工程风险的控制能力和降低风险潜在损失为原则,分析并选择合理的风险管理处置对策。风险规避有四种方式,可选择一种或多种实施风险控制,具体对策包括:

5.2.1 风险消除

不让工程风险发生,将工程风险发生的概率降低直至到零。风险消除是指中断风险源,遏制风险事件发生,主要通过主动放弃和终止承担某一任务,从而避免承担风险。在面临灾难性风险时,采用消除风险的方式处置风险是比较有效的。但有时放弃承担风险意味着放弃机会,由此看来,某些情况下的风险消除是一种消极的风险处置方式。在工程项目中,风险消除可以有效化解施工准备阶段的某些技术风险、设计风险、地质风险,也可以减少甚至化解因违规操作、工人疏忽等引发的施工风险。

风险消除(Risk Avoidance)就是通过变更工程项目计划,从而消除风险或消除风险产生的条件,或者是保护工程项目的目标不受风险的影响,虽然完全消除工程项目的风险是不可能的,也是不经济的,但借助于风险规避的一些方法,对某一些特定的风险,在它发生之前就消除其发生的机会或可能造成的种种损失还是有可能的。比如隧道洞口极不稳定,滑坡、塌方的风险很大,就可以选择合适的地层预加固方式规避风险;围岩破碎段尽量避开雨季施工;选择经验丰富、设备齐全的承包商等。风险规避是风险应对策略的一种最主要的方式,但并不是任何工程项目、任何条件下都可采用,如果风险规避的成本超过了项目管理者的承受能力范围,甚至超过了风险发生可能造成的损失,项目管理者就会选择其他应对策略。另外风险规避可能会丧失机会或阻碍创新。

5.2.2　风险转移

风险转移(Risk Transference)是设法将某种风险的结果连同对风险应对的权利和责任转移给他方。依法将工程风险的全部或部分转让或转移给第三方(专业单位),或通过保险等合法方式让第三方承担工程风险。

风险转移包括非保险方式和保险方式。非保险方式主要有:采用担保或履约保函方式转移风险、采用分包方式转移风险、采用适当的合同计价方式转移风险、运用合同条件风险。非保险方式转移风险几乎不需要任何成本,只是在合同条件及合同语言上下功夫,是一种经济的风险应对方式,但它不能消除风险,而主要是转移给别人,这种方式还受国家法律的制约,也用可能丧失赢利的机会,一般来说,非保险风险转移只能作为一种风险应对的补充手段,而不是主要的手段。

工程项目风险管理广泛使用的风险转移方式有:① 在招投标阶段通过设定保护性合同条款将风险转移给合同对方;② 通过担保,将风险转移给担保人;③ 业主和承包商投保与工程项目有关的险种,将风险转移给保险公司。

(1) 设定保护性合同条款

在三种转移途径中,利用合同的保护性条款来降低或规避某些风险的转移成本相对较低。工程担保和保险需要向被转移者支付一定的风险保障费用,而设置保护性条款的转移费用支出是隐性的,不必直接支付转移费用。通过合理设置合同的保护性条款来转嫁风险的成本(包括损失发生后的处理成本和合同履行成本)。这里的合同履行成本是由于合同设置了保护性条款,使得合同的履行变得复杂,由此而增加的成本。

(2) 工程担保

工程担保是将风险转移给第三方的重要途径。工程担保分为信用担保和财产担保。信用担保是以个人信用担保债权的实现,即保证担保。按照担保的用途不同主要分为投标保证、履约保证和承包商要求业主提供的支付保证。财产担保是以财产保证债权的实现,包括抵押担保、质押担保和留置担保。如考虑工程的实际风险情况,以担保分散风险时,主要选择保证担保形式,要求投标商为每份合同提供履约担保。常在工程所签署的合同中,业主方要求投标方提供其开户银行的履约保函。合同履约担保主要担保合同履约方的履约能力,避免因违约而使业主或承包商蒙受意外损失。合同履约担保所化解的风险范围较狭窄,妻要化锯合同履行的风险。

(3) 工程保险

工程保险是借助第三方来转移风险,同其他风险方式相比,工程保险转嫁风险的效率是比较高的。国外的工程项目投保工程保险非常普遍，但从国内的实际工程投保情况看，投保比率并不高，其中的原因是多方面的。随着建筑市场和保险市场的进一步发展，工程保险必将成为风险转移的主流方式。投保工程保险的项目出险后发生的合理的处理费用都计入应赔款中，因而对于投保方而言，工程保险的风险转移成本主要是保险费，属于显性的费用支出。与其他工程风险处置方式相比，工程保险的风险转移成本相对较高。如综合考虑工程的风险源的复杂状况，权衡保险费和未来可能承担的风险损失以及获得的风险保障，以决定投保工程保险的保险项目、保险责任范围、保险金额等合同要素。工程保险可以分散的风险属性表现为可转移性和经济性，可转移性即是风险可以通过投保转给保险公司，经济性是指选择某些保险标的保险责任范围和保险金额等要素所提供的保障程度要与保费、免赔额和赔偿限额等支出要素权衡，保险支出和保险利得相当。工程保险可化解的风险范围很广，一般是在遵循保险法规的前提下，由保险双方商定，最终以双方签订的保险合同所列保险项目和保险责任为准。

5.2.3 风险缓解

通过采取措施或修改技术方案降低工程风险发生的概率和(或)损失。

风险缓解(Risk Mitigation)，又称风险降低、风险减轻，是指将工程项目风险的发生概率或后果降低某一可以接受的过程，既不消除风险，也不避免风险，而是减轻风险，比如隧道边仰坡加固、洞内注浆加固、储蓄一定量的材料等，风险缓解的方式主要包括：降低风险发生的可能性、控制风险损失、分散风险、后备应急措施等。风险缓解要到达什么目标、将风险降低到什么程度，这主要取决于项目的具体情况、项目管理的要求和对风险的认识程度。

5.2.4 风险自留

风险自留的前提是所接受的工程风险可能导致的损失比风险消除、风险降低和风险转移所需费用小。采取风险自留对策时应制定可行的风险应急处置预案，采取必要的安全防护措施等。

风险自留(Risk Retention)，又称风险接受(Risk Acceptance)，是一种项目主体不改变项目计划去应对某一风险，或者找不到其他合适的风险应对策略，而自行承担风险后果的策略。这意味着如果风险发生，项目主体就要承担造成的损失，如果风险不发生，项目主体就可以赢利。风险自留要求项目主体对风险有充分的估计和足够的资金准备，一般应对一些不是很严重的风险，或者用其他措施应对不是很合适，或者采取其他应对措施后残余的一些风险。

工程风险自留是指工程风险保留在风险管理主体内部，通过采取内部控制措施等来化解风险，或者对这些保留下来的工程风险不采取任何措施。

在工程风险管理中，应用自留方式处理风险有三种情况：一是当风险无法回避或转移时，被动地将这些工程风险保留下来，属于被动自留；二是如果经估算确认风险程度较小，对工程总体不会造成太大的影响，于是保留风险，属于主动自留；三是没能准确把握风险，于是把风险保留下来。

风险自留后都应采取有效的措施控制风险的聚集和扩散，风险控制措施着重于改变风险源和风险因素在时间和空间上的分布，从而限制风险扩散的速度，另外，风险控制措施把风险因素与可能遭受风险损失的人、财、物隔离，减少风险汇集和扩散的载体。

5.3 风险事故预测

安全工作已经渗透到人们生活的各个方面，我国的安全工作任重而道远，安全工作人员必须充分认识事故的发生规律,掌握事故预防、预测和控制原理,从源头上控制各种不安全因素,对生产和生活过程中各种风险因子进行预测、预防、预警,消除和减少事故发生概率及其后果严重程度,有效降低风险。

5.3.1 事故特征

无论是自然灾害、生产事故、公共突发事故还是卫生事件等,都是在一定的条件下发生的,因为风险无处不在,它的发生发展是有一定规律和特点的。事故的特征主要包括:事故的普遍性、因果性、随机性、潜在性和可预测性。

(1) 事故的普遍性

自然界中充满了各种各样的危险,不论是生产事故还是自然灾害,都是人类生存过程中时刻要面对的,发生事故的可能性普遍存在,绝对的安全是不存在的。在不同的生产、生活过程中,危险性各不相同,事故发生的可能性也就存在很多的差异。

(2) 事故的因果性

因果性即事物之间一事物是另一事物发生的原因,这是一种关联性。事故的因果性是指事故是由相互联系的多种因素共同作用的结果。许多因素互为因果连续发生,一个因素是前一个因素的结果,又是后一个因素的原因,这些因素相互关联,具有继承性和层次性。事故的因果性决定了事故的必然性。事故是一系列因素互为因果,连续发生的结果。事故因素及其因果关系的存在决定事故或迟或早必然发生。这又导致了事故发生具有不确定性,无法预知在何时、何地、何原因意外事故发生。掌握事故的因果关系,砍断事故因素的因果连锁,就消除了事故发生的必然性,就可能防止事故的发生。

(3) 事故的随机性

从本质上讲,伤亡事故属于在一定条件下可能发生,也可能不发生的随机事件。即事故的发生时间、地点、事故后果严重度等是偶然的。事故是由于客观存在的不安全因素,随着时间的推移,出现某些意外情况而发生的,这些意外事件往往难以预知。因此,掌握事故的原因,可减少事故发生的概率;掌握事故的原因是防止事故发生的必要条件。但是,即使完全掌握了事故原因,也不能保证绝对不发生事故。

事故的随机性还表现在事故是否产生后果,以及后果的大小如何都是难以预测的。反复发生的同类事故并不一定产生相同的结果。事故的随机性说明事故的预防具有一定的困难。但是,事故的这种随机性在一定范畴内也遵循统计规律。从事故的统计资料中可以找到事故发生的规律。因此,事故统计分析对制定正确的预防措施有重大的意义。

(4) 事故的潜在性

表面上,事故往往是突发事件。但是,导致事故发生的因素,即"隐患或潜在危险"是早就存在的,只是未被发现或未受到重视而已,这个阶段就是事故发生之前的一段潜伏期。在事故发生前,人、机、环境系统所处的这种状态是不稳定的,也就是说系统存在事故隐患,具有危险性。如果这时有触发条件出现,就会导致事故的发生。在工业生产活动中,企业较长时间内未发生事故,如麻痹大意,就会忽视了事故的潜伏性,这是工业生产中的思想隐患,是应予克服的。

(5) 事故的可预测性

现代工业生产系统是人造系统,这种客观实际给预防事故提供了基本的条件。所以说,任何事故从理论和客观上讲都是可预防的。事故的发生是有其规律性的,深入探查、了解事故因果关系，就可以发现事故发生的客观规律，从而为防止发生事故提供依据。应用概率理论，收集尽可能多的事故案例进行统计分析，就可以从总体上找出带有根本性的问题，为宏观安全决策奠定基础，为改进安全工作指明方向，从而做到"预防为主"，实现安全生产目的。现代科技的发展，使得人们对各种风险的预测有了技术保障，同时人们根据对过去的事故所积累的经验和教训，以及对事故规律的认识，通过科学的方法和手段，可以对未来可能发生的事故进行预测和预防。

5.3.2 事故预测

事故预测是事故预防的首要环节，预测是否正确，很大程度上决定着事故预防的成败，因而它成为进行正确决策的重要依据。同时预测也是预警的重要组成部分，只有科学的预测，才能充分辨识风险的危害程度，为预警奠定基础。

事故预测在我国还处于发展阶段，和经济预测的发展相似，事故预测大致经历了四个阶段，即直观判断阶段、单因素分析预测阶段、多因素分析预测阶段、综合分析预测阶段。直观判断阶段是最古老、最简单的一种预测方法，在基础工作中，运用最为广泛。单因素分析预测也比较简单，掌握了基本数据和基本线性代数即可，它可以在基层安全管理人员中推广。多变量预测比较复杂，运用模糊数学的理论和方法，将多项因素评分，采用矩阵进行运算，得出结果。它在事故预测系统中发挥一定作用。综合分析预测考虑内部、外部因素，其对单变量分析预测或多变量分析预测的修正，使预测结果更为准确。

根据事故预测基本原理和工作经验，可以采用以下几种预测方法进行事故预测。

(1) 直观预测法

直观预测法是通过对专家进行信息咨询，依靠其知识和经验进行预测的一种定性预测方法。它多用于社会发展预测、宏观经济预测、科学发展预测等方面，其准确性取决于专家知识的广度、深度和经验。专家主要是指在某个领域中或某个预测问题上有专门知识和特长的人员。直观预测典型的代表方法有头脑风暴法、德尔菲法等。

(2) 时间序列预测法

如果对事故进行认真统计、分析，就会发现事故的频率与时间有一定关系，在某些时间内，事故频率高，在某些时间内，频率较低。时间序列预测法就是通过对事故的统计分析，从时间序列的变化特征等信息中选择恰当的模型和参数建立预测模型，并根据惯性原理假定预测对象以往的变化趋势会延续到未来，从而做出预测。目前使用较多的时间序列预测方法有移动平均法、趋势外推法、指数平滑法、周期预测法、自回归预测等方法。

(3) 因果预测法

因果预测是根据安全生产之间的依存关系，从事物变化的因果关系出发，观其原因测其结果的方法。要利用事物之间的这种相互关系，必须对事物变化的因果关系有定性的分析，任何事故的发生，是有它的必然原因的，亦即事故发生与其原因有着必然的因果关系。造成伤害事故的原因，有直接原因，也有间接原因，有显在的，也有潜在的，因而要善于观察分析，认识事物发展的规律性，明确可能带来事故的不安全因素，即事故的起因，而后由表及里，由此及彼，从原因中预测结果。

(4) 回归预测法

回归预测方法是因果预测方法中常用的一种分析方法，它以事物发展的因果关系为依据，抓住事物发展的主要矛盾因素和他们之间的关系，建立数学模型，进行预测。回归预测方法有直线回归、曲线回归、二元线性回归及多元回归等。

回归预测法在隧道工程实践中得到广泛的应用，并解决了许多实际问题，较长采用的数学模型有：1）指数函数模型；2）幂函数模型；3）双曲线模型；4）对数函数模型；5）直线模型。

回归模型种类较多，实际应用中可根据原始数据对模型的拟合程度优选预测模型，以提高预测精度，此外，这种预测方法可以给出预测区间，但是该方法在使用时需要大量数据，通常应多于20个，过去和现在的数据的规律性应适用于未来。

（5）仿真模拟预测法

能够考虑复杂的工程结构，复杂的环境条件、复杂的地质条件等因素，能够预测事故发生的时空效应，如果和监测数据相结合，通过反分析，能够建立更加合理的预测模型。仿真模拟预测法在隧道工程实践中得到广泛的应用，常用的主要有解析法、有限元法、数值差分法、边界元法、无限元法、离散元法、有限体积法等，并解决了许多实际问题。它能够对安全状况进行预测和评价，有助于确定安全控制重点，改善薄弱环节，优化施工方案并提高方案的安全可靠性。

（6）专家系统预测法

专家系统预测法是近期发展的基于计算机专家系统之上的系统状态安全指标预测，这是由于系统状态安全指标的发生是一个非平稳的随机过程，用模型预测可能有一定误差，再者或由于一些原因，而没能获得大量的样本，数据缺乏，信息不足。而应用专家知识与预测定量模型相结合，就能做到定性、定量分析。根据预测结果，结合相关决策方法，调用专家知识库安全专家知识，运用推理技术选择事故隐患库、安全措施库相关内容，作出合理的事故预防决策。特别是构建以专家经验和类似工程经验并吸收理论分析成果所形成的隧道风险事故征兆库、风险事故预防措施库和事故处理措施库是非常必要的，并具有重要的现实意义。

5.4　事故预警机制

建立事故预警及其有关机制，能有效地辨识和提取隐患信息，提前进行预测警报，使企业及时、有针对性地采取预防措施，降低事故发生。事故预警机制已成为安全生产管理过程中的重要技术途径。

5.4.1　事故预警概述

预警是指在事故发生前进行预先警告，即对将来可能发生的危险进行事先的预报，提请相关当事人注意。预警机制则是指能灵敏、准确地告示危险前兆，并能及时提供警示，使机构能采取有关措施的一种制度，其作用在于超前反馈、及时布置、防风险于未然，最大限度地降低由于事故发生对生命造成的侵害、对财产造成的损失。完善的事故预警机制是建立在预警系统基础之上，而预警系统主要由预警分析系统和预控对策系统两部分组成。其中预警分析系统主要包括监测系统、预警信息系统、预警评价指标体系系统、预测评价系统等组成。预警分析完成的主要功能是通过各种监测手段获得有关信息和运行数据，并对数据进行加工处理分析，通过适当的评价方法，对未来的趋势做出初步判断。当判断结果满足预警准则要求时，就触动报警系统，报警系统根据事先设定的报警级别发出事故报警。预控对策系统可针对不同报警级别实施相应的对策措施。

5.4.1.1　事故预警的目标、任务与特点

事故预警的目标是通过对生产活动和安全管理进行监测与评价，警示生产过程中所面临

的危害程度。

事故预警需要完成的任务是针对各种事故征兆的监测、识别、诊断与评价，及时报警，并根据预警分析的结果对事故征兆的不良趋势进行矫正、预防与控制。事故预警在完成上述任务的基础上，还要体现与其他预测工作不同的特征。

(1) 快速性。即建立的预警系统能够灵敏快速地进行信息搜集、传递、处理、识别和发布，这一系统的任何一个环节都必须建立在“快速”的基础上，失去了快速性，事故预警就失去了意义。因为事故预警尚未发出，事故很可能已经发生，根本来不及发布事故警报，也不可能实施预控。事故预警这个“报警器”就没有发挥任何作用。

(2) 准确性。工业生产过程中的信息复杂多变，事故预警不仅要求快速搜集和处理信息，更重要的是要对复杂多变的信息做出准确的判断。判断是否正确，关系到整个预警的成败。要在短时间内对复杂的信息做出正确判断，必须事先针对各种事故制定出科学、实用的信息判断标准和确认程序，并严格按照制定的标准和程序进行判断，避免信息判断及其过程的随意性。

(3) 公开性。即事故信息一经确认，就必须客观、如实地向企业和社会公开发布。因为控制事故发展和应急救援需要企业、社会的力量。由于事故的发生取决于人、机、环、管等多种复杂因素的影响，公开影响事故发生的各种信息一是有利于社会监督，二是有利于企业及时采取有效措施，控制事故发生。

(4) 完备性。预警系统应能全面收集与事故相关的各类信息，据此从不同角度、不同层面全过程地分析事故的发展态势。

(5) 连贯性。要想使预警分析不致因孤立、片面而得出错误的结论，每一次的分析应以上次的分析为基础，紧密衔接，才能确保预警分析的连贯和准确。

预警机制作为一种制度，需要利用高科技手段，将监测到的各种异常信息在事故发生前进行预告。这要求报警、接警、处警的部门和第一响应队伍明确预警的方式、方法、程序和监督措施。

在构建预警机制过程中，需要综合考虑以下因素：一是要处理好点与面之间的关系，既要做到重点突出，又要防止顾此失彼；二是要处理好社会敏感与实际危害之间的关系，虽然两者之间具有一定的相关性，但社会敏感的突发公共事件未必就是危害性重大的，反之亦然；三是处理好高风险与高危险之间的关系，有些事故发生概率很高，但危险性却未必高；而有些事故危险性很大，未必风险大，二者之间缺乏必然的联系；四是处理好预警机制的硬件与软件之间的关系，任何有效的预警机制都必然是由设备、设施等构成的硬件与由技术、制度、政策、管理等构成的软件组成，实际建立中需要理顺二者之间的关系；五是防止重复投资，造成资源的浪费。

5.4.1.2 建立事故预警的原则和要求

构建事故预警需要遵循及时、全面、高效和引导的原则。

(1) 及时性原则

实行事故预警的出发点是“居安思危”，即事故还在孕育和萌芽的时期，就能够通过细致的观察和研究，防微杜渐，提早做好各种防范的准备。预警系统只有及时地监测出异常情况，并将它及时报告，才能及时采取有效措施，最大限度减少经济损失和人员伤亡。

(2) 全面性原则

预警就是要对生产活动的各个领域进行全面监测，及时发现各个领域的异常情况，尽最大努力保证生命财产的安全，这是建立预警机制的宗旨。全面性原则主要体现在监测、识别、判断、评价和对策预警操作系统方面。

(3) 高效性原则

鉴于事故的不确定性和突发性，预警机制必须以高效率为重要原则。惟有如此，才能对各种事故进行及时预告，并制定合理适当的应急救援措施。

(4) 引导性原则

预警基本功能是预测事故的发生和警示，不能因可能引起社会动荡就隐匿有关信息。预警正是在某种灾害、突发公共事件降临之前，提醒或引导人们应该怎么做或应该采取什么态度去应付和处理，这样既减少了因盲从、跟风带来的被动和生命财产的损失，又体现了尊重公民的基本权利。

5.4.1.3　预警管理体系的建立

(1) 预警管理体系的要素

事故的发生和发展是由于人的不安全行为、物的不安全状态以及管理的缺陷等方面相互作用的结果，因此在事故预警管理战略上，应针对事故特点建立事故预警管理体系。各种类型事故预警的管理过程可能不同，但预警的模式具有一致性。在构建预警管理体系时，需遵循信息论、控制论、决策论以及系统论的思想和方法，科学建立标准化的预警体系，保证预警的上下统一和协调。

一个完整的预警管理体系应由外部环境预警系统、内部管理不良的预警系统、预警信息管理系统和事故预警系统构成。各要素关系如图 5.4-1 所示。预警管理体系中的外部环境预警系统主要由自然环境突变预警、政策法规变化预警、技术变化的预警构成。内部管理不良预警系统主要由质量管理预警、设备管理预警、人的行为活动管理预警构成。事故预警系统主要任务是当事故难以控制时，做出警告和对策措施建议，因此其业务隶属预警管理信息系统。预警信息管理系统是集计算机技术与专家系统技术为一体的智能化系统，它以管理信息系统为基础，完成信息收集、处理、辨识、存储和推断等任务。

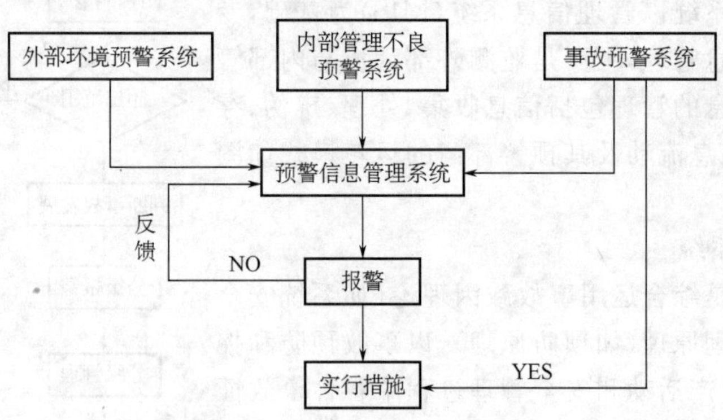

图 5.4-1　预警管理体系基本框架

(2) 外部环境预警系统

1) 自然环境突变的预警

生产活动所处的自然环境突变诱发的事故主要是自然灾害以及人类活动造成的破坏。自然灾害的损害往往是一天甚至一时之间，对它的预警只能是被动的。人类活动造成的破坏往往造成环境的突变(例如环境污染、社会治安等)，其导致的安全生产事故愈来愈多。对这些对象进行监测和警报是预警管理系统的基本内容之一。

2）政策法规变化的预警

国家有关政策与法规的变动，对生产管理的影响是直接的。国家对行业政策的调整、法规体系的修正和变更，对安全生产管理的影响非常大，应经常予以监测。

3）技术变化的预警

现代安全生产一个重要标志是对科学技术进步的依赖越来越大。例如大型复杂化工生产线，不仅涉及各种化工技术、而且也需要有防火防爆技术、计算监测技术、辨识、诊断技术等。因而预警体系也应当关注技术创新、技术标准变动的预警。

(3) 内部管理不良预警

1）质量管理预警

企业质量管理的目的是生产出合格的产品(工程)，基本任务是确定企业的质量目标，制定企业规划和建立健全企业的质量保证体系。对质量管理预警就是针对生产过程中存在的质量问题，质量水平提高过程中的不当、错误、失误现象进行预警。质量管理预警系统应当建立在管理信息系统、数据库技术、专家系统技术以及质量安全监控于一体的智能化管理系统之上。

2）设备管理预警

设备管理预警对象是生产过程的各种设备的维修、操作、保养等活动。该系统主要功能是对设备资料数据的搜集和整理、设备使用情况的检查和评价、设备维修及时性评价、设备检修质量合格率的监督、设备工作时对环境污染的安全度评价、设备管理的预警对策等。

3）人的行为活动管理预警

事故发生诱因之一是由人的不安全行为所引发的，人的行为活动预警对象主要是思想上的疏忽、知识和技能欠缺、性格上的缺陷、心理和生理弱点等。该预警系统的主要功能是收集有关人的活动信息，进行识别与选择，对人的行为活动进行评价与分析，对人的不良行为进行预警。

(4) 预警信息管理系统

预警信息管理系统以管理信息系统(MIS)为基础，专用于预警管理的信息管理，主要是监测外部环境与内部管理的信息。预警信息的管理包括信息收集、处理、辨伪、存储、推断等过程。信息流动及其预警部门的运转模式如图5.4-2所示。

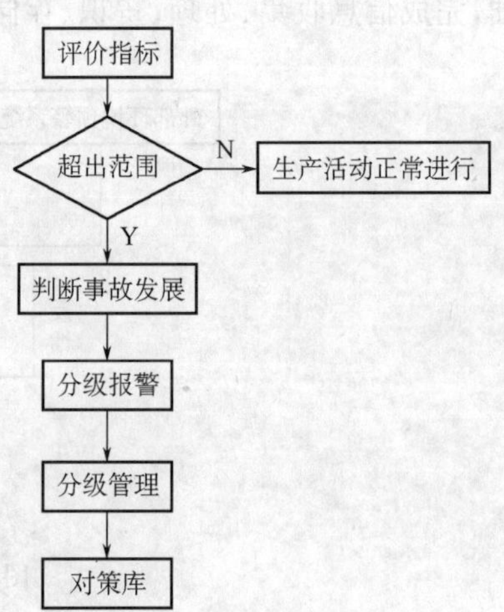

图 5.4-2　预警信息管理的流程图

(5) 事故预警系统

事故预警系统是综合运用事故致因理论(如系统安全理论)、安全生产管理原理(如预防原理)，以事故预防和控制为目的，通过对生产活动和安全管理过程中各种事故征兆的监测、识别、诊断与评价，根据事故的严重程度和可能性给出安全风险预警级别。并根据预警分析的结果对事故征兆的不良趋势进行矫正、预防与控制。当事故难以控制时，做出警告，并提供对策措施和建议。

5.4.2　预警系统的建立与实现

预警系统是建立预警机制的基础，它是在预警原理指导下，以事故现象的成因、特征及其发展作为研究对象，运用现代系统理论和预警理论，构建对同性质灾害事故能够起到“免疫”，并能够预防和“矫正”各种事故现象的一种“自组织”系统。预警系统也是一种以警报为导向，以矫正为手段，以免疫为目的的防错、纠错的系统。

建立预警系统需要遵循以准确、客观的统计资料为基础，以国家的法律法规为依据，以系统实用性与可操作性为出发点，兼顾硬件系统建设与软件系统结合的原则。

5.4.2.1　预警系统的组成

预警系统主要由预警分析系统和预控对策系统两部分组成。其中预警分析系统主要包括监测系统、预警信息系统、预警评价指标体系系统、预测评价系统等组成。监测系统主要是预警系统的硬件部分，功能是采用各种监测手段获得有关信息和运行数据；预警信息系统负责对信息的存储、处理、识别；预警评价指标体系系统主要完成指标的选取、预警准则和阈值的确定；预测评价系统主要有完成评价对象的选择，根据预警准则、选择预警评价方法，给出评价结果，根据危险级别状态，进行报警；预控对策系统根据具体警情确定控制方案。其中监测系统、预警信息系统、预警评价指标体系系统、预测评价系统完成预警功能，预控对策系统完成对事故的控制功能。

5.4.2.2　预警系统的功能

(1) 监测系统

此系统通过采集监测对象(如温度、压力、液位等)传感器的输出信号，将信号经过模拟/数字转换后形成数字信号输出，或数字式传感器直接输出信号，这些信号通过传输设施(同轴电缆、控制线、电源线、双绞线等)送入计算机进行处理，处理结果经由输出接口输出或通过人机接口输出到操作控制台的显示器、LED 显示器、监控系统大屏幕、记录仪、打印机等外围设备上。监测系统主要完成实时信息采集，并将采集信息存入计算机，供预警信息系统分析使用。

(2) 预警信息系统

事故预警的主要依据是与事故有关的外部环境与内部管理的原始信息。预警信息系统完成将原始信息向征兆信息转换的功能。原始信息包括历史信息、现实和实时信息，同时包括国内外相关的事故信息。

预警信息系统主要由信息网、中央处理系统和信息判断系统组成。信息网的作用是进行信息搜集、统计与传输；中央信息处理系统的功能是储存和处理从信息网传入的各种信息，进行综合、甄别和简化。信息推断系统是对缺乏的信息进行判断，并进行事故征兆的推断。上述三个系统有机地结合完成预警信息系统以下的活动：

1) 信息收集。通过对各种实时监测信息来源进行组合和相互印证，使零散信息转变为整体化的具有预报性的可靠信息。

2) 信息处理。对各种监测信息，进行分类、整理与统计分析，使之成为可用于预警的有用信息。

3) 信息的辨伪。由于某些信息只反映表面现象而不能反映实质，因时间滞后而导致信息过时，系统的非全息性使部分信息不能完全反映整体，信息传输环节过多导致失真，造成伪信息出现。

伪信息往往会导致预警系统的误警和漏警现象发生，它所产生的风险比信息不全所产生的风险更加严重。因此初始信息不能直接应用，必须加以辨伪，去伪存真。信息辨伪的方法有五种：

① 进行多种来源信息的比较印证，如果相互之间存在矛盾，则必定信息来源有误。

② 分析信息传输过程,以弄清信息所反映的时间点,并分析传输中可能出现的失误。

③ 进行事理分析,如果信息与事理明显相悖,信息来源有伪。

④ 反证性分析,即建立信息与目前事件状态之间的关系,然后由目前事件反证原有信息,若反证结果与原有信息偏误较大,则证明信息来源有误或过时。

⑤ 不利性反证,即假定信息为真,然后分析在这种假设下可能出现的不利情况,若这种不利情况很多很严重,则这种信息应慎用。

4) 信息存储。信息存储的目的是进行信息积累以供备用,应不断更新与补充。

5) 信息推断。利用现有信息或缺乏的信息进行判断,并进行事故征兆的推断。

由于预警信息系统完成将原始信息向征兆信息转换的功能,因此要求信息基础管理工作必须满足以下条件:

① 规范化,每个工作岗位都需要有明确的责任和定量的要求,信息来源符合一致性要求。

② 标准化,采集信息过程的计量检测等都应有精确的技术标准。

③ 统一化,各类报表、台账、原始凭证都有统一的格式和内容,统一分类编码。

④ 程序化,数据的采集、传递和整理都有明确的程序、期限和责任者。

(3) 预警评价指标体系系统

建立预警评价指标体系的目的是使信息定量化、条理化和可操作化。预警指标从技术层次可以分为潜在指标和显现指标两类。潜在指标主要用于对潜在因素或征兆信息定量化;显现指标则主要用于显现因素或现状信息的定量化。但在实际预警指标选取上主要考虑人、机、环、管等方面的有关因素。

1) 预警评价指标

① 建立预警评价指标的原则

所谓预警评价指标就是能敏感地反映危险状态及存在问题的指标,建立预警评价指标、制定评价指标标准是预警系统开展识别、诊断、预控等活动的前提,是预警管理活动中的关键环节之一。

预警评价指标的构建应遵循以下原则:

(a) 灵敏性。即指标能准确敏感地反映危险源的真实状态。

(b) 科学性。即指标的选择、指标权重的确定、数据的选取、计算必须以公认的科学理论为依据,使指标既能满足全面性和相关性要求,又能避免指标之间的相互重叠。

(c) 动态性。事故发生过程本身是一个动态过程,因而要求评价指标应具有动态性,综合反映事故发展的趋势。

(d) 可操作性。尽量利用现有统计资料及有关企业、行业的安全规范和标准。

(e) 引导性。评价指标要体现所在行业总体战略目标,以规范和引导企业未来发展的行为和方向。

(f) 预见性。预警指标应选定能反映现状和预示未来的指标。

② 预警评价指标的确定

(a) 人的安全可靠性指标

包括生理因素、心理因素、技术因素。其中生理因素包括年龄、疾病、身体缺陷、疲劳、感知器官等。心理因素包括性格、气质、情绪、情感、思想等。技术因素包括经验、操作水平、紧急应变能力等。

(b) 生产过程的环境安全性指标

包括内部环境、外部环境。其中内部环境包括作业环境和内部社会环境，如作业场所的温度、湿度、采光、照明、噪声、振动等，企业内部的政治、经济、文化、法律等环境。外部环境包括自然环境和社会环境，其中自然环境可以包括自然灾害、季节因素、气候因素、时间因素、地理因素等；社会环境包括政治环境、经济环境、技术环境、法律环境、管理环境、家庭环境、社会风气等。

(c) 安全管理有效性的指标

包括安全组织、安全法制、安全信息、安全技术、安全教育、安全资金。其中安全组织包括：安全计划、方针目标、行政管理。安全法制包括：安全生产相关法规、规章制度、作业标准等。安全信息包括：指令信息、动态信息、反馈信息等。安全技术包括：管理方法、技术设备等。安全教育包括：职业培训、安全知识宣传等。安全资金包括：资金数量、资金投向、资金效益等。

(d) 机(物)安全可靠性指标

包括设备运行不良、材料缺陷、危险物质、能量、安全装置、保护用品、储存与运输、各种物理参数(温度、压力、浓度等)指标。该类指标选择时，应根据具体行业确定。

2) 预警阈值的确定

① 预警准则

预警准则是指一套判别标准或原则，用来决定在不同预警级别情况下，是否应当发出警报以及发出何种程度的警报。预警准则的设置要把握尺度，如果准则设计过松，则会出现有危险而未能发生警报，即造成漏警现象，从而削弱了预警的作用。如果预警准则设置过严，则会导致不该发警报时却发出了警报，即导致误警，会使相关人员虚惊一场，多次误警会导致相关人员对报警信号失去信任。预警准则根据不同预警方法，具有不同形式。

② 预警方法

根据对评价指标的内在特性和了解程度，预警方法有指标预警、因素预警、综合预警三种形式，但在实际预警过程中往往出现第四种形式，即误警与漏警。

(a) 指标预警。根据预警指标数值大小的变动来发出不同程度的报警。如要进行报警的指标为 x，如图 5.4-3 所示，它的安全区域为 $[x_a, x_b]$，其初等危险区域为 $[x_c, x_a]$ 和 $[x_b, x_d]$，其高等危险区域为 $[x_e, x_c]$ 和 $[x_d, x_f]$，则预警准则如下：

当 $x_a \leqslant x \leqslant x_b$ 时，不发生报警；

当 $x_c \leqslant x \leqslant x_a$ 或 $x_b \leqslant x \leqslant x_d$ 时，发出一级报警；

当 $x_e \leqslant x \leqslant x_c$ 或 $x_d \leqslant x \leqslant x_f$ 时，发出二级报警；

当 $x \leqslant x_e$ 或 $x \geqslant x_f$ 时，发出三级报警。

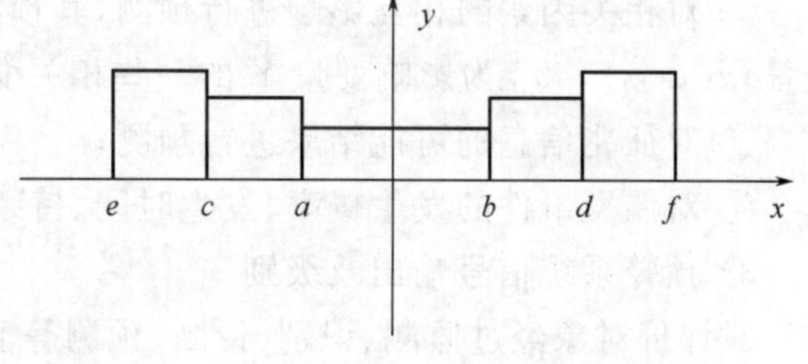

图 5.4-3　报警分级图

(b) 因素预警。当某些因素无法采用定量指标进行报警时，可以采用因素预警。该预警方法相对于指标预警是一种定性预警，如在安全管理中，当出现人的不安全行为、管理上缺陷时，发出报警。则预警准则如下：

因素 x 出现时，发出报警；

因素 x 不出现时，不发出报警。

这是一种非此即彼的警报方式。

当预警指标 x 属于不确定(随机)因素,则须用概率的形式进行报警。

(c) 综合预警。即将上述两种结合起来,并把诸多因素综合进行考虑,得出一种综合报警模式。

(d) 误警和漏警。误警有两种情况:一种是系统发出某事故警报,而该事故最终没有出现;另一种是系统发出某事故警报,该事故最终出现,其发生的级别与预报的程度相差一个等级(如发出高等级警报,而实际上为初等警报)。一般误警指前一种情况,误警原因主要由于指标设置不当,警报准则过严(即安全区设计过窄,危险区设计过宽),信息数据有误。漏警是预警系统未曾发出警报而事故最终发生的现象。主要原因一是小概率事件被排除在考虑之外,而这些小概率事件也有发生的可能;二是预警准则设计过松(即安全区设计过宽,危险区设计过窄)。

③ 预警阈值确定

预警阈值确定原则上既要防止误报又要避免漏报,若采用指标预警,一般可根据具体规程设定报警阈值,或者根据具体实际情况,确定适宜的报警阈值。

若为综合预警,一般根据经验和理论来确定预警阈值(即综合指标临界值)。如综合指标值接近或达到这个阈值时,就意味着将有事故出现,可以将此时的综合预警指标值确定为报警阈值。

(4) 预测评价系统

1) 评价对象

从安全系统原理的角度出发,事故是由物的不安全状态、人的不安全行为、环境的不良状态以及管理缺陷等原因造成的。因此,预警系统中评价对象是导致事故发生的人、机、环、管等方面的因素。从事故的发展规律来看,评价对象亦是生产过程中"外部环境不良"和"内部管理不善"等方面因素的综合。这些因素构建了整个预警的信号系统。

2) 预测系统

预测系统的功能是进行必要的未来预测,主要包括:

① 对现有信息的趋势预测,其预测方程是:$Y=f(t)$,式中 Y 是预测变量,t 是时间;

② 对相关因素的相互影响进行预测,其预测方程为:$Y=f(x_1,x_2,\cdots,x_n)$,式中 Y 是预测变量,$x_1,x_2,\cdots,x_n$ 为影响变量 Y 的一些相关变量;

③ 对征兆信息的可能结果进行预测;

④ 对偶发事件的发生概率、发生时间、持续时间、作用高峰期以及预期影响进行预测。

3) 预警系统信号输出及级别

对评价对象经过监测、识别、诊断、预测等活动过程后,预警系统需要对整个生产活动的安全状况做出评估,即预警系统信号输出和预警级别的给出。它是预警活动的重要成果之一。预警信号一般采用国际通用的颜色表示不同的安全状况,按照事故的严重性和紧急程度,颜色依次为蓝色、黄色、橙色、红色,分别代表安全、一般、严重和特别严重四种级别(Ⅳ、Ⅲ、Ⅱ、Ⅰ级)。对于预警管理活动,蓝色和黄色应用价值最大。四级预警如下:

Ⅰ级预警,表示安全状况特别严重,用红色表示;

Ⅱ级预警,表示受到事故的严重威胁,用橙色表示;

Ⅲ级预警,表示处于事故的上升阶段,用黄色表示;

Ⅳ级预警,表示生产活动处于正常状态,用蓝色表示。

一般信号输出和预警级别表示方法有以下两种。

① 时序性的预警信号输出

时序性预警级别反映了连续而且全面的预警信息波动趋势，例如各种工业生产过程中物理参数数据变化，直接反映了危险性的大小和级别。该级别确定是以横向为时间坐标，一般设定为生产周期或季、月为规定的间隔区，纵坐标设定为预警信号数值的定时输出。如图 5.4-4 所示。

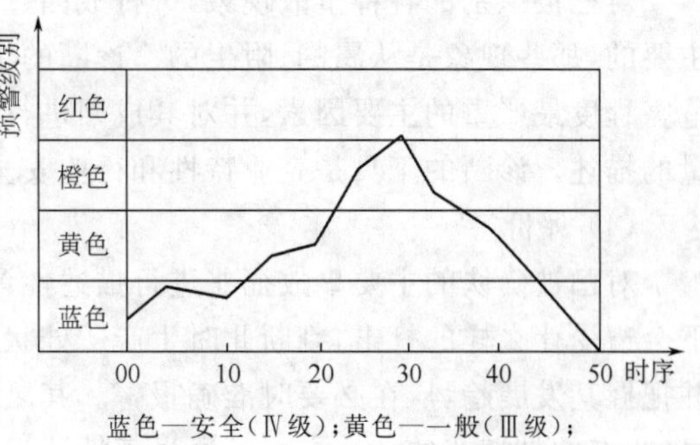

蓝色—安全（Ⅳ级）；黄色—一般（Ⅲ级）；
橙色—严重（Ⅲ级）；红色—特别严重（Ⅰ级）

图 5.4-4　时序性预警级别

② 安全风险预警信号输出

通过对生产活动过程中以实体形态存在的第一类危险源（如油罐、锅炉等设施设备）状态信息和第二类危险源（如人、机、环境条件的不符合或隐患状态）状态信息为基础，进行信息的识别、诊断、评价。根据事故的严重程度和可能性给出安全风险预警级别。如图 5.4-5 所示。

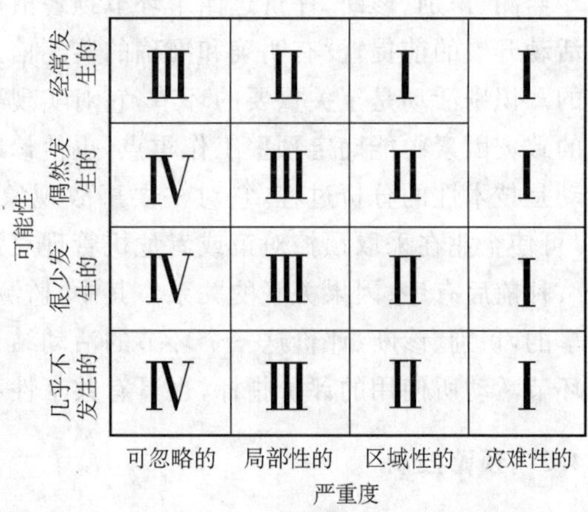

图 5.4-5　安全风险预警级别

严重程度等级根据有关行业标准和实际情况可分为多级，事故发生的可能性根据历年有关统计和生产状况不同设定不同级别。

5.4.2.3　预警系统的实现

完善的预警系统为实现事故预警提供了物质基础。预警系统通过预警分析和预控对策实现事故的预警和控制，预警分析完成监测、识别、诊断与评价功能，而预控对策完成对事故征兆的不良趋势进行纠错和治错的功能。

（1）监测

监测是预警活动的前提，监测的任务包括两个方面：一是对生产中的薄弱环节和重要环节进行全方位、全过程的监测；二是对大量的监测信息进行处理（整理、分类、存储、传输），建立信息档案，进行历史的和技术的比较。即通过对历史数据、即时数据的整理、分析、存储，建立预警信息档案，信息档案中的信息是整个预警系统共享的，它将监测信息及时、准确地输入下一预警环节。

监测过程的主要工作手段，是应用科学的监测指标体系实现监测过程的程序化、标准化和数据化；监测活动的主要对象是生产过程中可能导致事故的安全管理薄弱环节和重要环节，收集各种事故征兆，并建立相应数据库。

（2）识别

识别是运用评价指标体系对监测信息进行分析，以识别生产活动中各类事故征兆、事故诱因，以及将要发生的事故活动趋势。识别的主要任务是应用“适宜”的识别指标，判断已经发生的异常征兆、可能的连锁反应。所谓“适宜”，是针对本企业（或行业）事故的基本情况和事故的发展趋势而建立起来的识别指标，它既不是简单的企业（行业）已发生事故的历史纵向比较，也不是简单的同其他企业（行业）发生事故情况进行的社会横向比较，而是在横向纵向比较的双重评价之下，针对生产在特定条件下应该实现的事故控制绩效，结合企业外部环境的安全状态，综合判定生产过程是否发生或即将发生事故现象。

(3) 诊断

对已被识别的各种事故现象，进行成因过程的分析和发展趋势预测，可以明确哪些现象是主要的，那些现象是从属的、附生的。诊断的主要任务是在诸多致灾因素中找出危险性最高、危害程度最严重的主要因素，并对其成因进行分析，对发展过程及可能的发展趋势进行准确定量的描述。诊断的工具是企业特性和行业安全生产共性相统一的评价指标体系。

(4) 评价

对已被确认的主要事故征兆进行描述性评价，以明确生产活动在这些事故征兆现象冲击下会遭受什么样的打击，判断此时生产所处状态是正常、警戒、还是危险、极度危险、危机状态，并把握其发展趋势，在必要时准确报警。其风险可能是静态的，可能是动态的。有的是比较明显的，有的是潜在的。一方面可通过感性认识和历史经验来判断，另一方面则是通过对各种客观的事故记录进行整理、分析和归纳，必要时咨询专家的意见。

(5) 监测、识别、诊断、评价的关系

监测、识别、诊断、评价这四个环节预警活动，是前后顺序的因果联系。监测活动是预警系统活动开展的前提，没有明确和准确的监测信息，后三个环节的活动就是盲目的，甚至是无意义的。识别活动是至关重要的环节，它对实现事故现象的判别，使企业生产安全管理在繁杂多变的致灾因素中能确定预警工作重点，也使诊断和评价活动有明确的目标。诊断活动和评价活动是技术性的分析过程，它对主要事故现象的成因与过程分析，以及对事故损失后果的评价，可使企业在采取预控对策或者危机管理对策时有科学的判识依据。整个预警活动过程，呈现一种前后有序、因果关联的关系。其中，监测活动的监测信息系统，是整个预警管理系统所共享的，识别、诊断、评价这三个环节的活动结果将以信息方式存入到监测系统中。另外，这四个环节活动所使用的评价指标，也具有共享性和统一性。

5.4.3 预警控制

预警的目标是实现对各种事故现象的早期预防与控制，并能对事故实施危机管理。控制是预警的落脚点，预控对策一般包括组织准备、日常监控和事故管理三个活动阶段。组织准备是预控对策工作的前奏，它与日常监控都是预控对策的主体。事故管理是日常监控活动的拓展。

5.4.3.1 组织准备

组织准备是指开展预警分析和对策行动的组织保障活动，它包括整个预警机制的运行制定并实施的制度、标准、规章，目的在于为预控对策的实施提供有保障的组织环境。

组织准备有两个特定任务：一是确定预警系统的组织构成、职能分配及运行方式；二是为事故状态时的管理提供组织训练与对策准备。组织准备活动服务于整个预警的组织管理过程。组织准备体现在以下方面。

(1) 预警功能的组织管理体系

为使预警机制真正能得以有效实施，有必要就企业原有经营管理系统的职能结构进行一定的重组与改造，形成一个具有预警功能的体系。事实上，也只有将预警功能有机地构建于传统的企业安全组织系统之内，才能发挥其特殊的报警、矫正和免疫之功效。这种融进新效用功能的安全组织系统，已经不是传统管理组织机构的简单重复与重组，而是形成了一个具有崭新功能的组织形态，表现为一种新型具有事故预警管理模式的组织体系。这一新组织功能体系，融合企业安全管理与实践于一体，集企业正常活动的防错、纠错和生产事故状态时的预警方法于一身;将管理过程所产生的不可靠性,置于有效监测与控制之下,使企业生产活动在有序的均衡态中实现自组织状态,最终保证企业安全生产。

预警管理系统的组织构建是本着效能统一的原则进行的系统组织重构,即在原企业组织中设置新的预警管理部门,预警管理部门对其他部门具有监督、控制和纠错的职能,这种职能又可以分为单指标监控、综合监控和事故危机监控。单指标监控是日常性的单指标的技术监控。综合监控是对综合评价进行综合的系统监测和控制,并对单指标监控的职能进行整体化、综合的系统监控,它可以由新设立的职能部门—预警部负责。事故危机监控是在特殊时空条件下的特别监控,这种监控,由公司最高层领导部门直接领导公司管理办公室(或综合监控的职能部门)以及所有需要参与的职能部门,在特殊的组织程序和活动规则下进行事故危机监控。

上述预控组织管理进一步使企业在生产经营过程中达到对隐患的正确辨识、达到防错、纠错、治错的目的。

(2) 预警机构

为了保证预警机制高效运转,促进安全管理的预控工作,企业应对原有安全监察机构进行改造,成立安全预警部,增加预警管理职能。

预警部作为新设的职能部门,其基本工作目标是保证企业的生产经营在安全的轨道上运行,同时指导企业各关键岗位的“预警预控”工作,模拟未来可能发生的企业危机,制定危机应对方案等。预警部的中心任务是建设、维护企业的预警管理系统。

5.4.3.2　日常监控

日常监控是对预警分析所确定的主要事故征兆(现象)进行特别监视与控制的管理活动。由于预警活动所确立的事故现象往往对安全生产全局有重大影响作用,因此要进行及时跟踪监测。同时,由于事故现象是变化发展的,可能产生难以迅速控制的局势,所以,在日常监控过程中还要预测事故未来发展的严重程度及可能出现的危机结果,以防患于未然。因此,日常监控活动有两个主要任务,一是日常对策,即对事故征兆(现象)进行纠正活动,防止该现象的扩展蔓延,逐渐使其恢复到正确状态。二是事故危机模拟,即在日常对策活动中发现难以有效控制的事故征兆(现象)后对可能发生的事故状态进行假设与模拟活动,并提出对策方案,为进入“事故危机管理”阶段做好准备。日常监控的对象,主要是在预警分析中确定的事故隐患,这些事故隐患既可以被日常对策所控制和矫正,也可以因失控而导致企业生产处于事故危机状态。

安全预警部应对日常监控负责,同时总结预警监控职能系统的经验或教训,设“预警监控档案”,在日常活动中负责培训员工的预警知识和各种逆境的预测与模拟预警管理方案,在特别状态时提出建议供决策层采纳。

5.4.3.3　事故的危机管理

事故的危机管理是日常监控活动无法有效扭转危险状态的发展,企业生产活动陷入危机状态时采取的一种特殊性质的管理,只有在特殊情况下才采用的特别管理方式。它是在企业生产安全管理系统已无法控制事故状态或企业领导层基本丧失指挥能力的情况下,以特别的危机计划、特别领导小组、紧急救援体系等介入企业领导管理过程。一旦危机状态恢复到可控状态,危机管理的任务便告完成,由日常监控环节继续履行预控对策的任务。

预控对策活动中的组织准备与日常监控活动,是执行预控对策任务的主体;危机管理活动,是特殊情况下对“日常监控”活动的一种扩展。日常监控和危机管理工作都要以“组织准备”活动为前提。而组织准备活动,不仅是联结预警分析与预控对策活动的环节,它也为整个事故预警管理系统提供组织运行规范。

5.4.3.4　预警分析与预控对策的关系

预警分析的活动内容主要是对系统隐患的辨识，预控对策的活动内容是对事故征兆的不良趋势进行纠错、治错的管理活动，两者相辅相成。

(1) 预警分析与预控对策的基本关系

预警分析过程的四个环节和预控对策活动的三个环节，是明确的时间顺序关系和逻辑顺序关系。预警分析是事故预警管理系统完成其职能的基础，预控对策是其职能活动的目标，两者缺少任何一个方面，事故预警管理系统的职能便不能成立。两种活动中的有关环节是任何时期内进行预警不可缺少的，缺少一个，其过程就是不完整的，其职能实现就是残缺的。

预警分析的对象，是正常生产活动中的安全管理过程，而预控对策活动的对象，则是已被确认的事故现象，两个活动对象是有差异的。如果生产已处于事故状态时，那么，预警分析的对象和预控活动的对象都是事故状态中的生产现象。不论生产活动是处于正常状态还是事故状态，预警分析的活动对象总是包容预控对策的活动对象，或者说，预控活动的对象总是预警分析活动对象中的主要矛盾。

(2) 预警分析与预控对策的沟通

在预警分析活动中，监测活动环节所建立的监测信息系统(预警信息系统)，既是预警各环节所共享的，也是整个预警系统所共享的。在预控对策中，组织准备环节所确立的运行方式与对策库，既是预控活动各环节所共享的，也是整个预警系统所共享的。而且，预控中的对策库要纳入预警系统的监测信息库，它为监测过程中对监测结果进行科学分类、处理、储存提供判识的背景。两个活动之间的信息沟通主要是监测信息系统的运行。而这个信息系统，又是企业生产活动整体的管理信息系统的一个有机部分，它使预警系统的活动同企业生产活动整体的安全管理融为一体。

预控对策活动中的组织准备环节，是联结两个系统活动的组织手段。两大系统内各自活动的程序、方式与手段，以及两个系统联结的方式与手段，都由“组织准备”环节所设定的组织运行方式确定。而且，事故预警管理系统同企业内部其他职能系统的关系也由“组织运行”方式所规定。组织运行方式，实际上规定了两大活动环节的任务、目标与主要内容。总之，事故预警系统的活动是被程序、制度、标准所规定的统一化的管理过程。

5.5　风险监控

在施工过程中，应根据施工揭示地质情况对风险进行动态评估，对中度等级的风险予以监测。无论采取什么样的风险控制措施，都很难将风险完全消除，而且，原有的风险消除后，还可能产生新的风险。因此，在项目进行的过程中，定期对风险进行监控就是一项必不可少的工作内容。其目的是考察各种风险控制行动产生的实际效果、确定风险减少的程度、监视残留风险的变化情况，进而考虑是否需要调整风险管理计划以及是否启动相应的应急措施等。

5.5.1　风险监控的内容

风险监测内容应包括：制订风险监测计划，提出监测标准；跟踪风险管理计划的实施，采用有效的方法及工具，监测和应对风险；报告风险状态，发出风险预警信号，提出风险处理建议。

施工过程中风险的监测类型包括施工监测、工况和环境巡视、作业面状态描述、风险处置过程和发展趋势等内容；施工单位在施工过程中应将地质超前预报、监控量测纳入施工的重要工序，按照设计要求编制施工监测的实施方案，对工程自身结构及环境风险进行全面监测；提前识别和预测地质风险因素，保证施工安全。

风险管理计划实施后，人们的风险控制行动必然会对风险的发展产生相应的效果，其过程是一个不断认识项目风险的特性及不断修订风险管理计划和行为的过程，对这一过程的监控，主要内容包括：(1) 评估风险控制行动产生的效果；(2) 及时发现和度量新的风险因素；(3) 跟踪、评估残余风险的变化和程度；(4) 监控潜在风险的发展、监测项目风险发生的征兆；(5) 提供启动风险应变计划的时机和依据。

5.5.2　风险跟踪检查

跟踪风险控制措施的效果是风险监控的主要内容，在实际工作中，通常采用风险跟踪表格来记录跟踪的结果，然后定期地将跟踪的结果制成风险跟踪报告，使决策者及时掌握风险发展趋势的相关信息，以便及时地作出反应。

风险跟踪管理是指对工程风险状态进行跟踪与管理，督促风险规避措施的实施，同时及时发现和处理尚未辨识的风险，具体包括：工程总体风险水平的变化、重大风险的发展趋势、规避措施实施情况以及风险损失情况等。具体流程如图 5.5-1 所示。

风险跟踪的内容主要包括对已辨识风险和其他突发风险的实时观察，对风险发展状况的记录和查询，以便及时地发现和解决问题。记录内容包括：风险辨识人员、风险发生区域、发展状态、是否采取规避措施、实施人员及风险控制效果等。具体风险跟踪内容如图 5.5-2 所示。

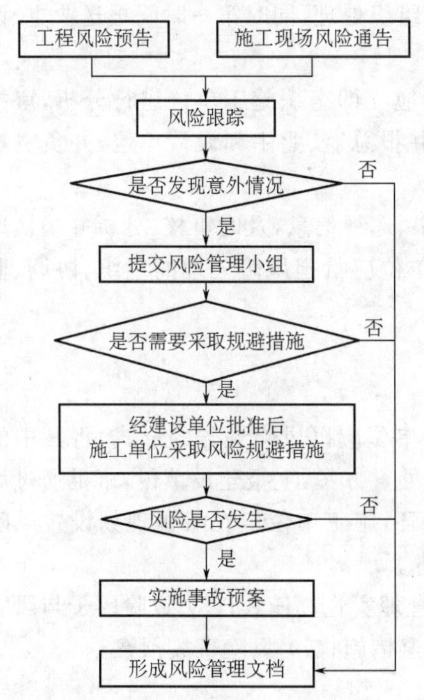

图 5.5-1　工程施工风险动态跟踪流程图

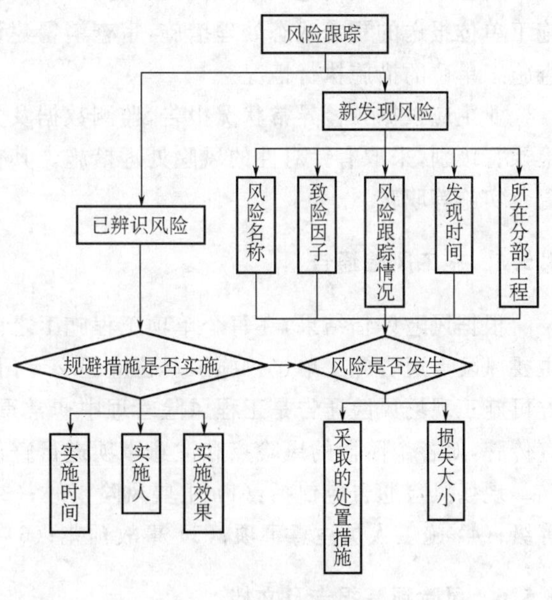

图 5.5-2　工程风险跟踪内容

5.5.3　风险的重新估算

无论什么时候，只要在风险监控的过程中发现有新的风险因素，就要对其进行重新估算，除此之外,在风险管理的进程中,即使没有出现新的风险,也需要在项目的里程碑等关键时段对风险进行重新估计。此阶段可以通过监测反馈和优化计算模型,重新进行数值模拟计算,进行更有效的施工预测。

5.5.4　施工风险预警预报

在施工期间对可能发生的突发风险事件,应划分预警分级。根据突发风险事件可能造成的社会影响性、危害程度、紧急程度、发展势态和可控性等情况,分为四级:Ⅰ级(特别严重)、Ⅱ级(严重)、Ⅲ级(较严重)和Ⅳ级(一般),依次用红色、橙色、黄色和蓝色表示。

现场施工应建立一套系统的风险监控和预警预报体系。特别是对于工程重大风险点,应通过对监测数据的动态管理,及时掌握其发展状态。具体工作包括:

(1) 根据工程风险特点,确定合理的工程监测方案,制定预警标准;

(2) 将各监测结果和风险事故建立对应关系;

(3) 确定基于监测结果的风险评价等级;

(4) 根据监测结果进行风险的动态评价;

(5) 如果发现异常或超过警戒值,应及时进行风险报警,采取规避措施,做好风险事故处理准备工作。

施工中参建单位应建立风险的预警、响应及信息报送机制。根据实时监测数据、工况、环境巡视和作业面异常状态等,施工单位确定预警级别,形成异常状况报告;对可能发生重大突发风险事件的预警状态,施工单位应立即启动相关预案,组织处理,同时第一时间报送业主、设计单位、监理单位。

监理单位在收到施工单位提交预警异常状况报告后应立即组织施工单位进行分析,审批施工单位报送的预警状态处理措施,审查消警建议报告并报总监、业主和设计单位,并负责检查施工单位的措施执行情况。

业主应根据预警异常状况报告、监测数据及分析成果、巡视信息,及时审核、分析并确认风险预警级别,采取有针对性的风险处理措施。其他参建单位应承担风险处理的组织、协调、监督及实施等职责。

5.5.5　施工风险通告

根据风险评估结果,在每个单项工程施工之前,建设单位应以风险预告的形式,将其中的主要风险点通告施工单位。施工单位应提交专门的风险处置方案,上报建设单位,审批通过后方可施工现场风险通告是工程风险管理中非常重要的一环,施工单位应在工程现场设置风险宣传牌,对各个阶段的风险点和注意事项进行宣传和教育。

现场风险通告应包括:(1) 主要风险事故;(2) 风险管理实施责任人;(3) 致险因子与风险等级;(4) 施工人员注意事项;(5) 事故预兆;(6) 风险规避措施;(7) 风险事故预案。

5.5.6　风险跟踪报告及文档

风险跟踪的结果需要及时地进行报告,报告通常供较高层次的决策者使用,因此,风险报告应该及时、准确并简明扼要,向决策者传达有用的风险信息,报告内容的详细程度应按照决策者的需要而定,编制和提交风险跟踪报告是风险管理的一项日常工作,报告的格式和频率应视需要和成本而定,没有固定的必要,但应作为风险管理计划的一部分在事先进行统一的考虑。需要设计出风险跟踪报告典型格式。

工程建设过程中应形成专门的风险管理文档，风险管理文档和风险评估报告建议应作为工程竣工交验的文件。具体包括：(1) 主要工程风险及其致险因子；(2) 工程重大风险点的规避措施和事故预案；(3) 风险事故的发生时间、地点、原因分析、损失情况和采取的处理措施；(4) 规避措施的实施责任人、时间和控制效果。

5.6　事故预防

5.6.1　事故预防原理

事故是由事故隐患转化而成的，事故隐患是伴随着生产、生活等社会活动过程而出现的一种潜在危险，是导致事故发生的最主要因素。与事故后的处理不同，事故预防理论是事前的防范，是对事故隐患的发现和排除，事故预防要通过采用技术和管理手段使事故不发生。事故预防理论以信息论、系统论和控制论为基础，运用社会学、统计学、管理学等方法，与物理学、化学等自然科学方法结合起来，研究事故的原因及预防手段，对于保障人类生产、生活的安全有着重要意义。

"安全第一，预防为主"的安全生产方针，说明了安全生产工作应该以预防为主，即通过有效的管理和技术手段，防止人的不安全行为和物的不安全状态出现，从而使事故发生的概率降到最低，这就是预防原理。

预防，其本质是在有可能发生意外人身伤害或健康损害的场合，采取事前的措施，防止伤害的发生。预防和善后是安全管理的两种工作方法，善后是针对事故发生以后所采取的措施和进行的处理工作，在这种情况下，无论处理工作如何完善，事故造成的伤害和损失已经发生，这种完善也只能是相对的。显然，预防的工作方法是主动的、积极的，是安全管理应该采取的主要方法。

(1) 事故可预防原理

事故是有其固有规律的，除了人类无法左右的自然因素造成的事故以外，在人类生产和生活中所发生的各种事故都是可以预防的。

如同一切事物一样，事故也有其发生、发展及消除的过程，因而是可以预防的。事故发展可归纳为三个阶段：孕育阶段，发展阶段和损失阶段。孕育阶段是事故发生的最初阶段，此时事故处于无形阶段，人们可以感觉它的存在，而不能指出它的具体形式；发展阶段是由于基础原因的存在，出现管理缺陷，使得不安全状态和不安全行为得以发生，构成生产中事故隐患的阶段，此时，事故处于萌芽状态，人们可以具体指出它的存在；损失阶段是生产中的危险因素被某些偶然事件触发而发生事故，造成人员伤亡和财产损失的阶段。

(2) 综合治理原理

采取综合、系统的对策是搞好职业安全卫生和有效预防事故的基本原则。随着安全科学技术的发展，安全系统工程、安全科学管理、事故致因理论、安全法制建设等学科和方法技术逐渐发展成熟，在职业安全卫生和防灾减灾方面总结和提出了一系列的对策。安全法制对策、安全管理对策、安全教育对策、安全工程技术对策、安全经济手段等都是目前在职业安全卫生和事故预防及控制中发展起来的方法和对策。

按照系统论的观点，事故是多因素共同作用的结果，在生产系统中，要有效地进行事故预防和控制，就必须运用系统工程的观点，跨学科的采用各种工程的方法研究和解决各种系统问题。只有综合采用不同手段对生产系统中人员、物质、设备、环境等进行治理，才能从根本上有效防止事故发生。

(3) 以人为本的原理

人在现代工业生产安全事故中起到关键作用，因此在社会的公共活动和企业的管理活动中，必须把人的因素放在首位，体现以人为本的指导思想，树立以人为本的系统安全管理理念，使企业能够顺应市场经济之需求，在尊重人权、尊重生命的前提下发展壮大。现代安全管理过程不仅仅是技术实施和行政过程，更是存在相互关联的个人和群体的精神活动过程，实行以人为本的安全管理措施是企业安全管理发展的必然趋势。

通过事故原因分析可以知道，人为事故在工业生产事故中占有较大比例，有效控制人为事故，对保障安全生产发挥着重要作用。人为事故的预防和控制，是在研究人与事故的联系及其运动规律的基础上认识到人的不安全行为是导致与构成事故的要素，因此，要有效地预防、控制人为事故的发生，必须依据人的安全与管理的需要，运用人为事故规律和预防、控制事故原理并联系实际制定切实可行的措施，提高劳动者素质，改善劳动环境，保障劳动者的人身安全和财产安全。

(4) 系统预防原理

安全系统的最基础要素就是人、机、环境、管理四要素。显然，除了人为因素以外，机器设备和环境因素也是事故预防工作中要考虑的方面。

在生产实践中，设备是决定生产效率的物质技术基础，没有生产设备生产活动是无法进行的。同时设备的异常状态又是导致与构成事故的重要物质因素。例如，没有机械设备的异常运行，就不会发生与设备相关的各种事故。因此要想预防、控制设备事故的发生，必须做好设备的预防性安全管理，强化设备的安全运行，改变设备的异常状态，使之达到安全运行要求，才能有效预防、控制事故的发生。

通常所说的工作环境包括了生产实践活动中占有的空间及其范围内的一切物质状态，包含操作对象、自然的作业环境和操作者所处的社会环境等其他各方面环境的一个大的环境，是生产实践活动必备的条件，任何生产过程无不置于一定的环境之中。此外，环境又是决定生产安危的一个重要物质因素，其中，良好的环境是保证安全生产的物质因素；异常的环境是导致生产事故的物质因素。因此，环境因素在事故预防中也发挥着重要作用。通过分析揭示环境与事故的联系及其运动规律，认识异常环境是导致事故的一种物质因素，使之能有效地预防、控制异常环境导致事故的发生，并在生产实践中依据环境安全与管理的需求，运用环境导致事故的规律和预防、控制事故原理，可以对生产事故进行有效的预防和控制。

除了人、机、环的因素外，从事故规律分析可以看出，事故发生有明显的时间性。任何生产劳动无不置于一定的时间之内，时间表明生产实践经历的过程。正确运用劳动时间，能保证生产安全，提高劳动效率，促进经济发展。同时，大量的自然灾害和突发事件在时间上都是可以预测的。因此，有必要研究时间因素与事故的联系及其运动规律，运用时间导致事故的规律和预防、控制事故原理联系实际，采取措施进行事故的预防和控制。

海因里希通过对 55 万起伤害事故的统计调查，发现在 330 起类似事故中，300 起事故没有造成伤害，29 起引起轻微伤害，一起造成了严重伤害。即严重伤害、轻微伤害和没有伤害的事故起数之比为 1∶29∶300，这就是著名的海因里希事故法则。

海因里希事故法则反映了事故发生频率与事故后果严重程度之间的一般规律，且说明事故发生后后果的严重度具有随机性质。因此，一旦发生事故，控制事故后果的严重程度是一件非常困难的事情。为了消除 1 次死亡重伤事故及 29 次轻伤事故,必须首先消除 300 次无伤事故。为了防止严重伤害事故的发生,必须全力以赴地控制事故的发生,即防止灾害的关键,不在于防止伤害,而是要从根本上防止事故。

除了事故发生频率和事故严重程度遵循三角形法则,海因里希在产业十项安全公理中也提出事故损失不仅包含直接经济损失,其隐藏的间接损失要比直接损失大得多,而且灾难性事故造成的社会影响和非经济损失更是难以估量。经过大量事故统计分析,海因里希提出直接损失和间接损失的比为 1∶4,即事故经济损失是直接经济损失的 5 倍。即海因里希冰山模型。

由于预防是事前的工作,因此正确性和有效性就十分重要。生产系统一般都是较复杂的系统,事故的发生既有物的方面原因,又有人的方面的原因,事先很难估计充分。有时,重点预防的问题没有发生,但未被重视的问题却酿成大祸。为了使预防工作真正起到作用,一方面要重视经验的积累,对既成事故和大量的未遂事故进行统计分析,从中发现规律,做到有的放矢;另一方面要采取科学的安全分析、评价技术,对生产中人和物的不安全因素及其后果做出准确的判断,从而实施有效的对策,预防事故的发生。

实际上,要预防全面的事故发生是十分困难的,也就是说不可能让事故发生的概率降为零。因此,为防备万一,采取充分的善后处理对策也是必要的。安全管理应该坚持“预防为主,善后为辅”的科学管理方法,采取必要的预测预警技术,将事故消灭在萌芽状态。

正如分析所得出的,事故是可以避免的。当采取了预防和控制危害因素的安全措施,避免和减少危险、危害因素,就可以很好地预防事故的发生,即使发生事故,由于采取了一定的控制措施,可以使事故的损失降低。

在生产生活过程中,要认真执行国家有关安全生产的法律、法规,健全各项规章制度,层层落实安全生产责任制,加强安全生产的日常管理和现场安全检查,严格按有关规定组织生产活动,要及时查出隐患,认真进行整改,制定安全防范措施,保证安全生产所需的人力、物力和资金投入,防止出现新的事故隐患,加强职工的安全教育培训,不得安排没有取得特种作业资格的人员从事特种作业。

5.6.2　事故预防策略

事故预防策略为组织内个体成员行为安全性的控制问题。然而,组织成员个体行为安全性的控制无法脱离其所在组织的行为框架,因为成员行为由组织行为所塑造,并和组织行为一起接受组织安全文化的导向。根据行为科学原理,可以制定一个“事故预防路线图”(图 5.6-1)。这个路线图由四方面组成:(1) 作为控制组织成员行为安全性基础的安全方案,包含优秀的安全文化、安全文化指导下的安全管理人事组织方案和安全管理业务运行方案。(2) 分析、评价这个安全管理方案有效性的组织行为分析工具。(3) 控制组织成员个人行为安全性的行为纠正方法。(4) 帮助解决组织行为安全性和成员个体行为安全性的安全培训。

从事故的物理原因控制来说,还必须应用事故预防的另一个手段,即工程技术手段。但一种工程技术手段只对特定的物理对象的状态起作用,从而只能预防特定物理类型和发生在特定物理场所的事故,因此它不是通用的。在图 5.6-1 的路线图中,工程技术的运用体现为安全业务方案的组成部分,不同组织的业务类型不同,组成路线图中安全业务运行方案所需的安全工程技术具体内容也不同。

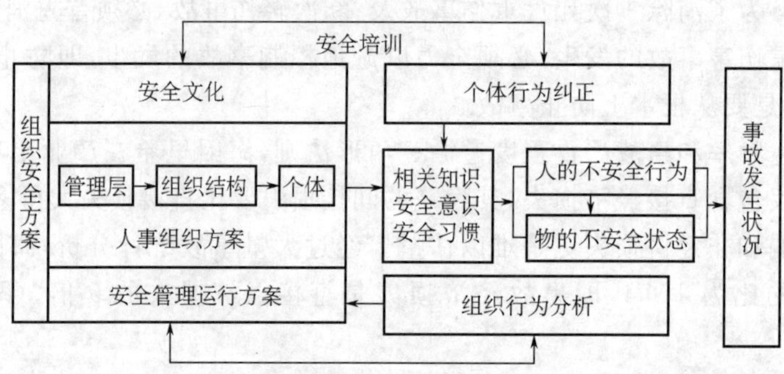

图 5.6-1　事故预防路线图

采取事故预防对策时，应能够达到以下目的：(1) 预防生产过程中产生的危险和有害因素；(2) 排除工作场所的危险和有害因素；(3) 处置危险和有害物并减低到国家规定的限值内；(4) 预防生产装置失灵和操作失误产生的危险和有害因素；(5) 发生意外事故时能为遇险人员提供自救条件的要求。

5.6.3　事故预防措施

安全对策是要求生产单位在建设项目中采取的消除或减弱危险、有害因素的技术措施和管理措施等，是预防事故和保障生产过程安全的对策措施。从宏观的角度，事故的预防对策称为"三 E 对策"，即事故的预防具有三大预防技术和方法：

工程技术对策：即采用安全可靠性高的生产工艺和采用安全技术、安全设施、安全检测等安全工程技术方法，提高生产过程的本质全化；

安全教育对策：即采用各种有效的安全教育措施，提高员工的安全素质；

安全管理对策：即采用各种管理对策，协调人、机、环境的关系，提高生产系统的整体安全性。

为了防止事故发生，必须从上述三个方面实施事故预防和控制措施，而且要保持三者间的均衡，合理地采取相应措施，或综合使用上述措施，才可能搞好事故预防工作。

这里，安全技术对策着重解决物的不安全状态的问题，从设备、设施、工艺方面予以改进，消除或减少物的不安全状态；安全教育对策和安全管理对策则主要着眼于人的不安全行为的问题，安全教育对策主要使人知道应该怎么做，而安全管理对策则是要求人必须怎么做。管理措施要贯彻实施有关法令、标准、规范、规定，完善操作规程，组织安全检查和考核；教育培训要开展有针对性的安全教育，使职工掌握防止事故的知识和操作方法，消除或减少人的不安全行为。

事故预防和控制示意图如图 5.6-2 所示。

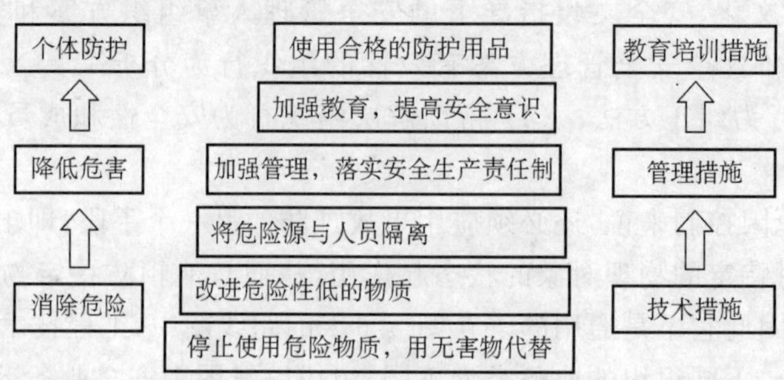

图 5.6-2　事故预防与控制示意图

5.7　风险干预的安全教育培训措施

安全教育措施是事故预防中重要手段之一。所谓安全教育，实际上应包括安全教育和安全培训两大部分。安全教育是通过各种形式，包括学校教育、媒体宣传、政策导向等，努力提高人的安全意识和素质，学会从安全的角度观察和理解要从事的活动和面临的形势，用安全的观点解释和处理自己遇到的新问题。安全教育主要是一种意识的培养，是长时间的甚至贯彻人的一生，并在人的所有行为中体现出来，而与其所从事的职业并无直接的关系。安全培训虽然也包含有关教育的内容，但其内容相对于安全教育要具体得多，范围要小得多，主要是一种技能的培训。安全培训的主要目的是使人掌握在某些特定的作业或环境下正确并安全地完成其应完成的任务，故也有人称在生产领域的安全培训为安全生产教育。

开展安全教育既是国家法律法规的要求，也是生产经营单位安全管理的需要。建国以来，我国颁布了多项法律、法规，明确提出要加强安全教育；另一方面，开展安全教育，是生产经营单位发展经济、适应人员结构变化，使安全生产向广度和深度发展的需要，也是搞好安全管理的基础性工作，是掌握各种安全知识、避免职业危害的主要途径。诚然，用安全技术手段消除或控制事故是解决安全问题的最佳选择。但在生产经营过程中，常因隐患不为人知、目前的科技水平或单位的经济实力制约，无法对其采取有效的技术措施进行预防或纠正；即使人们对已知的不安全因素已经采取了较好的技术措施对其进行预防和控制，但人的行为会受到某种程度的制约，这也不是现代管理所期望的结果。而安全教育的实施，则通过对从业人员的安全教育和培训，逐渐提高他们的综合安全素质，使其具备辨识危险因素的知识，掌握预防、控制、纠正危险的技能；即使其在面对新环境、新条件时，仍有一定的保证安全的能力和手段，更能从根本上达到消除和控制事故的目的。

如果安全教育培训不够，职工对党和国家的安全生产方针、政策、法规、制度和劳动纪律不了解，就可能导致安全意识淡薄，不能积极配合和主动参与安全工作；对安全生产技术知识、各种设备设施的工作原理和安全防范措施等没有学懂弄通，对本岗位的安全操作规程、安全防护方法、安全生产特点等一知半解，自然不能真正按规章制度操作，也就无法应对日常操作中遇到的各种安全问题，以致不能预防和控制事故。因此，生产经营单位必须建立健全安全教育制度，确保安全教育的有效实施。

5.7.1　安全教育的必要性

(1) 安全教育是安全生产的基础工作

发生安全事故的因素很多，也比较复杂，但归结起来主要有两大因素，即间接因素和直接因素。直接因素是人、机、环境三者匹配方面的缺陷，间接因素是安全管理、安全教育方面的缺陷。事故间接因素是产生事故直接因素的原因，因此，事故间接因素是事故发生的根本因素。所以，加强安全管理和安全教育是实现安全生产的根本措施。

就事故直接因素而论，人、机、环境三者匹配中应以人为主，其中人的因素占的比重最大。据国家权威部门统计，人的不安全行为占事故总数的 76.6%。

在施工生产过程中，所有不安全行为，客观上都表现为违章违纪行为。违章违纪包括两个方面：一是操作人员违反安全操作规程或安全生产规章制度进行作业；二是管理人员违反安全生产规章制度指挥生产。导致违章操作的原因很多，主要原因是对安全生产的重要性认识不够，对安全管理、安全技术方面的知识掌握得不够，要解决这两方面的问题，必须对从业人员进行安全教育。

安全生产教育工作是实现安全生产的一项重要基础工作，通过安全知识和安全技能的教育，提高从业人员重视安全生产的自觉性、积极性和创造性，增强人的安全意识，激励从业人员自觉遵守安全生产规章制度，严格按操作规程施工，达到安全生产的目的。

(2) 安全生产需要科学管理

随着我国社会主义经济建设的不断发展、施工技术的不断提高和科学技术的进步，安全科研系统的建立和发展已成为迫切的任务。这就需要通过不同层次的安全教育培训，培养大批懂得安全管理、安全技术的高层次科技人才，才能不断地推动安全生产的科学管理和技术进步，保证建筑业健康发展。

(3) 建筑业现况需要加大安全教育的力度

目前建筑业新建、改建、扩建的项目不断增加，建设规模越来越大，从业人员大量增加。在安全教育方面存在两大问题：一是高等教育中与建筑安全有关的安全技术教育和安全工程管理专业学科很少，从事安全管理的人员绝大多数接受的是非安全管理专业的教育；二是建筑业的操作人员受到的安全培训很少，而目前建筑业的基层操作人员多来自农民工，这部分人对安全生产知识知之甚少，自我安全防护能力差。

安全教育是提高全员安全素质，实现安全生产的基础。通过安全教育，提高企业各级生产管理人员和广大职工搞好安全工作的责任感和自觉性，增强安全意识，掌握安全生产的科学知识，不断提高安全管理水平和安全操作技术水平，增强自我防护能力。

目前施工企业在进行安全教育时往往只重视安全法规、规章制度、安全常识方面的教育和培训，实际上这只是安全教育的一个方面，是进行安全教育的第一步，尚不能达到安全教育的最终目的。从业者掌握了一般性的安全常识，对安全生产只是停留在“知”的阶段，是收不到实际效果的。所以，安全教育不仅要解决“知”，而且要解决“会”的问题，使从业者系统地掌握安全管理的基本理论、安全操作技能，将掌握的知识运用到实际工作中去，这是安全教育的第二步。在此基础上还要经常进行安全教育，使从业者在思想上、安全知识、操作技能方面处于良好状态，才能达到安全生产的目的。

(4) 通过安全教育加强对安全生产的认识

“要我安全”还是“我要安全”，这是两种不同的观念。传统的安全管理，是以规章制度、责任制来规范人的行为，纯粹以奖罚手段来规范人的活动，对人的管理主要从“管”的角度出发。制度具有非完美性、非灵活性和强制性等缺点，因而造成了“要我安全”的局面。靠这种安全管理方式，能够起到监督、督促的作用，但不能充分调动和发挥从业者的自觉性。

所谓“我要安全”就是从业者能自觉规范自己的行为，自觉遵守安全规章制度，自觉执行安全操作规程。要实现“我要安全”，就必须提高职工的安全素质，必须对企业各级人员的安全教育常抓不懈。

所谓安全素质，大体包括安全意识、安全知识和安全技术。安全意识是解决主体不愿意受到伤害的问题。当主体不愿受到伤害时，就会积极去消除物的不安全状态，不发生人的不安全行为，就不会发生伤害，也不会发生事故。

5.7.2 安全教育的内容

安全教育包括的内容很广，本节讲的安全教育内容是指对施工企业的领导、管理人员、基层操作人员的教育内容，主要包括思想、法制、安全生产知识、安全生产技能四个方面的教育。

(1) 思想教育

思想教育的目的是为安全生产奠定思想基础，通常从加强思想路线、方针政策教育和劳动纪律教育两个方面进行。

1) 思想路线和方针政策教育一是提高各级领导干部和广大职工对安全生产重要意义的认识，从思想上、理论上认识搞好安全生产的重大意义，树立关爱生命、以人为本观点；二是通过安全生产方针、政策教育，提高各级领导、管理干部和广大员工的政策水平，使他们正确全面地理解党和国家的安全生产方针、政策，严肃认真地执行安全生产方针、政策和法规。

2) 劳动纪律教育主要是使广大职工懂得严格执行劳动纪律对实现安全生产的重要性。企业的劳动纪律是劳动者进行共同劳动时必须遵守的规则和秩序，严格执行安全操作规程，遵守劳动纪律是贯彻安全生产方针、减少伤亡事故、保障安全生产的重要保证。

(2) 法制教育

定期和不定期地对全部从业人员进行法律知识、遵纪守法的教育，以杜绝违章指挥、违章作业的发生。

(3) 安全知识教育

全部从业人员必须接受安全知识教育和每年按规定的学时进行安全培训，所有员工必须具备相应岗位安全基本知识，掌握企业的基本生产概况施工(生产)工艺、方法施工(生产)中的危险区域、危险部位、危险源，不安全因素及安全防护的基本知识。

(4) 安全技能教育

1) 安全技能教育就是结合本工种或本专业的特点，进行安全操作、安全防护所必须具备的基本技术知识的教育，每一个职工都要熟悉本工种、本岗位专业安全技术知识。

2) 国家规定，建筑登高架设、起重、焊接、电气、爆破、压力容器、锅炉及各种运输车辆的司机等作业人员为特殊作业人员，必须进行专门的安全技术培训，并经考试合格，持证上岗。

(5) 事故教育

在开展安全生产教育中，可以结合典型经验和事故教训进行教育，宣传先进经验，这既是教育职工找差距的过程，又是学、赶先进的过程，事故教育可以从事故教训中吸取有益的东西，防止今后类似事故的发生。

5.7.3　安全教育的形式

目前，我国在安全教育方面有多种教育形式，各级政府及政府安全生产管理部门对安全教育的形式作了相应的规定和要求，安全教育主要有以下形式。

(1) 学校教育

学校教育是培养安全专业人才的重要途径。它通过系统的安全基础理论知识和专业知识学习，培养出适应现代工业生产实际工作需要的不同层次的专业人才。目前，我国已经有近百所院校培养安全工程本科生、大专生、中专生和研究生，另外，许多院校还通过函授、进修、专业证书班等形式，对在职的干部、管理人员进行安全知识教育，提高了专业知识水平。一些院校的非安全工程专业开设了有关的安全工程课程。

(2) 三级教育

所谓"三级教育"，是指企业、项目部(车间)、班组这三级，对新工人、参加生产实习的人员、参加生产劳动的学生和新调到企业工作的工人，必须按规定进行安全教育和安全技术培训，经考核合格,方准上岗。

三级安全教育一般由安全、教育和劳资等部门配合组织进行。新工人的三级安全教育情况要建立档案,新工人工作一个阶段后,还应进行复杂性的再教育,以加深对安全的感性和理性知识。

1）企业(公司)组织的安全生产教育企业(公司)组织的安全教育主要进行安全基本知识、法规、法制教育。主要内容是:

① 国家有关安全生产的方针、政策,安全生产法规、标准和法制观念;

② 本单位施工(生产)过程及安全生产规章制度,安全纪律;

③ 本单位安全生产形势和历史上发生的重大事故及应吸取的教训;

④ 发生事故后如何抢救伤员、排险、保护现场和及时进行报告。

2）项目部(工区)的安全生产教育项目部(工区)组织的安全教育主要是进行现场规章制度和遵章守纪教育。主要内容是:

① 本单位施工特点及施工安全基本知识;

② 本单位安全生产制度、规定及安全注意事项;

③ 本工种的安全技术操作规程;

④ 机械设备、电气安装及高处作业安全基本知识;

⑤ 防毒、防尘、防火、防爆知识及紧急情况安全处置和安全疏散知识;

⑥ 防护用品发放标准及防护用具、用品使用的基本知识。

3）班组安全生产教育班组安全生产教育由班组长主持,进行本岗位安全操作及班组安全制度、纪律教育。主要内容是:

① 本班组作业特点及安全操作规程;

② 班组安全活动制度及纪律;

③ 爱护和正确使用安全防护装置及个人劳动防护用品;

④ 本岗位易发生事故的不安全因素及其防范对策;

⑤ 本岗位的作业环境及使用的机械设备、工具的安全要求。

(3)特种作业人员的专门教育

"特种作业人员"是指容易发生人员伤亡事故,对操作者本人、他人及周围设施的安全有重大危害的作业。特种作业包括电工作业、金属焊接切割作业、起重机械(含电梯)作业、企业内机动车辆驾驶、登高架设作业、锅炉作业(含水质化验)、压力容器操作、制冷作业、爆破作业、矿山通风作业(含瓦斯检验)、矿山排水作业(含尾矿坝作业)以及省、自治区、直辖市安全生产综合管理部门或国务院行业主管部门提出,并经国家经济贸易委员会批准的其他作业。

1）特种作业人员在独立上岗作业前,必须进行与本工种相适应的、专门的安全技术理论学习和实际操作训练。

2）负责特种作业人员培训的单位应当具备相应的条件,并经省、自治区、直辖市安全生产综合管理部门或其委托的地、市级安全生产综合管理部门审查认可。

3）取得培训资格的单位,每5年由原审查、批准机构进行1次复审。经复审合格的,方可继续从事特种作业人员的培训。

4）培训方法。对特种作业人员的安全技术培训,可由所在单位或单位的主管部门培训,也可由考核发证部门或由考核发证部门指定的单位培训。培训的时间和内容,可按国家(或部)颁发的特种作业《安全技术考核标准》和有关规定执行。

(4) 三类人员的安全培训教育

三类人员是指建筑施工企业的主要负责人、项目负责人、专职安全生产管理人员。建筑施工企业主要负责人，是指对本企业日常生产经营活动和安全生产工作全面负责、有生产经营决策权的人员，包括企业法定代表人、经理、企业分管安全生产工作的副经理等。建筑施工企业项目负责人，是指由企业法定代表人授权，负责建设工程项目管理的负责人等。建筑施工企业专职安全生产管理人员，是指在企业专职从事安全生产管理工作的人员，包括企业安全生产管理机构的负责人及其工作人员和施工现场专职安全生产管理人员。以上三类人员必须经过培训、考核合格后上岗，参加安全生产考核，必须具备以下条件：

1) 职业道德良好；

2) 在中央管理的建筑施工企业工作的在职人员；

3) 建筑施工企业主要负责人应为大专以上学历，具有中级以上职称；项目负责人应为大专以上学历，具有中级及以上职称；建筑施工企业专职安全生产管理人员应为中专以上学历，具有初级及以上职称；

4) 经企业年度安全生产教育培训考核合格；

5) 经建设部或有关部门组织的安全生产知识考试合格。

(5) 安全生产的经常性教育

企业在做好新工人入场教育、特种作业人员安全生产教育和各级领导干部、安全管理干部的安全生产培训的同时，还必须把经常性的安全教育贯穿于管理工作的全过程，并根据接受教育对象的不同特点，采取多层次、多渠道和多种方法进行。安全生产宣传教育多种多样，应贯彻及时性、严肃性、真实性，做到简明、醒目，具体形式如下：

1) 上级的劳动保护、安全生产法规及有关的文件、指示；

2) 事故案例及教训和安全技术先进经验、革新成果等；

3) 采用新技术、新工艺、新设备、新材料和调换工作岗位时，要对操作人员进行新技术操作和新岗位的安全教育，未经教育不得上岗操作；

4) 在每天的班前会上说明安全注意事项，讲评安全生产情况；

5) 举办安全生产训练班、讲座、报告会、事故分析会；

6) 建立安全保护教育室，举办安全保护展览；

7) 举办安全保护广播，印发安全保护简报、通报等，制作安全保护黑板报。

(6) 安全生产的其他形式

安全教育应利用各种教育形式和教育手段，以生动活泼的方式来实现安全生产这一严肃的课题。安全教育形式大体可分为如下几种。

1) 广告式，包括安全广告、标语、宣传画、标志、展览、黑板报等形式，以精炼的语言、生动的方式，在醒目的地方展示，提醒人们注意安全和怎样才能安全。

2) 演讲式，包括教学、讲座的讲演，经验介绍，现身说法，演讲比赛等。可以是系统教学，也可以专题论证、讨论。用以丰富人们的安全知识，提高对安全生产的重视程度。

3) 会议讨论式，包括事故现场分析会、班前班后会、专题研讨会等，以集体讨论的形式，使与会者在参与过程中进行自我教育。

4) 竞赛式，包括抢答赛、书面知识竞赛，操作技能竞赛及其他安全教育活动评比，激发人们学安全、懂安全、会安全的积极性，促进职工在竞赛活动中树立安全第一的思想，丰富安全知识，掌握安全技能。

5）声像式，它是用声像现代艺术手段，使安全教育寓教于乐。主要有安全宣传广播、电影、电视、录像等。

6）文艺演出式，它是以安全为题材编写和演出的相声、小品、话剧等文艺演出的教育形式。

7）学校正规教学，利用国家或生产经营单位办的大学、中专、技校，开办安全工程专业，或穿插渗透于其他专业的安全课程。

5.7.4 安全培训效果检查

对安全教育与培训效果的检查主要是以下几个方面。

(1) 检查施工单位的安全教育制度。检查企业是否建立健全安全教育和培训考核制度，以及安全教育和培训考核制度的落实情况与效果。

(2) 检查新入厂工人是否进行三级安全教育。主要检查施工单位、工区、班组对新入厂工人的三级教育考核记录。

(3) 检查安全教育内容。安全教育要有具体内容，主要检查企业、项目部、班组的安全教育资料。

(4) 检查变换工种时是否进行安全教育。主要检查变换工种的工人在调换工种时重新进行安全教育的记录；检查采用新技术、新工艺、新设备施工时，进行新技术操作安全教育的记录。

(5) 检查工人对本工种安全技术操作规程的熟悉程度。按《安全技术操作规程》的内容，到施工现场进行随机抽查各工种工人对本工种安全技术操作规程的熟悉程度。

(6) 检查施工管理人员的年度培训。施工单位应按各级建设行政主管部门文件规定，安排施工管理人员参加培训，主要检查施工管理人员年度培训的记录。

(7) 检查专职安全员的年度培训考核情况。按上级建设行政管理部门和本企业有关安全生产管理文件，核查专职安全员是否进行年度培训考核及考核是否合格，未进行安全培训的或考核不合格的，是否仍在岗工作等。

5.8 风险干预的安全管理措施

在事故预防工作中，安全技术措施是最佳的选择，因为它不受人的行为影响，并有着极高的可行性和安全性。但是由于技术和经济等因素的制约，安全技术措施在大多数情况下不能保证系统的安全性达到人们所能接受的程度，同时管理者又不能仅仅依靠安全教育的方法保证所有人都能自觉的遵守各项安全规章制度，也不能要求所有作业者都有较高的安全意识。因而，安全管理措施成了必不可少的一种控制人的行为、进而控制事故的重要手段。

5.8.1 国家安全生产管理

5.8.1.1 安全生产方针

《安全生产法》在总结我国安全生产管理经验的基础上，将“安全第一，预防为主”规定为我国安全生产工作的基本方针。在十六届五中全会上，国家提出了“安全第一，预防为主，综合治理”的安全生产方针。

“安全第一”，就是在生产经营活动中，在处理保证安全与生产经营活动的关系上，要始终把安全放在首要位置，优先考虑从业人员和其他人员的人身全，实行“安全优先”的原则。在确保安全的前提下，努力实现生产的其他目标。

“预防为主”，就是按照系统化、科学化的管理思想，按照事故发生的规律和特点，千方百计预防事故的发生，做到防患于未然，将事故消灭在萌芽状态。虽然人类在生产活动中还不可能完全杜绝事故的发生，但只要思想重视，预防措施得当，事故是可以大大减少的。

"综合治理"，就是标本兼治，重在治本，在采取断然措施遏制重特大事故，实现治标的同时，积极探索和实施治本之策，综合运用科技手段、法律手段、经济手段和必要的行政手段，从发展规划、行业管理、安全投入、科技进步、经济政策、教育培训、安全立法、激励约束、企业管理、监管体制、社会监督以及追究事故责任、查处违法违纪等方面着手，解决影响制约我国安全生产的历史性、深层次问题，做到思想认识上警钟长鸣，制度保证上严密有效，技术支撑上坚强有力，监督检查上严格细致，事故处理严肃认真。

5.8.1.2　安全发展理念

十六届五中全会通过的《关于制定国民经济和社会发展第十一个五年计划的建议》中，提出"坚持节约发展、清洁发展、安全发展，实现可持续发展"。十六届五中全会确立了安全发展的指导原则，把"安全发展"作为一个重要理念纳入我国社会主义现代化建设的总体战略。"安全发展"重点包含三层含义：

一是"以人为本"必须要以人的生命为本。人的生命最宝贵，生命安全权益是最大的权益。发展不能以牺牲人的生命为代价，不能损害劳动者的安全和健康权益。

二是经济社会发展必须以安全为基础、前提和保障。国民经济和区域经济、各个行业和领域、各类生产经营单位的发展，要建立在安全保障能力不断增强、安全生产状况持续改善、劳动者生命安全和身体健康得到切实保障的基础上，做到安全生产与经济社会发展各项工作同步规划、同步部署、同步推进，实现可持续发展。

三是构建社会主义和谐社会必须解决安全生产问题。安全生产既是人民群众关注的热点、难点，也是和谐社会建设的切入点、着力点。只有搞好安全生产，实现安全发展，国家才能富强安宁、百姓才能平安幸福，社会才能和谐安定。

对企业来讲，安全发展是企业落实科学发展观，实现科学、持续、有效、较快和协调发展的必然要求和重要保证，是企业履行经济、政治和社会责任的重要体现，是企业增强市场竞争力的重要基础，坚持走安全发展道路应当成为企业的郑重选择和庄严承诺。

坚持安全发展，就是最大限度地提高发展效益，降低发展风险，实现社会又好又快地发展。实现安全发展的根本和落脚点是认真切实地贯彻落实好安全生产法规、制度和措施。

5.8.1.3　安全生产法律法规体系

2002年颁布的《安全生产法》，是全面规范我国安全生产工作的一部综合性大法。《安全生产法》与先后颁布的《劳动法》、《职业病防治法》、《道路交通安全法》、《消防法》、《建筑法》等十余部法律，国务院颁布的近百部有关安全生产的行政法规，国务院有关部门颁布的规章，各省、自治区、直辖市颁布的地方性法规以及安全生产标准，构成了我国安全生产法律法规体系。

事故调查处理坚持"四不放过"原则。"四不放过"，即事故原因未查明不放过，责任人未处理不放过，整改措施未落实不放过，有关人员未受到教育不放过。

5.8.1.4　安全生产政策措施

针对安全生产领域存在的种种历史和现实问题，在国务院第116次常务会议专题会议上，确定了加强安全生产工作的12项治本之策，主要包括：

(1) 制定安全生产发展规划，建立和完善安全生产指标及控制体系；(2) 加强行业管理，修订行业安全标准和规程；(3) 增加安全投入，治理瓦斯等重大隐患；(4) 推动安全科技进步，落实项目、资金；(5) 研究出台经济政策，建立、完善经济调控手段；(6) 加强培训教育，规范招工和劳动管理;(7) 加快立法工作;(8) 建立安全生产激励约束机制;(9) 强化企业主体责任,严格企业安全生产业绩考核;(10) 严肃查处责任事故,防范惩治失职渎职、官商勾结等腐败现象;(11) 倡导安全文化,加强社会监督;(12) 完善监管体制,加快应急救援体系建设。

为加强高危行业的安全生产工作,出台了七项经济政策:主要包括在高危行业提取安全生产费用,高危行业全面实施了安全生产风险抵押金制度,在采掘业、建筑业进行安全生产商业保险试点等等。

5.8.1.5 安全生产监管监察体系

在国家与行政管理部门之间,实行的是综合监管和行业监管;在中央政府与地方政府之间,实行的是国家监管与地方监管;在政府与企业之间,实行的是政府监管与企业管理。"政府统一领导,部门依法监督,企业全面负责,群众监督参与,社会广泛支持"的安全生产工作格局。

5.8.2 企业安全规章制度建设

5.8.2.1 安全规章制度建设的目的和意义

生产经营单位安全规章制度是指生产经营单位依据国家有关法律法规、国家和行业标准,结合生产、经营的安全生产实际,以生产经营单位名义起草颁发的有关安全生产的规范性文件。一般包括:规程、标准、规定、措施、办法、制度、指导意见等。

安全规章制度是生产经营单位贯彻国家有关安全生产法律法规、国家和行业标准,贯彻国家安全生产方针政策的行动指南,是生产经营单位有效防范生产、经营过程安全生产风险,保障从业人员安全和健康,加强安全生产管理的重要措施。

建立健全安全规章制度是生产经营单位的法定责任。生产经营单位是安全生产的责任主体,国家有关法律法规对生产经营单位加强安全规章制度建设有明确的要求。

建立健全安全规章制度是生产经营单位安全生产的重要保障。生产经营的目的就是追求利润,但是,在追求利润的过程中,如果不能有效防范安全风险,生产经营单位的生产、经营秩序就不能保障,甚至还会引发社会的灾难。客观上需要生产经营单位对生产工艺过程、机械设备、人员操作进行系统分析、评价,制定出一系列的操作规程和安全控制措施,以保障生产、经营工作合法、有序、安全地运行,将安全风险降到最低。在长期的生产经营活动中,生产经营单位积累了大量的安全风险防范对策措施,这些措施只有形成安全规章制度,才能有效地得到继承和发扬。

建立健全安全规章制度是生产经营单位保护从业人员安全与健康的重要手段。安全生产的法律法规明确规定,生产经营单位必须采取切实可行的措施,保障从业人员的安全与健康。因此,只有通过安全规章制度的约束,才能防止生产经营单位安全管理的随意性,才能使从业人员进一步明确自己的权利和义务,有效地保障从业人员的合法权益。同时,也为从业人员在生产、经营过程中遵章守纪提供明确的标准和依据。

5.8.2.2 生产经营单位安全规章制度的建设

安全规章制度是对安全生产客观规律的反映。国家对安全生产客观规律的认识,对安全生产工作的宏观控制,是通过法律法规、国家和行业标准的形式体现出来,作为强制执行的防范安全生产风险的对策措施。具体到安全生产责任主体的生产经营单位,就是要通过自身的安全规章制度建设来贯彻国家要求,准确把握和驾驭生产、经营过程中的安全生产客观规律,规范生产、经营秩序,保障生产安全。安全规章制度的起草和管理是安全工程师的一项基本技能。

(1) 安全规章制度建设的依据

1) 以安全生产法律法规、国家和行业标准、地方政府的法规、标准为依据。

2) 以生产、经营过程的危险有害因素辨识和事故教训为依据。安全规章制度的建设,其核心就是危险有害因素的辨识和控制。通过危险有害因素的辨识,有效提高规章制度建设的目的性和针对性,保障生产安全。同时,生产经营单位要积极借鉴相关事故教训,及时修订和完善规章制度,防范同类事故的重复发生。

3) 以国际、国内先进的安全管理方法为依据。随着安全科学技术的迅猛发展,安全生产风险防范和控制的理论、方法不断完善。尤其是安全系统工程理论研究的不断深化,为生产经营单位的安全管理提供了丰富的工具,如职业安全健康管理体系、风险评估、安全性评价体系的建立等,都为生产经营单位安全规章制度的建设提供了宝贵的参考资料。

(2) 安全规章制度建设的原则

1) 主要负责人负责的原则。安全规章制度建设,涉及生产经营单位的各个环节和所有人员,只有生产经营单位主要负责人亲自组织,才能有效调动生产经营单位的所有资源,才能协调各个方面的关系。

2) 安全第一的原则。"安全第一,预防为主,综合治理"是我国的安全生产方针,也是安全生产客观规律的具体要求。生产经营单位要实现安全生产,就必须采取综合治理的措施,在事先防范上下功夫。

3) 系统性原则。风险来自于生产、经营过程之中,只要生产、经营活动在进行,风险就客观存在。因而,要按照安全系统工程的原理,建立涵盖全员、全过程、全方位的安全规章制度。即涵盖生产经营单位每个环节、每个岗位、每个人;涵盖生产经营单位的规划设计、建设安装、生产调试、生产运行、技术改造的全过程;涵盖生产经营全过程的事故预防、应急处置、调查处理等全方位的安全规章制度生产经营全过程的事故预防、应急处置、调查处理等全方位的安全规章制度。

4) 规范化和标准化原则。生产经营单位安全规章制度的建设应实现规范化和标准化管理,以确保安全规章制度建设的严密、完整、有序。建立安全规章制度起草、审核、发布、教育培训、修订的严密的组织管理程序,安全规章制度编制要做到目的明确,流程清晰,标准明确,具有可操作性,按照系统性原则的要求,建立完整的安全规章制度体系。

(3) 安全规章制度的编制和管理

安全规章制度的制定一般包括起草、会签、审核、签发、发布五个流程。安全规章制度发布后,生产经营单位应组织有关部门和人员进行学习和培训,对安全操作规程类安全规章制度,还应对相关人员进行考试,考试合格后才能上岗作业。安全规章制度日常管理的重点是在执行过程中的动态检查,确保得到贯彻落实。

1) 起草。安全规章制度在起草前,应首先收集国家有关安全生产法律法规、国家行业标准、生产经营单位所在地地方政府的有关法规、标准等,作为制度起草的依据,同时结合生产经营单位安全生产的实际情况,进行起草。

2) 会签。责任部门起草的规章制度草案,应在送交相关领导签发前征求有关部门的意见,意见不一致时,一般由生产经营单位主要负责人或分管安全的负责人主持会议,取得一致意见。

3) 审核。安全规章制度在签发前,应进行审核。一是由生产经营单位负责法律事务的部门,对规章制度与相关法律法规的符合性及与生产经营单位现行规章制度一致性进行审查;二是提交生产经营单位的职工代表大会或安全生产委员会会议进行讨论，对各方面工作的协调性、各方利益的统筹性进行审查。

4）签发。技术规程规范、安全操作规程等一般技术性安全规章制度由生产经营单位分管安全生产的负责人签发，涉及全局性的综合管理类安全规章制度应由生产经营单位主要负责人签发。签发后要进行编号，注明生效时间，以“自发布之日起执行”或“现予发布，自某年某月某日起施行”。

5）发布。生产经营单位的安全规章制度，应采用固定的发布方式，如通过红头文件形式、在生产经营单位内部办公网络发布等。发布的范围应覆盖与制度相关的部门及人员。

6）培训和考试。新颁布的安全规章制度应组织相关人员进行培训，对安全操作规程类制度，还应组织进行考试。

7）修订。生产经营单位应每年对安全规章制度进行一次修订，并公布现行有效的安全规章制度清单。对安全操作规程类安全规章制度，除每年进行一次修订外，3～5 年应组织进行一次全面修订，并重新印刷。

（4）安全规章制度体系的建立

目前我国还没有明确的安全规章制度体系建设标准。在长期的安全生产实践过程中，生产经营单位按照自身的习惯和传统，形成了各具特色的安全规章制度体系。按照安全系统工程原理建立的安全规章制度体系，一般由综合安全管理、人员安全管理、设备设施安全管理、环境安全管理四类组成。

1）综合安全管理制度

① 安全生产管理目标、指标和总体原则。应包括：生产经营单位安全生产的具体目标、指标，明确安全生产的管理原则、责任，明确安全生产管理的体制、机制、组织机构，安全生产风险防范、控制的主要措施，日常安全生产监督管理的重点工作等内容。

② 安全生产责任制度。应包括：生产经营单位各级领导、各职能部门、管理人员及各生产岗位的安全生产责任权利和义务等内容。

③ 安全管理定期例行工作制度。应包括：生产经营单位定期安全分析会议，定期安全学习制度，定期安全活动，定期安全检查等内容。

④ 承包与发包工程安全管理制度。应包括：生产经营单位承包与发包工程的条件、相关资质审查、各方的安全责任、安全生产管理协议、施工安全的组织措施和技术措施、现场的安全检查与协调等内容。

⑤ 安全措施和费用管理制度。应包括：生产经营单位安全措施的日常维护、管理；明确安全生产费用保障；根据国家、行业新的安全生产管理要求或季节特点，以及生产、经营情况等发生变化后，生产经营单位临时采取的安全措施及费用来源等。

⑥ 重大危险源管理制度。应包括：重大危险源登记建档、进行定期检测、评估、监控，相应的应急预案管理；上报有关地方人民政府负责安全生产监督管理的部门和有关部门备案内容及管理。

⑦ 危险物品使用管理制度。应包括：生产经营单位存在的危险物品名称、种类、危险性；使用和管理的程序、手续；安全操作注意事项；存放的条件及日常监督检查；针对各类危险物品的性质，在相应的区域设置人员紧急救护、处置的设施等。

⑧ 隐患排查和治理制度。应包括：应排查的设备、设施、场所的名称，排查周期、人员、排查标准；发现问题的处置程序、跟踪管理等内容。

⑨ 事故调查报告处理制度。应包括：生产经营单位内部事故标准，报告程序、现场应急处置、现场保护、资料收集、相关当事人调查、技术分析、调查报告编制等；还应包括向上级主管部门报告事故的流程、内容等。

⑩ 消防安全管理制度。应包括：生产经营单位消防安全管理的原则、组织机构、日常管理、现场应急处置原则、程序；消防设施、器材的配置、维护保养、定期试验；定期防火检查、防火演练等内容。

⑪ 应急管理制度。应包括：生产经营单位的应急管理部门，预案的制定、发布、演练、修订和培训等；明确总体预案，专项预案，现场预案等内容。

⑫ 安全奖惩制度。应包括：生产经营单位安全奖惩的原则；奖励或处分的种类、额度等内容。

2）人员安全管理制度

① 安全教育培训制度。应包括：生产经营单位各级领导人员安全管理知识培训、新员工三级教育培训、转岗培训；新材料新工艺新设备使用培训；特种作业人员培训；岗位安全操作规程培训；应急培训等内容。还应明确各项培训的对象、内容、时间及考核标准等。

② 劳动防护用品发放使用和管理制度。应包括：生产经营单位劳动防护用品的种类、适用范围、领取程序、使用前检查标准；用品寿命周期等内容。

③ 安全工器具的使用管理制度。应包括：生产经营单位安全工器具的种类、使用前检查标准、定期检验、用品寿命周期等内容。

④ 特种作业及特殊作业管理制度。应包括：生产经营单位特种作业的岗位、人员，作业的一般安全措施要求等。特殊作业是指危险性较大的作业，应包括作业的组织程序，保障安全的组织措施、技术措施的制定及执行等内容。

⑤ 岗位安全规范。应包括：生产经营单位除特种作业岗位外，其他作业岗位保障人身安全、健康，预防火灾、爆炸等事故的一般安全要求。

⑥ 职业健康检查制度。应包括：生产经营单位职业禁忌的岗位名称、职业禁忌症，定期健康检查的内容、标准等，女工保护，以及按照《职业病防治法》要求的相关内容等。

⑦ 现场作业安全管理制度。应包括：现场作业的组织管理制度，如工作联系单、工作票、操作票制度，以及作业的风险分析与控制制度、反违章管理制度等内容。

3）设备设施安全管理制度

① 三同时制度。应包括：生产经营单位新建、改建、扩建工程“三同时”的组织、执行程序；上报、备案的执行程序等。

② 定期巡视检查制度。应包括：生产经营单位所有设备、设施的种类、名称、数量，以及日常检查的责任人员，检查的周期、标准、线路，发现问题的处置等内容。

③ 定期维护检修制度。应包括：生产经营单位所有设备、设施的维护周期、维护范围、维护标准等内容。

④ 定期检测、检验制度。应包括：生产经营单位须进行定期检测的设备种类、名称、数量；有权进行检测的部门或人员；检测的标准及检测结果管理；安全使用证或者安全标志的取得和管理等内容。

⑤ 安全操作规程。应包括：生产经营单位涉及的电气、起重设备、锅炉压力容器、内部机动车辆、建筑施工维护、机加工等对人身安全健康、生产工艺流程及周围环境有较大影响的设备、装置的安全操作规程。

4）环境安全管理制度

① 安全标志管理制度。应包括：生产经营单位现场安全标志的种类、名称、数量；安全标志的定期检查、维护等内容。

② 作业环境管理制度。应包括：生产经营单位生产经营场所的通道、照明、通风等管理标准；以及人员紧急疏散方向、标志的管理等内容。

③ 工业卫生管理制度。应包括：生产经营单位尘、毒、噪声、辐射等涉及职业健康因素的种类、场所；定期检查、检验及控制等管理内容。

当然，生产经营单位的所有制形式、组织形式、生产过程存在的危险有害因素各不相同，这里所指的安全规章制度是原则性和指导性的，其中每个制度又可以分解成若干个制度制定。但是，只要每个制度能够做到目的明确、流程清晰、责任明确、标准明确，就能够用于规范管理或作业行为，就是一个好的安全规章制度。每个生产经营单位，都应认真策划，建立起严密、完整、有效的安全规章制度体系，并按照体系的运行管理生产、经营过程的安全工作，生产单位的安全生产就有了基本保障。

5.8.3 安全生产责任制

5.8.3.1 各级管理人员安全责任

（1）企业法人代表

1）认真贯彻执行国家有关安全生产的方针政策和法规、规范，掌握本企业安全生产动态，定期研究安全工作，对本企业安全生产负全面领导责任。

2）领导编制和实施本企业中、长期整体规划及年度、特殊时期安全工作实施计划。建立健全和完善本企业的各项安全生产管理制度及奖惩办法。

3）建立健全安全生产的保证体系，保证安全技术措施经费的落实。

4）领导并支持安全管理人员或部门的监督检查工作。

5）在事故调查组的指导下，领导、组织本企业有关部门或人员，做好特大、重大伤亡事故调查处理的具体工作，监督防范措施的制定和落实，预防事故重复发生。

（2）企业技术负责人

1）贯彻执行国家和上级的安全生产方针、政策，协助法定代表人做好安全方面的技术领导工作，在本企业施工安全生产中负技术领导责任。

2）领导制定年度和季节性施工计划时，要确定指导性的安全技术方案。

3）组织编制和审批施工组织设计、特殊复杂工程项目或专业性工程项目施工方案时应严格审查是否具备完善的安全技术措施及其可行性，并提出决定性意见。

4）领导安全技术攻关活动，确定劳动保护研究项目，并组织鉴定、验收。

5）对本企业使用的新材料、新技术、新工艺从技术上负责，组织审查其使用和实施过程中的安全性，组织编制或审定相应的操作规程，重大项目应组织安全技术交底工作。

6）参加特大、重大伤亡事故的调查，从技术上分析事故原因，制定防范措施。

（3）企业主管生产负责人

1）对本企业安全生产工作负直接领导责任，协助法定代表人认真贯彻执行安全生产方针、政策、法规，落实本企业各项安全生产管理制度。

2）组织实施本企业中长期、年度、特殊时期安全工作规划、目标及实施计划，组织落实安全生产责任制。

3）参与编制和审核施工组织设计、特殊复杂工程项目或专业性工程项目施工方案。审批本企业工程生产建设项目中的安全技术管理措施，制定施工生产中安全技术措施经费的使用计划。

4）领导、组织本企业的安全生产宣传教育工作，确定安全生产考核指标。领导、组织外包工队长的培训、考核与审查工作。

5）领导、组织本企业定期和不定期的安全生产检查，及时解决施工中的不安全生产问题。

6）认真听取、采纳安全生产的合理化建议，保证本企业安全生产保障体系的正常运转。

7）在事故调查组的指导下，组织特大、重大伤亡事故的调查、分析及处理中的具体工作。

（4）工会主席

1）负责组织职工劳动安全竞赛活动，搞好职工的劳动保护。

2）按照国家有关规定，定期组织疗养和辅助医疗工作。定期组织职工进行身体检查，健全职工健康档案。

3）参与监督检查各项安全操作规程的执行情况，监督检查有毒有害作业环境的治理情况。

4）参与职工因工死亡、工伤和职业病的调查、分析和处理，监督检查基层单位落实预防措施的实施情况，协同单位领导做好善后工作。

5）监督检查本单位女职工的劳动保护工作。

（5）项目经理安全职责

1）工程项目经理是施工项目安全生产的第一责任人，对施工项目经营生产全过程中的安全负全面领导责任。

2）认真贯彻安全生产方针、政策、法规和各项规章制度，制定有针对性的安全生产管理办法和实施细则，并落实实施；领导、组织施工现场定期或不定期的安全生产检查，发现施工中的不安全问题，组织制定整改措施及时解决。

3）针对可能产生的安全隐患制定相应的预防措施，当施工过程中发生安全事故时，项目经理必须按安全事故处理的有关规定和程序及时上报和处置，并制定防止同类事故再次发生的措施。

4）接到政府部门安全监察指令书和重大安全隐患通知单，应立即停止施工，组织力量进行整改，隐患消除后，必须报请上级部门验收合格，才能恢复施工。

（6）项目技术负责人安全职责

1）对工程项目生产经营中的安全生产技术负责；贯彻落实国家安全生产方针、政策，严格执行安全技术规程、规范、标准，结合工程特点，进行项目整体安全技术交底。

2）组织编制安全施工组织设计、制定安全技术措施，保证其可行性和针对性，并认真监督实施情况，发现问题及时解决。

3）应用新材料、新技术、新工艺，要及时上报，并组织制定相应的安全技术措施，经批准后方可实施。

4）主持安全防护设施和设备的验收，参加安全生产定期检查，对施工中存在的事故隐患和不安全因素，从技术上提出整改意见和消除办法。

5）参加或配合工伤及重大未遂事故的调查，从技术上分析发生的原因，提出防范措施和整改意见。

（7）安全员安全职责

落实安全设施的设置，对施工全过程的安全进行监督，纠正违章作业，配合有关部门排除安全隐患，组织安全教育和全员安全活动，监督劳保用品质量和正确使用。

(8) 专业队长(工长)安全职责

1) 专业队长(工长)是管辖区域内安全生产的第一责任人，向作业人员进行安全技术措施交底，组织实施安全技术措施并监督执行。

2) 对施工现场安全防护装置和设施进行验收。

3) 对作业人员进行安全操作技能培训，提高作业人员的安全技术水平，避免产生安全隐患。

4) 当发生伤亡或未遂事故时，必须立即停止施工，保护现场，立即上报；对于重大事故隐患或未遂事故，必须查明原因，落实整改措施。

(9) 班组长安全职责

1) 班组长是本班组的安全生产的第一责任人，负责落实安全技术措施交底的具体内容。

2) 严格执行本工种安全技术操作规程，拒绝违章指挥。

3) 作业前应对本次作业所使用的机具、设备、防护用具及作业环境进行安全检查，消除安全隐患，检查安全标牌是否按规定设置，标识方法和内容是否正确完整。

4) 组织班组开展安全活动，召开上岗前安全生产会。

5) 每周应进行安全讲评。

(10) 操作工人安全职责

1) 认真学习并严格执行安全技术操作规程，不违规作业。

2) 自觉遵守安全生产规章制度，执行安全技术交底的具体要求和有关安全生产的规定。

3) 服从安全监督人员的指导，积极参加安全活动。

4) 爱护安全设施。

5) 正确使用防护用具。

6) 对不安全作业提出意见，有权拒绝违章指令。

(11) 工程总承包人安全职责

1) 审查分包人的安全施工资格和安全生产管理体系。

2) 不得将工程分包给不具备安全生产许可证的分包单位。

3) 在分包合同中应明确分包单位安全生产责任和义务。

4) 对分包人提出安全要求，并认真监督、检查。

5) 对违反安全规定冒险蛮干的分包人，应令其停工整改。

(12) 工程分包单位安全职责

1) 分包人对本施工现场的安全工作负责，认真履行分包合同规定的安全生产责任。

2) 遵守总包单位的有关安全生产制度，服从总包单位的安全生产管理，及时向总包单位报告伤亡事故并配合调查、处理。

5.8.3.2　职能部门安全生产责任

(1) 生产计划部门安全生产责任

1) 在编制年、季、月生产计划时，必须树立"安全第一"的思想，组织均衡生产，保障安全工作与生产任务协调一致。对改善劳动条件、预防伤亡事故的项目必须视同生产任务，纳入生产计划优先安排。

2) 在检查生产计划实施情况同时，要检查安全措施项目的执行情况，对施工中重要安全防护设施、设备的实施工作(如支拆脚手架、安全网等)要纳入计划,列为正式工序,给予时间保证。

3) 坚持按合理施工顺序组织生产,要充分考虑职工的劳逸结合,认真按施工组织设计组织施工。

4) 在生产任务与安全保障发生矛盾时,必须优先安排解决安全工作的实施。

(2) 技术部门安全生产责任

1) 认真学习、贯彻执行国家和上级有关安全技术及安全操作规程规定,保障施工生产中的安全技术措施的制定与实施。

2) 在编制和审查施工组织设计和方案的过程中,要在每个环节中贯穿安全技术措施,对确定后的方案,若有变更,应及时组织修订。

3) 检查施工组织设计和施工方案中安全措施的实施情况,对施工中涉及安全方面的技术性问题,提出解决办法。

4) 对新技术、新材料、新工艺,必须制定相应的安全技术措施和安全操作规程。

5) 对改善劳动条件,减轻笨重体力劳动,消除噪声等方面的治理进行研究解决。

6) 参加伤亡事故和重大已、未遂事故中技术性问题的调查,分析事故原因,从技术上提出防范措施。

(3) 机械动力部门安全生产责任

1) 对机、电、起重设备、锅炉、受压容器及自制机械设施的安全运行负责,按照安全技术规范经常进行检查,并监督各种设备的维修、保养的进行。

2) 对设备的租赁要建立安全管理制度,确保租赁设备完好、安全可靠。

3) 对新购进的机械、锅炉、受压容器及大修、维修、外租回厂后的设备必须严格检查和把关,新购进的要有出厂合格证及完整的技术资料,使用前制定安全操作规程,组织专业技术培训,向有关人员交底,并进行鉴定验收。

4) 参加施工组织设计、施工方案的会审,提出涉及安全的具体意见,同时负责督促下级落实,保证实施。

5) 对特种作业人员定期培训、考核。

6) 参加因工伤亡及重大未遂事故的调查,从事故设备方面,认真分析事故原因,提出处理意见,制定防范措施。

(4) 劳动、劳务部门安全生产责任

1) 对职工(含外包队)进行定期的教育考核,将安全技术知识列为工人培训、考工、评级内容之一,对招收新工人(含外包队)要组织入场教育和资格审查,保证提供的人员具有一定的安全生产素质。

2) 严格执行国家特种作业人员上岗作业的有关规定,适时组织特种作业人员的培训工作,并向安全部门或主管领导通报情况。

3) 认真落实国家和地方政府有关劳动保护的法规,严格执行有关人员的劳动保护待遇,并监督实施情况。

4) 参加因工伤亡事故的调查,从用工方面分析事故原因,提出防范措施,并认真执行对事故责任者的处理意见。

(5) 材料采购部门安全生产责任

1) 凡购置的各种机电设备,脚手架,新型建筑装饰、防水材料等料具或直接用于安全防护的料具及设备，必须执行国家、市有关规定，必须有产品介绍或说明的资料，严格审查其产品合格证明材料，必要时做抽样试验，回收后必须检修。

2）采购的劳动保护用品，必须符合国家标准及相关规定，并向主管部门提供情况，接受对劳动保护用品的质量监督检查。

3）做好材料堆放和物品储存，对物品运输应加强管理，保证安全。

（6）财务部门安全生产责任

1）根据本企业实际情况及企业安全技术措施经费的需要，按计划及时提取安全技术措施经费、劳保保护经费及其他安全生产所需经费，保证专款专用。

2）按照国家对劳动保护用品的有关标准和规定，负责审查购置劳动保护用品的合法性，保证其符合标准。

3）协助安全主管部门办理安全奖、罚的手续。

（7）财务部门安全生产责任

1）根据国家有关安全生产的方针、政策及企业实际，配齐具有一定文化程度、技术和实践经验的安全干部，保证安全干部的素质。

2）组织对新调人、转业的施工、技术及管理人员的安全培训、教育工作。

3）按照国家规定，负责审查安全管理人员资格，有权向主管领导建议调整和补充安全监督管理人员。

4）参加因工伤亡事故的调查，认真执行对事故责任者的处理意见。

（8）财务部门安全生产责任

1）贯彻执行国家有关消防保卫的法规、规定，协助领导做好消防保卫工作。

2）制定年、季消防保卫工作计划和消防安全管理制度，并对执行情况进行监督检查，参加施工组织设计、方案的审批，提出具体建议并监督实施。

3）经常对职工进行消防安全教育，会同有关部门对特种作业人员进行消防安全考核。

4）组织消防安全检查，督促有关部门对火灾隐患进行解决。

5）负责调查火灾事故的原因，提出处理意见。

6）参加新建、改建、扩建工程项目的设计、审查和竣工验收。

7）负责施工现场的保卫，对新招收人员需进行暂住证等资格审查，并将情况及时通知安全管理部门。

（9）教育部门安全生产责任

1）组织与施工生产有关的学习班时，要安排安全生产教育课程。

2）将安全教育纳入职工培训教育计划，负责组织职工的安全技术培训和教育。

（10）行政卫生部门安全生产责任

1）配合有关部门，负责对职工进行体格普查，对特种作业人员要定期检查，提出处理意见。

2）监测有毒有害作业场所的尘毒浓度，做好职业病预防工作。

3）正确使用防暑降温费用，保证清凉饮料的供应及卫生。

4）负责本企业食堂（含现场临时食堂）的管理工作，搞好饮食卫生，预防疾病和食物中毒的发生。对冬季取暖火炉的安装、使用负责监督检查，防止煤气中毒。

5）经常对本部门人员开展安全教育，对机电设备和机具要指定专人负责并定期检查维修。

6）对施工现场大型生活设施的建、拆，要严格执行有关安全规定，不违章指挥、违章作业。

7）发生工伤事故要及时上报并积极组织抢救、治疗，并向事故调查组提供伤势情况；负责食物中毒事故的调查与处理，提出防范措施。

（11）工会安全生产责任

1）审查落实企业经济承包方案中的安全措施，对没有安全承包内容的方案要提出意见。

2）及时发现生产环境和设施方面存在的事故隐患，并向行政部门提出改进意见，督促及时解决。

3）及时制止违章指挥和违章作业。

4）支持工人保障安全的合理要求。

5）监督、协助行政部门认真执行三级安全教育制度。

6）按“四不放过”原则，参加查处重大伤亡事故。

7）开展安全生产竞赛活动，对涌现出的先进个人和先进集体要大力表彰。

8）抓典型，推广安全生产科学管理和开展群众劳动保护监督检查的先进经验。

9）监督企业是否将劳动保护问题列入职工代表大会的议事日程。

（12）团委安全生产责任

1）配合党政部门抓好团员、青年的安全教育，动员团员、青年在安全生产中起模范带头作用。

2）开展安全技术培训、安全知识竞赛等活动，激励青年职工学习安全操作规程和技能，掌握安全管理方法，增强安全意识。

3）建立青年志愿者安全监督网络，组织青年志愿者安全监督员讨论、分析生产中存在的事故隐患，并提出整改措施。

4）总结、推广有利于安全生产的成果和先进操作技术，促进青年职工队伍安全技术素质的提高。

5.8.4　安全检查

安全检查是生产经营单位贯彻落实“安全第一、预防为主、综合治理”方针的有效途径，同时也是发现不安全因素、消除事故隐患、落实整改措施、堵塞安全漏洞、强化安全管理、防止伤亡事故、改善劳动条件的重要手段。

安全检查主要由各基层单位的专（兼）职安全员、安技部门、上级主管部门及有关设备的专职安全工作人员进行。生产经营单位管理人员、基层管理人员、工程技术人员和工人也应承担自己责任范围内的安全检查工作。

生产经营单位必须建立健全安全检查制度，确保安全检查能适时有效地进行。开展安全检查工作时，可根据生产经营单位各自的情况和季节特点，做到每次检查的内容有所侧重，突出重点，真正收到较好的效果。

生产经营单位通过安全检查，识别存在及潜在的危险，确定危害的根本原因，对危害源实施监控，采取有效措施，预防和控制事故，确保自身安全、健康、稳定发展。

5.8.4.1　安全检查的内容

所有与安全有关的工作都是安全检查的对象，主要内容包括：有关安全生产法律、法规和上级有关安全生产规定的执行情况；各种职业安全措施的执行情况；安全规章制度的执行情况；工作场所的安全情况；劳动保护用品的使用情况；事故管理等。安全检查可从以下五个方面进行。

(1) 查现场、查隐患

安全检查以查现场、查隐患为主。即深入生产作业现场，查劳动条件、生产设备、安全卫生设施是否符合要求，检查职工在生产中的不安全行为的情况等。

1) 生产现场情况

① 劳动防护用品。现场作业人员劳动防护用品的管理与使用是否规范，劳动防护用品质量符合安全技术要求，操作人员能否熟练使用。安全帽；防尘口罩或面罩；防护服、防护鞋；防噪声耳塞、耳罩。

② 安全卫生设备设施。安全防护设备设施配备是否符合国家及行业标准，安全防护设备设施是否齐全、有效；劳动保护设备设施是否满足作业要求，尘毒作业场所防护措施达到了国家标准。

③ 现场安全管理的执行。是否有安全检查制度，定期开展安全检查，并有检查记录和查出问题整改反馈单。

④ 安全生产关键装置、要害部位的施工现场和直接作业环节的安全管理制度是否健全，台账是否齐全，安全检查监督是否到位。

⑤ 作业环境。作业环境是否有安全出口和安全通道，且是否通畅；排水、通风、照明、温度、湿度、管线布置等是否符合要求，作业场所的粉尘、噪声、振动、辐射、瓦斯、有毒物质的浓度等是否符合要求。

⑥ 安全标志和警示标识。是否在存在危险因素的生产经营场所和设施、设备上，正确设置、使用安全标志和警示标识，提醒作业人员和在场的其他人员注意防范危险，防止发生事故。

2) 特种设备使用管理

① 特种设备的管理。特种设备是否建立了完善的技术档案、台账、登记表，并有完整的操作规程、安全管理制度、维修保养制度。

② 特种设备的使用。是否按有关规定办理了使用登记手续，特种设备的维修改造是否按程序进行申报。提升、运输、装载、压缩空气和起重设备。

③ 特种设备的维护。特种设备设施是否有年度检验计划和安排，特种设备定期检验率能否达到 100%，存在问题隐患能否按规定整改，有无检验报告的存档制度或记录。

3) 危险源监控

生产经营单位是否按照法律、法规和标准进行重大危险源辨识，对重大危险源逐一登记建档，定期对其进行检测，掌握危险源的动态变化情况；是否建立了危险源管理制度、应急预案，危险源档案是否齐全；有无危险源的检查制度，对可能发生的事故进行了预先分析。

(2) 查思想、查意识

在查隐患和努力发现不安全因素的同时，应注意检查企业领导的思想意识，检查他们对安全生产认识是否正确、是否把职工的安全健康放在第一位，特别对各项劳动保护法规以及安全生产方针的贯彻执行情况更应严格检查。

查思想、查意识主要是检查各级生产管理人员对安全生产的认识，对安全生产的方针政策、法规和各项规定的理解与贯彻情况，全体职工是否牢固树立了“安全第一、预防为主、综合治理”的思想。如领导是否真正做到了关心职工的安全健康；现场有无违章指挥、违章作业；各有关部门及人员能否做到当生产、效益与安全发生矛盾时,把安全放在第一位。

(3) 查管理、查制度

安全检查是对生产经营单位安全管理的大检查。主要检查安全管理的各项具体工作的执行情况。

1) 安全组织管理体系

① 是否设立安全管理机构。查是否设立了专职安全管理机构、部门,并成立以党政领导为主的安委会,安委会是否定期召开安全会议对安全事宜做出反应与决定。生产经营单位的安全机构是否健全、分级是否合理,安全部门是否岗位明确、工作协调。

② 安全人员配备情况。是否按安全生产法律法规的要求,按生产经营单位在册职工人数的一定比例配备专职或兼职安全人员,并在关键装置、要害部位配有专职安全工程师。

2) 安全生产管理制度完善及执行情况

①安全生产责任制。各级领导、各个部门、各岗位的安全生产责任制是否健全;各级领导、各个部门能否认真履行安全生产责任制,并制定安全生产责任追究制度;各级领导的承包活动记录执行情况;基层班组的安全活动情况。

② 安全规章制度。包括制定安全生产管理、考核、奖惩等规定的情况;制定现场施工作业、危险源管理等安全规章制度的情况,安全制度在执行中能否得到不断细化、持续改进和及时完善等。

③ 岗位安全操作规程。是否制定了岗位安全操作规程并定期进行修订完善,岗位操作人员认真执行安全操作规程的情况。

④ 危险及特种作业审批程序。包括能否根据单位的生产实际,确定危险作业相关文件与记录,确定特种作业的审批记录,是否建立工业动火、临时用电、大型吊装等特殊作业的审批程序规定和管理台账。

⑤ 安全投入。是否按照国家规定和上级要求,保证了足额的安全投入。包括安全技术措施经费、隐患整改资金、劳动防护用品费用等。

3) 安全教育培训情况

① 职工安全教育。是否建立了职工安全教育培训制度并按规定开展了相应的教育培训,安全教育培训工作是否有计划、有落实、有考核、有档案。

② 特种作业人员持证上岗。是否做到了:特种作业人员持证率达100%,特种作业人员复审率达100%,并制定了相应的培训计划和考核制度。

③ 生产经营单位主要安全管理人员安全培训。对生产经营单位的主要安全负责人和安全管理人员是否制定了安全培训管理考核制度,并按制度制订了培训计划或已进行了培训。

④ 消防知识培训与演练。有无消防知识的培训制度、培训计划、培训记录以及消防演练计划、演练记录。

4) 应急预案及演练情况

① 应急预案制定。包括能否根据实际生产情况制订应急预案,并有不断改进与完善应急预案的制度,有应急预案的管理档案,有保障应急预案实施的程序。

② 应急预案演练。包括有无应急预案演练计划,并按应急预案定期演练,有演练记录、演练报告、演练效果分析。

③ 应急预案的完善。能否根据演练情况和生产情况的变化,不断改进应急预案。

(4) 查整改

对被检查单位上一次查出的问题，按其当时登记的项目、整改措施和期限进行复查。检查是否有：隐患整改措施，明确责任人员、责任部门；重大隐患的整改实施有计划、有控制、有记录；重大隐患整改计划资金到位并限期整改。检查是否进行了及时整改和整改的效果。如果没有整改或整改不力的，要重新提出要求，限期整改。

对查出的隐患不能立即整改的，要建立登记、整改、检查、销项制度，要制定整改计划，定人、定措施、定经费、定完成日期，在隐患没有消除前，必须采取可靠的防护措施，如有危及人身安全的紧急险情，应立即停止作业。

(5) 查事故管理

查事故管理主要是检查生产经营单位对工伤事故是否及时报告、认真调查、严肃处理；是否根据找出的原因，采取了有效措施，以防止类似事故重复发生。

1）事故上报，包括各类事故是否按规定及时上报。

2）事故调查，能否做到事故调查程序合法，事故调查及时，信息资料翔实、充分、完整，事故调查报告符合规范。

3）事故结案，事故处理结案后，公开宣布处理结果时，能否做到造成事故的原因清楚，责任划分明确，事故性质认定准确。

4）事故处理"四不放过"的落实情况，事故后是否查清了事故原因，落实了防范措施，教育了职工群众，处理了事故责任者。

在检查中，如发现未按"四不放过"原则的要求草率处理事故，要重新严肃处理。

5）事故统计分析，对事故进行统计、对比、分析，并提出相应对策的情况。

5.8.4.2　安全生产检查类型

(1) 定期安全生产检查

定期安全生产检查一般是通过有计划、有组织、有目的的形式来实现的。检查周期根据各单位实际情况确定，如次/年、次/季、次/月、次/周等。定期检查面广，有深度，能及时发现并解决问题。

(2) 经常性安全生产检查

经常性安全生产检查则是采取个别的、日常的巡视方式来实现的。在施工（生产）过程中进行经常性的预防检查，能及时发现隐患，及时消除，保证施工（生产）正常进行。

(3) 专业性安全生产检查

专业（项）安全生产检查是对某个专业（项）问题或在施工（生产）中存在的普遍性安全问题进行的单项定性或定量检查。

如对危险较大的在用设备、设施，作业场所环境条件的管理性或监督性定量检测检验则属专业（项）安全检查。专业（项）检查具有较强的针对性和专业要求，用于检查难度较大的项目。通过检查，发现潜在问题，研究整改对策，及时消除隐患，进行技术改造。

专业性安全生产检查是针对特殊作业、特殊设备、特殊场所进行的检查，这类设备和场所由于事故危险性大，如果发生事故，造成的后果极为严重。内容包括对物料提升机，脚手架，施工用电，塔吊，压力容器，尘、毒、易燃、易爆场所等的安全生产问题和普遍性安全问题进行单项专业检查。这类检查专业性强，参加专业安全生产检查组的人员应由技术负责人、专业技术人员、专项作业负责人参加。

(4) 季节性安全生产检查

季节性安全生产检查是针对施工所在地气候特点可能给施工带来危害而组织的安全生产

检查。

为了消除因季节变化而导致事故,必须进行季节性检查,根据季节变化的特点和存在的隐患或可能出现的问题,采取有效预防和纠正措施,如春季风大,应着重防火、防爆;夏季高温、多雨、多雷电,应抓好防暑降温、防汛、检查雷电保护设备;冬季着重防寒、防冻保温、防滑、防煤气中毒等。

(5) 节假日前后安全生产检查

由于节日前职工容易因考虑过节等因素而造成精力分散,因而应进行安全生产、防火保卫、文明生产等综合检查;节日后则要进行遵章守纪和安全生产的检查,以避免因放假后职工精力涣散、纪律松懈而导致安全事故。

(6) 自检、互检和交接安全生产检查

1) 自检。班组作业前、后对自身所处的环境和工作程序要进行安全生产检查,可随时消除不安全隐患。从业人员自我安全检查非常重要。每一次安全生产事故,直接受害最大的往往是一线的生产人员,因此必须对他们进行必要的安全教育培训,使每位员工都掌握所在岗位的安全检查知识和方法,正确的自检对预防和控制事故能发挥非常重要的作用。自我安全检查一般从以下 5 个方面着手。

① 工作区域的安全性,注意物料的堆放或储藏,装卸区域的大小,周围环境卫生,工序通道畅通,梯架台稳固,地面和工作台面平整。

② 使用材料的安全性,注意材料有无断裂、毛刺、毒性、污染或特殊要求。

③ 工具的安全性,注意是否齐全、清洁、有无损坏,有何特殊使用规定、操作方法等。

④ 设备的安全性,注意防护、保险、报警、信号装置及控制机构是否满足使用要求的完好程度。

⑤ 其他防护的安全性,注意通风、防暑降温、保暖情况,防护用品是否齐备和正确使用,衣服鞋袜及头发是否合适,有无消防和急救物品等措施。

2) 互检。班组之间开展的安全生产检查,可以做到互相监督,共同遵章守纪。

3) 交接检查。上道工序完毕,交给下道工序使用或操作前,应由工地负责人组织工长、安全员、班组长及其他有关人员参加,进行安全生产检查和验收,确认无安全隐患,达到合格要求后,方能交给下道工序使用或操作。

(7) 综合性安全生产检查

综合性安全生产检查一般是由主管部门对下属各企业或生产单位进行的全面综合性检查,必要时可组织进行系统的安全性评价。

5.8.4.3　检查方法

(1) 常规检查

常规检查是常见的一种检查方法。通常是由安全管理人员作为检查工作的主体,到作业场所的现场,通过感观或辅助一定的简单工具、仪表等,对作业人员的行为、作业场所的环境条件、生产设备设施等进行的定性检查。安全检查人员通过这一手段,及时发现现场存在的不安全隐患并采取措施予以消除,纠正施工人员的不安全行为。

常规检查完全依靠安全检查人员的经验和能力,检查的结果直接受安全检查人员个人素质的影响。因此,对安全检查人员个人素质的要求较高。

(2) 安全检查表法

为使检查工作更加规范,将个人的行为对检查结果的影响减少到最小,常采用安全检查表法。

安全检查表(SCL)是事先把系统加以剖析,列出各层次的不安全因素,确定检查项目,并把检查项目按系统的组成顺序编制成表,以便进行检查或评审,这种表就叫做安全检查表。安全检查表是进行安全检查,发现和查明各种危险和隐患,监督各项安全规章制度的实施,及时发现事故隐患并制止违章行为的一个有力工具。

安全检查表应列举需查明的所有可能会导致事故的不安全因素。每个检查表均需注明检查时间、检查者、直接负责人等,以便分清责任。安全检查表的设计应做到系统、全面,检查项目应明确。

编制安全检查表的主要依据是:

1) 有关标准、规程、规范及规定;

2) 国内外事故案例及本单位在安全管理及生产中的有关经验;

3) 通过系统分析,确定的危险部位及防范措施都是安全检查表的内容;

4) 新知识、新成果、新方法、新技术、新法规和新标准。

我国许多行业都编制并实施了适合行业特点的安全检查标准,如建筑、火电、机械、煤炭等行业都制定了适用于本行业的安全检查表。企业在实施安全检查工作时,根据行业颁布的安全检查标准,可以结合本单位情况制定更具可操作性的检查表。

(3) 仪器检查法

机器、设备内部的缺陷及作业环境条件的真实信息或定量数据,只能通过仪器检查法来进行定量化的检验与测量,才能发现不安全隐患,从而为后续整改提供信息。因此,必要时需要实施仪器检查。由于被检查的对象不同,检查所用的仪器和手段也不同。

5.8.4.4　检查工作程序

(1) 安全检查准备

1) 确定检查的对象、目的、任务;

2) 查阅、掌握有关法规、标准、规程的要求;

3) 了解检查对象的工艺流程、生产情况、可能出现危险、危害的情况;

4) 制定检查计划,安排检查内容、方法、步骤;

5) 编写安全检查表或检查提纲;

6) 准备必要的检测工具、仪器、书写表格或记录本;

7) 挑选和训练检查人员并进行必要的分工等。

(2) 安全检查实施

实施安全检查就是通过访谈、查阅文件和记录、现场观察、仪器测量的方式获取信息的过程。

1) 访谈。通过与有关人员谈话来查安全意识、查规章制度执行情况等。

2) 查阅文件和记录。检查设计文件、作业规程、安全措施、责任制度、操作规程等是否齐全,是否有效;查阅相应记录,判断上述文件是否被执行。

3) 现场观察。对作业现场的生产设备、安全防护设施、作业环境、人员操作等进行观察,寻找不安全因素、事故隐患、事故征兆等。

4) 仪器测量。利用一定的检测检验仪器设备,对在用的设施、设备、器材状况及作业环境条件等进行测量,以发现隐患。

(3) 通过分析作出判断

掌握情况(获得信息)之后,要进行分析、判断和验证。可凭经验、技能进行分析,作出判断,必要时需对所做判断进行验证,以保证得出正确结论。

(4) 及时作出决定进行处理

作出判断后,应针对存在的问题作出采取措施的决定,即提出隐患整改意见和要求,包括要求进行信息的反馈。

(5) 整改落实

存在隐患的单位必须按照检查组(人员)提出的隐患整改意见和要求落实整改。检查组(人员)对整改落实情况进行复查,获得整改效果的信息,以实现安全检查工作的闭环。

5.8.5　安全资料管理

5.8.5.1　安全管理资料

(1) 安全生产管理规章制度包括:

① 安全生产责任制。② 安全教育制度。③ 安全检查制度。④ 文明施工管理规定。⑤ 消防安全管理制度。⑥ 施工临时用电管理规定。⑦ 特种作业人员持证上岗制度。⑧ 班组安全活动制度。⑨ 工伤事故报告调查处理制度。⑩ 安全及文明施工管理奖罚规定。

(2) 安全保证体系、机构、人员名单。

(3) 各工种安全技术操作规程。

(4) 经济承包中安全生产指标(工程项目经营管理责任书)。

(5) 专职安全员、安全任命书。

(6) 施工组织设计及专项安全施工组织设计。

(7) 安全管理目标。

(8) 安全责任目标的分解。

(9) 安全责任目标考核制度、考核记录。

(10) 分部(分项)工程安全技术交底。

(11) 定期安全检查记录、安全隐患"三定"记录。

(12) 持证上岗人员名册及证件复印件。

(13) 现场安全标志、标语统计表。

(14) 违章处罚情况记录。

(15) 工伤事故档案。

(16) 安全日常教育、新工人入场三级教育记录。

(17) 新工人入场三级登记表。

(18) 新工人入场三级教育考试卷。

(19) 班前活动记录。

(20) 其他资料。

5.8.5.2　脚手架及"三宝、四口"、"五临边"管理资料

(1) 脚手架搭设方案。

(2) 脚手架计算书。

(3) 脚手架搭设安全交底记录。

(4) 高处作业安全防护设施(临边、洞口等)验收记录。

(5) "三宝"及安全网、扣件等的合格证。

(6) 其他资料。

5.8.5.3 高边坡、模板工程管理资料

(1) 边坡支护施工方案。

(2) 边坡施工临边防护措施。

(3) 边坡施工排水措施。

(4) 边坡施工防止临近建筑物危险沉降措施。

(5) 边坡支护变形观测记录及毗邻建筑物、重要管线和道路沉降观测记录。

(6) 模板工程施工方案。

(7) 现浇混凝土模板支撑系统计算书。

(8) 根据混凝土输送方法制定的针对性安全措施。

(9) 现浇混凝土模板支撑检查验收记录。

(10) 拆模申请批准表。

(11) 其他资料。

5.8.5.4 机械设备管理资料

(1) 机械设备管理人员及操作人员名单。

(2) 现场机械设备一览表。

(3) 大型设备安装、拆卸方案及安装队伍资格证。

(4) 机械设备安装、操作交底记录。

(5) 中、小型机械安装验收记录。

(6) 机械设备管理制度。

(7) 各种机械安全操作规程。

(8) 设备运转记录。

(9) 其他资料。

5.8.5.5 施工用电管理资料

(1) 临时用电施工组织设计或安全用电技术措施和电气防火措施。

(2) 临时用电安全技术交底。

(3) 临时用电工程检查验收表。

(4) 接地(重复接地、防雷)电阻值测定记录(每月测一次)。

(5)电工工作日记。

(6) 定期检(复)查表。

(7) 总配电箱、配电箱、开关箱管理责任分工表。

(8) 施工用电管理规定。

(9) 其他资料。

5.8.5.6 文明施工管理资料

(1) 文明施工领导小组人员名单。

(2) 治安保卫制度、措施、责任分解。

(3) 现场门前“五牌一图”[工程概况牌、管理人员名单及监督电话牌、消防保卫(防火责任)牌、安全生产牌、文明施工牌和施工现场平面图]设置内容及位置。

(4) 现场卫生责任制。

(5) 现场急救措施。

(6) 现场急救药品和急救器材登记表。

(7) 经培训的急救人员名单及证件。

(8) 防粉尘、防噪声措施。

(9) 防止泥浆、污水、废水外流或堵塞下水管道和排水管道措施。

(10) 宿舍消暑和防蚊虫叮咬措施。

(11) 施工不扰民措施。

(12) 炊事员名册及体检合格证。

(13) 食堂卫生许可证。

(14) 其他资料。

5.8.5.7 消防管理资料

(1) 消防领导小组名单。

(2) 三级防火责任人名单(公司、项目、班组)。

(3) 三级防火责任书。

(4) 消防年度计划、年终总结。

(5) 各种防火制度、措施。

(6) 工地重点防火部位及消防器材放置平面图。

(7) 消防器材登记表。

(8) 义务消防队人员名单。

(9) 工地动火申请表。

(10) 工地消防教育和演习记录。

(11) 工地消防检查、整改记录。

(12) 消防器材月检记录卡。

(13) 其他资料。

5.8.5.8 工会劳动保护管理资料

(1) 项目部劳动保护监督检查小组和班组劳动保护检查员名单。

(2) 年度劳动保护工作计划、检查、总结资料。

(3) 项目部、班组劳动保护委员会(小组)、检查员责任制。

(4) 工程现场工会劳动保护工作记录。

(5) 工程现场自我救护组织。

(6) 劳保用品发放登记表。

(7) 其他资料。

5.8.5.9 安全施工资料归档分类实例

序号	安全生产责任制	工　种	安全检查
1	项目部监督保证体系图	电　工	安全生产检查制度
2	项目经理安全生产责任制	焊　工	安全检查评分表
3	项目部各管理人员责任制	架子工	隐患整改及复查结果登记表
4	安全生产责任制考核制度	塔吊(电梯)司机	隐患整改通知单

续上表

序号	安全生产责任制	工　种	安全检查
5	责任目标考核制度	吊装(司索)工	隐患整改反馈表
6	项目部安全责任书	机械工	安全检查工作FI志
7	目标分解系统图	场内机动车驾驶员	施工现场违章违纪处理登记表
8	目标管理实施计划	木　工	分部安全技术交底
9	安全生产责任制考核记录	钢筋工	
10	责任目标考核记录	瓦　工	
11		抹灰工	
12		油　工	
13		其他工种	
序号	安全培训教育	综合管理	文明施工
1	安全培训教育制度	施工组织设计	施工现场总平面图
2	班前安全活动制度	安全防护用品及机械设备管理制度	文明施工管理制度
3	项目管理人员教育登记表	安全标志牌管理制度	区域环境保护措施
4	生产作业人员教育登记表	安全例会制度	食堂卫生保证措施
5	管理人员安全上岗证复印件	工伤事故报告制度	宿舍卫生保证措施
6	项目三级安全教育记录	安全资格证书	消防安全措施
7	各工种安全培训记录	公司与项目责任承包合同	治安保卫措施
8	班前安全活动记录	安全例会记录	文明施工达标检查记录
9	安全培训教育考核试卷	每月安全总结	消防安全专项检查表
10		伤亡事故登记表	动火作业申请表
11		职工伤亡事故月(年)报表	动火监护记录
12		安全标志分布图	
13		安全标志牌登记表	
序号	脚　手　架	基坑支护工程	模板工程
1	脚手架施工方案	基坑支护施工方案	模板工程施工方案
2	脚手架施工安全技术交底	基坑支护安全技术交底	模板工程安全技术交底
3	脚手架验收表	基坑支护验收表	模板工程验收表
d	脚手架检查记录	基坑支护检查记录	模板工程检查记录
5	架子作业人员登记表	其　他	模板工程拆除申请表
6	架子作业人员操作证复印件		其　他
7	安全网产品登记表		
8	其　他		

续上表

序号	三 宝 四 口	施 工 用 电	物料提升机与外用电梯
1	“四口”、临边防护施工方案	施工用电管理制度	物料提升机安装(拆除)施工方案
2	“四口”、临边防护安全交底	施工用电施工组织设计	施工方案
3	安全网支挂验收表	施工用电施工组织补充设计	物料提升机技术交底
4	“四口”及临边防护验收表	施工用电安全技术交底	物料提升机进场验收表
5	“三宝”、“四口”安全检查记录	施工用电线路系统验收表	物料提升机安装验收表
6	“三宝”产品登记表	电气设备安装验收表	物料提升机检查记录
7	其　他	电气线路系统及设备检查记录	物料提升机作业人员登记表
8		接地电阻测试记录	物料提升机作业人员操作证复印件
9		漏电保护器测试记录	物料提升机产品登记表
10		电工日巡查维修记录	其　他
11		电工作业人员登记表	
12		电工作业人员上岗证复印件	
13		其　他	
序号	塔式起重机	施工机具	隧道监控、地质预报资料
1	塔式起重机安装(拆除)施工方案	施工机具安全技术交底	现场监控量测、地质预报计划
2	安装塔式起重机安全技术交底	施工机具进场验收记录	实际测点、预报位置布置图
3	塔式起重机安装调试记录	施工机具(设备)安装验收表	位移—时间曲线图、空间关系曲线图以及量测记录汇总表、地质预报成果图
4	塔式起重机基础验收表	施工机具检查记录	变更设计和改变施工方法地段的信息反馈记录
5	塔式起重机安装验收表	机具等作业人员登记表	现场监控量测、地质预报说明
6	塔式起重机顶升锚同验收表	机具等作业人员操作证复印件	
7	塔式起重机检查记录	施工机具产品登记表	
8	司机司索等作业人员登记表	其　他	
9	司机司索等作业人员操作证复印件		
10	塔式起重机产品登记表		
11	其　他		

5.8.6　安全文化建设

5.8.6.1　安全文化建设的必要性

人类对安全、健康、舒适、高效的追求已成为全球性大趋势，使安全文化成为一种全社会大安全追寻目标的象征。诸如"核安全文化"、"全球预防文化"、"环境保护文化"、"质量控制文化"等安全文化的具体内容，反映了人类对安全问题的重视程度不断在加强。但在创建安全文化氛围的过程中，有关社会各界的责任仍很再大。

分析及调查结果表明，引发事故的原因60%～70%是由于"三违"所致，基本原因在于职工和大众的安全文化素质低，缺乏基础安全知识和自救能力，不懂得安全技能和安全法规制度，安全行为不规范。

安全文化是一个系统工程，需要科学的思维和安全意识，来规范社会各界的心理及行为安全；需要树立正确的安全价值观和安全行为规范，加强安全培训教育和管理，尤其对下一代要不停地注入时代安全内容，尽快建立以适应国际安全形式的超前规划和行动，使安全文化深入人心。

5.8.5.2　安全文化概念

安全文化是指在人类发展的历程中，在其生产、生活、生存及科学实践的一切领域内，为保障人类身心安全与健康，并使其能安全、舒适、高效从事一切活动；为预防、避免、控制和消除意外事故和灾害；为建造安全可靠、和谐无害的环境和匹配运行的安全体系；为使人类康乐、长寿及世界和平而创造的物质财富和精神财富的总和。

安全文化是文化的重要组成部分，又分为物质安全文化和精神安全文化。多数学者认为，安全文化可分为四个层次（领域），即器物层（物质安全文化）、制度层（制度安全文化）、精神智能层（精神安全文化）、价值规范层（安全的价值观及行为规范文化）。

安全文化是全人类共创的宝贵财富，它渗透在人类活动的一切领域，并与相关文化分支进行交融。人类的安全与质量、环境、减灾、交通、消防、节能、风险、保健等文化领域有着血肉关系。自然派生出与保护人民身心安全与健康的相关安全文化。例如：质量安全文化、环境安全文化、减灾安全文化、交通安全文化、消防安全文化、节能安全文化、保险安全文化、保健安全文化等，它们的交叉和繁荣，直接关系到大众身心安全、社会稳定和国民经济建设的持续发展。

文化管理是20世纪80年代初，组织文化特别是企业文化的理论进一步系统化的结果。这既是行为科学的继续发展，又预示着一种新管理学派的诞生，同时宣告了一个崭新的管理阶段即文化管理时代的来临。在文化管理时代，组织文化是整个管理的关键一环。文化管理强调"以人为中心进行管理"，管理的重点由人的行为层次上升为人的观念层次，用群体价值观去影响和激励组织成员积极工作，发挥出高度的劳动热情和首创精神，从而形成配合默契的团队，这是竞争力、内聚力和组织活动力的真正源泉。如此，便可以将安全文化视为一种文化管理，它关注的是人们的安全观念和群体决策，增强人们的自主保安能力及自主管理的自觉性，达到预防事故的目的。

5.8.6.3　企业安全文化

（1）企业安全文化概念

企业安全文化是企业在长期安全生产和经营活动中，逐步形成或有意识塑造并为职工接受并遵循的、具有企业特色的安全观念和意识、安全作风和态度、安全管理机制及行为规范；企业的安全生产奋斗目标、安全进取精神；为保护职工身心安全与健康而创造的安全而舒适的生产和生活环境、防灾避难应急的安全设备和措施；树立以人为本、安全第一，珍惜生命、善待人生的全员的安全人生观、安全的价值观、安全的审美观、安全的心理素质和企业安全风貌、习俗等，所有企业安全物质财富和安全精神财富之总和。

企业安全文化是企业文化和安全文化的重要分支，包括保护职工在生产经营活动中的身心安全与健康，即无害、无伤、无亡的物质条件和作业环境，也包括职工对安全的意识、信念、价值观、经营思想、伦理道德、行为规范等安全的精神因素。安全文化建设实现了人的生命价值的制约机制、实现了生产的社会价值及经济效益统一的动力机制、建立起完善的企业安全生产的经营机制和管理体制，保护员工的身心安全与健康，珍惜员工的生命，实现人的自身价值和奋斗目标。

(2) 企业安全文化建设途径

人类最基本的需求是生存与安全。在延续生命、防灾避难、抵御敌害的过程中，逐渐形成了安全文化，并不断创造、发展和繁荣。安全文化需要借助载体传播，世代继承、吸收、优化、发展和创新才能建成安全文化的殿堂。安全文化是一种伴随社会文明、人类进步而势不可挡的文明洪流，是通过社会遗传，代代相承，并不断注入安全物质及精神的安全文化立场。经济基础、国家制度不同，安全文化建设的特点也不同。当今中国安全文化建设的特点就是大众安全、国泰民安、平安奔小康、全民都富裕。必须全民投入，全社会开展，自愿、自觉的采取安全文化达标行动，长期不懈的培育、养成和自律才行。

安全文化建设必须在器物、制度、精神、价值与规范的四个层次上投入，有计划的传播、吸收、优化和发展，而最重要的载体和手段就是通过安全文化的宣传和教育。一切宣传教育的形式和方法均可借用。如：电视、广播、培训、科普、文艺、知识竞赛、歌舞戏曲、安全自护教育、公民安全知识及安全技术教育等，形式多样，方法各异。大众喜闻乐见的方法，寓教于情、寓教于乐，突出："安全为天"、"安全第一，预防为主"、"珍惜生命"、"尊重人、关心人、爱护人"、"安全奔小康"，提倡一个"爱"字，落实一个"护"字。只有人民大众的安全文化素质不断提高，才会有安全文化建设的硕果。

(3) 企业安全文化建设特点

1) 从安全原理的角度，在"人因"问题认识上，现代安全文化对人的安全素质具有更深刻的认识，即从知识、技能和意识等扩展到思想、观念、态度、品德、伦理、情感等更为基本的素质侧面。

2) 安全文化建设要解决人的基本素质，这必然要对全社会和全民的参与提出要求。因为人的深层的、基本的安全素质需要从小培养，全民的安全素质需要全社会的努力，实施人类安全对策，实现人类生产、生活、生存的安全目标，必须是全社会、全民族的发动和参与。因此，现代安全文化建设需要大安全观的思想。

3) 安全文化建设包含安全科学建设、发展安全教育、强化安全宣传、提倡科学管理、建设安全法制等精神文化领域，同时也涉及优化安全工程技术、提高本质安全化等物质文化方面。因此，安全文化建设对人类的安全手段和对策具有系统性意义。

(4) 企业安全文化建设方式

1) 班组及职工的安全文化建设

运用传统有效的安全文化建设手段：三级教育、特殊教育、日常教育、全员教育、持证上岗、班前安全活动、标准化岗位和班组建设、技能演练、三不伤害活动、定置管理。

推行现代的安全文化建设手段："三群"(群策、群力、群管)对策、班组建小家活动、"绿色工位"建设、事故判定技术、危险预知活动、风险抵押制、家属安全教育、"仿真"(应急)演习等。

2) 管理层及决策者的安全文化建设

运用传统有效的安全文化建设手段：全面安全管理、五同时、三同步、监督制、定期检查制、有效的行政管理手段、常规的经济手段。

推行现代的安全文化建设手段:三同步原则、三负责制、意识及管理素质教育、目标管理法、无隐患管理法、系统科学管理、人—机—环境设计、系统安全评价、应急预案对策、事故保险对策、三因(人、物、境)安全检查等。

3) 现场的安全文化建设

运用传统的安全文化建设手段:安全标语(旗)、安全标志(禁止标志、警告标志、指令标志)、事故警示牌等。

推行现代的安全文化建设手段:技术及工艺的本质安全化、现场"三标"建设、作业挂牌、三防管理(尘、毒、烟)、三点控制(事故多发点、危险点、危害点)等。

4) 企业人文环境的安全文化建设

运用传统的安全文化建设手段:安全宣传墙报、安全生产周(日、月)、安全竞赛活动、安全演讲、幽默、事故报告会等。

推行现代的安全文化建设手段:安全文艺(晚会、电影、电视)活动、安全文化月(周、日)、事故祭日、安全贺年(个人)活动、安全宣传的"三个一工程"(一场晚会、一幅新标语、一块墒报)、青年职工的"六个一工程"(查一个事故隐患、提一条安全建议、创一条安全警语、讲一件事故教训、当一周安全监督员、献一笔安措经费)等。

上述的安全文化建设实践模式还可采取定期或非定期的活动方式来组织,如通过定期的安全宣传月、安全文化(文艺)月、安全教育月、安全管理(法制)月、安全竞赛月、安全科技月、安全演习月、安全检查月、安全报告月、安全评价(总结)月等方式来完成。

5.9 风险干预的安全技术措施

安全技术措施主要是通过完善设计方案、改善生产工艺、改进生产设备以及为其增设安全防护装置来实现的。安全技术对策是以工程技术手段解决安全问题,预防事故的发生及减少事故造成的伤害和损失,是预防和控制事故的最佳安全措施。

5.9.1 安全技术措施的种类及其优先次序

安全技术是以工程技术手段解决生产中出现的不安全问题,并预防事故的发生及减少事故造成的伤害或损失。因此,安全技术措施可以划分为两大类:分别是预防事故发生的安全技术措施以及避免或减少事故损失的安全技术措施。首先应该着眼于前者,做到防患于未然。另一方面,一旦发生了事故,应努力防止事故扩大或引起其他事故,把事故造成的损失限制在尽可能小的范围之内。在实践中,应同时采用两类安全技术措施,这也是贯彻安全生产方针的具体体现。

一般而言,预防事故发生的安全技术措施,可按下面的优先次序选择:① 根除危险因素;② 限制或减少危险因素;③ 隔离、屏蔽或联锁;④ 故障安全措施;⑤ 减少故障;⑥ 警告。

其中前两项应优先考虑,因为根除或控制危险因素有利于实现或接近系统的"本质安全化"。当然,在实际工作中,针对生产工艺或设备的具体情况,还要考虑生产效率、成本及可行性等问题,应该综合地加以考虑,不能一概而论。预防事故发生的安全技术措施的具体内容详见 5.9.2 节。

选取避免或减少事故损失的安全技术措施的优先次序为:① 隔离和屏蔽;② 个体防护;③ 接受少的损失;④ 避难和救生设备;⑤ 援救。

减少事故损失的安全技术措施的具体内容详见5.9.3节。

5.9.2 预防事故发生的安全技术措施

5.9.2.1 根除和限制危险因素

根除和限制生产工艺过程或设备中的危险因素,就可实现系统的本质安全化。可以通过选择恰当的设计方案、工艺过程和合适的原材料来彻底消除危险因素。例如:① 用不燃性材料代替可燃性材料,以防止发生火灾;② 用压气系统或液压系统代替电力系统,以防止电气事故;③ 用液压系统代替压气系统,可以避免受压容器、管路破裂造成冲击波;④ 道路立体交叉以防止撞车;⑤ 去除物品的毛刺、尖角或粗糙、破裂的表面,可以防止割、擦、刺伤皮肤等。

在许多情况下,危险因素不能被根除或很难被根除。这时应该设法限制它,使它不能造成伤害或损坏。例如:① 在必须利用电力时,采用低电压;② 利用金属喷层或导电涂层限制蓄积的静电,以预防静电引起的爆炸;③ 利用液位控制装置,防止液位过高;④ 限制可燃性气体含量,使其达不到爆炸极限等。

为了根除和限制危险因素,首先必须识别危险因素,评价其危险性,然后才能有效地采取措施。另外必须注意,有时采取的安全技术可以根除或限制一种危险因素,却又带来另外一种危险因素。例如,利用低电压可以防止触电,但是如果用电池供电的话,电池有爆炸危险。

5.9.2.2 隔离与屏蔽

隔离是经常被采用的安全技术措施。一般的,一旦判明有危险因素存在,就应该设法把它隔离起来。

预防事故发生的隔离措施包括分离和屏蔽两种。前者是指空间上的分离;后者是指应用物理的屏蔽措施进行隔离,它比空间上的分离更可靠,因而最为常见。

利用隔离措施可以把不能共存的物质分开以防止事故。例如,把燃烧三要素中的任何一种要素与其余的分开,就以防止火灾。

对人有害的一些物质必须被隔离起来。对于机械的转动部分、热表面、冲头或电力设备安设防护装置,将其封闭起来,防止人接触危险部位,是广泛被采用的隔离措施。

常见的隔离措施有:① 利用各种隔热屏蔽把人或物与热源隔离;② 封闭电器的接头,防止潮湿和其他有害物质影响;③ 利用防护罩、防护网防止外界物质进入,以免受到污染或卡住重要的控制器,堵塞孔口或阀门;④ 电焊作业时使用电焊镜防止电弧光线,戴防尘、防毒口罩防止吸入有害物质等;⑤ 在放射线设备上安装防护屏,抑制辐射;⑥ 利用防护门、防护栅把人与危险区域隔开;⑦ 把带油的擦布装进金属容器内,防止接触空气发生自燃;⑧ 利用限位器防止机械部位运动范围等。

5.9.2.3 故障—安全设计

在系统、设备的一部分发生故障或破坏的情况下,在一定时间内也能保证系统、设备安全的安全技术措施称为故障—安全设计(fail-safe)。一般来说,通过精心的技术设计,使得系统、设备发生故障时处于低能量状态,便能防止能量意外释放。例如,电气系统中的熔断器就是典型的故障—安全设计。当系统过负荷时熔断器熔断切断电路,从而保证安全。

采用故障—安全设计的基本原则是,首先要保证故障发生后人员的安全,其次是保护环境,然后是保护设备,最后是考虑防止系统或设备机能的降低。

5.9.2.4 减少故障

机械、设备故障在事故致因中占有重要位置。虽然利用故障安全设计可以保证发生故障时也不至于引起事故，但是故障却使设备系统或生产停顿或降低效率。另外，故障—安全机构本身发生故障会使其失去效用而不能预防事故的发生。因此，应努力使故障最少。一般而言，减少故障可以通过3条技术途径实现，即安全监控系统、安全系数和增加可靠性。

(1) 安全监控系统

在生产过程中，利用安全监控系统对某些参数进行监测，以控制这些参数不达到危险水平而避免事故。监测只是发现问题，要解决问题则必须把监测与警告或其他安全防护措施结合起来。通过警告把信息传达给操作者，以便让他们采取恰当的措施。

(2) 安全系数

最早的减少故障的方法是在设计中采用安全系数，安全系数的基本思想是把结构、部件的强度设计得超出其必须承受的应力的若干倍。这样就可以减少因设计计算错误、未知因素、制造缺陷及劣化等因素造成的故障。安全系数即结构、部件的最小强度与所承受的最大应力之比。因此，可以通过减少承受的应力、增加强度等办法来增加安全系数。

(3) 提高可靠性

所谓可靠性，即元件(如系统、设备、部件等)在规定的条件下和预定的时间内完成规定功能的能力。提高可靠性可以减少故障。在可靠性工程中可以采用许多方法来减少故障。

5.9.2.5 警　告

在生产操作过程中，人们需要经常注意到危险因素的存在以及一些必须注意的问题。警告是提醒人们注意的主要方法。

提醒人们注意的各种信息都是经过人的感官传达到大脑的。因此，可以通过人的各种感官实现警告。根据利用的感官不同，警告分为视觉警告、听觉警告、气味警告、触觉警告及味觉警告等。

(1) 视觉警告

视觉是人们感知外界的主要器官，视觉警告是最广泛被应用的警告方式。视觉警告的种类很多，常用的有下面几种。

1) 亮度，让有危险因素的地方比没有危险因素的地方更明亮，以便注意力集中在有危险的地方。明亮的变电所可以明示那里有危险。障碍物上的灯光可防止行人、车辆撞到障碍物上。

2) 颜色，明亮、鲜明的颜色很容易引起人们的注意。设备、车辆、构筑物等涂上黄色或橘黄色，很容易与周围环境相区别。在有危险的生产区域，以特殊的颜色与其他区域相区别，防止人员误入。

3) 信号灯，经常用信号灯来表示一定的意义，也常用来提醒人们危险的存在。一般的，信号灯的颜色含义如下：① 红色表示有危险，发生了故障或失误，应立即停止；② 黄色表示危险即将出现的临界状态，应注意，缓慢进行；③ 绿色表示安全、满意的状态；④ 蓝色表示正常。

4) 旗，利用旗做警告已有很长的历史。可以把旗固定在旗杆上或绳子上、电缆上等。如爆破作业时挂上红旗以防止人员进入。在开关上挂上小旗，表示正在修理或因其他原因不能合开关。

5) 标记，在设备上或有危险的地方可以贴上标记以示警告。如指出高压危险、速度或温度限制等，提醒人们危险因素的存在或需要穿戴防护用品等。

6) 标志，利用事先规定了含义的符号标志警告危险因素的存在或应采取的措施。如道路急转弯处的标志、交叉道口标志等。国标 GB 2894—1996 规定，安全标志(由安全色、几何图形和图形符号构成,用以表达特定的安全信息)分为禁止标志、警告标志、指令标志及提示标志四类。

7) 书面警告,在操作、维修规程、指令、手册及检查表中写进警告及注意事项,警告人们存在着危险因素,提示特别需要注意的事项及应采取的行动,提示应佩戴的劳动保护器具等。

(2) 听觉警告

在有些情况下,只有视觉警告不足以引起人们的注意。例如,当人们非常繁忙时,即便视觉警告离得很近也顾不上看,人们也可能转移到看不见视觉警告的地方去工作等。尽管有时明亮的视觉信号可以在远处就被发现,但是设计在听觉范围内的听觉警告更能唤起人们的注意。常用的听觉警报器有喇叭、电铃、蜂鸣器或闹钟等。

(3) 气味警告

可以利用一些带特殊气味的气体进行警告。气体可以在空气中迅速传播,使人们感受到危险的来临。人对气味能迅速地产生过敏作用,因而用气味作警告有时间限制。只有在没有产生过敏作用之前的较短期间内可以利用气味作警告。

(4) 触觉警告

振动是一种主要的触觉警告。国外交通设施中广泛采用振动警告的方式,突起的路标使汽车振动,即使瞌睡的司机也会惊醒,从而避免危险。温度是触觉警告的另一种。

工业安全技术中很少利用味觉做警告。

5.9.3　避免和减少事故损失的安全技术措施

事故发生后如果不能迅速控制局面,则事故规模可能进一步扩大,甚至引起二次事故,释放出大量的能量。因此,在事故发生前就应考虑到采取避免或减少事故损失的技术措施。避免或减少事故损失的安全技术包括隔离、个体防护、接受微小损失、避难与救护等技术措施。

5.9.3.1　隔　　离

隔离除了作为一种预防事故发生的技术措施被广泛应用外,也是一种在能量剧烈释放时减少损失的有效措施。这里的隔离措施分为缓冲、远离和封闭措施三种。

(1) 远离

把可能发生事故、释放出大量能量或危险物质的工艺、设备或设施布置在远离人群或被保护物的地方。例如,把爆破材料的加工制造、储存安排在远离居民区和建筑物的地方;爆破材料之间保持一定距离;矿山重要建筑物布置在地表移动带之外等。

(2) 封闭

利用封闭措施可以控制事故造成的危险局面,限制事故的影响。封闭措施主要应用于下述目的:① 控制事故造成的危险局面。利用防火带可以限制火灾的蔓延;在火源的周围喷水,防止引燃附近的可燃物和烤坏附近的东西。② 限制事故的影响,避免破坏和伤亡。防火密闭可以防止火灾时有毒、有害气体的蔓延;公路两侧的围栏用于防止失控的汽车冲到公路两侧的沟渠去。③ 为人员提供保护,有些情况下,把某一区域作为安全区,人员在这里得到保护。矿井里的避难硐室就是一个例子。④ 为物资、设备提供保护,在漏水或洪水泛滥时,把重要材料放入防水箱中防止受浸泡。

(3) 缓冲

缓冲可以吸收能量、减轻能量的破坏作用。例如,矿工戴的安全帽可以吸收冲击能量,防止人员头部受伤。

5.9.3.2 个体防护

利用劳动防护用品实施个体防护是保护职工安全与健康所采取的必不可少的辅助措施，在某种意义上，个体防护是劳动者防止职业毒害和伤害的最后一项有效措施。在劳动条件差、危害程度高或防护措施起不到防护作用的情况下(如在抢修或检修设备、野外露天作业、生产工艺落后以及设备老化等)，劳动防护用品可能成为保护劳动者免受伤害的主要措施。

劳动防护用品在生产劳动过程中，是必不可少的生产性装备，因此用人单位必须按照《中华人民共和国劳动法》和《中华人民共和国安全生产法》等国家法规的有关规定提供必须的劳动防护用品而不得任意削减，劳动者要按照劳动防护用品使用规则和防护要求正确使用劳动防护用品。

(1) 劳动防护用品的分类

1) 按劳动防护用品防护性能分类，将劳动防护用品分为特种劳动防护用品和一般劳动防护用品。特种劳动防护用品分为6大类21小类。

① 头部护具类：安全帽；② 呼吸护具类：防尘口罩，过滤式防毒面具，自给式空气呼吸器，长管面具；③ 眼(面)护具类：焊接眼(面)护具，防冲击眼护具；④ 防护服类：阻燃防护服，防酸工作服，防静电工作服；⑤ 防护鞋类：保护足趾安全鞋，防静电鞋、导电鞋，防刺穿鞋，脚面防砸安全靴，电绝缘鞋，耐酸碱皮鞋，耐酸碱胶靴，耐酸碱塑料模压靴；⑥ 防坠落护具类：安全带，安全网，密目式安全立网。

2) 按劳动防护用品防护部位分类

① 头部防护用品。为防御头部不受外来物体打击和其他因素危害配备的个人防护装备，如一般防护帽、防尘帽、防水帽、安全帽、防寒帽、防静电帽、防高温帽、防电磁辐射帽、防昆虫帽等。

② 呼吸器官防护用品。为防御有害气体、蒸气、粉尘、烟、雾由呼吸道吸入，直接向使用者供氧或清净空气，保证尘、毒污染或缺氧环境中作业人员正常呼吸的防护用具，如防尘口罩(面具)、防毒口罩(面具)等。

③ 眼面部防护用品。预防烟雾、尘粒、金属火花和飞屑、热、电磁辐射、激光、化学飞溅物等伤害眼睛或面部的个人防护用品，如焊接护目镜和面罩、炉窑护目镜和面罩以及防冲击眼护具等。

④ 听觉器官防护用品。能够防止过量的声能侵入外耳道，使人耳避免噪声的过度刺激，减少听力损失，预防由噪声对人身引起的不良影响的个体防护用品，如耳塞、耳罩、防噪声头盔等。

⑤ 手部防护用品。保护手和手臂，供作业者劳动时戴用的劳动防护手套，如一般防护手套、防水手套、防寒手套、防毒手套、防静电手套、防高温手套、防X射线手套、耐酸碱手套、防油手套、防振手套、防切割手套、绝缘手套等。

⑥ 足部防护用品。防止生产过程中有害物质和能量损伤劳动者足部的护具，通常称为劳动防护鞋，如防刺穿鞋、防伞鞋、防水鞋、防寒鞋、防静电鞋、防高温鞋、耐酸碱鞋、防滑鞋、电绝缘鞋、防振鞋等。

⑦ 躯干防护用品。躯干防护用品主要包括各类防护服，如一般防护服、防水工作服、防寒工作服、防砸背心、防毒工作服、阻燃防护服、防静电工作服、防高温工作服、防电磁辐射工作服、耐酸碱工作服、防油工作服、水上救生衣、防昆虫工作服、防风沙工作服等。

⑧ 护肤用品。指用于防止皮肤(主要是面、手等外露部分)免受化学、物理等因素的危害

的用品，如防毒、防腐、防射线、防油漆的护肤品等。

(2) 劳动防护用品的选用原则

① 根据国家标准、行业标准或地方标准选用。

② 根据生产作业环境、劳动强度以及生产岗位接触有害因素的存在形式、性质、浓度(或强度)和防护用品的防护性能进行选用。

③ 要选用有“三证一书”的用品，即生产许可、产品合格证、安伞鉴定证和产品说明书。

④ 穿戴要舒适方便，小影响工作。

(3) 劳动防护用品的发放要求

① 用人单位应根据工作场所中的职业危害因素及其危害程度，按照法律、法规、标准的规定，为从业人员免费提供符合国家规定的护品。不得以货币或其他物品替代应当配备的护品。

② 用人单位应到定点经营单位或生产企业购买特种劳动防护用品。特种劳动防护用品必须具有“三证”和“一标志”，即生产许可证、产品合格证、安全鉴定汪和安全标志。购买的特种劳动防护用品须经本单位安全管理部门验收，并应按照特种劳动防护用品的使用要求，在使用前对其防护功能进行必要的检查。

③ 用人单位应教育从业人员，按照护品的使用规则和防护要求正确使用护品，使职工做到“三会”:会检查护品的可靠性，会正确使用护品，会正确维护保养护品。用人单位应定期进行监督检查。

④ 用人单位应按照产品说明书的要求，及时更换、报废过期和失效的护品。

⑤ 用人单位应建立健全护品的购买、验收、保管、发放、使用、更换、报废等管理制度和使用档案，并进行必要的监督检查。

(4) 劳动防护用品的正确使用方法

① 劳动防护用品使用前应首先做一次外观检查。检查的目的是确认防护用品对危险害因素防护效能的程度。检查的内容包括外观有无缺陷或损坏、各部件组装是否严密、启动是否灵活等。

② 劳动防护用品的使用必须在其性能范围内，不得超极限使用；不得使用未经国家指定、未经监测部门认可(国家标准)和检测还达不到标准的产品；不得使用无安全标志的特种劳动防护用品；不能随便代替，更不能以次充好。

③ 严格按照使用说明书正确使用劳动防护用品。

5.9.3.3　接受微小损失

由于系统超负荷、或运转部件超过其规定限度，或者设备电气线路中电流增大等原因均会致使某些部位有可能出现危险，如不及时处理，就有可能引起全系统出现更大的危险如系统完全瘫痪或被破坏。所以在设计时，应用接受微小损失的原则，采用薄弱环节控制的技术手段，即在系统相应的某些部位有意识地设计薄弱环节(如防爆片、保险丝)，这些薄弱环节可以是机械强度较差或厚度较薄而容易断裂。

当系统出现超负荷等异常时，薄弱环节被破坏，能量在系统的薄弱部分释放，使整个系统或系统的某个部分停止运转，从而防止事故殃及整个系统及人身安全，以达到防护的目的。虽然薄弱部分被破坏了，但损失很小，却避免了大的损失及更严重的事故。譬如，当锅炉里的水降低到一定水平时，易熔塞温度升高并熔化，蒸汽泄放而降低锅炉内的压力，避免爆炸；在有爆炸危险的厂房设置泄压窗，周围设置易碎墙，当发生意外爆炸时保护主要建筑物不受破坏；电路中的熔断器、驱动设备上的安全连接棒等都可减少事故损失等。

5.9.3.4　避难与援救

事故发生后，应及时采取应急措施控制事态的发展。但是，当判明事态已经发展到不可控制的地步时，应迅速避难和撤离危险区。

一般来说，在厂区布置、建筑物设计及交通设施设计中，要充分考虑事故一日发生时的避难和救援问题。譬如，通过隔离措施来保护人员，如防火避难硐室等；人员能迅速撤离危险区；即使危险区域里的人员不能逃脱，也应能够被救援人员搭救。

为了在一旦发生事故时，人员能够迅速逃离事故现场，事前应该做好应急计划，并且平时应进行应急救援演练，这部分内容有专门论述。下面介绍隧道施工过程中的相关安全技术措施。

第6章 隧道施工安全风险事故管理技术

任何生产活动中都有可能发生事故，一旦发生重大事故，往往造成惨重的生命、财产损失和环境破坏。由于自然或人为、技术等原因，当事故或灾害不可能完全避免的时候，建立重大事故应急救援体系，组织及时有效的应急救援行动，已成为抵御事故风险或控制灾害蔓延、降低危害后果的关键甚至是唯一手段。

安全事故发生后，地方与企业应急管理相关部门要组织对安全事故起因及责任的调查，并对事故灾难的伤亡者进行善后处置，争取早日实现恢复正常生产秩序。这些活动包括人员安置、物资补偿，生产恢复，污染物收集与清理，事故责任追究与处理等事宜。其目标是尽快消除事故的不良后果和影响，妥善安置受害及受影响人员，确保社会稳定，尽快恢复生产经营的正常秩序。

6.1 事故应急救援体系

事故应急救援是人类主动应对突发事故灾难的重要活动，体现了社会是事故受害者积极的救助。安全事故应急救援就是通过一个规范化的应急救援组织体系，在专业的应急救援预案的指导下，运用信息通信技术和各类安全事故应急处置技术，对遭受安全事故灾害的单位和个人实施紧急救助，使其生命及财产安全得到充分保障的救援活动及相应的管理体制和机制的总称。

如何使突发的、具有重大危险性的安全事故能得到及时有效的应对和处置，有赖于能否建立一个完善的应急救援系统。为此建立结构合理，运行高效的安全事故应急救援系统就成为应急管理工作中的一项重要而紧迫的任务。

6.1.1 事故应急救援的基本任务和特点

6.1.1.1 事故应急救援的基本任务

事故应急救援的总目标是通过有效的应急救援行动，尽可能地降低事故的后果，包括人员伤亡、财产损失和环境破坏等。事故应急救援的基本任务包括下述几个方面：

(1) 立即组织营救受害人员，组织撤离或者采取其他措施保护危害区域内的其他人员。抢救受害人员是应急救援的首要任务。在应急救援行动中，快速、有序、有效地实施现场急救与安全转送伤员，是降低伤亡率、减少事故损失的关键。由于重大事故发生突然、扩散迅速、涉及范围广、危害大，应及时指导和组织群众采取各种措施进行自身防护，必要时迅速撤离出危险区或可能受到危害的区域。在撤离过程中，应积极组织群众开展自救和互救工作。

(2) 迅速控制事态，并对事故造成的危害进行检测、监测，测定事故的危害区域、危害性质及危害程度。及时控制住造成事故的危险源是应急救援工作的重要任务。只有及时地控制住危险源，防止事故的继续扩展，才能及时有效地进行救援。特别对发生在城市或人口稠密地区的化学事故，应尽快组织工程抢险队与事故单位技术人员一起及时控制事故继续扩展。

(3) 消除危害后果,做好现场恢复。针对事故对人体、动植物、土壤、空气等造成的现实危害和可能的危害,迅速采取封闭、隔离、洗消、监测等措施,防止对人的继续危害和对环境的污染。及时清理废墟和恢复基本设施,将事故现场恢复至相对稳定的状态。

(4) 查清事故原因,评估危害程度。事故发生后应及时调查事故的发生原因和事故性质,评估出事故的危害范围和危险程度,查明人员伤亡情况,做好事故原因调查,并总结救援工作中的经验和教训。

6.1.1.2 事故应急救援的特点

应急工作涉及技术事故、自然灾害(引发)、城市生命线、重大工程、公共活动场所、公共交通、公共卫生和人为突发事件等多个公共安全领域,构成一个复杂巨系统,具有不确定性、突发性、复杂性和后果、影响易猝变、激化、放大的特点。

(1) 不确定性和突发性

不确定性和突发性是各类公共安全事故、灾害与事件的共同特征,大部分事故都是突然爆发,爆发前基本没有明显征兆,而且一旦发生,发展蔓延迅速,甚至失控。因此,要求应急行动必须在极短的时间内在事故的第一现场作出有效反应,在事故产生重大灾难后果之前采取各种有效的防护、救助、疏散和控制事态等措施。

保证迅速对事故作出有效的初始响应,并及时控制住事态,应急救援工作应坚持属地化为主的原则,强调地方的应急准备工作,包括建立全天候的昼夜值班制度,确保报警、指挥通信系统始终保持完好状态,明确各部门的职责,确保各种应急救援的装备、技术器材、有关物资随时处于完好可用状态,制定科学有效的突发事件应急预案等措施。

(2) 应急活动的复杂性

应急活动的复杂性主要表现在:事故、灾害或事件影响因素与演变规律的不确定性和不可预见的多变性;众多来自不同部门参与应急救援活动的单位,在信息沟通、行动协调与指挥、授权与职责、通信等方面的有效组织和管理,以及应急响应过程中公众的反应、恐慌心理、公众过急等突发行为的复杂性等。这些复杂因素的影响,给现场应急救援工作带来了严峻的挑战,应对应急救援工作中各种复杂的情况作出足够的估计,制定随时应对各种复杂变化的相应方案。

应急活动的复杂性另一个重要特点是现场处置措施的复杂性。重大事故的处置措施往往涉及较强的专业技术支持,包括易燃、有毒危险物质、复杂危险工艺以及矿山井下事故处置等,对每一行动方案、监测以及应急人员防护等都需要在专业人员的支持下进行决策。因此,针对生产安全事故应急救援的专业化要求,必须高度重视建立和完善重大事故的专业应急救援力量、专业检测力量和专业应急技术与信息支持等的建设。

(3) 后果、影响易猝变、激化和放大

公共安全事故、灾害与事件虽然是小概率事件,但后果一般比较严重,能造成广泛的公众影响,应急处理稍有不慎,就可能改变事故、灾害与事件的性质,使平稳、有序、和平状态向动态、混乱和冲突方面发展,引起事故、灾害与事件波及范围扩展,卷入人群数量增加和人员伤亡与财产损失后果加大,猝变、激化与放大造成的失控状态,不但迫使应急呼应升级,甚至可导致社会性危机出现,使公众立即陷入巨大的动荡与恐慌之中。因此,重大事故(件)的处置必须坚决果断,而且越早越好,防止事态扩大。

因此,为尽可能降低重大事故的后果及影响,减少重大事故所导致的损失,要求应急救援行动必须做到迅速、准确和有效。所谓迅速,就是要求建立快速的应急响应机制,能迅速准确地传递事故信息,迅速地调集所需的大规模应急力量和设备、物资等资源,迅速地建立起统一指挥与协调系统,开展救援活动。所谓准确,要求有相应的应急决策机制,能基于事故的规模、性质、特点、现场环境等信息,正确地预测事故的发展趋势,准确地对应急救援行动和战术进行决策。所谓有效,主要指应急救援行动的有效性,很大程度上它取决于应急准备的充分性与否,包括应急队伍的建设与训练、应急设备(施)、物资的配备与维护、预案的制定与落实以及有效的外部增援机制等。

6.1.2　事故应急救援的相关法律法规要求

近年来,我国政府相继颁布的一系列法律法规,如《安全生产法》、《危险化学品安全管理条例》、《关于特大安全事故行政责任追究的规定》、《特种设备安全监察条例》等,对危险化学品、特大安全事故、重大危险源等应急救援工作提出了相应的规定和要求。

《安全生产法》第十七条规定:“生产经营单位的主要负责人具有组织制定并实施本单位的生产安全事故应急救援预案的职责。”第三十三条规定:“生产经营单位对重大危险源应当制定应急救援预案,并告知从业人员和相关人员在紧急情况下应当采取的应急措施。”第六十八条规定:“县级以上地方各级人民政府应当组织有关部门制定本行政区域内特大生产安全事故应急救援预案,建立应急救援体系。”

《危险化学品安全管理条例》第四十九条规定:“县级以上地方各级人民政府负责危险化学品安全监督管理综合工作的部门会同同级有关部门制定危险化学品事故应急救援预案,报本级人民政府批准后实施。”第五十条规定:“危险化学品单位应当制定本单位事故应急救援预案,配备应急救援人员和必要的应急救援器材和设备,并定期组织演练。危险化学品事故应急救援预案应当报设区的市级人民政府负责化学品安全监督管理综合工作的部门备案。”

国务院《关于特大安全事故行政责任追究的规定》第七条规定:“市(地、州)、县(市、区)人民政府必须制定本地区特大安全事故应急处理预案。”

国务院《特种设备安全监察条例》第三十一条规定:“特种设备使用单位应当制定特种设备的事故应急措施和救援预案。”

国务院《使用有毒物品作业场所劳动保护条例》规定:“从事使用高毒物品作业的用人单位,应当配备应急救援人员和必要的应急救援器材、设备,制定事故应急救援预案,并根据实际情况变化对应急预案适时进行修订,定期组织演练。事故应急救援预案和演练记录应当报当地卫生行政部门、安全生产监督管理部门和公安部门备案。”

《职业病防治法》规定:“用人单位应当建立、健全职业病危害事故应急救援预案。”

《消防法》规定:“消防安全重点单位应当制定灭火和应急疏散预案,定期组织消防演练。”

2006 年 1 月 8 日,国务院发布了《国家突发公共事件总体应急预案》,明确了各类突发公共事件分级分类和预案框架体系,规定了国务院应对特别重大突发公共事件的组织体系、工作机制等内容,是指导预防和处置各类突发公共事件的规范性文件。预案中规定,国务院是突发公共事件应急管理工作的最高行政领导机构;国务院办公厅设国务院应急管理办公室,履行值守应急、信息汇总和综合协调职责,发挥运转枢纽作用;国务院有关部门依据有关法律、行政法规和各自职责,负责相关类别突发公共事件的应急管理工作;地方各级人民政府是本行政区域突发公共事件应急管理工作的行政领导机构。预案将突发公共事件分为自然灾害、事故灾难、公共卫生事件、社会安全事件 4 类,按照各类突发公共事件的性质、严重程度、可控性和影响范围等因素,将公共突发事件分为四级,即Ⅰ级(特别重大)、Ⅱ级(重大)、Ⅲ级(较大)和Ⅳ级(一般)。特别重大或者重大突发公共事件发生后,省级人民政府、国务院有关部门要在 4 小时内向国务院报告,同时通报有关地区和部门。

《国家突发公共事件总体应急预案》发布后,国务院又相继发布了《国家安全生产事故灾难应急预案》、《国家处置铁路行车事故应急预案》、《国家处置民用航空器飞行事故应急预案》、《国家海上搜救应急预案》、《国家处置城市地铁事故灾难应急预案》、《国家处置电网大面积停电事件应急预案》、《国家核应急预案》、《国家突发环境事件应急预案》和《国家通信保障应急预案》共9个事故灾难类突发公共事件专项应急预案。其中,国家安全生产事故灾难应急预案适用于特别重大安全生产事故灾难、超出省级人民政府处置能力或者跨省级行政区、跨多个领域(行业和部门)的安全生产事故灾难以及需要国务院安全生产委员会处置的安全生产事故灾难等。

2006年,国家安全监管总局在《国家安全生产事故灾难应急预案》的基础上,分别制定并经国务院审查同意印发了《矿山事故灾难应急预案》、《危险化学品事故灾难应急预案》、《陆上石油天然气储运事故灾难应急预案》、《陆上石油天然气开采事故灾难应急预案》、《海洋石油天然气作业事故灾难应急预案》,并审查同意印发了《冶金事故灾难应急预案》。这6项部门预案的编制印发,进一步完善了国家安全生产事故灾难应急预案体系。

2007年8月30日全国人大通过了《中华人民共和国突发事件应对法》,并以主席令(第六十九号)的形式颁布,自2007年11月1日起施行。该法明确规定了突发事件的预防与应急准备、监测与预警、应急处置与救援、事后恢复与重建等活动中,政府、单位及个人的权力与义务。

6.1.3 事故应急管理的过程

尽管重大事故的发生具有突发性和偶然性,但重大事故的应急管理不只限于事故发生后的应急救援行动。应急管理是对重大事故的全过程管理,贯穿于事故发生前、中、后的各个过程,充分体现了"预防为主,常备不懈"的应急思想。应急管理是一个动态的过程,包括预防、准备、响应和恢复4个阶段。尽管在实际情况中这些阶段往往是交叉的,但每一阶段都有其明确的目标,而且每一阶段又是构筑在前一阶段的基础之上,因而预防、准备、响应和恢复的相互关联,构成了重大事故应急管理的循环过程。

(1) 预防

在应急管理中预防有两层含义,一是事故的预防工作,即通过安全管理和安全技术等手段,尽可能地防止事故的发生,实现本质安全;二是在假定事故必然发生的前提下,通过预先采取的预防措施,达到降低或减缓事故的影响或后果的严重程度,如加大建筑物的安全距离、工厂选址的安全规划、减少危险物品的存量、设置防护墙以及开展公众教育等。从长远看,低成本、高效率的预防措施是减少事故损失的关键。

(2) 准备

应急准备是应急管理过程中一个极其关键的过程。它是针对可能发生的事故,为迅速有效地开展应急行动而预先所做的各种准备,包括应急体系的建立、有关部门和人员职责的落实、预案的编制、应急队伍的建设、应急设备(施)与物资的准备和维护、预案的演练、与外部应急力量的衔接等,其目标是保持重大事故应急救援所需的应急能力。

(3) 响应

应急响应是在事故发生后立即采取的应急与救援行动,包括事故的报警与通报、人员的紧急疏散、急救与医疗、消防和工程抢险措施、信息收集与应急决策和外部求援等。其目标是尽可能地抢救受害人员,保护可能受威胁的人群,尽可能控制并消除事故。

(4) 恢复

恢复工作应在事故发生后立即进行。首先应使事故影响区域恢复到相对安全的基本状态,然后逐步恢复到正常状态。要求立即进行的恢复工作包括事故损失评估、原因调查、清理废墟等。在短期恢复工作中,应注意避免出现新的紧急情况。长期恢复包括厂区重建和受影响区域的重新规划和发展。在长期恢复工作中,应汲取事故和应急救援的经验教训,开展进一步的预防工作和减灾行动。

6.1.4 事故应急救援体系的建立

6.1.4.1 事故应急救援体系的基本构成

由于潜在的重大事故风险多种多样,所以相应每一类事故灾难的应急救援措施可能千差万别,但其基本应急模式是一致的。构建应急救援体系,应贯彻顶层设计和系统论的思想,以事件为中心,以功能为基础,分析和明确应急救援工作的各项需求,在应急能力评估和应急资源统筹安排的基础上,科学地建立规范化、标准化的应急救援体系,保障各级应急救援体系的统一和协调。

一个完整的应急体系应由组织体制、运作机制、法制基础和应急保障系统 4 部分构成,如图 6.1-1 所示。

(1) 组织体制

应急救援体系组织体制建设中的管理机构是指维持应急日常管理的负责部门;功能部门包括与应急活动有关的各类组织机构,如消防、医疗机构等;应急指挥是在应急预案启动后,负责应急救援活动场外与场内指挥系统;而救援队伍则由专业和志愿人员组成。

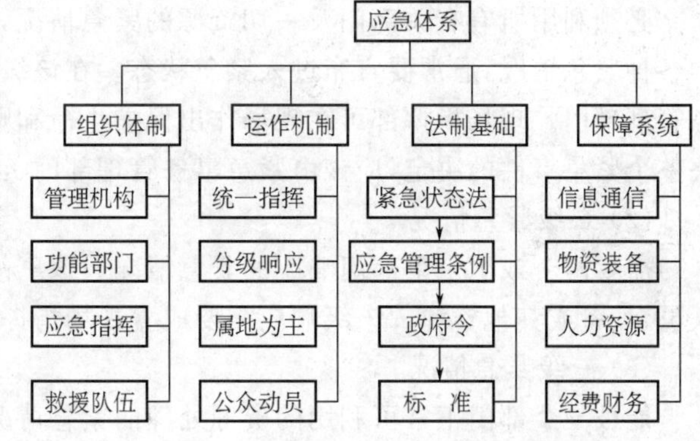

图 6.1-1　应急救援体系基本框架结构

(2) 运作机制

应急救援活动一般划分为应急准备、初级反应、扩大应急和应急恢复 4 个阶段,应急机制与这 4 个阶段的应急活动密切相关。应急运作机制主要由统一指挥、分级响应、属地为主和公众动员这 4 个基本机制组成。

统一指挥是应急活动的最基本原则。应急指挥一般可分为集中指挥与现场指挥,或场外指挥与场内指挥等。无论采用哪一种指挥系统,都必须实行统一指挥的模式,无论应急救援活动涉及单位的行政级别高低还是隶属关系不同,但都必须在应急指挥部的统一组织协调下行动,有令则行,有禁则止,统一号令,步调一致。

分级响应是指在初级响应到扩大应急的过程中实行的分级响应的机制。扩大或提高应急级别的主要依据是事故灾难的危害程度,影响范围和控制事态能力。影响范围和控制事态能力是"升级"的最基本条件。扩大应急救援主要是提高指挥级别、扩大应急范围等。

属地为主强调"第一反应"的思想和以现场应急、现场指挥为主的原则。

公众动员机制是应急机制的基础,也是整个应急体系的基础。

(3) 法制基础

法制建设是应急体系的基础和保障,也是开展各项应急活动的依据,与应急有关的法规可分为 4 个层次:由立法机关通过的法律,如紧急状态法、公民知情权法和紧急动员法等;由政府颁布的规章,如应急救援管理条例等;包括预案在内的以政府令形式颁布的政府法令、规定等;与应急救援活动直接有关的标准或管理办法等。

(4) 保障系统

列于应急保障系统第一位的是信息与通信系统,构筑集中管理的信息通信平台是应急体系最重要的基础建设。应急信息通信系统要保证所有预警、报警、警报、报告、指挥等活动的信息交流快速、顺畅、准确,以及信息资源共享;物资与装备不但要保证有足够的资源,而且还要实现快速、及时供应到位;人力资源保障包括专业队伍的加强、志愿人员以及其他有关人员的培训教育;应急财务保障应建立专项应急科目,如应急基金等,以保障应急管理运行和应急反应中各项活动的开支。

6.1.4.2 事故应急救援体系响应机制

重大事故应急救援体系应根据事故的性质、严重程度、事态发展趋势和控制能力实行分级响应机制,对不同的响应级别,相应的明确事故的通报范围、应急中心的启动程度、应急力量的出动和设备、物资的调集规模、疏散的范围、应急总指挥的职位等。典型的响应级别通常可分为 3 级。

(1) 一级紧急情况

必须利用所有有关部门及一切资源的紧急情况,或者需要各个部门同外部机构联合处理的各种紧急情况,通常要宣布进入紧急状态。在该级别中,作出主要决定的职责通常是紧急事务管理部门。现场指挥部可在现场作出保护生命和财产以及控制事态所必需的各种决定。解决整个紧急事件的决定,应该由紧急事务管理部门负责。

(2) 二级紧急情况

需要两个或更多个部门响应的紧急情况。该事故的救援需要有关部门的协作,并且提供人员、设备或其他资源。该级响应需要成立现场指挥部来统一指挥现场的应急救援行动。

(3) 三级紧急情况

能被一个部门正常可利用的资源处理的紧急情况。正常可利用的资源指在该部门权力范围内通常可以利用的应急资源,包括人力和物力等。必要时,该部门可以建立一个现场指挥部,所需的后勤支持、人员或其他资源增援由本部门负责解决。

6.1.4.3 事故应急救援体系响应程序

事故应急救援系统的应急响应程序按过程可分为接警、响应级别确定、应急启动、救援行动、应急恢复和应急结束等几个过程,如图 6.1-2 所示。

(1) 接警与响应级别确定

接到事故报警后,按照工作程序,对警情做出判断,初步确定相应的响应级别。如果事故不足以启动应急救援体系的最低响应级别,响应关闭。

(2) 应急启动

应急响应级别确定后,按所确定的响应级别启动应急程序,如通知应急中心有关人员到位、开通信息与通信网络、通知调配救援所需的应急资源(包括应急队伍和物资、装备等)、成立现场指挥部等。

(3) 救援行动

有关应急队伍进入事故现场后,迅速开展事故侦测、警戒、疏散、人员救助、工程抢险等有关应急救援工作,专家组为救援决策提供建议和技术支持。当事态超出响应级别无法得到有效控制时，向应急中心请求实施更高级别的应急响应。

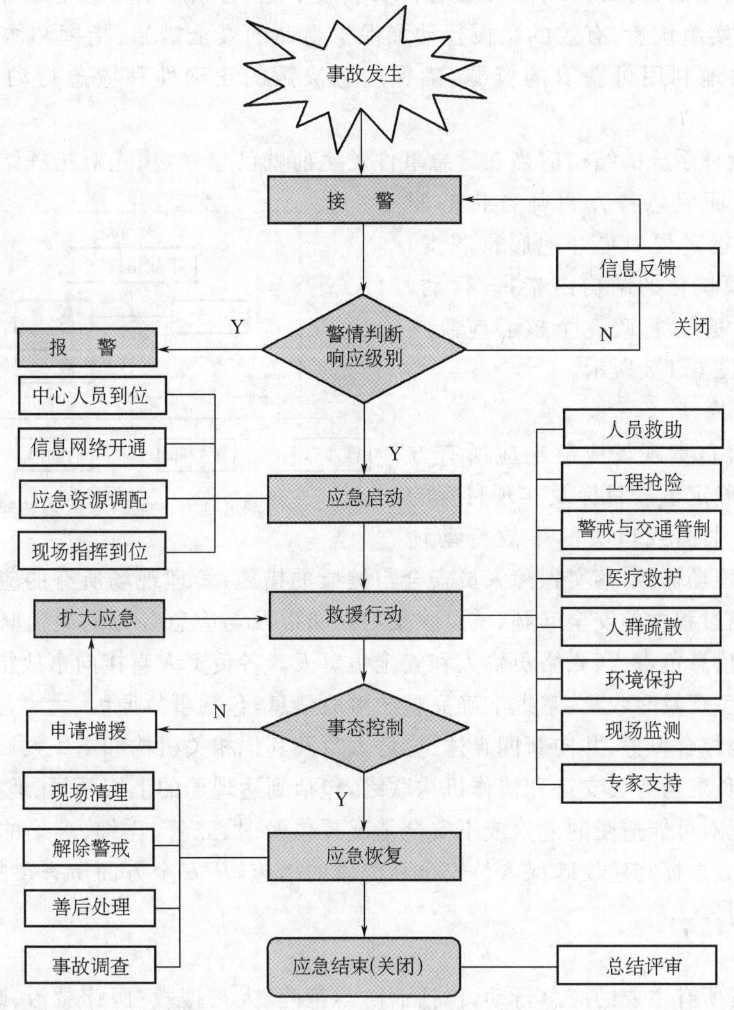

图 6.1-2 重大事故应急救援体系响应程序

(4) 应急恢复

救援行动结束后，进入临时应急恢复阶段。该阶段主要包括现场清理、人员清点和撤离、警戒解除、善后处理和事故调查等。

(5) 应急结束

执行应急关闭程序，由事故总指挥宣布应急结束。

6.1.4.4 事故现场指挥系统的组织结构

重大事故的现场情况往往十分复杂，且汇集了各方面的应急力量与大量的资源，应急救援行动的组织、指挥和管理成为重大事故应急工作所面临的一个严峻挑战。应急过程中存在的主要问题有：①太多的人员向事故指挥官汇报；②应急响应的组织结构各异，机构间缺乏协调机制，且术语不同；③缺乏可靠的事故相关信息和决策机制，应急救援的整体目标不清或不明；④通信不兼容或不畅；⑤授权不清或机构对自身现场的任务、目标不清。

对事故势态的管理方式决定了整个应急行动的效率。为保证现场应急救援工作的有效实施，必须对事故现场的所有应急救援工作实施统一的指挥和管理，即建立事故指挥系统(ICS)，形成清晰的指挥链，以便及时地获取事故信息、分析和评估势态，确定救援的优先目标，决定如何实施快速、有效的救援行动和保护生命的安全措施，指挥和协调各方应急力量的行动，高效地利用可获取的资源，确保应急决策的正确性和应急行动的整体性和有效性。

现场应急指挥系统的结构应当在紧急事件发生前就已建立，预先对指挥结构达成一致意见，将有助于保证应急各方明确各自的职责，并在应急救援过程中更好地履行职责。现场指挥系统模块化的结构由指挥、行动、策划、后勤以及资金/行政 5 个核心应急响应职能组成，如图 6.1-3 所示。

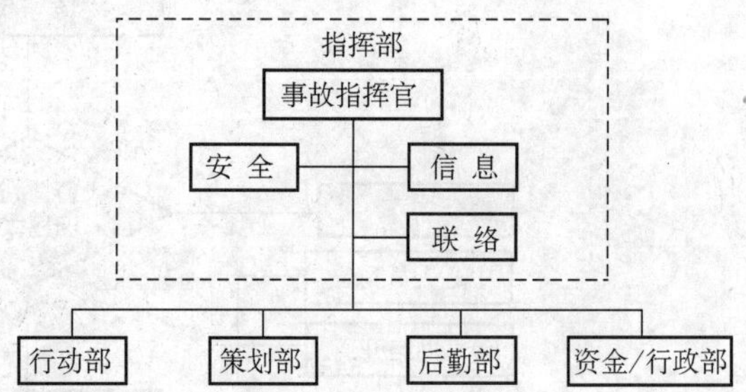

图 6.1-3 现场指挥系统结构

(1) 事故指挥官

事故指挥官负责现场应急响应所有方面的工作，包括确定事故目标及实现目标的策略，批准实施书面或口头的事故行动计划，高效地调配现场资源，落实保障人员安全与健康的措施，管理现场所有的应急行动。事故指挥官可将应急过程中的安全问题、信息收集与发布以及与应急各方的通信联络分别指定相应的负责人，如信息负责人、联络负责人和安全负责人。各负责人直接向事故指挥官汇报。其中，信息负责人负责及时收集、掌握准确完整的事故信息，包括事故原因、大小、当前的形势、使用的资源和其他综合事务，并向新闻媒体、应急人员及其他相关机构和组织发布事故的有关信息；联络负责人负责与有关支持和协作机构联络，包括到达现场的上级领导、地方政府领导等；安全负责人负责对可能遭受的危险或不安全情况提供及时、完善、详细、准确的危险预测和评估，制定并向事故指挥官建议确保人员安全和健康的措施，从安全方面审查事故行动计划，制定现场安全计划等。

(2) 行动部

行动部负责所有主要的应急行动，包括消防与抢险、人员搜救、医疗救治、疏散与安置等。所有的战术行动都依据事故行动计划来完成。

(3) 策划部

策划部负责收集、评价、分析及发布事故相关的战术信息，准备和起草事故行动计划，并对有关的信息进行归档。

(4) 后勤部

后勤部负责为事故的应急响应提供设备、设施、物资、人员、运输、服务等。

(5) 资金/行政部

资金/行政部负责跟踪事故的所有费用并进行评估，承担其他职能未涉及的管理职责。

事故现场指挥系统的模块化结构的一个最大优点是允许根据现场的行动规模，灵活启用指挥系统相应的部分结构，因为很多的事故可能并不需要启动策划、后勤或资金/行政模块。需要注意的是，对没有启用的模块，其相应的职能由现场指挥官承担，除非明确指定给某一负责人。当事故规模进一步扩大，响应行动涉及跨部门、跨地区或上级救援机构加入时则可能需要开展联合指挥，即由各有关主要部门代表成立联合指挥部，该模块化的现场系统则可以很方便地扩展为联合指挥系统。

6.2　事故应急预案的策划与编制

6.2.1　事故应急预案的作用

制订事故应急预案是贯彻落实“安全第一、预防为主、综合治理”方针，提高应对风险和防范事故的能力，保证职工安全健康和公众生命安全，最大限度地减少财产损失、环境损害和社会影响的重要措施。

事故应急预案在应急系统中起着关键作用，它明确了在突发事故发生之前、发生过 程中以及刚刚结束之后，谁负责做什么、何时做，以及相应的策略和资源准备等。它是针对可能发生的重大事故及其影响和后果的严重程度，为应急准备和应急响应的各个方面所预先作出的详细安排，是开展及时、有序和有效事故应急救援工作的行动指南。

6.2.1.1　事故应急预案在应急救援中的重要作用

(1) 应急预案明确了应急救援的范围和体系，使应急准备和应急管理不再是无据可依、无章可循，尤其是培训和演习工作的开展。

(2) 制订应急预案有利于做出及时的应急响应，降低事故的危害程度。

(3) 事故应急预案成为各类突发重大事故的应急基础。通过编制基本应急预案，可保证应急预案足够灵活，对那些事先无法预料到的突发事件或事故，也可以起到基本的应急指导作用，成为开展应急救援的“底线”。在此基础上，可以针对特定危害编制专项应急预案，有针对性地制定应急措施、进行专项应急准备和演习。

(4) 当发生超过应急能力的重大事故时，便于与上级应急部门的协调。

(5) 有利于提高风险防范意识。

6.2.1.2　策划应急预案时应考虑的因素

2006 年 9 月 20 日国家安全生产监督管理总局颁布了《生产经营单位安全生产事故应急预案编制导则》(AQ/T 9002—2006)，并于 2006 年 11 月 1 日实施。该导则明确了应急预案应包含的内容和编制要求，为应急预案的规范化建设提供了依据。根据有关法规及该导则的要求，编制应急预案时应进行合理策划，做到重点突出，反映主要的重大事故风险，并避免预案相互孤立、交叉和矛盾。策划重大事故应急预案时应充分考虑下列因素：

(1) 重大危险普查的结果，包括重大危险源的数量、种类及分布情况，重大事故隐患情况等。

(2) 本地区的地质、气象、水文等不利的自然条件(如地震、洪水、台风等)及其影响。

(3) 本地区以及国家和上级机构已制定的应急预案的情况。

(4) 本地区以往灾难事故的发生情况。

(5) 功能区布置及相互影响情况。

(6) 周边重大危险可能带来的影响。

(7) 国家及地方相关法律法规的要求。

6.2.2　重大事故应急预案的层次

基于可能面临多种类型的突发重大事故或灾害，为保证各种类型预案之间的整体协调性和层次，并实现共性与个性、通用性与特殊性的结合，对应急预案合理地划分层次，是将各种类型应急预案有机组合在一起的有效方法。应急预案可分为 3 个层次，如图 6.2-1 所示。

（1）综合预案

综合预案相当于总体预案，从总体上阐述预案的应急方针、政策，应急组织结构及相应的职责，应急行动的总体思路等。通过综合预案，可以很清晰地了解应急的组织体系、运行机制及预案的文件体系。更重要的是，综合预案可以作为应急救援工作的基础和“底线”，对那些没有预料的紧急情况也能起到一般的应急指导作用。

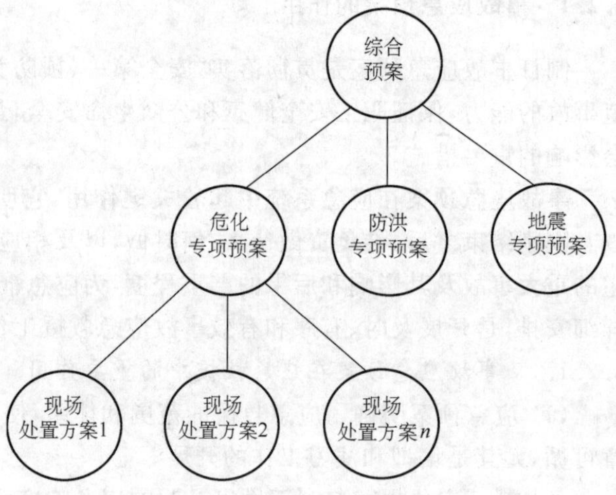

图 6.2-1　事故应急预案的层次

（2）专项预案

专项预案是针对某种具体的、特定类型的紧急情况，如煤矿瓦斯爆炸、危险物质泄漏、火灾、某一自然灾害、危险源和应急保障而制定的计划或方案，是综合应急预案的组成部分，应按照综合应急预案的程序和要求组织制定，并作为综合应急预案的附件。

专项预案是在综合预案的基础上，充分考虑了某种特定危险的特点，对应急的形势、组织机构、应急活动等进行更具体的阐述，具有较强的针对性。

专项应急预案应制定明确的救援程序和具体的应急救援措施。

（3）现场处置方案

现场处置方案是在专项预案的基础上，根据具体情况而编制的。它是针对具体装置、场所、岗位所制定的应急处置措施。如危险化学品事故专项预案下编制的某重大危险源的应急预案等。现场处置方案的特点是针对某一具体场所的该类特殊危险及周边环境情况，在详细分析的基础上，对应急救援中的各个方面作出具体、周密而细致的安排，因而现场处置方案具有更强的针对性和对现场具体救援活动的指导性。

现场处置方案的另一特殊形式为单项预案。单项预案可以是针对一大型公众聚集活动（如经济、文化、体育、民俗、娱乐、集会等活动）或高风险的建设施工或维修活动（如人口高密度区建筑物的定向爆破、生命线施工维护等活动）而制定的临时性应急行动方案。随着这些活动的结束，预案的有效性也随之终结。单项预案主要是针对临时活动中可能出现的紧急情况，预先对相关应急机构的职责、任务和预防性措施作出的安排。

6.2.3　应急预案的基本结构

不同的应急预案由于各自所处的层次和适用的范围不同，因而在内容的详略程度和侧重点上会有所不同，但都可以采用相似的基本结构。如图 6.2-2 所示的“1＋4”预案编制结构，是由一个基本预案加上应急功能设置、特殊风险管理、标准操作程序和支持附件构成的。

（1）基本预案

基本预案是应急预案的总体描述，主要阐述应急预案所要解决的紧急情况、应急的组织体系、应急方针、应急资源、应急的总体思路，并明确各应急组织在应急准备和应急行动中的职责以及应急预案的演练和管理等规定。

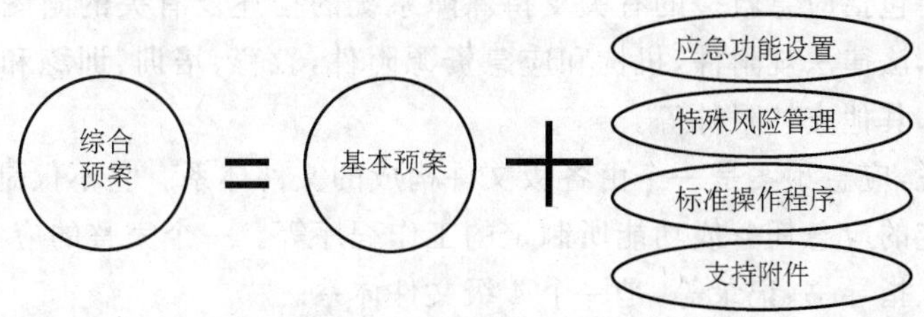

图 6.2-2　应急预案的基本结构

（2）应急功能设置

表 6.2-1　应急功能矩阵表

部　门	应急功能							
	接警与通知	警报和紧急公告	事态监测与评估	警戒与管制	人群疏散	医疗与卫生	消防和抢险	……
应急中心	R	R	S		S			
生　产		S	S		S		S	
消　防	S	S	S	S	S	S	R	
保　卫	S			R	R	S	S	
卫　生			S			R		
安　环	S	S	R		S	S	S	
技　术			S				S	
……								

注：R—负责部门；S—支持部门。

应急功能是指针对各类重大事故应急救援中通常采取的一系列的基本应急行动和任务，如指挥和控制、警报、通信、人群疏散与安置、医疗、现场管制等。因此，设置应急功能时，应针对潜在重大事故的特点综合分析并将其分配给相关部门。对每一项应急功能都应明确其针对的形势、目标、负责机构和支持机构、任务要求、应急准备和操作程序等。应急预案中包含的应急功能的数量和类型，主要取决于所针对的潜在重大事故危险的类型，以及应急的组织方式和运行机制等具体情况。表 6.2-1 直观地描述了应急功能与相关应急机构的关系。

（3）特殊风险管理

特殊风险指根据某类事故灾难、灾害的典型特征，需要对其应急功能作出针对性安排的风险。应说明处置此类风险应该设置的专有应急功能或有关应急功能所需的特殊要求，明确这些应急功能的责任部门、支持部门、有限介入部门及其职责和任务，为制定该类风险的专项预案提出特殊要求和指导。

（4）标准操作程序

由于基本预案、应急功能设置并不说明各项应急功能的实施细节，因此各应急功能的主要责任部门必须组织制定相应的标准操作程序，为应急组织或个人提供履行应急预案中规定职责和任务的详细指导。标准操作程序应保证与应急预案的协调和一致性，其中重要的标准操作程序可作为应急预案附件或以适当方式引用。

（5）支持附件

支持附件主要包括应急救援的有关支持保障系统的描述及有关的附图表，如危险分析附件，通信联络附件，法律法规附件，机构和应急资源附件，教育、培训、训练和演习附件，技术支持附件，协议附件，其他支持附件等。

从广义上来说，应急预案是一个由各级文件构成的文件体系。它不仅是应急预案本身，也包括针对某个特定的应急任务或功能所制定的工作程序等。一个完整的应急预案的文件体系可包括预案、程序、指导书、记录等，是一个4级文件体系。

6.2.4 应急预案的编制程序

《生产经营单位安全生产事故应急预案编制导则》(AQ/T 9002—2006)规定了生产经营单位编制安全生产事故应急预案的程序、内容和要素等基本要求。下面以生产经营单位安全生产事故应急预案编制为例，阐述应急预案的编制。应急预案的编制应包括下面6个过程：

(1) 成立工作组。结合本单位部门职能分工，成立以单位主要负责人为领导的应急预案编制工作组，明确编制任务、职责分工、制订工作计划。

(2) 资料收集。收集应急预案编制所需的各种资料(相关法律法规、应急预案、技术标准、国内外同行业事故案例分析、本单位技术资料等)。

(3) 危险源与风险分析。在危险因素分析及事故隐患排查、治理的基础上，确定本单位的危险源、可能发生事故的类型和后果，进行事故风险分析并指出事故可能产生的次生衍生事故，形成分析报告，分析结果作为应急预案的编制依据。

(4) 应急能力评估。对本单位应急装备、应急队伍等应急能力进行评估，并结合本单位实际，加强应急能力建设。

(5) 应急预案编制。针对可能发生的事故，按照有关规定和要求编制应急预案。应急预案编制过程中，应注重全体人员的参与和培训，使所有与事故有关人员均掌握危险源的危险性、应急处置方案和技能。应急预案应充分利用社会应急资源，与地方政府预案、上级主管单位以及相关部门的预案相衔接。

(6) 应急预案的评审与发布。评审由本单位主要负责人组织有关部门和人员进行。外部评审由上级主管部门或地方政府负责安全管理的部门组织审查。评审后，按规定报有关部门备案，并经生产经营单位主要负责人签署发布。

6.2.5 重大事故应急预案核心要素及编制要求

应急预案是针对可能发生的重大事故所需的应急准备和应急响应行动而制定的指导性文件，其核心内容如下：

(1) 对紧急情况或事故灾害及其后果的预测、辨识和评估。

(2) 规定应急救援各方组织的详细职责。

(3) 应急救援行动的指挥与协调。

(4) 应急救援中可用的人员、设备、设施、物资、经费保障和其他资源，包括社会和外部援助资源等。

(5) 在紧急情况或事故灾害发生时保护生命、财产和环境安全的措施。

(6) 现场恢复。

(7) 其他，如应急培训和演练，法律法规的要求等。

应急预案是整个应急管理体系的反映，它不仅包括事故发生过程中的应急响应和救援措施，而且还应包括事故发生前的各种应急准备和事故发生后的紧急恢复，以及预案的管理与更新等。因此，一个完善的应急预案按相应的过程可分为 6 个一级关键要素，包括：①方针与原则；②应急策划；③应急准备；④应急响应；⑤现场恢复；⑥预案管理与评审改进。

这 6 个一级要素相互之间既相对独立，又紧密联系，从应急的方针、策划、准备、响应、恢复到预案的管理与评审改进，形成了一个有机联系并持续改进的体系结构。根据一级要素中所包括的任务和功能，其中应急策划、应急准备和应急响应 3 个一级关键要素可进一步划分成若干个二级小要素。所有这些要素即构成了城市重大事故应急预案的核心要素。这些要素是重大事故应急预案编制所应当涉及的基本方面，在实际编制时，可根据职能部门的设置和职责分配等具体情况，将要素进行合并或增加，以便于组织编写。

6.2.5.1　方针与原则

应急救援体系首先应有一个明确的方针和原则来作为指导应急救援工作的纲领。方针与原则反映了应急救援工作的优先方向、政策、范围和总体目标，如保护人员安全优先，防止和控制事故蔓延优先，保护环境优先。此外，方针与原则还应体现事故损失控制、预防为主、常备不懈、统一指挥、高效协调以及持续改进的思想。

6.2.5.2　应急策划

应急预案是有针对性的，具有明确的对象，其对象可能是某一类或多类可能的重大事故类型。应急预案的制定必须基于对所针对的潜在事故类型有一个全面系统的认识和评价，识别出重要的潜在事故类型、性质、区域、分布及事故后果，同时，根据危险分析的结果，分析应急救援的应急力量和可用资源情况，并提出建设性意见。在进行应急策划时，应当列出国家、地方相关的法律法规，以作为预案的制定、应急工作的依据和授权。应急策划包括危险分析、资源分析和法律法规要求 3 个二级要素。

(1) 危险分析

危险分析的最终目的是要明确应急的对象（可能存在的重大事故）、事故的性质及其影响范围、后果严重程度等，为应急准备、应急响应和减灾措施提供决策和指导依据。危险分析包括危险识别、脆弱性分析和风险分析。危险分析应依据国家和地方有关的法律法规要求，根据具体情况进行。危险分析的结果应能提供：

1) 地理、人文（包括人口分布）、地质、气象等信息；

2) 功能布局（包括重要保护目标）及交通情况；

3) 重大危险源分布情况及主要危险物质种类、数量及理化、消防等特性；

4) 可能的重大事故种类及对周边的后果分析；

5) 特定的时段（如人群高峰时间、度假季节、大型活动等）；

6) 可能影响应急救援的不利因素。

(2) 资源分析

针对危险分析所确定的主要危险，明确应急救援所需的资源，列出可用的应急力量和资源，包括：

1) 各类应急力量的组成及分布情况；

2) 各种重要应急设备、物资的准备情况；

3) 上级救援机构或周边可用的应急资源。

通过资源分析，可为应急资源的规划与配备、与相邻地区签订互助协议和预案编制提供指导。

(3) 法律法规要求

有关应急救援的法律法规是开展应急救援工作的重要前提保障。应急策划时，应列出国家、省、地方涉及应急各部门职责要求以及应急预案、应急准备和应急救援的法律法规文件，以作为预案编制和应急救援的依据和授权。

6.2.5.3　应急准备

应急预案能否在应急救援中成功地发挥作用，不仅仅取决于应急预案自身的完善程度，还取决于应急准备的充分与否。应急准备应当依据应急策划的结果开展，包括各应急组织及其职责权限的明确、应急资源的准备、公众教育、应急人员培训、预案演练和互助协议的签署等。

(1) 机构与职责

为保证应急救援工作的反应迅速、协调有序，必须建立完善的应急机构组织体系，包括城市应急管理的领导机构、应急响应中心以及各有关机构部门等。对应急救援中承担任务的所有应急组织，应明确相应的职责、负责人、候补人及联络方式。

(2) 应急资源

应急资源的准备是应急救援工作的重要保障，应根据潜在事故的性质和后果分析，合理组建专业和社会救援力量，配备应急救援中所需的消防手段、各种救援机械和设备、监测仪器、堵漏和清消材料、交通工具、个体防护设备、医疗设备和药品、生活保障物资等，并定期检查、维护与更新，保证始终处于完好状态。另外，对应急资源信息应实施有效的管理与更新。

(3) 教育、训练与演习

为全面提高应急能力，应急预案应对公众教育、应急训练和演习做出相应的规定，包括其内容、计划、组织与准备、效果评估等。

公众意识和自我保护能力是减少重大事故伤亡不可忽视的一个重要方面。作为应急准备的一项内容，应对公众的日常教育作出规定，尤其是位于重大危险源周边的人群，使他们了解潜在危险的性质和对健康的危害，掌握必要的自救知识，了解预先指定的主要及备用疏散路线和集合地点，了解各种警报的含义和应急救援工作的有关要求。

应急训练的基本内容主要包括基础培训与训练、专业训练、战术训练及其他训练等。基础培训与训练的目的是保证应急人员具备良好的体能、战斗意志和作风，明确各自的职责，熟悉城市潜在重大危险的性质、救援的基本程序和要领，熟练掌握个人防护装备和通信装备的使用等；专业训练关系到应急队伍的实战能力，训练内容主要包括专业常识、堵源技术、抢运和清消及现场急救等技术；战术训练是各项专业技术的综合运用，使各级指挥员和救援人员具备良好的组织指挥能力和应变能力；其他训练应根据实际情况，选择开展如防化、气象、侦检技术、综合训练等项目的训练，以进一步提高救援队伍的救援水平。

预案演习是对应急能力的综合检验。应急演习包括桌面演习和实战模拟演习。组织由应急各方参加的预案训练和演习，使应急人员进入“实战”状态，熟悉各类应急处理和整个应急行动的程序，明确自身的职责，提高协同作战的能力。同时，应对演练的结果进行评估，分析应急预案存在的不足，并予以改进和完善。

(4) 互助协议

当有关的应急力量与资源相对薄弱时，应事先寻求与邻近区域签订正式的互助协议，并做好相应的安排，以便在应急救援中及时得到外部救援力量和资源的援助。此外，也应与社会专业技术服务机构、物资供应企业等签署相应的互助协议。

6.2.5.4　应急响应

应急响应包括应急救援过程中一系列需要明确并实施的核心应急功能和任务，这些核心功能具有一定的独立性，但相互之间又密切联系，构成了应急响应的有机整体。应急响应的核心功能和任务包括：接警与通知，指挥与控制，警报和紧急公告，通讯，事态监测与评估，警戒与治安，人群疏散与安置，医疗与卫生，公共关系，应急人员安全，消防和抢险，泄漏物控制。

(1) 接警与通知

准确了解事故的性质和规模等初始信息，是决定启动应急救援的关键。接警作为应急响应的第一步，必须对接警要求做出明确规定，保证迅速、准确地向报警人员询问事故现场的重要信息。接警人员接受报警后，应按预先确定的通报程序，迅速向有关应急机构、政府及上级部门发出事故通知，以采取相应的行动。

(2) 指挥与控制

重大事故的应急救援往往涉及多个救援机构，因此，对应急行动的统一指挥和协调是应急救援有效开展的关键。因此应建立分级响应、统一指挥、协调和决策程序，以便对事故进行初始评估，确认紧急状态，迅速有效地进行应急响应决策，建立现场工作区域，确定重点保护区域和应急行动的优先原则，指挥和协调现场各救援队伍开展救援行动，合理高效地调配和使用应急资源。

(3) 警报和紧急公告

当事故可能影响到周边地区，对周边地区的公众可能造成威胁时，应及时启动警报系统，向公众发出警报，同时通过各种途径向公众发出紧急公告，告知事故性质、对健康的影响、自我保护措施、注意事项等，以保证公众能够及时做出自我防护响应。决定实施疏散时，应通过紧急公告确保公众了解疏散的有关信息，如疏散时间、路线、随身携带物、交通工具及目的地等。

该部分应明确在发生重大事故时，如何向受影响的公众发出警报，包括什么时候，谁有权决定启动警报系统，各种警报信号的不同含义，警报系统的协调使用、可使用的警报装置的类型和位置，以及警报装置覆盖的地理区域。如果可能，应指定备用措施。

(4) 通讯

通讯是应急指挥、协调和与外界联系的重要保障，在现场指挥部、应急中心、各应急救援组织、新闻媒体、医院、上级政府和外部救援机构等之间，必须建立畅通的应急通讯网络。该部分应说明主要通讯系统的来源、使用、维护以及应急组织通讯需要的详细情况等，并充分考虑紧急状态下的通讯能力和保障，并建立备用的通讯系统。

(5) 事态监测与评估

事态监测与评估在应急救援和应急恢复决策中具有关键的支持作用。在应急救援过程中必须对事故的发展势态及影响及时进行动态的监测，建立对事故现场及场外进行监测和评估的程序。其中包括：由谁来负责监测与评估活动，监测仪器设备及监测方法，实验室化验及检验支持，监测点的设置，监测点的现场工作及报告程序等。

可能的监测活动包括：事故影响边界，气象条件，对食物、饮用水卫生以及水体、土壤、农作物等的污染，可能的二次反应有害物，爆炸危险性和受损建筑垮塌危险性，以及污染物质滞留区等。

(6) 警戒与治安

为保障现场应急救援工作的顺利开展，在事故现场周围建立警戒区域，实施交通管制，维护现场治安秩序是十分必要的。其目的是防止与救援无关的人员进入事故现场，保障救援队伍、物资运输和人群疏散等的交通畅通，并避免发生不必要的伤亡。此外，警戒与治安还应该协助发出警报、现场紧急疏散、人员清点、传达紧急信息、执行指挥机构的通告、协助事故调查等。对危险物质事故,必须列出警戒人员有关个体防护的准备。

(7) 人群疏散与安置

人群疏散是减少人员伤亡扩大的关键,也是最彻底的应急响应。应当对疏散的紧急情况和决策、预防性疏散准备、疏散区域、疏散距离、疏散路线、疏散运输工具、安全庇护场所以及回迁等作出细致的规定和准备,应充分考虑疏散人群的数量、所需要的时间和可利用的时间、风向等环境变化,以及老弱病残等特殊人群的疏散等问题。对已实施临时疏散的人群,要做好临时生活安置,保障必要的水、电、卫生等基本条件。

(8) 医疗与卫生

对受伤人员采取及时有效的现场急救以及合理地转送医院进行治疗,是减少事故现场人员伤亡的关键。在该部分应明确针对城市可能的重大事故,为现场急救、伤员运送、治疗及健康监测等所做的准备和安排,包括:可用的急救资源列表,如急救中心、救护车和现场急救人员的数量;医院、职业中毒治疗医院及烧伤等专科医院的列表,如数量、分布、可用病床、治疗能力等;抢救药品、医疗器械、消毒、解毒药品等的城市内、外来源和供给;医疗人员必须了解城市内主要危险对人群造成伤害的类型,并经过相应的培训,掌握对危险化学品受伤害人员进行正确消毒和治疗的方法。

(9) 公共关系

重大事故发生后,不可避免地会引起新闻媒体和公众的关注。因此,应将有关事故的信息、影响、救援工作的进展等情况及时向媒体和公众进行统一发布,以消除公众的恐慌心理,控制谣言,避免公众的猜疑和不满。该部分应明确信息发布的审核和批准程序,保证发布信息的统一性;指定新闻发言人,适时举行新闻发布会,准确发布事故信息,澄清事故传言;为公众咨询、接待、安抚受害人员家属作出安排。

(10) 应急人员安全

城市重大事故尤其是涉及危险物质的重大事故的应急救援工作危险性极大,必须对应急人员自身的安全问题进行周密的考虑,包括安全预防措施、个体防护等级、现场安全监测等,明确应急人员进出现场和紧急撤离的条件和程序,保证应急人员的安全。

(11) 消防和抢险

消防和抢险是应急救援工作的核心内容之一,其目的是为尽快地控制事故的发展,防止事故的蔓延和进一步扩大,从而最终控制住事故,并积极营救事故现场的受害人员。尤其是涉及危险物质的泄漏、火灾事故,其消防和抢险工作的难度和危险胜巨大。该部分应对消防和抢险工作的组织、相关消防抢险设施、器材和物资、人员的培训、行动方案以及现场指挥等做好周密的安排和准备。

(12) 泄漏物控制

危险物质的泄漏以及灭火用的水由于溶解了有毒蒸气都有可能对环境造成重大影响,同时也会给现场救援工作带来更大的危险,因此必须对危险物质的泄漏物进行控制。该部分应明确可用的收容装备(泵、容器、吸附材料等)、洗消设备(包括喷雾洒水车辆)及洗消物资,并建立洗消物资供应企业的供应情况和通信名录,保证对泄漏物的及时围堵、收容、清消和妥善处置。

6.2.5.5 现场恢复

现场恢复也可称为紧急恢复,是指事故被控制住后所进行的短期恢复,从应急过程来说意味着应急救援工作的结束,进入到另一个工作阶段,即将现场恢复到一个基本稳定的状态。大量的经验教训表明,在现场恢复的过程中仍存在潜在的危险,如余烬复燃、受损建筑倒塌等,所以应充分考虑现场恢复过程中可能的危险。该部分主要内容应包括：宣布应急结束的程序；撤离和交接程序；恢复正常状态的程序；现场清理和受影响区域的连续检测；事故调查与后果评价等。

6.2.5.6　预案管理与评审改进

应急预案是应急救援工作的指导文件，具有法规权威性，所以应当对预案的制定、修改、更新、批准和发布作出明确的管理规定，并保证定期或在应急演习、应急救援后对应急预案进行评审，针对实际情况以及预案中所暴露出的缺陷，不断地更新、完善和改进。

6.3　应急预案的演练

应急预案的演练是检验、评价和保持应急能力的一个重要手段。其重要作用突出体现在：可在事故真正发生前暴露预案和程序的缺陷，发现应急资源的不足（包括人力和设备等），改善各应急部门、机构、人员之间的协调，增强公众应对突发重大事故救援的信心和应急意识，提高应急人员的熟练程度和技术水平，进一步明确各自的岗位与职责，提高各级预案之间的协调性，提高整体应急反应能力。

6.3.1　演练的类型

可采用不同规模的应急演练方法对应急预案的完整性和周密性进行评估，如桌面演练、功能演练和全面演练等。

（1）桌面演练

桌面演练是指由应急组织的代表或关键岗位人员参加的，按照应急预案及其标准工作程序，讨论紧急情况时应采取行动的演练活动。桌面演练的特点是对演练情景进行口头演练，一般是在会议室内举行。其主要目的是锻炼参演人员解决问题的能力，以及解决应急组织相互协作和职责划分的问题。

桌面演练一般仅限于有限的应急响应和内部协调活动，应急人员主要来自本地应急组织，事后一般采取口头评论形式收集参演人员的建议，并提交一份简短的书面报告，总结演练活动和提出有关改进应急响应工作的建议。桌面演练方法成本较低，主要为功能演练和全面演练做准备。

（2）功能演练

功能演练是指针对某项应急响应功能或其中某些应急响应行动举行的演练活动，主要目的是针对应急响应功能，检验应急人员以及应急体系的策划和响应能力。例如，指挥和控制功能的演练，其目的是检测、评价多个政府部门在紧急状态下实现集权式的运行和响应能力，演练地点主要集中在若干个应急指挥中心或现场指挥部，并开展有限的现场活动，调用有限的外部资源。

功能演练比桌面演练规模要大，需动员更多的应急人员和机构，因而协调工作的难度也随着更多组织的参与而加大。演练完成后，除采取口头评论形式外，还应向地方提交有关演练活动的书面汇报，提出改进建议。

（3）全面演练

全面演练指针对应急预案中全部或大部分应急响应功能，检验、评价应急组织应急运行能力的演练活动。全面演练一般要求持续几个小时，采取交互式方式进行，演练过程要求尽量真实，调用更多的应急人员和资源，并开展人员、设备及其他资源的实战性演练，以检验相互协调的应急响应能力。与功能演练类似，演练完成后，除采取口头评论、书面汇报外，还应提交正式的书面报告。

应急演练的组织者或策划者在确定采取哪种类型的演练方法时，应考虑以下因素：

1）应急预案和响应程序制定工作的进展情况。

2）本辖区面临风险的性质和大小。

3）本辖区现有应急响应能力。

4）应急演练成本及资金筹措状况。

5）有关政府部门对应急演练工作的态度。

6）应急组织投入的资源状况。

7）国家及地方政府部门颁布的有关应急演练的规定。

无论选择何种演练方法，应急演练方案必须与辖区重大事故应急管理的需求和资源条件相适应。

6.3.2　演练的参与人员

应急演练的参与人员包括参演人员、控制人员、模拟人员、评价人员和观摩人员。这 5 类人员在演练过程中都有着重要的作用，并且在演练过程中都应佩戴能表明其身份的识别符。

(1) 参演人员

参演人员是指在应急组织中承担具体任务，并在演练过程中尽可能对演练情景或模拟事件作出真实情景下可能采取的响应行动的人员，相当于通常所说的演员。参演人员所承担的具体任务主要包括：

1）救助伤员或被困人员。

2）保护财产或公众健康。

3）获取并管理各类应急资源。

4）与其他应急人员协同处理重大事故或紧急事件。

(2) 控制人员

控制人员是指根据演练情景，控制演练时间进度的人员。控制人员根据演练方案及演练计划的要求，引导参演人员按响应程序行动，并不断给出情况或消息，供参演的指挥人员进行判断、提出对策。其主要任务包括：

1）确保规定的演练项目得到充分的演练，以利于评价工作的开展。

2）确保演练活动的任务量和挑战性。

3）确保演练的进度。

4）解答参演人员的疑问，解决演练过程中出现的问题。

5）保障演练过程的安全。

(3) 模拟人员

模拟人员是指演练过程中扮演、代替某些应急组织和服务部门，或模拟紧急事件、事态发展的人员。其主要任务包括：

1）扮演、替代正常情况或响应实际紧急事件时应与应急指挥中心、现场应急指挥所相互作用的机构或服务部门。由于各方面的原因，这些机构或服务部门并不参与此次演练。

2）模拟事故的发生过程，如释放烟雾、模拟气象条件、模拟泄漏等。

3）模拟受害或受影响人员。

（4）评价人员

评价人员是指负责观察演练进展情况并予以记录的人员。其主要任务包括：

1）观察参演人员的应急行动，并记录观察结果。

2）在不干扰参演人员工作的情况下，协助控制人员确保演练按计划进行。

（5）观摩人员

观摩人员是指来自有关部门、外部机构以及旁观演练过程的观众。

6.3.3　演练实施的基本过程

由于应急演练是由许多机构和组织共同参与的一系列行为和活动，因此，应急演练的组织与实施是一项非常复杂的任务，建立应急演练策划小组（或领导小组）是成功组织开展应急演练工作的关键。策划小组应由多种专业人员组成，包括来自消防、公安、医疗急救、应急管理、市政、学校、气象部门的人员，以及新闻媒体、企业、交通运输单位的代表等；必要时，军队、核事故应急组织或机构也可派出人员参加策划小组。为确保演练的成功，参演人员不得参加策划小组，更不能参与演练方案的设计。

综合性应急演练的过程可划分为演练准备、演练实施和演练总结 3 个阶段，各阶段的基本任务如图 6.3-1 所示。

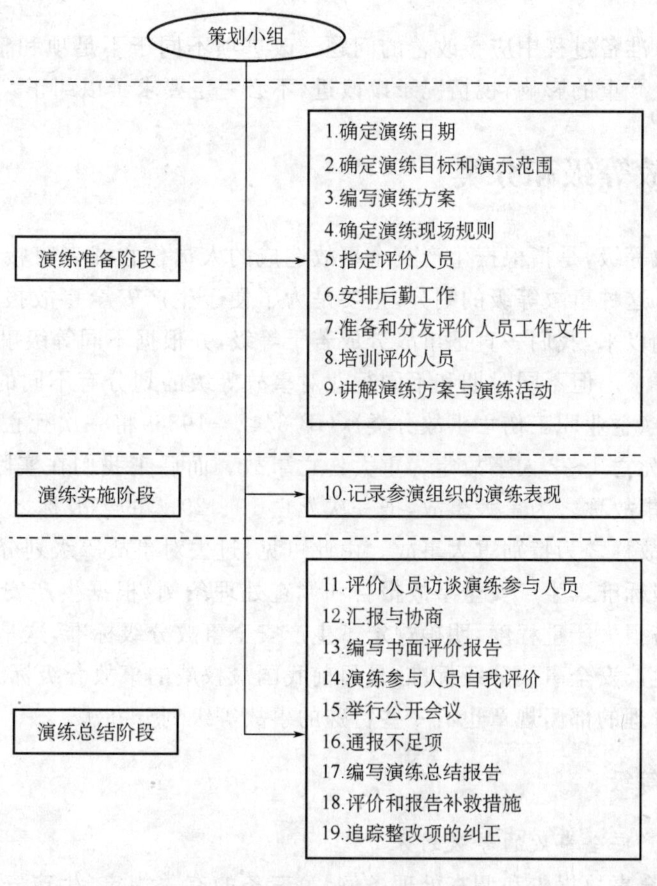

图 6.3-1　综合性应急演练实施的基本过程

6.3.4 演练实施的基本过程

应急演练结束后应对演练的效果做出评价，并提交演练报告，详细说明演练过程中发现的问题。按照对应急救援工作及时有效性的影响程度，将演练过程中发现的问题分为不足项、整改项和改进项。

(1) 不足项

不足项指演练过程中观察或识别出的应急准备缺陷，可能导致在紧急事件发生时，不能确保应急组织或应急救援体系有能力采取合理应对措施，保护公众的安全与健康。不足项应在规定的时间内予以纠正。演练过程中发现的问题确定为不足项时，策划小组负责人应对该不足项进行详细说明，并给出应采取的纠正措施和完成时限。最有可能导致不足项的应急预案编制要素包括：职责分配，应急资源，警报、通报方法与程序，通信，事态评估，公众教育与公共信息，保护措施，应急人员安全和紧急医疗服务等。

(2) 整改项

整改项指演练过程中观察或识别出的，单独不可能在应急救援中对公众的安全与健康造成不良影响的应急准备缺陷。整改项应在下次演练前予以纠正。在以下两种情况下，整改项可列为不足项：一是某个应急组织中存在两个以上整改项，共同作用可影响保护公众安全与健康能力的；二是某个应急组织在多次演练过程中，反复出现前次演练发现的整改项问题的。

(3) 改进项

改进项指应急准备过程中应予改善的问题。改进项不同于不足项和整改项，它不会对人员安全与健康产生严重的影响，视情况予以改进，不必一定要求予以纠正。

6.4 安全事故等级和分类

生产安全事故等级，是指根据生产安全事故造成的人员伤亡或者直接经济损失严重程度划分的事故等级。这种事故等级的划分，主要是为了便于生产安全事故报告和调查处理工作的分级管理。长期以来，我们一直把事故分成若干等级，并根据不同等级事故规定不同的报告和调查处理程序要求。但不同时期和不同行业对事故等级的划分有不同的分级办法，如1986年颁布的国家标准《企业职工伤亡事故分类》(GB 6442—1986)将一次死亡三人以上事故定为特大事故，将一次死亡1～2人事故定为重大伤亡事故。而后来我们在实际工作中，一般将一次死亡3～9人的事故称之为重大事故，把一次死亡10～29人的事故称之为特大事故，把一次死亡30人以上事故称之为特别重大事故。由此可见，过去对事故等级划分有些混乱。为统一生产安全事故分级标准，《生产安全事故报告和调查处理条例》根据生产安全事故造成的人员伤亡或者直接经济损失严重程度，明确规定了生产安全事故分级标准，这是在国家行政法规中第一次明确规定生产安全事故分级标准，是目前我国最权威的事故分级标准。此外，有关法规和交通运输安全管理的部门规章也有一些特殊的事故等级划分办法。

6.4.1 安全事故等级

6.4.1.1 普通生产安全事故的等级划分

根据《生产安全事故报告和调查处理条例》第三条的有关规定，生产安全事故一般分为以下四个等级：

(1) 特别重大事故

① 一次造成 30 人以上(含 30 人)死亡;

② 一次造成 100 人以上(含 100 人)重伤(包括急性工业中毒);

③ 一次造成 1 亿元以上(含 1 亿元)直接经济损失。

(2) 重大事故

① 一次造成 10～29 人死亡;

② 一次造成 50～99 人重伤(包括急性工业中毒);

③ 一次造成 5 000 万元～1 亿元直接经济损失。

(3) 较大事故

① 一次造成 3～9 人死亡;

② 一次造成 10～49 人重伤(包括急性工业中毒);

③ 一次造成 1 000 万元～5 000 万元直接经济损失。

(4) 一般事故

① 一次造成 1～2 人死亡;

② 一次造成 1～9 人重伤(包括急性工业中毒);

③ 一次造成 100 万元～1 000 万元直接经济损失。

需要说明的是,《生产安全事故报告和调查处理条例》在规定事故一般分为上述四个等级的同时,也规定针对一些行业或者领域事故的实际情况,国务院安全生产监督管理部门可以会同国务院有关部门,制定事故等级划分的补充性规定。这样规定,体现了原则性和灵活性的统一,符合实际情况。

(5) 特殊行业或者领域的事故等级划分

公安、交通、民航等有关部门都制定有火灾事故、道路交通事故、水上交通事故、民航飞行事故分级标准,如《铁路交通事故应急救援和调查处理条例》中对铁路交通事故的分级作出了规定。这些分级标准有的与《生产安全事故报告和调查处理条例》的规定不一致,应进行调整修订。但事实上,这些分级标准仍在行业或领域内使用。现将这些分级标准介绍如下:

6.4.1.2　道路交通事故等级划分

1991 年 12 月 2 日,公安部《关于修订道路交通事故等级划分标准的通知》(公通字〔1991〕113 号)将道路交通事故分为 4 类:

(1) 轻微事故,是指一次造成轻伤 1～2 人,或者财产损失机动车事故不足 1 000 元,非机动车事故不足 200 元的事故。

(2) 一般事故,是指一次造成重伤 1～2 人,或者轻伤 3 人以上,或者财产损失不足 3 万元的事故。

(3) 重大事故,是指一次造成死亡 1～2 人,或者重伤 3 人以上 10 人以下,或者财产损失 3 万元以上不足 6 万元的事故。

(4) 特大事故,是指一次造成死亡 3 人以上,或者重伤 11 人以上,或者死亡 1 人,同时重伤 8 人以上,或者死亡 2 人,同时重伤 5 人以上,或者财产损失 6 万元以上的事故。

6.4.1.3　火灾事故等级划分

1996 年 12 月 3 日,公安部、原劳动部、国家统计局联合颁布的关于重新印发《火灾统计管理规定》的通知(公通字〔1996〕82 号),将火灾事故分为特大火灾、重大火灾和一般火灾 3 类:

(1) 特大火灾事故,是指死亡 10 人以上(含 10 人,下同)事故;重伤 20 人以上事故;死亡、重伤 20 人以上事故;受灾 50 户以上事故;直接财产损失 100 万元以上事故。

(2) 重大火灾事故,是指死亡 3 人以上事故;重伤 10 人以上事故;死亡、重伤 10 人以上事故;受灾 30 户以上事故;直接财产损失 30 万元以上事故。

(3) 一般火灾,是指不具有前列两项情形的燃烧事故。

6.4.1.4 铁路交通事故等级划分

2007 年 7 月 1 1 日国务院发布的《铁路交通事故应急救援和调查处理条例》规定,根据事故造成的人员伤亡、直接经济损失、列车脱轨辆数、中断铁路行车时间等情形,铁路交通事故等级分为特别重大事故、重大事故、较大事故和一般事故。

(1) 有下列情形之一的,为特别重大事故:

1) 造成 30 人以上死亡,或者 100 人以上重伤(包括急性工业中毒,下同),或者 1 亿元以上直接经济损失的;

2) 繁忙干线客运列车脱轨 18 辆以上并中断铁路行车 48 小时以上的;

3) 繁忙干线货运列车脱轨 60 辆以上并中断铁路行车 48 小时以上的。

(2) 有下列情形之一的,为重大事故:

1) 造成 10 人以上 30 人以下死亡,或者 50 人以上 100 人以下重伤,或者 5 000 万元以上 1 亿元以下直接经济损失的;

2) 客运列车脱轨 18 辆以上的;

3) 货运列车脱轨 60 辆以上的;

4) 客运列车脱轨 2 辆以上 18 辆以下,并中断繁忙干线铁路行车 24 小时以上或者中断其他线路铁路行车 48 小时以上的;

5) 货运列车脱轨 6 辆以上 60 辆以下,并中断繁忙干线铁路行车 24 小时以上或者中断其他线路铁路行车 48 小时以上的。

(3) 有下列情形之一的,为较大事故:

1) 造成 3 人以上 10 人以下死亡,或者 10 人以上 50 人以下重伤,或者 1 000 万元以上 5 000万元以下直接经济损失的;

2) 客运列车脱轨 2 辆以上 18 辆以下的;

3) 货运列车脱轨 6 辆以上 60 辆以下的;

4) 中断繁忙干线铁路行车 6 小时以上的;

5) 中断其他线路铁路行车 10 小时以上的。

(4) 造成 3 人以下死亡,或者 10 人以下重伤,或者 1 000 万元以下直接经济损失的,为一般事故。

上述所称的"以上"包括本数,所称的"以下"不包括本数。

6.4.2 事故的分类

有关事故的分类问题,由于研究的目的不同,角度不同,分类的方法也就有所不同。目前主要有以下几种分类方法:

(1) 依照造成事故的责任不同,分为责任事故和非责任事故两大类

责任事故,是指由于人们违背自然或客观规律,违反法律、法规、规章和标准等行为造成的事故。非责任事故,是指遭遇不可抗拒的自然因素或目前科学无法预测的原因造成的事故。

(2) 依照事故造成的后果不同,分为伤亡事故和非伤亡事故

造成人身伤害的事故称为伤亡事故。只造成生产中断、设备损坏或财产损失的事故称为非伤亡事故。

(3) 依事故监督管理的行业不同,分为企业职工伤亡事故(工矿商贸企业伤亡事故)、火灾事故、道路交通事故、水上交通事故、铁路交通事故、民航飞行事故、农业机械事故、渔业船舶事故等。

6.5　生产安全事故的报告

生产安全事故的报告和调查处理,是安全生产工作的重要环节。我国政府历来重视生产安全事故的报告和调查处理工作,建国以来先后制定了一系列有关生产安全事故报告和调查处理的法规和标准,如国务院 1956 年颁布了《工人职员伤亡事故报告规程》,1989 年颁布了《特别重大事故调查程序暂行规定》,1990 年颁布了《海上交通事故调查处理条例》,1991 年颁布了《企业职工伤亡事故报告和处理规定》,2001 年颁布了《国务院关于特大安全事故行政责任追究的规定》,2007 年 4 月颁布了《生产安全事故报告和调查处理条例》,2007 年 7 月颁布了《铁路交通事故应急救援和调查处理条例》。此外,在《安全生产法》、《矿山安全法》、《消防法》、《道路交通安全法》、《海上交通安全法》、《铁路法》、《民用航空法》等法律中也对有关事故的报告和调查处理工作做出了明确规定。另外,国家还颁布了《企业职工伤亡事故分类标准》(GB 6441—1986)、《企业职工伤亡事故调查分析规则》(GB 6442—1986)、《企业职工伤亡事故经济损失统计标准》(GB 6721—1986)、《事故伤害损失工作日标准》(GB/T 15499—1995)等标准。

国务院 2007 年 4 月 9 日颁布的《生产安全事故报告和调查处理条例》是《安全生产法》的重要配套法规,它在总结国务院颁布的《企业职工伤亡事故报告和处理规定》和《特别重大事故调查程序暂行规定》实施经验的基础上,对生产安全事故的报告和调查处理作出了全面、明确的法律规定,是各级人民政府、安全生产监督管理部门和负有安全生产监督管理职责的其他有关部门做好事故报告和调查处理工作的主要法律依据。

6.5.1　生产安全事故报告的原则要求

事故报告是安全生产工作中的一项十分重要的内容,事故发生后,及时、准确、完整地报告事故,对于及时、有效地组织事故救援,减少事故损失,顺利开展事故调查具有十分重要的意义。因此,《安全生产法》和《生产安全事故报告和调查处理条例》都对生产安全事故报告工作做出了严格要求。

《生产安全事故报告和调查处理条例》第四条第一款规定:生产安全事故报告应当及时、准确、完整,任何单位和个人对事故不得迟报、漏报、谎报或者瞒报。

《安全生产法》第七十条、第七十一条对事故的报告作出了如下规定:

生产经营单位发生生产安全事故后,事故现场有关人员应当立即报告本单位负责人。

单位负责人接到事故报告后,应当迅速采取有效措施,组织抢救,防止事故扩大,减少人员伤亡和财产损失,并按照国家有关规定立即如实报告当地负有安全生产监督管理职责的部门,不得隐瞒不报、谎报或者拖延不报,不得故意破坏事故现场、毁灭有关证据。

负有安全生产监督管理职责的部门接到事故报告后,应当立即按照国家有关规定上报事故情况。负有安全生产监督管理职责的部门和有关地方人民政府对事故情况不得隐瞒不报、谎报或者拖延不报。

6.5.2 生产安全事故报告责任

《安全生产法》和《生产安全事故报告和调查处理条例》都明确规定了事故报告责任，下列人员和单位负有报告事故的责任：

(1) 事故现场有关人员。

(2) 事故发生单位的主要负责人。

(3) 安全生产监督管理部门。

(4) 负有安全生产监督管理职责的有关部门。

(5) 有关地方人民政府。

事故单位负责人既有向县级以上人民政府安全生产监督管理部门报告的责任，又有向负有安全生产监督管理职责的有关部门报告的责任，即事故报告是两条线，实行双报告制。

安全生产监督管理部门和负有安全生产监督管理职责的有关部门，既有向上级部门报告事故的责任，又有同时报告本级人民政府的责任。

6.5.3 安全事故报告程序及时限

根据《生产安全事故报告和调查处理条例》的有关规定，事故现场有关人员、事故单位负责人和有关部门应当按照下列程序和时间要求报告事故：

(1) 事故发生后，事故现场有关人员应当立即向本单位负责人报告；情况紧急时，事故现场有关人员可以直接向事故发生地县级以上人民政府安全生产监督管理部门和负有安全生产监督管理职责的有关部门报告。

(2) 单位负责人接到事故报告后，应当于 1 小时内向事故发生地县级以上人民政府安全生产监督管理部门和负有安全生产监督管理职责的有关部门报告。

(3) 安全生产监督管理部门和负有安全生产监督管理职责的有关部门接到事故报告后，应当按照事故的级别逐级上报事故情况，并报告同级人民政府，通知公安机关、劳动保障行政部门、工会和人民检察院，且每级上报的时间不得超过 2 小时。

1) 特别重大事故、重大事故逐级上报至国务院安全生产监督管理部门和负有安全生产监督管理职责的有关部门；

2) 较大事故逐级上报至省、自治区、直辖市人民政府安全生产监督管理部门和负有安全生产监督管理职责的有关部门；

3) 一般事故上报至设区的市级人民政府安全生产监督管理部门和负有安全生产监督管理职责的有关部门。

(4) 国务院安全生产监督管理部门和负有安全生产监督管理职责的有关部门以及省级人民政府接到发生特别重大事故、重大事故的报告后，应当立即报告国务院。

必要时，安全生产监督管理部门和负有安全生产监督管理职责的有关部门可以越级上报事故情况。

6.5.4 报告事故应当包括的内容

根据《生产安全事故报告和调查处理条例》的有关规定，事故报告的内容应当包括事故发生单位概况、事故发生的时间、地点、简要经过和事故现场情况，事故已经造成或者可能造成的伤亡人数和初步估计的直接经济损失,以及已经采取的措施等。事故报告后出现新情况的,还应当及时补报。

(1) 事故发生单位概况。事故发生单位概况应当包括单位的全称、所处地理位置、所有制形式和隶属关系、生产经营范围和规模、持有各类证照的情况、单位负责人的基本情况以及近期的生产经营状况等。对于不同行业的企业,报告的内容应该根据实际情况来确定,但是应当以全面、简洁为原则。

(2) 事故发生的时间、地点以及事故现场情况。报告事故发生的时间应当具体,并尽量精确到分钟。报告事故发生的地点要准确,除事故发生的中心地点外,还应当报告事故所波及的区域。报告事故现场的情况应当全面,不仅应当报告现场的总体情况,还应当报告现场的人员伤亡情况、设备设施的毁损情况;不仅应当报告事故发生后的现场情况,还应当尽量报告事故发生前的现场情况。

(3) 事故的简要经过。事故的简要经过是对事故全过程的简要叙述。核心要求在于"全"和"简"。"全"就是要全过程描述,"简"就是要简单明了。但是,描述要前后衔接、脉络清晰、因果相连。需要强调的是,由于事故的发生往往是在一瞬间,对事故经过的描述应当特别注意事故发生前作业场所有关人员和设备设施的一些细节,因为这些细节可能就是引发事故的重要原因。

(4) 事故已经造成或者可能造成的伤亡人数(包括下落不明的人数)和初步估计的直接经济损失。对于人员伤亡情况的报告,应当遵守实事求是的原则,不做无根据的猜测,更不能隐瞒实际伤亡人数。在矿山事故中,往往出现多人被困井下的情况,对可能造成的伤亡人数,要根据事故单位当班记录,尽可能准确地报告。对直接经济损失的初步估算,主要指事故所导致的建筑物的毁损、生产设备设施和仪器仪表的损坏等。由于人员伤亡情况和经济损失情况直接影响事故等级的划分,并因此决定事故的调查处理等后续重大问题,在报告这方面情况时应当谨慎细致,力求准确。

(5) 已经采取的措施。已经采取的措施主要是指事故现场有关人员、事故单位负责人、已经接到事故报告的安全生产管理部门为减少损失、防止事故扩大和便于事故调查所采取的应急救援和现场保护等具体措施。

(6) 事故的补报。事故报告后出现新情况的,应当及时补报。自事故发生之日起 30 日内,事故造成的伤亡人数发生变化的,应当及时补报。道路交通事故、火灾事故自发生之日起 7 日内,事故造成的伤亡人数发生变化的,应当及时补报。

6.5.5　事故调度统计报告的有关规定

国家安全监管总局"关于印发《安全生产调度统计业务规范》的通知"(安监总厅字〔2005〕56 号)和《国家安全监管总局关于调整生产安全事故调度统计报告的通知》(安监总调度〔2007〕120 号),对生产安全事故调度统计报告范围、内容和时限作出了如下规定:

6.5.5.1　生产安全事故调度统计报告范围

(1) 生产经营活动中发生的造成人员死亡、重伤(包括急性工业中毒)或者直接经济损失在 100 万元以上的各类生产安全事故;

(2) 各类非法生产经营事故;

(3) 事故性质暂时界定不清的各类事故。

调度快报事故范围是指生产经营活动中各行业领域发生的特别重大事故、重大事故、较大事故和煤矿一般事故，较大以上涉险事故，事故性质暂时不清的较大及以上事故。

6.5.5.2 调度快报

(1) 调度快报内容

1) 事故发生的时间(年、月、日、时、分)；

2) 事故发生地[省(区、市)、市(地)、县(市)、乡(镇)]；

3) 发生事故的单位名称、经济类型(国有和国有控股、集体和集体控股、民营和民营控股以及合资、外资等)；

4) 事故类型(按照各行业和领域的事故类型报告)；

5) 生产规模和能力(设计、核定)；

6) 发生事故单位的安全评估等级和持有证件情况；

7) 发生事故的车辆、船舶、飞行器、容器等牌号、名称及核载、实载情况；

8) 事故简要情况(事故的经过及事故原因初步分析)；

9) 事故现场总人数和伤亡人数(死亡、失踪、被困、轻伤、重伤、急性工业中毒等)；

10) 初步估计事故造成的直接经济损失；

11) 事故抢救进展情况和采取的措施。

(2) 调度快报时限

省级安全生产监督管理部门、煤矿安全监察机构接到较大及以上事故报告后，要在 2 小时内报送至安全监管总局(调度统计司)。对事故情况暂时不清的，可先报送事故概况并及时跟踪，或有新情况续报。

省级煤矿安全监察机构接到煤矿一般事故报告，每周周五前和每月月末报送至安全监管总局(调度统计司)。

(3) 事故快报的方式

接到事故信息后，根据事故情况，按以下方式逐级报送：

1) 一次死亡(遇险)10 人以下事故使用国家安全生产监督管理总局统一的网络传输软件报送，尚不具备网络传输条件的可使用传真报送；

2) 一次死亡(遇险)10 人以上(含 10 人)事故、社会影响重大事故和重特大未遂伤亡事故发生后，使用网络传输软件和电话同时报告，不具备网络传输条件的使用传真和电话同时报告。

6.5.5.3 统计月报

(1) 统计月报内容

生产安全事故基本情况，包括事故发生单位的名称、地址、事故死亡、事故重伤(包括急性工业中毒)、直接经济损失、事故原因、事故类别等情况。

(2) 统计月报时限

省级安全生产监督管理部门、煤矿安全监察机构应按照《安全监管总局办公厅关于调整生产安全事故报告时间的通知》(安监总厅统计〔2007〕37 号)要求，于每月 6 日前，将上月本地区工矿商贸企业各类生产安全事故卡片报送至安全监管总局(调度统计司)。

(3) 事故统计月报的报送方式

各类工矿商贸企业伤亡事故由安全生产监督管理部门负责统计报告；煤矿企业伤亡事故由煤矿安全监察机构负责统计报告(未设立煤矿安全监察机构的地区，由当地安全生产监督管理部门报告)。

使用国家安全生产监督管理总局统一的伤亡事故统计软件通过专用网络报送伤亡事故统

计卡片；尚不具备专用网络传输条件的单位，可使用公共网络报送事故统计卡片。

6.5.5.4　安全事故调度统计报告的几个问题

(1) 以高等级事故因素为先确定事故等级

一起事故造成的人员死亡、重伤(包括急性工业中毒)和直接经济损失如同时符合2个以上事故等级的，在总体事故统计时，以最高事故等级为先进行统计。

(2) 事故等级的变化调整

由于事故造成的死亡、重伤(包括急性工业中毒)、直接经济损失发生变动，导致事故等级出现变化的，要按照《条例》等有关规定重新进行事故等级调整。

(3) 事故报告项目的界定标准

重伤。依据《企业职工伤亡事故分类标准》(GB 6441—1986)和《事故伤害损失工作日标准》(GB/T 15499—1995)，"重伤"是指造成职工肢体残缺或视觉、听觉等器官受到严重损伤，一般能引起人体长期存在功能障碍，或劳动能力有重大损失的伤害。具体是指损失工作日等于和超过105日的失能伤害。

急性工业中毒。参照《劳动部办公厅企业职工伤亡事故报告统计问题解答》(1993年9月17日)，"急性工业中毒"是指人体因接触国家规定的工业性毒物、有害气体，一次或短期内吸入大量工业有毒物质使人体在短时间内发生病变，导致人员立即中断工作。入院治疗的列入急性工业中毒事故统计。

死亡和失踪。道路交通、火灾和水上交通事故在7天内死亡或失踪超过7天的，均按死亡事故报告统计；其他事故在30天内死亡的(因医疗事故死亡的除外，但必须得到医疗事故鉴定部门的确认)或失踪超过30天的，均按死亡事故报告统计。如果来不及在当月统计的，应在下月补报。超过上述事故规定报告期限死亡的，不再进行补报和统计。

直接经济损失。依据《企业职工伤亡事故经济损失统计标准》(GB 6721—1986)，"直接经济损失"是指生产经营活动中因事故造成的人身伤亡、善后处理、事故救援、事故处理所支出的费用和财产损失价值等合计，具体统计范围包括以下几项：

1) 人身伤亡后所支出的费用

① 医疗费用(含护理费用)；

② 丧葬及抚恤费用；

③ 补助及救济费用；

④ 歇工工资。

2) 善后处理费用

① 处理事故的事务性费用；

② 现场抢救费用；

③ 清理现场费用。

3) 财产损失价值

① 固定资产损失价值；

② 流动资产损失价值。

(4) 事故性质的界定

要严格事故性质的界定，对事故性质暂时界定不清的，应先按要求及时陕报，经事故调查认定为非生产安全事故的，要及时向安全监管总局写出书面报告，在没有明确批复之前，必须进入统计。

6.5.6 事故的救援与现场处置

根据《安全生产法》和《生产安全事故报告和调查处理条例》的有关规定，事故发生单位的主要负责人、安全生产监督管理部门、负有安全生产监督管理职责的有关部门、有关地方人民政府在接到事故报告后，除要做好事故报告工作外，更重要的是要积极组织事故救援，并保护好事故现场。

事故发生单位负责人接到事故报告后，应当立即启动事故应急预案，或者采取有效措施，组织抢救，防止事故扩大，减少人员伤亡和财产损失。事故发生地有关地方人民政府、安全生产监督管理部门和负有安全生产监督管理职责的有关部门接到事故报告后，其负责人应当立即赶赴事故现场，组织事故救援。有关部门应当服从指挥、调度，参加或者配合救助，将事故损失降到最低限度。

事故发生后，有关单位和人员应当妥善保护事故现场以及相关证据，任何单位和个人不得破坏事故现场、毁灭相关证据。因抢救人员、防止事故扩大以及疏通交通等原因，需要移动事故现场物件的，应当做出标志，绘制现场简图并做出书面记录，妥善保存现场重要痕迹、物证。

事故发生地公安机关根据事故的情况，对涉嫌犯罪的，应当依法立案侦查，采取强制措施和侦查措施。犯罪嫌疑人逃匿的，公安机关应当迅速追捕归案。

安全生产监督管理部门和负有安全生产监督管理职责的有关部门应当建立值班制度，并向社会公布值班电话，受理事故报告和举报。

6.6 事故调查

6.6.1 事故调查的基本原则

根据《生产安全事故报告和调查处理条例》第四条的规定，事故调查工作必须坚持以下原则：

(1) 实事求是的原则

实事求是，是唯物辩证法的基本要求。事故调查工作必须坚持实事求是，坚决克服主观主义，保证做到客观、公正。一是必须全面、彻底查清生产安全事故的原因，不得夸大事故事实或者缩小事故事实，更不得弄虚作假；二是在认定事故性质、分析事故责任时一定要从实际出发，要在查明事故原因的基础上，根据实际情况明确事故责任；三是在提出对事故责任者的处理意见时，一定要实事求是，不得从主观出发，不能感情用事，要坚持以事实为依据，以法律为准绳，要根据事故责任划分，按照法律、法规和国家有关规定对事故责任人提出处理意见；四是总结事故教训、落实事故整改措施要实事求是，总结教训要准确、全面，落实整改措施要坚决、彻底。

(2) 尊重科学的原则

尊重科学，是事故调查工作的客观规律。生产安全事故调查工作具有很强的科学性和技术性，特别是事故原因的调查，往往需要做很多技术上的分析和研究，利用很多技术手段，如进行技术鉴定或试验等。尊重科学，一是要有科学的态度，不主观臆想，不轻易下结论，防止个人意识主导，杜绝心理偏好，努力做到客观、公正；二是要特别注意充分发挥专家和技术人员的作用，把对事故原因的查明、事故责任的分析、认定建立在科学的基础上。

6.6.2 事故调查工作的职责划分

我国生产安全事故调查工作实行“政府统一领导、分级负责”的原则，《生产安全事故报告和调查处理条例》对不同等级事故组织事故调查的责任分别做了规定。同时，考虑到火灾、道路交通、水上交通等行业或者领域的事故调查处理已有专门法律、行政法规，《生产安全事故报告和调查处理条例》第四十五条规定："特别重大事故以下等级事故的报告和调查处理，有关法律、行政法规或者国务院另有规定的，依照其规定。"根据《生产安全事故报告和调查处理条例》和有关法律、行政法规或者国务院的有关规定，生产安全事故调查工作的职责分工大致如下：

6.6.2.1　特别重大事故的调查

特别重大事故由国务院或者国务院授权的部门组织事故调查组进行调查。由国务院直接组织事故调查组进行调查的特别重大事故，事故调查组组长既可以由国务院有关领导同志担任，也可以由国务院指定有关部门负责同志担任。近年来发生的特别重大事故，一般是由国务院批准成立事故调查组进行调查。

6.6.2.2　重大事故以下等级事故的调查

(1) 普通事故的调查。根据《生产安全事故报告和调查处理条例》第十九条的有关规定，重大事故、较大事故、一般事故分别由事故发生地省级人民政府、设区的市级人民政府、县级人民政府负责调查。省级人民政府、设区的市级人民政府、县级人民政府可以直接组成事故调查组进行调查，也可以授权或者委托有关部门组织事故调查组进行调查。未造成人员伤亡的事故，县级人民政府也可以委托事故发生单位组织事故调查组进行调查。

(2) 铁路交通事故的调查。根据《生产安全事故报告和调查处理条例》第四十五条和《铁路交通事故应急救援调查处理条例》第二十六条的有关规定，铁路发生重大事故由国务院铁路主管部门组织事故调查组进行调查，较大事故和一般事故由事故发生地铁路管理机构组织事故调查组进行调查；国务院铁路主管部门认为必要时，可以组织事故调查组对较大事故和一般事故进行调查。根据事故的具体情况，事故调查组由有关人民政府、公安机关、安全生产监督管理部门、监察机关等单位派人组成，并应当邀请人民检察院派人参加。

(3) 跨行政区域发生的事故的调查。特别重大事故以下等级事故，事故发生地与事故发生单位不在同一个县级以上行政区域的，由事故发生地人民政府负责调查，事故发生单位所在地人民政府应当派人参加。

6.6.2.3　上级政府可以调查下级政府负责调查的事故

上级人民政府认为必要时，可以调查由下级人民政府负责调查的事故。一般情况下，由下级人民政府负责调查的事故有下列情形之一时，可以由上级人民政府组织事故调查组进行调查：

(1) 事故性质恶劣、社会影响较大的；

(2) 同一地区连续频繁发生同类事故的；

(3) 事故发生地不重视安全生产工作、不能真正吸取事故教训的；

(4) 社会和群众对下级政府调查的事故反响十分强烈的；

(5) 事故调查难以做到客观、公正的。

6.6.2.4　因事故伤亡人数变化导致事故等级发生变化的事故的调查

自事故发生之日起 30 日内(道路交通事故、火灾事故自发生之 13 起 7 日内)，因事故伤亡人数变化导致事故等级发生变化，依照《生产安全事故报告和调查处理条例》规定应当由上级人民政府负责调查的，上级人民政府可以另行组织事故调查组进行调查。

6.6.3　事故调查组的组成

(1) 事故调查组的组成原则

事故调查组的组成应当遵循精简、效能的原则。根据事故的具体情况，事故调查组由有关人民政府、安全生产监督管理部门、负有安全生产监督管理职责的有关部门、监察机关、公安机关以及工会派人组成，并应当邀请人民检察院派人参加。事故调查组可以聘请有关专家参与调查。

（2）事故调查组成员的基本条件

事故调查组成员应当具有事故调查所需要的知识和专长，并与所调查的事故没有直接利害关系。所谓没有直接利害关系，是指事故调查组成员与事故发生单位没有直接利害关系，与事故单位的主要负责人、主管人员、有关责任人没有直接利害关系。事故调查组组成时，发现被推荐为事故调查组成员的人选与所调查的事故有直接利害关系的，组织事故调查的人民政府或者有关部门应当将该成员予以调整；事故调查组组成时，有关部门、单位中与所调查的事故有直接利害关系的人员应当主动回避，不应参加事故调查工作；事故调查组组成后，有关部门、单位发现其成员与所调查的事故有直接利害关系的，事故调查组应当将该成员予以更换或者停止其事故调查工作。

（3）事故调查组组长的产生

事故调查组组长由负责事故调查的人民政府指定，也可以由授权组织事故调查组的有关部门指定，事故调查组应当根据事故的具体情况和事故等级，设事故调查组副组长1～3人，副组长一般情况下应当是有关地方政府或者有关部门的负责人，副组长在事故调查组成员中产生，协助组长开展事故调查工作。对一般等级的事故可只设组长一名，不再设置副组长。

（4）事故调查组应当明确的几个问题

1）事故调查组的组成必须依照《生产安全事故报告和调查处理条例》的规定执行；

2）事故调查组的成员履行事故调查的行为是职务行为，代表其所属部门、单位进行事故调查工作；

3）事故调查组成员都要接受事故调查组的领导；

4）事故调查组聘请的参与事故调查的专家，也是事故调查组的成员。

6.6.4 事故调查组的职责及权利

6.6.4.1 事故调查组的职责

根据《生产安全事故报告和调查处理条例》的有关规定，事故调查组履行下列职责：

（1）查明事故发生的经过

1）事故的具体时间、地点；

2）事故发生前，事故发生单位生产作业状况；

3）事故现场状况及事故现场保护情况；

4）事故发生后采取的应急处置措施情况；

5）事故报告经过；

6）事故抢救情况；

7）事故善后处理情况；

8）其他与事故发生经过有关的情况。

（2）查明事故发生的原因

1）事故发生的直接原因；

2）事故发生的间接原因；

3）事故发生的其他原因。

（3）查明人员伤亡情况

1）事故发生前，事故发生单位生产作业人员分布情况；

2）事故发生时人员涉险情况；

3）事故当场人员伤亡情况及人员失踪情况；

4）事故抢救过程中人员伤亡情况；

5）最终伤亡情况；

6）其他与事故发生有关的人员伤亡情况。

（4）查明事故的直接经济损失

1）人员伤亡后所支出的费用，如医疗费用、丧葬及抚恤费用、补助及救济费用、歇工工资等；

2）事故善后处理费用，如事故处理的事务性费用、现场抢救费用、现场清理费用、事故罚款和赔偿费用等；

3）事故造成的财产损失费用，如固定资产损失价值、流动资产损失价值等。

（5）认定事故的性质和事故责任

通过事故调查分析，对事故的性质要有明确结论。其中对认定为自然事故（非责任事故或者不可抗拒的事故）的可不再认定或者追究事故责任人；对认定为责任事故的，要按照责任大小和承担责任的不同分别认定下列事故责任：

1）直接责任者，即其行为与事故发生有直接责任的人员，如违章作业人员。

2）主要责任者，即对事故发生负有主要责任的人员，如违章指挥者。

3）领导责任者，即对事故发生负有领导责任的人员。

（6）提出对事故责任者的处理建议

通过事故调查分析，在认定事故的性质和事故责任的基础上，提出对事故责任者的处理建议。对事故责任者的处理建议一般包括以下内容：

1）对事故责任者的行政处分、纪律处分建议；

2）对事故责任者的行政处罚建议；

3）对事故责任者追究刑事责任的建议；

4）对事故责任者追究民事责任的建议。

（7）总结事故教训

通过事故调查分析，在查明事故原因和事故单位在安全生产管理上存在的问题及漏洞，认定事故性质和事故责任的基础上，要认真总结事故教训，要针对安全生产管理、安全投入、安全条件等方面存在的不足和漏洞，查找事故根源：

1）事故发生单位应该吸取的教训；

2）事故发生单位主要负责人应该吸取的教训；

3）事故发生单位有关主管人员和有关职能部门应该吸取的教训；

4）从业人员应该吸取的教训；

5）政府及其有关主管部门应该吸取的教训；

6）相关生产经营单位应该吸取的教训；

7）社会公众应该吸取的教训。

（8）提出事故防范措施和整改意见

在事故调查分析的基础上，针对事故发生单位和政府监管工作中存在的问题，提出事故防范措施和整改建议。

(9) 提交事故调查报告

在事故调查组全面完成事故调查任务的前提下，提出事故调查报告。该调查报告必须经事故调查组全体成员讨论通过并签名。

6.6.4.2　事故调查组的职权

根据《生产安全事故报告和调查处理条例》第二十六条的有关规定，事故调查组在履行事故调查职责时有以下权利：

(1) 有权向有关单位和个人了解与事故有关的情况。事故发生单位的负责人和有关人员在事故调查期间不得擅离职守，并应当随时接受事故调查组的询问，如实提供有关情况。

(2) 有权获得相关文件、资料。事故调查组根据事故调查工作的需要，有权向事故单位和相关部门、单位及个人调阅、复制相关文件、资料，有关单位和个人必须及时、如实提供，不得拒绝。

(3) 事故调查组在事故调查中发现涉嫌犯罪的，事故调查组应当及时将有关材料或者其复印件移交司法机关处理。

6.6.5　事故调查组成员的行为规范

《生产安全事故报告和调查处理条例》第二十八条对事故调查组成员的行为规范做了明确规定。

(1) 事故调查组成员要有品德操守。事故调查组成员不管来自哪个部门和单位，均是事故调查组的一员，在参加事故调查工作中要讲诚信，要公正地开展事故调查工作，要全面了解事故调查中的有关情况，不得偏听、偏信，影响事故调查。

(2) 事故调查组成员要有工作操守。事故调查组成员要恪尽职守，兢兢业业，严格履行职责，充分发挥专业特长和技术特长，按时、高质量地完成调查组分配的调查任务。

(3) 事故调查组成员要守纪、保密。事故调查组成员要遵守事故调查组的纪律，服从事故调查组的领导，廉洁自律，认真负责，协调行动，听从指挥，同时，要严格保守事故调查中的秘密。

(4) 事故信息发布工作，应当由事故调查组统一安排，未经事故调查组组长允许，事故调查组成员不得擅自发布有关事故的信息。

6.6.6　事故调查的常用工作方式

对重大事故、特别重大事故的调查，一般在调查组中设置若干工作小组，每一工作小组负责某一方面的具体调查工作，通常分设综合组、技术组、管理组等。各工作小组的分工大致如下：

(1) 综合组。主要负责资料搜集和保管、信息报送、协调内务、对外联络、宣传报道、汇总材料、协助善后工作、写出事故调查报告。

(2) 技术分析组。主要负责现场勘察、收集现场资料和物证，对事故现场技术状况进行分析，为事故抢救工作提供决策支持，并对事故的技术原因进行分析，认定事故性质，写出技术调查报告。

(3) 管理调查组。主要负责调查生产经营单位和相关部门在安全生产管理、安全培训和政府监管监察等方面存在的问题，并负责提出对责任人的处理建议，写出管理组调查报告。

上述三个工作小组中，调查工作任务最重的是技术分析组和管理调查组。技术分析组的工作涉及对事故的分析是否准确，能够经得起历史考验的问题。在对一些复杂事故的分析中，特别是在争议比较大的情况下，可能还要通过试验或模拟分析的方法进行论证。

管理调查组的工作涉及生产经营单位在安全生产法律法规执行、制度落实等方面存在的问题，直接涉及有关责任人员的处理，并往往影响事故结案的时间。

6.6.7　事故调查常用的工作方法

在开展事故调查工作中，关键是要重证据，重第一手材料，《企业职工伤亡事故调查分析规则》对此作出了专门规定。因此，调查组开展工作时，应首先查看事故现场，封存有关技术档案和记录，找当事人谈话做好笔录，根据需要复印有关材料，针对不同情况，对照有关法律法规，查找在制度建设上、管理工作上、生产技术和工艺上等存在的问题，举一反三，反过来查找安全生产监督管理工作方面存在的问题，弥补缺陷，调整和完善国家有关法律法规，改进工作方法，强化监督管理，杜绝同类事故的发生。

6.6.7.1　事故调查的取证

事故发生后，在进行事故调查的过程中，事故调查取证是完成事故调查过程中非常重要的一个环节，这在《企业职工伤亡事故调查分析规则》中作出了明确的规定，主要有以下几个方面。

(1) 现场处理

1) 事故发生后，应救护受伤害者，采取措施制止事故蔓延扩大。

2) 认真保护事故现场，凡与事故有关的物体、痕迹、状态，不得破坏。

3) 为抢救受伤害者需要移动现场某些物体时，必须做好现场标志。

(2) 物证搜集

1) 现场物证包括：破损部件、碎片、残留物、致害物等。

2) 在现场搜集到的所有物件均应贴上标签，注明地点、时间、管理者。

3) 所有物件应保持原样，不准冲洗擦拭。

4) 对健康有危害的物品，应采取不损坏原始证据的安全防护措施。

(3) 事故事实材料的搜集

1) 与事故鉴别、记录有关的材料

① 发生事故的单位、地点、时间；

② 受害人和肇事者的姓名、性别、年龄、文化程度、职业、技术等级、工龄、本工种工龄、支付工资的形式；

③ 受害人和肇事者的技术状况，接受安全教育情况；

④ 出事当天，受害人和肇事者什么时间开始工作、工作内容、工作量、作业程序、操作时的动作(或位置)；

⑤ 受害人和肇事者过去的事故记录。

2) 事故发生的有关事实

① 事故发生前设备、设施等的性能和质量状况；

② 使用的材料，必要时进行物理性能或化学性能实验与分析；

③ 有关设计和工艺方面的技术文件、工作指令和规章制度方面的资料及执行情况；

④ 关于工作环境方面的状况。包括照明、湿度、温度、通风、声响、色彩度、道路、工作面状况及工作环境中的有毒、有害物质取样分析记录；

⑤ 个人防护措施状况，应注意它的有效性、质量、使用范围；

⑥ 出事前受害人或肇事者的健康状况；

⑦ 其他可能与事故致因有关的细节或因素。

(4) 证人材料搜集

事故发生后，要尽快找被调查者搜集材料，认真询问当事人。对证人的口述材料，应认真考证其真实程度。

(5) 现场摄影及绘图

1) 显示残骸和受害者原始存息地的所有照片。

2) 可能被清除或被践踏的痕迹，如刹车痕迹、地面和建筑物的伤痕、火灾引起损害的照片、冒顶下落物的空间等。

3) 事故现场全貌。

4) 利用摄影或录像，提供较完善的信息内容。

5) 必要时，绘出事故现场示意图、流程图、受害者位置图等。

6.6.7.2　技术鉴定

事故调查中需要进行技术鉴定的，事故调查组应当委托具有国家规定资质的单位进行技术鉴定。必要时，事故调查组可以直接组织专家进行技术鉴定。技术鉴定所需时间不计人事故调查期限。

事故发生不仅涉及人的操作行为、管理行为等，而且会涉及生产作业环境的安全状态和设备、设施的安全状况，在事故调查中进行技术鉴定往往是确定事故发生的直接原因的有效途径和技术支持。

6.6.7.3　事故调查常用的技术方法

事故调查常用的技术方法有故障树分析方法、故障类型和影响分析方法和变更分析方法。这里只介绍变更分析方法。

从变更分析方法的名字就可以看出，该技术方法重点在于变更。为了完成事故调查，查找原因，调查人员必须寻找与标准、规范相背离的东西。调查有关预期变更所导致的所有问题。对每一项变更进行分析，以便确定其发生的原因。这种技术方法应遵循以下步骤：

(1) 确定问题，即发生了什么。

(2) 相关标准、规范的确立。

(3) 辨明发生什么变更、变更的位置以及对变更的描述，即发生什么变更、在哪儿发生的变更、什么时间发生的以及变更的程度如何。

(4) 影响变更的因素具体化的描述和不影响变更的因素描述。

(5) 辨明变更的特点、特征及具体情况。

(6) 对发生变更的可能原因作一详细的列表。

(7) 从中选择最可能的变更原因。

(8) 找出相关变更带来的危险因素的防范措施。

6.6.7.4　事故分析

对一起事故的原因分析，通常有两个层次，即直接原因和间接原因。直接原因通常是一种或多种不安全行为、不安全状态或两者共同作用的结果。间接原因可追踪于管理措施及决策的缺陷，或者环境的因素。分析事故时，应从直接原因入手，逐步深入到间接原因，从而掌握事故的全部原因。在事故原因分析时通常要明确以下内容：①在事故发生之前存在什么样的征兆。②不正常的状态是在哪儿发生的。③在什么时候首先注意到不正常的状态。④不正常状态是如何发生的。⑤事故为什么会发生。⑥事件发生的可能顺序以及可能的原因(直接原因、间接原因)。⑦分析可选择的事件发生顺序。

(1) 事故原因分析的基本步骤

《企业职工伤亡事故调查分析规则》中，给出了分析事故原因的步骤。

1) 整理和阅读调查材料

2) 按以下 7 项内容进行分析

① 受伤部位；② 受伤性质；③ 起因物；④ 致害物；⑤ 伤害方式；⑥ 不安全状态；⑦ 不安全行为。

3) 确定事故的直接原因

4) 确定事故的间接原因

5) 确定事故责任者

(2) 直接原因分析

在《企业职工伤亡事故调查分析规则》中规定，属于下列情况者为直接原因：

1) 机械、物质或环境的不安全状态。

2) 人的不安全行为。

(3) 间接原因分析

在《企业职工伤亡事故调查分析规则》中规定，属下列情况者为间接原因：

1) 技术和设计上有缺陷—工业构件、建筑物、机械设备、仪器仪表、工艺过程、操作方法、维修检验等的设计、施工和材料使用存在问题；

2) 教育培训不够、未经培训、缺乏或不懂安全操作技术知识；

3) 劳动组织不合理；

4) 对现场工作缺乏检查或指导错误；

5) 没有安全操作规程或不健全；

6) 没有或不认真实施事故防范措施，对事故隐患整改不力；

7) 其他。

6.6.8　事故调查时限和事故报告的主要内容

《生产安全事故报告和调查处理条例》第二十九条和第三十条明确规定了提出事故报告的时限和事故调查报告应当包括的内容。

6.6.8.1　事故调查时限

原则上，事故调查组应当自事故发生之日起 60 日内提交事故调查报告；特殊情况下，提交事故调查报告的期限经负责事故调查的人民政府批准可以适当延长，但延长的期限最长不超过 60 日。事故调查报告报送负责事故调查的人民政府后，事故调查工作即告结束，事故调查的有关资料应当归档保存。

6.6.8.2　事故调查报告的主要内容

(1) 事故调查报告正文的内容

1) 事故发生单位概况；

2) 事故发生经过和事故救援情况；

3) 事故造成的人员伤亡和直接经济损失；

4）事故发生的原因和事故性质；

5）事故责任的认定以及对事故责任者的处理建议；

6）事故防范和整改措施。

（2）事故调查报告附件应当包括的内容

事故调查报告应当附具有关证据材料和事故调查组成员在事故调查报告上的签名页。事故调查报告附具的有关证据材料是事故调查报告的重要部分，应作为事故调查报告的附件一并提交。事故调查报告附具的有关证据材料应当具有真实性，并作为事故调查报告的附件予以详细登记，必要时有关当事人及获得该证据材料的事故调查组成员应当在证据材料上签名。事故调查组成员在事故调查报告上的签名页是事故调查报告的必备内容，没有事故调查组成员签名的事故调查报告，可以不予批复。

6.7　事故处理

6.7.1　有关事故处理的规定

事故处理对于事故责任追究以及防范和整改措施的落实等非常重要，也是落实"四不放过"要求的核心环节。《生产安全事故报告和调查处理条例》对事故处理工作作出了明确规定。

（1）事故调查报告的批复主体和批复期限

事故调查报告由负责组织事故调查的人民政府批复，即：特别重大事故的调查报告由国务院批复；重大事故、较大事故、一般事故的事故调查报告分别由负责事故调查的有关省级人民政府、设区的市级人民政府、县级人民政府批复。

重大事故、较大事故、一般事故自收到事故调查报告之日起 15 日内作出批复；特别重大事故 30 日内作出批复，特殊情况下，批复时间可以适当延长，但延长的时间最长不超过 30 日。

（2）事故责任追究的落实

有关机关应当按照人民政府的批复，依照法律、行政法规规定的权限和程序，对事故发生单位和有关人员进行行政处罚，对负有事故责任的国家工作人员进行处分；事故发生单位应当按照负责事故调查的人民政府的批复，对本单位负有事故责任的人员进行处理；负有事故责任的人员涉嫌犯罪的，依法追究刑事责任。

（3）防范和整改措施的落实及其监督检查

事故发生单位应当认真吸取事故教训，落实防范和整改措施，防止事故再次发生。防范和整改措施的落实情况应当接受工会和职工的监督。安全生产监督管理部门和负有安全生产监督管理职责的有关部门应当对事故发生单位负责落实防范和整改措施的情况进行监督检查。所谓监督检查，主要是指通过信息反馈、情况反映、实地检查等方式及时掌握事故发生单位落实防范和整改措施的情况，对未按照要求落实的，督促其落实；经督促仍不落实的，依法采取有关措施。

（4）事故处理情况的公布

事故处理情况除依法需要保密的外，由负责事故调查的人民政府或者其授权的机构向社会公布。

6.7.2　有关事故责任追究的规定

安全生产责任追究是指因安全生产责任者未履行安全生产有关的法定责任，根据其行为的性质及后果的严重性，追究其行政、民事或刑事责任的一种制度。

6.7.2.1　行政责任

(1) 安全生产责任的行政处分规定

安全生产责任的行政处分主要是对职务性过错的制裁，它包括不作为失职处分和作为失职处分。《国务院关于特大安全事故行政责任追究的规定》(国务院302号令)对各种不作为失职行为和作为违法、违纪行为的处分都作了明确规定；《安全生产法》第六章对安全生产监督管理人员的行政法律责任有明确的规定。主要有：

1) 防范性工作失职处分；

2) 确保中小学生社会实践活动安全的失职处分；

3) 安全审批失职处分；

4) 监督管理失职处分；

5) 事故调查处理失职处分。

(2) 安全生产责任的行政处罚规定

在《安全生产法》、《国务院关于特大安全事故行政责任追究的规定》、《消防法》、《矿山安全法》、《建筑法》、《环境保护法》、《治安管理条例》和《生产安全事故报告和调查处理条例》等法律、法规中，对违反安全规定或因违法行为造成事故的责任人(公民、法人或其他组织)的行政处罚，都有具体规定。

6.7.2.2　刑事责任

根据《刑法》中的规定，与安全生产有关的犯罪主要有危害公共安全罪，渎职罪，生产、销售伪劣商品罪和重大环境污染事故罪。其中危害公共安全罪是一类社会危害性非常严重的犯罪，是《刑法》分则规定的犯罪中除危害国家安全罪外，客观危险性最大的一类犯罪。罪名包括重大飞行事故罪，铁路运营安全事故罪，交通肇事罪，生产、作业重大安全事故罪，强令违章冒险作业重大安全事故罪，生产设施、条件重大安全事故罪，不报、谎报安全事故罪，危险物品肇事罪，工程重大安全事故罪，教育设施重大安全事故罪，消防责任事故罪。

在《安全生产法》中，追究刑事责任具体规定为：

(1) 第八十条规定，生产经营单位的决策机构、主要负责人、个人经营的投资人不依照本法规定保证安全生产所必需的资金投入，致使生产经营单位不具备安全生产条件的犯罪及刑事处罚。主要依据《刑法》第一百三十五条的规定追究刑事责任。具体的是对直接责任人员，处三年以下有期徒刑或者拘役；情节特别恶劣的，处三年以上七年以下有期徒刑。

(2) 第八十一条规定，生产经营单位的主要负责人未履行本法规定的安全生产管理职责的犯罪及刑事处罚。主要依据《刑法》第一百三十五条的规定追究刑事责任。具体的是对直接责任人员，处三年以下有期徒刑或者拘役；情节特别恶劣的，处三年以上七年以下有期徒刑。

(3) 第八十三条规定，违反《安全生产法》关于生产经营单位的安全生产保障的犯罪及刑事处罚。主要依据《刑法》第一百三十五条的规定追究刑事责任。具体的是对直接责任人员，处三年以下有期徒刑或者拘役；情节特别恶劣的，处三年以上七年以下有期徒刑。

(4) 第八十四条规定，未经依法批准，擅自生产、经营、储存危险物品的犯罪及刑事处罚。主要依据《刑法》第一百三十六条的规定追究刑事责任。具体的是对直接责任人员，处三年以下有期徒刑或者拘役；情节特别恶劣的，处三年以上七年以下有期徒刑。

(5) 第八十五条规定，生产经营单位违反有关危险物品管理的规定及进行危险作业未安排专门管理人员进行现场安全管理的犯罪及刑事处罚。主要依据《刑法》第一百三十六条的规定追究刑事责任。具体的是对直接责任人员，处三年以下有期徒刑或者拘役；情节特别恶劣的，处三年以上七年以下有期徒刑。

(6) 第八十八条规定，生产经营单位生产、经营、储存、使用危险物品的车间、商店、仓库与员工宿舍不符合有关安全要求的犯罪及刑事处罚。主要依据《刑法》第一百三十六条和第一百三十九条的规定追究刑事责任。具体的是对直接责任人员，处三年以下有期徒刑或者拘役；情节特别恶劣的，处三年以上七年以下有期徒刑。

(7) 第九十条规定，生产经营单位的从业人员不服从管理，违反安全生产规章制度或者操作规程的犯罪和刑事处罚。主要依据《刑法》第一百三十四条的规定追究刑事责任。具体的是对直接责任人员，处三年以下有期徒刑或者拘役；情节特别恶劣的，处三年以上七年以下有期徒刑。

(8) 第九十一条规定，生产经营单位主要负责人在本单位发生重大生产安全事故时，不立即组织抢救或者在事故调查处理期间擅离职守或者逃匿的以及对生产安全事故隐瞒不报、谎报或者拖延不报的犯罪及刑事处罚。主要依据《刑法》第一百六十八条的规定追究刑事责任。具体的是对直接责任人员，处三年以下有期徒刑或者拘役；致使国家利益遭受特别重大损失的，处三年以上七年以下有期徒刑。

(9) 第七十七条规定，负有安全生产监督管理职责的部门的工作人员不依法履行审批和监督管理职责的犯罪及刑事处罚。主要依据《刑法》第三百九十七条的规定追究刑事责任。具体的是对直接责任人员，处三年以下有期徒刑或者拘役；情节特别恶劣的，处三年以上七年以下有期徒刑。

(10) 第七十九条规定，承担安全评价、认证、检测、检验工作的机构出具虚假证明的犯罪及刑事处罚。主要依据《刑法》第二百二十九条的规定追究刑事责任。具体的是对直接责任人员，处五年以下有期徒刑或者拘役；由于严重不负责任，出具的证明文件有重大失实，造成严重后果的，处三年以下有期徒刑或者拘役。

(11) 第九十二条规定，有关地方人民政府、负有安全生产监督管理职责的部门，对生产安全事故隐瞒不报、谎报或者拖延不报的所构成的犯罪及刑事处罚。主要依据《刑法》第三百九十七条的规定追究刑事责任。具体的是对直接责任人员，处三年以下有期徒刑或者拘役；情节特别恶劣的，处三年以上七年以下有期徒刑。

6.7.2.3 民事责任

安全生产的民事责任主要是侵权民事责任，包括财产损失赔偿责任和人身伤害民事责任。在《安全生产法》中，有关民事责任的具体规定：

(1) 第七十九条规定，承担安全评价、认证、检测、检验工作的机构，出具虚假证明，给他人造成损害的，与生产经营单位承担连带赔偿责任。

(2) 第八十六条规定，生产经营单位将生产经营项目、场所、设备发包或者出租给不具备安全生产条件或者相应资质的单位或者个人，导致发生生产安全事故给他人造成损害的，与承包方、承租方承担连带赔偿责任。

(3) 第九十五条规定，生产经营单位发生生产安全事故造成人员伤亡、他人财产损失的，应当依法承担赔偿责任；拒不承担或者其负责人逃匿的，由人民法院依法强制执行。

(4) 第四十八条规定，因生产安全事故受到损害的从业人员，除依法享有工伤社会保险外，依照有关民事法律尚有获得赔偿的权利的，有权向本单位提出赔偿要求。

6.7.2.4 《生产安全事故报告和调查处理条例》惩处违法规定

(1) 事故发生单位主要负责人的责任

事故发生单位主要负责人在事故发生后，不立即组织事故抢救的，迟报或者漏报事故的，或者在事故调查处理期间擅离职守的处上一年年收入 40%～80%的罚款；属于国家工作人员的，并依法给予处分；构成犯罪的，依法追究刑事责任。《刑法修正案（六）》第"四"项规定："在安全事故发生后，负有报告职责的人员不报或者谎报事故情况，贻误事故抢救，情节严重的，处三年以下有期徒刑或者拘役；情节特别严重的，处三年以上七年以下有期徒刑。"

事故发生单位主要负责人未依法履行安全生产管理职责，导致事故发生的，依照事故的不同等级，处上一年年收入不同比例的罚款；属于国家工作人员的，并依法给予处分；构成犯罪的，依法追究刑事责任。

（2）事故发生单位及其有关人员的责任

事故发生后，事故发生单位及其有关人员有谎报或者瞒报事故的；伪造或者故意破坏事故现场的；转移、隐匿资金、财产，或者销毁有关证据、资料的；拒绝接受调查或者拒绝提供有关情况和资料的；在事故调查中作伪证或者指使他人作伪证的；或事故发生后逃匿的，对事故发生单位处 100 万元以上 500 万元以下的罚款；对主要负责人、直接负责的主管人员和其他直接责任人员处上一年年收入 60%～100%的罚款；属于国家工作人员的，并依法给予处分；构成违反治安管理行为的，由公安机关依法给予治安管理处罚；构成犯罪的，依法追究刑事责任。

事故发生单位的责任依照事故的不同等级，给予不同程度的罚款。如：发生一般事故的，处 10 万元以上 20 万元以下的罚款；发生较大事故的，处 20 万元以上 50 万元以下的罚款；发生重大事故的，处 50 万元以上 200 万元以下的罚款；发生特别重大事故的，处 200 万元以上 500 万元以下的罚款。

（3）有关地方人民政府、安全生产监督管理部门和负有安全生产监督管理职责的有关部门的责任在生产安全事故发生后，有关地方人民政府、安全生产监督管理部门和负有安全生产监督管理职责的有关部门不立即组织事故抢救的，迟报、漏报、谎报或者瞒报事故的，阻碍、干涉事故调查工作的，或在事故调查中作伪证或者指使他人作伪证的，对直接负责的主管人员和其他直接责任人员依法给予处分；构成犯罪的，依法追究刑事责任。

（4）对事故发生单位、有关中介机构和人员的处罚

事故发生单位对事故发生负有责任的，由有关部门依法暂扣或者吊销其有关证照；对事故发生单位负有事故责任的有关人员，依法暂停或者撤销其与安全生产有关的执业资格、岗位证书；事故发生单位主要负责人受到刑事处罚或者撤职处分的，自刑罚执行完毕或者受处分之日起，5 年内不得担任任何生产经营单位的主要负责人。为发生事故的单位提供虚假证明的中介机构，由有关部门依法暂扣或者吊销其有关证照及其相关人员的执业资格；构成犯罪的，依法追究刑事责任。

6.8　安全事故灾后恢复

安全事故灾后恢复是指安全事故发生之后，政府或企业按照先前制定的应急预案，采取各种措施，进行灾后重建工作，对受影响的人们提供长期的关爱和治疗，以及实施社会、政治、环境和经济恢复的其他措施，评估安全事故以吸取教训，完成安全事故报告，主动采取措施减轻未来安全事故的后果，切实维护社会的稳定与发展。安全事故灾后恢复的主要内容有：安全事故灾难评估、短期恢复、长期重建和恢复管理四个方面，四个方面包含的具体内容见表6.8-1。

表 6.8-1　安全事故灾后恢复的内容

1. 安全事故灾难评估		
①形势快速评估	③受灾现场评估	⑤应该吸取的教训
②初步损失评估	④受害者需求评估	
2. 安全事故短期恢复		
①灾难影响区的安全	④废墟管理	⑦捐赠管理
②临时避难所/住房	⑤紧急事态的破坏	⑧灾难援助
③基础设施恢复	⑥修复许可	
3. 安全事故长期重建		
①危险源控制与区域保护	③经济或企业发展规划	⑤环境恢复
②公共卫生/生理健康恢复	④基础设施抗灾力	⑥灾难纪念
4. 安全事故恢复管理		
①部门告知与动员	④外部协调	⑦行政与后勤支持
②恢复设施与装备的动员	⑤公共信息	
③内部指导与控制	⑥恢复的执法与资金筹措	

6.9　职业危害与职业病管理

6.9.1　职业危害因素的分类

在生产过程中、劳动过程中、作业环境中存在的危害从业人员健康的因素，称为职业性危害因素。职业性危害因素按其来源主要有：

(1) 生产工艺过程

随着生产技术、机器设备、使用材料和工艺流程变化不同而变化。如与生产过程有关的原材料、工业毒物、粉尘、噪声、振动、高温、辐射及传染性因素等因素有关。

(2) 劳动过程

主要与生产工艺的劳动组织情况、生产设备布局、生产制度与作业人员体位和方式以及智能化的程度有关。

(3) 作业环境

主要是作业场所的环境，如室外不良气象条件、室内房间狭小、车间位置不合理、照明不良与通风不畅等因素的影响都会对作业人员产生影响。

职业性危害因素按其性质，可分为以下几方面：

(1) 环境因素

1) 物理因素

是生产环境的主要构成要素。不良的物理因素，或异常的气象条件如高温、低温、噪声、振动、高低气压、非电离辐射(可见光、紫外线、红外线、射频辐射、激光等)与电离辐射(如 x 射线、y 射线)等，这些都可以对人产生危害。

2) 化学因素

生产过程中使用和接触到的原料、中间产品、成品及这些物质在生产过程中产生的废气、废水和废渣等都会对人体产生危害，也称为工业毒物。毒物以粉尘、烟尘、雾气、蒸气或气体的形态遍布于生产作业场所的不同地点和空间，接触毒物可对人产牛刺激或使人产牛过敏反应，还可能引起巾毒。

3）生物因素

生产过程中使用的原料、辅料及在作业环境中都可存在某些致病微生物和寄生虫，如炭疽杆菌、霉菌、布氏杆菌、森林脑炎病毒和真菌等。

（2）与职业有关的其他因素

如劳动组织和作息制度的不合理，工作的紧张程度等；个人生活习惯的不良，如过度饮酒、缺乏锻炼等；劳动负荷过重，长时间的单调作业、夜班作业，动作和体位的不合理等都会对人产生影响。

（3）其他因素

社会经济因素，如国家的经济发展速度、国民的文化教育程度、生态环境、管理水甲等因素都会对企业的安全、卫生的投入和管理带来影响。另外，如职业卫生法制的健全、职业卫生服务和管理系统化，对于控制职业危害的发生和减少作业人员的职业伤害，也是十分重要的。

6.9.2　职业病的概念及其分类

（1）职业病的概念

职业病是指劳动者在职业活动中，接触粉尘、放射性物质和其他有毒有害物质等因素而引起的疾病。如：在职业活动中，接触铍可引致铍肺；氟可致氟骨症；氯乙烯可引起肢端溶骨症；焦油沥青可引起皮肤黑变病等。由国家主管部门公布的职业病目录所列的职业病称为法定职业病。界定法定职业病的4个基本条件是：

1）在职业活动中产生。

2）接触职业危害因素。

3）列入国家职业病范围。

4）与劳动用工行为相联系。

由于预防工作的疏忽及技术局限性，使健康受到损害的，称为职业性病损，包括工伤、职业病（包括职业中毒）及和工作有关的疾病。也可以说，职业病是职业病损的一种形式。

（2）职业病的分类

我国卫生部、原劳动和社会保障部于2002年4月18日颁布《职业病目录》（卫法监发〔2002〕108号），将10类共115种职业病列入法定职业病，包括：① 尘肺13种；② 职业性放射性疾病11种；③ 化学因素所致职业中毒56种；④ 物理因素所致职业病5种；⑤ 生物因素所致职业病3种；⑥ 职业性皮肤病8种；⑦ 职业性眼病3种；⑧ 职业性耳鼻喉口腔疾病3种；⑨ 职业性肿瘤8种；⑩其他职业病5种。

为保证遵循科学、公正、公开、公平、及时、便民的职业病诊断与鉴定的原则，卫生部发布了《职业病诊断与鉴定管理办法》及一系列《职业病诊断标准》，要求职业病诊断、鉴定工作依据法定的标准与程序进行。

（3）与职业有关的疾病

与职业有关的疾病主要是指在职业人群中，由多种因素引起的疾病，它的发生与职业因素有关，但又不是唯一的发病因素。非职业因素也可引起发病，是未列入职业病目录的一些与职业因素有关的疾病，如搬运工、铸造工、长途汽车司机、炉前工及电焊工等因不良工作姿势所致的腰背痛；长期固定姿势，长期低头，长期伏案工作所致的颈肩痛；长期吸入刺激性气体、粉尘而引起的慢性支气管炎。

视屏显示终端(VDT)的职业危害问题:由于微机的大量使用,视屏显示终端(VDT)操作人员的职业危害问题是关注的重点。长时间操作 VDT,可出现"VDT 综合症",主要表现为神经衰弱综合症、肩颈腕综合症和眼睛视力方面的改变等。

其他如一些单调作业引起的疲劳、精神抑制、缺勤增加等;夜班作业导致的失眠、消化不良,又称为"轮班劳动不适应综合症";还有些脑力劳动,精神压力大、紧张可引起心血管系统的改变等。某些工作的压力大或责任重大引起的心理压力增加等也会对人体带来影响变化。

(4) 女工的职业卫生问题

妇女由于生理特点,在职业性危害因素的影响下,生殖器官和生殖功能易受到影响,且可以通过妊娠、哺乳而影响胎儿、婴儿的健康和发育成长,关系到未来的人口素质。在一般体力劳动过程中,突出的有强制体位(长立、长坐)和重体力劳动的负重作业两方面问题。我国目前规定,成年妇女禁忌参加连续负重,禁忌每次负重质量超过 20 kg,间断负重每次质量超过 25 kg的作业。许多毒物、物理性因素以及劳动生理因素可对女工健康造成危害,常见的有铅、汞、锰、镉、苯、甲苯、二甲苯、二硫化碳、氯丁二烯、苯乙烯、己内酰胺、汽油、氯仿、二甲基甲酰胺、三硝基甲苯、强烈噪声、全身振动、电离辐射、低温和重体力劳动等,这些可引起月经变化或具有生殖毒性。

6.9.3　导致职业病发生的因素

职业病的发生常与生产过程和作业环境有关,但环境危害因素对人的危害程度,还受个体的特性差异的影响。在同一职业危害的作业环境中,由于个体特征的差异,各人所受的影响可能有所不同。这些个体特征包括性别、年龄、健康状态和营养状况等。职业病是影响工人健康、威胁工人生命的主要危害。人体受到环境中直接或间接有害因素危害时,不一定都发生职业病。职业病的发病过程,还取决于下列 3 个主要条件。

(1) 有害因素的本身的性质

有害因素的理化性质和作用部位与发生职业病密切相关。如电磁辐射透入组织的深度和危害性,主要决定于其波氏。毒物的理化性质及其对组织的亲和性与毒性作用有直接关系,例如汽油和二硫化碳具有明显的脂溶性,对神经组织就有密切的亲和作用,因此首先损害神经系统。一般物理因素常在接触时有作用,脱离接触后体内不存在残留;而化学因素在脱离接触后,作用还会持续一段时间或继续存在。

(2) 有害因素作用于人体的量

物理和化学因素对人的危害都与量有关(生物因素进入人体的量目前还无法准确估计),多大的量和浓度才能导致职业病的发生,是确诊的重要参考。一般作用剂量(dose,D)是接触浓度/强度(concentration,C)与接触时间(time,t)的乘积,可表达为 $D=C\cdot t$。我国公布的《工作场所有害因素职业接触限值》(GBZ 2—2002),就是指某些化学物质在工作场所空气中的限量。但应该认识到,有些有害物质能在体内蓄积,少量和长期接触也可能引起职业性损害以致职业病发生。认真查询与某种因素的接触时间及接触方式,对职业病诊断具有重要价值。

(3) 劳动者个体易感性

健康的人体对有害因素的防御能力是多方面的。某些物理因素停止接触后,被扰乱的生理功能可以逐步恢复。但是抵抗力和身体条件较差的人员对于进入体内的毒物,解毒和排毒功能下降,更易受到损害。经常患有某些疾病的工人,接触有毒物质后,可使原有疾病加剧,进而发生职业病。对工人进行就业前和定期的体格检查,其目的在于发现其对生产中有害因素的就业禁忌证,以便更合适地安排工作,保护工人健康。

职业病还具有以下一些特点:病因有特异性,比如接触含有游离二氧化硅粉尘的作业工人容易患硅肺病,脱离接触可减轻或恢复;接触噪声早期可引起听力的下降,如连续不断接触可导致噪声性耳聋,及时脱离接触噪声环境则可以恢复;病因大多可以检测,一般有接触反应(剂量—反应)关系,也就是接触的量与发生病变的严重程度相关。因此早期诊断、早期给予相应处理或治疗,对于预防职业病意义重大。

6.9.4　职业危害评价

6.9.4.1　工作场所有害因素职业接触限值

GBZ 2—2002《工作场所有害因素职业接触限值》中,规定了 330 种化学有害因素、47 种生产性粉尘、1 种生物类有害因素、8 类物质有害因素的职业接触限值。在使用职业接触限值时,首先应明确以下术语的含义:

(1) 接触限值(Occupational Exposure Limit,OEL)

是职业性有害因素的接触限制量值,指劳动者在职业活动过程中长期反复接触对肌体不引起急性或慢性有害健康影响的容许接触水平。化学因素的职业接触限值可分为时间加权平均容许浓度、最高容许浓度和短时间接触容许浓度 3 类。

(2) 时间加权平均容许浓度(Permissible Concentration-Time Weighted Average,PC-TWA),指以时间为权数规定的 8 h 工作日的平均容许接触水平。

(3) 最高容许浓度(Maximum Allowable Concentration,MAC),指工作地点、在一个工作口内、任何时间不应超过的有毒化学物质的浓度。

(4) 短时间接触容许浓度(Permissible Concentration-Short Term Exposure Limit,PC-STEL),指一个工作日内,任何一次接触不得超过的 15 min 时间加权平均的容许接触水平。

(5) 工作场所(Workplace),指劳动者进行职业活动的全部地点。

(6) 工作地点(Work Site),指劳动者从事职业活动或进行生产管理过程而经常或定时停留的地点。

在使用职业接触限值时,还必须注意:

(1) 在评价工作场所的污染或个人接触状况时,应按照国家颁布的标准测定方法和有关采样规范进行检测,在无上述规定时,也可用国内外公认的测定方法,使其全面反映工作场所有害因素的污染状况,并正确运用时间加权平均容许浓度、最高容许浓度或短时间接触容许浓度,作出恰当的评价。

(2) 时间加权平均容许浓度的应用。要求采集有代表性的样品,按 8 h 工作日内各个接触持续时间与其相应浓度的乘积之和除以 8,得出 8 h 的时间加权平均浓度(TWA)。应用个体采样器采样所得到的浓度值,主要适用于评价个人接触状况;工作场所的定点采样(区域采样),主要适用于工作环境卫生状况的评价。

(3) 短时间接触容许浓度的应用

该职业接触限值旨在防止劳动者接触过高的波动浓度,避免引起刺激、急性作用或有害健康影响,要求在监测时间加权平均容许浓度的同时,对浓度变化较大的工作地点,进行监测评价(一般采集接触 15 min 的空气样品;接触时间短于 15 min 时,以 15 min 的时间加权平均浓度计算);该职业接触限值是与 8 h 时间加权平均容许浓度相配套的一种短时间接触限值,必须符合制定的接触限值或推算出的接触限值。当评价该限值时，即使当日的 8 h 时间加权平均容许浓度符合要求时，仍不应超过短时间接触容许浓度。

(4) 最高容许浓度的应用

该职业接触限值是对急性作用大、刺激作用强和(或)危害性较大的有毒物质而制定的最高容许接触限值。应根据不同工种和操作地点采集有代表性的空气样品。该职业接触限值要求，工作场所中有毒物质的浓度必须控制在最高容许浓度以下，而不容许超过此限值。

(5) 对于标以(皮)字的有毒物质，应积极防止皮肤污染。某些化学物质(如有机磷化合物、三硝基甲苯等)在工作场所中经皮肤吸收是重要的侵入途径，应采用个人防护措施，防止皮肤的污染。

(6) 对粉尘制定了总粉尘、呼吸性粉尘的时间加权平均容许浓度(PC-TWA)和短时间接触容许浓度(PC-STEL)两种接触限值，应尽量测定呼吸性粉尘的时间加权平均浓度进行评价，尚不具备测定呼吸性粉尘条件时，可测定总粉尘浓度进行评价。

(7) 当工作场所存在两种或两种以上有毒物质时，若缺乏联合作用资料，应测定各自物质的浓度，并分别按各个物质的职业接触限值进行评价。

(8) 当两种或两种以上有毒物质共同作用于同一器官、系统或具有相同的毒性作用(如刺激作用)，或已知这些物质可产生相加作用时，则应按式 6.9-1 计算结果，进行评价：

$$C_1/L_1 + C_1/L_1 + \cdots + C_n/L_n \tag{6.9—1}$$

式中，C_1，C_2，…，C_n 为各个物质所测得的浓度；L_1，L_2，…，L_n 为各个物质相应的容许浓度限值。当计算值≤1 时，表示未超过接触限值，符合卫生要求；反之，当计算值>1 时，表示超过接触限值，不符合卫生要求。

6.9.4.2 有害作业分级评价

有害作业分级评价是对环境接触水平与影响危害产生的主要接触条件进行的综合评价，目的是对有害作业进行监督、管理，及时有效地采取预防措施，保护劳动者身体健康。

决定职业病危害因素对人体健康影响的主要有接触水平与接触时间。评价某一具体作业场所特定职业病危害因素的危害性时，在一定接触水平下，接触时间是最主要的依据。但实际工作场所职业病有害因素存在多样性、变动性及作业人员接触的间断性等复杂情况；不同种类职业病危害因素的性质和对人体作用的特点也不相同，因此在评价时除接触时间外，还应考虑其他因素，并根据卫生标准的改变、职业卫生技术的发展，不断探索切合实际的科学分级评价方法。

目前用于作业场所有害作业分级评价的主要标准有：GB 5044—1985《职业性接触毒物危害程度分级》、GB 12331—1990《有毒作业分级》、GB 5817—1986《生产性粉尘作业危害程度分级》、GB/T 3869—1997《体力劳动强度分级》、GB/T 4200—1997《高温作业分级》、GB/T 14440—1993《低温作业分级》、GB/T 14439—1993《冷水作业分级》、LD 80—1995《噪声作业分级》。

(1) 职业性接触毒物危害程度分级

GB 5044—1985《职业性接触毒物危害程度分级》，是以有毒物质的急性毒性、急性中毒发病状况、慢性中毒患病状况、慢性中毒后果、致癌性和最高容许浓度 6 项指标为基础的定级标准，依据 6 项指标综合分析，以多数指标的归属确定危害程度，将职业性接触毒物按表极度危害、高度危害、中度危害、轻度危害划分为四级。对某些特殊毒物，则按其急性、慢性或致癌性等突出危害程度定出级别。接触多种毒物时，以产生危害程度最大的毒物的级别为准。

（2）有毒作业分级

GB 12331—1990《有毒作业分级》标准中，有毒作业危害程度分级评价的依据是生产性毒物危害程度级别、从业人员接触生产性毒物的劳动时间和工作地点、生产性毒物浓度的超标倍数，通过计算有毒作业分级指数，确定有毒作业分级级别。

当作业场所空气中存在多种生产性毒物时，分别进行分级评价，以最严重的级别定级，同时标明其他毒物的危害级别。

该标准在计算有毒物质超标倍数时，采用的是最高容许浓度，在 GBZ 2—2002《工作场所有害因素职业接触限值》中，多数有毒物质的卫生标准限值以短时间接触容许浓度和时间加权平均容许浓度规定，因此本标准规定的分级只适用于规定了最高容许浓度的有毒物质作业的分级。

（3）生产性粉尘作业分级

生产性粉尘是作业场所最主要的职业病危害因素之一，由其造成的职业性尘肺病是我国目前发病率最高的职业病。生产性粉尘的主要接触方式是经呼吸道吸入。

GB 5817—1986《生产性粉尘作业危害程度分级》，主要依据粉尘中游离二氧化硅含量、工人接触粉尘作业时间内肺总通气量、生产性粉尘浓度超标倍数计算粉尘作业分级指数，以指数范围评定生产性粉尘危害级别。

生产性粉尘危害程度级别越高，危害越大。对Ⅱ级以上危害级别的作业场所，要求作出改进计划，限期整改，甚至停产。

同样，该标准在计算生产性粉尘超标倍数时，采用的是最高容许浓度，随着 GBZ 2—2002《工作场所有害因素职业接触限值》的颁布实施，生产性粉尘的卫生标准限值以短时间接触容许浓度和时间加权平均容许浓度规定，因此本标准规定的生产性粉尘分级方法与卫生标准限值已不配套，需加以修订。

（4）高温作业分级

高温作业主要由在生产过程中能够产生和散发热量的生产设备、产品或工件等生产性热源造成，热带地区或夏季露天作业，也是造成高温作业的原因之一。

高温作业环境对人体产生的作用涉及气温、气湿、气流、热辐射等多种因素。高温作业危害程度分级评价的依据是湿球黑球温度（WBGT）结合评价指数和劳动者接触高温作业的时间两项指标。并用定向热辐射强度加以修正，对 T 作地点平均热辐射强度等于或大于 2 kW/m^2 的高温作业，相应提高一个等级，最高不超过Ⅳ级。高温作业危害程度分级，级别越高危害越大。

（5）噪声作业分级

原国家劳动部提出的 LD 80—1995《噪声作业分级》属劳动和劳动安全行业标准，采用了国际标准委员会声学学会的听力保护标准。危害程度的分级依据是实测噪声作业工作日内等效连续 A 声级和接触噪声作业时间对应的接触限值，综合计算噪声危害指数，根据指数范围确定噪声作业危害级别。

第2篇　隧道施工安全风险管理实践与应用

本篇主要结合隧道工程特点，论述了隧道施工安全风险管理技术在实践中的应用，并介绍了金沙洲隧道、浏阳河隧道、东庐山隧道等三个隧道施工安全风险管理应用案例，内容包括隧道施工安全风险管理实用技术、金沙洲隧道施工安全风险管理、浏阳河隧道施工安全风险管理、东庐山隧道施工安全风险管理等。

第7章　隧道施工安全风险管理实用技术

隧道工程施工安全风险管理需要把传统的风险管理技术和方法引进来，同时，需要结合隧道工程技术特点，提出方便实用的风险管理技术和方法，以便指导工程实践。本章中提出的一些实用技术，在后面风险管理案例也会涉及，相关内容不再重复。

7.1　隧道施工安全风险识别核对表法

隧道工程核对表法，是将以往隧道工程管理中，对可能出现的风险因素或者成功的经验和失败教训进行归纳，并列成表，然后对当前隧道工程的建设环境、建设管理现状做比较，分析可能出现的风险。矿山法隧道施工的风险因素核查表，见表7.1-1。洞口段隧道施工中应特别注意洞口周边环境和地形地质条件，避免对第三方造成人员伤亡和经济损失，其典型风险因素识别可参照洞口段风险核对表按表7.1-2进行，表其他类风险核对表见表7.1-3，隧道典型工序和不同施工部位施工作业风险因素核对表分别见表7.1-4～表7.1-20。

表7.1-1　矿山法施工风险因素核对表

风险因素 \ 风险事件		塌　方	瓦　斯	突　水（泥、石）	大变形	岩　爆	其　他
施工准备情况	气象调查						
	与施工有关法令调查						
	设计文件的核对情况	★	★	★	★	★	
	实施性施工组织设计						
	其　他						
施工地质勘察	资料收集情况						
	常规地质法情况（地质素描）	★	★	★	★	★	
	超前地质预报情况						
	其　他						

续上表

风险因素	风险事件	塌　方	瓦　斯	突　水（泥、石）	大变形	岩　爆	其　他
开挖情况	开挖方式	★	★	★	★	★	
	循环进尺	★	★	★	★	★	
	瓦斯预抽放		★				
	爆破器材检查和落实	★	★	★	★	★	
	预留变形量				★		
	掌子面减压措施					★	
	应力释放措施					★	
	地下水处理	★	★	★			
	爆破方法	★	★	★	★	★	
	隧道超挖情况	★		★	★		
	进　洞	★					
	落　底	★		★			
	挑　顶	★		★			
	断面变化处或工法转化处	★					
	其　他						
揭煤、防突情况	资料收集情况		★				
	常规地质法情况（地质素描）		★				
	超前地质预报情况		★				
	石门开启方法		★				
	安全岩柱留设		★				
	震动或远距离爆破		★				
	瓦斯泄压与排放		★				
	注浆封闭瓦斯		★				
	其　他						
通风情况	通风系统		★				
	通风设备		★				
	通风质量		★				
	其　他						
施工期防排水	注浆堵水措施			★			
	排水措施			★			
	降水措施			★			
	其　他						
火源控制措施	洞口火源检查		★				
	焊接切割等危险作业规章制度及执行		★				
	进洞人员禁穿化纤服装		★				
	其　他						

续上表

风险因素 \ 风险事件		塌方	瓦斯	突水（泥、石）	大变形	岩爆	其他
支护及衬砌情况	支护刚度	★			★		
	超前支护	★		★	★		
	预注浆			★			
	隔离措施		★				
	气密性混凝土		★				
	施工缝沉降缝处理		★				
	地层与加固与改良	★					
	支护时机	★	★	★	★		
	支护方法	★	★	★	★		
	支护质量	★	★	★	★		
	闭合成环周期	★		★	★		
	其 他						
防护情况	机械设备防护		★	★		★	
	人员防护		★	★		★	
	其 他						
电器设备与作业机械	电缆选型		★				
	设备选型		★				
	电器与保护情况		★				
	风电闭锁		★				
	其 他						
监控量测	水 量			★			
	水 质			★			
	水 压			★			
	掌子面稳定情况	★	★	★	★		
	量测器材及布置	★	★	★	★	★	
	量测频率	★	★	★	★	★	
	规范要求监测项目	★	★	★	★	★	
	监控量测制度	★	★	★	★	★	
	信息反馈及处理	★	★	★	★	★	
	瓦斯(浓度、压力)		★				
	其 他						

续上表

风险因素	风险事件	塌　方	瓦　斯	突　水（泥、石）	大变形	岩　爆	其　他
施工管理	培训情况						
	检测情况						
	应急预案情况						
	人员管理情况						
	施工队伍状况						
	机械装备程度	★	★	★	★	★	
	施工质量						
	施工经验辅助工法的掌握与应用						
	监理情况						
	其　他						
隧道特征	埋　深						
	断面大小						
	长　度	★	★	★	★	★	
	坡　度						
	辅助坑道						
	其　他						
其　他							

表 7.1-2　洞口段隧道施工风险因素核对表

风险因素	风险事件	山体开裂变形	坍　塌	其　他
施工准备情况	气象调查			
	与施工有关法令调查			
	设计文件的核对情况	★	★	
	实施性施工组织设计			
	其　他			
施工地质勘察	资料收集情况			
	常规地质法情况（地质素描）	★	★	
	超前地质预报情况			
	其　他			
施工组织	施工顺序	★	★	
开挖情况	开挖速度	★	★	
	地下水处理	★	★	
	爆破方法	★	★	
	爆破器材检查和落实	★	★	
	弃渣堆放	★	★	
	其　他			

续上表

风险因素	风险事件	山体开裂变形	坍　塌	其　他
施工期防排水	排水措施	★	★	
	降水措施	★	★	
	其　他			
支护情况	支护强度	★	★	
	支护形式	★	★	
	其　他			
监控量测	量测器材及布置	★	★	
	量测频率	★	★	
	规范要求监测项目	★	★	
	监控量测制度	★	★	
	信息反馈及处理	★	★	
	其　他			
施工管理	培训情况			
	检测情况			
	应急预案情况			
	人员管理情况			
	施工队伍状况			
	机械装备程度	★	★	
	施工质量			
	施工经验辅助工法的掌握与应用			
	监理情况			
	其　他			
隧道特征	开挖跨度	★	★	
	开挖深度	★	★	
其　他				

表 7.1-3　其他风险因素核对表

交通事故	司　机	用电事故	用电管理
	运输设备		其　他
	交通管理	火灾事故	火源及传播途径
	道路状况		消防教育
	通风照明情况		消防措施
	洞外天气		消防器材
	其　他		人员管理
用电事故	用电设计		其　他
	施工组织		
	设备状况	其　他	

表 7.1-4　洞口工程施工作业风险因素核对表

1	对边、仰坡坍塌、地表下沉、地基承载力不足、工作面崩塌、偏压、滑坡等情况未及时处理或加强防护
2	洞口各项工程与洞口相邻工程、临时工程的统筹安排不当
3	土石方开挖违反作业顺序要求
4	施工机具失稳及安全性能缺失、下降
5	高处作业台(支)架失稳、安全防护失效
6	爆破方式方法不当、防护措施不足、违规处理火工产品

表 7.1-5　辅助坑道施工作业风险因素核对表

1	斜井、竖井与正洞连接处的专项施工技术方案不合理
2	富水长大斜井、竖井的抽排水专项技术方案不合理,抽排水设备配置不足
3	斜井无轨运输道路坡度过大,运输车辆超速、超载、超限
4	斜井有轨运输轨道养护不到位、调度指挥不当,运输车辆超速、超载、超限
5	竖井提升系统信号和制动失灵、调度指挥不当、运行过程中发生机械故障等

表 7.1-6　超前地质预报作业风险因素核对表

1	工作面坍塌	3	高处作业台(支)架失稳、安全防护失效
2	找顶不彻底	4	突泥、突水

表 7.1-7　隧道洞身开挖施工风险因素核对表

1	开挖方法选择不当	4	开挖作业台架防护措施不到位
2	开挖循环进尺过大,支护不及时	5	爆破作业时无安全防护,爆破作业违章操作
3	找顶不彻底		

表 7.1-8　隧道内装渣与卸渣作业风险因素核对表

1	围岩失稳坍塌	4	作业区域机械、车辆对人的伤害
2	洞内照明光照度不足	5	卸渣车辆溜车、倾翻、挂碰
3	找顶不彻底	6	粉尘及有害气体含量超标

表 7.1-9　隧道内运输作业风险因素核对表

1	运输计划制订不当,车辆管理混乱	5	运输线路不按规定设置和养护
2	隧道运输最小行车限界不能满足,或临时设施、支撑侵入限界	6	车辆装载不合理,超限、超载、偏载、捆扎不牢,人货混装
3	警示标志、联络信号设置不当,或有缺陷	7	车辆运行时发生碰撞、擦刮、挤压等车辆伤害事故
4	进出洞人员不走人行道,不遵守有关安全规定	8	载人列车缺乏安全保证措施,车未停稳上、下人员

表 7.1-10　隧道支护与加固作业风险因素核对表

1	临时用电不符合要求、工作面光照度不足	4	高空作业台(支)柴失稳、安全防护失效
2	找顶不彻底	5	施工机具失稳及安全性能缺失、下降
3	围岩变形超限失稳、上一循环支护强度不足、工作面坍塌		

表 7.1-11　隧道衬砌作业风险因素核对表

1	临时用电不符合要求、工作面光照度不足	4	施工机具安全隧能缺失或下降
2	衬砌时机选择不当、与开挖工作面距离过长	5	电线路短路,防水板施工引发的火灾及有毒、有害气体
3	高处作业台(支)架失稳、安全防护失效		

表 7.1-12　隧道监控量测作业风险因素核对表

1	监控量测方案不合理,元器件损坏,采集数据失真
2	监控量测工作面未找顶、支护不及时,照明光照度不足
3	作业平台防护不到位,个人防护用品未按规定佩戴
4	富水和岩溶隧道安装量测仪器或钻孔作业时,出现突水、突泥等异常情况
5	施工安全性评价等级不准

表 7.1-13　隧道施工排水作业风险因素核对表

1	富水软弱围岩、岩溶隧道突水、突泥	4	洞口地表水渗漏及冲刷边仰坡
2	排水设备不足或损坏,排水能力不够	5	有水地段电缆线破损漏电
3	膨胀岩、土质地层、围岩松软地段,施T用水浸泡地基	6	施工排出的水质不符合标准,污染环境

表 7.1-14　隧道施工通风与防尘作业风险因素核对表

1	供风量不足,通风不畅	3	粉尘超标
2	隧道内一氧化碳、二氧化碳、瓦斯等有毒有害气体超标	4	通风系统破坏

表 7.1-15　隧道施工供风作业风险因素核对表

1	空压机附件失效	2	供风管管材不合格,供风管使用中有破损、漏风

表 7.1-16　隧道施工供水作业风险因素核对表

1	水质不符合标准	3	抽水机电机绝缘失效,电缆线漏电
2	蓄水池不牢固,无防护棚和防护栏或损坏	4	供水管道有裂纹或闸阀失效

表 7.1-17　隧道施工供电作业风险因素核对表

1	作业地段照明未使用安全电压,隧道施工照明不足	3	电缆线破损或线头裸露
2	高压输电线路距人行道安全距离不够	4	电工作业人员防护不当

表 7.1-18　不良地质和特殊岩土隧道施工风险因素核对表

1	专项施工技术方案不合理、开挖方法选择不当
2	超前地质预测、预报上作不到位，分析判断不准确
3	初期支护施做不及时，支护强度不足
4	量测数据失真，信息反馈不及时
5	瓦斯隧道施工机械没备、检测仪器未按规定配备，瓦斯浓度检测上作不到位，通风效果差

7.2　隧道施工安全风险评估检查表法

安全检查表是进行安全检查，发现潜在危险的一种实用而简单可行的安全评估分析方法，可适用于项目建设、运行过程的各个阶段。安全检查表可以评估物质、设备和工艺，可用于专门设计的评估，也可用在新工艺（装置）的早期开发阶段，判定和估测危险，还可以对已经运行多年的在役装置的危险进行检查。在安全评估中，安全检查表常用于安全验收评估、安全现状评估、专项安全评估，而很少推荐用于安全预评估（有时预评估在企业选址、平面布局评估分析中可以使用安全检查表。

隧道打分综合检查的检查表实例见表 7.2-1，隧道分工序检查表实例见表 7.2-2～表 7.2-21，其中表 7.2-21 为典型格式，限于篇幅，其余采用简略格式表达。隧道相关作业检查表实例见表 7.2-22～表 7.2-37。

表 7.2-1　隧道施工安全综合检查表实例

序号	检查项目及评分标准	标准分 100 分		
		基本分	扣分	得分
1	未在隧道口设置值班室，有值班室无专人值班，有专人值班无值班记录或记录不全，每处扣 5 分。在隧道口未悬挂安全标识（当心车辆、小心触电、当心瓦斯、当心坑洞、戴安全帽、禁带烟火、注意安全、限速牌、防坠落、防坠物等），每项扣 2 分	7		
2	在隧道口附近适当处所，未按照应急预案配备应急物资储备库，库中未备有足够的支撑材料、防火、防水、防毒器材和各种适用工具，每项扣 5 分	6		
3	开挖钻眼人员到达工作面前，未有专人检查支撑，顶板及两侧不牢固，未处于安全状态、无检查记录，每处扣 5 分；记录不全，每次扣 2 分。在照明不足，工作面岩石破碎未及时支护、无关人员和机具设备未撤离即开始装炮；有爆破后未经通风排烟或相隔时间少于 15 min；未经专人检查有无瞎炮及残余炸药、雷管，工人即进入作业面；炸药和雷管没有执行分开运送；将炸药雷管存放在洞内或辅助导坑内，每项扣 3 分。爆破工在炸药加工房以外地点进行炸药加工；爆破作业人员穿着化纤服装；爆破工作业时未带手电筒进洞，每项扣 2 分	7		
4	洞内运输有（有轨、无轨）人料混装、扒车、追车情况，每次扣 2 分；2 km 以上的长隧道，工人上下班无专门载人的车辆，洞内运输线路没有专人养护、维修，洞内未设限速牌，每处扣 2 分	3		
5	未设专人对各部支护进行定期检查、及时修整加固，已锚固区段围岩有较大变形、松动，或锚杆失效未立即采取措施，每处扣 2 分	5		

续上表

序号	检查项目及评分标准	标准分 100 分		
		基本分	扣分	得分
6	收敛量测点未按照设计要求和有关规定设置，未定时量测，记录不真实、不齐全，每处扣 2 分；洞内检修、搬迁电气设备时未切断电源，未悬挂“有人工作，不准送电”警告牌，每处扣 2 分	6		
7	设有斜井、竖井的隧道及隧道施工主要设备房屋（主通风机、竖井提升人员的绞车等），未设置两路电源供电，每处扣 2 分。洞内移动照明灯具未安装防护罩，使用简易碘钨灯，洞内固定灯具超过 100 W 未使用防水瓷灯头，每处扣 2 分	6		
8	各种作业台车上作业平台未设封闭式栏杆，每处扣 2 分；各种作业台车未安装应急灯、未设有限界警示牌、警示灯、防高处坠落、防物体打击警示牌、消防设备，每处扣 2 分	5		
9	隧道工程未配备有害气体检测设备，未设专人使用，检测方法不正确，检测记录无人签字等，每项扣 2 分	3		
10	洞内未安装应急灯，洞内外无可靠通讯设备，洞内及各种台车未使用安全电压照明，每处扣 2 分。洞内未自动检测报警装置；每项扣 2 分	10		
11	在不良地质和特殊（软弱、破碎、溶洞、断层、突泥、突水等）地质的隧道施工，施工前未采取超前钻孔、地质雷达等探明地质情况，未采取预防对策和制定处理突发性大量涌水、瓦斯爆炸、突泥、突水等有效措施，每处扣 2 分	10		
12	超前水平钻孔的布置；深度未经项目经理；总工程师、安质部长签字；洞内未配置人员逃生设备；每项扣 2 分	5		
13	项目部没有《瓦斯隧道施工管理办法及上级有关隧道施工专项检查的规定，未按规定实施，每项扣 2 分	2		
14	低瓦斯隧道（瓦斯涌出量小于 0.5 m^3/min）：施工前未采取超前钻孔；未采取预防对策和制定处理突发性瓦斯爆炸有效措施；开工前未对施工作业及管理人员进行安全技术培训；爆破、电工、瓦检等特种作业人员未持证上岗；没有经过演练；瓦斯隧道未建立专门机构进行通风、防突、防爆及瓦斯检测工作；未配备复核式瓦斯检测仪，没有专人使用，检测的方式不正确，记录签字不齐全；在洞内距掌子面附近未安装了自动检测报警装置；洞内存放各种油类，废油等易燃、易爆物品。每项扣 2 分。对进出洞人员未进行火源、个人自救器、静电服装的检查登记；进洞，洞口、洞口房、通风机房附近 20 m 范围内有火源；在洞内未安装防暴型应急灯；已衬砌地段及开挖工作面附近的固定照明灯具，未使用 EXdⅡ型防爆照明灯；移动照明未使用矿灯；洞内通风不满足要求；洞内钻孔、装药、爆破等不符合低瓦斯隧道施工规范要求；未按要求做每项扣 2 分。隧道内每立方米空气中含有 10％以上的游离二氧化硅的粉尘浓度大于 2 mg的；一氧化碳浓度大于 30 mg/m^3 的；二氧化碳大于 0.5％的，每项扣 2 分	10		
15	一般情况下仰拱距下台掌子面的距离：Ⅴ、Ⅵ级围岩不大于 20 m；Ⅲ、Ⅳ级围岩不大于 30 m；Ⅰ、Ⅱ级围岩不大于 50 m；一般情况下二次衬砌混凝土距下台掌子面的距离：Ⅴ、Ⅵ级围岩不大于 40 m；Ⅲ、Ⅳ级围岩不大于 100 m；Ⅰ、Ⅱ级围岩不大于 200 m；当隧道独头掘进大于 150 m 时，必须采用机械通风，未按要求做，每处扣 2 分	10		
16	隧道内排水、通风畅通，地面无泥水，未达到要求，每项扣 2 分	5		
项目小计		100		

表7.2-2　隧道洞口开挖与防护施工安全检查表

检查项目	检查主要内容及要求
施工方案及技术交底	是否有施工方案并对施工人员进行技术交底；技术交底中是否有安全交底，安全交底是否有针对性，技术交底是否有交接双方签名；现场是否按照施工方案和技术交底施工
机具设备	空压机储气罐是否定期进行检验；是否有设备使用安全操作规程；装载机、挖掘机、自卸车等设备状况是否良好
作业人员	特种作业人员是否持证上岗；施工人员是否已接受上岗培训，让其回答本项工作中需注意安全事项和质量控制要点；施工人员是否按规定穿戴防护用品
施工作业	洞口段施工应避开雨季及严寒季节；边、仰坡开挖前是否已完成了洞口排水系统，洞口截水沟位置是否合理，其截水效果是否良好；洞口土石方宜采用浅孔小台阶爆破，严禁采用洞室爆破，洞口的爆破作业，是否会影响周边房屋及其他构筑物的稳定；是否按设计要求对边、仰坡进行了支护，边仰坡是否稳定，是否对松动石头及时进行了清除；进洞前的超前支护是否已按交底做到位；洞口地表是否按要求进行了地表监控量测工作；隧道支护钢架、衬砌台车是否已进行准备；现场爆破防护、警戒情况，现场用电情况；火工品的领用、押运、使用、退库工作是否符合火工品管理办法；作业区环保、水保情况
其　他	施工作业区是否树立警示牌和设置必要的安全防护装置；施工现场是否存在其他安全隐患

表7.2-3　隧道明洞衬砌施工安全检查表

检查项目	检查主要内容及要求
施工方案及技术交底	是否有施工方案并对施工人员进行技术交底；技术交底中是否有安全交底，安全交底是否有针对性，技术交底是否有交接双方签名；现场是否按照施工方案和技术交底施工
机具设备	衬砌台车或模板支架是否经过检查验收，有无检查验收记录；搅拌站、混凝土输送泵、装载机、吊车等设备是否有使用安全操作规程；各种机具设备状态是否良好
作业人员	特种作业人员是否持证上岗；施工人员是否已接受上岗培训，让其回答本项工作中需注意的安全事项和质量控制要点；施工人员是否按规定穿戴防护用品
施工作业	工作平台是否牢固，周边是否设置防护栏杆，梯子安装是否牢固并防滑，工作平台是否满铺底板，是否有钉子外露或尖角突出；施工用电线路布设是否规范，台车或支架工作平台是否采用低压照明，配电箱、漏电保护器安装是否符合安全规定；吊装作业是否有专人防护、指挥；高空作业是否系安全带，安全带是否固定于牢固的物件上；台车或支架下是否有足够的施工净空满足进洞机械车辆通行，作业区是否设置明显的限界及缓行标志；模型加固完后是否经过验收；混凝土浇筑过程中是否已安排专人对模型及支撑结构进行检查；衬砌拆模强度应达到设计强度的70%以上；氧气瓶、乙炔瓶的距离是否符合要求；乙炔瓶距明火距离是否符合规定
其　他	施工区是否树立警示牌和设置必要的安全防护装置；施工现场是否存在其他安全隐患

表7.2-4　隧道洞门混凝土浇筑施工安全检查表

检查项目	检查主要内容及要求
施工方案及技术交底	是否有施工方案并对施工人员进行技术交底；技术交底中是否有安全交底，安全交底是否有针对性，技术交底是否有交接双方签名；现场是否按照施工方案和技术交底施工
机具设备	模板支架是否经过检查验收，有无检查验收记录；搅拌站、混凝土输送泵、装载机、吊车等是否有设备使用操作规程；各种机具设备状态是否良好
施工人员	特种作业人员是否持证上岗；施工人员是否已接受上岗培训，让其回答本项工作中需注意安全事项和质量控制要点；施工人员是否按规定穿戴防护用品

续上表

检查项目	检查主要内容及要求
施工作业	工作平台是否牢固，周边是否设置防护栏杆，跳板、梯子安装是否牢固并防滑，工作平台是否满铺底板，是否有钉子外露或尖角突出；施工用电线路布设是否规范，模板支架工作平台是否采用低压照明，配电箱、漏电保护器安装是否符合安全规定；浇筑平台或脚手架是否搭设牢固，吊装作业是否有专人防护、指挥；高空高处作业是否系安全带，安全带是否固定于牢固的物件上；支架下部是否有足够的施工净空，作业点是否设置明显的限界及缓行警示标志；洞门是否设置了泄水孔，洞门与衬砌之间是否按设计进行了接茬；混凝土浇筑过程中是否已安排专人对模型进行检查；氧气瓶、乙炔瓶的距离是否符合要求；乙炔瓶距明火距离是否符合规定
其　他	施工区是否树立警示牌和设置必要的安全防护装置；施工现场是否存在其他安全隐患

表 7.2-5　隧道超前地质预报施工安全检查表

检查项目	检查主要内容及要求
预报方案及技术交底	是否制定超前地质预报方案，是否经过上级技术部门的审批；超前地质预报技术交底中是否有安全交底，安全交底是否有针对性，技术交底是否有交接双方签名；现场预报方式是否与审批的预报方法相符
机具设备	根据审批的预报方案，预报设备是否配置齐全；仪器设备是否定期进行了周期鉴定，是否满足预报要求
施工人员	特种作业人员是否持证上岗；施工人员是否已接受上岗培训，让其回答本项工作中需注意安全事项和质量控制要点；施工人员是否按规定穿戴防护用品
施工作业	是否对超前地质预报手段所获得的资料进行综合分析与判断，并编制地质综合分析成果报告；是否根据地质综合分析报告制定针对性施工方案并进行了技术交底；施工过程中是否对实际开挖的地质情况与预报结果进行对比分析；预报作业时，现场人员和设备是否采用了安全防护措施
其　他	施工作业区是否树立警示牌和设置必要的安全防护装置；施工现场是否存在其他安全隐患

表 7.2-6　隧道超前小导管施工安全检查表

检查项目	检查主要内容及要求
技术交底	是否对施工人员进行技术交底；技术交底中是否有安全交底，安全交底是否有针对性，技术交底是否有交接双方签名；现场是否按照技术交底施工
机具设备	作业台架是否稳固；电焊机、注浆机、压力表等仪器设备状态是否良好
施工人员	特种作业人员是否持证上岗；施工人员是否已接受上岗培训，让其回答本项工作中需注意安全事项和质量控制要点；施工人员是否按规定穿戴防护用品
施工作业	作业台架是否牢固，周边是否设置防护栏杆，跳板、梯子安装是否牢固并防滑，工作平台是否满铺底板，是否有钉子外露或尖角突出；施工用电线路布设是否规范，台架工作平台是否采用低压照明，配电箱、漏电保护器安装是否符合安全规定；小导管直径、壁厚、长度、间距、角度、搭接长度是否符合设计要求，小导管与刚架连接是否牢固，是否按设计要求进行了注浆；掌子面和拱部稳定情况，应仔细检查掌子面及周边有无安全隐患，岩面有无松动危石；作业人员是否在已支护的安全位置作业；钻机使用的高压风、高压水的各连接部件是否安设牢固，并经常检查，防止脱落、爆裂伤人
其　他	施工作业区是否树立警示牌和设置必要的安全防护装置；施工现场是否存在其他安全隐患

表 7.2-7　隧道超前管棚施工安全检查表

检查项目	检查主要内容及要求
施工方案及技术交底	是否有施工方案并对施工人员进行技术交底;技术交底中是否有安全交底,安全交底是否有针对性,技术交底是否有交接双方签名;现场是否按照施工方案和技术交底施工
机具设备	钻孔作业台架是否稳固;管棚钻机、空压机、注浆机状态是否良好
施工人员	特种作业人员是否持证上岗;施工人员是否已接受上岗培训,让其回答本项工作中需注意安全事项和质量控制要点;施工人员是否按规定穿戴防护用品
施工作业	掌子面稳定情况检查,如有异常是否对其进行了处理;工作平台是否牢固,周边是否设置防护栏杆,跳板、梯子安装是否牢固并防滑,工作平台是否满铺底板,是否有钉子外露或尖角突出;在洞内施工管棚时,是否按要求设置管棚工作室,管棚工作室内亮度是否满足施工要求;管棚导向墙基础是否稳定,钻机作业平台是否牢固;管棚节间用丝扣相连,套丝长度是否满足要求;管棚钻进时,要做好钻进记录,根据钻孔揭示的围岩情况,制定针对性施工方案;管棚钻机使用的高压风、高压水及油管的各连接部件是否安设牢固,并经常检查,防止脱落、爆裂伤人;现场用电情况
其　他	施工作业区是否树立警示牌和设置必要的安全防护装置;施工现场是否存在其他安全隐患

表 7.2-8　隧道全断面开挖施工安全检查表

检查项目	检查主要内容及要求
施工方案及技术交底	是否有施工方案并对施工人员进行技术交底;技术交底中是否有安全交底,安全交底是否有针对性,技术交底是否有交接双方签名;现场是否按照作业指导书和技术交底施工
机具设备	空压机储气罐是否定期进行了检验;是否有安全作业操作规程,机具设备等机具设备状态是否良好
施工人员	特种作业人员是否持证上岗,尤其是现场爆破员、押运员、安全员;施工人员是否已接受上岗培训,让其回答本项工作中需注意安全事项和质量控制要点;施工人员是否按规定穿戴防护用品
施工作业	钻孔台架是否稳固,工作平台周边是否设置防护栏杆,工作平台是否铺满钢筋网片;台架用电线路布设是否规范;钻孔作业前是否进行了排险,是否有危石;洞内爆破作业必须统一指挥,并由经过专业培训且持有爆破作业合格证的专职爆破工担任;人员撤离至安全距离,独头巷道不小于 200 m;相邻的平行导坑、横通道及横洞间不少于 50 m;全断面开挖量大,爆破引起震动较大,采用多段别微差起爆应严格控制同段别最大装药量,按钻爆设计要求控制炮眼间距、深度和角度,钻眼完毕,按炮眼布置图进行检查并做好记录,对不符合要求的炮眼应重钻,经检查合格后方可装药;爆破后出现瞎炮时由原装药人员处理;每循环爆破后及时找顶,初期支护施作前应按要求进行地质素描;是否及时支护:全断面开挖原则上应每循环开挖后及时支护,如围岩完整性较好,可两循环支护一次;火工品的领用、押运、使用、退库工作是否符合火工品管理办法规定;衬砌仰拱距掌子面距离是否符合要求
其　他	施工作业区是否树立警示牌和设置必要的安全防护装置;施工现场是否存在其他安全隐患

表 7.2-9　隧道台阶法开挖施工安全检查表

检查项目	检查主要内容及要求
施工方案及技术交底情况	是否有施工方案并对施工人员进行技术交底;技术交底中是否有安全交底,安全交底是否有针对性,技术交底是否有交接双方签名;现场是否按照作业指导书和技术交底施工
机具设备	空压机储气罐是否定期进行检验;是否有安全作业操作规程,机具设备等机具设备状态是否良好
施工人员	特种作业人员是否持证上岗,尤其是现场爆破员、押运员、安全员;施工人员是否已接受上岗培训,让其回答本项工作中需注意安全事项和质量控制要点;施工人员是否按规定穿戴防护用品

续上表

检查项目	检查主要内容及要求
施工作业	钻孔台架是否稳固，工作平台周边是否设置防护栏杆，工作平台是否铺满钢筋网片；台架用电线路布设是否规范，开挖台架是否采用36 V安全电压照明，配电箱、漏电保护器安装是否符合安全规定；钻孔作业前是否进行了排险，是否有危石；洞内爆破作业必须统一指挥，并由经过专业培训且持有爆破作业合格证的专职爆破工担任，人员撤离安全距离，独头巷道不小于200 m；相邻的平行导坑、横通道及横洞间不少于50 m；当围岩自稳能力好，隧道开挖跨度不大时，为方便作业，台阶长度宜控制在10～50 m以内；围岩稳定性较差时，台阶长度宜控制在3～10 m；是否及时支护：台阶法开挖原则上应每循环开挖后及时支护，如围岩较好，可两循环支护一次；衬砌仰拱距离掌子面距离是否符合要求；火工品的领用、押运、使用、退库工作是否符合火工品管理办法
其　他	施工作业区是否树立警示牌和设置必要的安全防护装置；施工现场是否存在其他安全隐患

表 7.2-10　隧道钻爆开挖施工安全检查表

检查项目	检查主要内容及要求
施工方案及技术交底情况	是否有施工方案并对施工人员进行技术交底；技术交底中是否有安全交底，安全交底是否有针对性，技术交底是否有交接双方签名；现场是否按照作业指导书和技术交底施工
机具设备	空压机储气罐是否定期进行检验；是否有安全作业操作规程，机具设备等机具设备状态是否良好
施工人员	特种作业人员是否持证上岗，尤其是现场爆破员、押运员、安全员；施工人员是否已接受上岗培训，让其回答本项工作中需注意安全事项和质量控制要点；施工人员是否按规定穿戴防护用品
施工作业	钻孔台架是否稳固，工作平台周边是否设置防护栏杆，工作平台是否铺满钢筋网片；台架用电线路布设是否规范，开挖台架是否采用36 V安全电压照明，配电箱、漏电保护器安装是否符合安全规定；钻孔作业前是否进行了排险，是否有危石；洞内爆破作业必须统一指挥，并由经过专业培训且持有爆破作业合格证的专职爆破工担任，人员撤离安全距离，独头巷道不小于200 m；相邻的平行导坑、横通道及横洞间不少于50 m；装药结构、起爆顺序是否按照技术交底要求施工，爆破有专人指挥防护，放炮员接到起爆命令后，必须先发出爆破警号，至少等5 s，方可起爆；爆破后，必须通过通风排烟，15 min以后检查人员方可进入工作面检查；爆破后要进行找顶作业，现场出现的瞎炮是否按交底要求处理，有无在残眼中继续钻孔现象；火工品的领用、押运、使用、退库工作是否符合火工品管理办法
其　他	施工作业区是否树立警示牌和设置必要的安全防护装置；施工现场是否存在其他安全隐患

表 7.2-11　火工品管理控制要素卡片

检查项目	检查主要内容及要求
制度管理	是否建立健全安全规章制度；雷管、炸药，记录台账是否及时齐全；现场是否按照《爆破安全规程》操作
库房管理	火工品库房周围有无明显的安全标识；避雷针安放位置、数量是否满足安全要求，是否经过气象部门鉴定合格，准予使用；消防器材是否满足安全要求，是否定期或不定期检查，是否有设备使用操作规程；库房设置是否符合安全要求，监控设备是否安装，是否符合当地有关民爆物品管理的要求
人员管理	库管员、押运员、爆破员、安全防护员是否持证上岗；人员配置是否满足安全管理要求；火工品管理人员是否接受过安全培训，让其回答本项工作中需注意安全事项；施工人员是否按规定穿戴防护用品；库管员、押运员必须是企业内部职工
施工作业	是否执行火工品入库、发放、退库登记制度；账物是否相符；是否执行火工品的领用审批制度，领用、使用、退库是否全过程押运、监管；雷管与炸药是否分开运送，电雷管是否装在绝缘箱内运送；库房是否配置防盗门，是否实行双人双锁；入库人员是否实行安全检查制度；库存数量是否有超过库容量现象
其　他	爆品在购买和运输中要满足《爆破安全规程》规定

表 7.2-12　隧道喷射混凝土施工安全检查表

检查项目	检查主要内容及要求
技术交底情况	施工人员是否有技术交底；技术交底中是否有安全交底，安全交底是否有针对性，技术交底是否有交接双方签名；现场是否按照施工方案和技术交底施工
机具设备	空压机压力容器的周期检定标识；搅拌站、喷射机、自卸车是否有设备使用操作规程，是否进行定期的检查；风、水、输料管是否通畅，有无专人进行检查
施工人员	特种作业人员是否持证上岗；施工人员是否已接受上岗培训，让其回答本项工作中需注意安全事项和质量控制要点；施工人员是否按规定穿戴防护用品
施工作业	工作平台周边是否设置防护栏杆，工作平台是否铺满钢筋网片；喷射机要放在已支护安全地段，喷射手所处位置是否安全；喷射前应仔细检查喷射面，是否有松动土(石)块未及时处理；在有水地段进行喷射混凝土时，对渗漏水是否已先进行处理；采用钢筋网喷射混凝土时，钢筋网与锚杆或其他固定装置连接是否牢固；检查输料管、出料弯管有无磨薄击穿及连接不牢现象，如有应及时处理。当处理喷嘴堵塞时，要防止喷射物伤人；施工期间，是否对支护的工作状态进行定期和不定期的检查，在不良地质地段是否有专人每班检查，当发现支护变形或损坏时，是否立即进行了加固处理
其　他	施工作业区是否树立警示牌和设置必要的安全防护装置；施工现场是否存在其他安全隐患

表 7.2-13　锚杆施工安全检查表

检查项目	检查主要内容及要求
技术交底情况	施工人员是否有技术交底，技术交底内容是否齐全；技术交底中是否有安全交底，安全交底是否有针对性，技术交底是否有交接双方签名；现场是否按照技术交底施工
机具设备	机具设备状态是否良好
作业人员	特种作业人员是否持证上岗；施工人员是否已接受上岗培训，让其回答本项工作中需注意安全事项和质量控制要点；施工人员是否按规定穿戴防护用品
施工作业	工作平台周边是否设置防护栏杆，工作平台是否铺满钢筋网片；锚杆施工前是否已进行初喷作业，打设锚杆时是否对围岩面进行了清危和处理；锚杆钻孔前是否根据设计要求定出孔位，做出标记，孔距误差是否符合规范要求；钻孔后检查钻孔方向、深度、锚杆直径和锚杆的插入深度是否符合设计和规范要求；锚杆注浆是否符合设计要求；锚杆的安装作业是否及时进行，是否按设计要求加设锚垫板，垫板是否与喷层面紧贴；锚杆安装完毕以后对其进行抽样检查；锁脚锚杆施作是否满足设计要求
其　他	施工作业区是否树立警示牌和设置必要的安全防护装置；施工现场是否存在其他安全隐患

表 7.2-14　钢架安装安全检查表

检查项目	检查主要内容及要求
技术交底情况	施工人员是否有技术交底，技术交底内容是否齐全；技术交底中是否有安全交底，安全交底是否有针对性，技术交底是否有交接双方签名；现场是否按照技术交底施工
机具设备	机具设备状态是否良好
作业人员	特种作业人员是否持证上岗；施工人员是否已接受上岗培训，让其回答本项工作中需注意安全事项和质量控制要点；施工人员是否按规定穿戴防护用品
施工作业	钢架加工后，是否进行了试拼，是否进行了检查验收；钢架安装前，是否进行了初喷，安装地段围岩是否稳定；安装前是否清除了底脚下的虚渣和其他杂物，安装时底脚是否支撑在坚实的基础上；钢架之间螺栓是否拧紧，连接板之间是否存在空隙，当存在存在较大空隙时是否进行了处理；沿钢架外缘之间是否用楔子楔紧，钢架与围岩间的间隙是否采用喷射混凝土喷填密实；相邻两榀钢架间是否按设计要求连接牢固，安装符合设计要求；钢架间距是否符合设计和规范要求；锁脚锚杆施作是否满足设计要求
其　他	施工现场是否存在其他安全隐患

表 7.2-15 监控量测安全检查表

检查项目	检查主要内容及要求
监控量测方案及实施	监控量测方案是否经过审批;量测项目是否符合规范要求和现场实际;量测方法是否规范
量测仪器	量测仪器是否齐全;量测仪器的精度、性能是否满足要求;量测仪器的鉴定、保养是否满足要求
人员组织	量测人员是否经过培训;人员责任是否明确
测点布设和量测频率	测点是否牢固可靠,是否标识并进行妥善保护;测点布设部位围岩是否牢固,是否有松动现象;测点布设的间距和数目是否符合设计和规范的要求,测点的布设是否及时合理;量测频率是否符合设计规范要求
数据处理	数据处理是否及时、准确,并反馈指导现场施工;绘制时态曲线,并进行回归分析,预测可能出现的最大位移值;根据量测结果进行隧道稳定性综合判别;每日量测结果是否及时反馈至项目经理和总工,当量测出现异常时,是否及时召开会议,分析原因,商定加固处理方案
其　他	导线点的埋设是否稳固可靠;量测时是否采用了必要的安全防护措施

表 7.2-16 仰拱施工安全检查表

检查项目	检查主要内容及要求
技术交底情况	施工人员是否有技术交底,技术交底内容是否齐全;技术交底中是否有安全交底,安全交底是否有针对性,技术交底是否有交接双方签名;现场是否按照技术交底施工
作业人员	特种作业人员是否持证上岗;施工人员是否已接受上岗培训,让其回答本项工作中需注意安全事项和质量控制要点;施工人员是否按规定穿戴防护用品
机具设备	是否有设备使用安全操作规程;各种机具设备状态是否良好
施工作业	仰拱距开挖掌子面距离是否超出安全管理规定:一般情况下仰拱距上台阶掌子面的距离:Ⅴ、Ⅵ级围岩不大于 40 m;Ⅳ级围岩不大于 50 m;Ⅲ级围岩不大于 90 m;Ⅰ、Ⅱ级围岩不大于 120 m;特殊情况除外;仰拱开挖长度:一般情况下:Ⅳ、Ⅴ级围岩不大于 6 m;Ⅱ、Ⅲ级围岩不大于 12 m;仰拱便桥要进行设计、检算、交底,便桥每端搭放长度不小于 1.5 m;仰拱欠挖宜采用浅孔小爆破施工,要注意做好现场警戒及防护工作;仰拱爆破作业要注意对风筒及风水管的防护;仰拱应及时施作,使支护及早闭合成环;现场用电情况,是否有使用不合格灯具情况;火工品的领用、押运、使用、退库工作是否符合火工品管理办法
其　他	施工作业区是否树立警示牌和设置必要的安全防护装置;施工现场是否存在其他安全隐患

表 7.2-17 二衬钢筋安全检查表

检查项目	检查主要内容及要求
技术交底情况	施工人员是否有技术交底,技术交底内容是否齐全;技术交底中是否有安全交底,安全交底是否有针对性,技术交底是否有交接双方签名;现场是否按照技术交底施工
作业人员	特种作业人员是否持证上岗;施工人员是否已接受上岗培训,让其回答本项工作中需注意安全事项和质量控制要点;施工人员是否按规定穿戴防护用品
机具设备	现场机具、设备是否有安全使用操作规程;各种机具设备状态是否良好

续上表

检查项目	检查主要内容及要求
施工作业	工作平台是否牢固，周边是否设置防护栏杆，梯子安装是否牢固；施工用电线路布设是否规范，支架工作平台是否采用低压照明，配电箱、漏电保护器安装是否符合安全规定；高空作业是否系安全带，安全带是否固定于牢固的物件上；台架下是否有足够的施工净空，作业点是否设置明显的限界及缓行标志；氧气瓶、乙炔瓶的距离是否符合要求；乙炔瓶距明火距离是否符合规定；钢筋焊接是否有可行的防火措施，焊接时防水板是否有保护措施
其　他	施工作业区是否树立警示牌和设置必要的安全防护装置；施工现场是否存在其他安全隐患

表 7.2-18　二衬混凝土施工安全检查表

检查项目	检查主要内容及要求
技术交底情况	施工人员是否有技术交底，技术交底内容是否齐全；技术交底中是否有安全交底，安全交底是否有针对性，技术交底是否有交接双方签名；现场是否按照技术交底施工
作业人员	特种作业人员是否持证上岗；施工人员是否已接受上岗培训，让其回答本项工作中需注意安全事项和质量控制要点；施工人员是否按规定穿戴防护用品
机具设备	衬砌台车或模板支架是否经过检查验收，有无检查验收记录；搅拌站、混凝土输送泵、装载机、吊车等是否有设备使用安全操作规程；各种机具设备状态是否良好
施工作业	衬砌距开挖掌子面距离是否超出安全管理规定：一般情况下二次衬砌距上台阶掌子面的距离：Ⅴ、Ⅵ级围岩不大于 50 m；Ⅳ级围岩不大于 90 m；Ⅲ级围岩不大于 120 m；Ⅰ、Ⅱ级围岩不大于 200 m；特殊情况除外；台车工作平台周边是否设置防护栏杆，梯子安装是否牢固，工作平台是否满铺底板，是否有钉子外露或尖角突出；台车每循环加固后是否坚持进行了验收，尤其是堵头模型加固后的验收；二衬混凝土是否由下向上对称分层灌注，两侧高差是否符合要求；二衬拆模时，混凝土的强度是否满足 2.5 MPa 要求；台车上是否设置明显的限界和其他安全警示标志；台车上线路布置及用电情况，是否有使用不合格灯具情况；混凝土浇筑过程中是否已安排专人对台车及模型进行检查
其　他	施工作业区是否树立警示牌和设置必要的安全防护装置；施工现场是否存在其他安全隐患

表 7.2-19　拱顶回填注浆安全检查表

检查项目	检查主要内容及要求
技术交底情况	施工人员是否有技术交底，技术交底内容是否齐全；技术交底中是否有安全交底，安全交底是否有针对性，技术交底是否有交接双方签名；现场是否按照技术交底施工
机具设备	作业设备、工具是否齐全；注浆机的各种接线是否良好无损，注浆机的各种性能是否能满足要求；注浆设备上是否有安全操作规程牌
作业人员	特种作业人员是否持证上岗；施工人员是否已接受上岗培训，让其回答本项工作中需注意安全事项和质量控制要点；施工人员是否按规定穿戴防护用品
注浆作业	钻孔台架是否稳固，工作平台周边是否设置防护栏杆；二衬施工前，放水板铺设或安装二衬钢筋时注浆管必须布设完好；注浆孔的数目、布置、间距、孔深是否符合设计和规范要求；作业时，注浆压力和注浆量是否满足设计和规范要求；回填注浆应该在衬砌混凝土强度达到设计强度的 100 % 以后进行；注浆时是否有专人对注浆进行记录；注浆时是否有专人对注浆部位混凝土进行观察，防止由于注浆过大造成二衬混凝土薄弱部位出现裂缝；回填注浆要求隧道二衬背后注浆回填保证密实
其　他	施工作业区是否树立警示牌和设置必要的安全防护装置；施工现场是否存在其他安全隐患

表 7.2-20　防水板铺设安全检查表

检查项目	检查主要内容及要求
技术交底情况	施工人员是否有技术交底，技术交底内容是否齐全；技术交底中是否有安全交底，安全交底是否有针对性，技术交底是否有交接双方签名；现场是否按照技术交底施工
安装设备与材料	防水板与土工布铺设工具设备是否齐全，各种工具的性能是否满足要求；防水板与土工布的材质、性能、规格是否符合设计要求
作业人员	特种作业人员是否持证上岗；施工人员是否已接受上岗培训，让其回答本项工作中需注意安全事项和质量控制要点；施工人员是否按规定穿戴防护用品
防水板作业	工作平台是否牢固，周边是否设置防护栏杆，跳板、梯子安装是否牢固并防滑，工作平台是否满铺底板；施工用电线路布设是否规范，台车或支架工作平台是否采用低压照明，配电箱、漏电保护器安装是否符合安全规定；高空高处作业是否系安全带，安全带是否固定于牢固的物件上；台车或支架下是否有足够的施工净空，作业点是否设置明显的限界及缓行标志；作业区内防火措施是否周密有效；铺设土工布前检查是否对初期支护面凹凸显著部位、外露的锚杆头和局部漏水处预先进行了处理；防水板的焊接搭接宽度和焊缝是否满足设计要求，焊缝不得有漏焊、假焊、焊焦和焊穿等现象，要求不得有渗漏；防水板铺设完毕衬砌之前，是否对焊缝进行了充气试验；防水板铺设前拱顶初支后密实情况是否检查，如有空洞是否已回填注浆
其　他	施工作业区是否树立警示牌和设置必要的安全防护装置；施工现场是否存在其他安全隐患

表 7.2-21　装渣运输(无轨)安全检查表

检查项目	检查主要内容及要求
技术交底情况	施工人员是否有安全专项技术交底；交底是否具有针对性，是否有交接双方签名
机具设备	装渣和运渣的机械设备状态是否良好，特别是刹车制动是否正常，机械设备是否定期进行保养；是否有设备使用安全操作规程
作业人员	特种作业人员是否持证上岗；施工人员是否已接受上岗培训，让其回答本项工作中需注意安全事项和质量控制要点；施工人员是否按规定穿戴防护用品
装渣运输作业	出渣前作业面空气是否符合空气质量要求，掌子面照明是否充足，通视是否良好；出渣前掌子面危石是否进行了处理；出渣时是否有专人指挥车辆装渣作业；在洞内施工地段的正常行车速度不得大于 10 km/h，会车时不得超过 5 km/h；车辆在行车过程中不得超车，会车时，空车让重车，重车要减速；出渣车辆严禁超载，装渣量是否过多，行车时是否有石渣掉落现象；特殊地段，如衬砌台车、台架部位是否对行车界限进行明显的标识；仰拱便桥每次架设完后，是否进行了检查，此处照明是否满足行车需要；洞外卸渣场应保持 4% 的上坡道，卸车时应派专人指挥；隧道洞口车辆、人员较多，应设置缓行标志
其　他	施工现场是否存在其他安全隐患

表 7.2-22　通风防尘及风水电供应安全检查表

序号	检查项目	检查主要内容及要求	检查记录	检查人
1	技术交底情况	施工人员是否有技术交底；技术交底中是否有安全交底，安全交底是否有针对性，技术交底是否有交接双方签名；现场是否按照施工方案和技术交底施工		
2	机械设备	设备是否能正常运转，是否定期进行保养；是否有设备安全操作规程牌；空压机、压力管道是否进行周期鉴定		

续上表

序号	检查项目	检查主要内容及要求	检查记录	检查人
3	作业人员	特种作业人员是否持证上岗；施工人员是否已接受上岗培训，让其回答本项工作中需注意安全事项和质量控制要点；施工人员是否按规定穿戴防护用品		
4	通风、风水电供应	供风、供水管道安装是否牢固，是否存在漏风、漏水现象；洞内供电照明线路是否按三相五线制布设，是否顺直，线路搭接处理是否符合要求；开挖支架、衬砌台车、防水板台架工作平台是否采用低压照明，配电箱、闸刀箱等是否有接地装置和漏电保护装置；电线、电缆是否有破损，破损部位是否发现及处理；电线、高压电缆是否与风筒异侧布置；电缆的悬挂高度：正洞宜不低于 2.5 m；斜井及平导应尽量高挂，但距顶部的距离应不小于 0.15 m；洞内变压器洞室应在明显地点加挂“非工作人员禁止入内”和“高压危险”牌；洞内空气条件是否满足要求，通视是否良好		
5	其　他	施工现场是否存在其他安全隐患		
对存在问题处理要求：				
施工负责人(签字)：				

表 7.2-23　安全管理检查评分表

序号	检查项目及评分标准	标准分 100 分		
		基本分	扣分	得分
1	未设置安全管理机构，或未建立安全生产管理体系，每项扣 10 分。 未健全安全生产规章制度(安全生产奖惩办法；安全生产教育培训制度；安全生产检查制度；安全生产请示、汇报、报告制度；安全技术交底制度；安全生产专项资金使用制度；生产安全事故报告及处理制度；消防安全责任制度；爆炸物品安全管理制度；易燃、易爆、危险品等管理制度；文明施工管理制度；安全保卫管理制度；环境保护管理制度；卫生健康管理制度；特种作业人员管理制度；临时用电管理制度；安全防护设施用品验收及使用管理制度；各工种及机具安全操作规程；各工种安全技术操作规程；生产安全应急预案；劳务人员安全管理办法；安全效果评价制度等)，未以文件下发；每项扣 5 分。 适用法律、法规、法令、条例、规范、规程、标准、办法等相关支持性文件和工具书不全；每项扣 2 分。 安全岗位职责未上墙，每少一个岗位职责扣 2 分；专职安全管理人员无证，每人扣 5 分	20		
2	未制定安全管理目标(事故控制指标、安全标准工地)，扣 5 分。 未编制环境、职业健康安全管理实施措施，每项扣 2 分；未创建“安全标准工地”规划及措施，扣 5 分；未进行安全责任目标分解，扣 3 分。 50 人以上的施工队伍(包括劳务工)未配备专职安全员，扣 5 分。 未与外协队伍签订安全协议，每个扣 2 分	20		
3	施工组织设计及专项方案中没有安全技术措施，每项扣 5 分。 有安全技术措施但未进行安全技术交底或交底针对性不强的，每项扣 5 分。 安全措施未落实，每处扣 1 分；技术交底未履行签字手续，每份扣 1 分。 未建立环境因素、危险源辨识台账，或台账不全，扣 3 分	20		

续上表

序号	检查项目及评分标准	标准分 100 分		
		基本分	扣分	得分
4	未坚持安全教育制度,无培训影像资料,无考试(卷)记录,各扣 5 分。 未对新员工进行"调换工种岗前安全教育",每人扣 2 分。 特种作业人员无证上岗,每人扣 3 分;证件过期未及时复审,每人扣 1 分;未建立特种作业人员管理台账,扣 2 分	20		
5	未坚持定期安全检查,每次扣 3 分;公司对项目无定期检查记录,每份扣 2 分;检查记录未签字,每份扣 2 分。 检查出的事故隐患未定人、定时间、定措施整改达标,每次扣 2 分。 伤亡事故未及时上报、发生事故未按"四不放过"原则分析、处理、整改,每次扣 10 分。 现场危险源场所无安全警示、指示标志,每处扣 2 分。 专项安全资金的使用不符合规定,每项扣 2 分	20		
项目小计		100		

表 7.2-24　安全防护检查评分表

序号	检查项目及评分标准	标准分 100 分		
		基本分	扣分	得分
1	施工现场人员未带安全帽,每人扣 2 分;安全帽不符合标准,每顶扣 1 分;未按规定佩戴安全帽(不系帽绳),每人扣 1 分;施工现场穿拖鞋;高跟鞋;硬底易滑鞋时;每人扣 1 分。酒后上岗,每人扣 5 分	20		
2	安全网未按技术标准搭设,每处扣 2 分;安全网未取得建设安全监督管理部门准用证的,每次扣 2 分;爬梯脚手扳未满铺;两侧栏杆未设挡脚板;未挂安全密目网;每处扣 3 分。 2 m 以上的高处作业无安全防护及安全标识,每处扣 3 分	20		
3	高处作业未系安全带,每人扣 2 分;安全带系挂不符合要求;每人扣 1 分。 临边作业无防护,每处扣 2 分;防护不连续、不严密;每处扣 1 分。 高处作业未统一规定信号、旗语、口哨等与地面联系,每处扣 2 分。 上、下交叉作业处没有有效的隔离措施,每处扣 3 分。 有行人或车辆通行的施工场所未设安全通道或通道无隔离防护棚;无安全警示标志;每处扣 3 分	30		
4	基坑、沟、井、槽等危险场所无防护措施及安全警示标志,每处扣 3 分;未设明显昼夜警戒标志,每处扣 2 分;施工区内的既有公共交通场所未设专人防护,每处扣 3 分	10		
5	劳动防护用品购置、使用未严格按照使用验收管理制度。每项扣 3 分;有毒、有害作业未佩戴防护用品或防毒面具,每人扣 3 分	10		
6	在污水管网作业前,未进行毒气检测即下井作业或检测无记录,每处扣 5 分。 挖孔桩作业中,施工人员下井前未进行毒气检测即下井作业或检测无记录,每处扣 5 分;通风设施未满足要求或盲目下井作业,每处扣 3 分	10		
项目小计		100		

表 7.2-25　施工用电检查评分表

序号	检查项目及评分标准	标准分100分		
		基本分	扣分	得分
1	施工现场总供电系统布设未采用三相五线制(TN-S系统)，扣8分。 施工现场临时用电设备在5台以上或设备总容量在50 kW及以上者，未有专项用电设计，每处扣5分；临时用电专项设计审批手续不全，每处扣3分。 不符合“三级配电两级保护”要求的，扣3分；开关箱不标准、无门、无锁、无防雨，每处扣2分。 施工用电设计资料不全，每处扣2分；无地极阻值遥测记录的，每处扣3分；电工巡视维修记录或填写不真实的，每次扣2分；资料乱、内容不全、无专人管理，扣3分	20		
2	在跨越铁路、公路、河流、电力线路档距内的架空线路不得有接头，横担未设绝缘子，直线杆未采用针式绝缘子，耐张杆未采用蝶式绝缘子，每处扣2分。 外电线路小于安全距离又无防护措施的，每处扣3分；防护措施不符合要求、绝缘密封不严密的，每处扣3分。 架空线未架设在专用电杆上，而是随意乱拖乱架，每处扣2分。 照明线、动力线架设高度不够或穿越通(便)道未穿套管保护，每处扣2分；临时敷设电线路缠挂在钢筋、模板、脚手架上每处扣2分	20		
3	开关箱未按“一箱、一机、一闸、一漏”配置的，每处扣5分。 工作接地与重复接地不符合要求的，每处扣3分；专用保护零线设置不符合要求的，每处扣2分；保护零线与工作零线混接的，每处扣2分。 漏电保护器失效、失灵，每处扣2分。 闸具损坏未及时更换或有裸露闸具时，每处扣2分。 一、二级配电箱内多路配电无标记。每处扣5分。 对总配电箱、分配电箱、开关箱进行定期维修检查时，未将其前一级相应的电源隔离开关分闸断电，未悬挂“禁止合闸、有人工作”停电标志牌，每次扣5分。 开关箱中漏电保护器的额定漏电动作电流大于30 mA，额定漏电动作时间大于0.1 s，潮湿、腐蚀环境下额定漏电动作电流大于15 mA，每处扣3分。 漏电保护器装置参数不匹配，每处扣2分；电箱内无隔离开关，每处扣3分。 配电箱、开关箱的电源进线端采用插头和插座做活动连接，每处扣3分。 分配箱与开关箱的距离超过30 m，开关箱与其控制的固定式用电设备的水平距离超过3 m，每处扣2分。 开关箱未装设在坚固、稳定的支架上，每处扣2分；开关箱中心点与地面的垂直距离大于或小于0.8～1.6 m，每处扣2分；动力开关箱与照明开关箱未分开设置，每处扣1分。 电器装置闸具、熔断器参数与设备容量不匹配，安装不符合要求的，用其他金属丝代替熔丝的，每处扣3分。 室外220 V灯具距地面低于3 m，室内220 V灯具距地面低于2.5 m，每处扣1分	35		
4	灯具内的接线不牢固，灯具外的接线未做可靠的防水绝缘包扎，每个扣1分； 照明变压器未使用双绕组型安全隔离变压器，每个扣3分；使用自耦变压器，每个扣5分。 使用手持式电动工具时，未按规定穿、戴绝缘防护用品，每处扣2分。 停止使用的电器设备、电源线和开关未及时拆除，每处扣2分。 对混凝土搅拌机、钢筋加工机械、木工机械、盾构机械等设备清理、检查、维修时，未将其开关箱分闸断电，门上无锁，未挂警示牌，每处扣3分。 潮湿区域作业和易触电及带电体场所电压大于24 V，隧道、地下工程、高温、有导电灰尘、比较潮湿的作业区域电压大于36 V，每处扣5分。 现场手持作业灯电压大于36 V，每个扣5分；低压电线路使用裸体导线，每处扣3分。 施工现场电线路随地拖拉，随意乱接，每处扣2分。 现场使用护套线、花线，每处扣2分。现场使用简易碘钨灯，每盏扣2分	25		
项目小计		100		

表 7.2-26　施工机具检查评分表

序号	检查项目及评分标准	标准分 100 分		
		基本分	扣分	得分
1	电刨、电锯、木工及钢筋加工、木工机械、盾构机等机具传动部位无防护罩，每台扣 2 分；室外电机没有防尘、防雨罩，每台扣 2 分；机具安装无验收记录，每台扣 2 分。 使用平刨和圆盘锯合用一台电机的多功能木工机具，每台扣 2 分；无锯盘护罩、分料器、防护挡板安全装置和传动部位无防护，每处扣 2 分	15		
2	电焊机未配装防二次侧触电保护器的，每台扣 3 分；交流电弧焊机变压器的一次电源线(进线)长度大于 5 m，每处扣 2 分；二次(焊把)线长度大于 30 m，接头超过 3 处或绝缘老化的，每处扣 2 分。 电焊机未做保护接零，每台扣 3 分；安装后无验收合格记录手续，每台扣 3 分。 电焊操作人员未穿戴绝缘防护用品，每人扣 1 分	20		
3	搅拌机(站)无防雨棚，扣 3 分；混凝土搅拌站配套设备的安装、调试及各项技术性能指标全部符合规定并经验收合格后，方可投产使用，未验收合格使用或验收无记录，每项扣 2 分； 设备无保护接地或接零，每台扣 2 分； 作业前未检查以下项目是否符合要求，每少 1 项扣 1 分； (1) 搅拌筒内和各配套机构的传动、运动部位及仓门、斗门、轨道等均无异物卡住； (2) 各润滑油箱的油面高度符合规定； (3) 打开阀门排放气路系统中气水分离器的过多积水，打开贮气筒 排污螺塞放出油水混合物； (4) 提升斗或拉铲的钢丝绳安装、卷筒缠绕均正确，钢丝绳及滑轮 符合规定，提升料斗及拉铲的制动器灵敏有效； (5) 各部螺栓已紧固，各进、排料阀门无超限磨损，各输送带的张紧度适当，不跑偏； (6) 称量装置的所有控制和显示部分工作正常，其精度符合规定； (7) 各电气装置能有效控制机械动作，各接触点和动、静触头无明显损伤。 检修搅拌机人员进入搅拌筒内，未切断电源、锁好开关箱、挂“有人检修、禁止合闸”警示牌或没有专人监护，每处扣 10 分。 操作室内无安全操作规程，扣 3 分	20		
4	操作震捣器(棒)的工作人员未穿绝缘鞋和戴绝缘手套，每人扣 3 分。 使用手持电动工具随意接长电源线或更换插头的，每次扣 2 分；机械安装后无验收合格手续的，每台扣 2 分。 钢筋冷拉作业区无防护措施的，每处扣 3 分；张拉设备未进行检测标定，每台扣 5 分。 电弧对焊机上未安装防护罩和围屏，场地不干燥、不平整、有杂物，每处扣 2 分。 多台打夯机并列工作时，其间距小于 5 m，前后工作时，其间距小于 10 m 每处扣 3 分	20		
5	各种气瓶无标准色标的，每个扣 2 分；乙炔瓶、氧气瓶间距小于 5 m，距明火小于 10 m，每处扣 3 分。 气瓶存放无隔离措施，每处扣 3 分；乙炔瓶使用或存放时未立放的，每个扣 3 分。 气瓶无防震圈和防护帽的，每个扣 2 分	15		
6	打桩作业未制定施工方案和安全操作规程的，每项扣 5 分。 打桩机未取得准用证和安装后无验收合格手续的，每台扣 5 分；打桩机无超高限位装置，每台扣 5 分；打桩作业违反安全操作规程的，每次扣 5 分。 钻机开关箱中的漏电保护器的额定动作电流大于 15 mA；额定漏电动作时间大于 0.1 s；每处不扣 3 分	10		
项目小计		100		

表 7.2-27　落地式外脚手架检查评分表

序号	检查项目及评分标准	标准分 100 分		
		基本分	扣分	得分
1	脚手架未制定施工方案的,每处扣 5 分;脚手架高度超过规范规定无设计计算书或未经审批的,每处扣 5 分;施工方案,不能指导施工的,每处扣 5 分	10		
2	每 10 延长米立杆基础不平、不实、不符合方案设计要求的,每处扣 2 分; 每 10 延长米立杆缺少底座、垫木的,每处扣 2 分;每 10 延长米无扫地杆的扣 3 分。 每 10 延长米木脚手架立杆不埋地或无扫地杆的,每处扣 3 分	10		
3	脚手架高度 7 m 以上,架体与建筑结构未按规定要求拉结或拉结不坚固,每处扣 2 分。 每 10 延长米立杆、大横杆、小横杆间距超过规定要求的,每处扣 2 分	10		
4	未按规定设置剪刀撑,每处扣 2 分。 剪刀撑未沿脚手架高度连续设置或角度不符合要求,每处扣 5 分	10		
5	脚手板未满铺扣 5 分,脚手板材质不合要求扣 5 分,有探头板,每处扣 2 分。 脚手架外侧未设置密目安全网或网间不严密的,每处扣 5 分。 施工层未设 1.2 m 高防护栏杆和挡脚板,每处扣 5 分	10		
6	脚手架搭设前未进行技术交底,每次扣 5 分;脚手架搭设完毕未办理验收手续,每次扣 10 分。 无量化的验收内容,每次扣 5 分	10		
7	未按立杆与大横杆交点处设置小横杆的,每处扣 2 分。 小横杆只固定一端,每处扣 1 分。 单排架子小横杆插入墙内小于 24 cm,每处扣 2 分	10		
8	木立杆、大横杆每一处搭接小于 1.5 m,每处扣 1 分。 钢管立杆采用搭接的,每处扣 2 分	5		
9	施工层以下每满 10 m 未用平网或其他措施封闭的,每处扣 5 分。 施工层脚手架内立杆与建筑物之间未进行封闭的,每处扣 5 分	10		
10	木杆直径、材质不符合要求的,每处扣 5 分;钢管弯曲、锈蚀严重的,每处扣 5 分。 架体未设上下通道的,每处扣 5 分;通道设置不符合要求的,每处扣 2 分	5		
11	卸料平台未经设计计算,每处扣 5 分;卸料台搭设不符合设计要求,每处扣 5 分。 卸料平台支撑系统与脚手架连接或卸料平台无限定荷载标牌的,每处扣 3 分	10		
项目小计		100		

表 7.2-28　门型脚手架检查评分表

序号	检查项目及评分标准	标准分 100 分		
		基本分	扣分	得分
1	脚手架未制订施工方案,每项扣 10 分;施工方案不符合规范要求,每项扣 5 分。 脚手架高度超过规范规定,无设计计算书及未经上级审批,每项扣 10 分	30		

续上表

序号	检查项目及评分标准	标准分 100 分		
		基本分	扣分	得分
2	脚手架基础不平、不实、无垫木,每处扣 10 分;脚手架底部不加扫地杆,每处扣 5 分。 未按规定间距与墙体拉结,每处扣 5 分;拉结不牢固的,每处扣 5 分。 未按规定设置剪刀撑,每处扣 5 分;未按规定高度作业进行整体加固的,每处扣 5 分。 门架立杆垂直偏差超过规定的,每处扣 5 分;说明书规定组装,有漏装杆件和锁件的,每处扣 6 分;脚手架组装不牢,紧固不符合要求的,每处扣 2 分	25		
3	脚手板未满铺,离墙大于 10 cm 以上的,每处扣 5 分;脚手板不牢、不稳、材质不符合要求的,每处扣 5 分。 脚手架搭设无技术交底,每项扣 6 分;未办理分段验收手续,每处扣 4 分;无技术交底记录,每次扣 5 分。 脚手架外侧未设置 1.2 m 高防护栏杆和 18 cm 高的挡脚板,每处扣 5 分;架体外侧未挂密目式安全网或网间不严密,每处扣 5 分	25		
4	杆件变形严重的,每处扣 10 分;局部开焊的,每处扣 10 分;杆件锈蚀未刷防锈漆的,每处扣 3~6 分。 施工荷载超过规定的,每处扣 10 分;脚手架荷载不均匀的,每处扣 5 分。 未设置上下专用通道的,每处扣 10 分;通道设置不符合要求的,每处扣 5 分	20		
项目小计		100		

表 7.2-29　基坑支护检查评分表

序号	检查项目及评分标准	标准分 100 分		
		基本分	扣分	得分
1	基础施工未制定支护方案的,每项扣 8 分。 施工方案针对性不强,不能指导施工的,每项扣 5 分。 基坑深度超过 5 m 无专项支护设计的,每处扣 5 分,支护设计及方案未经上级审批,每处扣 5 分	20		
2	深度超过 2 m 的基坑,上口无临边防护设施的,每处扣 3 分。 临边防护不严密,每处扣 2 分	10		
3	坑槽开挖边坡设置不符合施组和安全技术交底要求的,每处扣 5 分。 特殊支护的作法不符合设计方案的,每处扣 5 分。 支护设施已产生局部变形又未采取有效措施,每处扣 3 分	10		
4	基坑施工未设置有效排水设施的,每处扣 2 分。 深基础施工采用坑外降水,对临近建筑物无沉降观测的,每处扣 5 分	10		
5	积土、料具堆放距槽边距离小于设计规定(不得小于 1 m)的,每处扣 5 分。 机械设备施工与槽边距离不符合要求,又无防护措施的,每处扣 5 分	10		
6	人员上下无专用通道,每次扣 5 分;通道设置不符合要求,每处扣 2 分	5		

续上表

序号	检查项目及评分标准	标准分100分		
		基本分	扣分	得分
7	施工机械进场未经验收，每台扣5分；挖掘机作业时，有人员进入机械作业半径内，每次扣3分；司机无证作业，每人扣5分。 未按规定挖土或超挖，每处扣5分；未按规定对基坑支护变形进行监测，每处扣3分。 未按规定对毗邻建筑物和重要管线及道路进行沉降观测，每处扣5分	20		
8	基坑内作业人员无安全立足点，每处扣3分。 垂直作业上下无隔离防护措施，每处扣5分。 光线不足又未设置足够照明，每处扣3分	15		
项目小计		100		

表7.2-30　模板工程检查评分表

序号	检查项目及评分标准	标准分100分		
		基本分	扣分	得分
1	模板工程未制定施工方案或施工方案未经审批，每项扣5分。 未根据混凝土输送方法制定有针对性安全措施，每项扣5分	15		
2	现浇混凝土模板的支撑系统无设计计算，每项扣5分。 支撑系统不符合设计要求，每处扣5分；安装桥墩(台)模板时，没有使模板支撑自成体系或支搭在脚手架上，每处扣5分	15		
3	支撑模板的立柱材料不符合要求，每处扣5分。 立柱底部无垫板或用砖垫高，每处扣2分。 不按规定设置纵横向支撑，每处扣2分。 立柱间距不符合规定，每处扣2分	15		
4	模板上施工荷载超过规定，每处扣8分。 模板上堆料不均匀，每处扣3分；模板存放无防倾倒措施，每处扣3分。 各种模板存放不整齐、过高等，不符合安全要求，每处扣3分	10		
5	2 m以上高处作业无可靠立足点，每处扣2分。 拆除区域未设置警戒线且无监护人，每处扣2分。 模板拆除前未经申请批准，每处扣5分。 结构上留有未拆除的悬空模板，每处扣3分	15		
6	模板工程无验收手续，每处扣5分；验收单无量化验收内容，每处扣2分。 支拆模板未进行安全技术交底，每处扣5分。 模板拆除前无混凝土强度报告，每处扣3分。 混凝土强度未按规定而提前拆模，每处扣2分。 在模板上运输混凝土未设走道垫板，每处扣3分。 走道垫板不稳不牢，每处扣3分	20		
7	作业面孔洞及临边无防护措施，每处扣3分。 垂直作业上下无隔离防护措施，每处扣2分	10		
项目小计		100		

表 7.2-31 物料提升机(龙门架、井字架)检查评分表

<table>
<tr><th rowspan="2">序号</th><th rowspan="2">检查项目及评分标准</th><th colspan="3">标准分 100 分</th></tr>
<tr><th>基本分</th><th>扣分</th><th>得分</th></tr>
<tr><td>1</td><td>无设计计算书,未经上级审批,每项扣 8 分。
架体制作不符合设计和规范要求,每处扣 5 分。
使用无建筑安全监督管理部门准用证厂家生产的产品,每处扣 5 分</td><td>15</td><td></td><td></td></tr>
<tr><td>2</td><td>吊篮无停靠装置,每处扣 5 分。
停靠装置未形成定型化,每处扣 3 分。
无超高限位装置,每处扣 5 分。
使用摩擦式卷扬机超高限位采用断电方式,每处扣 5 分。
高架提升机无下极限限位器、缓冲器、超载限制器,每处扣 3 分</td><td>15</td><td></td><td></td></tr>
<tr><td>3</td><td>从地面向上 10～15 m 处设一道缆风绳,以后每升高 10 m 设一道,顶部设一道,少一道扣 5 分。
无缆风绳或缆风绳未使用钢丝绳,每处扣 3 分。
钢丝绳直径小于 9.3 mm 或角度不符合 45°～60°,每处扣 5 分。
地锚不符合要求,每处扣 5 分。
连墙杆的位置不符合规范要求,每处扣 5 分。
连墙杆连接不牢,每处扣 5 分。
连墙杆与脚手架连接,每处扣 5 分。
连墙杆材质或连接做法不符合要求,每处扣 3 分</td><td>15</td><td></td><td></td></tr>
<tr><td>4</td><td>卸料平台两侧无防护栏杆或防护不严,每处扣 2 分。
平台脚手板搭设不严、不牢,每处扣 1 分。
平台无防护门或不起作用,,每处扣 1 分。
防护门未形成定型化、工具化,每处扣 2 分。
地面进料口无防护棚或不符合要求,每处扣 2 分。
高架提升机不使用吊笼,每处扣 2 分。
人员违章乘坐吊篮上下,每处扣 3 分</td><td>10</td><td></td><td></td></tr>
<tr><td>5</td><td>吊篮提升使用单根钢丝绳,每处扣 5 分。
提升机无验收手续及责任人签字,每处扣 5 分。
验收记录无量化验收内容,每处扣 5 分</td><td>15</td><td></td><td></td></tr>
<tr><td>6</td><td>架体安装拆除无施工方案,每处扣 5 分。
架体基础不符合要求,每处扣 3 分。
架体垂直偏差超过规定(小于高度的 1.5‰),每处扣 2 分。
架体与吊篮间隙超过规定(5～10 mm),每处扣 3 分。
架体外侧无立网防护或防护不严,每处扣 4 分。
摇臂扒杆未经设计,安装不符合要求,无保险绳,每处扣 5 分。
井字架开口处未加固,每处扣 2 分</td><td>10</td><td></td><td></td></tr>
<tr><td>7</td><td>卷扬机地锚不牢固,每处扣 2 分,卷筒钢丝绳缠绕不整齐,每处扣 2 分。
第一个导向滑轮距离小于 15 倍卷筒宽度,每处扣 2 分。
滑轮翼缘破损或与架体柔性连接,每处扣 2 分。
卷筒上无防止钢丝绳滑脱保险装置,每处扣 5 分。
滑轮与钢丝绳不匹配,每处扣 2 分。
无联络信号,每处扣 5 分;信号方式不合理、不准确,每处扣 3 分。
卷扬机无操作棚,每处扣 5 分。
操作棚不符合要求每处,扣 5 分。
防雷保护范围以外无避雷装置,每处扣 5 分</td><td>10</td><td></td><td></td></tr>
</table>

续上表

序号	检查项目及评分标准	标准分 100 分		
		基本分	扣分	得分
8	龙门吊安装后未经地方特种设备检验机构检验合格，未取得准用许可证在使用，每处扣 10 分。 操作司机无有效操作证操作，每人扣 5 分	10		
项目小计		100		

表 7.2-32　塔吊安全检查评分表

序号	检查项目及评分标准	标准分 100 分		
		基本分	扣分	得分
1	无制造许可证，每台扣 10 分；安拆单位无资质证，每项扣 10 分；安拆单位无安全生产许可证，每项扣 10 分。 未签订租赁合同，每项扣 10 分；租赁单位无营业执照，每项扣 5 分	25		
2	无力矩限制器，每处扣 5 分；力矩限制器不灵敏，每处扣 5 分。 无超高、变幅、行走限位装置，每处扣 2 分；限位器不灵敏，每处扣 5 分	10		
3	卷扬机滚筒无保险装置，每处扣 5 分；吊钩无保险装置，每处扣 5 分；上人爬梯无护圈或护圈不符合要求，每处扣 5 分。 塔吊高度超过规定不安装附墙装置，每处扣 5 分。 附墙装置安装不符合说明书要求，每处扣 3 分；无夹轨钳，每处扣 5 分；有夹轨钳不用，每处扣 3 分	20		
4	未制定安装拆卸方案，每项扣 5 分。 安装完毕无验收资料，无责任人签字，每处扣 5 分；验收记录无量化验收内容，每处扣 5 分。 作业队伍未取得资格证，每项扣 5 分；司机无证上岗，每人扣 5 分。 指挥人员无证上岗，每人扣 3 分；高塔指挥未使用旗语或对讲机，每处扣 5 分	25		
5	高塔基础不符合设计要求，每处扣 5 分；行走塔吊无卷线器或失灵，每处扣 5 分。 塔吊与架空线路小于安全距离又无防护措施，每处扣 5 分。 道轨无接地、接零，或接地、接零不符合要求，每处扣 3 分。 两台以上相临塔吊作业无防碰撞措施，每处扣 5 分	20		
项目小计		100		

表 7.2-33　起重吊装机安全检查评分表

序号	检查项目及评分标准	标准分 100 分		
		基本分	扣分	得分
1	起重吊装作业无施工方案，每项扣 5 分；施工方案未经上级审批，方案针对性不强，每项扣 5 分。 非标起重机扒杆无设计计算书，设计未经审批，每项扣 10 分	15		

续上表

序号	检查项目及评分标准	标准分 100 分		
		基本分	扣分	得分
2	起重机无超高、力矩限制器，每台扣 5 分；吊钩无保险装置，每处扣 3 分。 起重机无合格证或未取得准用许可证，每台扣 10 分；起重机进场未经检验合格或起重机安装后未经验收，每台扣 10 分。 吊杆组装不符合设计要求，每处扣 10 分；起重机使用前未经试吊，每台扣 5 分	10		
3	起重钢丝绳磨损，断丝超标，每处扣 2 分；滑轮不符合规定，每处扣 4 分。 缆风绳安全系数小于 3.5 倍，每处扣 5 分；地锚埋设不符合设计要求，每处扣 3 分；索具使用不合理；绳径倍数不够；每处扣 5 分	10		
4	司机无操作证上岗，每人扣 5 分；非本机型司机操作；每人扣 5 分。 指挥人员无证上岗，每人扣 5 分。 高处作业无可靠信号传递，每处扣 5 分	15		
5	起重机作业不符合说明书要求，每处扣 5 分。 地面铺垫措施达不到要求，每处扣 3 分	10		
6	被吊物体重量不明而进行吊装，每处扣 5 分。 超载作业，每处扣 5 分。 架桥机或轮式起重机每次作业前各支腿未伸满、支撑不可靠，每次扣 3 分；每次作业前未经试吊检验；每处扣 2 分	10		
7	结构吊装未设置防坠落措施，每处扣 5 分。 高处作业人员未系安全带，安全带未挂牢，每处扣 5 分。 人员上下未设专用爬梯、斜道，每处扣 5 分。 起重吊装人员作业无可靠立足点，每处扣 5 分。 作业平台临时防护不符合规定，每处扣 5 分；作业平台脚手板未满铺，每处扣 5 分	15		
8	楼板堆放超过 1.6 m 高度，每处扣 2 分；其他物件堆放高度不符合规定，每处扣 2 分。 大型构件堆放不稳定，每处扣 3 分	5		
9	起重吊装、架梁作业无警示、警戒标志，每处扣 3 分；未设专人对周边高架线和建筑物及人员进行警戒；每处扣 2 分。 起重工、电焊工无安全操作证上岗，每人扣 2 分	10		
项目小计		100		

表 7.2-34 铁路营业线施工安全检查评分表

序号	检查项目及评分标准	标准分 100 分	
		扣分	得分
1	在铁路营业线施工前，施工单位未编制施工组织设计（方案）、作业计划报铁路局的（站）段及设备产权单位及部门逐级审批；未与工务、电务、车务等有关部门签订施工安全协议，每项扣 10 分		

续上表

序号	检查项目及评分标准	标准分100分	
		扣分	得分
2	需封锁区间或限制行车速度的施工项目,未按批准的作业计划组织施工;施工前未向所在车站办理要点登记手续;现场无工务、电务等设备产权单位及部门人员配合,便擅自开工,每次扣5～10分		
3	正、站线、拨接转线开通作业和道岔插入施工,公司分管领导或指派的负责人未在现场指挥的,每次扣5分		
4	未按规定配齐经培训考试合格的驻站联络员、调车员、轨道车司机、安全员、防护员、爆破员、带班人员和工班长,并挂牌上岗,每人扣5分;防护信号(含灯、旗、牌等)不符合要求,每处扣2分;所有施工人员(含劳务工)未经培训考核合格上岗,无培训记录,每人扣2分		
5	在铁路营业线施工收工前,施工负责人未详细检查确认列车放行条件便撤除防护设施,每次扣5～10分;发出停工作业命令、作业人员没及时撤至限界外安全地点待避,每人扣2～5分		
6	利用铁路营业线区间卸车未经行车调度批准,未严格按规定时间进入区间作业和退回车站,每次扣3分		
7	铁路营业线施工防护距离、人员着装、使用工具、通讯设备等不符合规定,每人扣2分		
8	站改或营业线改造施工中,对行车线路未采取可靠有效的隔离措施,其高度、刚度、垂直度等不符合规定,隔离后随意开门,开门后无设专人看守,设置标识,隔离措施未在显著位置设有警示牌,每处扣2分		
9	站改或铁路营业线改造施工中,专设的驻站联络员、轨道车司机、调车员、防护员、道口看守员、现场安全员、现场领工员、机械作业旁站人员等未使用对讲机联络,对讲机未配备备用电池,每人扣2分		
10	在铁路营业线设置施工临时道口,未向所在铁路局办理申请批准手续,每处扣10分;施工临时道口未按有人看守道口标准配齐铺面、防护标志、设施并设专人看守、清扫,每处扣5分;使用完毕未立即拆除,每处扣3分		
11	未取得车站值班员同意及未办理手续在营业线上使用轻型车辆,每处扣5～10分;使用单轨小车没有按规定安排专人进行防护,每处扣3～5分;轻型车辆及小车使用完毕,没按规定抬至安全处加锁保管,每处扣3～5分		
12	在铁路营业线使用齿条式起道机及未改进的轨缝调节器进行线路作业,每次扣3分;在自动闭塞和有轨道电路区段施工时,使用的养路机具、万能道尺、撬棍等没有绝缘装置。每处扣2～5分;发现机具、机械、临时设施、防护设施侵入铁路限界,每次扣3分		
13	在铁路营业线区间或站场路肩、铁路线下挖沟埋缆,没有进行可靠的加固,每10延米扣3分。未及时回填,每10延米扣3分		
14	新增桥涵墩台挖基、涵渠接长、顶进等作业项目,未按施工方案进行防护,线路没有必要的加固或看守,工地没有备齐应急抢险物资,每处扣2～5分		
15	邻近铁路营业线进行爆破作业前,未按规定办理要点手续并设置安全防护,每处扣10分		

续上表

序号	检查项目及评分标准	标准分100分	
		扣分	得分
16	采用火花起爆,每处扣5分;在已通电的电气化区段使用电雷管,每处扣5分		
17	作业机械未做到"一机一人,人随机行,跟班防护",每处扣5分		
项目小计		100	

表7.2-35 文明施工检查评分表

序号	检查项目及评分标准	标准分100分		
		基本分	扣分	得分
1	施工通道有明显坑洼,每项扣5分。道路堆放材料、杂物、建筑垃圾不通畅,每处扣3分	10		
2	设备、建筑材料、购件、料具未按总平面布局堆放,每处扣4分。 设备安放、材料堆放不整齐,每处扣3分。 设备安放、材料堆放未进行标识,每处扣2分。 未做到工完料净、场地清,每处扣3分。 易燃易爆品未分类、分库存放,每项扣4分	15		
3	宿舍周围环境不卫生、不安全,每处扣3分; 宿舍无消暑和防蚊虫叮咬措施,每处扣3分; 床上及生活用品放置不整齐,每处扣1分; 施工作业区和休息生活区未隔离,每项扣5分	10		
4	无防火措施、未建立防火制度或无灭火器材及灭火器失效,每处扣10分。 灭火器材配备不合理、无定期检查,每处扣5分。 钢筋、木工加工棚及材料库房有烟头,每个扣1分	5		
5	施工现场五牌一图(工程概况、管理人员及监督电话、消防保卫、安全生产、文明施工、施工现场平面图)醒目、整齐规范,每缺一项扣3分;安全警示标志不醒目,每处扣5分。 无驻地宣传设施(板报栏、阅报栏、标语、广播等),每项扣5分。 开展法纪法规、乡规民约教育、搞好路地共建活动,没有坚持,扣5分	15		
6	在市区主要路段施工,工地周围未设置高于2.5 m的围栏,每处扣5分。 一般路段的工地周围未设置高于1.8 m的围挡,每处扣5分。 围挡材料不坚固、不稳定、不整洁、不美观,每处扣3分。 围挡没有沿工地四周连续设置,每处扣2分	10		
7	施工现场进出进口无大门的每处扣2分。 无门卫和无门卫制度,每项扣3分。 进入施工现场未佩戴工作卡、未统一着装每人扣1分。 大门口未设统一设置醒目的企业标志的扣3分 半成品加工区地面未做硬化处理,每处扣5分。 道路不畅通,每处扣5分。 无排水设施、排水不通畅,每处扣4分。 无防止泥浆、污水、废水外流或堵塞下水道、排水河道措施,每处扣3分。 工地有积水,每处扣2分;建筑垃圾未及时清理,每处扣5分。 工地未设置吸烟处、随意吸烟,每人扣2分。 温暖季节无绿化规划布置,每处扣4分	10		

续上表

序号	检查项目及评分标准	标准分 100 分		
		基本分	扣分	得分
8	各种机具摆放不整齐、不整洁，每处扣 5 分； 无安全操作规程，每项扣 2 分。 客运专线砂石料、外加剂无棚，每项扣 2 分 现场施工粉尘超标，每次扣 2 分。 隧道洞门、桥墩墩号、桩号牌、涵洞里程牌标识不齐全，每处扣 5 分。 无单位工程危险源识别；识别不准确；未根据工序设立告知标牌。每处扣 5 分。 每个单位工程、每道工序未设置工序（工艺）牌和质量标准牌，每处扣 3 分	10		
9	食堂卫生不符合要求，生熟食品未分放、分开加工，无有纱门纱窗，食堂无卫生许可证，炊事员无健康证，每项扣 2 分。 污水排放不符合有关规定，每处扣 1 分。 饮水无水质检测报告，淋浴室不符合安全要求，生活垃圾未及时清理，每处扣 1 分。 厕所（含 1 000 m 及以上隧道）；无卫生值日制度；卫生不符合要求；每项扣 1 分。 生活区域无可回收和不可回收垃圾箱，每项扣 1 分。 无娱乐场所（球场、活动室等），每项扣 3 分	8		
10	无保健医药箱，扣 2 分。 无急救措施和急救器材，扣 2 分。 无经培训的急救人员，扣 2 分。 未开展卫生防病宣传教育，扣 2 分	7		
项目小计		100		

表 7.2-36　斜井作业安全检查表

序号	检 查 项 目		检 查 情 况
1	班前安全讲话		
2	作业人员防护用品佩戴情况		
3	井口排水、防冲刷设施、斜井洞门施工		
4	边、仰坡开挖及防护加固		
5	与正洞连接处施工		
6	抽排水设备、设施		
7	长大斜井双电源配置		
8	洞内运输调车管理制度		
9	斜井施工照明、通风		
10	斜井掘进	支护钢架安装	
11		作业平台制动及防溜	
12		围岩预加固、二次衬砌	
13	无轨运输道路	道路坡度、平坡段设置	
14		会车道设置	
15		路面硬化、防滑措施	

续上表

序号	检查项目		检查情况
16	运输车辆限速行驶		
17	安全警示和安全设施	限高、净空及标识	
18		洞内设施防撞及标识	
19		洞内安全设施设置	
20	运输车辆管理制度及落实		
21	斜井有轨运输挡车器设置		
22	洞身及井底躲避洞设置		
23	联络信号设置		
24	斜井有轨运输牵引速度限制		
25	斜井提升设备保险装置设置		
26	钢丝绳安全检查及维护		
27	运送人员车辆的安全		
28	废弃斜井安全处理表		

表 7.2-37　竖井作业安全检查表

序号	检查项目		检查情况
1	班前安全讲话		
2	劳动保护用品佩戴情况		
3	井口排水、防冲刷没施，锁口圈施作		
4	边、仰坡开挖及防护加固		
5	与正洞连接处施工安全措施		
6	竖井井口及井架	井口配置井盖	
7		井口防雨设施、轨道阻车器	
8		安全栅栏设置	
9		联络信号	
10		井架避雷设施	
11	竖井掘进	爆破前，施工机具撤离	
12		爆破后，井口、井内安全检查	
13		异常情况时的人员撤离	
14		围岩预加固、二次衬砌	
15	竖井提升机械使用	检测机构验收合格	
16		深度指示器、保护装置	
17		工作吊盘载重能力	
18		钢丝绳及连接装置检查、维护	

续上表

序号	检查项目		检查情况
19	采用吊桶提升	保证吊桶不碰井壁的措施	
20		提升速度限制	
21		吊桶连接	
22		吊桶上方设置保护伞	
23		人员、材料不得超出桶沿	
24		人员、材料不得混乘	
25	采用罐笼提升	罐顶铁盖或铁门、罐底钢板设置	
26		人数和最大载重量提示牌	
27		升降速度限制	
28		钢丝绳安全检查及维护	
29		单绳提升罐笼防坠器设置	
30		升降作业时,安全警戒	
31	竖井防排水	竖井建井期间的防排水措施	
32		竖井使用期间的防排水措施	
33	竖井废弃时的安全处理措施		

7.3　隧道施工安全风险控制技术

7.3.1　隧道洞口施工安全风险控制技术

7.3.1.1　一般规定

(1) 隧道洞口施工前应核对施工图与现场实际地质、毗邻建(构)筑物情况,当设计与实际情况不符时,施工单位必须及时上报,并按变更设计处理。

(2) 洞口各项工程应与洞口相邻工程、临时工程统筹安排,及早完成。施工时还应采取下列措施:

1) 洞口的截、排水系统应与路基排水系统顺接,不得冲刷路基坡面、桥台锥体和农田房舍;

2) 施工道路的引入和施工场地的平整应减少对原地貌的破坏和对洞口岩体稳定的影响。

(3) 洞口工程爆破应符合下列规定:

1) 洞口石质边、仰坡的开挖应采用预留光爆层法或预裂爆破法,严禁采用深眼大爆破或集中药包爆破开挖;

2) 洞口邻近建(构)筑物时,开挖爆破应采用控制爆破技术,并监测振动速度,其值应符合现行国家标准《爆破安全规程》(GB 6722)的有关规定。

(4) 洞口施工过程应按规定进行监控量测工作。

(5) 洞口工程施工时应采取相应措施,加强对周围建(构)筑物、既有线、洞口附近交通道路的防护。

(6) 隧道进洞前必须完成洞口工程。

7.3.1.2　洞口工程开挖及防护

(1) 洞口开挖及支护前，应先清理洞口上方及侧方可能滑坍的表土、灌木及山坡危石等，疏通流水沟渠，排除积水。

(2) 洞口边、仰坡上方的天沟应及时施作。对土质天沟应随挖随砌，不使水冲刷坡面。

(3) 洞口土石方开挖必须按设计要求进行边、仰坡放线，自上而下分层开挖，分层支护，严禁掏底开挖或上下重叠开挖。

(4) 洞门端墙处土石方开挖应结合地层稳定程度、施工季节和隧道施工方法进行。

(5) 洞口开挖的土石方应避免因弃渣堵塞造成排水不畅、过大土压力引起山坡坍塌和对桥梁墩台的偏压，以及对其他建筑物的危害，并不应影响交通运输安全。

(6) 处于陡峭、高边坡的洞口应增设安全棚、安全栅栏或安全网，危险段应采取加固措施。

(7) 挖掘机、风动钻机等常用施工机械及机具在操作和使用时，应检查和观察其安全性能和安全状态。

(8) 当采用大管棚、抗滑桩、注浆、地表锚杆等措施进行洞口地层加固时，应符合下列规定：

1) 管棚施工时应遵守钢管吊装和使用时的起吊安全规程，并严格按钻机操作程序进行作业；

2) 抗滑桩施工采用打桩机作业时，应采取措施加固和稳定重型机械；采用人工挖孔作业时，应设置人员上下升降设备、通风设备并采取防护措施，防止坠物伤人；

3) 注浆作业时，应加强对注浆软管和接头的完好性和可靠性检查，施工人员应有完善的保护用具，堵管处理应采取先减压再处理的措施；

4) 地表锚杆作业时应采取措施防止卡钻，注浆人员要佩戴防护用具；

5) 施工脚手架和作业平台应搭设牢固，设扶手栏杆，并应有安全检算；

(9) 洞口开挖作业区应设置防护栏杆、防护网及人员专用上下通道。在高于 2 m 的边坡上作业时必须符合国家现行《建筑施工高处作业安全技术规范》(JCJ 80)的规定。

7.3.1.3　明　　洞

(1) 明洞应避开雨天施工，当确需在雨天施工时，应制定严密的施工方案和防护措施，同时应加强对山体稳定情况的监测、检查。

(2) 明洞开挖前，应采取洞顶及四周的防水、排水措施，防止地面水冲刷导致边、仰坡落石和塌方。

(3) 明洞土石方开挖应符合下列规定：

1) 根据地形、地质条件，边仰坡稳定程度和采用的施工方法，确定全段或分段开挖及边仰坡的坡度，开挖时应按自上而下的顺序进行；

2) 石质地段开挖，应控制爆破炸药用量，减小爆破振动的影响，开挖后应立即进行边坡防护；

3) 在松软地层开挖边、仰坡时，应随挖随支护；

4) 开挖的土石不应堆弃在危害边坡及其他建筑物的地点。

(4) 明洞的基础应设置在稳固的地基上。

(5) 明洞衬砌施作应符合下列规定：

1) 模板及支(拱)架的强度、刚度和稳定性必须进行检算；

2) 模板及支架安装必须稳固牢靠，模板及支架与脚手架之间不得相互连接；

3) 脚手架和工作平台应搭设牢固,并设有扶手、栏杆;

4) 衬砌钢筋安装时应设临时支撑;

5) 衬砌端头挡板应安设牢固,支撑稳固,并有防止模板移动的措施;

6) 开挖的士石不应堆弃在危害边坡及其他建筑物的地点。

(6) 明洞防水施工应符合下列规定:

1) 涂抹热沥青时,作业人员应佩戴防护口罩、手套、安全带等防护用具;

2) 卷材铺设时应严格遵守作业程序,不应上下同时作业。

(7) 明洞回填应在防水层完成,且衬砌达到设计强度的 70%后进行。

7.3.1.4　洞　　门

(1) 洞门应避开雨天和严寒季节施工,并应及早完成。

(2) 洞门基础必须置于稳固的地基上,当地基承载力不能满足要求时,必须结合具体条件采取加固措施。

(3) 洞门施工的脚手架不应妨碍车辆通行。

(4) 洞门完工后,其周围边、仰坡受破坏处应及时处理。

7.3.2　隧道超前地质预报安全风险控制技术

(1) 超前地质预报工作必须纳入现场施工组织统一管理,并应编制超前地质预报的安全保障措施。

(2) 对于地质复杂和较复杂的隧道工程,应由建设单位组织统一招标,选择有经验的队伍承担超前地质预报;对于地质中等复杂和简单的隧道工程,由施工单位自行承担超前地质预报。

(3) 对位于区域地质条件复杂的隧道,应根据区域地质勘测资料,选择以钻探法为主,结合物探法、地质调查法的多种不同原理的预测预报方法,并对所测得的资料进行综合分析,达到相互补充、相互印证,提高预报准确率。

(4) 超前地质预报人员必须经过隧道施工安全教育培训,并掌握安全操作技术和安全生产的基本知识。

(5) 特殊地层及存在高地温、地应力问题的隧道进行地质预报时,应符合下列要求:

1) 对含可燃气体、有害气体、放射性物质等特殊地层的隧道及存在高地温、地应力等地质问题的深埋隧道,应按国家现行有关标准的规定进行分析判断;

2) 对含瓦斯和天然气的隧道,应遵守国家现行《煤矿安全规程》和《铁路瓦斯隧道技术规范》(TB 10120)等的有关规定;

3) 进行隧道地质预报时,必须先监测有害气体浓度,超标时应加强通风,浓度符合卫生标准要求后方可进入工作面。

(6) 隧道通过煤系地层、金属和非金属矿区中的采空区时,应查明废弃矿巷与隧道的空间关系,分析评价其危险程度及对隧道的影响程度。

(7) 地质预报工作必须在隧道找顶作业结束后(高地应力区隧道应待工作面支护完成后)进行,开始工作前应观察操作空间上方、周围有无安全隐患,特别是钻探开挖工作面附近是否还有危石存在,确保预报人员的安全。

(8) 超前地质预报当使用作业台架、高空升降车等设备时,设备应安设牢固,操作人员应遵守高处作业的有关规定。

（9）采用钻探法预报时，钻孔作业应符合下列规定：

1）应编制钻孔作业指导书，开钻前应进行安全技术交底；

2）应采用电机驱动的钻机，施工用电应由持证上岗的电工负责；

3）孔口管必须安设牢固；

4）钻机使用的高压风、高压水的各种连接部件应采用符合要求的高压配件，管路连接应安设牢固并经常检查；

5）钻孔时，钻机前方应安设挡板，除操作人员外其他人员禁止进入工作区域。

（10）在可能发生突水、突泥的地段，进行超前钻探时应符合下列规定：

1）在斜井和反坡地段施工，当其处于富水区时，超前钻探作业应做好钻孔突涌水处治方案，确保人员与设备的安全；

2）必须安装孔口安全装置，并将孔口固定牢固，装上控制闸阀，进行耐压试验，达到要求后，方可钻进施工；

3）当地下水压力大于一定数值时，应在孔口管上焊接法兰盘，并用锚杆将法兰盘固定在岩壁上；

4）对软弱破碎带地层，应设置止浆墙；

5）钻探过程中发现岩壁松软、掉块或钻孔中的水压、水量突然增大，以及有顶钻等异状时，必须停止钻进，立即上报处理，并派人监测水情；

6）当发现情况危急时，必须立即撤出人员，然后采取措施进行处理。

（11）采用钻探法预报时，严禁在残孔内加深炮孔进行探测。

（12）采用地震波反射法预报时，使用的炸药量不得大于 75 g。炸药和雷管必须由持有爆破证的专人领取和操作，非专业人员严禁从事爆破作业。

7.3.3　隧道洞身施工安全风险控制技术

7.3.3.1　一般规定

（1）隧道开挖前，施工单位应编制开挖专项技术方案，方案应包括开挖方法、工艺流程、安全技术措施等内容。

（2）隧道开挖方法应根据其地质条件、断面大小、施工装备、工期等条件的变化，在施工过程中进行适宜的调整。

（3）钻爆开挖应采用光面爆破或预裂爆破技术，控制循环进尺，减少对围岩的扰动，并不应对初期支护、衬砌结构和施工设备造成损伤。

（4）两座平行的隧道开挖时，其两个同向开挖工作面应保持合理的纵向距离；间距小的隧道，必须采取措施防止后行洞开挖对先行洞产生不良影响。

（5）隧道双向开挖接近贯通面时，两端施工应加强联系与统一指挥，当隧道两个开挖工作面距离接近 15 m 时，必须采取一端掘进另一端停止作业并撤走人员和机具的措施，同时在安全距离处设置禁止入内的警示标志。

（6）隧道采用钻爆法开挖必须进行钻爆设计，钻爆设计应考虑爆破振动和噪声对周围环境的影响，应采取减小振动和降低噪声的技术措施。

（7）隧道采用机械开挖时，应根据其断面和作业环境合理选择机型，划定安全作业区域，并设置警示标志，非作业人员不得入内。

（8）隧道采用人工开挖时，作业人员应保持必要的安全操作距离，并设专人指挥。

(9) 隧道开挖使用的作业台架应进行强度、刚度和稳定性检算，经验收合格后方可使用，台架四周必须设置安全防护栏杆。

(10) 隧道找顶必须在通风后进行，并有专人指挥，照明应有充足的光照度；找顶后必须进行安全确认，合格后其他作业人员方可进入开挖工作面作业。

(11) 隧道在开挖下一循环作业前，必须对照设计检查初期支护施作情况，确保施工作业环境安全。

7.3.3.2　全断面法开挖

(1) 采用全断面法开挖隧道时，应控制一次同时起爆的炸药量，减少爆破振动对围岩的影响。

(2) 在地质条件较差地段采用全断面法开挖隧道时，必须对围岩进行超前支护或预加固，并控制循环进尺。

(3) 当隧道地质条件发生变化时，必须根据情况及时变换适宜的开挖方法。

(4) 隧道开挖爆破后应先采用机械进行找顶，然后用人工找顶。

7.3.3.3　台阶法开挖

(1) 采用台阶法开挖隧道时，应根据围岩条件，合理确定台阶长度和高度。围岩稳定性较差时，台阶长度应控制在一倍洞径。

(2) 当围岩地质较差、开挖工作面不稳定时，应采用短进尺或上下台阶错开开挖或预留核心土措施，必要时采用喷射混凝土或玻璃纤维锚杆对开挖工作而进行加固。

(3) 台阶上部开挖循环进尺应根据同岩地质条件和初期支护钢架间距合理确定，并不得超过 1.5 m。

(4) 当围岩地质较差、变形较大时，上部断面开挖后应立即施作锁脚锚管(杆)、扩大拱脚、临时仰拱等措施，控制围岩及初期支护变形量。

(5) 台阶下部断面一次开挖长度应与上部断面相同，不得超过 1.5 m。

(6) 台阶下部开挖后，必须及时喷射混凝土进行封闭；当设有钢架时，必须及时安装下部钢架并喷射混凝土，严禁拱脚长时间悬空。

(7) 仰拱开挖应控制一次开挖长度，开挖后应立即施作初期支护，封闭成环。

7.3.3.4　分部法开挖

(1) 采用分部法开挖隧道时，应选用机械开挖、人工配合的方式，特殊情况采用弱爆破开挖时，必须严格控制炸药用量。

(2) 采用分部法开挖隧道时，应根据地质条件、隧道断面等情况合理进行分部，开挖进尺应控制在 1.0 m 以内。

(3) 分部开挖的各部，开挖后应及时进行初期支护及临时支护，并尽早封闭成环。

(4) 采用分部法开挖，各部钢架基脚处墟施作锁脚锚管(杆)或采用扩大拱脚等措施，减少拱脚下沉量。

(5) 采用中隔壁法、交叉中隔壁法开挖隧道时，同层左、右两侧沿纵向应错开一定距离，错开距离应控制在 10～15 m 范围内，同侧上、下层开挖工作面相距应保持 3～5 m。

(6) 采用双侧壁导坑法开挖隧道时，应符合下列规定：

1) 侧壁导坑形状应近似椭圆形，导坑宽度不应大于 0.3 倍隧道宽度；

2) 侧壁导坑、中槽部位开挖应采用短台阶，台阶长度 3～5 m，必要时应预留核心土；

3) 侧壁导坑开挖应超前中槽部位 10～15 m。

(7) 采用分部法开挖的临时支护应根据监控量测结果逐段拆除，每段拆除长度不得大于15 m。

7.3.3.5 钻爆作业

(1) 钻孔作业应符合下列规定：

1) 钻孔前，必须由专人对开挖作业面安全状况和作业人员安全防护进行检查，及时消除各种安全隐患；

2) 钻孔作业过程中，必须采用湿式钻孔；严禁在残孔中继续钻孔；

3) 钻孔作业中应注意观察开挖工作面有无异常漏水、气体喷出、围岩变化等情况；

4) 凿岩台车工作前，必须检查泵、空压机等，使其处于正常状态；应检查管路与接头无漏油、漏水和漏气现象，并确认各部操作杆、控制装置及仪表处于正常状态；

5) 凿岩台车行走前，操作司机应查看凿岩台车周围，确认前后左右无人及障碍物后，按照引导人员的指示信号操作；行走时要平稳，避免紧急操作发生意外事故；

6) 凿岩台车钻孔完成后应停放在安全场所；

7) 在围岩地质复杂地段，应对凿岩台车重要部位采取加固措施和设置特殊的防护装置。

(2) 装药作业应符合下列规定：

1) 装药作业前，应对钻孔情况逐一检查，并检查开挖工作面的安全状况；

2) 装药时应使用木质炮棍装药，严禁火种；无关人员与机具等应撤至安全地点，作业人员禁止穿戴化纤衣物；

3) 使用电雷管时，装药前电灯及电线路应撤离开挖工作面，装药时应用投光灯、矿灯照明，开挖工作面不得有杂散电流；

4) 严禁装药与钻孔平行作业；

5) 装药作业完成后，必须及时清理现场、清点火工产品数量，剩余的炸药和雷管必须由领取炸药、雷管的人员退回库房。

(3) 爆破作业除应符合现行国家标准《爆破安全规程》(GB 6722)有关规定外，还应符合下列规定：

1) 洞内爆破作业前，施工单位必须确定指挥人员、警戒人员、起爆人员，并确保统一指挥；

2) 洞内爆破作业时，指挥人员应指挥所有人员、设备撤离至安全地点；警戒人员负责警戒工作，设置警示标志；

3) 爆破时，爆破工应随身携带带有绝缘装置的手电筒；

4) 洞内爆破后必须经充分通风排烟，15 min 后安全检查人员方可进入开挖上作面，主要检查有无盲炮、有无残余炸药及雷管、顶板及两帮有无松动的岩块、支护有无变形或开裂等；当发现盲炮、残余炸药及雷管时，必须由原爆破人员按规定处理。

7.3.4 装渣与运输安全风险控制技术

7.3.4.1 装渣与卸渣

(1) 隧道爆破后应及时进行通风、照明、找顶和初喷混凝土等工作，确认工作面安全及通风、照明满足要求后，方可进行装渣作业。

(2) 装渣作业应规定作业区域，严禁非作业人员进入。

(3) 装渣与卸渣作业应有专人指挥，作业场地的照明应满足作业人员安全操作的需要。

(4) 装渣作业应遵守下列规定：

1）装渣机械作业时，其回转范围内不得有人通过；

2）装渣过程中，应注意观察开挖面围岩的稳定情况，发现松动岩石或有塌方征兆时，必须先处理再装渣；

3）装渣时发现渣堆中有残留的炸药、雷管应立即处理；

4）向运渣车辆中装渣时，应避免偏载、超载；

5）用扒渣机装渣时，若遇岩块每堵，严禁用手直接搬动岩块，身体任何部位不得接触传送带；

6）机械装渣的辅助人员，应随时观察装渣和运输机械的运行情况，防止挤碰。

（5）卸渣作业应遵守下列规定：

1）卸渣场应按设计进行施工，满足安全作业及环境保护要求；

2）有轨运输卸渣场线路应设安全线并设置 1%～3%的上坡道，卸渣码头应搭设牢固，并设有挂钩、栏杆及车挡防止溜车装置；

3）电瓶车牵引梭式矿车或渣车卸渣时，必须用铁楔将车轮两个方向楔紧，不得采用石渣或木条代替铁楔；

4）自卸汽车卸渣时，必须将车辆停稳制动，不得边卸渣边行驶；不得在坑洼、松软、倾斜的地面卸渣；卸渣后应及时使车厢复位，严禁举升车厢行驶。

7.3.4.2　运　　输

（1）施工单位应根据施工安排编制运输计划，制定运输管理规定，加强运输调度，确保工程运输安全。

（2）隧道施工运输路线的空间必须满足最小行车限界要求，并根据不同的运输方式，在洞口、台架、设备、设施等位置设置信号和标志予以警示。

（3）运输车辆不准超载、超宽和超高运输，不得人货混装。车辆行驶中应随时观察线路有无障碍和洞内其他设施、设备、临时支撑等有无侵入限界情况。

（4）进出隧道人员必须走人行道，不得与机械抢道，严禁扒车、追车或强行搭车。

（5）运输线路或道路应保持平整、畅通，并设专人按标准规定的要求进行维修和养护。线路或道路两侧的废渣和杂物应随时清除。

（6）有轨运输作业应遵守下列规定：

1）必须按设计图进行轨道铺设，严格控制好轨距、线间距和线形；

2）车辆装载应符合规定要求，机动车牵引不得超载；

3）车辆行驶时，应与信号、指挥人员协调配合和加强信号联络；

4）列车连接必须良好，机车摘挂后调车、编组和停留时，应有防溜车措施；

5）两组列车在同方向行驶时，其间隔距离不得小于 100 m；

6）机动车牵引的列车，在洞内施工地段、视线不良的弯道、通过道岔和平交道等处，其行驶速度不得大于 10 km/h，其他地段在采取有效的安全措施后，行驶速度不得大于 20 km/h；

7）车辆运行时应加强了望，严禁在行驶中进行摘挂作业；

8）载人列车必须制定保证安全的措施，列车行驶中和尚未停稳前严禁人员上下。

（7）有轨运输作业中，电瓶车的使用应遵守下列规定：

1）电瓶车司机必须经过专业培训和考核，并持证上岗，严禁无证驾驶；

2）电瓶车作业前，必须对车辆的制动器、喇叭、灯光、连接装置等进行安全检查，确认完好后方可行车；

3）电瓶车司机必须服从信号指挥，当信号不明确时不得擅自行车；

4）电瓶车作业结束后，必须将机车制动，切断电源，拔出启动钥匙；停车位置应位于水平场地上，不得已需要停在倾斜地面时，必须采取可靠的防溜车措施；

5）电瓶车牵引渣车的车辆编组应根据线路坡度、轨道状态、载重量等因素设计，确保电瓶车的安全制动距离；

6）电瓶车的充电管理应设立专门的充电班组，并按标准规定的要求布置充电房和配置充电人员。

（8）无轨运输作业应遵守下列规定：

1）施工机械安全装置必须齐全有效，使用前及作业过程中应加强检查，按规定要求进行维修保养，保持机械状况良好与运输安全；

2）施工机械应采用带净化装置的柴油机械，严禁汽油机械进洞；

3）机械操作人员必须持证上岗，严格执行安全操作规程，严禁违章操作；

4）施工作业地段的行车速度不得大于 15 km/h，成洞地段不得大于 25 km/h；

5）隧道洞口、平交道口、狭窄的施工场地应设置慢行标志，必要时设专人指挥交通；

6）车辆接近或通过洞口、台架、施工作业地段以及前方有障碍物时，司机必须减速了望并鸣笛示警；

7）在隧道内倒车或转向必须开灯鸣笛或有专人指挥。

7.3.5 支护与加固安全风险控制技术

7.3.5.1 一般规定

（1）隧道支护施工作业面用电应符合临时用电的要求，其照明应满足安全作业的需要。

（2）隧道支护每项工序施工前均应对作业面进行检查，清除松动的岩石和喷射混凝土块。

（3）隧道支护必须按初喷→架设钢架（钢筋网）、复喷→锚杆的程序施工。在爆破、找顶后，应立即初喷混凝土封闭围岩。

（4）隧道支护施工质量必须达到有关标准规定的要求。超前支护应在完成开挖工作面的加固后进行，每循环之间应有足够的搭接长度与初期支护有效连接。

（5）施工作业台（支）架应按要求设计、检算与审核；台架应牢同可靠，四周应设置安全栏杆、安全网和上下工作梯，经验收合格后方可使用。

（6）特殊地质条件的隧道，应根据具体地质情况采取超前支护、预加固处理方案和安全保障措施。

（7）监理单位应重点检查下列工作：

1）施工作业台（支）架与的设计、检算与审核程序；

2）各类作业台架使用前的验收程序；

3）审批超前支护和初期支护的施工方案；

4）锚杆数量与施工质量（砂浆饱满度、抗拔力）；

5）验收喷混凝土厚度、强度，钢筋网及钢架垂直度、间距；

6）管棚、超前小导管、超前锚杆的施工质量；

7）预注浆加固围岩与止水的效果。

（8）施工单位应按设计和工艺流程施工，负责各工序的安全检查，每次支护作业均应进行安全检查。

7.3.5.2　管棚和超前小导管

(1) 管棚和小导管施工前应检验作业台(支)架安全性能,施工过程中应保持稳定。

(2) 管棚和小导管施工前应检查钻机、注浆机及配套设备、风水管等施工机具的安全性能,施工过程中应确保钻机稳定牢靠,注浆管接头及高压风水管连接牢固。

(3) 管棚和小导管施工过程中应指定专人负责对开挖工作面进行安全观测。

(4) 管棚和小导管施工中应按作业程序和技术要求进行钻进、安装、注浆作业。

(5) 管棚作业换钻杆及超前小导管作业顶进钢管时,应防止钻杆、钢管掉落伤人。

(6) 管棚作业起吊钻杆及其他物件时,应指定专人指挥,统一口令,起吊范围内任何人不得进入。

(7) 在水压较高的隧道进行管棚钻孔作业时,应选择适合较高水压的钻孔设备,钻孔设备应采取防突水突泥冲出的反推或拴锚措施;应安装满足水压要求的带止水阀门的孔口管,孔口管应安装牢固;作业时作业人员不应站立在孔口正面,且应远离孔口。

(8) 进行管棚施工时应记录钻机钻进的各项技术参数,观察钻渣排出和孔内出水的情况,并与超前地质预报的结果核对。出现异常时,应及时报告并进行处理。

(9) 管棚和小导管在运输时应根据运输机械、洞内临时存放场地大小、各类作业台架腹下净空限界确定运输长度和重量。

(10) 管棚和小导管在作业平台上临时存放时,应根据平台设计荷载及安全性能检算结果确定存放数量和高度,同时应有防止其滚落、滑下的防护措施。在洞内空地堆放时除应采取防止其滚落的措施外,还应设置醒目的安全警示标志。

7.3.5.3　预注浆

(1) 预注浆必须安装流量计和压力表,严禁注浆压力超过注浆馆学和止浆设施的最大额定值。注浆管接头应连接牢固,防止爆破伤人。

(2) 预注浆过程中应安排专人对其影响范围内的围岩和结构进行观察和量测,防止因注浆压力过大而引起围岩失稳和结构损坏。

(3) 采用预注浆加固围岩或止水,每循环结束后应采取超前探孔或取芯等手段检查注浆效果,达到要求后方可进入下道工序施工。

(4) 帷幕注浆应有单项设计,明确注浆孔布置、注浆顺序、注浆方式、注浆压力、注浆量等参数,并应检算止浆墙或止水岩盘的抗压能力。进行帷幕注浆前,应对后方已开挖地段一定范围内采取锚喷或混凝土加同措施,并检查止浆墙或止水岩盘及已开挖段的抗渗情况。

7.3.5.4　喷射混凝土

(1) 喷射混凝土作业前应清除工作面松动的岩石,确认作业区无塌方、落石等危险源存在。

(2) 喷射混凝土作业人员应佩戴防尘口罩、防护眼镜等防护用具,并避免直接接触液体速凝剂,不慎接触后应立即用清水冲洗。

(3) 非施工人员不得进入正在进行喷射混凝土的作业区,施工中喷嘴前严禁站人。

(4) 喷射混凝土作业中如发生输料管路堵塞或爆裂时,必须依次停止投料、送水和供风。

(5) 喷射混凝土施工中应经常检查输料管、接头的使用情况,当有磨损、击穿或松脱时应及时处理。

(6) 在有水地段喷射混凝土前应对渗漏水进行处理,应将分散的渗水集中引出,严禁采用防水布或铁皮等遮盖材料大面积引水,造成喷射混凝土与岩面分离。喷射混凝土中采用特殊添加材料在有水地段直接作业时，应先进行试验，满足要求后方可推广使用。

7.3.5.5 锚 杆

(1) 锚杆的设置应沿隧道轮廓法线方向，倾斜岩层应与岩面或围岩主要节理面垂直。锚杆施工时应根据锚杆设置及围岩实际情况及时调整锚孔角度及采用合适的钻杆和钻进方法。

(2) 锚孔钻进作业时，应保持钻机及作业平台稳定牢靠，除钻机操作人员外还应安排至少一人协助作业，作业人员应佩戴安全带、安全帽、防护眼罩等防护用品。

(3) 锚杆的类型、规格和质量必须符合国家现行标准的规定，中空锚杆的性能指标应符合《中空锚杆技术条件》(TB/T 3209)的规定。隧道拱部不应采用从杆体中空孔进浆的普通中空锚杆。各种锚杆必须上垫板、带螺帽，垫板与锚杆间不应采用焊接连接；垫板应紧贴孔口混凝土，并随时检查锚杆头的变形情况，及时紧固垫板螺帽。

(4) 在围岩破碎、自稳时间短、地应力较大地段，应采用早强砂浆锚杆或早强中空注浆锚杆，亦可采取增加锚杆数量、选用高强锚杆、加大锚杆长度和直径、加大钻孔直径、提高粘结材料的粘结性能等措施。

(5) 全长粘结型锚杆应抽查锚杆的砂浆饱满度；预应力锚杆应抽查预应力施加情况。

(6) 锚杆安设后不得随意敲击，其端部在锚固材料终凝前不得悬挂重物。

7.3.5.6 钢 架

(1) 型钢钢架应采用冷弯工艺加工，严禁采取气割、烧割等损伤母材的弯制办法；格栅钢架应采用胎膜焊接；所有部件连接应焊接牢固；加工的成品经验收合格方可使用。

(2) 隧道内搬运钢架应装载牢固，固定可靠，防止发生碰撞和掉落。

(3) 钢架提升设备应有足够能力，埋设吊点应牢固。架设钢架时应采取防护措施，不得利用装载机作为钢架安装作业平台。

(4) 钢架节段及钢架之间应及时连接牢固，防止倾倒，钢架背后的空隙必须用喷射混凝土充填密实，严禁背后填充片石等其他材料；钢架安装完成后应及时施作锁脚锚杆(管)，并与之连接牢固，钢架底脚严禁悬空或置于虚渣上。

(5) 采用分部法开挖的隧道，下部开挖后钢架应及时接长、落底，严禁钢架底脚悬空以及两侧同时开挖接长，且应根据围岩情况控制开挖长度，底脚应增设锁脚锚杆(管)。

(6) 钢架的垂直度必须控制，不符合要求的钢架应返工重做。

(7) 当钢架侵入限界需要更换时，应采取逐榀更换、先立新钢架后拆除废钢架的方法，严禁先拆废钢架后立新钢架或同时更换相邻的多榀钢架。

7.3.6 衬砌安全风险控制技术

7.3.6.1 一般规定

(1) 衬砌施工作业面用电应符合临时用电的要求，其照明应满足安全作业的需要。

(2) 一般地段隧道施作衬砌应在围岩和初期支护变形稳定后进行；在浅埋、偏压、围岩松散破碎等特殊地段和洞口段应尽早施作衬砌。

(3) 在软弱、破碎、高地应力、大变形的围岩地段，仰拱应随开挖及时施作，尽快形成封闭环，并超前于墙拱衬砌。同时应合理确定与开挖和衬砌作业面的距离。

(4) 衬砌作业台架下预留通行作业人员、施工车辆以及安设风、水、电线路或管道的净空，应满足洞内车辆和人员安全通行的要求。

(5) 衬砌作业台架应有足够的强度、刚度和稳定性，衬砌台车、台架组装调试完成应经验收合格方可投入使用。

(6) 衬砌作业台架、仰拱施工栈桥的移动,应有专人指挥,慢速移位,工作区严禁非作业人员和车辆通行、停留;非作业人员、设备、材料、工器具等应撤离到安全地点。

(7) 衬砌作业台架、作业平台四周应设置安全栏杆、密闭式安全网、人员上下工作梯,衬砌台车及防水板施工作业台架还应配置灭火器,经验收合格方可投入使用。

(8) 衬砌作业台架、作业平台上的各类用电设备应有绝缘保护装置,电线路还应符合洞内临时用电要求。

(9) 运输机械应按规定线路及限行速度行驶,过往台架、栈桥时应加强了望,倒车作业应有专人指挥,驻停时应有制动措施及安全警示标志。

(10) 每项衬砌作业完毕后应及时清理作业场地、消除安全隐患,保持作业场地清爽、通行无碍。

7.3.6.2　衬砌台车

(1) 衬砌台车应具有出厂合格证和产品说明书。

(2) 衬砌台车的组装、拆卸应在洞外宽敞、平坦、坚实的场地上进行;当条件限制,必须在洞内组装、拆卸时,应选在围岩条件较好和洞身较宽阔的地段进行。

(3) 埋设衬砌台车各类吊点、吊具应牢固可靠;组装、拆卸的吊装作业应符合起重作业要求。

(4) 衬砌台车组装完毕后,应由专业人员检查台车各部件连接情况,确保各部件连接牢固可靠,支撑系统、驱动系统应经调试合格后方可投入使用。

(5) 衬砌台车就位后,应按规定设置防溜车装置,按设计高程及中线调整台车支撑系统,液压支撑应有锁定装置。

(6) 使用衬砌台车进行混凝土作业时应安排专人检查台车支撑系统安全性能。

7.3.6.3　防 水 板

(1) 防水板的临时存放点应设置消防器材及防火安全警示标志,并有专人负责看管和发放。

(2) 防水板铺设地段应配备足够数量的消防器材。

(3) 防水板施工时严禁吸烟,钢筋焊接作业时,应设临时阻燃挡板防止机械损伤和电火花灼伤防水板。

(4) 防水板作业面的照明灯具严禁烘烤防水板。其防水板间距离不得小于 50 cm。

(5) 防水板作、世时应指定专人观察作业安全状态。

7.3.6.4　钢　　筋

(1) 从事钢筋加工和焊(连)接的操作人员必须经考试合格,持证上岗。

(2) 隧道内运输钢筋应根据各类作业台架腹下净空、洞内设施情况进行装载并捆绑牢固,固定可靠,防止发生碰撞和掉落。

(3) 衬砌钢筋安装过程中应采取临时支撑等防倾倒措施,临时支撑应牢固可靠并有醒目的安全警示标志,作业人员与过往机械不得踩踏、碰撞。

7.3.6.5　混凝土浇筑

(1) 泵送混凝土管道安设及连接应符合规定,施工过程中应经常检查其连接的可靠性、安全性及管道的稳定性。

(2) 泵送混凝土管道堵塞时,应及时停止泵送并逐节检查确定堵塞部位。堵管处理应按操作程序进行。不得违规作业。

(3) 衬砌混凝土浇筑时必须控制浇筑速度,浇筑压力不得过高,并保证两侧基本对称浇筑。

(4) 衬砌台车端头挡板与防水板、台车间接触面应紧密,挡板支撑应稳固。混凝土浇筑过程中应安排专人检查挡板及支撑的安全状况。

(5) 混凝土浇筑过程中应有专人检查台车受力状况,当台车出现变形等异常情况时,作业人员应及时撤离作业平台,隐患消除后方可恢复作业。

(6) 仰拱应分段一次整体浇筑,并根据围岩情况严格限制次施工长度;工作区应有专人监护,并设警示标志。

(7) 仰拱施工应配备有足够的强度、刚度和稳定性的栈桥等架空设施。仰拱施工栈桥基础应稳固,桥面应进行防侧滑处理,栈桥两侧应设限速警示标志,通过速度不得超过 5 km/h。

7.3.7 监控量测安全风险控制技术

7.3.7.1 一般规定

(1) 设计单位应根据隧道工程地质条件、环境条件、断面大小、施工方法和安全要求进行监控量测设计,在开工前向施工单位做好技术交底,提供与本工程监测项目相关的技术参数,科学指导现场施工的监控量测工作。

(2) 在工程项目开工前,施工单位必须成立监控量测小组,建立质量保证体系。在施工过程中应将监控量测纳入正常的施工组织管理并在监控量测工作实施前编制实施方案。

(3) 监理单位应审查施工单位监控量测资质,对隧道监控量测实施过程进行监理和审核监控量测成果等。

(4) 当施工安全性评价超过Ⅱ级管理时,建设单位、勘察设计单位必须尽快明确有针对性的施工措施,确保施工安全。

(5) 对工程地质和环境条件特别复杂的隧道,建设单位应选择具有专业资质的第三方进行监控量测或复核工作。第三方应建立监控量测安全管理体系。

(6) 监控量测人员必须经过隧道施工安全教育培训,掌握安全操作技术和安全生产基本知识。

(7) 监控量测实施单位应配备安全员,在隧道监控量测过程中应没有安全岗哨。

(8) 监控量测作业区域照明的光照度必须满足数据采集和作业人员安全操作的需要。

(9) 隧道施工过程中要妥善保护监控量测的元器件,并有显著的安全标识。在岩爆地段埋设量测元器件,必须对岩爆妥善处理后进行。

(10) 隧道内观察应在开挖工作面和已施工地段分别进行。开挖工作面应在每次开挖后进行观察和绘制地质素描图、进行数码照相,详细填写地质情况记录表,并与勘查设计资料对比,隧道内已施工地段应随时观察记录喷射混凝土、锚杆、钢架等的工作状态。

(11) 隧道观察重点应为洞门段和浅埋洞身段。洞外地表观察应记录地表开裂与变形、洞口边坡与仰坡稳定状态等情况,同时应对地面建(构)筑物进行观察。

(12) 隧道穿过浅埋地段时,必须作好控制爆破设计和地表监控量测设计,并加强地表下沉观测和地面爆破振动观测。

(13) 隧道开挖工作面的地质素描以及支护状态、地表影响范围内建(构)筑物的描述,应每掘进循环记录 1 次,必要时,对地表影响范围内的建(构)筑物的描述频率应加大。

(14) 监控量测使用的作业台架、高空升降车、升降梯等必须安设牢固,作业时操作人员必须系安全带。

(15) 埋设多点锚杆位移器、锚杆应力计时,操作人员必须遵守机械设备操作安全的有关规定,开钻前必须进行安全技术交底。

(16) 在富水区隧道安装量测仪器或进行钻孔时,发现岩壁松软、掉块或钻孔中的水压、水量突然增大,以及有顶钻等异常情况时,必须停止钻进,立即上报有关部门,并派人监测水情。当发现情况危急时,必须立即撤出所有受水威胁区域的人员,然后采取措施进行处理。

7.3.7.2　施工安全性评价

(1) 监控量测信息反馈应根据监控量测数据分析结果,对施工安全性进行评价,并提出相应的工程对策与建议。

(2) 隧道施工过程中应进行监控量测数据的实时分析和阶段分析。每天根据监测数据及时进行分析,发现安全隐患应分析原因并提交异常报告,原则上按周、月递交分析报告,但特殊情况下必须紧急报告。监测实施单位应及时将量测数据和分析结果反馈给设计和监理单位,并迅速处理。

(3) 根据量测结果,必须按施工安全评价流程图(图 7.3-1)开展工作。

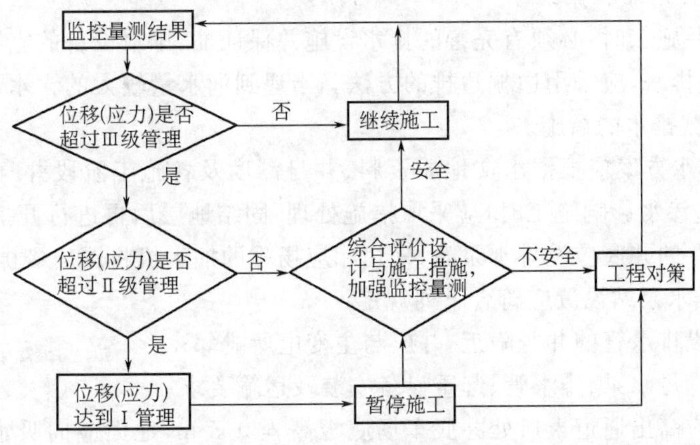

图 7.3-1　量测安全评价流程图

(4) 地表沉降控制基准应根据地层稳定性、周围建(构)筑物的安全要求分别确定,取两者最小值。

(5) 当出现变形加速、应力或应变急剧增大并接近控制基准值,以及通过观察发现结构开裂与渗漏水异常、钢架压屈等情况时,必须在确保安全的前提下迅速实施结构加固和补强措施,必要时可暂停施工。

7.3.8　施工排水安全风险控制技术

7.3.8.1　一般规定

(1) 隧道施工应做好排水工作,防止涌水淹没洞室,危及人员、设备和环境安全,影响施工质量和进度。

(2) 隧道施工前必须根据设计提供的工程及水文地质资料,结合现场实际情况,进行分析研究,预计可能出现的地下水情况,估计水量,制订排水方案。

(3) 施工前应对地表水进行处理并及早修建洞口防排水设施，防止地表水渗漏及冲刷边仰坡危及结构和施工安全。

(4) 洞内施工排水沟应经常清理，保持畅通，防止淤塞。

(5) 洞内反坡排水应采用机械排水，并应符合下列规定：

1) 排水方式应根据距离、坡度、水量和设备情况布置管路，一次或分段接力排出洞外；

2) 集水坑容积应按排水量合理确定，其位置应减少施工干扰；

3) 配备抽水机的功率应大于排水量的20%以上，并应有备用台数。

(6) 在膨胀岩、土质地层、围岩松软地段，应铺砌水沟或用管槽排水，洞内施工用水应加强管理，严格控制。

(7) 对富水软弱破碎幽岩、岩溶等有突涌水风险的隧道，必须进行防突涌水专项设计，编制专项安全技术方案。

(8) 隧道内有水地段的高压电线必须按有关要求铺设，照明必须采用安全电压及防水灯头和灯罩。施工现场电线、电缆使用过程中应经常检查，确保绝缘良好。

(9) 隧道施工排水，应重视环境保护，经过处理符合现行国家标准《污水综合排放标准》(GB 8978)的规定后方可排放。

7.3.8.2 斜井和竖井排水

(1) 斜井、竖井施工时，必须有完善的排水设施并保证抽、排水设备的完好。

(2) 斜井掘进排水，应采用边掘边排的方法。当遇到涌水量较大的含水层、断层或裂隙涌水时，应采取分段截排水的措施。

(3) 竖井的排水方案应根据水文地质资料、井身深度及各施工阶段井身涌水量大小等因素确定。竖井井壁渗水影响施工时，应采取措施处理，固结地层后再进行开挖。

(4) 斜井、竖井的井底应设排水泵站，采用相应扬程的抽水机将围岩裂隙水和施工污水经管路排出井外。排水泵站设置应符合下列规定：

1) 应设在铺设排水管的井身附近，并应与主变电所毗邻；

2) 洞室应能满足水泵、排水管、起重设备安装及运输要求；

3) 地面高程应高出通道入口处井底车场底板高程0.5 m，地面应向吸水池一侧设1%的下坡；

4) 泵站应留有增加水泵的余地，必要时，应辅以局部堵水、综合治理或选择潜水泵排水等其他防治水措施；

5) 水文地质条件复杂、有突然涌水淹井危险的坑道，在泵站通往井底车场的通道中应设置防水密闭门；

6) 竖井井下排水泵站应设两个出口，一个通往井底车场，另一个用倾斜的管子道与井身连接；连接处应高山泵站地面7 m以上；管子道的倾角应采用25°～35°，并应设人行台阶；管子道的净空应保证安设排水管后仍能通过水泵或电动机，其高度不得小于2 m；管子道与井身连接处应设2 m左右缓坡段，并以3%～5%的坡度倾向斜井或竖井。

(5) 井下排水泵站水仓的设置应符合下列规定：

1) 由两条独立、互不渗漏的坑道组成，水仓容积应根据涌水量情况确定；

2) 分段排水时，腰泵站水仓容积按应泵站10～15 min排水能力设计；

3) 入口应设在井底车场排水沟的最低处，入口前必须设置沉淀池，沉淀池的容积应根据水质情况确定；

4）吸水池应采用直接与水仓相连接的形式，连接处应设控制闸阀。

(6) 斜井、竖井井下排水泵站的水泵及排水管，应根据隧道设计涌水量、水质和扬程等因素确定，并符合下列要求：

1）各排水泵站的水泵应选用一种型号；

2）确定水泵扬程时，应考虑排水管淤积所增加的阻力，将计算的管道损失增加70%；

3）工作泵和排水管的能力，应能在20 h内排出24 h的隧道设计涌水量；

4）应设有备用的水泵及排水管；

5）工作和备用的水泵及排水管的总能力应能在20 h内排出24 h的隧道最大涌水量；

6）备用水泵的配备能力不应小于工作水泵的总能力；

7）当水泵设有止回阀或底阀时，应进行停泵水锤压力计算；当水锤压力值大于管道试验压力时，应采取消除水锤的措施；

8）泵站中每台水泵均应能向2条排水管输水，每条排水管上应设置放空管及放水闸阀。

(7) 排水管的管材应根据水压、水质和敷设条件确定，并应符合下列要求：

1）排水管沿斜井敷设，当压力大于1 MPa时，不应采用铸铁管；

2）排水管沿竖井敷设时，应选用无缝钢管或焊接钢管；

3）涌水的pH值小于5时，排水设备应采取防腐蚀措施。

7.3.9　通风、防尘与风水电供应安全风险控制技术

7.3.9.1　通风与防尘

(1) 隧道施工独头掘进长度超过150 m时，必须采用机械通风。

(2) 隧道施工通风应纳入工序管理，成立专门的通风班组，由专人负责管理。通风方案应经过专项审查，经监理单位审批后实施。

(3) 隧道施工应保证对每一作业人员供应新鲜空气不小于3 m^3/min，采用内燃机械作业时，供风量不应小于3 m^3/(min·kW)。

(4) 隧道施工通风的风速，全断面开挖时不应小于0.15 m/s，在分部开挖的坑道中不应小于0.25 m/s。

(5) 隧道施工环境必须符合国家有关规定，并应满足下列卫生及安全标准的要求：

1）空气中氧气含量按体积计不得低于20%。

2）粉尘容许浓度，每立方米空气中含有10%以上的游离二氧化硅的粉尘不得大于2 mg。每立方米空气中含有10%以下的游离二氧化硅的矿物性粉尘不得大于4 mg。

3）常见有害气体容许浓度：一氧化碳容许浓度不得大于30 mg/m^3，在特殊情况下，施工人员必须进入开挖工作面时，浓度可为100 mg/m^3，但工作时间不得大于30 min；二氧化碳按体积计不得大于0.5%；氮氧化物(换算成NO_2)浓度应在5 mg/m^3以下。

4）隧道内气温不得高于28 ℃。

5）隧道内噪声不得大于90 dB。

(6) 长及特长隧道施工应有备用通风机和备用电源，保证应急通风的需要。

(7) 通风机、通风管安装与使用应符合下列要求：

1）通风机控制系统应装有保险装置，当发生故障时应自动停机；

2）通风管沿线应每隔50～100 m设立警示标志或色灯；人员严禁在风管的进出口停留；

3）通风管安装作业台架应稳定牢固，经验收合格后方可使用。

(8) 隧道施工应采取综合防尘措施,并配备专用检测设备及仪器,按规定时间测定粉尘和有害气体浓度。

(9) 隧道施工人员应配备防尘口罩、耳塞等个人劳动保护用品。洞内作业人员应定期体检,保障健康。

7.3.9.2 供 风

(1) 空压机站应有防水、降温和保温设施,并按规定配备消防器材;距离居民区较近时应有防噪声、防振动的措施。

(2) 空压机的使用、维修应符合下列规定:

1) 储气罐、安全阀、压力表应按规定进行检验;

2) 使用前应检查空压机的安全状况,确认完好后方可投入使用;使用过程中应经常检查维护,确保安全运转;

3) 操作人员应经专业培训并持证上岗,并遵守安全操作规程;

4) 必须执行交接班制度,并作好交接班记录,值班人员不得随意离岗;

5) 运转过程中不得随意松动、拆卸任何管路附件和接头,防止设备内部带压的气液混合体溢出伤人;

6) 检修或维护时必须停机、切断电源并排尽压缩空气,同时将配电箱锁闭并悬挂"严禁合闸"警示牌,防止意外启动导致人员及设备的损伤。

(3) 供风管安装应符合下列规定:

1) 供风管的材质及耐风压等级应满足相应要求,不得采用伪劣或不合格管材;

2) 供风管安装前应进行检查,当有裂纹、创伤、凹陷等现象时不得使用,管内小得留有残余物和其他脏物;

3) 洞内供风管应敷设在电缆、电线路的相对一侧,不得妨碍运输和影响侧沟施工;风管网路中应分段设控制闸阀,以利于控制和检修;

4) 供风管应敷设平顺,接头严密,不漏风。软管与钢风管的连接必须牢固町靠,风管拆卸必须在空压机停机或关闭闸阀后进行。

(4) 供风系统使用过程中应设专人负责检查和维护,对漏风管路及闸阀等应及时进行修复或更换。

7.3.9.3 供 水

(1) 隧道工程用水使用前应经过水质鉴定,并符合施工用水水质要求。

(2) 蓄水池不得设于隧道正上方,水池基础应置于坚实地基上;蓄水池顶部必须设防护棚,四周应设防护栏,并有明显的安全警示标志,防止人员坠入。

(3) 机械抽水应有专人负责,当抽水机房没住河边时,应有防洪措施。水池与机房之间应保持通信联系。

(4) 抽水机电机的绝缘阻值应符合要求,机体应有可靠的接地接零保护。

(5) 供水管道在安装前应进行检查,有裂纹、损伤等现象时不得使用,管内不得留有残余物。

(6) 供水管道布置应符合下列规定:

1) 供水管路应敷设平顺,接头严密,不漏水;

2) 洞内管道应铺设在电缆、电线路的相对一侧,不得妨碍运输和通行;

3) 寒冷地区冬期施工时,应采取防冻措施,防止供水管道冻裂。

(7) 供水系统应设专人负责检查维护,对漏水管路及闸阀应及时修复或更换,对水源含泥沙较多的高压水池应定期清洗。

7.3.9.4 供 电

(1) 隧道供电电压应符合下列要求:

1) 供电线路应采用380 V/220 V三相五线系统;

2) 照明电压:作业地段不得大于36 V,成洞地段可采用220 V;

3) 低压线路末端的电压降不得大于10%。

(2) 隧道内供电线路布置和安装应符合下列规定:

1) 成洞地段同定的电线路,应用绝缘良好的塑料绝缘导线架设;施工地段的临时电线路宜采用橡套电缆,并应挂设在临时支架上;竖井、斜井应使用铠装电缆;

2) 照明和动力电线路安装在同一侧时,必须分层架设;电线悬挂高度应为:电压380 V时不小于2.5 m,10 kV时不小于3.5 m;

3) 涌水隧道的电动排水设备,以及斜井、竖井内的电气装置应采用双回路输电,并有可靠的切换装置;

4) 36 V低压变压器应设在安全、干燥处,机壳接地,输电线路长度不得大于100 m;

5) 动力干线上的每一分支线,必须装设开关及保险装置。严禁在动力线路上加挂照明设施。

(3) 在隧道内设置10 kV变电站,应符合下列要求:

1) 变电站应设置在干燥的避车洞或不使用的横通道内,变压器与周围及上下洞壁的最小距离不得小于300 mm;

2) 变电站周围必须装没防护遮拦和警示灯,悬挂"止步,高压危险"或"禁止攀登,高压危险"等安全警示牌;

3) 变电站应采用井下高压配电装置或相同电压等级的油开关柜,不应使用跌落式熔断器。低压应采用成套组合电器或带有空气断路器的低压配电盘。

(4) 隧道施工照明应符合下列规定:

1) 隧道内照明的光照度应充足、均匀,不得有闪烁;

2) 采用普通光源照明时,其光照度应满足表7.3-1的要求;不安全因素较大的地段应加大光照度;

表7.3-1 隧道施工照明要求

施工作业地段	最小光照度(lx)	施工作业地段	最小光照度(lx)
开挖工作面	50	运输通道	15
其他作业地段	30	成洞地段	10

3) 洞内主要交通道路、抽水机站等重要场所,应有安全照明;

4) 隧道施工照明应采用防水、防尘灯具。

(5) 隧道施工用电应按设计要求设置双电源或自备电源。自备发电机组与外电线路必须电源联锁,严禁并列运行。

7.3.10 不良地质和特殊岩土地段隧道安全风险控制技术

7.3.10.1 一般规定

(1) 隧道施工前必须根据设计提供的工程地质及水文地质资料,结合现场实际情况进行分析研究，制定专项施工技术方案。

(2) 隧道施工前必须针对不同风险源制订完善的应急预案，并定期组织演练，施工中应有足够的抢险、急救物资储备。

(3) 隧道施工时，应根据具体情况制定地质预测、预报方案并组织实施，并根据地质预测、预报的结果及时调整隧道施工方案。

(4) 隧道施工时，应加强监控量测。当发现围岩和支护体系变形速率异常时，应立即采取有效措施，情况严重时应将全部人员撤离危险区域。

(5) 每道施工工序作业前，应由当班安全员用班前安全讲话的形式，将作业风险和安会措施告知所有作业人员，并按安全措施执行。

7.3.10.2　岩　　溶

(1) 隧道通过岩溶地区时，应根据设计图结合施工现场情况，采用综合超前地质预报，探明溶洞的分布范围、类型、规模、发育程度和填充物、地下水的情况(有无长期补给来源、雨季水量有无增长等)以及岩层的稳定程度等。

(2) 岩溶隧道的施工应按“以疏为主、堵排结合、因地制宜、综合治理”的原则，制定安全可靠的施工方案，采取相应的预防措施，防止发生突发性涌水、涌沙和泥石流灾害。

(3) 当隧道溶洞与地表水存在水力联系时，溶洞处理和施工应选择在旱季进行。

(4) 岩溶地区隧道开挖应符合下列要求：

1) 施工前，应了解隧道区域范围内地表水、出水地点的情况，有条件时采取地表注浆等措施对地表进行必要的处理；

2) 开挖前，应根据溶洞的大小、填充情况与隧道的相对位置等具体情况，采取相应的安全技术措施；当在溶洞充填体中掘进时，应提前注浆加固；

3) 钻孔作业前，必须超前钻孔探测，进一步查明开挖工作面前方一定范围内情况；

4) 爆破开挖时，应严格控制开挖进尺，采取多打孔、打浅孔、小药量爆破，确保隧道开挖稳步推进；

5) 当隧道只有一侧遇到溶洞时，应先开挖该侧，待支护完成后再开挖另一侧；

6) 施工中必须检查溶洞顶板，及时处理危石。当溶洞较大较高时，应进行安全施工防护。

(5) 溶洞处理应根据设计文件要求，结合现场实际情况，采取下列引排水、填堵、跨越、绕行等措施：

1) 当溶洞有水流时，在查明水源流向及其与隧道位置关系后，应采用钻孔排水降压方式处理；排水降压应留有足够厚度的隔水岩盘，确保安全；

2) 对已停止发育、跨径较小、无水的溶洞，应根据其与隧道相交的位置及充填情况，采用混凝土、浆砌片石等材料封堵；拱顶以上的空溶洞应采用喷锚支护加固，或加设护拱并对空腔回填处理；

3) 当溶洞较大较深时，可根据实际情况采用跨越方式处理；

4) 当溶洞较大较深，短期处理难度很大时，可采用迂回导坑绕过溶洞区，继续进行隧道施工，在不影响正常施工的情况下再处理溶洞。

(6) 岩溶地区隧道的初期支护和二次衬砌应根据溶洞情况予以加强。二次衬砌施工前，应重点检查拱部、底板、侧边墙一定范围内是否存在有害空洞，并采取措施处理。

7.3.10.3　富水软弱破碎围岩

(1) 隧道施工前，必须根据地质条件、埋深及地下水情况，选用地表注浆、超前帷幕注浆、降低地下水位等技术措施进行处理，评估达到要求后方可开挖。

(2) 隧道施工过程中，一旦发现浑水、携带泥沙、顶钻、高压喷水、水量突然增大等异常情况，应立即停止施工，分析原因，采取措施进行处理。

(3) 隧道施工时应按设计及时施作初期支护，加强初期支护的强度，尽早闭合成环。

(4) 建立有效的监控体系，及时埋设监控量测点，并取得基准值，按要求开展监控量测；及时根据量测结果，评价支护的可靠性和围岩的稳定性，调整支护参数，确保施工安全。

(5) 衬砌背后的排水盲管(沟)必须顺畅地连接到隧道排水沟，防止地下水在衬砌背后积聚对其形成压力。

7.3.10.4　风积沙和含水砂层

(1) 隧道通过含水砂层时，应将防水工作放在首位，可采用注浆、冻结等方法止水、固结。

(2) 风积沙和含水砂层隧道的开挖应符合下列规定：

1) 风积沙隧道开挖应遵循"先加固、后开挖"的原则；含水砂层隧道开挖应遵循"先治水、后开挖"的原则；

2) 风积沙和含水砂层隧道根据其断面大小，应采用交叉中隔壁法、中隔壁法或台阶法开挖，并应控制一次循环进尺长度；

3) 开挖时应及时监测拱部支护的实际下沉量，当预留变形量过大或不足时，应及时调整。

(3) 风积沙和含水砂层隧道的支护应符合下列规定：

1) 可采用注浆方法固结砂层，以插板作超前支护；

2) 支护应及时，边挖边喷射混凝土封闭，遇缝必堵，严防砂粒从支护缝隙中漏出。

(4) 含水砂层开挖地段，应采用排水管或其他设施将水引至已二次衬砌地段排出洞外。排水时，应采取过滤措施，防止砂粒被排走引起坍塌。

(5) 风积沙和含水砂层隧道的二次衬砌应及早施作。

7.3.10.5　瓦　斯

(1) 瓦斯隧道施工前，必须编制实施性施工组织设计和应急救援预案，其主要内容应包括施工通风设计、预防瓦斯突出的措施和揭煤方法。

(2) 瓦斯隧道应建立专门机构进行通风、防突、防爆及瓦斯检测工作，设置消防设施。

(3) 瓦斯隧道开工前，必须对施工作业人员及管理人员进行安全技术培训。爆破工、电工、瓦斯检测人员等必须持证上岗。

(4) 瓦斯隧道的施工单位应建立救护队伍。救护装备和救护车辆不得用于救护以外的工作。

(5) 瓦斯隧道施工作业应符合下列规定：

1) 当爆破作业面附近 20 m 以内风流中瓦斯浓度达到 1%时，必须停止钻孔作业；当瓦斯浓度达到 1.5%时，必须停止一切作业，撤出工作人员，切断电源，采取措施进行处理；

2) 电动机附近 20 m 以内风流中瓦斯浓度达到 1.5%时，必须停止运转，撤出人员，切断电源进行处理；

3) 当瓦斯积聚大于 0.5 m^3，浓度大于 2%时，附近 20 m 内必须停止工作，撤出人员，切断电源进行处理；

4) 因瓦斯浓度超过规定的允许值而切断电源的电气设备，必须在瓦斯浓度降到 1%以下时，方可启动机器；使用瓦斯自动检测报警断电装置的开挖工作面，必须人工复电；

5) 低瓦斯工区任意处瓦斯浓度超过 0.5%时，应加强通风监测；

6）开挖后应及时进行喷锚支护，封闭围岩、堵塞岩隙，防止瓦斯继续逸出。

(6) 瓦斯工区钻爆作业应符合下列规定：

1）应采用光面爆破技术避免瓦斯积聚；必须采用湿式钻孔。

2）应执行“一炮三检制”和“三人连锁爆破制”。

3）瓦斯工区爆破作业必须使用煤矿许用炸药，并符合下列规定：

① 低瓦斯工区岩层掘进，应使用安全等级不低于一级的煤矿许用炸药；

② 低瓦斯工区揭煤和煤层、半煤层掘进，应使用安全等级不低于二级的煤矿许用炸药；

③ 高瓦斯工区爆破，应使用安全等级不低于三级的煤矿许用炸药；

④ 有煤与瓦斯突出危险的地段爆破，应使用安全等级不低于三级的煤矿许用含水炸药；

⑤ 禁止使用黑火药和冻结、半冻结的硝化甘油类炸药，同一上作面不应使用两种不同品种的炸药。

4）瓦斯工区爆破应使用煤矿许用瞬发电雷管或煤矿许用毫秒延期电雷管，并应使用防爆型发爆器起爆。严禁使用火雷管，使用煤矿许用毫秒延期电雷管时，最后一段的延期时间小得超过 130 ms。

5）瓦斯工区爆破必须使用炮泥填塞炮孔，填塞材料应用黏土或不燃性材料。炮孔的装药及填塞应符合下列要求：

① 装药前应清除炮孔内的煤(岩)粉；

② 炮孔深度小于 0.6 m 时，不应装药爆破；特殊情况下，必须采取安全措施并满封炮泥；

③ 炮孔深度为 0.6～1 m 时，封泥长度不应小于炮孔长度的 1/2；炮孔深度大于 1 m 时，封泥长度不应小于 0.5 m；炮孔深度大于 2.5 m 时，封泥长度不应小于 1 m；光面爆破时，周边炮孔应用炮泥封实，且封泥长度不小于 0.3 m；

④ 工作面有 2 个或 2 个以上自由面时，最小抵抗线在煤层中不得小于 0.5 m，在岩层中不得小于 0.3 m；浅眼装药爆破大岩块时，最小抵抗线和封泥长度均不得小于 0.3 m；

⑤ 炮孔用水炮泥封堵时，水炮泥外剩余的炮孔部分应用黏土炮泥封实，其长度不小于0.3 m。

6）装药前应进行检查，有下列情况之一时不应装药爆破：

① 炮孔内发现异状、温度骤高骤低、有显著瓦斯逸出、煤岩松动等；

② 在距爆破地点 20 m 内堆放的机具设备、石渣、材料等堵塞坑道断面 1/3 以上；

③ 工作面风量不足。

7）爆破前，爆破母线必须扭结成短路，并包覆绝缘层。起爆前，由经过专门培训的爆破工由爆破工作面向起爆站依次进行连接。

(7) 防治煤与瓦斯突出应符合下列规定：

1）接近突出煤层前，必须对设计标示的各突出煤层位置进行超前探测，标定各突出煤层准确位置，掌握其赋存情况及瓦斯状况。

2）施工时，至少选用下列 5 种方法中的 2 种对突出危险性进行预测，并相互验证：

① 瓦斯压力法；

② 综合指标法；

③ 钻屑指标法；

④ 钻孔瓦斯涌出初速度法；

⑤ “R”指标法。

3）应根据地质情况、煤与瓦斯赋存情况、隧道施工方法等选用钻孔排放、抽放、水力冲孔、金属骨架等措施。防突措施实施后，必须进行效果检验。

（8）石门揭煤应符合下列规定：

1）参加揭煤施工人员必须佩戴自救器；

2）在有瓦斯突出的煤层揭煤，爆破时所有人员必须撤到洞外；

3）应加强通风管理，开挖而应有足够的新鲜空气；

4）当瓦斯压力为0.6～1.0 MPa时，可采用振动爆破法；

5）揭煤前应清理洞口和通风机房周围50 m范围内一切火源。

（9）煤层段掘进与支护衬砌应符合下列规定：

1）应控制循环进尺，在全煤层中掘进必须采用电煤钻钻孔，应少钻孔、少装药；

2）在半煤半岩地层中掘进应在岩石炮眼中装药，煤层需爆破时，必须采用松动爆破；

3）在软弱破碎岩层或煤层中掘进，应采用超前支护或预压浆，防止坍塌或瓦斯突出；

4）爆破后应及时进行喷锚支护和施作二次衬砌，封闭围岩，减少瓦斯积聚；

5）仰拱应及早施工，保证拱、墙、仰拱衬砌能形成闭合整体；

6）煤系地层设防段的二次衬砌应预留注浆孔，二次衬砌完成后应及时注浆，充填空隙、减少瓦斯积聚。

（10）瓦斯隧道施工通风应符合下列规定：

1）瓦斯隧道的施工组织设计中，应编制全隧道和各工区的施工通风设计，并考虑各工区贯通后的风流调整和防爆要求。隧道施工的任何作业面不应存在通风盲区。

2）瓦斯隧道通风设施应保持完好。调节、迁移、拆除通风设施的工作，应由通风管理人员担任。

3）瓦斯隧道各开挖工作面必须独立通风，严禁任何2个工作面之间串联通风。

4）瓦斯隧道通风遇有下列情况之一时，应制订处理措施：

① 主要风机停转；

② 通风系统遭受破坏；

③ 开挖工作面停风；

④ 打开封闭区。

5）洞内供风量应通过计算确定，且每人供风景不得小于4 m^3/min。

6）瓦斯隧道的主风机应有2条独立的供电线路，并装没风电闭锁装置。

7）必须配置一套同等性能的备用通风机，并经常保持良好的使用状态。

8）应采用抗静电、阻燃的通风管。

9）临时停工地段不得停风，停风时应切断电源并设置栅栏与警告牌，人员不得进入。

10）隧道贯通后，应继续加强通风，防止瓦斯局部积聚。

（11）瓦斯隧道施工必须建立瓦斯检测制度，并遵循下列规定：

1）必须设立专职检查员。

2）安全总监、安全监察工程师进入隧道，必须携带便携式甲烷检测报警仪或便携式光学甲烷检测仪，瓦斯检查员进入隧道，必须携带便携式光学甲烷检测仪。

3）所有工作面及通风效果不良地段都应纳入检查范围，并检查到顶部。

4）瓦斯浓度检查频次应符合下列规定：

① 低瓦斯工区每班至少检查2次；

② 高瓦斯工区每班必须至少检查 3 次；

③ 有煤与瓦斯突出危险的施工作业地段，瓦斯突出较大、变化异常的作业地段，应设专人经常检查；

④ 长期停工后重新复工的作业面、隧道塌方后开始处理前必须进行检查。

5）瓦斯检查员必须执行瓦斯巡回检查制度，建立检查台账，并执行日报制度；瓦斯日报必须报送队长和技术主管审阅，并通报通风班长。瓦斯浓度达到或超过规定时，瓦斯检查员有权责令现场人员停止工作，并撤到安全地点。

6）安全主管部门应定期对瓦斯工区的瓦斯检测工作进行检查。

7）检测瓦斯用的仪器、设备必须定期进行调试、校验，发现问题应及时处理。凡经大修的仪器，必须经计量检定合格后方可使用。

(12) 瓦斯隧道照明与电气信号设备应符合下列规定：

1）低瓦斯隧道不应大于 220 V，高瓦斯隧道和瓦斯突出隧道不应大于 110 V；

2）输电线路不得使用裸线和绝缘不良的导线；

3）高瓦斯隧道和煤与瓦斯突出隧道，照明电器应使用防爆型，开关应设在进风道或洞口；

4）矿灯充电房应离洞口 50 m 以外；

5）瓦斯隧道内的电气信号，除信号集中闭塞外，应能同时发声和发光；

6）竖井、斜井主要井口绞车的信号装置应直接接在供电线路上，不应分接其他负荷；

7）隧道内的电话线路严禁利用大地作回路。

(13) 隧道内非瓦斯工区和低瓦斯工区的电气设备与作业机械可使用非防爆型，其行走机械严禁驶入高瓦斯工区和瓦斯突出工区。高瓦斯工区和瓦斯突出工区的电气设备与作业机械必须使用防爆型。

(14) 瓦斯隧道防火应符合下列规定：

1）洞口 20 m 范围内严禁火源；

2）洞内严禁产生高温和发生火花的作业，洞内不得进行电焊、气焊、喷灯焊等作业，确需用焊时必须有相应的安全措施；

3）洞内严禁使用可燃性材料搭设临时操作间和休息室，暖风道、压入式通风的风洞必须用不燃性材料砌筑，并应至少装设 2 道防火门；

4）在有自燃倾向的煤层中施工时，必须事先制订专项的安全措施，预防煤层自燃；

5）瓦斯工区必须在洞外设置消防水池和消防用砂，水池中应经常保持不少于 200 m^3 储水量，并保持一定的水压；

6）瓦斯工区内必须设置消防管路系统，并每隔 100 m 设置一个阀门，作业区内设置灭火器及消防设施，并保持良好状态；

7）洞内发生火灾时，应根据火灾的性质、灾区通风和瓦斯状况，立即采用一切可能的方法直接灭火；

8）当洞内火灾不能直接扑灭时，必须封闭火区，直到经过取样分析，确认火灾已经熄灭后方可启封；启封火区应逐段恢复通风；当测出风流中含一氧化碳或有其他复燃征兆时，必须立即停止向火区送风，并重新封闭火区；

9）肩封火区和火区初期恢复通风的丁作必须由专业的救护队负责进行，火区内风流所经过的巷道内的人员必须全部撤出；

10）启封火区完毕后 3 d 内，每班由救护队检查通风工作，并测定水温、气温和空气成分，确认火灾完全熄灭，通风等情况良好，方可恢复施工。

(15) 瓦斯隧道救护工作应符合下列规定：

1) 瓦斯隧道应备有急救和抢救设备，并指定专人保管，经常保持其良好状态，急救和抢救设备不得挪用；

2) 高瓦斯和瓦斯突出工区应配备救护队，在事故发生时非救护队成员不得进洞抢救；

3) 救护队必须在统一指挥下开展抢救工作，严禁个人单独行动；

4) 事故处理救护基地，应设在安全区附近新鲜风流中的安全地带。

(16) 瓦斯工区进洞人员应遵守下列安全规定：

1) 进入瓦斯隧道的人员必须在洞口登记，并接受安全检查；

2) 严禁穿着易产生静电的服装进入瓦斯工区；

3) 进入瓦斯突出工区的作业人员必须携带个人自救器。

7.3.10.6　岩　爆

(1) 对可能发生岩爆的隧道施工中，应对开挖工作面前方的围岩特性、水文地质情况等进行预测、预报。

(2) 中等以上岩爆隧道，应选择以机械作业为主的施工方案，采用凿岩台车钻孔，用机械手喷射混凝土。

(3) 岩爆隧道应根据岩爆强度大小进行分级，并针对岩爆级别分别采取下列安全技术措施：

1) 中等岩爆地段，应在隧道开挖断面轮廓线外 10～15 cm 范围的边墙及拱部，钻设注水孔，并向孔内灌高压水，软化围岩，加快围岩内部的应力释放；

2) 强烈岩爆地段，应采用即时受力锚杆，同时挂设钢筋网或柔性防护网，防止岩爆落石。应在开挖工作面上钻应力释放孔或掘进小导洞，使岩层中的高地应力部分释放，再进行隧道的开挖；应采用超前锚杆预支护，锁定开挖面前方的围岩。

(4) 岩爆隧道的施工应符合下列规定：

1) 开挖循环进尺应根据岩爆地段的具体情况控制，并不应过大；

2) 采用光面爆破或预裂爆破技术，使隧道周壁圆顺，降低岩爆发生的强度；

3) 采用机械手进行网喷纤维混凝土；

4) 在拱部及边墙布置预防岩爆的短锚杆，锚杆长度为 2 m 左右，间距为 0.5～1.0 m，挂网喷射纤维混凝土。

(5) 隧道施工中，一旦发生岩爆，应立即采取下列处理措施：

1) 应停机待避，待检查确认安全后进行开挖工作面的观察记录，如岩爆的位置、强度、类型、数量以及山鸣等；

2) 增设摩擦式锚杆(不能替代系统锚杆)，锚杆应装垫板；

3) 及时增喷纤维混凝土，厚度为 5～8 cm；

4) 施工机械重要部位应加装防护钢板，避免岩爆弹射出的岩块伤及作业人员和砸坏施工设备。

7.3.10.7　膨胀性和挤压性围岩

(1) 膨胀性和挤压性围岩隧道断面可采用圆形断面或椭圆形断面。

(2) 膨胀性围岩浅埋地段，对于地表低洼集水处，应先采取充填黏土隔水，并形成流水坡等措施处理，快速排走地表水。

(3) 膨胀性和挤压性围岩隧道开挖应符合下列规定：

1) 应采用机械、人工等非爆破开挖方式，减少对围岩的扰动；

2) 采用钻爆法开挖时，应控制开挖循环进尺和炸药用量、同时应确保开挖断面轮廓圆顺；

3) 开挖后应及时进行支护，封闭暴露的岩体，施作临时仰拱或横撑，支护应尽早封闭成环。

(4) 膨胀性和挤压性围岩隧道支护应符合下列规定：

1) 根据具体情况加大 20～30 cm 的预留变形量，避免因侵入限界而造成初期支护的拆除；

2) 初期支护应做到"先放后抗、先柔后刚"，并可分层施作、逐层加强；

3) 膨胀性围岩隧道开挖后应尽快初喷混凝土封闭岩面，控制含水量发生大的变化；

4) 应加强初期支护，采用喷纤维混凝土、长锚杆和钢架组合的支护结构。初期支护应与围岩密贴，保证初期支护与围岩同步受力和变形。

(5) 膨胀性和挤压性围岩隧道施工时，应控制施工用水，加强施工用水管理，防止岩面被水浸泡。

7.3.10.8 黄 土

(1) 黄土隧道洞口及地表水处理应符合下列规定：

1) 进洞前应按设计做好洞顶、洞门及洞口的防排水系统，排水沟应进行铺砌，防止地表水下渗；

2) 洞门施工应在雨季前完成；

3) 对地表冲沟、陷穴、裂缝等应采取回填夯实、填土反压、改变地表水径流等措施，将水排至隧道范围以外；洞口浅埋段地表冲沟、陷穴、裂缝等，除应采用上述方法处理外，还应用砂浆抹面，避免水下渗影响结构安全；

4) 根据情况采用井点降水等措施将地下水位降至隧道仰拱底部以下 1.5 m，确保施工顺利进行。

(2) 黄土隧道的开挖应符合下列规定：

1) 黄土隧道应采用机械和人工配合的开挖方式，不应采用钻爆开挖方式；

2) 根据隧道断面、地质情况应采用台阶法或分部法开挖；

3) 在半岩半土层的隧道爆破时应对拱脚进行加固，同时控制炸药用量，减小爆破对围岩和拱部初期支护的扰动，防止塌方和掉拱；

4) 墙脚、拱脚等隅角处应预留 30 cm 用人工开挖，严禁超挖；

5) 根据不同围岩级别，开挖循环进尺应控制在 0.5～1.5 m；

6) 湿陷性黄土隧道基底可采用树根桩、灰土挤密桩、注浆、换填等处理措施；

7) 施工中当发现突水、异常变形等不安全因素时，应暂停开挖，加强临时支护，调整施工方案。

(3) 黄土隧道初期支护、二次衬砌施工应符合下列规定：

1) 施工中要特别注意观察垂直节理，必要时应采取措施，防止塌方事故发生；

2) 开挖后应立即对隧道周壁及开挖工作面进行喷射混凝土封闭，并及时施作锚杆、钢筋网及钢架；

3) 应在拱脚设置测点，监测拱脚下沉的状态，并在钢架基脚或分部开挖基脚等处设置注浆锁脚锚杆(管)，以及设置垫板或采用大拱脚，控制钢架沉降和塌方事故的发生；

4）锚杆施工应采用煤矿螺旋钻成孔；锚杆应采用药包式或早强砂浆式，各种锚杆必须设置垫板；

5）临时支护应根据监控量测情况拆除，一次拆除长度不得大于 15 m。

（4）黄土隧道施工防排水应符合下列规定：

1）地层含水量大时，上、下台阶开挖工作面附近应开挖横向水沟，并采用管、槽将水引至隧道中部纵向排水沟排出洞外，避免浸泡拱脚；

2）应控制施工用水，初期支护喷混凝土和二次衬砌混凝土均应采用喷雾器喷雾养护取代洒水养护，避免混凝土泌水浸泡黄土隧道基底。

7.3.10.9　高原冻土

（1）高原冻土隧道洞口段，应根据季节温度的变化进行保温施工，并宜安排在非冻季节施工。

（2）洞口边、仰坡的开挖应遵循"快开挖、快防护"的原则，力求缩短边、仰坡的暴露时间。

（3）温暖季节，为避免冻融，洞身施工应采取空气调节措施，降低洞内环境温度。开挖爆破后，应尽快用喷混凝土封闭围岩表面，控制围岩表层融化。

（4）高原冻土隧道施工，应加快模筑混凝土衬砌速度，确保模筑混凝土衬砌紧跟开挖工作面。

（5）高原冻土隧道施工中，应采取有效的防排水措施，防止高寒隧道冻胀破坏。

（6）在隧道施工时，必须根据高原的实际情况，采取合理的通风及供氧方式，选择合适的通风及供氧设备，保证隧道施工人员的健康与安全。

7.3.11　斜井与竖井安全风险控制技术

7.3.11.1　一般规定

（1）斜井、竖井井口周边的截水、排水系统和防冲刷设施应在开挖前妥善规划，尽早完成。斜井洞门、竖井锁口圈应及早施作。

（2）斜井、竖井的边仰坡开挖不应采用大开挖、大爆破，开挖坡面应及时进行防护，坡面有危石时应进行清除或防护。

（3）斜井、竖井与正洞连接处的施工必须编制专项施工方案，有针对性地制定安全技术措施，按程序报批后方可进行。

（4）斜井、竖井与正洞连接处在开挖前应检查围岩稳定情况，必要时采取超前预加固措施。开挖后，应及时支护和监控量测，围岩差时应及早施作二次衬砌。

（5）斜井、竖井废弃时应按要求做好排水、加固，并采取安全防护措施。

7.3.11.2　斜井安全技术措施

（1）斜井施工应根据斜井出水量进行抽排水设计，配置满足抽排水需要的各种设施和设备。长大斜井应制定专项抽排水设计方案及应急预案，方案应经有关单位评审。

（2）长大斜井应配备双电源和双管路，并保证在系统电源断电后立即切换到备用电源上。

（3）隧道运输应建立统一的运输调度管理制度，并由专人负责。在斜井与正洞交叉处应设专人指挥，并设置反光警示镜及限速标志。

（4）斜井施工应加强施工照明和施工通风管理，保证洞内视线和通风效果良好。

（5）斜井掘进应符合下列规定：

1）斜井安装初期支护钢架时，必须按设计要求进行，并在安装过程中采取专门稳固钢架的措施；

2）各种作业平台必须配有制动装置，就位后应进一步采取加固措施，防止作业过程中顺坡溜滑。

(6) 斜井无轨运输道路应符合下列规定：

1）长及特长隧道综合坡率不应大于 10%，并应每隔一定距离设长度不小于 30 m 的平坡段；

2）单车道的斜井，每隔一定距离应设置一处会车道，其长度应满足安全行车要求；

3）斜井内运输道路必须硬化，并采取防滑措施。

(7) 斜井无轨运输车辆必须限速行驶，进洞重车不得大于 8 km/h，轻车不得大于 15 km/h；出洞爬坡不得大于 20 km/h。

(8) 斜井无轨运输，洞内、外应设各种安全设施和警示标志，并应符合下列规定：

1）洞外距离洞口一定位置应设限高标志。洞内各种作业平台必须满足最小行车限界要求，并设置明显的警示标志；

2）在洞内的集水坑、变压器、紧急避险处应设置防撞隔离栏和闪光红灯警示标志；

3）洞内通道一侧每隔一定距离应设置一处防撞安全岛，安全岛内应设有废轮胎防撞墙，作为车辆制动失灵时的安全应对措施。

(9) 斜井运输车辆投入使用前应进行检查，符合要求方可进洞作业；施工作业中，项目部安全主管部门每月应进行不少于 1 次的抽查；驾驶员应每天对车辆进行自检，确保车况良好。

(10) 斜井采用有轨运输时，井门必须设置挡车器，并设专人管理；斜井长度超过 100 m 时，应在井口下 20 m 和接近井底 60 m 处设置第二道挡车器；长大斜井应每隔 100 m 和接近井底时在轨道上设置防溜车装置。

(11) 斜井有轨运输时井身每隔 30～50 m 应设置躲避洞，井底停车场应设避车洞，井底附近的固定设备应设置在专用洞室内。

(12) 斜井口、井下及卷扬机之间应有联络信号。提升、下降与停留应有明确的色灯和音响等信号规定。

(13) 斜井中牵引运输速度不得大于 5 m/s，接近洞口与井底时不得大于 2 m/s，升降加速度不得大于 0.5 m/s。

(14) 斜井提升设备必须装设下列保险装置：

1）防止过卷装置，当提升容器超过正常卸载位置 0.5 m 时，必须能自动断电，并能使保险闸发生作用；

2）防止过速装置，当提升速度超过最大速度 15%时，必须能自动断电，并能使保险闸发生作用；

3）当提升速度超过 3 m/s 时，必须装设限速器，保证提升容器到达终端停止位置前的速度不大于 2 m/s；

4）提升卷扬机必须装设深度指示器、开始减速时能自动示警的警铃及司机不需离座即能操纵的常用闸和保险闸。

(15) 斜井施工使用的钢丝绳应符合下列规定：

1）提升用的钢丝绳必须每天检查 1 次，每隔 6 个月检验 1 次；

2）钢丝绳的安全系数和检验要求可参照《起重机安全规程》的规定；

3）钢丝绳的钢丝有变黑、锈皮、点蚀麻坑等损伤时，不得用作升降人员。钢丝绳锈蚀严重，点蚀麻坑形成沟纹，外层钢丝松动时，必须更换。

(16) 斜井施工中严禁人员乘坐斗车、矿车。当斜井的垂直深度超过 50 m 时，应配备运送人员的车辆，其使用应遵守下列规定：

1) 运送人员的车辆必须有顶盖，并装有可靠的防坠器；当断绳时能自动发生作用，同时也能用手操纵；

2) 运送人员的列车必须设车长跟随，车长坐在行车前方的最前排座位上，手动防溜车装置必须装在车长座位处；

3) 每班运送人员前，必须检查车辆的连接装置、保险链及防坠器；运送人员前，应先放一次空车，检查斜井轨道和卷扬机的安全状况；

4) 运送人员的车辆不得超过定员，乘车人员及携带的工具不得超出车厢；

5) 运送人员的车辆中必须装有向卷扬机司机发送紧急信号的装置。

7.3.11.3　竖井安全技术措施

(1) 竖井井口及井架应符合下列规定：

1) 井口的锁口圈应配置井盖，只有在升降人员和物料进出时，井盖方可打开；

2) 井口应设防雨设施，通向井口的轨道应设阻车器；

3) 井口周围应设置安全栅栏和安全门，安全栅栏的高度不应小于 1.2 m；

4) 井口、井底、绞车房和工作吊盘间均应有联络信号，并有专人负责，必要时应装设直通电话；

5) 竖井井架天轮棚必须安装避雷针，井架脚必须安装接地线。

(2) 竖井掘进应符合下列规定：

1) 竖井钻孔结束后，应将钻孔机具提升出井外，防止爆破损坏钻孔机具；

2) 每次爆破后，应有专人清除危石和掉落在井网上的石渣，并检查初期支护和临时支撑有无受损，清理完后方可正常工作；

3) 当工作面附近或未衬砌地段发现落石、支撑发响、大量涌水时，施工人员应立即撤出井外，并报告处理。

(3) 竖井提升机械的使用应符合下列规定：

1) 提升机械安装完毕后必须经具有专业资质的检测机构验收合格，并出具安全检验合格证书，方可投入使用；

2) 提升机械不得超负荷运行，并应有深度指示器和防止过卷、过速等保险装置，以及限速器和松绳信号等；

3) 工作吊盘的载重量不得超过吊盘的设计载重能力；

4) 提升用的钢丝绳和各种悬挂使用的钩、链、环、螺栓等连接装置，应具有规定的安全系数，使用前应检验合格后方可安装。使用中应定期检企、维修和更换。

(4) 竖井采用吊桶升降人员和物料时应遵守下列规定：

1) 吊桶必须沿钢丝绳轨道升降，保证吊桶不碰撞岩壁；

2) 运送人员及物料的速度不得超过有关规定；

3) 提升钢丝绳应与吊桶连接牢固，不得自动脱钩；

4) 吊桶上方必须设置保护伞；

5) 不得在吊桶边缘上坐立，乘坐人员身体的任何部位不得超出桶沿；

6) 吊桶不准超载，装有物料的吊桶不得乘人。

(5) 竖井采用罐笼升降人员和物料时,应遵守下列规定:

1) 罐顶应设置可打开的铁盖或铁门,罐底必须满铺钢板,并不得有孔;

2) 罐笼一次容纳人数和最大载重量应明确规定,并在井口公布;

3) 罐笼升降速度不得大于 3 m/s,加速度不得大于 0.25 m/s^2;

4) 罐笼、钢丝绳、卷扬机各部及其连接处,必须设专人检查,发现钢丝绳有损,罐道和罐耳间磨损度超过规定等,必须立即更换;

5) 升降人员或物料的单绳提升罐笼必须设置可靠的防坠器;

6) 罐笼升降作业时,其下方不得停留人员。

(6) 竖井防排水应符合下列规定:

1) 竖井建井期间,如果裂隙水较发育,影响作业人员安全,应采用周边帷幕注浆止水;在有少量裂隙水时,应随竖井的施工开挖在井底设集水坑,采用小型抽水机将水抽人吊桶排至井外;

2) 竖井使用期间,正洞裂隙水及施工废水应排入井底水仓,由井底抽水机排出。

7.3.12 营业线上隧道改建施工安全风险控制技术

隧道改建工程,要抓住施工准备、施工开挖、出渣运输、开通线路四个重要环节。

7.3.12.1 施工准备

(1) 施工封锁条件

改建隧道施工一般应在封锁区间的条件下进行,施工前施工单位应提出初步的施工组织方案、提出施工封锁要求,经分局审查后,按批准的方案组织实施。

(2) 施工限界

开工前要按照机车车辆限界每边各增加 150 mm 确定施工限界,所设计的脚手架要满足施工限界的要求,必要时还要考虑超限货物装载要求。为了检查列车的限界情况,应在隧道两端的车站设置限界门。

(3) 工地通讯

隧道至两端车站、隧道口至作业点之间要有可靠的通讯联络,以及时掌握行车和施工情况。

7.3.12.2 隧道开挖

(1) 开挖方法

挑顶改建隧道应由洞内向洞外进行、由围岩稳定性好的向稳定性差的地段进行、从干燥无水向有水的地段进行,可以有效地防止涌水、塌方;扩宽既有线隧道、抽换边墙、落底改建隧道增设或加深侧沟均应采用跳槽开挖,并根据不同情况采用不同的跨度,跳槽开挖可以控制围岩压力、预防塌方。

(2) 爆破方法

一般采用控制爆破先拆除部分衬砌,再开挖围岩,在爆破的过程中要预防飞石冲击损坏轨道等行车设备、爆破后大量塌方、涌水涌泥、破坏临时衬砌、早爆或盲炮。

(3) 施工支撑

爆破开挖前要检查既有隧道的完整性和稳定性,必要时采用钢拱支撑加固,爆破后要针对具体情况对围岩进行喷锚支护或钢拱支撑防护。

7.3.12.3 出渣运输

出渣量比较大时,采用机车或重型轨道车运输;出渣量不大时,可以利用既有轨道用小车运输;出渣量小,可以利用单轨车运输。应设专人指挥装渣、运输和卸渣,专人检查运输道路、清理散落下来的石渣石块,养护维修运输道路,定期检查、维护运输车辆。

7.3.12.4 开通线路

隧道改建施工爆破或者发生塌方、涌泥后,在开通线路前,要进行必要的检查,要检查是否符合放行列车条件,围岩有无松动,有无瞎炮和残余炸药,机具、材料和石渣是否侵限,爆破器材是否撤出洞外等。

7.4 临近隧道不良地质安全风险预报技术

7.4.1 临近大型溶洞水体或暗河的主要前兆标志

(1) 裂隙、溶隙间出现较多的铁染锈或黏土;

(2) 岩层明显湿化、软化,或出现淋水现象;

(3) 小溶洞出现的频率增加,且多有水流、河沙或水流痕迹;

(4) 钻孔中的涌水量剧增,且夹有泥沙或小砾石;

(5) 有哗哗的流水声;

(6) 钻孔中有凉风冒出。

7.4.2 临近断层破碎带的主要前兆标志

(1) 节理组数急剧增加;

(2) 岩层牵引褶曲的出现;

(3) 岩石强度的明显降低;

(4) 压碎岩、碎裂岩、断层角砾岩等的出现;

(5) 临近富水断层前断层下盘泥岩、页岩等隔水岩层明显湿化、软化,或出现淋水和其他涌突水现象。

7.4.3 临近人为坑洞积水的前兆标志

(1) 岩层明显湿化、软化,或出现淋水现象;

(2) 岩层裂隙有涌水现象;

(3) 开挖工作面空气变冷或发生雾气;

(4) 有嘶嘶的水声;

(5) 临近煤层老窑积水的前兆是岩层中出现暗红色水锈或渗水中挂红。

7.4.4 大规模塌方的前兆标志

(1) 拱顶岩石开裂,裂缝旁有岩粉喷出或洞内无故尘土飞扬;

(2) 初支开裂掉块、支撑拱架变形或发生声响;

(3) 拱顶岩石掉块或裂缝逐渐扩大;

(4) 干燥围岩突然涌水等。

7.4.5 煤与瓦斯突出的前兆标志

(1) 开挖工作面地层压力增大,鼓壁,深部岩层或煤层的破裂声明显、响煤炮、掉砟、支护严重变形;

(2) 瓦斯浓度突然增大或忽高忽低,工作面温度降低,闷人,有异味等;

(3) 煤层结构变化明显,层理紊乱,由硬变软,厚度与倾角发生变化,煤由湿变干,光泽暗淡,煤层顶、底板出现断裂、波状起伏等;

(4) 钻孔时有顶钻、夹钻、顶水、喷孔等动力现象;

(5) 工作面发出瓦斯强涌出的嘶嘶声,同时带有粉尘;

(6) 工作面有移动感。

7.5 隧道塌方风险预防与控制技术

在隧道工程重大事故中,塌方引起所占的比例约50%,因此,对塌方进行预防避免事故发生以及塌方发生后进行有效、及时的处理以减少事故损失和引发次生灾害都是非常重要的工作。

7.5.1 塌方发生的原因

发生隧道塌方的原因是多方面的,有的是人为因素,有的是非人为因素,可以概括为四个方面:

(1) 地质因素

在勘探和施工过程中对地质情况认识不清,造成施工时出现了塌方。

(2) 设计因素

洞口的位置选择不恰当、设计的支护参数偏小、针对特殊不良地质地段的处理措施不当等。

(3) 施工技术因素

1) 根据局部地质状况,需要采取超前支护措施而未采取,或虽然已采取但其质量和效果未能达到要求;

2) 开挖方法不正确,如应该采用半端面开挖而实际采用了全断面,应该采用分步开挖的而实际采用了全断面或半断面等;

3) 初期支护未按设计的参数进行,如锚杆的长度、间距、喷射混凝土厚度等,使围岩的稳定性达不到要求;

4) 隧道的爆破设计有问题,造成对围岩的扰动过大;

5) 施作二次衬砌的时间太迟,围岩无法承受应力重分布后带来的直接作用而发生塌方;

6) 采用长台阶法施工时,上、下台阶的间距太大,直接导致塌方的发生;

7) 在软弱围岩的施工中,没有及时施作仰拱,未形成封闭的环状受力;

8) 采用新奥法施工时,没有按时、按量的开展量测工作,或虽开展了量测工作,但未及时进行信息反馈,从而造成决策失误。

(4) 管理因素

1) 未经上级技术部门同意,擅自改变施工方法,如开挖方式、支护方式等;

2）不严格遵守设计文件、施工组织设计、《隧道施工技术规范》、《隧道验收评定标准》的要求和规定组织施工，达不到“均衡生产、有序施工”的要求；

3）安全、质量意识淡薄，在施工中存在侥幸心理、偷工减料、弄虚作假等，造成支护质量远远达不到设计要求；

4）由于不合理工期、不合理造价等宏观决策，引起施工过程中强行追求进度，造成支护强度达不到应有的要求，从而引发塌方。

7.5.2 塌方的综合预防措施

（1）工程地质方面

1）首先要了解设计上标注的地质情况及特点，并随时与现场的实际地质情况相对照，弄清设计意图，这一点对隧道防塌方工作极为重要。以往的事实说明，许多隧道塌方的发生，都是因为忽视隧道所处的地质条件或对地质条件发生变化熟视无睹造成的。

2）加强对地质的超前预防，主要的措施有超前钻孔、地质雷达、波速测试以及宏观的工程类比法等。

3）在软弱围岩地段，为了防止塌方，必须采取正确的开挖方法，如短台阶法、分部开挖法等，并确保初期支护质量，如果软弱围岩地段又同时处在浅埋和大跨度的情况下，此时是隧道施工安全最薄弱的地方。为了防止塌方，必须制定一整套的防塌方技术措施，内容包括：超前支护、加强初期支护、监控量测、二次衬砌紧跟等。

4）在隧道开挖过程中，突然遇到了较大的涌水、流沙、溶洞、断层及破碎带时，必须及时改变施工方法，增大支护参数，以及其他必要的技术处理手段，才能达到防塌方的目的。

（2）施工技术方面

1）为了尽量利用围岩的自承能力，减少对围岩的扰动，应尽可能地采用全断面的光面爆破技术；对于地质条件较差者，可采用半断面，同时采用弱爆破技术；对于大断面和特大断面，应采用分部开挖法进行，如CD法、CRD法等。

2）初期支护对于隧道的稳定起决定性作用，支护的目的就是提高围岩的自稳能力，延长其自稳时间，以保证在施作二次衬砌前不发生塌方，因此，必须确保初期支护的参数和质量达到设计要求。特殊情况下，还可以采用预应力锚杆、膨胀性锚杆、迈式锚杆，喷射混凝土可采用钢纤维喷射混凝土、碳纤维喷射混凝土等技术手段。

3）当围岩的自稳能力较差时，为了预防塌方，必须采用超前支护，其主要内容有：超前锚杆、小导管注浆、管棚、全断面预注浆、深孔注浆、帷幕注浆以及在洞口浅埋段采用的地表注浆等。

4）二次衬砌不得严重滞后初期支护，软弱围岩地段应紧跟开挖，Ⅲ、Ⅳ级围岩需根据量测结果确定最佳施作时间。

5）量测工作在隧道的防塌方工作中，起着重要的作用，它是新奥法的三大核心之一。围岩的失稳破坏总有一定的先兆，通过将量测结果与设计给出的判断标准（也称为管理值）比较，即可得出围岩，包括初期支护是否稳定的结论。但是必须指出的是：量测结果超过标准值时，隧道并不一定发生塌方；相反，量测结果没有超过标准值时，隧道也并非一定安全稳定。

（3）现场管理方面

现场管理在目前隧道施工防坍中，是极其重要的环节，从隧道的开挖到支护、衬砌都需要严格地遵照设计文件、施工组织、施工规范、验收标准等要求进行。如果施工现场没有严格的管理，隧道塌方的发生就不可避免。再者，现在许多隧道的开挖甚至连支护部分都分包给民工进行施工，那种“包而不管”或“以包代管”的做法是引发塌方的另一直接原因。总之，在管理方面，必须加强以下几方面的工作：

1）严格遵守铁路、公路、水工隧道施工规范和隧道验收评定标准、设计文件以及施工组织设计的要求和规定；

2）未经上级部门同意，不得擅自改变施工过程中的开挖、支护方式；

3）认真进行支护作业，确保锚杆的长度、间距、喷射混凝土厚度、格栅拱架间距等参数达到设计要求；

4）必须坚持开展监控量测工作，并及时做到量测资料的收集、处理和信息反馈；

5）复杂地质条件下的隧道，必须开展地质预报工作；

6）必须贯彻和加强隧道施工期间的安全预测和风险管理。

7.5.3 塌方的技术处理措施

（1）洞口塌方的处理措施

1）对中小型塌方，应将坍体自上而下全部清除，根据塌方清除后的坡面情况，决定是否采用刷坡卸载的方法，同时对仰坡面自上而下进行喷锚网加固。其支护参数为：

喷射混凝土厚度：8～15 cm；

锚杆：Φ22 mm，长 3.0～5.0 m；间距 1.0 m×1.0 m～1.5 m×1.5 m；

钢筋网：Φ6 mm～Φ12 mm；网格间距 15 cm×15 cm～25 cm×25 cm。

2）对于大型或特大型塌方，不必全部清除坍体，可采取挖台阶的形式清除一部分，然后进行喷锚网加固，并在仰坡上的适当位置设置浆砌片石挡墙作防护。

3）当塌方是因为洞口附近的山体滑动引起的，且塌方发生后，滑动体尚未稳定，此时必须先加固滑动体，然后再处理塌方。目前加固滑动体的技术措施主要有三种：

① 采用长锚杆，长度须超过滑动面，一般为 8.0～20.0 m，并严格进行注浆。

② 采用预应力锚索，其长度也必须穿过滑动面，一般为 12.0～40.0 m，并严格进行注浆。

③ 采用抗滑桩进行加固，其长度仍必须穿过滑动面，其断面大小一般为 2.0 m×2.0 m～4.0 m×4.0 m。

4）仰坡加固完成后，对于洞口段已露空洞身时，可采用暗洞明做或改为明洞衬砌，拱圈上部回填土石或浆砌片石。

5）根据仰坡塌方的规模及处理后的稳定情况，对洞内二次衬砌进行适当加强，如增大衬砌厚度或采用钢筋混凝土、钢架混凝土衬砌等。

（2）洞内岩石类塌方

1）对于中、小型塌方，从坍腔口可观察到在坍壁稳定的情况下，是否可采用清渣的方法，同时根据坍腔的矢跨比（H/B），采取不同的处理措施：

① 当坍腔的矢跨比 $H/B<0.7$ 时，采用 WNF 法进行处理。

利用围岩暂处于基本稳定状态，边清渣边处理，抓紧时间沿坍塌面采用喷锚支护技术加固未坍的地层，即“外层初期支护”，简称为“W”，然后沿二次衬砌外轮廓施作钢筋（钢架）混凝土支护壳体，即“内层初期支护”，简称“N”，同时用钢架将内、外层初期支护连成整体，待二次衬砌完成以后，沿内层初期支护的外轮廓依次设防水层、1.0 m 厚混凝土护拱及 1.0 m 以上的土层缓冲层，即“防护层”，简称为“F”。使用这种方法的特点是：工序多，处理周期较长，成本较高,但安全可靠。

② 当坍腔的矢跨比 $H/B \geqslant 0.7$ 时,采用 WF 法进行处理(W、F 的意义同上),即在塌方发生以后,利用围岩的自稳能力,抓紧时间沿坍塌面进行外层初期支护,即 W。不设(也难于设)内层初期支护,待洞内二次衬砌完成以后,设置与 WNF 法相同的防水层、1.0 m 厚的护拱及 1.0 m 以上厚度的土石缓冲层。与 WNF 法比较,WF 法不设内层初期支护以及内、外层初期支护之间的连接钢架,从而使成本大幅度降低,处理周期大大缩短,但因为矢跨比较大,再次塌方的可能性较小,仍能基本保证施工安全。由于设有 1.0 m 的混凝土护拱及 1.0 m 以上厚度的土石缓冲层,即使在隧道竣工后的运营时期,发生了一定规模的坍塌,其抗冲击能力仍可确保运营的安全。

2) 对于大型塌方,一般不能采取清渣的方法。其理由是,清渣数量太大,时间太长,且处理费过大。而采取 Z 法,即“注浆＋管棚”的整体加固处理方法。其主要内容为:

① 设止浆墙:采用厚 1.0 m 的素混凝土或 2.0 m 厚的浆砌片石。

② 预埋孔口管:直径 $\Phi=50\sim150$ mm,长度 $L=2.0\sim3.0$ m。

③ 注浆:以渗透注浆为主,注浆形式可采用全段一次性注浆、分段循环注浆和分段后退式注浆三种。

④ 施作管棚:根据注浆效果选择管棚的参数,当注浆效果很好时,也可以小导管代替管棚。

⑤ 开挖及支护:根据注浆及管棚的加固效果决定开挖和支护参数大小。

3) 当岩石类塌方已坍至隧道上方地表,即“冒顶”时,应先处理地表坍口,后处理洞内塌方。地表塌方的处理内容如下:

① 遮盖地表坍口,防止雨水渗入;

② 坍口进行喷射混凝土封闭;

③ 根据情况,决定是否采用地表注浆加固技术,以防止塌方的继续发展和扩大;

④ 坍口四周施作截、排水沟;

⑤ 待洞内塌方处理完毕后,对地表坍口进行回填,回填一般采用不透水的黏土进行＋回填高度应高出原地面 0.5～1.0 m;

⑥ 当坍口数量较大,同时地表坍口附近取土困难时,可不进行回填,而改作坍腔四周刷坡,作成簸箕形。簸箕的底面应保证排水,一般坡度为 3.0%～5.0%的斜坡即可。

(3) 洞内土质类塌方

土质类塌方的围岩级别一般为Ⅳ～Ⅵ级,围岩以砂、土质或强风化的岩石为主,塌方呈土状,含有大量的砂、黏土(≥70%)以及少量的石屑和圆孤石,塌方范围以外的未坍塌部分呈相对不稳定状态。塌方规模一般较大,主要为大型和特大型塌方。

对于土质类塌方的处理,不能采用清渣的方法,而必须采用 Z 法进行,即“注浆＋管棚”的方法,其主要内容与 W 岩石类塌方中 Z 法的内容基本相同。但须注意以下两点:

1) 注浆应根据坍体中土质(或砂)的颗粒大小分别采用渗透注浆、劈裂注浆或化学注浆。其选择标准为:

$d \geqslant 1.0$ mm 时,　　渗透注浆

$1.0\ \text{mm} > d > 0.1$ mm 时,　　劈裂注浆

$d < 0.1$ mm 时,　　化学浆液

其中,d 为颗粒粒径。

2）施作管棚时，因在土质中钻孔、成孔困难，可采用跟管钻机进行。管棚安装完成后应利用管棚再行注浆，并在管棚内安放小钢筋笼并灌注水泥砂浆，以提高刚度。

当土质类塌方坍至地表（这种情况在浅埋时经常发生）时，应先对地表坍口进行处理，其处理的内容及步骤同岩石类塌方的相应内容。

（4）洞内塌方处理后的开挖及支护

1）采用 WNF 和 WF 法处理的塌方，由于坍体已全部清除，故开挖及支护是在未塌方的围岩中进行，因此应根据现场的地质情况、围岩级别以及地下水活动情况等因素综合考虑。在塌方影响的范围内，一般是塌方段的前后 10.0～30.0 m，仍应遵守“短进尺，弱爆破，强支护”的原则组织施工。

2）对于采用 Z 法处理的塌方，其开挖和支护是在已注浆加固的坍体中进行，施工时应根据注浆效果合理选择开挖、支护方法，除在碎石类塌方且注浆效果十分理想的情况下，选择全断面一次开挖外，其他情况均应采用台阶法或分部开挖法，其开挖进尺一般为 1.0～2.0 m；开挖后应及时支护，支护以喷锚支护为主，宜采用早强药包锚杆或自进式锚杆等尽早受力的锚杆，并根据现场注浆效果及管棚支护效果，决定是否设置钢架、钢筋网以及采用钢纤维喷射混凝土等。

7.6 隧道风险逃生及救援技术

7.6.1 一般规定

（1）隧道施工前，对下列可能发生重大安全事故的风险，必须进行危险源辨识和安全风险评估，并制定针对性的措施或应急预案：

1）瓦斯隧道、有突涌水风险的隧道，必须进行瓦斯防爆、防突及防突涌水的专项设计，制定专项施工安全技术方案及应急救援预案；

2）隧道内火灾、坍塌等风险，应制定应急救援预案；

3）其他自然灾害（大雨、强风、雪、雷、地震和海啸）可能造成安全事故的风险，应制定应急处理措施。

（2）应急救援预案应包括下列内容：

1）简述工程概况；

2）预测、辨识和评估紧急情况或事故灾害及其后果对内、外部造成破坏的可能性及严重程度；

3）规定应急救援各方组织的详细职责；

4）明确应急救援行动的指挥和协调；

5）应急救援资源配置要求；

6）建立分级响应机制；

7）制定具体详细的紧急情况或事故灾害发生时保护生命、财产和环境安全的应急措施。

（3）参建各方必须建立应急组织机构及预警、指挥系统，指定专门的管理部门和人员负责应急救援预案管理工作。

（4）应与附近医院、消防队，临近施工队伍及其他救援组织建立正式的互助协议，并做好相应的安排，确保在应急救援中及时得到外部救援力量和资源的援助。

（5）隧道施工中必须配备必要的救援物资和设备器材，并设专人管理，对配备的应急救援机械设备、监测仪器、堵漏和清洗消毒材料、交通工具、个体防护设备、医疗设备和药品、生活保障物资等，应进行定期检查、维护和更新，确保应急救援物资和设备能随时投入使用。

（6）隧道施工必须事先规划逃生路线，并在隧道适当位置设置避难、急救场所，避难处应准备足够数量的逃生设备、救护器械和生活保障品等。

（7）隧道内交通道路及开挖作业等重要场所必须设置安全应急照明和应急逃生标志，应急照明应有备用电源并保证光照度符合要求。

（8）隧道施工期间各施工作业面必须安装警报装置，警报装置的设置应符合下列规定：

1）设置警报设备的场所，应有应急照明，并在停电时能够识别；

2）使用电源的警报设备应配备备用电源；

3）警报设备应采用手动警报设备、自动警报设备、旋转灯、广播设备用的扩音器及其他警报设备，组合使用，互为备用，保证其性能可靠。

（9）隧道施工期间通信系统必须保证畅通，必要时应采用远程监控系统，及时掌握现场情况。同时应满足下列要求：

1）必须在现场各应急组织相关部门、洞口值班室、开挖工作面及其他必要的地方设置通信设备；

2）使用带电源的通话装置应配备备用电源，保证停电时不影响使用；

3）通信设备应采用洞内有线电话，并保证其性能可靠。

（10）根据现场实际情况，必须定期组织应急预案的桌面演练或模拟演练。演练前应结合施工环境改变和以往演练的情况制订计划，演练后应及时评审，并不断改进和完善应急救援体系。

（11）隧道内所有施工作业人员必须经过应急救援培训。应急救援培训应包括下列内容：

1）了解潜在危险的性质和对健康的危害；

2）熟悉应急救援程序；

3）掌握必要的自救及互救知识；

4）了解预先指定的主要及备用逃生路线、集合地点及各种避难急救场所位置；

5）了解各种警报含义，掌握警报设备、通信装置、避难器具等的使用方法。

7.6.2　应急救援

（1）当隧道施工中发生险情时，应迅速作出判断，确定相应的响应级别，并按响应级别启动应急救援程序，同时根据下列各项要求，迅速开展事故的侦测、警戒、疏散、人员救助、工程抢险等有关应急救援工作。

1）值班人员和安全负责人应立即通过警报装置通知隧道内所有作业人员紧急撤离；

2）现场最高管理者应负责指挥疏散撤离，各级调度人员应坚守岗位，保持通信畅通，及时反馈人员撤离及险情出现情况等信息；

3）应及时上报地方政府或相关救助部门，请求紧急救援，做好相关配合工作；

4）现场应采取安全警戒线或隔离措施，防止其他人员进入危险区域，避免灾害损失的扩大；

5）进行事故原因分析，收集事故物证，调查引发事故的具体原因和相关责任人；

6）制定相应的预防措施和工程处理措施，上报建设、设计、监理和相关单位，按批复的方案对事故进行处理。

（2）隧道灾害事故处理和救援应按图 7.6-1 所示的工作程序进行。

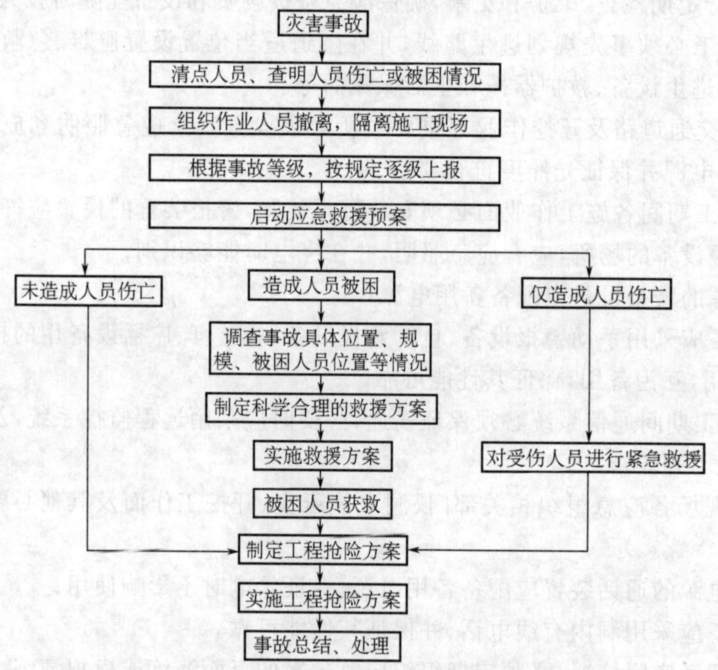

图 7.6-1 隧道灾害事故处理和救援工作程序

(3) 隧道内发生瓦斯燃烧、中毒、爆炸险情后，应采取下列措施：

1) 立即切断洞内所有施工及照明线路电源；

2) 立即停止施工，作业人员全部撤出，同时清点施工人数，确认人员伤亡情况；

3) 立即报告应急抢险领导小组，并及时上报相关单位；

4) 派专人封锁现场，防止无关人员进入危险区域；

5) 应急抢险救援指挥组织人员现场勘察，立即对遇险、受伤人员组织急救；

6) 非救护队成员不得进洞抢救，救护队在执行任务前，必须了解事故性质，并制定侦察工作的安全措施，方可进入事故区进行侦察，救护队必须在统一指挥下开展抢救工作，严禁个人单独行动；

7) 可供临时处置的供氧呼吸机、清洗器具、急救箱、担架等医药卫生设备及时到位；

8) 救助受困人员至安全地带、撤离施工设备；

9) 事故处理救护基地，应设在安全区附近新鲜风流中的安全地带，对受伤的人员进行临时处治，防止伤势恶化；

10) 应立即与当地医疗单位联系，将受伤人员就近转送医院治疗；

11) 事故调查及处理。

(4) 隧道内发生突涌水险情后应采取下列措施：

1) 突然遇到大面积渗漏水时，应即令工人停止工作，撤至安全地点，同时应对出水部位、水量大小、变化规律、水的浑浊程度等进行观测记录，采取必要的防护措施，并上报监理；

2) 在爆破作业后突然发生特大涌水，当洞内设有防水闸门时，作业人员应立即启动报警系统，关闭防水闸门，按既定的逃生路线进行洞内人员和机械设备的撤离，并利用防水闸门处安设的大功率抽水机对突涌水段进行抽排水；当洞内未设防水闸门时，作业人员应按既定的逃生路线立即撤出；

3）在开挖作业过程中发生特大突涌水，开挖工作面人员应立即沿逃生路线迅速向洞外或避难所撤离，同时启动报警系统，发出警报信号，迅速切断电源，启动应急照明，当涌水量较大时，人员可利用事先准备的救生圈、皮划艇等进行逃生；

4）及时上报相关单位；

5）对遇险、受伤人员组织急救；

6）突涌水保持稳定后，利用大功率抽水设备进行排水；

7）在涌水量及水压降低后进行机械设备的急救；

8）采取必要的措施对突涌水进行封堵及事故处理。

(5) 当隧道发生塌方时应采取下列措施：

1）立即停止施工，作业人员全部撤出，同时清点施工人数；

2）必须按事故分级规定迅速向上级有关单位报告，并立即启动施工单位的应急预案实施救援；

3）组织无关人员撤离事故现场；

4）当隧道塌方造成人员被闲时，参建各方必须在调查清楚塌方发生的部位、规模、被困人员避难位置等具体情况基础上，制定科学合理的救援方案，防止二次灾害发生，可选择从联络通道、隧道另一端、隧道侧面、洞顶等处快速开挖一个断面合适的小导洞，将被困人员尽快救出；

5）在开挖救援小导洞的同时，应利用高压风管等现有条件继续与洞内被困人员保持联系，并向洞内供风、供氧、供应食物及药品等；

6）被困人员救出后应由专业医护人员进行救治；

7）事故调查及处理。

(6) 当隧道内发生火灾时应采取下列措施：

1）及时启动报警系统；

2）起火初期，当火势不大，未对人与环境造成较大威胁时，应运用平时培训演练的技能，就近采用灭火器、水管等消防器材，尽可能地在第一时间将火扑灭；

3）当火势失去控制时，应判明方向，迅速判断危险地点和安全地点，组织作业人员按逃生路线向洞外或附近避难所撤离；

4）及时上报相关单位；

5）对遇险、受伤人员组织急救；

6）事故调查及处理。

(7) 在可能发生自然灾害的地区施工时，应有计划地采取下列相应的措施：

1）随时收集气象和地质资料。

2）可能发生自然灾害时，应立即停止施工，对施工现场进行警戒检查并采取防护措施。

3）在警报解除后，应确认无危险源方可进行作业。

4）为防止大雨造成的灾害，隧道施工应注意下列事项：

① 当洞口地质地形可能因降雨引发泥石流时，应采取加固措施；

② 机械设备应尽早向安全场所转移或进行拆除，防止水淹、倾倒；

③ 可能发生漫水、沉陷或垮塌的地方，应进行加固处理，并设警示标志。

5）在遇强风、暴风时，对各种大型机械应采取防止倾倒及滑跑措施，对临时设备、脚手架等应采取保护措施。

6）在跨冬季作业时，为了防止雪灾，施工时应注意下列事项：

① 施工设施不应设在可能发生雪崩的地点；

② 必须对相关道路和施工用地进行除雪，保护车辆及人员安全，防止临时设施倒塌；

③ 对道路、水路等，必须设置警示标志。

7）为防止雷击造成的灾害，应设置雷电报警器和避雷针。当有雷击危险时，隧道洞内外应立即停止爆破作业，作业人员应退避到安全场所。

8）为防止地震和海啸造成的灾害，应关注预报信息，加强避灾演练。地震发生时，应迅速组织作业人员退避到安全场所。

第 8 章　金沙洲隧道施工安全风险管理

8.1　工程简介

8.1.1　工程概况

武广客运专线金沙洲隧道位于广州市白云区和佛山市南海区境内。隧道下穿金沙洲公共汽车总站、凤岐里峰村、广州环城高速沙贝立交枢纽和西环高速浔峰洲站、建设大道、冲口南使街、三乡路南、白沙村至南海区黄岐镇沙溪村。

隧道进口里程为 DK2192＋831，出口里程为 DK2197＋300。隧道平面位于直线上，全长 4 469 m，纵断面设计为"V"型坡，坡度为 20‰。辅助坑道设一个斜井和两个竖井，DK2196＋300 明暗挖分界处增设一座简易竖井。

金沙洲隧道所处在古生界及新生界岩性地层的区域内，场区的岩土层按其成因分类主要有：第四系人工填土层(Q_4^{ml})，全新统冲积相沉积层(Q_4^{al})、残积层(Q_4^{el})、石炭系下统(C_1)、泥盆系上统(D_3)及断层构造角砾岩；影响较大的地质作用以断裂活动为主，按照断裂带的平面展布和活动特征有三组较大断层。

地层岩性表层为粉质黏土、淤泥质土及粉细砂等。下伏基岩为弱风化灰岩、炭质灰岩等；根据物探成果综合分析，岩溶较发育；隧道洞身在斜井和 1# 竖井之间穿越地层主要为灰岩强～弱风化层，在里程 DK2194＋757 处发育 F_2 断层破碎带，在 2# 竖井和出口段，洞身浅埋于残积土和淤泥质土，下伏灰岩、炭质灰岩，地质条件复杂。地下水主要为孔隙潜水、基岩裂隙水、承压水，且属亚热带海洋性气候，隧道地表水及地下水由北西向南东汇流入珠江，雨量充沛，地下水补给充足。

金沙洲隧道是武广客专线穿越市区的大型地下工程。隧道区域为冲积平原区，穿越居民区、工业区和西环高速沙贝立交枢纽、建设大道、三乡路至南海区黄岐镇沙溪村等，建筑物密集；隧道兼容山岭隧道及城市地铁的双重特点，是武广客运专线的控制性重点、难点工程之一。

金沙洲隧道段原设计采用高架桥跨越。地方政府因占地过多，拆迁范围大，与城市景区不协调，影响城市发展为由，强烈要求下穿通过。遂改为浅埋隧道。由于隧道穿越段地质条件复杂，下穿和靠近高速公路、城市居民区、市政要道等。施工前期对隧道的纵断面，埋深设计，临时施工接口(竖井)和辅助坑道，明挖施工分界面选择和优化等方案，需要与城市有关部门、高速公路各方面协调，耗费了大量的时间和精力。工期受拖延，未能进入正常施工。同时施工初期出现的风险不断，危情频发告急都向人们预兆着这一地下工程的难度和风险度不容忽视，为全线的控制性难点工程。

8.1.2　技术特点和难点

本工程所处的环境条件、地质条件，决定了工程具有以下的特点和难点：

(1) 地质条件复杂、工程规模大

金沙洲隧道(含明洞)全长为 4469 m，最大开挖面积 161.11 m^2，设置两个竖井、一个斜井和一个临时竖井，最多时工作面个数多达 8 个，工程规模宏大。隧道穿越地层软硬不均，且有断层、岩溶等裂隙极其发育，部分区段在粉质黏土层和流塑性淤泥地层等软弱地层不良地质中，地下水非常丰富。总之，金沙洲隧道地质条件极其复杂，施工难度极大。

(2) 周边环境条件复杂多样

金沙洲隧道穿越区域多处为浅埋地段，地表建(构)筑物密集多样。隧道进口段DK2192＋880～DK2192＋940 段右侧既有采石坑形成严重偏压；DK2194＋400～＋550 段下穿工厂区；DK2194＋550～＋860 段下穿广佛高速沙贝立交互通枢纽；DK2195＋350～＋496 段下穿沙凤三路及居民区；出口段下穿城市主干道，地下煤气、给排水管道、高压电缆纵横交错。

(3) 工程技术措施极其复杂

由于隧道穿越浅埋偏压、断层破碎带、溶洞、淤泥质地层等不良地质，不同围岩交互出现，施工经过试验研究，摸索探讨工艺参数，采取多种技术措施。开挖工法有分部台阶法、CRD法、三台阶临时仰拱、竖井转正洞、斜井转正洞等工法；辅助措施有长大管棚超前支护、咬合旋喷桩止水墙、地表"H"型注浆加固、淤泥质土体改良、明挖深基坑支撑体系转换、动态井点降水、煤气管道保护、广佛匝道桥连续梁预加固和新建钢便桥交通疏解等。这些施工措施涉及专业面广，技术含量高，且施工时不同工法间转换较频繁，施工组织和协调要求相当高。

(4) 安全风险极大

隧道下穿厂房、居民区、广佛高速沙贝匝道桥、城市主干道及地下煤气管线等；穿越地层为淤泥质黏土、断层破碎带和岩溶发育地层等不良地质，地下水丰富，在掘进过程中多次发生洞内涌水冒泥，洞内失水易引起水土平衡的失衡而诱发地表塌陷等质灾害。严重威胁到洞内施工人员的安全和地表城市交通、居民安全，安全风险极大。

(5) 工期矛盾十分突出

由于隧道周边环境和地质条件复杂，很多设计方案迟迟不能稳定，部分房屋及重要管线的拆迁过渡拖延了大量时间，使得工期矛盾更显突出，成为武广全线控制性工程之一。

8.2　金沙洲隧道主要风险分布

金沙洲隧道是武广客运专线控制工程，施工难度大，风险高，已经被铁道部列为高风险隧道，隧道施工中主要难点及其风险包括：

(1) 洞口地形地质复杂

隧道进口洞口地质复杂且存在偏压，洞身出露，做好洞口防护和保证进洞安全是施工重点。

(2) 不良水文地质条件下的施工风险

① 岩溶及岩溶水

隧道自 DK2194＋470 到 DK2195＋540，全长 1 070 m，洞身主要穿越在石灰岩弱风化层，溶沟，溶槽，溶洞遍布，地下水发育，其中 DK2194＋900 处洞身穿过全充填溶洞，洞高 5.5 m，可能有一定涌水量；隧道 DK2195＋540～DK2196＋400 隧道洞身主要穿越在第四系土层，局部为含水量丰富的软弱土层。下伏基岩为石灰岩，溶沟，溶洞发育，其中 DK2196＋200～DK2196＋350 处溶洞较多，为全充填溶洞。

② 断层破碎带

DK2192＋852～DK2192＋888 有一条挤压破碎带；在 DK2192＋950 右侧 80 m 处岩层有三组节理；DK2193＋970～DK2194＋285 段为泥盆系上统帽子峰组粉质砂岩，长石石英砂岩、页岩等构成节理裂隙发育，以弱风化为主。

针对地质和水文地质特点，分析施工面临的主要风险有：洞内掘进过程中的主要风险是：可能出现涌水冒泥和坍塌，危及施工人员的人身安全。洞外风险是：严重的地面坍陷和下沉破坏地面建筑物；或隧道施工过多失水破坏了岩溶地区原来的水土平衡状态，诱发次生地质灾害，引起局部坍塌。危及居民人身安全。

(3) 地形地貌和地面建筑

沿隧道走向，地面上已建有大量建筑物(多为民房、厂房)，隧道横穿广佛高速、西环高速公路、广里公路、河流。隧道掘进过程中发生的坍陷，涌水冒泥，和大量的失水。都会酿发次生灾害和事故，危及城市交通和居民的安全。小事故引发大事故或特大事故的风险始终存在。

(4) 隧道穿越地段地下水丰富，地下水连接通道复杂，水力关系四通八达(施工中部分冒水出现咸味，表明该地段地下水与珠江和南海水存在连接通道)，该地段隧道采用全包防水设计，施工难度大，质量要求高，对施工和隧道运营安全极为重要。

(5) 施工组织跨度大

施工高峰期将有 8 个工作面同时作业，人力、物力、财力需极大投入，如何作好协调，做到均衡生产将是保工期、保质量、控制成本的有效途径。

(6) 工期压力大

按照武广公司下达的工期要求，施工非常紧迫。而且由于地质和环境条件复杂，施工前期与地方政府有关部门协调研究和优化施工辅助坑道，竖井和明暗交界口的确定；地表构筑物和高速公路及重要管线的迁移改造耗费了大量精力和时间，工期已延缓达一年之久。使的工期更为窘迫，成为全线的控制性难点。由此，施工单位唯有进一步优化隧道的掘进及超前预加固措施，地表、洞内并重，优化掘进工法，想方设法地为大型设备创造通道，发挥效率，形成快速施工机制，才是唯一出路。对整个工程有重大影响的环境安全风险源进行管理与控制就显得尤其重要。

8.3 隧道下穿立交桥施工安全风险管理

8.3.1 简　　介

金沙洲隧道在里程 DK2194＋560～DK2194＋835 穿越沙贝立交枢纽，其中在 DK2194＋675.7 处从沙贝立交桥下穿过，该桥上跨广州市西环高速公路，位于武广铁路客运专线里程 DK2194＋665～＋684 之间，如图 8.3-1 所示。

图 8.3-1　金沙洲隧道和沙贝立交桥相交平面示意图

8.3.2 桥梁现状

8.3.2.1 桥梁结构形式和尺寸

沙贝立交匝道桥，即沙贝立交桥，其老桥位于沙贝高速公路和环城高速公路相交处，1989 年 6 月修建完工，迄今已有 19 年历史，设计荷载为超一汽 20、挂一120。1999 年进行了拓宽改建，在原桥梁一侧增设桩基础结构梁桥，即 B 匝道桥。既有老桥和 B 匝道桥如图 8.3-2 所示。

图 8.3-2 沙贝立交匝道桥现场照片

该桥全宽 24.0 m，桥长约 272.89 m，由三座桥并列而成，其中靠小里程一侧的第一、二座桥桥面全宽各约 9.5 m；第三座桥桥面全宽约 5.0 m，桥面设双向 5 车道，其中由广州进入佛山方向设为 2 车道；由佛山通往广州方向设为 3 车道，之间有防撞隔离墙隔开，车流量后者远远大于前者，第三座桥也是因后者车流量大的需要而增设。

该桥结构立面布置，跨西环高速公路的主跨部分：第一、二座桥均为 2 跨连续刚构(3 个墩均为墩梁固结，如图 8.3-3 所示，第三座桥为简支梁桥，其余各跨三座桥均为等跨简支梁桥。梁部：除 2 跨连续刚构外全桥均为 T 梁，2 跨连续刚构是由 T 梁与设在梁端部的横隔梁经整体连接而成。桥墩部分：第一、二座桥主跨中墩和边墩均为直接固结于横隔梁上的板式双柱

图 8.3-3 桥梁墩梁固结处现场照片

墩、其余为悬挑帽梁板式双柱墩，第三座桥主跨中墩为斜交斜做有顶帽板式墩，其余为斜交正做有顶帽板式墩。全桥孔跨布置：第一、二座桥均为15孔，第三座桥为16孔。

1989年6月完成的老桥采用扩大基础结构，其中1#～5#和10#～15#号墩基础尺寸相同，底部宽度为4.5 m，长度为9 m；6#和8#基础尺寸相同，底部宽度为6.1 m，长度为9 m；9#基础宽度为5 m，长度为9 m；以上基础均匀顺桥向正交，而7#基础与环城高速走向一致，与顺桥向相交为65°，宽度为7.5 m，长度为10 m。B匝道桥跨度与既有桥相同，采用桩基础，图8.3-4为位于隧道上方的沙贝立交匝道桥6#墩现场照片。

图8.3-4 位于隧道上方的沙贝立交匝道桥6#墩现场照片

8.3.2.2 桥梁材料类型

连续梁为现浇C40全预应力混凝土结构，简支梁为现浇C25全预应力混凝土结构，各桥墩均为预制C25钢筋混凝土结构，而扩大基础均为现浇C20钢筋混凝土结构，安全等级为二级，为A类构件。桩基础为C25钢筋混凝土结构。

8.3.3 沙贝立交匝道桥与金沙洲隧道位置关系

8.3.3.1 平面位置关系

桥梁纵向方位近东西走向，而隧道呈近南北走向，金沙洲隧道中线与沙贝立交桥中线在隧道里程DK2194+675.7处斜交，角度为83°5′45″。B匝道桥是既有沙贝立交增加车道而新建的简支梁桥，采用桩基础，桥面与沙贝立交相连接而形成整体，B匝道桥与金沙洲隧道平面关系和沙贝立交相同，如图8.3-5所示。

8.3.3.2 立面关系

金沙洲隧道下穿沙贝立交桥既有扩大基础桥梁，沿桥梁方向截取竖向剖面。这样截取的隧道断面轮廓形状与隧道横断面应该有所差别，鉴于隧道与桥梁呈近正交，这里仍旧采用横断面来分析隧道与桥梁的立面关系。隧道里程DK2194+675.7处断面如图8.3-6所示，隧道位于桥梁6#墩位基底以下18.83 m，隧道开挖高度为12.98 m，而桥梁高度最大值为9.56 m(位于6#和8#桥墩之间的连续梁范围内)，最小值位于两边桥台处，为8.54 m。

在水平方向，隧道下穿6#桥墩，隧道中线与6#桥墩距离为4.30 m。隧道开挖跨度为15.10 m，开挖线左侧距离最近的5#桥墩为13.69 m，开挖线右侧距离最近的7#桥墩为

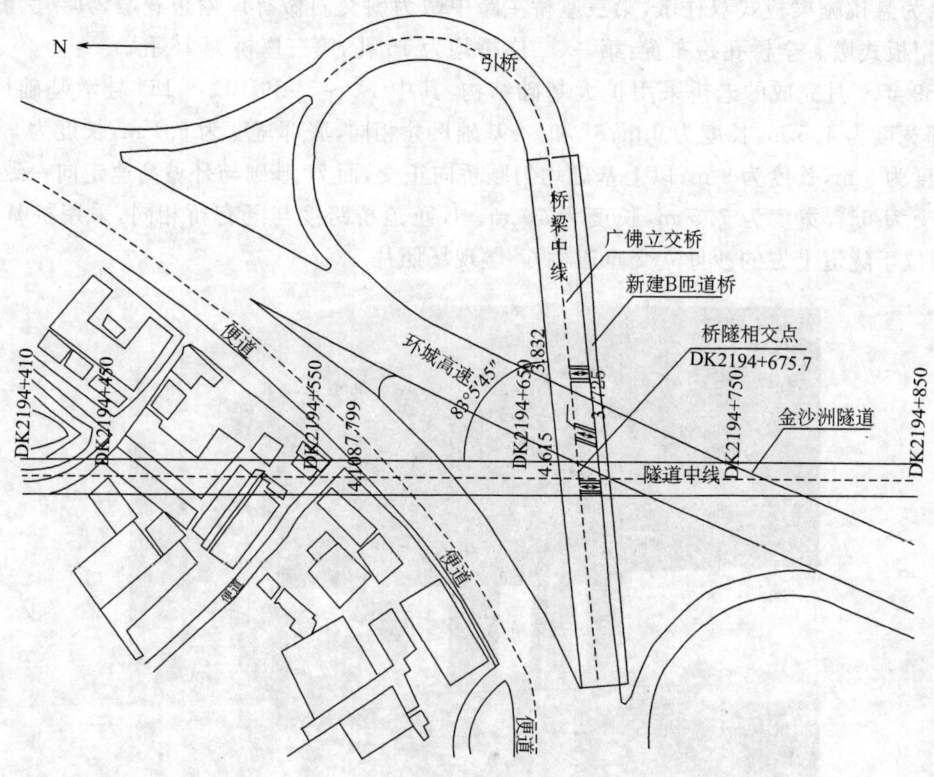

图 8.3-5　金沙洲隧道与沙贝立交桥平面关系图

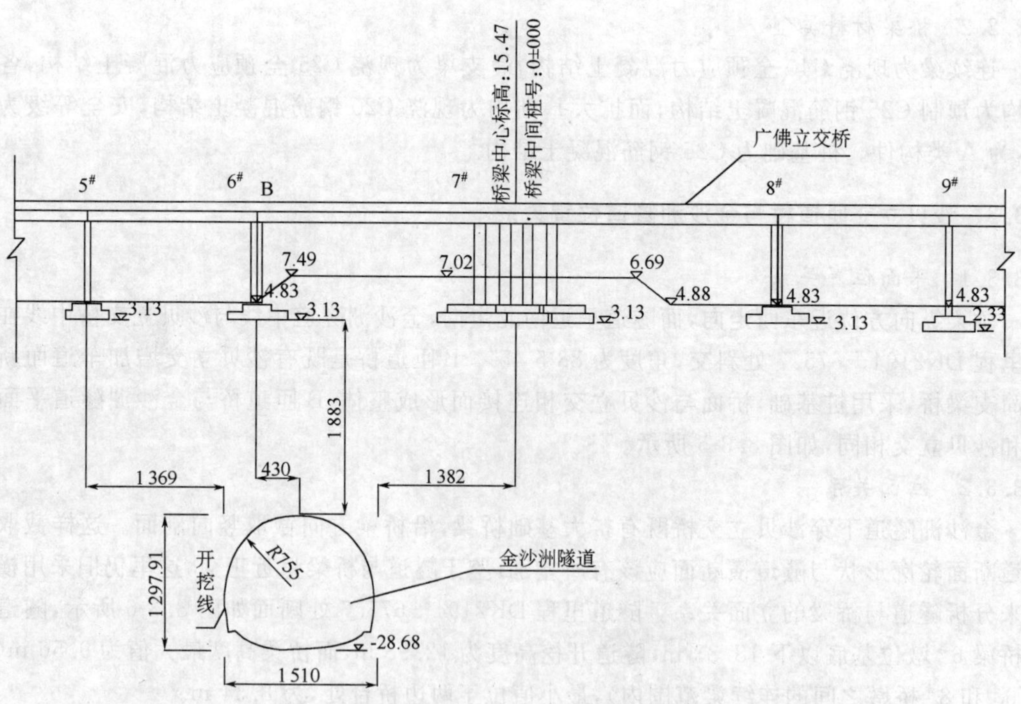

图 8.3-6　金沙洲隧道与既有桥立面关系图(标注以 cm 为单位,其他为 m)

13.82 m。而开挖线左边，0# 桥墩与开挖线距离最远，为 98.39 m；开挖线右边，15# 桥墩与开挖线距离最远，为 158.07 m。

金沙洲隧道下穿 B 匝道桥，沿桥梁方向截取竖向剖面。这样截取的隧道断面轮廓形状与隧道横断面应该有所差别，鉴于隧道与桥梁呈近正交，这里仍旧采用横断面来分析隧道与桥梁的立面关系。隧道里程 DK2194＋675.7 处断面如图 8.3-7 所示，金沙洲隧道离 4#、5#、6#、7# 桥桩最近，其与隧道的空间关系和主要参数见表 8.3-1。

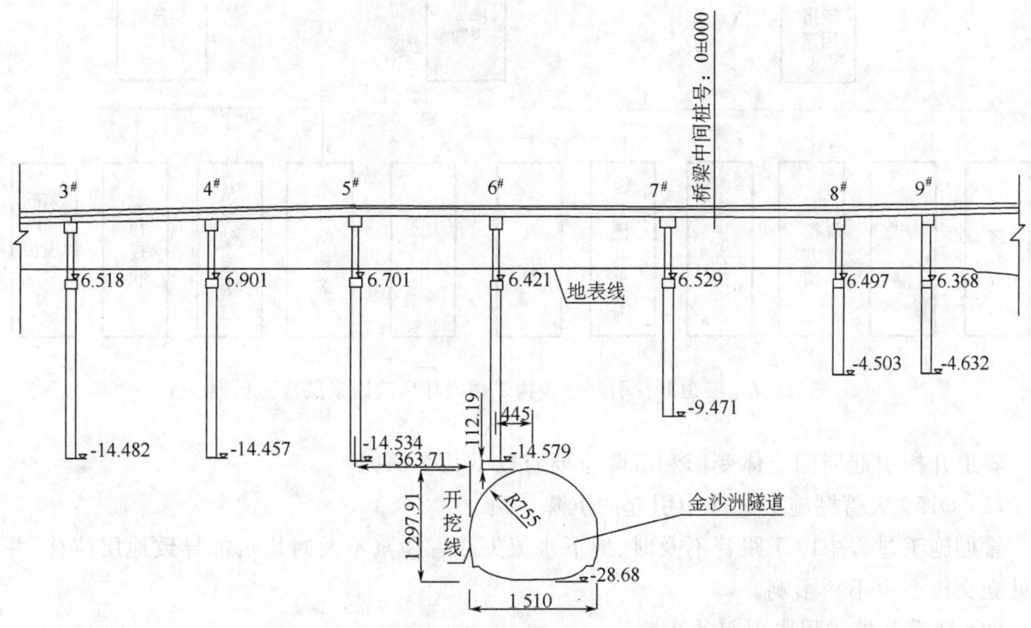

图 8.3-7　金沙洲隧道与 B 匝道桥立面关系图（标注以 cm 为单位，其他为 m）

表 8.3-1　B 匝道桥邻近金沙洲隧道桥桩基情况表

桩　　号	4#	5#	6#	7#
桩体材料	C25	C25	C25	C25
桩体直径(cm)	120	120	120	120
桩长(m)	20	20	20	15
桩与隧道顶部最小竖直距离(m)	1.27	1.17	1.12	6.27
桩与隧道中线最小水平距离(m)	37.66	21.13	4.45	15.98

8.3.4　金沙洲隧道施工对沙贝立交的风险分析

8.3.4.1　金沙洲隧道下穿沙贝立交桥施工风险辨识

隧道开挖施工中伴随着地层应力状态的改变和调整，相应的会引起地层和地表位移与变形。隧道开挖还会引起地下水位的下降，这样会导致孔隙水压力减小，有效应力变大，引起土的固结沉降。特别是浅埋大断面隧道，这两种作用对地表构筑物影响很大，往往会造成构筑物变形，开裂甚至破坏，造成重大的经济损失、人员伤亡和重大的社会影响。

隧道开挖引起地表建筑物损坏的主要风险因素一般分为三类：隧道方面的因素、地层方面的因素和建筑物本身的因素。详细风险因素分解如图 8.3-8 所示。

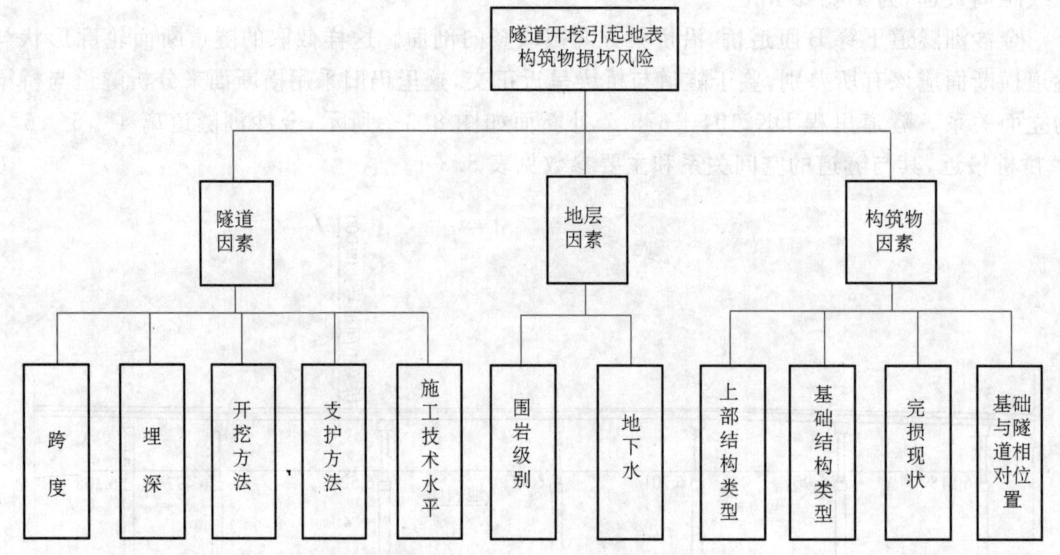

图 8.3-8　隧道开挖引起地表构筑物损坏风险因素层次分析图

隧道开挖引起周围土体变形和沉降主要有以下几个原因：

(1) Φ159 大管棚施工过程中引起的沉降

管棚施工过程中由于跟管不及时、地下水流失或者注浆不及时均可能导致地层位移，并对沙贝立交桥产生不利影响。

(2) 隧道开挖过程中引起的沉降

不论采用台阶法、双侧壁导坑法或者其他施工方法，金沙洲隧道施工过程中由于开挖导致周围土体应力重分布，断面收敛，可能引起地表沉降和桥梁的变形。

(3) 开挖过程中水土流失引起的沉降

开挖过程中如果 H 型地表注浆堵水、旋喷桩加固堵水效果不明显，在管棚施工和隧道开挖施工过程中，由于地下水土流失将导致地表沉降。

(4) 隧道施工工序转换，或者拆除临时支撑后施作二次衬砌前引起的地表沉降

目前金沙洲隧道下穿沙贝立交桥地段初步采用三台阶临时仰拱封闭法、或者三台阶法施工，如果采用双侧壁导坑法，或者 CRD 法施工，或者其他辅助措施，进行施工工序转换，或者逐步拆除临时支撑时，拆除的速率与步骤将导致地表沉降。

(5) 开挖过程中掌子面失稳导致的沉降

如果施工过程中出现掌子面失稳坍塌，将导致地表塌陷，并对于沙贝立交桥产生灾害性破坏。

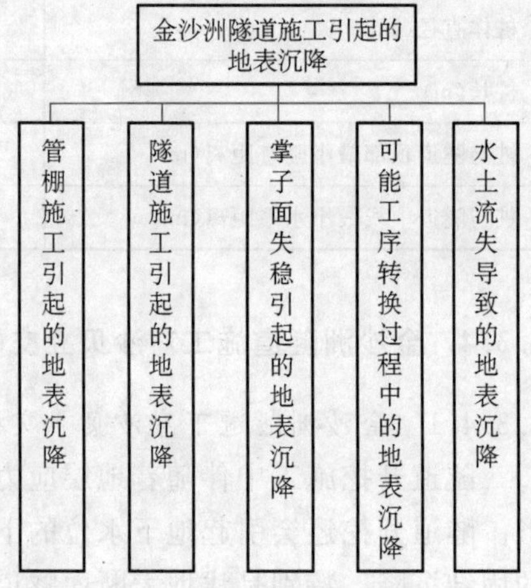

图 8.3-9　沙贝立交总体沉降分析图

根据上面的分析，可以得出如图 8.3-9 所示的隧道开挖引起的各种可能的地层沉降与变形，并可以根据现场的实际情况，分析各种可能性下面的风险因素清单，通过计算分析，得出各个风险因素

的相应权重，对权重较大的控制因素，可以采用相应的措施来减少施工过程中地面总的变形和沉降。

通过前述分析得出金沙洲隧道施工引起的地表沉降风险清单见表 8.3-2。

表 8.3-2　金沙洲隧道施工引起的地表沉降风险清单

风险事件	风险因素	权重	风险子因素	权　重
金沙洲隧道施工引起的地表沉降	管棚施工引起的地表沉降	0.062 4	管棚成孔过称中水土流失引起沉降	0.478 1
			管棚跟管不及时引起沉降	0.144
			管棚长度未达设计要求	0.101 8
			管棚注浆不充分	0.276
	隧道施工引起的地表沉降	0.498 2	开挖方法	0.241 2
			初期支护强度和刚度不够	0.139 2
			钢拱架安装不到位	0.106 2
			未及时封闭成环	0.065 2
			超挖	0.038 3
			地下水处理不当	0.083 8
			预留变形量过大	0.050 5
			施工机械振动	0.027 3
			由于施工方法原因引起的沉降	0.248 2
	掌子面失稳引起的地表沉降	0.038 8	隧道施工时掌子面失稳	—
	隧道可能工序转换引起的地表沉降	0.171 4	沉降过大需转其他工法	0.199 1
			因局部不良地质转换工序	0.733 4
			因其他需要临时转换工序	0.067 5
	水土流失导致地表沉降	0.229 1	止水墙止水效果差	0.673 8
			地表注浆不充分	0.225 5
			旋喷桩施工引起的沉降	0.100 7

通过上表可以得出金沙洲隧道开挖引起地面沉降主要因素有隧道施工引起的沉降、隧道可能工序转换引起的地表沉降、水土流失导致的地表沉降，这三项引起的沉降将近达到总沉降的 90%。引起沉降的风险子因素来看，主要需要控制的有爆破开挖方式、初期支护的强度、钢拱架安装、施工方法的选取、止水墙止水效果和施工过程中工法转换引起的沉降。

8.3.4.2　沙贝立交老桥风险分析

(1) 地层因素分析

地层岩性表层为 Q_4^{al} 粉质黏土、淤泥质土、细沙等，厚度 7.6～43.45 m，下伏基岩以为 (C_1^{ds}) 以灰岩为主，局部为灰岩夹炭质灰岩，弱风化为主。岩溶较发育，主要发育形态为溶沟、溶槽、溶洞等。DK2194＋720～＋780 段为断层破碎带，风化残积土，为Ⅵ级围岩，围岩条件很差，开挖后易坍塌，处理不当可能出现大坍塌，可能出现土、砂与水一齐涌出，坍塌至地表，出现地表较大沉陷甚至坍塌。DK2194＋800～＋840 段附近隧道涌水量 4 939.529 m^3/d。必须通过地层加固措施后进行隧道施工，才能将施工引起的地表沉降控制在容许范围内。

(2) 隧道因素分析

1) 金沙洲隧道跨度与埋深

金沙洲隧道内轮廓采用单洞双线断面,隧道有效内净空面积为 100 m^2,暗洞开挖面积超过 150 m^2,隧道跨度达 15.1 m,下穿沙贝立交段,隧道埋深在 23 m 左右,属于浅埋隧道。

2) Φ159 的长管棚超前支护

金沙洲隧道在 DK2194+610～+880 段内穿越佛环高速公路和沙贝立交,采用 80 m 长间距为 40 cm 的 Φ159 的长管棚超前支护。这种超大型管棚施工工艺复杂,特别是在地质条件复杂的地方,施工难度大,一般应采用专业的管棚钻机施工。

根据管棚的工作原理和施工工序,可知管棚施工的主要风险源有:

① 钻孔施工过程中,地质不均匀使钻杆截面受力不均,导向管固定不好或偏短,都会导致钻杆下挠导致孔位偏移和下坠。如果地质条件不好,围岩破碎,则有可能发生卡钻、塌孔、清孔困难的现象,影响工期。另外,在成孔过程中,由于应力释放和水土流失,还可能引起地层损失,地表沉降。

② 管棚的安装过程中,管棚的安装质量受施工长度、管棚直径和开孔倾角,同时也受到施工围岩地层、空间和设备等方面的影响。如果安装质量达不到要求,那么管棚的作用就会减弱或丧失,起不到超前支护的作用,那么在隧道施工中就有可能引发各种安全风险事件的发生,造成损失。

③ 管棚的设计参数、工期、施工精度、施工长度等在施工中能否实现,与施工设备有着密不可分的关系。应尽量选择轻便、搬动灵活、操作简便、维修维护简易的设备,以适应管棚施工在脚手架上作业、移动频繁的特点。

④ 注浆质量和钢管强度对管棚施工后的效果影响也较大,需要加以质量控制。

3) 三台阶开挖方法

DK2194+620～DK2194+675 段采用三台阶临时仰拱封闭法,DK2194+675～DK2194+880 段采用三台阶法。

根据该区段地质与施工条件,采用三台阶法控制地表沉降难度较大。

4) 地表加固注浆方法

地表止水加固方案为:DK2194+720～+780 段沿泌冲断裂带走向采用旋喷桩加固,加固区域边线距隧道中心线两侧各 12.5 m,旋喷桩直径 0.6 m,桩间距 0.8 m×0.8 m。DK2194+620～+860(除 DK2194+720～+780 段沿泌冲断裂带加固区域)段在距隧道中心线两侧各 12.5 m 处施作双排旋喷桩截水墙,在双排旋喷桩截水墙之间,采用钻孔注浆加固,间距 2 m×2 m,梅花型布置,如图 8.3-10 所示。

(3) 老桥因素分析

1) 上部结构

沙贝立交的老桥跨西环高速公路的主跨部分为 2 跨连续钢构(3 个墩均为墩梁固结),其余各跨均为简支梁。除 2 跨连续钢构外全桥均为 T 梁,2 跨连续钢构是由 T 梁与设在梁端部的横隔梁经整体连接而成。主跨中墩和边墩均为直接固结于横隔梁上的板式双柱墩、其余为悬挑帽梁板式双柱墩,连续钢构梁如图 8.3-11 所示。

2) 基础类型

老桥采用扩大基础结构,其中 1# ～5# 和 10# ～15# 号墩基础尺寸相同,底部宽度为 4.5 m,长度为 9 m;6# 和 8# 基础尺寸相同,底部宽度为 6.1 m,长度为 9 m;9# 基础宽度为

5 m，长度为 9 m；以上基础均匀顺桥向正交，而 7# 基础与环城高速走向一致，与顺桥向相交为 65°，宽度为 7.5 m，长度为 10 m。

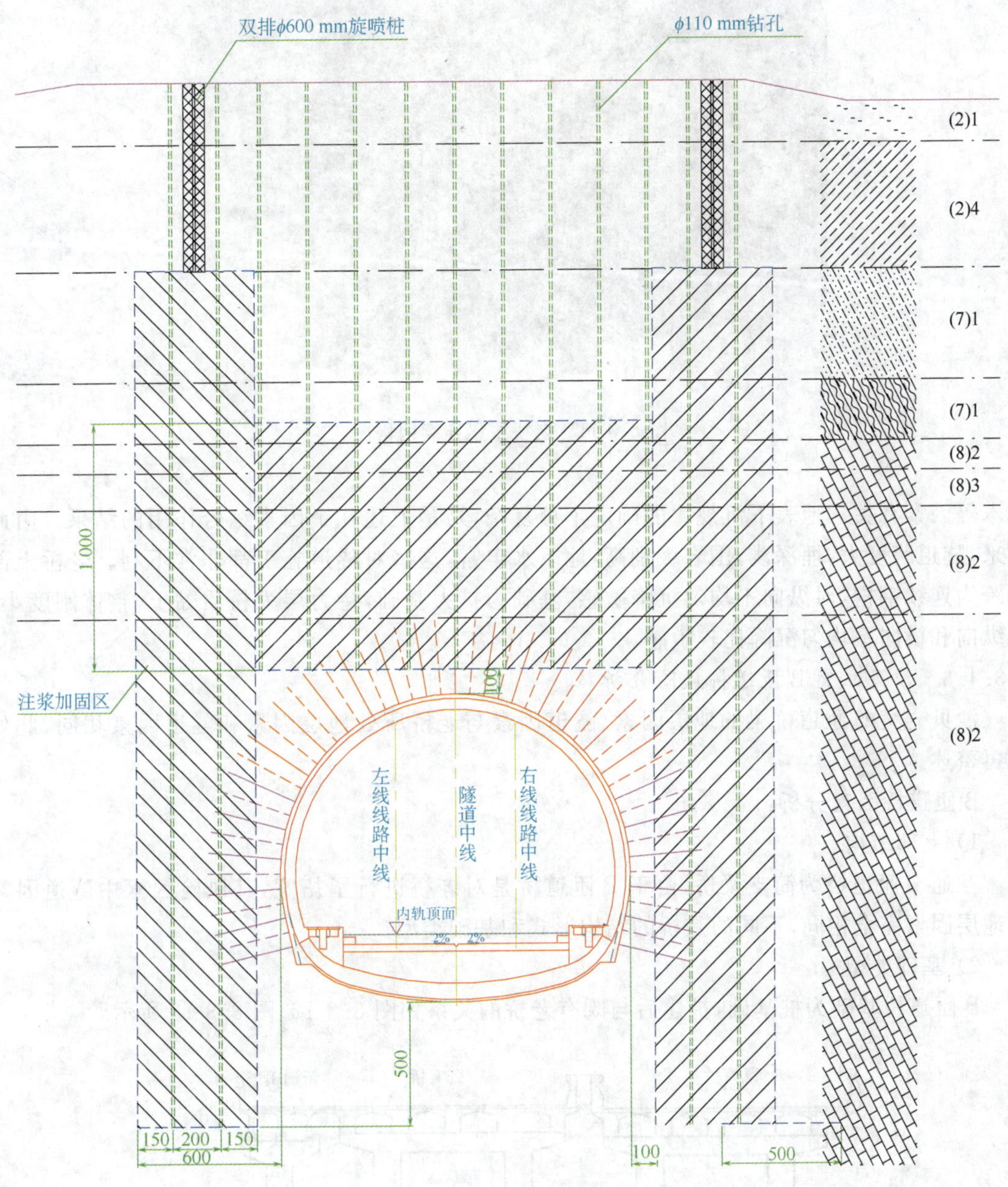

图 8.3-10　地表加固注浆立断面图

3）完损现状

沙贝立交的老桥 1989 年 6 月修建完工，迄今已有 19 年历史，设计荷载为超-汽 20、挂-120。

4）基础与隧道空间相对位置

6# 基础位于隧道上方，5#，7# 位于地表沉降槽边缘。5#、6#、7# 之间的不均匀沉降差将达到地表的最大沉降值。

浅埋隧道的地表沉降及其分布特定与其埋深、跨度、地质情况、支护种类、施工方法和施工

图 8.3-11　老桥主梁连续钢构图

技术等因素有关。地表下沉规律的确定十分复杂，乃是上述几个因素综合作用的结果。由此看来，隧道跨度大，埋深浅，围岩级别高，地下水丰富，这些对隧道施工都非常不利。老桥上部主跨为连续钢构，对纵向不均匀沉降敏感，基础为扩大基础，持力层为粉质黏土，整体刚度小，对纵向和横向不均匀沉降比较敏感。

8.3.4.3　沙贝立交 B 匝道桥风险分析

沙贝立交 B 匝道桥梁的地层因素、隧道因素与老桥所处地层因素和隧道因素相同，此处不再赘述。

B 匝道桥因素分析：

1）上部结构

互通 B 匝道桥为简支梁桥，由于 B 匝道桥是对老桥进行了拓宽，其风险因素中隧道因素和地层因素完全相同，不同的是桥的结构形式和基础类型。

2）基础类型

B 匝道桥基础为桩基础，扩建后与既有老桥的关系如图 8.3-12、图 8.3-13 所示。

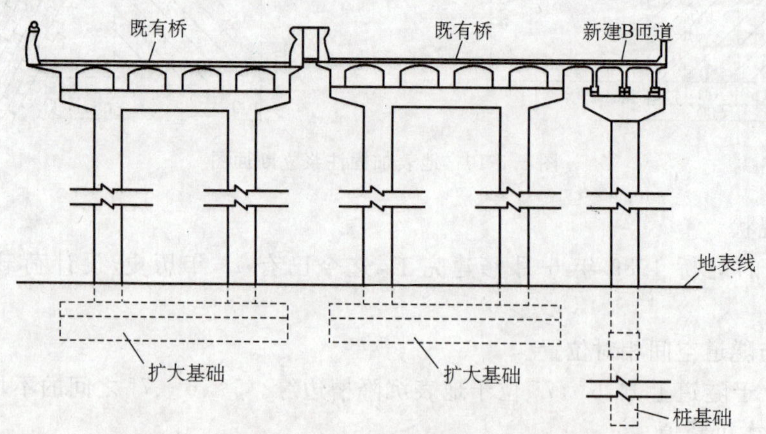

图 8.3-12　既有桥与新建 B 匝道桥立面关系图

图 8.3-13　既有桥与新建 B 匝道桥立面关系现场照片

3）完损现状

1999 年进行了拓宽改建，在原桥梁一侧增设桩基础结构梁桥，即 B 匝道桥。根据资料分析和现场调查来看，B 匝道桥在外观上无明显缺陷，上部结构主梁存在局部渗漏。

4）基础与隧道空间相对位置

6# 基础位于隧道上方，5#，7# 位于地表沉降槽边缘。5#、6#、7# 之间的不均匀沉降差将达到地表的最大沉降值。由于 6# 桩基础底部在隧道拱顶上方 0.8 m 左右，隧道施工过程中如不采取有效措施，6# 桩将可能发生刺入破坏，引起 B 匝道桥的整体破坏，从而带动老桥严重的沉降或倾斜，有可能造成整体垮塌，后果非常严重。

8.3.4.4　隧道施工地表沉降与桥梁破坏形式

桥梁对于隧道施工地表沉降的破坏影响非常敏感，其影响程度取决于隧道与桥梁之间的位置关系、地层条件和隧道施工方法等。金沙洲隧道开挖引起地表移动和变形的各个分量，即地表下沉、水平位移、倾斜变形、曲率变形和地表水平变形，以及地表可能发生不连续变形等，均有可能对沙贝立交桥产生不利影响。

（1）隧道施工地表变形

1）地表下沉

如果隧道开挖范围较大，特别是开挖引起的大范围的地下水的变化，桥梁将随地表整体均匀下沉，桥梁各个部位下沉值相等，各个构件不产生附加应力，桥梁结构不会受到地表下沉的影响，但是会在地下开挖过程中受到动态变形的破坏影响，桥梁下沉也降低了桥梁的标高，在竖直断面内线路出现凹状变形，对桥梁产生不利影响。

2）倾斜变形

地表倾斜变形引起桥梁发生相应倾斜，重心和荷载的偏移使墩台的强度和稳定性受到损害。重心偏移使桥梁在自重作用下产生垂直荷载的水平分力和倾覆力矩，导致桥梁构件和墩台基础的应力状态发生变化。当墩台发生的纵、横向倾斜不一致时，桥跨结构将在对角位置的支座上出现悬空现象，受到横向扭力的作用，钢筋混凝土桥跨结构的连接横梁上也可能产生裂缝。

3）曲率变形

在曲率变形的影响下，墩台地基将发生弯曲变形，使地基反力重新分布，基础底面由水平面变为斜面，产生附加弯矩和剪力。在地表正曲率变形区(下凹)，墩台向桥梁跨外方向发生移动和倾斜；在地表负曲率变形区(上凹)，墩台向跨间方向发生位移，而桥跨阻止墩台移动，导致桥梁结构的损害。

4）地表水平位移

地表水平位移造成桥梁整体发生平移，横向水平位移造成线路延伸方向发生变化，纵向水平位移可能引起桥梁受到挤压或者拉伸破坏。

5）地表水平变形

地表水平变形是导致桥梁损害的主要原因，它使地基土相对墩台发生移动，导致墩台受到地基土的附加作用力。当桥梁受到地表拉伸应力作用时，桥梁构件之间可能拉开或者断裂，而受到压缩应力作用时，由于构件之间的相互挤压，产生剪切或挤压裂缝。

6）地表发生不连续变形

地表出现不连续变形时，该区域桥梁结构将受到灾害性破坏，因此这种变形必须避免。

(2) 桥梁破坏形式

上述隧道施工引起的地层变位可能导致的桥梁破坏形式可归结为：

1）桥体开裂

隧道开挖引起地表沉降，从而引起桥墩和基础下沉，这种整体下沉或者不均匀下沉都会使桥结构内应力发生重分布，桥面、梁体和桥墩都很有可能开裂，影响桥梁的正常使用。老桥的2跨连续刚构对位移特别敏感，微小的位移就会引起纵向主梁开裂。由于隧道埋深较浅，特别是B匝道桥桥基础基底距隧道拱顶很近，很小的地表位移都会影响到桥体开裂。

2）桥面起伏过大

隧道开挖引起地表沉降槽内的桥基沉降大，槽外的桥基沉降小，桥基不均匀沉降和倾斜都会导致桥纵向起伏增大，从而影响桥梁的正常使用，再加上新老桥的基础类型和上部结构的差异，最终沉降差异大，导致桥的横向起伏也增大。

3）桥梁错台

隧道开挖引起的地层水平位移或者隧道纵向的不均匀沉降，可能引起相邻的桥墩产生水平位移或者前后桥墩不均匀沉降，从而导致桥梁错台，影响桥梁的正常使用，甚至丧失稳定性而破坏。

4）局部坍塌

隧道开挖引起桥梁扩大基础基底两侧产生不均匀沉降，从而导致桥墩重心偏斜，引起附加应力重分布，使得结构内应力发生变化，甚至桥梁局部失稳破坏。由于扩大基础基底距隧道拱顶比较近，而且地层岩性比较差，如果隧道支护变形控制不当，有可能导致桥梁基底倾覆。

5）整体失稳

如果隧道开挖引起的地表沉降、水平位移、地表倾斜超出控制范围，甚至隧道坍塌引起地表塌陷，导致桥梁基础和桥墩过度倾斜和沉降而丧失稳定性，桥梁将会整体坍塌，造成灾难性后果，但这种可能性是比较小的。

8.3.5 金沙洲隧道施工对沙贝立交的风险评估

金沙洲隧道下穿沙贝立交施工方法和支护方法进行了变更，结合上述对三台阶开挖方法、超大管棚支护和地表灌浆加固和止水辅助施工措施风险分析，采用了层次分析法和$R=P\times C$定级法对金沙洲隧道下穿沙贝立交的老桥和B匝道桥损坏风险进行了评估，得出金沙洲隧道下穿沙贝立交引起桥梁损坏的风险等级见表8.3-3。

表 8.3-3 金沙洲隧道下穿沙贝立交引起桥梁损坏风险等级表

序号	项 目	风险事件	发生概率	损失后果	风险等级	项目风险等级
1	沙贝立交老桥因过量沉降引起损坏	桥体开裂	4	2	高 度	高 度
		桥面起伏过大	3	2	中 度	
		桥梁错台	2	4	高 度	
		局部坍塌	2	4	高 度	
		整体垮塌	1	5	高 度	
2	沙贝立交B匝道桥因过量沉降引起损坏	桥体开裂	2	1	忽 略	中 度
		桥面起伏过大	2	2	低 度	
		桥梁错台	2	3	低 度	
		局部坍塌	2	4	中 度	
		整体垮塌	1	5	高 度	

从表 8.3-3 可得如下结论：

(1) 隧道开挖导致沙贝立交桥老桥和B匝道桥破损的风险等级分别为高度和中度风险，此类风险很大，必须采取风险处理措施降低风险并加强监测，施工时进行集中管理，且满足降低风险的成本不高于风险发生后的损失。

(2) 在隧道开挖导致沙贝立交桥老桥破损的风险后果中，老桥连续刚构梁段桥体开裂的发生概率较高为可能发生等级。

(3) 在隧道开挖导致沙贝立交B匝道桥破损风险后果中，局部坍塌发生概率较高为偶尔发生等级，在施工中应引起重视，制度详细的管理计划。

(4) 通过风险因素分析，隧道开挖引起的各种地层位移和变形中，地表不均匀沉降对沙贝立交桥的破损影响最大，在施工过程中，必须对这项指标值加以控制。

8.3.6 沙贝立交破坏指标分析及安全控制标准

浅埋隧道施工不可避免地引起地表沉降，当变形超过一定限值将对临近建筑物或构筑物造成损伤，进而有可能危及结构安全或影响结构正常使用，隧道施工对临近既有桥梁的影响主要是由于地面不均匀沉降引起结构次应力和附加变形，额外受力与变形，因此，采用不均匀沉降作为沙贝立交桥的主要破坏指标。沙贝立交桥基础形式包括扩大基础和桩基础，上部结构包括简支梁及刚构连续梁，基础和上部结构复杂。所以，必须制定一个合理的安全控制标准，然后以此为目标，综合隧道埋深、跨度、地质状况、支护种类、施工方法和施工技术等因素制定和优化施工方案，采取有效技术措施控制地表沉陷在允许范围内或使其达到最低影响程度。

(1) 既有 2 跨刚构桥破坏指标分析

对于新建连续刚构桥，既有T型刚构桥不设支座、结构整体性好、抗扭潜力大、施工方便的优点，又保持了连续梁无伸缩缝、行车平顺的特点，具有很大的顺桥向抗弯刚度和横桥向抗扭刚度，能利用高墩的柔度来适应结构由预应力混凝土收缩、徐变和温度变化所引起的位移，满足特大跨径桥梁的跨越及受力要求，即跨越能力强、结构受力整体性好，同时在一定条件下具有工程造价低、用料省、施工简便、养护费用低等优点，已成为许多跨线桥和跨内河桥的首选。刚构桥的主要特点有：

1) 恒载、活载负弯矩卸载作用基本与连续梁接近；

2）构造上一般有 2 个以上主墩采用墩梁固结，有利于悬臂施工；

3）桥墩参加受弯作用，使主梁弯矩相对进一步减小，跨越能力大，在小跨径时梁高较低（图 8.3-14）；

4）结构受力属超静定体系，超静定次数高，上部结构仍保持连续梁特点，抗震性能好，但对常年温差、基础变形、日照温均较敏感，易引起次应力，对结构安全影响较大。

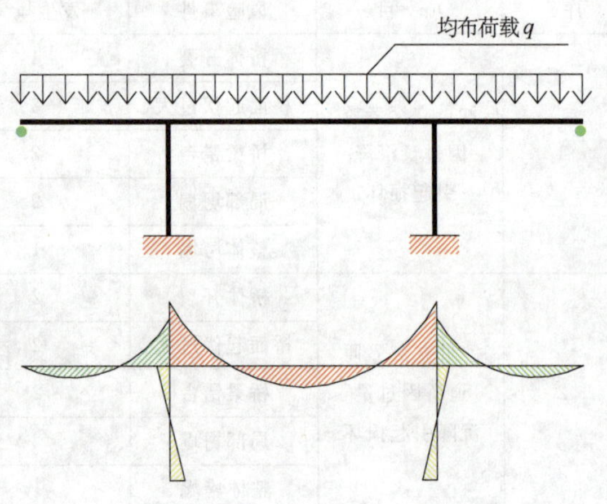

图 8.3-14　刚构桥受力示意图

由于在受力方面桥墩参与受弯作用，相邻桥墩发生较小的不均匀沉降将在墩梁节点处引起较大的次内力，从而对桥梁结构造成损伤，对于大跨度刚构桥而言不均匀沉降可划归为次要因素，但对于小跨度刚构桥而言影响则比较明显，是必须考虑的主要控制因素。小跨度刚构对不均匀沉降变形的敏感性，极易在固结墩处形成较大的剪力和弯矩。

对于外超静定桥梁结构，相关规范标准对桥墩的不均匀沉降都进行了严格规定，其中《公路桥涵地基与基础设计规范（JTGD 63—2007）》规定：相邻墩台间不均匀沉降差值（不包括施工中的沉降），不应使桥面形成大于 0.2％的附加纵坡（折角）；外超静定结构桥梁墩台间不均匀沉降差值，还应满足结构的受力要求。对于刚构桥，设计中相邻桥墩之间的不均匀沉降经验取值，30 m 以下小跨度结构取值范围为 5～10 mm，通常取 5 mm，大跨度结构一般取 20 mm 或 $L/3\ 000$，具体设计中可针对具体地质条件进行适当调整。相邻桥墩的不均匀沉降对小跨度结构，特别是 2 跨连续刚构桥的内力构影响较大。可以看出，刚构桥相对连续梁和简支梁不均匀沉降限制严格的多。

通过对沙贝立交桥既有老桥结构资料的分析，6#、8#之间的桥梁结构并非按刚构桥设计，桥墩梁固结是在连续梁支座施作后结合抗震措施而做的后固结构造，2 跨连续刚架结构抵御风险的能力很有限，对不均匀沉降非常敏感，墩梁固结点处易产生较大的附加内力，而老桥既有固结点处墩下管柱和主梁结构相对新建刚构桥设计标准刚度低很多，极易产生裂缝，甚至影响桥梁结构的安全性。连续刚构桥与连续梁桥结构形式的区别如图 8.3-15 所示。

图 8.3-15　连续钢构桥与连续梁桥结构形式的区别

根据相关标准和规范规定、理论分析成果、国内外类似工程经验，以及所掌握的既有老桥的设计和竣工资料、地质资料和桥梁运营后的现状调查等的综合分析，既有 2 跨刚构老桥的不均匀沉降安全控制标准定为 5 mm。

(2) 钢构桥墩梁固结解除后连续梁破坏指标分析

由于桥墩梁固结是在连续梁支座施作后结合抗震措施而做的后固结构造,采用解除墩梁固结的方案将节点改为铰结,2 跨连续刚构桥就改造为 2 跨连续梁桥,从而可显著降低墩台沉降与转角对墩梁内力的影响,释放了墩梁固结对节点的约束内力。因原设计主梁是按连续梁设计的,解除节点固结后梁体结构内力增大很小,梁结构承载力状态仍然是安全的,在施工过程中墩台变位安全标准即可按照连续梁桥进行控制。

按照设计变更方案解除墩梁固结后,根据规范《公路桥涵地基与基础设计规范(JTGD 63—2007)》规定,计算相邻墩台之间的最大不均匀沉降差值为 50 mm 左右,而根据《地铁设计规范(GB 50157—2003)》,相邻墩台沉降量之差不得超过 20 mm。结合国内外工程实例分析,确定解除固结后的沙贝立交 6#、7#、8# 桥墩的不均匀沉降控制标准值为 20 mm。

(3) 简支梁破坏指标分析

根据《城市桥梁养护技术规范》(CJJ 99—2003 J 81—2003)规定,简支梁桥的墩台基础均匀总沉降值大于 $2.0\sqrt{L}$ cm 时,应及时对简支梁的墩台基础进行加固(L 为相邻墩台间最小的跨径长度,以 m 计,跨径小于 25 m 时仍以 25 m 计)。5#～6# 简支梁跨度为 16.94 m,取 $L=25$ m,计算得到桥墩均匀沉降和相邻桥墩沉降差的控制值分别为 100 mm 和 50 mm。结合理论分析、国内外工程实例总结,确定简支梁的不均匀沉降控制标准为 50 mm。

(4) 沙贝立交倾斜变形破坏指标分析

隧道施工引起地层不均匀变形将可能导致桥梁发生相应倾斜,进而对桥梁结构产生危害。下面结合不同类型结构物倾斜限制值已有成果(表 8.3-4),来确定沙贝立交桥的倾斜限制值。

表 8.3-4 地表倾斜容许值

潜在损害的分类	倾斜限制值
对于沉降敏感的机械产生危害	1/750
对于带对角的框架结构产生危害	1/600
建筑物不产生裂缝的安全限制值(加入了安全系数)	1/500
墙上开始出现裂缝、起重机走行出现困难	1/300
出现可见的高层刚性建筑物的倾斜	1/250
墙上出现明显地裂缝、建筑物出现结构损害危险	1/150

通常对于一般建筑物出现可见裂缝的安全限值可取为 1∶500,根据相关的经验,对于沙贝立交桥,最大倾斜安全限值取为 1∶650。

(5) 沙贝立交安全控制标准

根据上述分析,将影响沙贝立交结构安全的关键控制标准汇总见表 8.3-5。

表 8.3-5 金沙洲隧道施工沙贝立交安全控制标准(单位:mm)

桥梁轴号	结构类型	墩台总沉降	顺桥向差异沉降	横桥向差异沉降	地表沉降
6#～8#	2 跨连续刚构梁	—	5	5	30
6#～8#	解除墩梁固结后 2 跨连续刚构梁	50	20	5	30
5#～6#	预应力混凝土简支 T 梁	50	50	5	30

8.3.7 风险控制技术措施

按照评估结果，金沙洲隧道下穿沙贝立交桥所关联的风险事件均为高度风险，分别属于不可接受或不期望范畴，必须采取针对性措施将风险降低至可接受或可忽略范围，提出如下风险对策的建议，以期最大程度降低风险，保证金沙洲隧道下穿沙贝立交桥后，沙贝立交桥安全正常使用。

8.3.7.1 高速公路段土体改良

为防止因隧道下穿沙贝立交枢纽而引起种种事故发生，经研究论证，隧道穿越DK2194＋560～＋835段之前采取有效的地表加固措施，对隧道上部土体进行防水和加固，保证隧道施工的安全。

(1) 在DK2194＋620～＋720、DK2194＋780～＋860段隧道结构外侧设两道截水墙，上部软土层设两排咬合旋喷桩，下部基岩采用灌探结合的原则，布置间距为2 m的Φ110钻孔两排，钻孔深至隧道底板以下5 m，对基岩进行注浆。在隧道两侧形成5 m的截水墙，在截水墙内设梅花形布置，间距为2 m的Φ110钻孔，对隧道顶部10 m范围内的岩层进行注浆堵水加固。在DK2194＋720～＋780段隧道结构外设两排咬合旋喷桩墙，墙内设间距为800 mm的Φ600 mm旋喷桩进行全断面土体改良，加固深度为拱顶以上1 m，基底以下5 m的范围。如图8.3-16、图8.3-17所示。

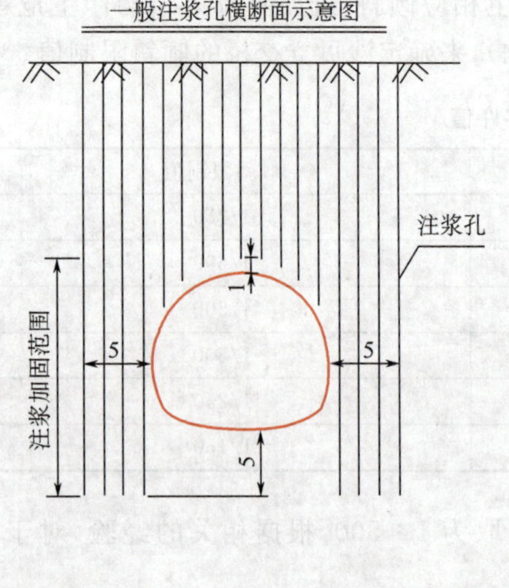

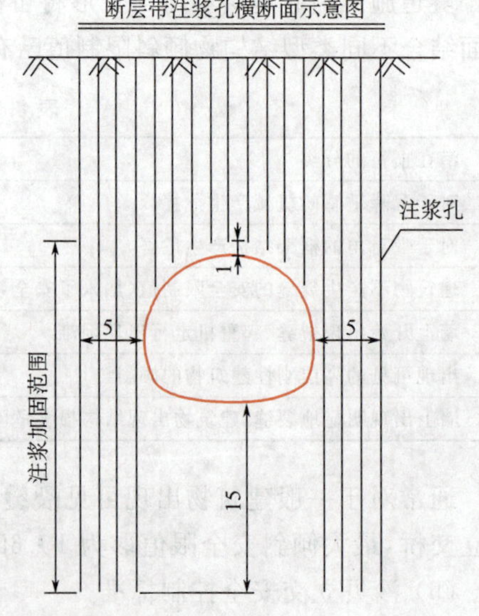

图8.3-16 地表加固横断面图(单位：m)

(2) 在西环高速两侧路肩处斜向钻孔注浆对路基进一步进行加固，地表钻孔施工机械采用HY-100型地质钻孔机，注采用BW-150单液注浆泵。孔位沿高速公路东侧路基布布设，间距按2.0 m布置，单孔长度为17.0 m，注浆扩散半径1.5 m。灌浆材料为42.5 *R*袋装水泥，严格控制1∶1水灰比(按重量比，制浆桶直径为1.0 m时，水高51 cm放置水泥400 kg；制浆桶直径为0.8 m时，水高70 cm放置水泥350 kg)，如图8.3-18所示。

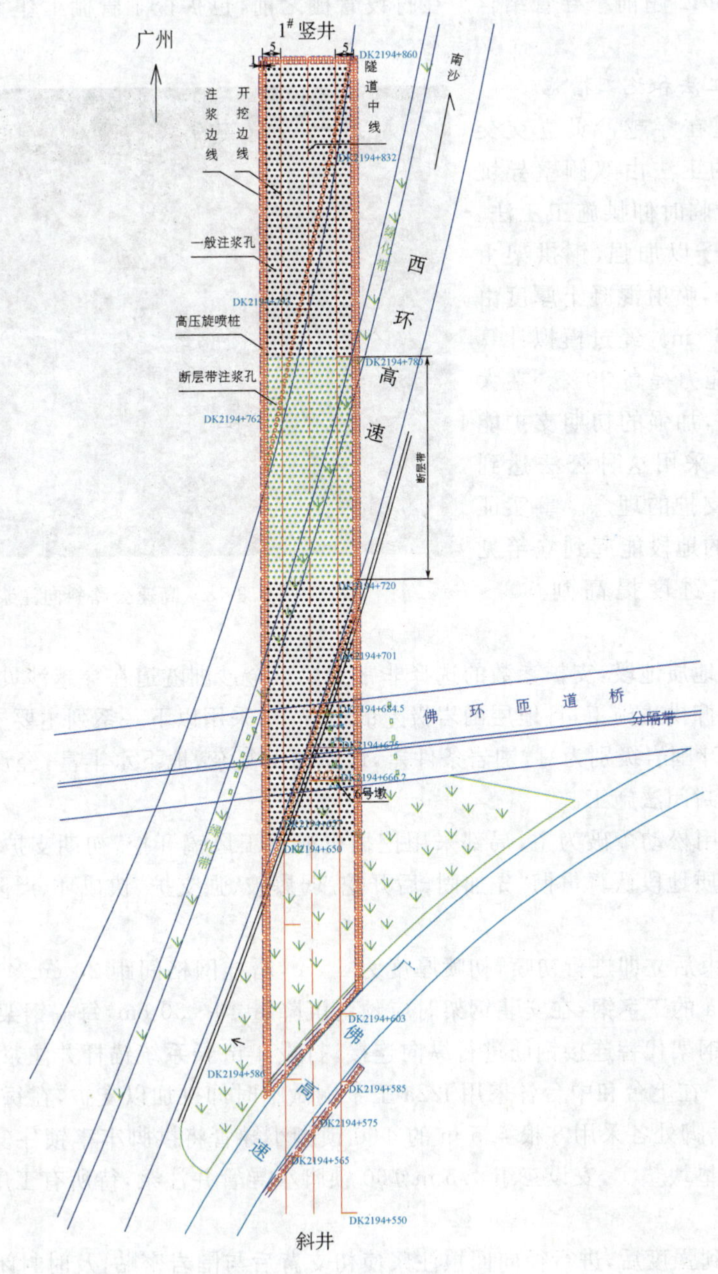

图8.3-17 地表加固平面图

8.3.7.2 超前支护

隧道在穿越沙贝立交互通枢纽时，洞内采用了超前管棚与超前小导管套打来进行超前预加固。

(1) DK2194＋560～DK2194＋610穿越广佛高速，超前支护体系是50 m Φ108长管棚与Φ42超前小导管结合。在打设管棚之前，扩挖了管棚工作室，使管棚的外插角得到了控制。施工工期在12 d左右。

(2) DK2194＋610～DK2194＋835段穿越西环高速和佛环匝道桥，超前支护体系是60 m

Φ159 长管棚与 Φ42 超前小导管结合。在打设管棚之前，也扩挖了管棚工作室。施工工期在 15 d 左右。

8.3.7.3　掘进工法和施工措施

金沙洲隧道在穿越沙贝立交交通枢纽时采用的工法由双侧壁导坑法变更为三台阶临时仰拱施工工法。为此，初期支护予以加强，钢拱架由 I22a 加大至 I25a，喷射混凝土厚度由 28 cm 加大到 35 cm。经过模拟计算分析，初期支护能力提高 30%。在大管棚超前支护下，加强的初期支护能确保施工安全。采用这种公法达到快速通过、强力支护的理念。事实证明，在不良地质的地段能起到立竿见影的效果，施工进度提高到 30～40 m/月。

图 8.3-18　高速公路斜向注浆

在穿越不良地质地段，支护参数的选择非常重要。金沙洲隧道在穿越沙贝立交交通枢纽，采用三台阶临时仰拱法施工，且地层围岩极差的情况下，采用以下一系列主要支护参数。

(1) 该段设计围岩级别为Ⅵ，围岩条件差，地质情况复杂、地下水丰富，经设计变更后采用三台阶临时仰拱封闭法施工。

(2) 开挖采用松动爆破为主，局部采用挖掘机或人工风镐开挖，初期支护紧跟掌子面，软弱围岩和不良地质地段认真贯彻“先加固、后开挖、弱爆破、强支护、快成环、严防水、勤量测”的方针组织施工。

(3) 开挖结束后立即进行初喷，初喷厚度为 5 cm，增挂网格间距 20 cm×20 cm 的 Φ8 钢筋网片，安设 I25a 的工字钢，在安装钢架时应预留沉降量 40～50 cm，每榀钢架间距 0.5 m，钢架之间采用 I18 钢架代替连接钢筋进行纵向连接，打设 4 m 长系统锚杆并注浆，间距 1.0 m×1.0 m(环×纵)。在上台和中台各采用 I22a 工字钢做临时仰拱加以支护，在每榀钢架的上台、中台、下台两侧拱脚处各采用 8 根 4.5 m 的 Φ60 锁脚小导管将拱脚牢牢锁住。在钢架拱脚处铺垫预制混凝土垫块垫实，安设三组 4.5 m Φ60 锁脚小导管并注浆，待所有工序完成后喷射混凝土至 35 cm。

(4) 初支达到强度后，进行径向回填注浆使初支背后与围岩密贴，及时封闭地下水。

(5) 钢架间连接必须采用高强螺栓，钢架与锁脚锚管的连接须牢固。

(6) 超前小导管与锁脚小导管须注浆饱满、密实。

(7) 临时仰拱钢架须制作成反拱型。

8.3.7.4　选择合适的隧道贯通点

金沙洲隧道由 1 号竖井和斜井两个方向沿沙贝立交桥方向推进，由于隧道相向施工相互影响，接近贯通时，将导致较大的地表沉降与变形。因此应当选择合适的金沙洲隧道贯通地点，贯通点应当距离沙贝立交桥 30 m 以上。

8.3.7.5　既有老桥加固

加固范围包括整个佛环匝道所有桥梁结构，包括基础、墩台、上部结构、桥面结构、铺装结构及防护栏等附属结构工程等。

(1) 基础。基础的问题主要是沉降控制，沉降过大必然引起上部结构产生病害。处理方法主要是采用花管压力注浆。

(2) 墩台。墩台身的问题主要是既有桥健康现状问题，对此主要采取修补措施进行处理，如果将来因沉降引起其他病害再采取相应的手段，比如出现结构性损坏时可采取包钢进行加强处理。

(3) 上部结构。上部结构直接承受着活载，负重过大的话将可能产生裂纹。对于这些裂缝一般都是结构受力问题，采取的方法就是补强加固，具体可用办法一般是贴碳纤维布或粘贴钢板，极端情况下才会考虑采用体外预应力。

(4) 附属结构。桥面结构、铺装结构及防护栏等都属于附属结构，这些附属结构出现的问题主要与正常使用状态有关，一般采用常用的修复措施即可。

8.3.7.6　新建钢便桥

由于沙贝立交桥 6# 墩距离隧道拱顶上方仅 0.86 m(图 8.3-19)，风险极大，影响因素较多。而且该处桥跨为连续梁结构，对墩台下沉的敏感度强，易引起结构损坏。为防止在隧道下穿沙贝立交桥施工期间，由于地层的松弛，引起桥墩下沉，继而影响立交桥安全运营，经施工、设计、业主和运营部门多次协调研究，决定在沙贝立交桥边修建一座钢便桥。以保证隧道掘进期间，立交枢纽交通正常，如图 8.3-20 所示。

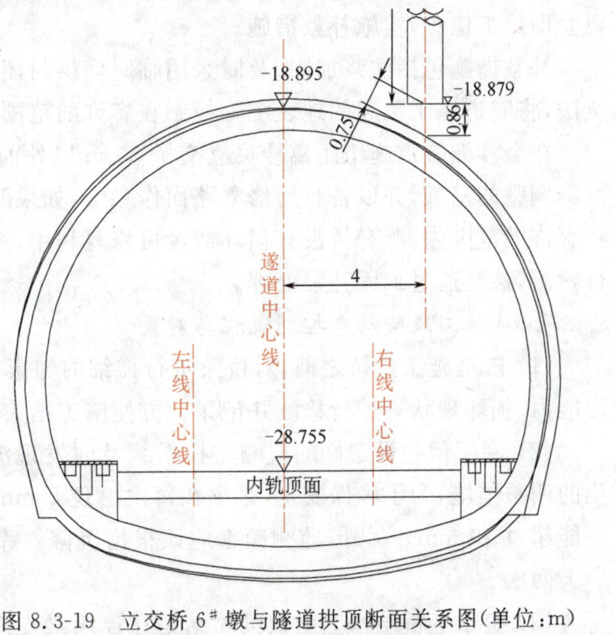

图 8.3-19　立交桥 6# 墩与隧道拱顶断面关系图(单位:m)

8.3.7.7　建立完备的桥梁和隧道施工监测监控体系

通过金沙洲隧道施工对沙贝立交桥的评价，得出了要求将地表沉降控制在小于表 8.3-4 的范围内，为了保证既有桥的安全，监

图 8.3-20　临时钢便桥施工图

测范围包括沙贝立交区域的所有桥梁孔跨及桥梁与路基的衔接，主要是监测墩台基础的沉降及倾斜情况，对桥面(路面)、墩台顶面及台后路面布置监测点，以监测其开裂、沉降、倾斜等变化情况，同时监测地表的沉降，对于洞内拱顶下沉和周边收敛进行监测，及时反馈。地表和桥墩的监测要求在地表注浆加固的时候就开始并建立参考基准。

重点监测 6#、7# 墩位沉降，建立预警系统，当沉降达到控制值的某一比例数值，及时发现问题，采取措施防止桥梁出现破坏。在先确定桥梁沉降控制值后(表 8.3-5)，确定警戒值为：

$$F=\frac{\text{实测值}}{\text{控制值}}$$

当 $F>1$ 时，为破坏状态，表明结构物无法满足正常使用；当 F 达到 60%时，为预警状态，提出预警，现场要引起注意，查找原因，准备补救措施；当 F 达到 80%时，警戒状态，提出警戒，要立即停工检查，实施补救措施。

补救措施包括注浆加固、及时采用临时仰拱封闭，将三台阶法该为 CRD 法或者双侧壁导坑法，将隧道施工引起的地表沉降控制在容许的范围内。

在金沙洲隧道施工距离沙贝立交桥 30 m 以外前，对于既有桥进行全面的测量记录，作为沉降调整的基准，并以备日后修复路面作参考，如果隧道施工结束后地表沉降和桥墩沉降控制在容许的范围内，既有桥没有损坏或者可修复利用，则在沙贝立交桥投入使用前要对既有桥进行检测，甚至通过加固补强处理。

8.3.7.8 施工风险动态控制流程与对策

(1) 隧道施工过桥之前，对桥梁进行详细的健康检测，包括桥梁的裂缝、承载力状态、抗变形能力、损坏现状等进行检测并记录。方便施工结束、沉降趋于稳定后，对桥梁进行评估。

(2) 利用预先设定好的监测监控系统及时发现沉降，并按预定方案采用在支座处适时顶梁的调整措施，为了确保安全，必须在每次出现 5 mm 沉降时及时予以调整，非常情况下最多不能超过 10 mm。另外，监测频率应该根据沉降速率随时调整，同时隧道穿越时期不得少于一天两次。

(3) 鉴于老桥结构上的墩梁固结是在连续梁支座有了之后所做的后固结构造，这种结构对沉降特别是差异沉降非常敏感，所以在这种结构下施工风险极高。考虑到是在梁形成后再与墩台做的固结，所以解除掉固结对梁体的结构内力增大很小，因此，建议解除墩梁固结，增强沙贝立交桥抵抗沉降的能力。

(4) B 匝道桥桥梁桩基加固：建议对 B 匝道桥离隧道距离较近的 5#、6#、7# 桥墩桩基采用注浆进行加固，以提高桥桩基承载能力。

(5) 金沙洲隧道下穿沙贝立交桥地段，拟采用三台阶法、或者三台阶临时仰拱封闭法，需要加强现场监测，及时反馈，必要时将施工方法转换为 CRD 法，甚至双侧壁导坑法，最大限度减少施工引起的地表沉降，保证沙贝立交桥的安全与正常使用。建议短台阶开挖、采用三台阶法应增设临时仰拱，避免初支不封闭造成的过大沉降。合理确定开挖进尺，仰拱紧跟，及时施作二次衬砌。

(6) 采用便桥方案可以最大限度减少行车荷载对于既有桥的影响，对于降低隧道施工风险是有利的。

金沙洲隧道下穿沙贝立交桥区段施工风险动态控制施工对策见表 8.3-6。

表 8.3-6　风险对策措施表

序　号	风险因素	风险事件	对策措施
1	地层因素	整体垮塌 局部坍塌 桥体开裂 桥梁错台 桥面起伏过大	H 型地表注浆加固、旋喷桩加固、止水墙止水、Φ159 管棚超前支护、监测
2	隧道因素	整体垮塌 局部坍塌 桥体开裂 桥梁错台 桥面起伏过大	监测、短台阶开挖、采用三台阶法应增设临时仰拱，避免初支不封闭造成的过大沉降。合理确定开挖进尺，仰拱紧跟，及时施作二次衬砌。必要时转 CRD 法或双侧壁导坑法。严格管理施工。
3	桥梁连续刚构段	整体垮塌 局部坍塌 桥体开裂 桥梁错台 桥面起伏过大	解除梁墩固结、监测、支座处顶梁调整、便桥、扩大基础注浆加固
4	桥梁简支段	整体垮塌 局部坍塌 桥体开裂 桥梁错台 桥面起伏过大	监测、支座处顶梁调整、扩大基础注浆加固、桩基注浆加固、便桥

8.3.8　残余风险评估

通过采取以上一系列的应对措施，特别是将老桥 2 跨连续刚构改为连续梁和对桥梁基础进行注浆加固后，老桥桥梁对不均匀沉降的敏感性明显降低，桥梁的抗变形能力明显增强，在此基础上，对金沙洲隧道下穿沙贝立交引起桥梁损坏的残余风险进行重新评估，风险等级已达到可接受水平。其评价结果见表 8.3-7。

表 8.3-7　金沙洲隧道下穿沙贝立交残余风险评价

序号	项　目	风险事件	发生概率	损失后果	风险等级	项目风险等级
1	沙贝立交老桥因过量沉降引起损坏	桥体开裂	3	2	中　度	中　度
		桥面起伏过大	2	2	低　度	
		桥梁错台	2	3	中　度	
		局部坍塌	1	4	中　度	
		整体垮塌	1	5	高　度	
2	沙贝立交 B 匝道桥因过量沉降引起损坏	桥体开裂	2	1	可忽略	中　度
		桥面起伏过大	2	2	低　度	
		桥梁错台	2	3	低　度	
		局部坍塌	3	3	中　度	
		整体垮塌	1	5	高　度	

8.3.9 施工风险仿真预测

现场无法也不可能对整个开挖范围内的洞身段进行动态监控，仅仅只是有选择的选取几个特征断面进行现场施工观测，而实际施工中往往开挖过程中的掌子面前方围岩的动态变形规律、土体位移分布、洞内支护结构以及桥梁的实时变化趋势等等，都是现场施工过程中更值得关注的，因此隧道穿越桥梁的三维整体分析显得非常有必要。通过隧道穿越立交桥的三维整体分析，可以尽可能的还原洞内的真实施工动态，评价不同地段（土体自由场、下穿扩大基础段、下穿桩基础段）的施工差异及安全性，得到不同开挖步隧道开挖影响范围内的土体变形及应力分布状态。隧道穿越立交桥的整体数值分析由大型有限元软件 ABAQUS 来计算完成，同时考虑土体大变形和桩土界面接触关系。

8.3.9.1 风险预测模型的建立

现场在沙贝立交桥旁搭建一钢便桥，用于临时通车使用，为了评价隧道开挖期间临时钢便桥的安全稳定性。建立了隧道－地基－桥梁相互作用的三维有限元模型，模型 150 m×60 m×80 m，如图 8.3-21 所示。

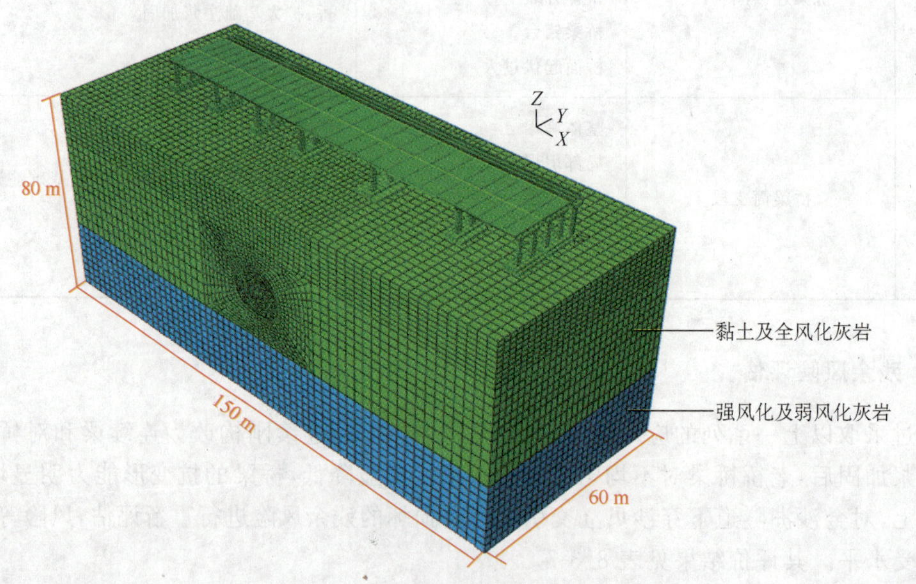

图 8.3-21 金沙洲隧道临时钢便桥三维有限元模型

金沙洲隧道三维有限元模型将整个计算范围考虑为两个岩层，上层为黏土及全风化灰岩，下层为强化风及弱风化灰岩。围岩考虑为各向同性材料，本构模型采用 Drucker-Prager 屈服准则。沿隧道走向（y 轴）开挖长度按 2 m 模拟。考虑到上台阶掌子面开挖前管棚施工有 10 d 时间，为减小计算量，上台阶开挖至管棚施工位置按一次性整体开挖考虑，即上台阶第一次开挖长度按 16 m 模拟，其后每一次开挖长度为 2 m；中台阶第一次开挖长度按 10 m 考虑，其后每一次开挖长度为 2 m。中台阶始终保持落后上台阶 6 m，下台阶始终保持落后上台阶 30 m。如图 8.3-22 所示。

8.3.9.2 主要计算结果

(1) 地层变形

随着掌子面的掘进，地表沉降基本上以最开始开挖的洞身段地表为沉降中心，以类似同心

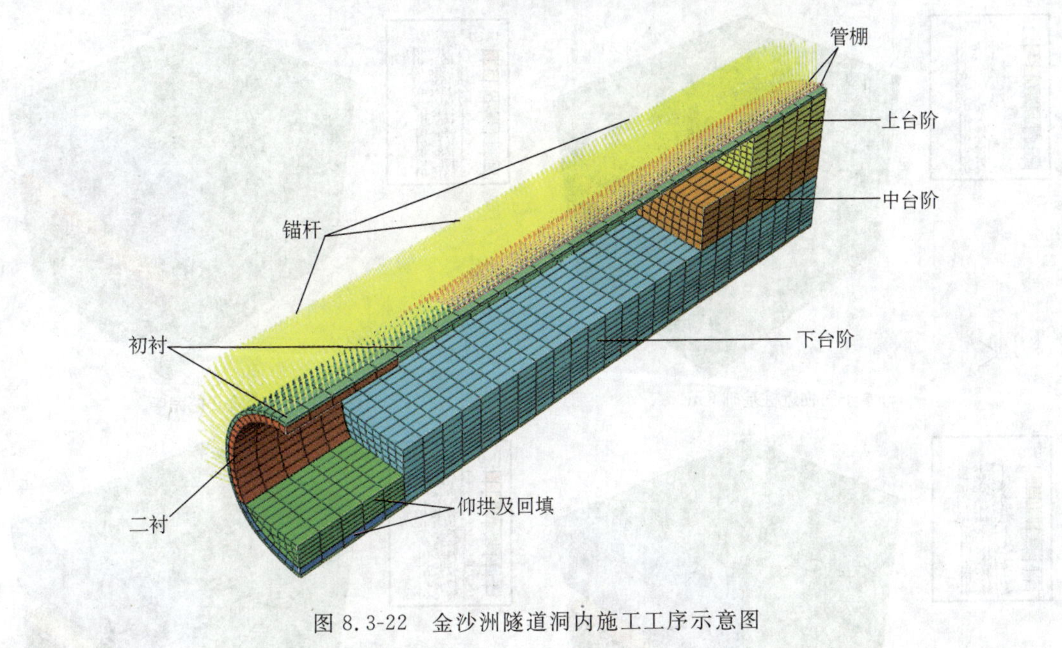

图 8.3-22　金沙洲隧道洞内施工工序示意图

椭圆的形式逐渐往外扩散；二衬全部施工完毕后，又形成以地表中心线为中心的同心椭圆往隧道中心两侧扩散。

1）主要工序施工过程地层变形动态分布如图 8.3-23 所示。

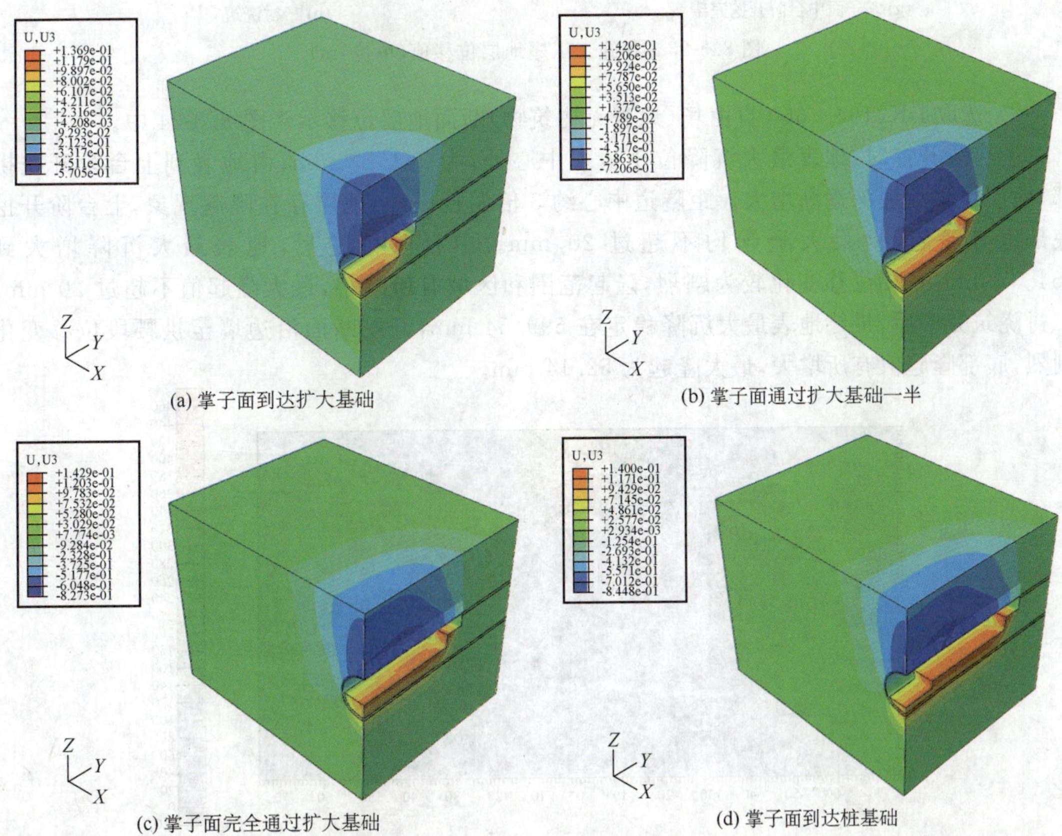

(a) 掌子面到达扩大基础　　(b) 掌子面通过扩大基础一半

(c) 掌子面完全通过扩大基础　　(d) 掌子面到达桩基础

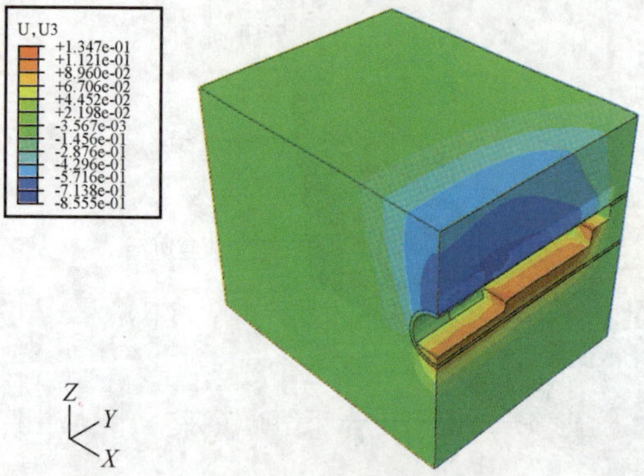

(e) 掌子面临近桩基础 8 m

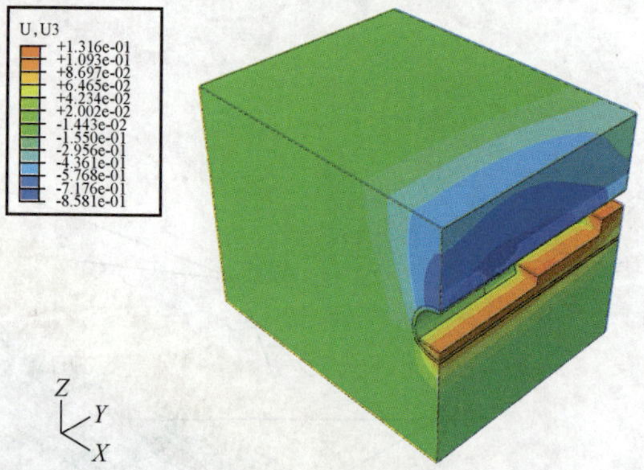

(f) 掌子面上台阶开挖完毕

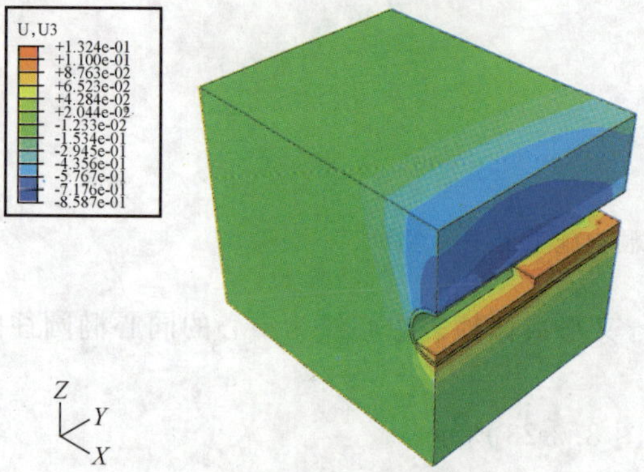

(g) 掌子面中台阶开挖完毕

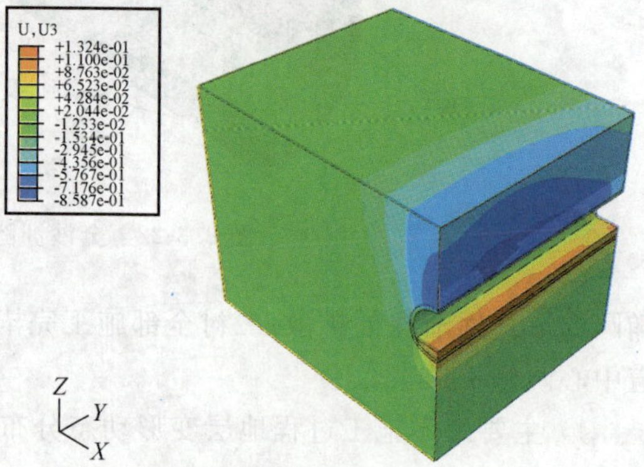

(h) 二衬浇筑完毕

图 8.3-23　各施工工序地层位移值(单位:m)

2) 选取 DK2194+660 自由场(地表无构筑物)断面地层位移示于图 8.3-24 中。

上台阶开挖时,地表最大沉降位于地表中心处,为 284.33 mm,由地表到上台阶开挖拱部,地层位移沿埋深逐渐增大。距隧道中心约 3 倍洞径以外,地层存在隆起现象,上台阶开挖底部也有隆起,但最大隆起均不超过 20 mm。中台阶开挖后,地表最大沉降增大到 364.37 mm,拱腰位移变化较为剧烈,隆起范围和区域有所减小,最大隆起值不超过 20 mm。二衬浇筑完毕后,最终地表最大沉降稳定在 699.54 mm,开挖断面沿边墙至拱腰段位移变化剧烈,底部隆起值有所增大,最大隆起为 52.14 mm。

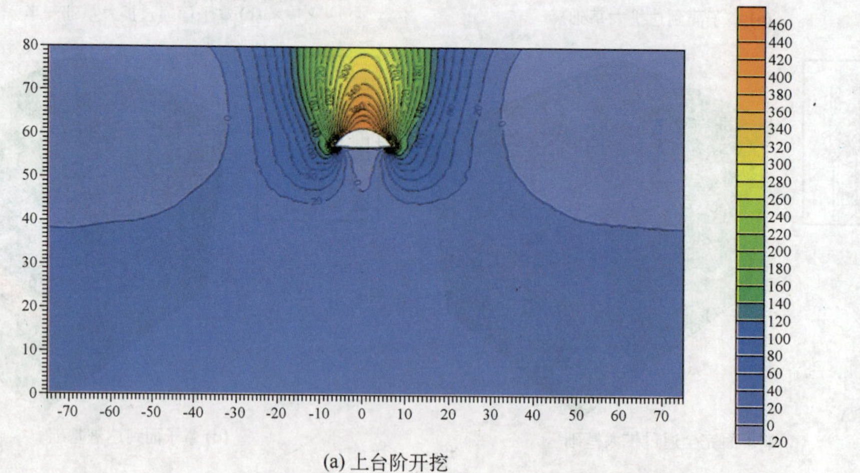

(a) 上台阶开挖

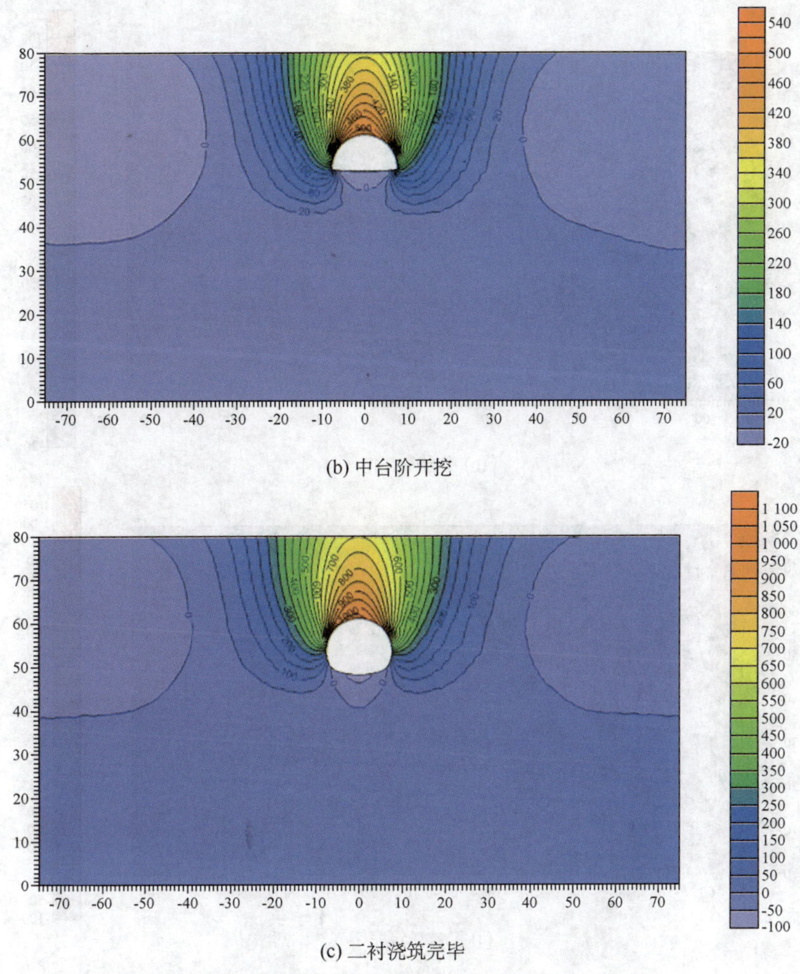

(b) 中台阶开挖

(c) 二衬浇筑完毕

图 8.3-24　自由场隧道地层位移

3) DK2194＋678 断面作为隧道穿越扩大基础段地层位移分布示于图 8.3-25 中。上台阶开挖时，地表最大沉降位于地表中心处，为 268.71 mm，地层位移沿埋深逐渐增大。距隧道中心约 3 倍洞径以外的地层存在和上台阶开挖底部存在隆起，最大隆起不超过 20 mm。中台

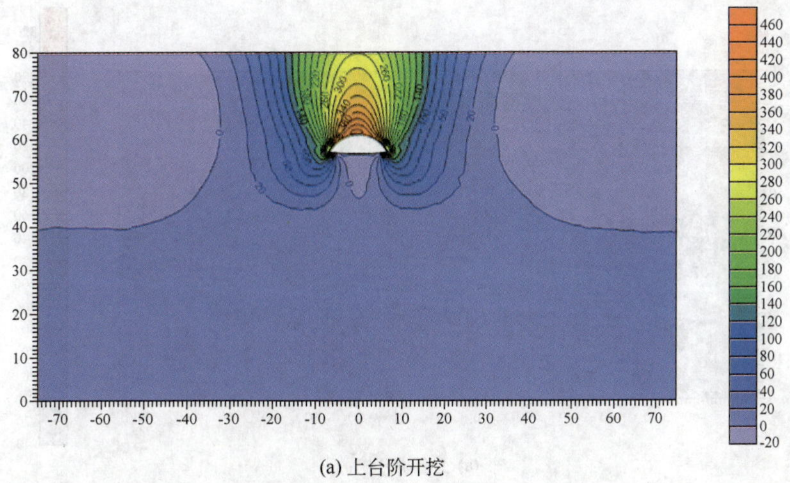

(a) 上台阶开挖

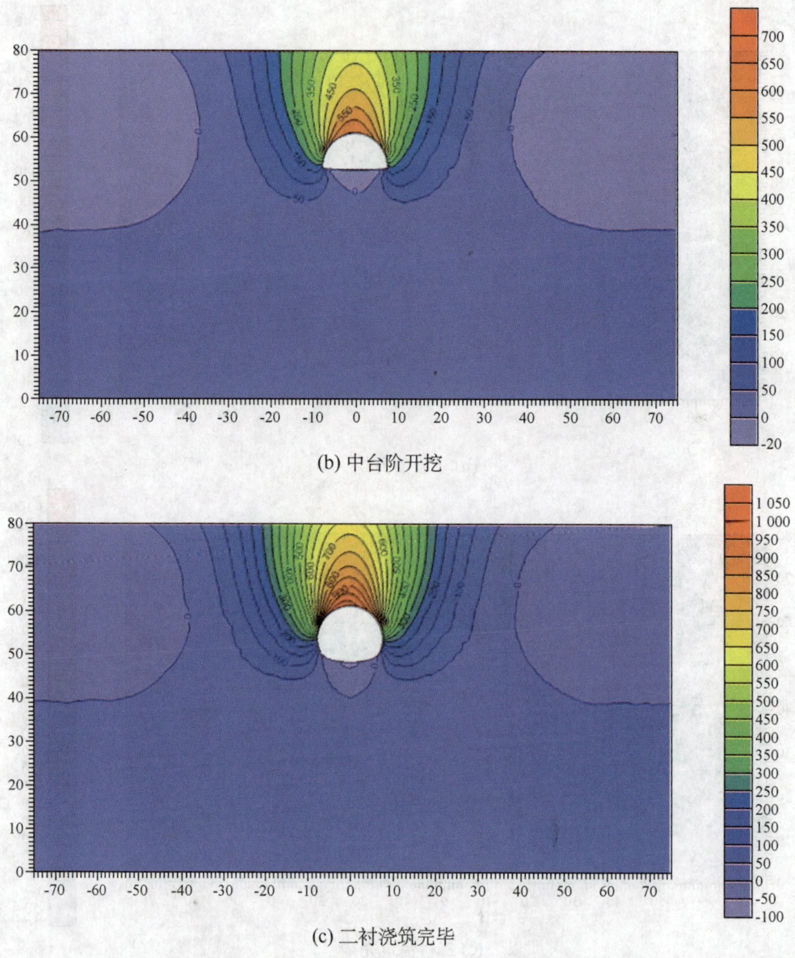

(b) 中台阶开挖

(c) 二衬浇筑完毕

图 8.3-25　临近扩大基础的隧道地层位移

阶开挖后，地表最大沉降增大到 426.67 mm，隆起范围和区域有所减小，底部最大隆起达 37.48 mm。二衬浇筑完毕后，最终地表最大沉降稳定在 675.27 mm，拱腰位移变化剧烈，底部隆起值有所增大，最大隆起为 53.23 mm。

4）选取临近桩基础隧道开挖断面（里程 DK2194＋668）地层位移示于图 8.3-26 中。

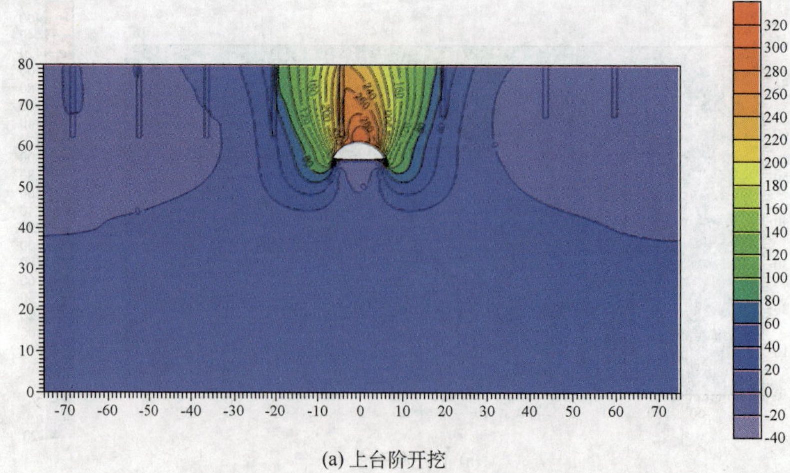

(a) 上台阶开挖

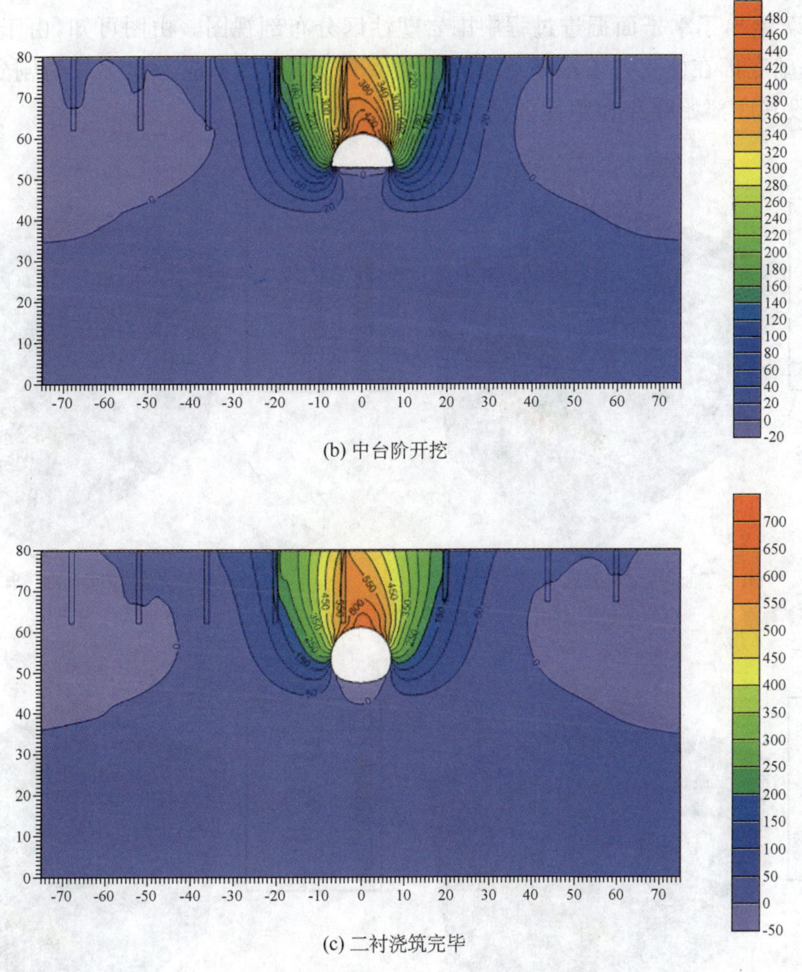

图 8.3-26　临近桩基础的隧道地层位移

上台阶开挖时，由于临近桩基的影响，地表最大沉降并没有出现在地表中心位置，而是出现在距离隧道最近的 6# 桩右侧(大里程方向)，为 248. 83 mm。同时，由于桩基的存在，可见隧道中心两侧并不像自由场隧道开挖那样呈对称趋势，地层位移虽沿隧道埋深逐渐增大，但呈明显不对称。由于前排桩的遮拦效应，后排桩处土体沉降明显减小，位移等值线也存在不连续现象。出现隆起现场地层范围较自由场和穿越扩大基础洞身段明显要大，上台阶开挖底部存在隆起，最大隆起为 34.61 mm。中台阶开挖后，地表最大沉降增大到 372.41 mm，地层位移依然呈不对称，地层位移等值线在桩基处依然存在不连续，6# 桩背后远离隧道一侧与 6# 桩前临近隧道一侧相比，地层沉降明显减小许多。二衬浇筑完毕后，最终地表最大沉降稳定在 553.26 mm，最大隆起为 33.54 mm。桩基遮拦效应依然很明显，如 6# 桩背后远离隧道一侧地表沉降为 500.04 mm，6# 桩前临近隧道一侧地表沉降为 553.26 mm；5# 桩背后远离隧道一侧地表沉降为 142.77 mm，5＃桩前临近隧道一侧地表沉降为 251.27 mm。由计算结果可知，6# 桩桩顶普遍沉降接近 570 m，这与 6# 桩实测沉降 521 mm 相比，说明数值计算拟合较好，计算结果也是可信的。

(2) 地层塑性区分布

图 8.3-27 给出了掌子面掘进过程中围岩塑性区分布剖视图。由图可知，由于扩大基础的存在，扩大基础底部在施工各阶段始终存在应力集中现象，由于应力集中较为剧烈，因此掌子面开挖各阶段其底部始终存在塑性区。

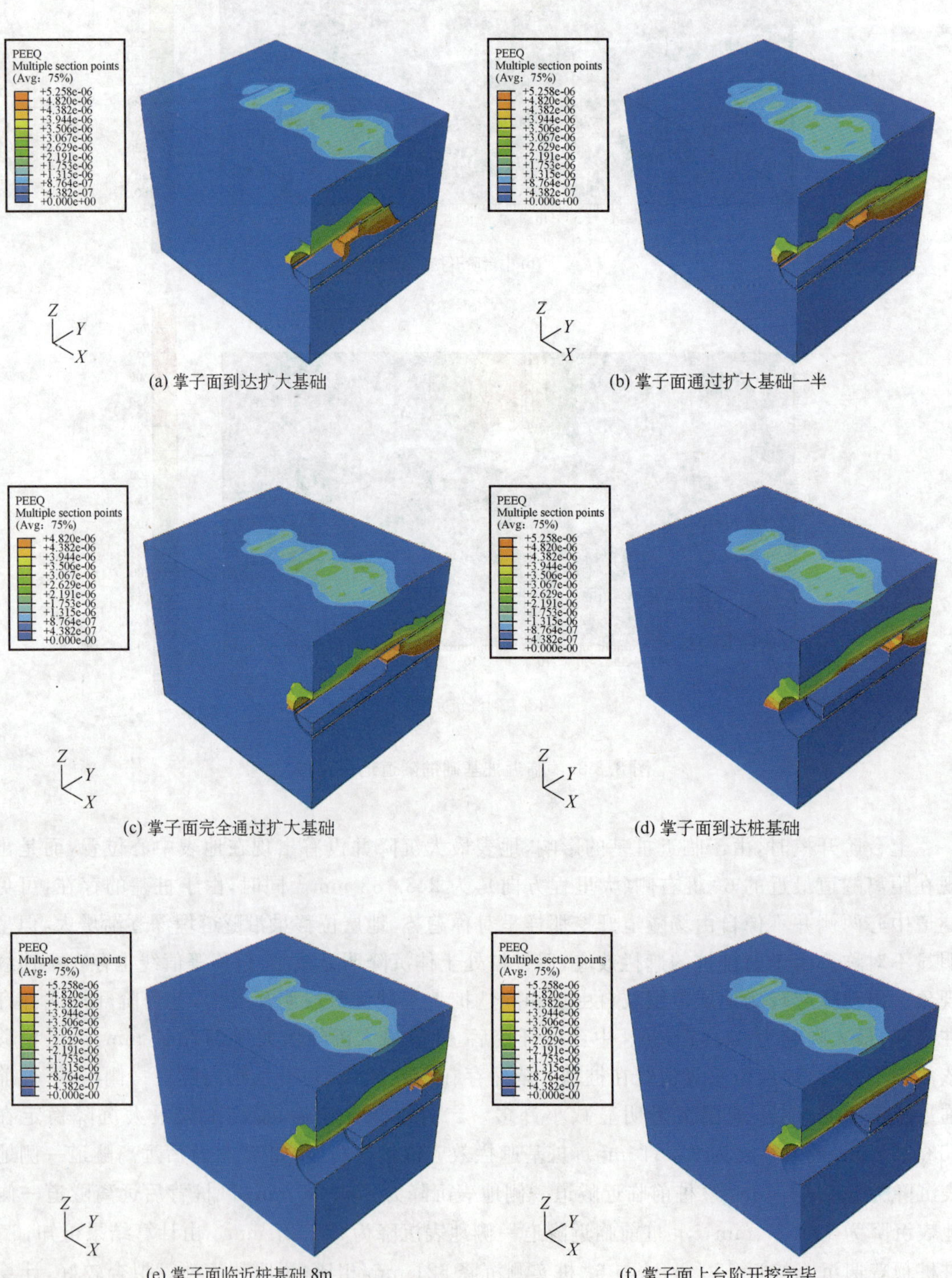

(a) 掌子面到达扩大基础

(b) 掌子面通过扩大基础一半

(c) 掌子面完全通过扩大基础

(d) 掌子面到达桩基础

(e) 掌子面临近桩基础 8m

(f) 掌子面上台阶开挖完毕

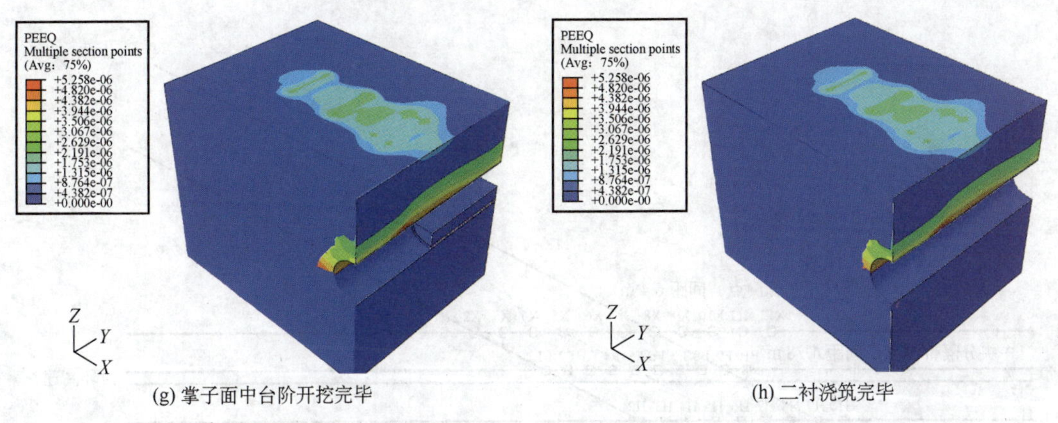

图 8.3-27　各施工工序塑性区剖视图

上台阶掌子面开挖时，由于地层软弱，其掌子面前方一定距离围岩已进入塑性区，拱顶和边墙由于开挖引起的应力松动和应力集中而进入塑性区，且随着掌子面的开挖始终贯通。洞身掌子面通过扩大基础一半时，此时掌子面前方塑性区已经贯通。随后的各施工工序变化，拱顶应力松动区和边墙至拱腰应力集中区域均进入塑性区，且随着掌子面的掘进逐渐连通。实际施工中，必须注意拱顶松动范围和边墙应力集中区域的土体变形情况，现场通过沙贝立交桥洞身段施工采用了上台阶预留核心土的办法，可推断是正确而有效的。

8.3.10　风险监控

8.3.10.1　隧道和地表监测方案

为了确保在施工过程中的围岩稳定和施工安全，对金沙洲隧道进行了地表沉降观测、拱顶下沉量测、周边收敛量测、型钢拱架内力量测、二次衬砌应力量测等监控。

(1) 拱顶下沉量测和隧道围岩周边收敛量测

洞内开挖断面周边位移监测采取全站仪自由设站净空三维位移非接触观测方法，量测断面周边收敛和拱顶下沉测点布置如图 8.3-28 所示。

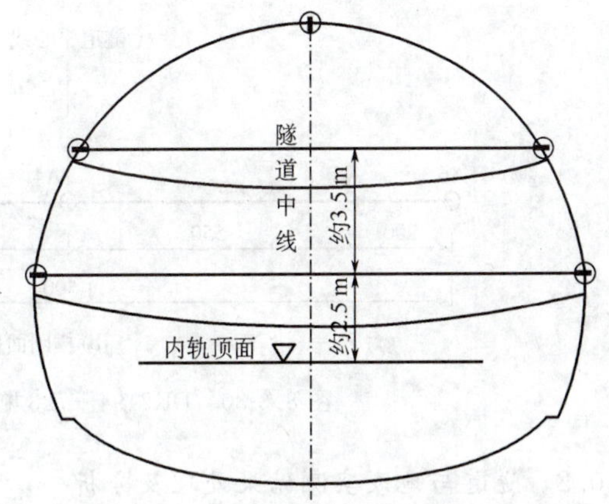

图 8.3-28　隧道周边收敛及拱顶下沉量测断面布置示意图

(2) 地表沉降观测

金沙洲隧道穿越沙贝立交段与广州环城高速成斜交，因此这里不具备通常条件下的地表沉降观测条件，即沿隧道轴线方向布设量测断面，测点布置在隧道轴线及其两侧。现场沿广州环城高速公路路肩及中央绿化带进行布点观测，如图 8.3-29 所示。

选取 DK2194＋723 位置的沿隧道横断面布置了一个沉降观测断面，但由于测点布置位于西环高速公路路面上，由于来往车辆量很大，测点布置完成后无法正常进行观测，如图8.3-30 所示。

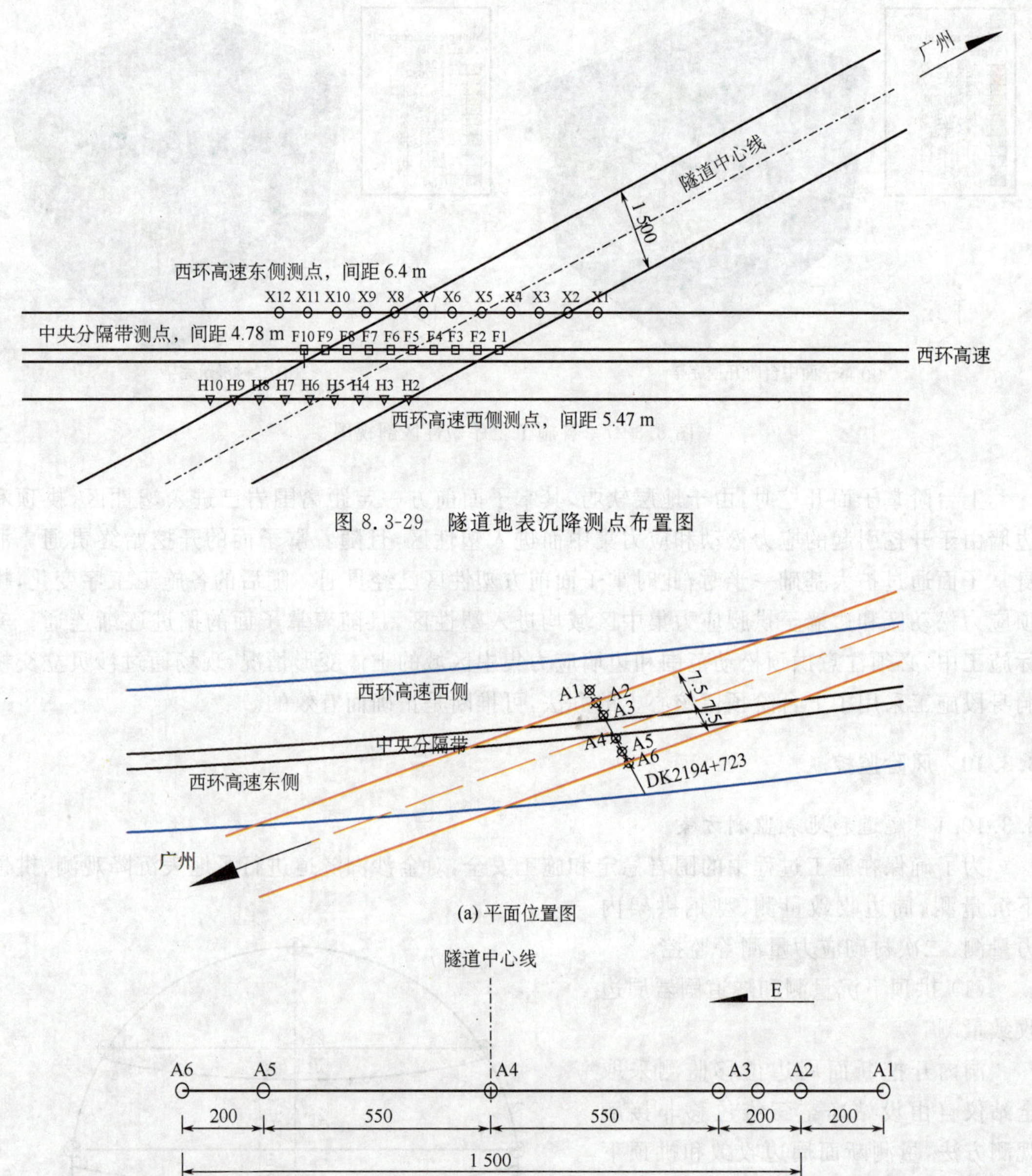

图 8.3-29　隧道地表沉降测点布置图

(a) 平面位置图

(b) 横断面位置图

图 8.3-30　DK2194＋723 断面地表沉降观测断面

8.3.10.2　隧道与地表实测结果处理及分析

考虑到工期要求，施工现场分别从竖井和进口两端同时开挖。为确保金沙洲隧道穿越沙贝立交桥段的安全，竖井掌子面开挖到 DK2194＋768 时，停止掌子面开挖并打设 50 m 长 ϕ108 管棚，施工至 DK2194＋718，并及时注浆封闭。进口端掌子面开挖到 DK2194＋663 时，也停止掌子面开挖并打设 60 m 长 ϕ108 管棚，施工至 DK2194＋723，两端管棚形成长达 5 m 的搭接区间。由于进口掌子面里程距沙贝立交更近，因此金沙洲隧道穿越沙贝立交段主要是由进口向竖井方向开挖，最终竖井和进口掌子面在 DK2194＋728 位置交汇。这里选取 DK2194＋660～DK2194＋728 区段的现场观测结果进行整理分析。

(1) 拱顶下沉

由于 DK2194＋660～DK2194＋728 区段施工时间跨度较长，因此这里将观测结果分阶段进行整理。洞内变形三位非接触量测断面原则上按 5 m 间距布置，但由于现场施工原因，有部分断面遭到破坏以至于数据丢失，这里选取数据保存相对较为完整的数个特征断面进行处理分析。可能是现场施工干扰，多数观测断面刚开始几天的观测数据出现不合理现象，如拱顶下沉出现负值(即拱顶向地表方向运动)，因此这里剔除了部分不合理数据。如图 8.3-31 所示。

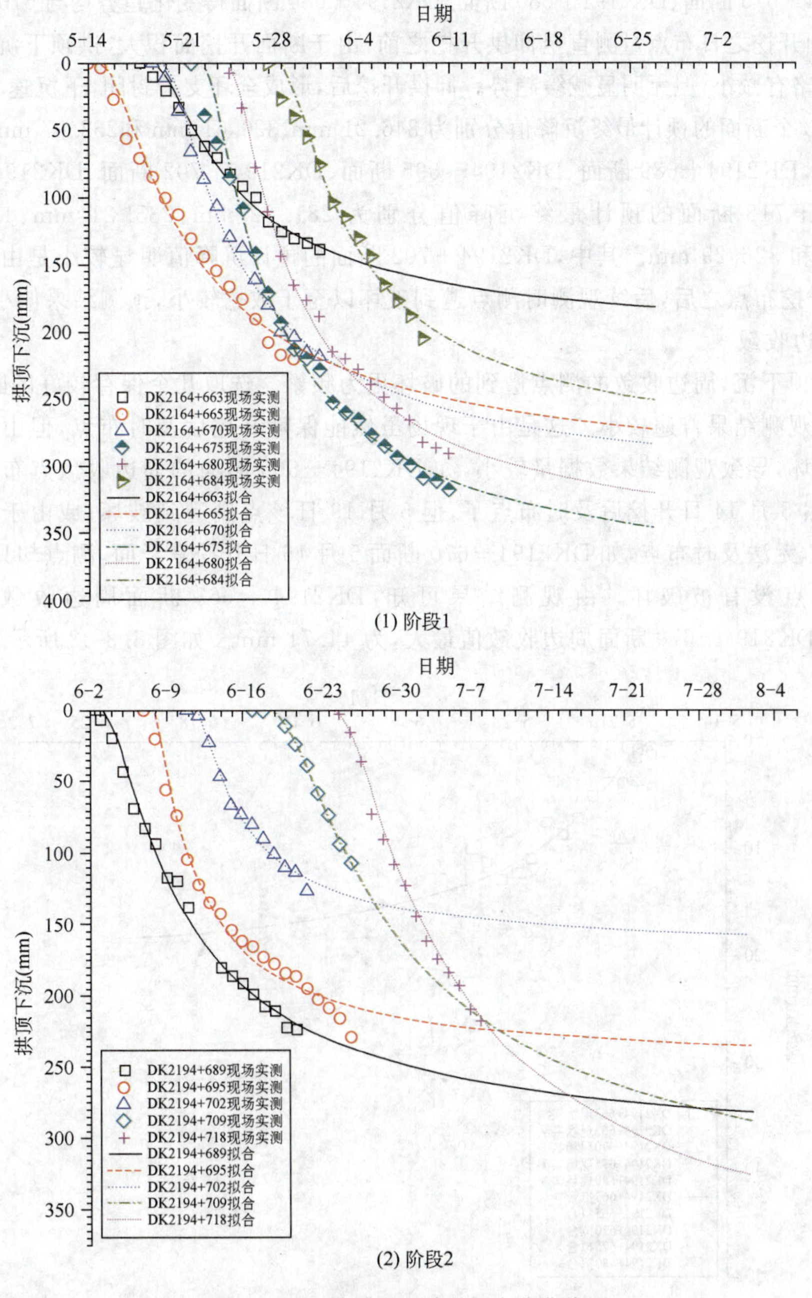

图 8.3-31　拱顶下沉随时间变化曲线图

DK2194＋663 断面为进口打设管棚的起始里程，洞内施工至该位置时停止掌子面开挖，台架准备钻机定位进行管棚打设，此过程需要十天时间。由于从布点开始至后续测量，其掌子面前期并未继续掘进，因此 663 断面拱顶沉降速率明显小于其他位置处的拱顶沉降。5 月 30 日 仰拱开挖后沉降值变化较小，趋于稳定，预计最终沉降值为 182.03 mm。DK2194＋665 断面 5 月 14 日开挖后布点，到 5 月 31 日 仰拱开挖通过，其后拱顶沉降变化较小，预计最终沉降值为 272.67 mm。

DK2194＋670 断面 5 月 19 日开挖后布点，5 月 22 日中台阶通过，6 月 1 日下台阶通过，此后拱顶下沉有减小趋势，预计最终沉降值为 284.08 mm。

DK2194＋675 断面、DK2194＋680 断面、DK2194＋684 断面得变化趋势均与 670 断面变化相似，从掌子面开挖之日布点量测直至仰拱开挖之前，由于断面开挖面积大，拱顶下沉速率虽在中台阶通过后略有减小，但无明显减缓趋势。仰拱开挖后，形成全环支护封闭，下沉速率明显变小，趋于稳定。3 个断面的预计最终沉降值分别为 346.21 mm、320.61 mm 和252.07 mm。

同样的，DK2194＋689 断面、DK2194＋695 断面、DK2194＋702 断面、DK2194＋709 断面和 DK2194＋718 断面的预计最终沉降值分别为 281.92 mm、235.21 mm、157.71 mm、287.81 mm和 326.29 mm。其中，DK2194＋702 断面的预计沉降值明显较小是由于该断面在 6 月 11 日开挖布点之后，后续观测时测点遭到破坏以至于数据较小，预测结果偏小。

(2) 周边收敛

相比拱顶下沉，周边收敛的测点遭到的破坏更为频繁。选取几个保存较好的断面，由图可知周边收敛观测结果普遍较小。这是由于现场虽然能保障开挖后及时布点，但由于测点非常容易遭到破坏，导致观测结果数据量较小，如 DK2194＋665 断面的周边收敛点布置于上台阶落脚处，虽然 5 月 14 日开挖后及时布点了，但 5 月 19 日该点则遭到破坏；或由于初期测点经常遭到破坏，无法及时布点，如 DK2194＋670 断面 5 月 16 日开挖掌子面，测点却只能在 5－19 日才保证测点没有被破坏。由观测结果可知，DK2194＋663 断面周边收敛值最小，为 18.33 mm；DK2194＋670 断面周边收敛值最大，为 44.71 mm。如图 8.3-32 所示。

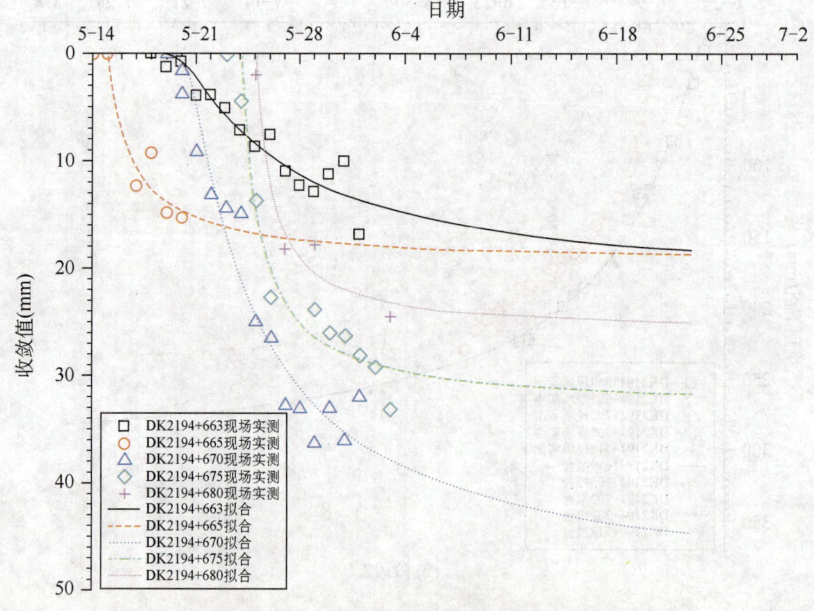

图 8.3-32　周边收敛随时间变化曲线图

(3) 地表沉降

金沙洲隧道穿越沙贝立交段与广州环城高速成斜交，由于环城高速交通流量大，现场很难具备通常条件下的隧道地表的横断面沉降观测条件，即沿隧道轴线方向布设量测断面，测点布置在隧道轴线及其两侧，现场选取 DK2490+723 附近的广州环城高速公路路肩及中央绿化带进行布点观测。如图 8.3-33 所示。

环城高速东侧观测断面上，由于测点间距较远，距隧道中心线较远的 X2、X10 两点相对沉降要小，分别为 315 mm 和 303 mm；位于隧道中心线附近的 X4、X5 和 X6 三点沉降相对更大，分别为 540 mm、514 mm 和 465 mm。

中央分隔带断面上，从测点 F1 到 F10，地表累计沉降依序减小，最大沉降位于测点 F1 处，为 244 mm；最小沉降位于 F10 处，为 26 mm。之所以出现这种现象，是因为中央分隔带上测点间距不大(为 4.78 m)，由于环城高速中央分隔带观测点布置位于洞内进口开挖段，现场施

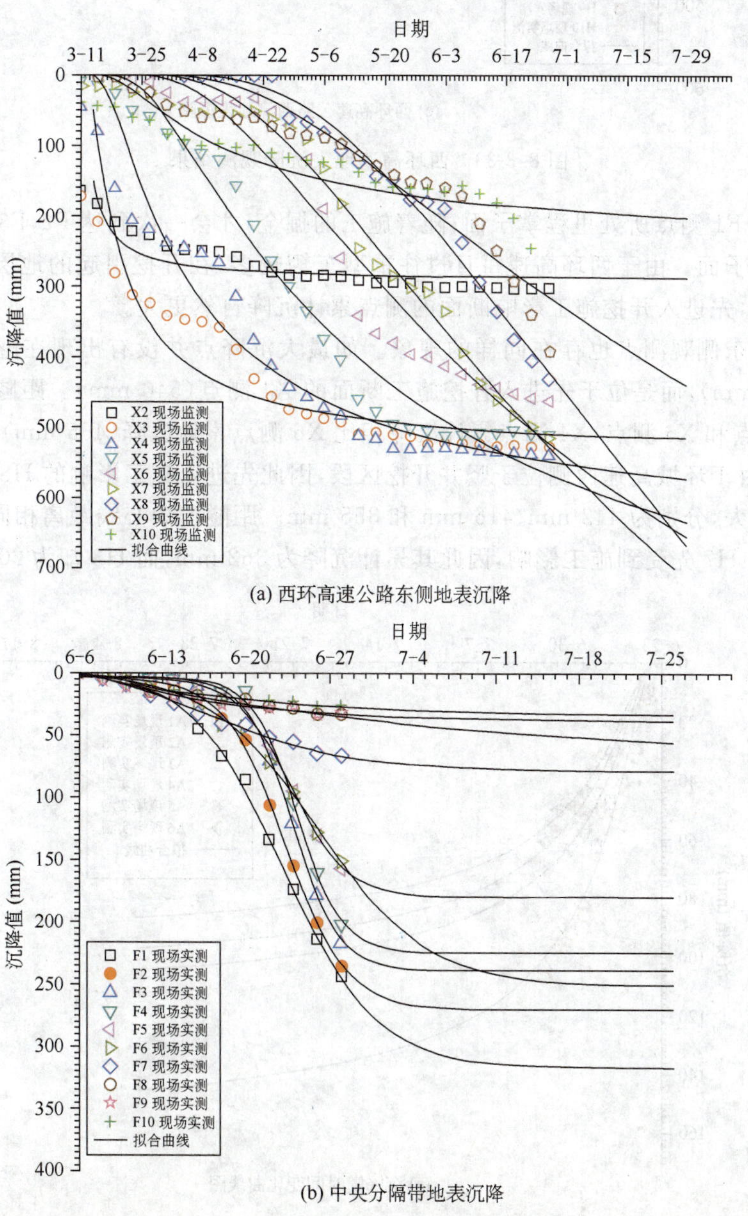

(a) 西环高速公路东侧地表沉降

(b) 中央分隔带地表沉降

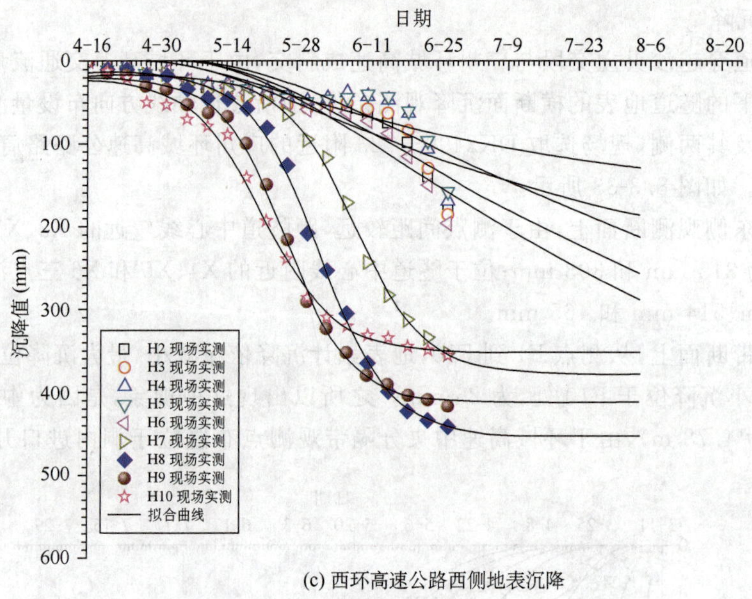

(c) 西环高速公路西侧地表沉降

图 8.3-33　西环高速地表沉降观测结果

工时会先到达 F1 测点所处里程掌子面；随着施工的掘金，才会一次到达 F2，F3 以至 F10 测点所处里程的掌子面。由于西环高速每日过往重型车辆较多，在开挖引起的地层扰动和地表动荷载的影响下，先进入开挖施工影响断面的测点累计沉降自然更大。

西环高速东侧观测点也存在同样的现象。如最大沉降点并没有出现在隧道中心线上的 X5 测点(514 mm)，而是位于先进入开挖施工断面的 X4 测点(540 mm)。距隧道中心线距离相同的 X4 测点和 X6 测点，X4 测点累计沉降相比 X6 测点累计沉降(465 mm)更大。

同样的，由于环城高速西侧位于竖井开挖区段，因此先进入施工影响的 H8、H9 和 H10 测点沉降相对较大，分别为 442 mm、416 mm 和 355 mm。距隧道中心线距离相同的 H7 测点和 H3 测点，由于 H7 先受到施工影响，因此其累计沉降为 362 mm，而 H3 却为 201 mm。尽管如

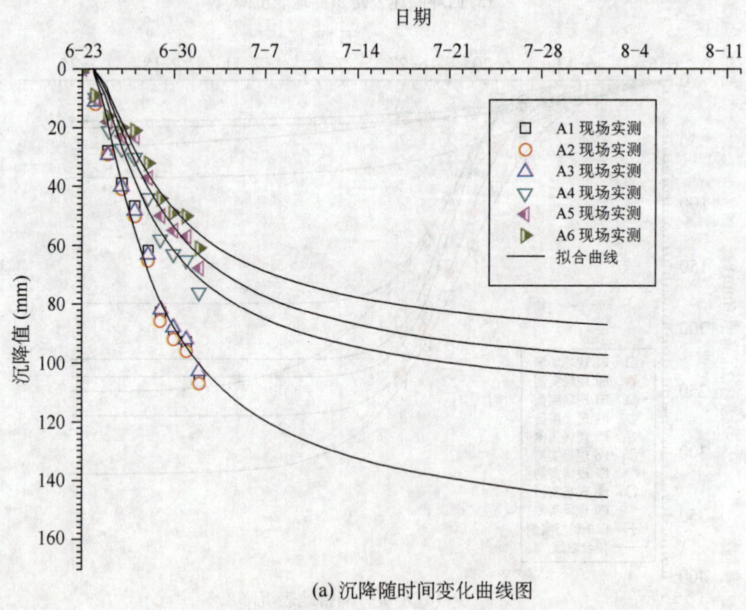

(a) 沉降随时间变化曲线图

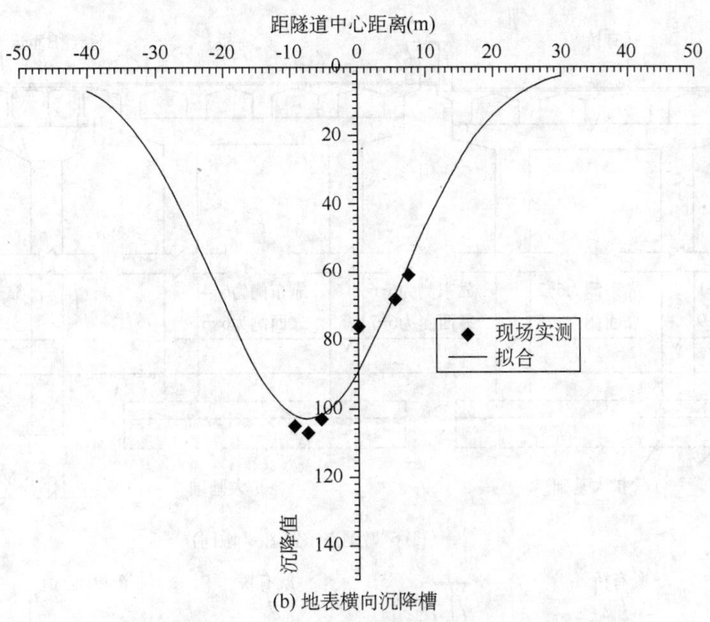

(b) 地表横向沉降槽

图 8.3-34　DK2194＋723 断面地表沉降观测结果

此，H9 较 H8 先进入施工影响断面，但 H8 距隧道中心线距离更近，因此 H8 测点的累积沉降却较 H9 更大，这说明测点地表累计沉降受开挖和偏离隧道中心距离二者影响，并不是某一因素的简单结果。环城高速西侧累计沉降最小点为 H2 测点，为 145 mm。

选取 DK2194＋723 位置的沿隧道横断面布置了一个沉降观测断面，但由于测点布置位于西环高速公路路面上，由于来往车辆量很大，测点布置完成后无法正常进行观测，导致该断面观测数据较少。

由图 8.3-34 可知，除 A4 测点紧挨中央绿化带边缘外，其他测点均位于环城高速路面上。观测结果也表明，可能受中央绿化带的影响，地表最大沉降值并没有处于地表中心线，而是位于 A2 测点，为 107 mm；沉降最小值位于 A6 测点，为 61 mm。

较图 8.3-33 的中央分隔带地表沉降值相比，DK2194＋723 断面测得的地表累计沉降明显要小，这是由于西环高速地表沉降测点布置较早，而 DK2194＋723 断面是后期补充布置的缘故。

8.3.10.3　桥梁监测方案

沙贝立交桥结构复杂，分别有 1989 年建成的扩大基础桥梁和 1999 年扩建的桩基础桥梁组成，上部结构既有简支梁，又有连续梁，对于地层变形非常敏感，是本项目的重点及难点。为及时了解三台阶法开挖和洞内支护情况通过沙贝立交的安全性及影响程度，现场对扩大基础墩台和支柱、桩基础均进行了长期观测。埋设布置如图 8.3-35、图 8.3-36 所示。

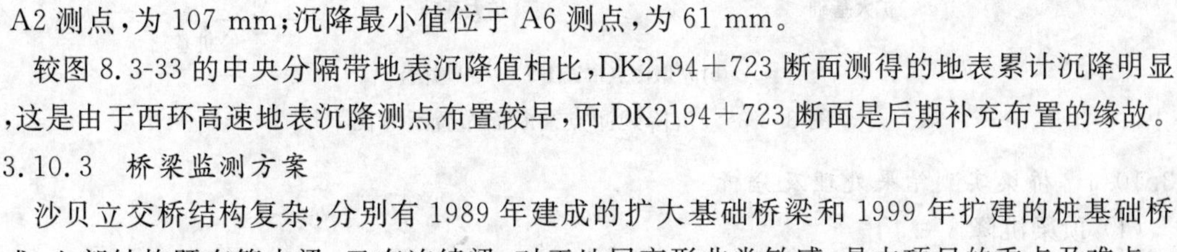

14-5 13-5 12-5 11-5 10-5 9-5 8-5 7-5 6-5 5-5 4-5 3-5 2-5 1-5
14-4 13-4 12-4 11-4 10-4 9-4 8-68-4 7-4 6-66-4 5-4 4-4 3-4 2-4 1-4
14-3 13-3 12-3 11-3 10-3 9-3 8-78-3 7-3 6-76-3 5-3 4-3 3-3 2-3 1-3
14-2 13-2 12-2 11-2 10-2 9-2 8-88-2 7-2 6-86-2 5-2 4-2 3-2 2-2 1-2
14-1 13-1 12-1 11-1 10-1 9-1 8-98-1 7-1 6-96-1 5-1 4-1 3-1 2-1 1-1
广州　佛山

图 8.3-35　沉降观测点平面布置示意图

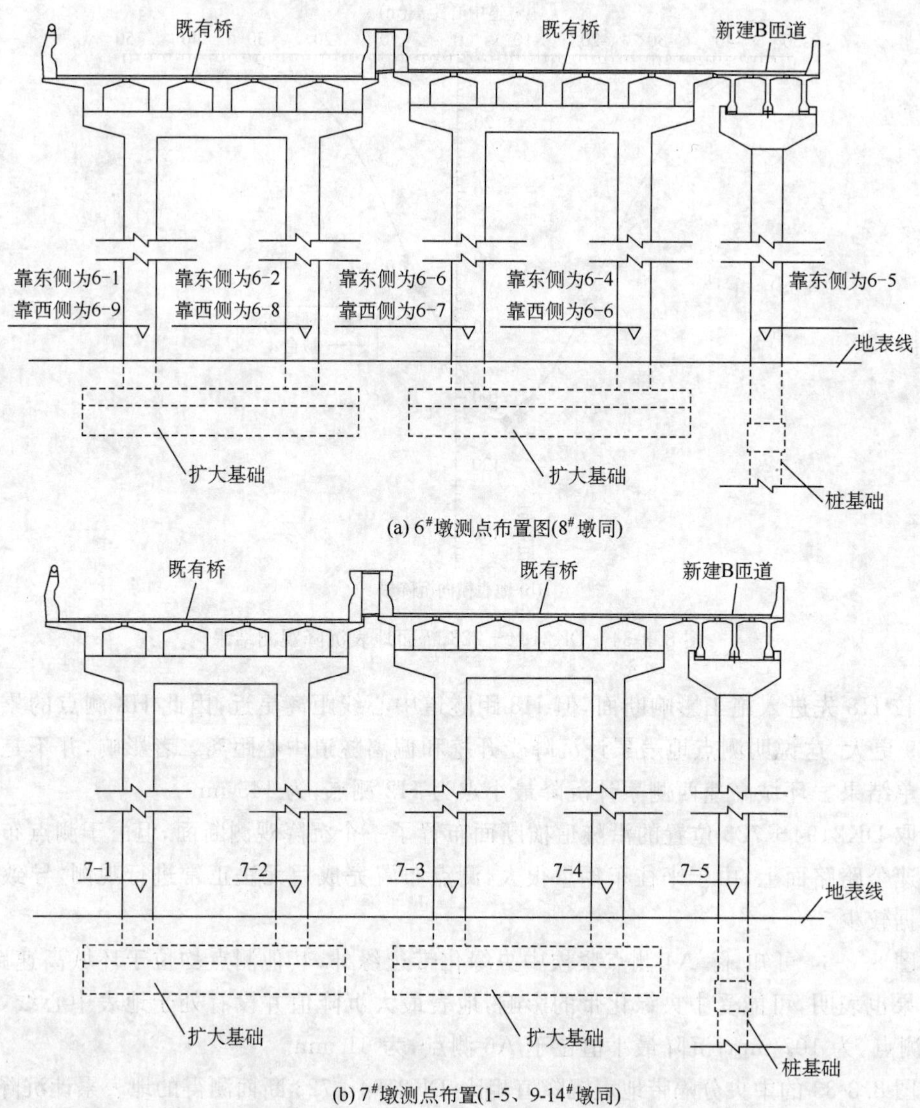

图 8.3-36　沉降观测点横断面布置示意图

8.3.10.4　桥梁实测结果处理及分析

(1) 顶梁沉降

顶梁下沉沿桥长有选择的选取了位于隧道开挖范围的墩台，如 4#、5# 和 6# 墩，已经距隧道中心线较远的 11#、12# 和 13# 墩。

由图 8.3-37 可知，5#、6# 墩的顶梁沉降最大，分别为 309 mm 和 310 mm，预计最终沉降为 371.91 mm。其他各位置顶梁沉降普遍较小，如 2#、13# 墩的顶梁沉降分别为 43 mm 和 25 mm。

(2) 墩台沉降

图 8.3-38 列出了沙贝立交桥各墩台沉降值，距隧道中心线较远的墩台，如 1#、12#、13# 和 14# 墩，墩台沉降普遍较小，如 1# 墩最小沉降位于扩大基础 1-1 测点，为 69 mm；最大沉降位于桩基础 1-5 测点，为 100 mm。14# 墩最小沉降位于扩大基础 14-3 测点，为 49 mm；最大沉降位于扩大基础 14-1 测点，为 61 mm。

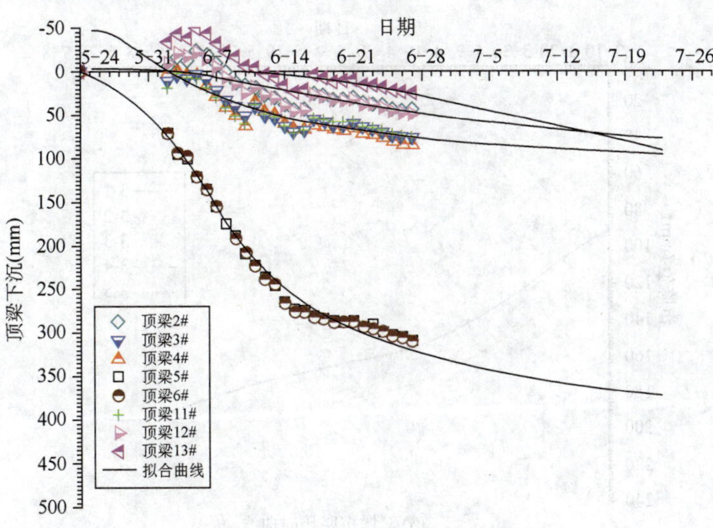

图 8.3-37　沙贝立交顶梁沉降

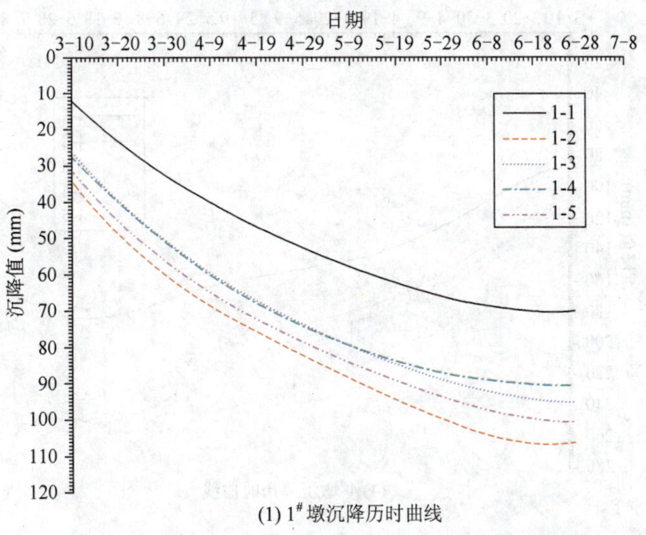

(1) 1#墩沉降历时曲线

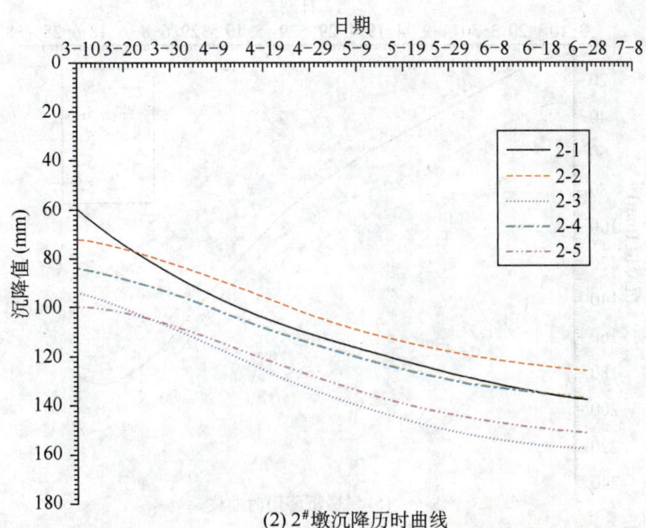

(2) 2#墩沉降历时曲线

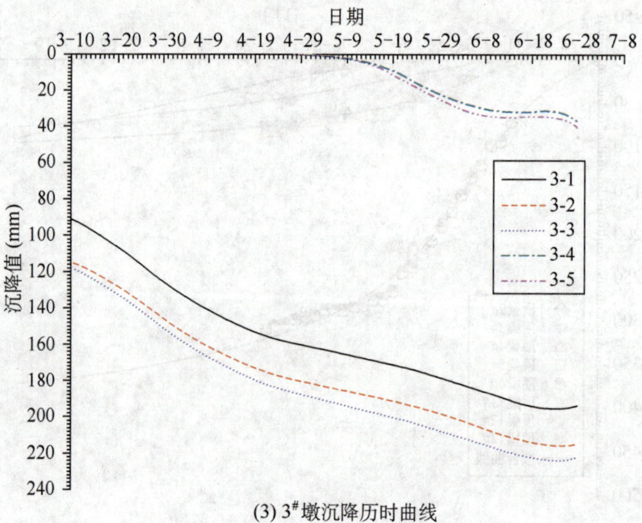

(3) 3#墩沉降历时曲线

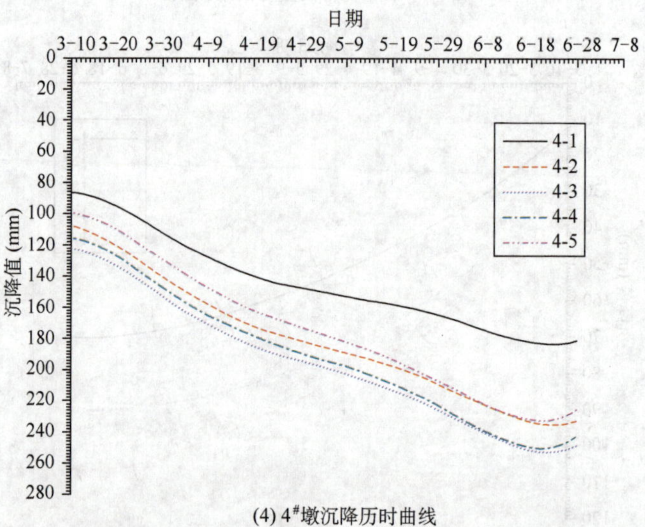

(4) 4#墩沉降历时曲线

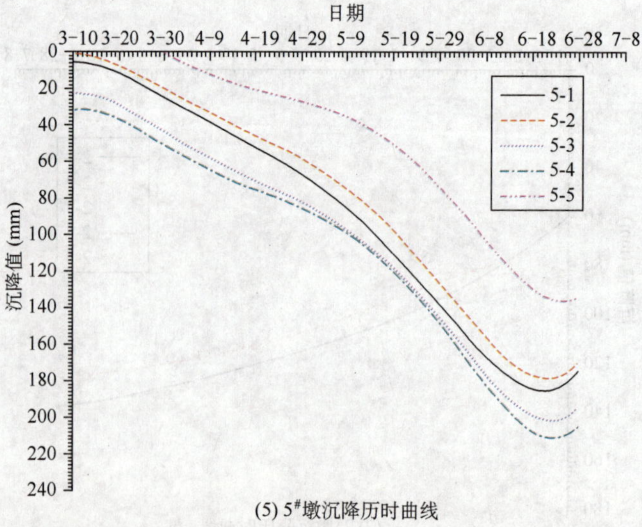

(5) 5#墩沉降历时曲线

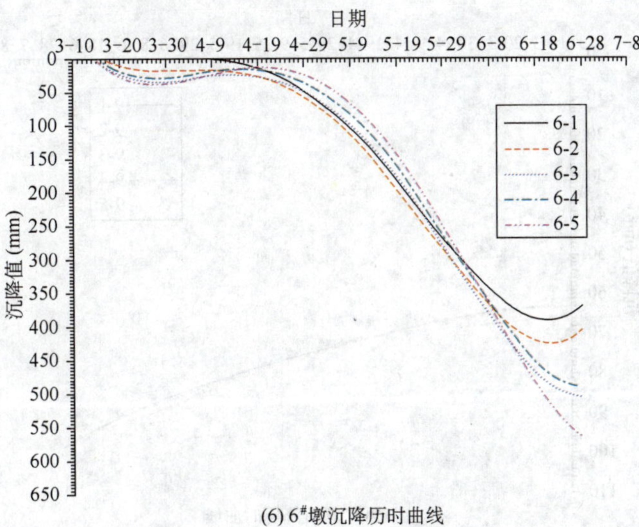

(6) 6#墩沉降历时曲线

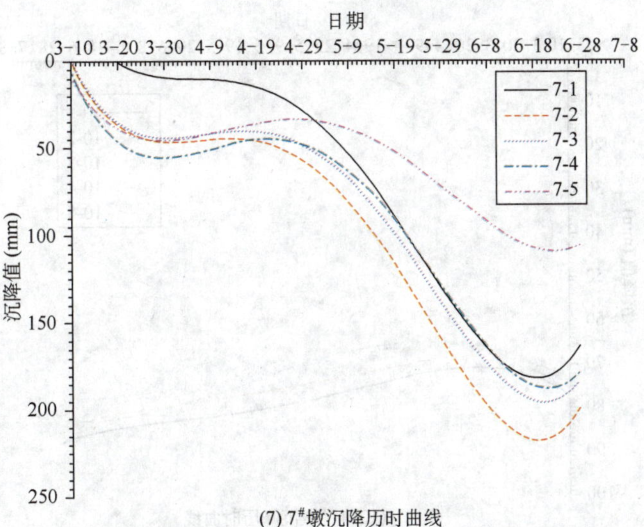

(7) 7#墩沉降历时曲线

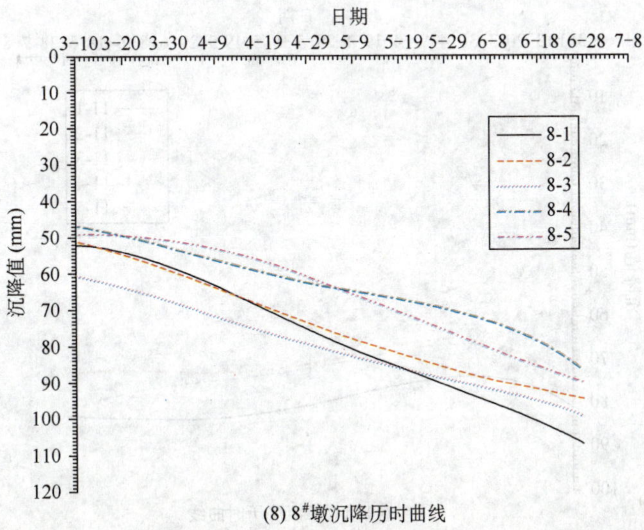

(8) 8#墩沉降历时曲线

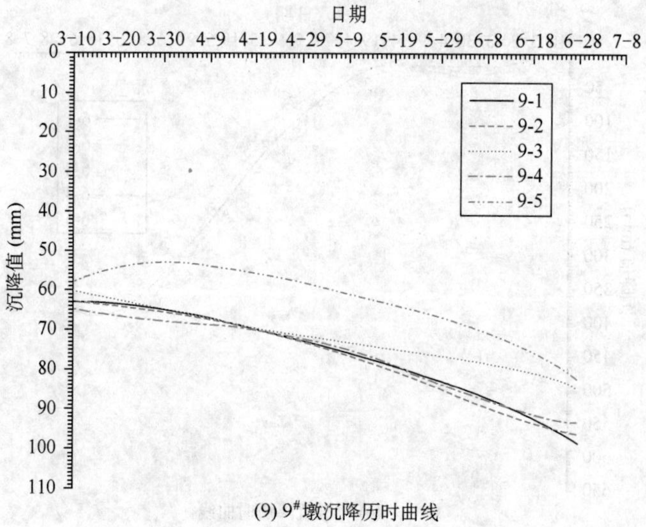

(9) 9#墩沉降历时曲线

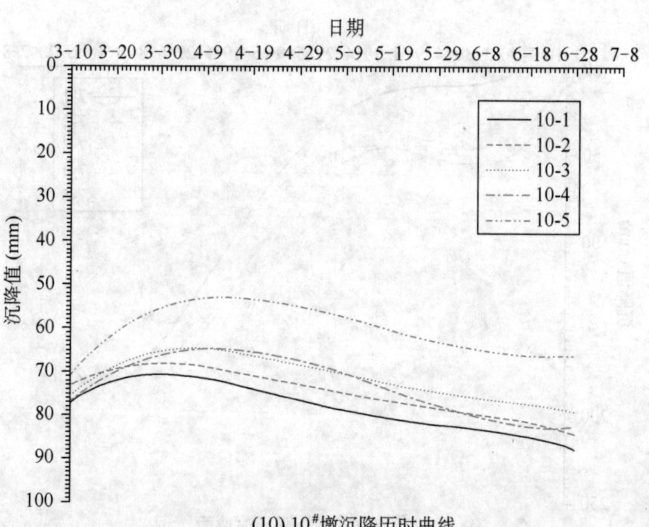

(10) 10#墩沉降历时曲线

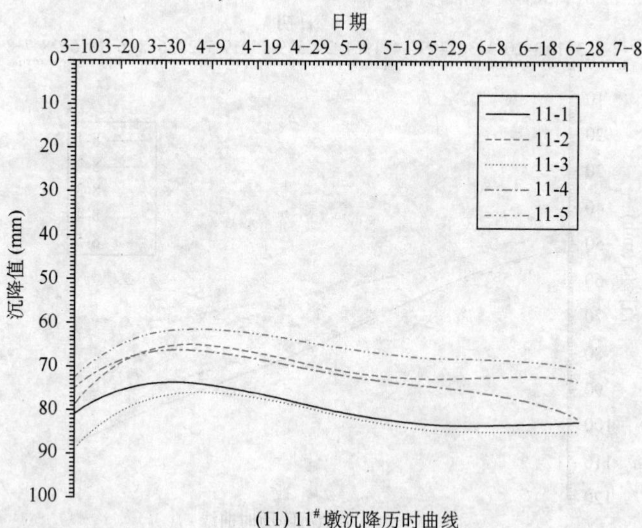

(11) 11#墩沉降历时曲线

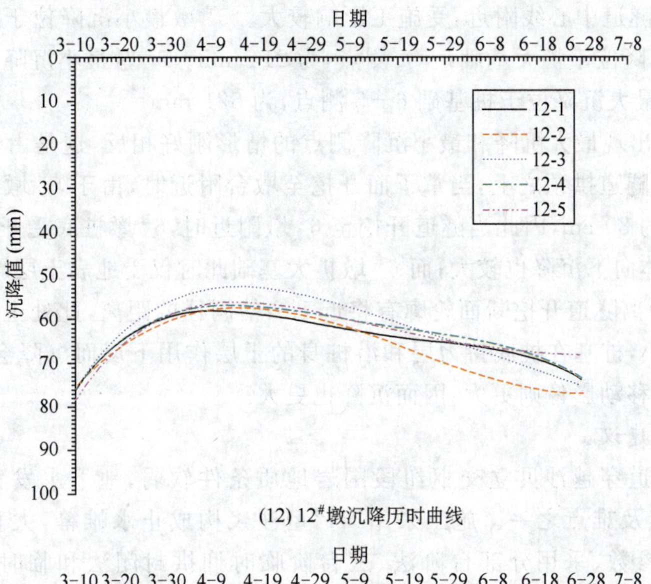

(12) 12#墩沉降历时曲线

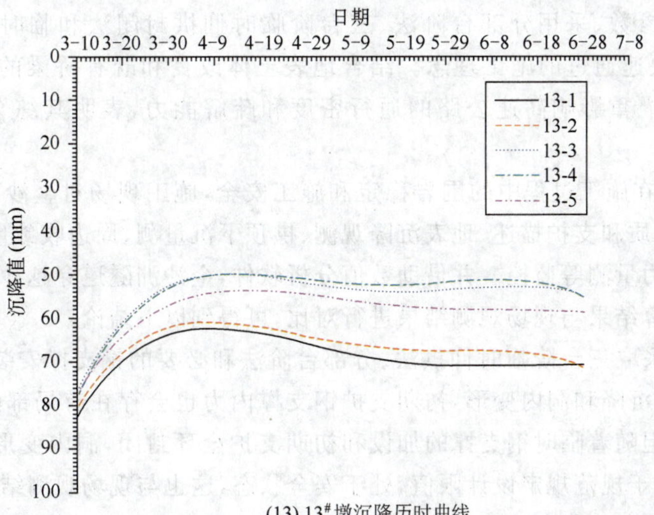

(13) 13#墩沉降历时曲线

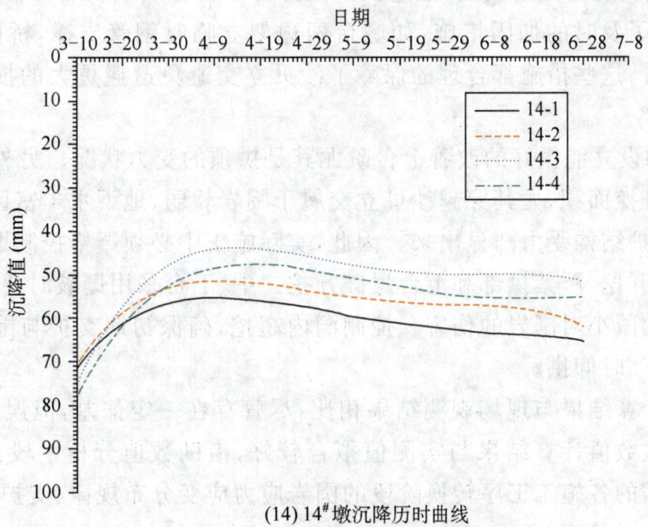

(14) 14#墩沉降历时曲线

注：标注为 5 的为桩基础沉降

图 8.3-38　沙贝立交桥各墩台沉降

5#、6#墩位于隧道中心线附近，受施工影响较大。5#墩最小沉降位于桩基础5－5测点，为141 mm；最大沉降位于扩大基础5－4测点，为214 mm。6#墩最小沉降位于扩大基础6－1测点，为391 mm；最大沉降位于桩基础6－5测点，为521 mm。

5#、6#墩相继出现最大沉降和最小沉降测点的情形刚好相反，这是由于5#、6#墩桩基础的桩底埋深均位于隧道拱顶之上，当掌子面开挖至墩台附近时，由于6#墩桩底距离开挖断面轮廓很近，仅仅为约80 cm，因此当隧道开挖至6#墩附近时，6#墩桩底受开挖断面附近土层影响较大，桩基随土体向下沉降也较大；而6#墩扩大基础此时仅受地表土层影响，因此相对沉降要小。5#墩由于距离隧道开挖断面轮廓有将近1.2倍洞径的距离，此处土层受施工扰动影响相对6#墩位置要小，桩基在桩底持力层和沿桩身的土层作用下反而沉降会相对较小；扩大基础此时受地表土层移动影像则更大，因而沉降也更大。

8.3.10.5 结论和建议

(1) 金沙洲隧道穿越沙贝立交枢纽段围岩地质条件软弱，地下水发育，开挖断面大，是本隧道施工的重点及难点之一。施工采用“H”型注浆构成止水帷幕，大直径管棚注浆预加固、加强初期支护参数、采用分部台阶法、三台阶临时仰拱封闭法和临时钢支撑的架立，实现了快速封闭和快速通过的施工理念。结合地表土体改良和既有桥梁的加固，本段施工顺利快速完成，又未严重影响高速公路的通行密度和疏解能力，表明其综合的成套施工技术是有效的。

(2) 为了确保在施工过程中的围岩稳定和施工安全，施工现场对金沙洲隧道的两个断面进行了包括围岩地质和支护描述、地表沉降观测、拱顶下沉量测、周边收敛量测、型钢拱架内力量测、二次衬砌应力量测等监控。并借助数值分析软件，金沙洲隧道穿越沙贝立交桥的整个施工过程，将数值计算结果与现场观测结果进行对比，可得到以下结论：

1) 隧道开挖采取三台阶临时仰拱法、分部台阶法和必要的钢支撑安装通过该区间段时，会引起较大的地表沉降和洞内变形，初期支护钢支撑内力也会存在有局部的工序转换中暂时处于不安全状态，但随着临时钢支撑的加设和初期支护全环封闭，洞内变形、型钢拱架内力和二衬内力最终均小于规范规定设计限值，处于安全状态，这也与现场观测结果相符。

2) 虽然支护结构受力处于安全，但过大的沉降可能会影响地表结构物的正常使用。现场对沙贝立交桥采取了及时的加固措施，如墩台两边架立临时钢管支撑，桥面采取千斤顶回顶等，从现场观测来看，这些措施都合理的保障了沙贝立交避免遭遇更大的损害，保证其后期正常运营。

3) 临时仰拱的设立能很好的改善上台阶尤其是拱顶的受力状况。另外，像金沙洲隧道这样超过150 m^{2}的开挖面积，尤其穿越沙贝立交属于围岩软弱、地下水丰富区域，爆破对围岩的影响最终可通过支护结构受力凸显出来。因此，实际施工中必须严格控制爆破方法的采用，尽量采用人工和机械开挖，严禁拱部和上台爆破开挖。中、下台采用爆破时要严格控制进尺和装药量，确保尽可能的减小对围岩的伤害。控制洞内超挖，确保初期支护与围岩紧密接触，及时支护掌子面和铺设临时仰拱。

4) 多项数值计算结果与现场观测结果相比，尽管存在一定偏差，但误差在可接受范围之内，可充分说明本次数值计算结果与实测值拟合较好，借助数值分析手段去还原动态施工过程，可得到较为真实的各施工工序转换阶段的围岩应力应变分布规律、支护结构内力及对邻近桥梁基础影响评价。

5) 在金沙洲这样的软弱围岩地质条件下，采用以三台阶临时仰拱封闭法和分部台阶法为主的开挖工法穿越立交桥洞身段，数值计算结果和现场观测数据均表明会引起较大的地层竖向位移，但支护结构的受力状况又表明支护结构处于安全状态。由此可见，在不影响使用的前提下，如何在安全和效率之间进行施工方案的选择对比，仍是一个值得深入研究的问题。

(3) 由隧道开挖对临近桩基的影响分析结果可知，即使桩基距离隧道开挖边界或洞内掌子面较远，隧道开挖引起的桩周土体沉降也比较小，但只要桩基与桩周土体存在相对运动，其桩侧就可能会产生较大的沿桩身向下的负摩阻力；即使桩基和土体均存在较小的隆起现象，也可能会在桩侧接触面上产生较大的负摩阻力。这种现象在掌子面通过桩基前后一倍洞径距离时表现得更为强烈，因此，对于隧道开挖附近存在临近桩基时，应树立对桩基进行预保护的观念，提前对其进行预加固或加强桩基础构筑物的保护措施。

8.4　下穿城市地下管道风险评估与控制

8.4.1　金沙洲隧道下穿地下管线工程概况

8.4.1.1　工程概况

金沙洲隧道出口 DK2196＋110～＋555 段，下穿环城高速公路佛环匝道、建设大道，拱部穿行在流塑状淤泥地层中，埋深 3.57～12 m。其中下穿建设大道的 DK2196＋220～271 段，该区间段土层管线与隧道走向近乎垂直，埋深为 1～3 m，管线多而密集，且材质、管径、保护要求等又不尽相同，如图 8.4-1 和图 8.4-2 所示。

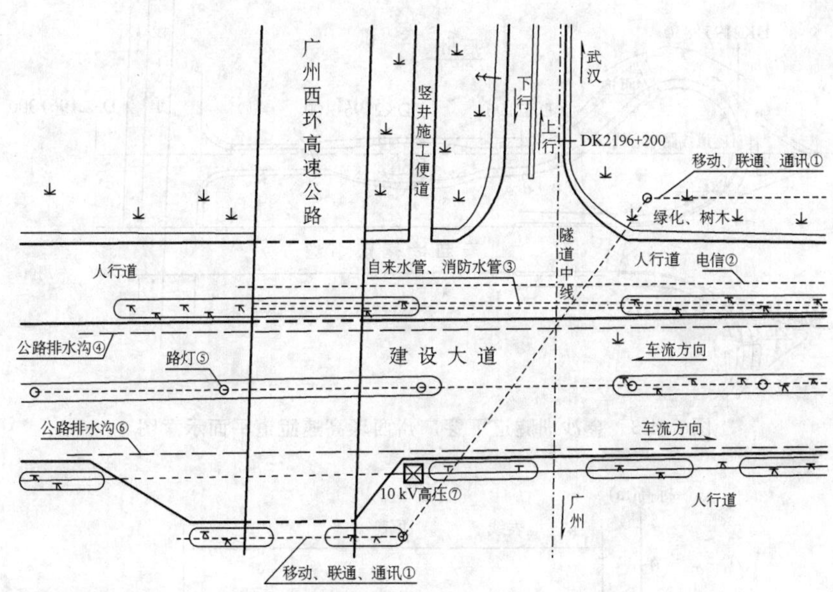

图 8.4-1　金沙洲隧道下穿建设大道管线调查平面示意图

隧道施工势必会引起邻近地层的位移和变形，进而带动临近地下管线的移动，造成地下管线产生纵向拉应力，拉应力超过一定范围会造成管道断裂或接头被拉脱。这样会造成严重的经济损失，影响人们的正常生活。DK2195＋850～DK2196＋110 下穿佛环匝道，隧道基本上从匝道正下方穿越，如图 8.4-3 所示。在断面 DK2195＋850 隧道顶拱离地面 18.3 m，在断面 DK2196＋100 隧道顶拱离地面 13.82 m，具体情况如图 8.4-4 和图 8.4-5 所示。隧道埋深基本在 1.5 倍隧道直径范围内，加上地质条件差，隧道开挖势必造成地面沉陷，影响地面交通和管线系统的正常运营，现需要对金沙洲隧道下穿佛环匝道和建设大道施工风险进行评价，确保管线系统和地面交通安全。金沙洲隧道与广州西环高速公路匝道的空间关系如图 8.4-3 和图 8.4-4 所示。

8.4.1.2　建设大道地下管线分布调查

由于管线的刚度远远大于土体的刚度，又必然会对周围土体的移动产生抵抗作用，管线与土层相互作用的力学机理复杂，管线的现状力学性质难以准确描述，管线的当前承载能力和抵抗变形的能力难以准确确定，从而直接决定了管线的控制标准难以确定。在数值模拟上，由于土体力学性质分布的空间特性、管线与周围土体相互作用的复杂性及施工力学模拟的复杂性，使得模拟结果不能令人满意。要对其进行精细风险评估

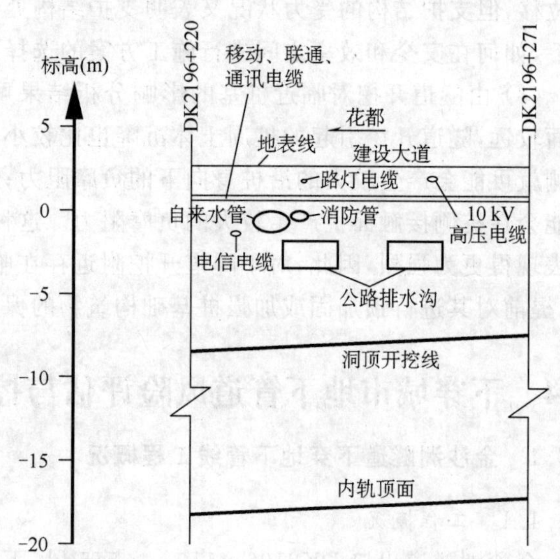

图 8.4-2　金沙洲隧道下穿建设大道管线调查剖面示意图

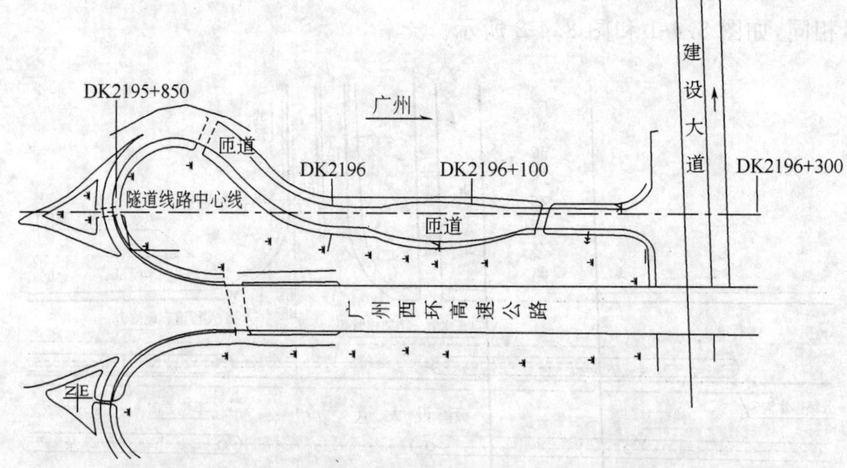

图 8.4-3　金沙洲隧道下穿广州西环高速匝道平面示意图

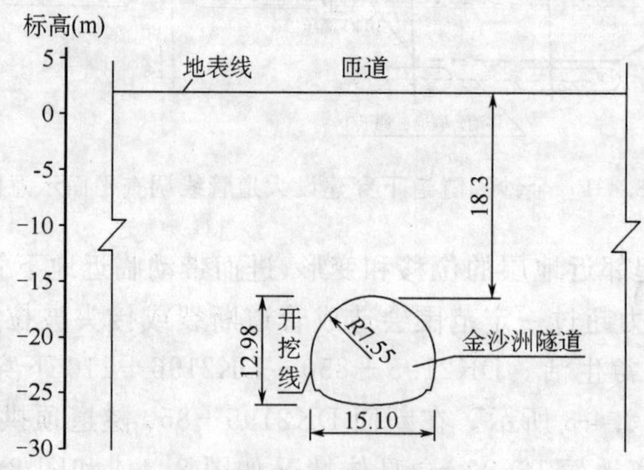

图 8.4-4　金沙洲隧道下穿广州西环高速匝道 DK2195＋850 剖面图

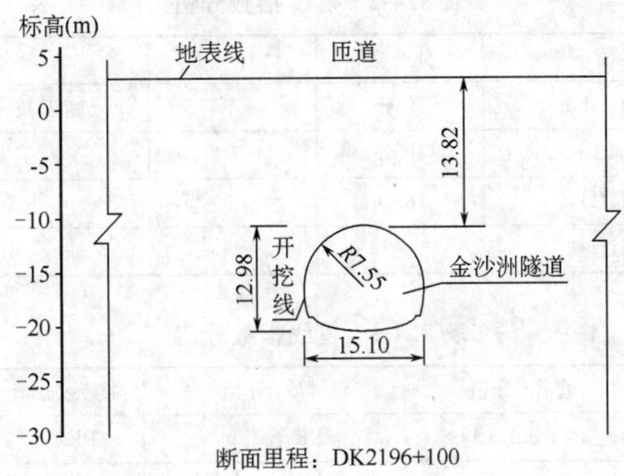

图 8.4-5　金沙洲隧道下穿广州西环高速匝道 DK2196＋100 剖面图

基本上是不可能的，通过分析，管线对土体移动的抵制作用主要与管线的管径、刚度、接头类型及所处位置等因素有关。采用肯特风险评价方法进行比较合适，得到的结论也比较可信。建设大道地下管线种类多，数量多，管径大小差异大，埋深基本在 3 m 以内。根据风险评估的要求，对建设大道进行了详细的调查，具体情况见表 8.4-1。

表 8.4-1　建设大道下穿段管线调查分布表

编号	里　程	管线项目	数量	管　径	埋　深	材　质
1	DK2196＋214	煤　气	1 根	11 cm	3.35 m	PE 管
2	DK2196＋220	移动、联通、通讯	12 根	10 cm	1.2 m	PVC 管
3	DK2196＋223	电　信	4 根	10 cm	2.5 m	PVC 管
4	DK2196＋227	自来水管、消防管	各 1 根	1.6 m、0.6 m	1.5 m	铸铁管
5	DK2196＋230	公路排水沟	1 道	2.2 m×1.8 m	2.3 m	钢筋混凝土矩涵
6	DK2196＋240	路　灯	4 根	—	1 m	电缆线
7	DK2196＋252	公路排水沟	1 道	2.2 m×1.8 m	2.3 m	钢筋混凝土矩涵
8	DK2196＋255	10 kV 高压	—	10 cm	1 m	钢管地埋、铁塔高架

8.4.2　建设大道地下管线风险评估

在隧道施工过程中，对第三方结构物的风险评价中，造成事故的原因主要有三大类，隧道因素、地层因素和建筑物因素。通过对这三个因素分别评分，可以得到隧道施工风险因素。

肯特综合指数风险评价法是在管道风险评价方面比较完整的方法，现在相对比较成熟，优点是不必建立精确的数学模型和计算方法，不必采用复杂的强度理论，而是在有经验的现场操作人员和专家意见的基础上，结合一些简单的公式进行打分评判，其评价的精确性取决于专家经验的全面性和划分影响因素的细致性、层次性。采用肯特综合指数风险评价方法具体计算如下。

（1）隧道指数

（2）地层指数。围岩级别Ⅵ级：98 分

（3）管线指数

表 8.4-2　隧道指数分值

序号	隧道特征	分　数	序号	隧道特征	分　数
1	隧道跨度 15.1 m	10 分	4	施工技术水平良好	18 分
2	隧道埋深 12 m	10 分	5	工期紧张	3 分
3	施工方法 CRD 法	18 分	6	外界环境差	4 分
合　计			63 分		

表 8.4-3　管线指数分值

编号	管线类型/分值	管径/分值	材质/分值	接头/分值	完损状况/分值	管线指数
1	煤气/9	11 cm/10	PE 管/30	PE/30	完好/15	94
2	移动、联通、通讯/5	10 cm/10	PVC 管/9	PVC/15	完好/10	49
3	电信/58	10 cm/10	PVC 管/9	PVC/15	完好/10	49
4	自来水管、消防管/7	1.6 m、0.6 m/4	铸铁管/24	法兰/24	完好/10	69
5	公路排水沟/8	2.2 m×1.8 m/2	钢筋混凝土矩涵/21	橡胶止水/24	完好/10	65
6	路灯/5	—	电缆线		完好	
7	公路排水沟/8	2.2 m×1.8 m/2	钢筋混凝土矩涵/21	橡胶止水/24	完好/10	65
8	10 kV 高压/5	10 cm/10	钢管地埋、铁塔高架/15	承插/10	完好/10	50

（4）影响系数、综合指数和风险评估结果

表 8.4-4　管线评估结果

编号	管线项目	基础指数	S1	S2	综合指数	风险等级
1	煤　气	580	1	1	580	极　高
2	移动、联通、通讯	272	1	0.8	217	低　度
3	电　信	272	1	0.8	217	低　度
4	自来水管、消防管	426	1	1	426	高　度
5	公路排水沟	402	1	1	402	高　度
6	路　灯	—	—	—	—	—
7	公路排水沟	402	1	1	402	高　度
8	10 kV 高压	309	1	1	309	中　度

（5）评估结论

根据肯特综合风险指数评价方法，风险接受准则分为四级：低度、中度、高度和极高。金沙洲隧道下穿建设大道，将对建设大道的地下管线系统中不同类型的管线造成不同程度的影响。经风险评价得出煤气管线为极高，自来水管和排水管在施工中的风险等级为高度，10 kV 高压电缆风险等级为中度，其余风险等级为低度。考虑到煤气管线为极高，自来水管和排水管的施工风险为高度，应引起高度重视，并制定相应的防范和监控措施，将风险降低到可接受等级。

8.4.3　建设大道地下管线风险控制

金沙洲隧道在穿越建设大道埋深有大量的地下管线，其中在 DK2196＋214 处下穿煤气管道。该处隧道拱顶距离地面 12.7 m，煤气管道在隧道上方横穿，埋地深度为 3.35 m，距离隧道顶部 9.35 m。该址处淤泥层覆盖较厚，隧道施工时地表不可避免地会发生沉降，如不采取措施，可能危及煤气管道的安全，造成严重的安全事故。为了确保施工安全，应将风险较大的管线减低到可接受的水平。

8.4.3.1　施工前地基加固进行管线保护

为减少地表下沉量，对该里程段范围内的淤泥层全部采用水泥土搅拌桩进行加固，加固高度为拱顶以上 6 m 范围，加固宽度为隧道开挖断面外左右侧各 4 m，桩间距 40 cm，桩直径 60 cm，相互咬合 20 cm。为保证煤气管道安全，管道两侧各 2.5 m 范围内不采用水泥搅拌桩处理(图 8.4-6)。

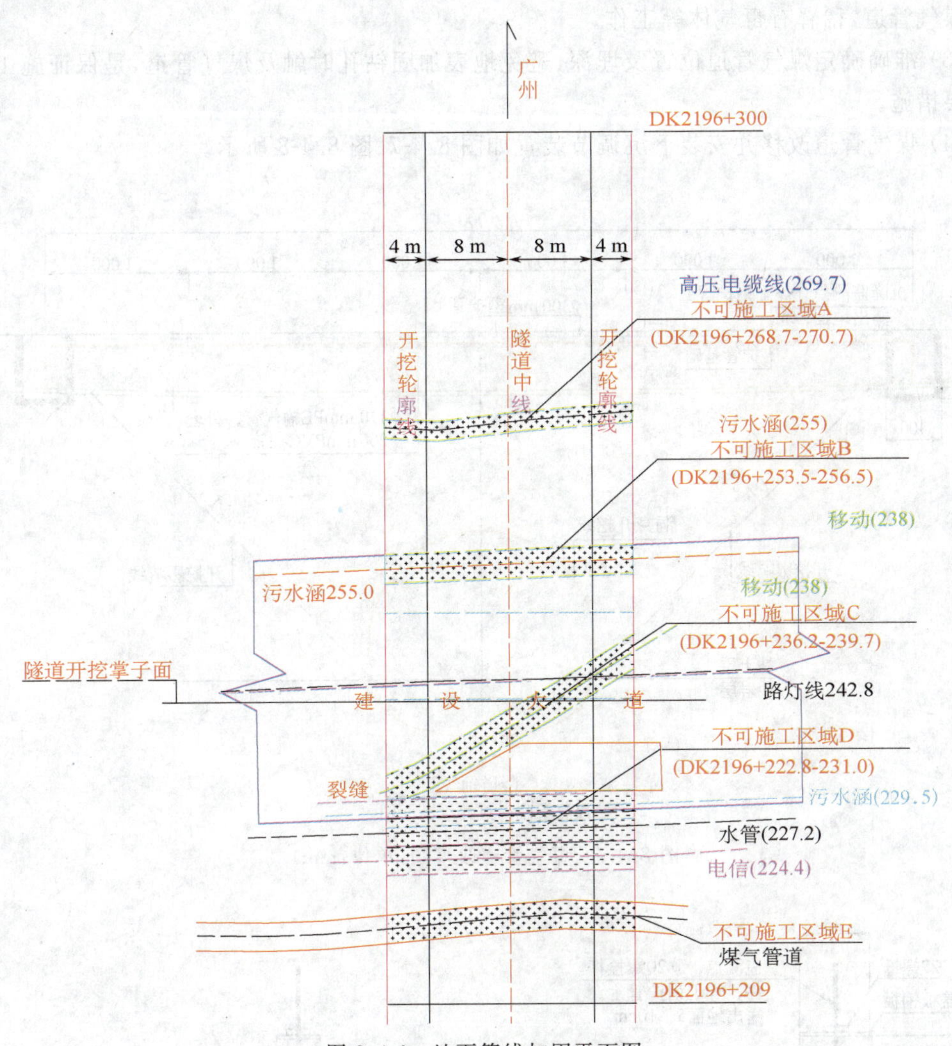

图 8.4-6　地下管线加固平面图

煤气管道位置处及其两侧各 2.5 m 范围，采用袖阀管注浆加固措施，具体方法是：在煤气管道两侧 1.5 m 处布置一排袖阀管注浆孔，孔间距 1.5 m，加固长度为隧道两侧各 20 m，宽度为煤气管两侧各 2.5 m。隧道开挖断面及两侧各 4 m 范围内加固深度为隧道起拱线处至拱顶以上 6 m，其余部位加固深度为隧道拱顶至拱顶以上 6 m。

通过高压将水泥浆液渗透到周边土体中，可确保煤气管道底部淤泥层固结，最大限度减少隧道开挖过程中的地表沉降。根据在深圳地铁的实际经验，可将地表沉降控制在 20 cm以内。为保证压注的水泥浆不至于影响煤气管道，施工过程中严格控制注浆深度及注浆量。

8.4.3.2 施工过程中进行动态控制

(1) 在管道顶部地面每隔 5 m 布置一个水准观测点,由技术人员每天不少于 1 次进行地表沉降观测,若变化速率增大,则增加观测频率。由于地表沉降是缓慢发生的,通过地表沉降观测能够对煤气管道的安全进行预警,并可根据时间—沉降曲线预测最终沉降量,将观测结果及时反馈给应急小组可尽早采取预防措施。

(2) 使用专用仪器对煤气泄漏情况进行监控,当发生煤气泄漏后立即进行人员车辆疏散、关闭煤气管道,稀释有毒气体等工作。

(3) 准确确定煤气管道位置及埋深,避免地表加固钻孔时触及煤气管道,是保证施工安全的主要措施。

(4) 煤气管道改移并安装下沉调节装置如图 8.4-7、图 8.4-8 所示。

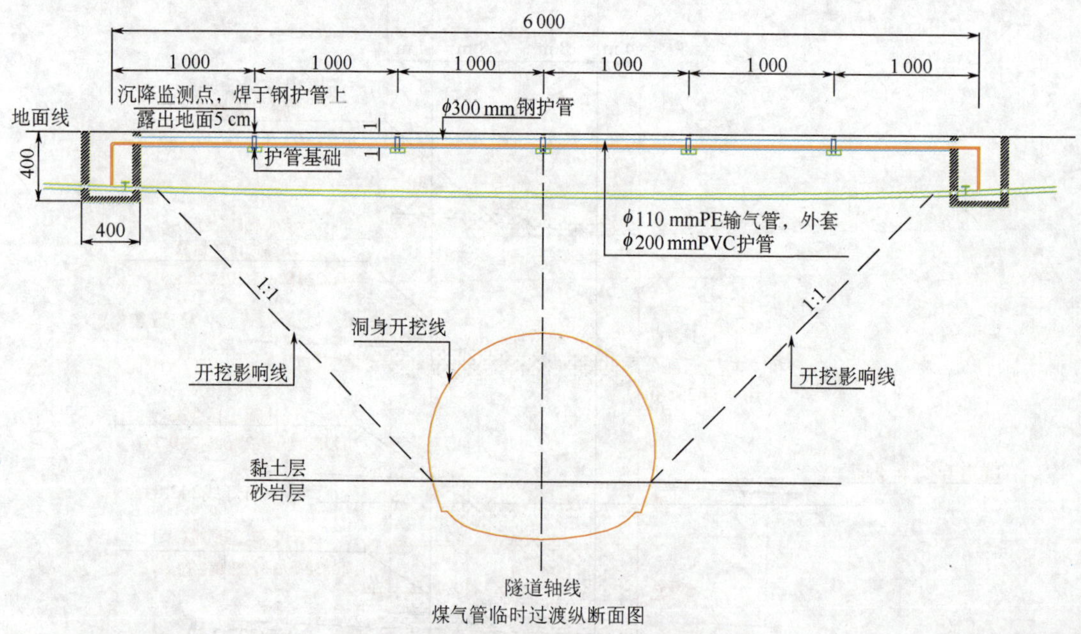

图 8.4-7 煤气管道改移图(单位:mm)

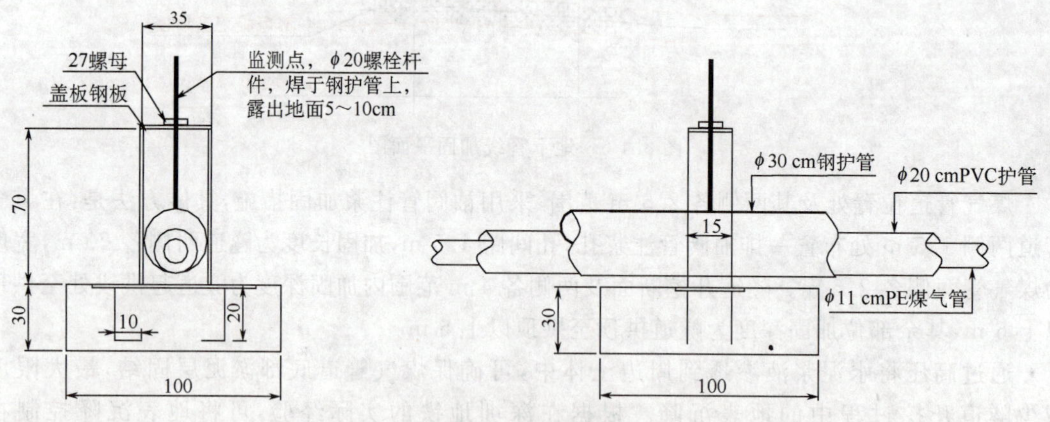

图 8.4-8 下沉调节装置图(单位:mm)

第 9 章　浏阳河隧道施工安全风险管理

9.1　工程简介

武广客运专线是我国铁路目前开工建设线路里程最长、技术标准最高的客运专线。其中，捞刀河至机场路段采用暗线长隧道(即浏阳河隧道)方案。

浏阳河隧道位于湖南省长沙市东部，捞刀河以南，自北向南依次穿过长沙市开福区捞刀河镇、芙蓉区东岸乡、雨花区黎托乡等。隧道起于潇湘西路南侧，在穿越京珠高速与长永高速立交的牛角冲互通立交后，通过星沙开发区的厂区密集群、高地学校区与民房区后下穿浏阳河，终于机场高速南侧。

隧道由中铁四局、中铁一局共同承建，隧道平面分布示意如图 9.1-1 所示。

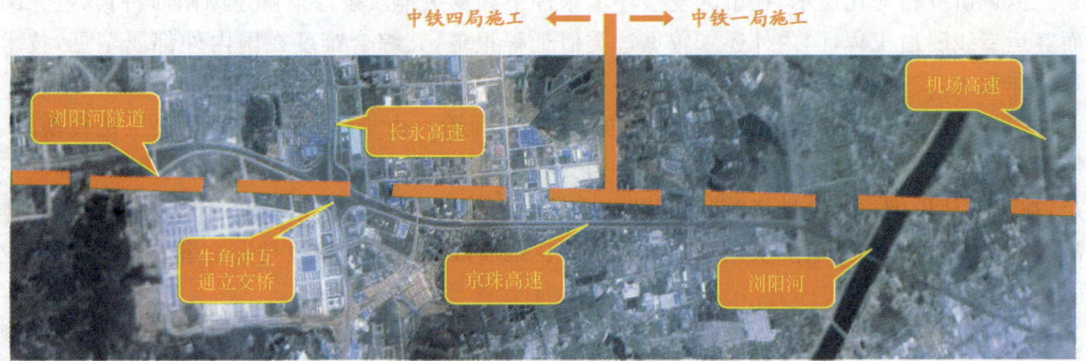

图 9.1-1　隧道平面分布示意

隧道采用单孔双线隧道方案，设计列车时速为 350 km/h，线间距 5.0 m，采用无砟轨道，线路起止里程为 DⅡK1560＋785～DⅡK1570＋900，全长 10 115 m。线路平面设计有 2 个 R＝9 000 m曲线以夹直线连接。隧道进出口处于两个反弯曲线上。隧道设计最大纵坡为 20‰。根据浏阳河隧道工期要求、施工场地以及逃生救援等实际情况，设计考虑设置 3 竖井＋1 斜井方案，属于国内特长、特大断面隧道，纵断面分布示意如图 9.1-2 所示。

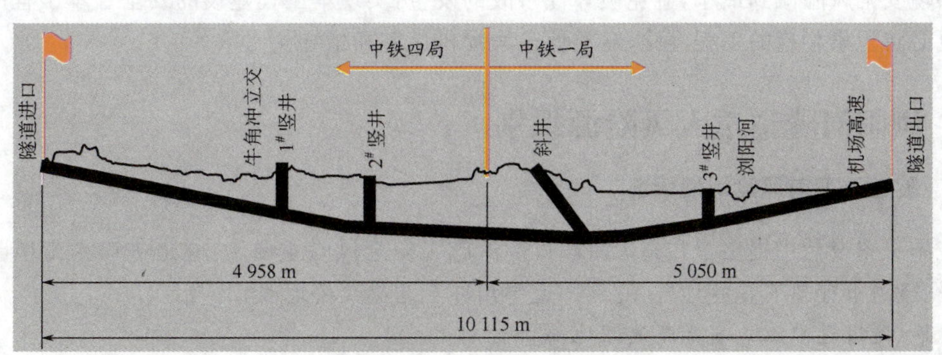

图 9.1-2　纵断面分布示意

浏阳河隧道工程具有隧道长、断面大、围岩软(绝大部分为软岩或极软岩,为Ⅳ～Ⅵ级的软弱围岩,易风化、易软化崩解;隧道还具有人工填土层厚、溶洞发育、风化不均匀、埋深浅等特点,具有复杂地质条件下山岭隧道工程的特点,施工难度极大)、风险高(隧道下穿长沙市区,周围环境设施众多,具有复杂环境条件下城市地铁工程的特点,施工安全风险高)、工期紧、技术新等六个方面的综合特点。

中铁四局施工隧道进口段 4 958 m(DⅡK1560＋785 至 DⅡK1565＋743,简称隧道北段),隧道结构自北向南依次为 129 m 明挖、586 m 暗挖,1 360 m 明挖,2 883 m 暗挖,隧道设计为拱形结构。隧道暗挖断面宽约 15 m,高约 13 m,开挖面积约 160 m^2;视围岩级别、隧道埋深和周围环境条件具体情况,施工方法主要有三台阶法、三台阶临时仰拱法、双侧壁导坑法;在隧道顶部分别设置了两个矩形竖井(16.8 m×8 m)。隧道北段设进口、明挖段、1# 竖井、2# 竖井四个工点八个作业面施工。中铁四局施工浏阳河隧道北侧进口端,隧道开始于穿潇湘西路南侧,穿越城市街道、高速公路、建(构)筑物、水塘、立交桥、管线、箱涵等市政环境设施。

该段隧道穿越地层有人工填土段、砂砾岩、砂岩、泥质砂岩,其间发育有溶洞、溶槽、风化槽谷等,地下水较发育。隧道洞身范围内的不良地质主要有溶洞、风化槽谷、膏盐、人工填土层、软弱围岩、地下水中等丰富。

据调研资料对比显示,在市区复杂环境条件下和复杂地质条件下修建浏阳河特长、特大断面客运专线隧道工程,国内外还未曾见过类似工程报道,其综合难度在国内外都属罕见,技术难度非常大,安全风险极大。在施工期间,主要面临的安全风险:

(1) 大断面隧道工程施工过程自身的结构安全风险。由于隧道跨度断面大、工法转换多、地层条件及上部荷载复杂、开挖方式及结构受力转换多样化,而且在特大断面隧道施工经验不足,在某些地段围岩稳定性极差,由于超前支护不当等原因极易造成坍塌、冒顶,甚至诱发山体滑坡等安全事故,从而引发安全风险事故。不良地质段和隧道洞口段是安全事故多发地段,应引起高度重视。

(2) 施工对周边环境造成安全风险。由于特殊的工程及地质条件,本工程环境安全问题更为突出,这是本工程的重点和难点,在某种程度上决定着工程的成败。

(3) 由于浏阳河隧道是武广客运专线的控制工程,技术标准等级高,工期要求非常紧,也可能存在由于管理和施工组织不当或者其他原因造成工期延误的风险以及存在着质量、造价和环保等方面的风险。

浏阳河隧道穿越市区地段是一项高风险的难点工程,对其实现专项的安全风险管理是非常必要的。在施工过程中采取一整套完善的风险控制方案以及有效的监控措施,可以使该工程的环境安全风险减到最小,避免破坏性事故的发生,实现本工程建设的安全。本工程的成功实践也必将积累相应的工程经验,对类似工程提供借鉴和指导。

9.2 浏阳河隧道重大风险源识别

9.2.1 隧道开工前风险识别情况

在施工图设计中提出了在施工阶段可能的施工安全风险主要为:隧道进口人工填土超浅埋地段、隧道下穿排水箱涵地段、隧道邻近牛角冲互通立交桥地段。

9.2.1.1 隧道进口人工填土超浅埋地段

隧道进口段 DⅡK1560＋914～DⅡK1561＋010 段地表为施工用地,隧道的拱墙位于人工填土地层中，主要为素填土、杂填土，土层厚度为 8.0～17.4 m，堆积时代较新，结构稍松～松散，标准贯入击数为 4～17 击，工程性质差且不稳定，围岩分级主要为Ⅵ级。

根据本段人工填土厚的特点，通过综合分析比较，为确保施工安全，设计考虑采用双侧壁导坑法施工。DⅡK1560＋914～DⅡK1560＋954 段超前支护采用洞口 Φ108 长管棚；DⅡK1560＋954～DⅡK1561＋010 段超前支护采用洞身 Φ108 长管棚套打 Φ42 超前小导管，长管棚长环向间距 0.4 m，小导管长 3.5 m，环向间距 0.4 m；同时对该段隧道两侧采取地表钻孔桩加固处理，钻孔桩设置在隧道结构开挖线外 0.4 m，纵向间距 1.0 m，桩底标高为仰拱结构底以下 2 m，且侧壁导坑采用超前小导管预支护，其布置方式同拱部。

9.2.1.2　隧道下穿排水箱涵地段

风险主要为隧道施工引起地层沉降过大，从而导致箱涵开裂，进一步会渗水到隧道内，风险发生的后果等级为严重的，而风险发生的几率为可能，即风险等级为高度风险。风险应对措施为风险缓解：采用机械开挖与弱爆破开挖，双侧壁导坑法施工，洞身段采用 ϕ108 长管棚套打 ϕ42 小导管。长管棚环向间距 0.4 m。施工中长管棚的长度和角度应根据开挖面和箱涵的具体位置关系做适当调整，并加强监控量测，有条件时可采用开挖保护。

9.2.1.3　过牛角冲互通立交桥地段

隧道施工对桥梁墩台基础影响很小，风险概率为偶然，又由于互通立交桥连接长永高速公路和京珠高速公路，重要性不言而喻，从而风险的后果等级为很严重的，风险等级为高度风险。采用风险缓解的应对措施——采用机械开挖和弱爆破法开挖，双侧壁导坑施工，洞身段拱部采用 ϕ108 长管棚套打 ϕ42 小导管支护。长管棚环向间距 0.4 m；小导管长 3.5 m，环向间距 0.4 m；同时，侧壁导坑外侧采用超前小导管预支护，其布置方式同拱部。

9.2.2　隧道施工过程中风险再识别

隧道施工过程中，上述的风险仍然存在。鉴于隧道工程的复杂性以及目前勘测技术水平的局限性，本研究综合应用了工程地质预报法、专家法、核查表法等多种方法进行风险识别。

(1) 工程地质预报与核查表相结合

综合应用 TSP 超前地质预报、水平钻芯取样和掌子面预报相结合的方法，在探明地质情况的基础上进行风险识别。

在风化槽地段，设计阶段未作为风险，施工阶段通过地质预报，探明有风化槽存在，并结合《铁路隧道风险评估与管理暂行规定》中的“矿山法风险因素核对表”，探明此处存在塌方风险。

(2) 现场调查与专家法相结合

根据施工阶段揭示的地质情况和实际条件，在需要重大变更设计的时候，建设单位先后多次组织专家到现场进行考察，并召开了多次国内著名专家参加的评审会议。通过专家调查，根据浏阳河隧道工程实施的基本条件和现场及周围环境获取第一手材料，预测和判断可能存在的风险因素，对隧道风险识别至关重要。

在隧道进口暗挖段，在探明此处地层为上软下硬且下穿排水箱涵，原设计推荐的双侧壁导坑难以满足工期要求，为此提出分部台阶工法，并邀请专家进行论证。

(3) 现场调查与核查表法相结合

结合《地铁及地下工程建设风险管理指南》和《铁路隧道风险评估与管理暂行规定》中风险因素核对表，可以判断浏阳河隧道存在对邻近结构物影响的第三方风险，主要的邻近结构物为下穿排水箱涵、下穿京珠高速公路、邻近牛角冲互通立交桥。

(4) 分解分析法

根据分解分析法的思想，将上述识别的邻近结构物风险和塌方风险，进一步分解成若干个子风险影响因素(或子风险系统系统)。

(5) 工程经验类比法

结合同类隧道工程经验，知道浏阳河隧道还存在环境影响风险，如空气污染、水污染、固体废弃物污染、噪声污染；职业健康风险，如粉尘、洞内有毒有害气体；灾害性事件风险，如灾害性天体、爆炸、火灾等；意外事故风险，如物体打击、坠落、用电事故等。

浏阳河隧道是武广客运专线穿越长沙市城区的大型地下工程，邻近结构物众多。周边邻近结构物的风险最大。应用肯特法对浏阳河隧道过主要邻近结构物的风险进行有针对性的评估；结合数值模拟和变形控制标准判断现有施工方案的变形安全特性，进一步结合风险监测，修正变形监测基准。

9.3 安全风险管理关键问题研究

9.3.1 施工安全控制标准与预警

隧道施工引起的地层变位对邻近结构物造成的危害主要表现在结构物的倾斜过大及地中管线的变形、断裂而影响正常使用的情况。通常在招标文件中给出的地表变形控制基准值，是根据已有的建筑规范以及以往的工程实例确定的。但由于地表建筑和地下管线种类繁多，建筑结构类型千差万别，用同一控制基准值难免对于某些地段可能过于保守，增加工程造价，而某些地段则会出现险情，甚至造成灾难性后果。为了力争使给出的变形控制基准值既保证邻近结构物的安全，又能降低工程造价，有必要对控制基准值做更深入的分析，制定合适的变形控制基准值。通常地表沉降控制基准值应综合考虑地表邻近建筑物、地下管线及地层和结构稳定等因素，分别确定其允许地表沉降值，并取其中最小值作为控制基准值。

本节主要就隧道无邻近结构物时、下穿管线、下穿公路、近桥施工的变形控制标准进行研究，据此计算浏阳河隧道不同地段的控制标准，建立基于变形的风险监测及预警体系。

9.3.1.1 变形控制基准确定原则

变形控制基准值是隧道邻近既有结构物施工风险评估的重要内容之一，也是风险监控工作实施的前提，是为确保被监控对象安全而确定的最大允许值。在监测过程中，一旦监测数据超过控制基准值，监测部门应该在监测报表中醒目地标注出，予以报警，同时与有关部门共同研究分析，必要时可对控制基准值进行调整。一般参照以下原则确定控制基准：

(1) 应满足现行相关设计和施工的规程、规范和指南等的要求。

(2) 由建设、设计、监理、施工等相关部门共同确定，列入监测方案。

(3) 有关隧道邻近结构物监测控制基准值应保证其安全和正常使用，并考虑邻近结构物主管部门所提出的要求。

(4) 监测控制基准值应具有工程施工可行性，在满足安全的前提下，应考虑提高施工速度和减少施工费用。

(5) 对一些目前尚未明确规定控制基准值的监测项目，可参照国外类似工程的监测资料确定。

(6) 应根据具体工程现场监测结果和工程经验，分析围岩及支护结构的稳定状态及周边环境的安全状况，对预先确定位移允许值进行修正。

(7) 城市地下铁道或隧道通过城市建筑群时位移基准值应控制的尽量小一些;而山岭隧道位移基准值可以适当大一些。

9.3.1.2 变形控制基准确的确定

经过理论分析、经验类比、参阅规范等方法,研究得出浏阳河隧道各地段具体的地表变形(沉降)控制见表 9.3-1。

控制指标还应根据具体工程的现场监测结果和工程经验,分析围岩及支护结构的稳定状态及周边环境的安全状况。对预先确定位移允许值进行修正,以确保最终的位移基准值是安全、经济、合理的。

表 9.3-1 浏阳河隧道初步拟定的变形监测控制标准

项 目		预警值(mm)	警戒值(mm)	极限值(mm)
无邻近结构物段 DⅡK1563+320 ～DⅡK1563+410		30	40	50
下穿京珠高速地段		60	80	100
下穿机场高速地段		15	20	25
下穿排水箱涵地段		12	16	20
邻近牛角冲互通立交桥段	地表沉降	27	36	45
	桥墩单墩沉降	6	8	10
	桥墩横向沉降差	3	4	5
	桥墩顺向沉降差	6	8	10

9.3.1.3 监测预警管理

邻近结构物的变形控制管理基准如下(图 9.3-1),以控制标准的60%作为预警值,80%作为警戒值;超过预警值,要加强监测频率,超过警戒值,应立即修正支护参数,采取措施后方能继续施工。

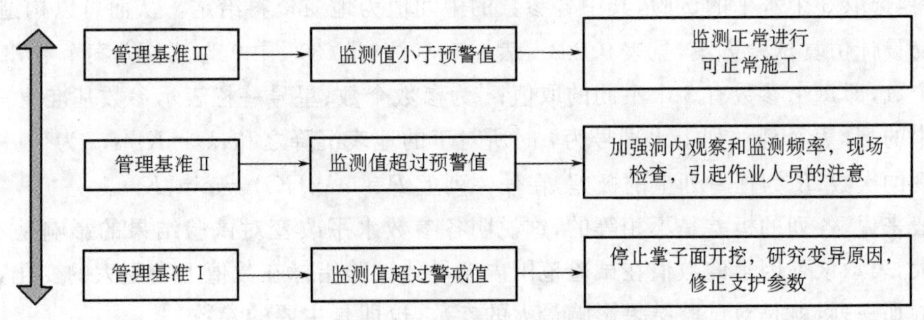

图 9.3-1 浏阳河隧道变形监测预警管理

同时,在实际监测中,还应根据位移(沉降、收敛)时程曲线的形状和变化趋势对监测数据进行形象化判释:如果位移时态曲线始终保持 $d^2u/dt^2<0$,说明位移速率不断下降,这是稳定的标志,可正常施工。当位移—时间曲线出现反弯点(如图 9.3-2 中的 A 点所示),也即位移出现反常的急剧增长现象时($d^2u/dt^2\geqslant0$),表明围岩和支护已呈不稳定状态或危险状态,需发出警告,同时应加密监视,并适当加强支护,必要时应立即停止开挖,在进行施工处理后方可进行开挖。

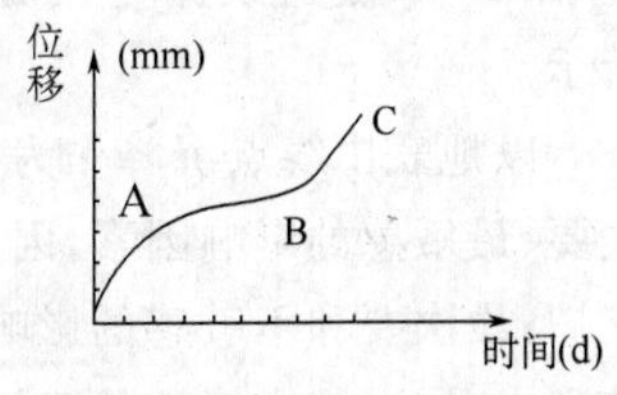

图 9.3-2 形象化时态曲线

9.3.2 施工变形围岩参数敏感性分析

隧道开挖是一个卸荷系统，开挖引起的地层损失会引起地层变形，从而导致邻近结构物也会产生变形，变形过大，则会对结构物造成风险。因此，很有必要研究地层变形的参数敏感性问题。本节在前面有无邻近结构物的变形控制标准理论分析基础上，进一步探讨围岩参数对变形的影响。

围岩参数通常是弹性模量、泊松比、摩擦角、黏聚力和重度等，因素较多，而各参数通常为非定值，具有较大的变异性。地质(地层)的不确定性和变异性决定了隧道施工的高危性，也决定了风险必须根据地质变化而调整。考虑到隧道围岩重度在地质勘测时一般变化不大，下面着重研究弹性模量、泊松比、摩擦角、黏聚力对变形的影响。

9.3.2.1 变形对围岩参数的敏感性分析

参数的敏感性通常可用全面试验设计(Overall Design)和正交试验设计(Orthogonal Design)两种方案进行分析确定。一般当参数个数和参数的水平个数(变化个数)不多时，宜采用全面试验设计，通过数据分析可获得丰富的信息，而且结论比较准确。当参数个数及其水平数较多时，如果对每个参数的每个水平值(变化值)都相互搭配进行全面试验，试验次数是惊人的，例如对于 4 个参数 4 水平的试验，全面试验设计至少为 $4^4=256$。

表 9.3-2 各参数的水平

水平 i	弹性模量 E(GPa)	泊松比 μ	黏聚力 c(kPa)	摩擦角 φ(°)
1	0.11	0.41	70	38
2*	0.08	0.38	50	34
3	0.05	0.35	30	30

根据正交设计原理，选取弹性模量、泊松比、摩擦角、黏聚力 4 个参数，结合浏阳河隧道的地质资料，选取 3 个水平的试验，其中各参数的中间值为地质资料给定。从而可以构造$L_9(3)^4$隧道正交设计仿真试验方案，见表 9.3-2～表 9.3-3(注：$L_9(3)^4$ 中 9 为试验方案个数，3 为参数的水平个数，即每个参数有 3 个不同的取值；4 为参数个数；星号一栏表示参数基准值)。

表中的 K_i 表示任一列上水平号为 i 时所对于的地表沉降之和；$k_i=K_i/s$，s 为任一列上各水平出现的次数；R 为任一列上的极差，在任一列上 $R=\max\{K_i\}-\min\{K_i\}$。

一般来说，各列的极差是不相等的，这说明各参数水平改变对试验结果的影响是不同的，极差越大，表示该列因素的数值在试验范围内会导致试验指标在数值上有更大的变化，所以极差最大的那一列，就是对试验结果影响最大的参数，也即是主要的参数。

根据试验方案中的参数建立数值仿真试验模型(地段为 DⅡK1563＋410)，其中围岩和二次衬砌采用实体单元，初期支护采用壳单元；模型范围在横向左右距隧道中线取为 35 m，纵向上取 40 m(隧道线路走线方向)。总计有 27 600 个实体单元，29 438 个节点，如图 9.3-3所示。

以地表中线点沉降作为指标，则得结果分析见表 9.3-3，从表中分析可知：弹性模量是最主要、最敏感的影响因素，因为弹性模量直接影响到变形，所以在软弱围岩地段一般重在一次支护；最次要和不敏感的影响参数是泊松比；内摩擦角略大于黏聚力的影响，这是因为在屈服准则中，屈服与摩擦角的正切平方成正比，而与黏聚力一次方成正比。

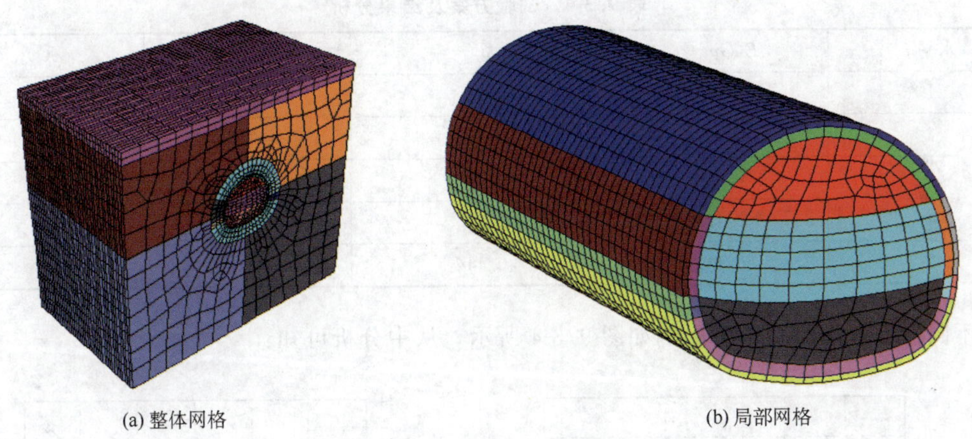

图 9.3-3　三台阶的三维模型

表 9.3-3　试验方案及结果分析

试验号	弹性模量 E(GPa)	泊松比 μ	黏聚力 c(kPa)	摩擦角 φ(°)	地表中线点沉降(mm)
1	0.11	0.41	70	38	25
2	0.11	0.38	50	34	29
3	0.11	0.35	30	30	37
4	0.08	0.41	50	30	41
5	0.08	0.38	30	38	38
6	0.08	0.35	70	34	35
7	0.05	0.41	30	34	59
8	0.05	0.38	70	30	53
9	0.05	0.35	50	38	49
K_1	56	80	71	69	
K_2	70	76	75	78	
K_3	105	75	85	84	
k_1	19	27	24	23	
k_2	23	25	25	26	
k_3	35	25	28	28	
极差 R	49	5	14	15	
参数主次	$E>\varphi>c>\mu$				

9.3.2.2　围岩参数对变形的影响态势分析

围岩参数对变形的影响态势主要以地质资料中围岩参数为基准，通过变化某一参数，同时保持其他参数不变，研究地表中线点沉降随该参数的变化趋势而实现。计算参数见表 9.3-4（星号一栏表示参数基准值），其中参数的变化考虑不同围岩级别之间的参数差值，每个参数在基准值基础上上、下变化 2 次，共有 17 种计算工况。

表 9.3-4 试验方案及结果分析

水平 i	E(Gpa)	μ	c(kPa)	φ(°)
1	0.02	0.32	10	26
2	0.05	0.35	30	30
3*	0.08	0.38	50	34
4	0.11	0.41	70	38
5	0.14	0.44	90	42

不同参数对地表变形的影响如图 9.3-4 所示。从中分析可知：

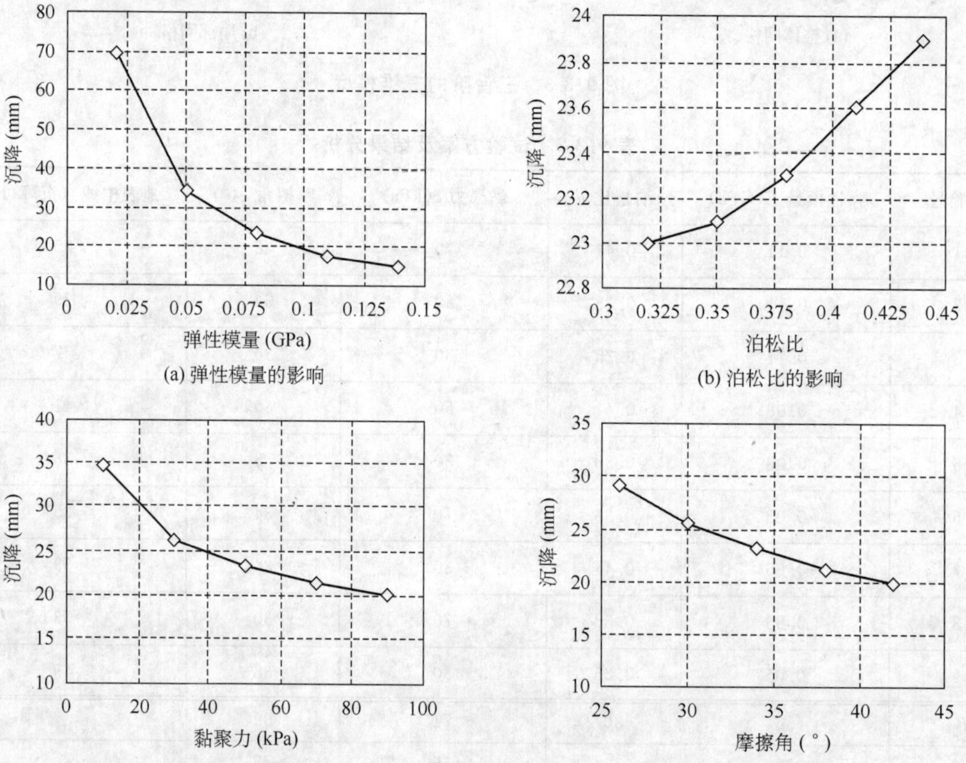

(a) 弹性模量的影响

(b) 泊松比的影响

(c) 黏聚力的影响

(d) 摩擦角的影响

图 9.3-4 各围岩参数对地表变形的影响

(1) 总体上，地表沉降随弹性模量的提高而减小；根据曲线的梯度(斜率)，还可看出沉降梯度随弹性模量的提高而降低，表明围岩弹性模量增大到一定的程度后，弹性模量的增大对减小地表最大沉降的作用越来越小。

(2) 黏聚力或摩擦角与地表沉降的规律与弹性模量的相同，也是随着黏聚力或摩擦角的提高，地表沉降不断减小；黏聚力或摩擦角提高到一定的程度后，同样对减小地表最大沉降的作用越来越小。

(3) 地表沉降随泊松比的提高而变化很小，最大沉降和最小沉降差值不到 1 mm，进一步表明泊松比对地表沉降影响较小。

从而，在软弱地层进行围岩的加固措施是经济合理的，而在条件很好的硬岩中再进行围岩加固则显得不经济。

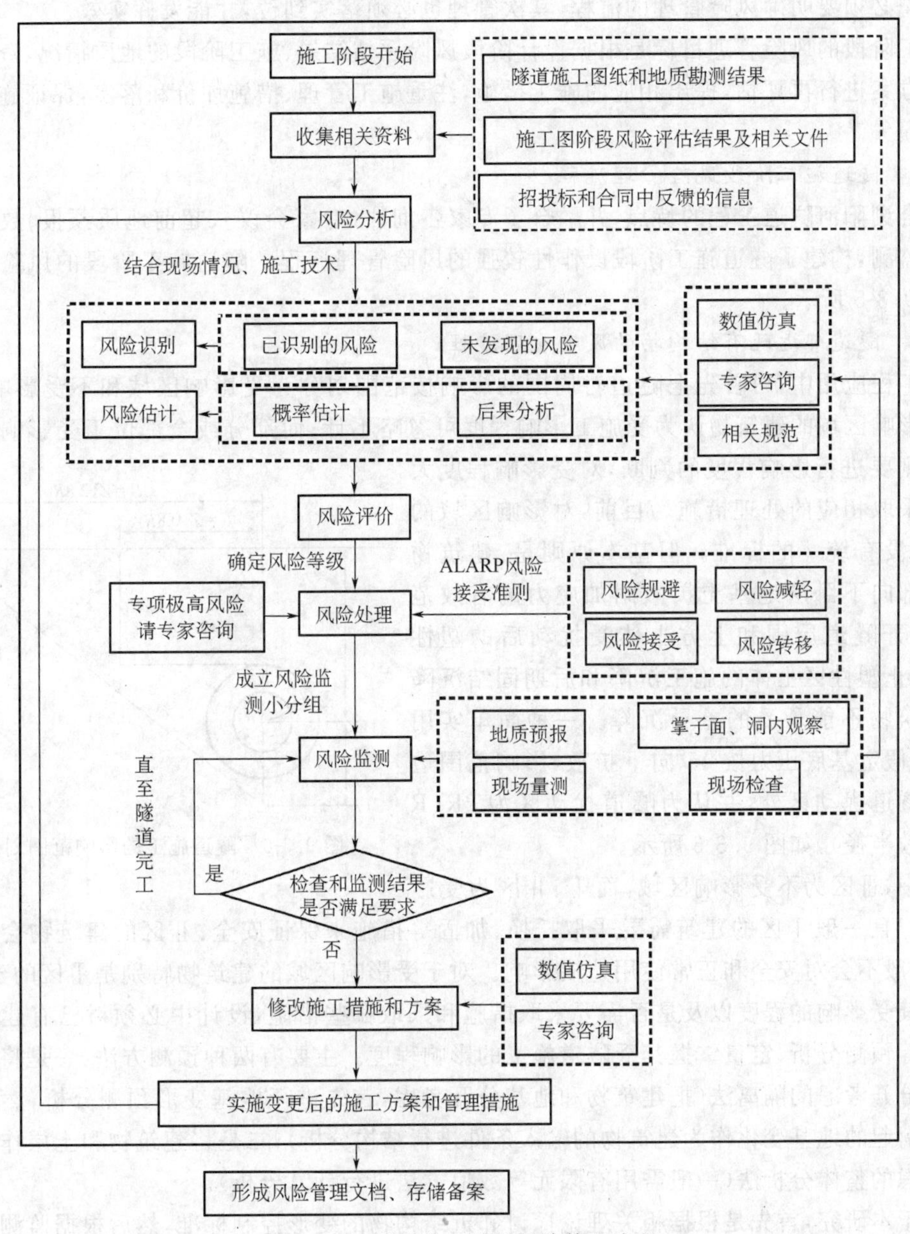

图 9.3-5　隧道施工阶段风险管理流程

9.3.2.3　结　　论

基于正交试验设计的数值仿真，探讨了地表沉降对围岩参数的敏感性，及其影响性态，探明了变形对弹性模量最敏感，其次是摩擦角和黏聚力，而对泊松比最不敏感；地表沉降随弹性模量、黏聚力、摩擦角的提高而减小，表明这些参数提高到一定的程度后，对减小地表最大沉降的作用越来越小；地表沉降随泊松比的提高而变化很小。从而，在软弱地层进行围岩的加固措施是经济合理的，而在条件很好的硬岩中再进行围岩加固则显得不经济。

9.3.3　施工安全风险管理流程

隧道施工阶段是工程风险管理过程的核心，也是工程风险能否得到有效控制的关键。而管理首先必须要明确风险管理的流程，其次管理也必须落实到位，才能发挥实效。

施工阶段的风险管理目标是根据设计阶段风险评估结果、施工阶段的地质情况、资源配置及实施方案进行再评估，提出相应的施工措施，注重施工管理、措施评价和落实，保证施工安全和减少损失。

9.3.3.1　隧道施工阶段风险管理流程

结合浏阳河隧道工程的特点，并融合了专家咨询法（专家会议）、超前地质预报、数值模拟及现场监测，构建了隧道施工阶段操作性较强的风险管理流程。隧道施工阶段的风险管理流程如图 9.3-5 所示。

9.3.3.2　隧道邻近既有结构物的风险管理流程

在工程应用中，可首先把隧道对周围的影响按范围划分为受影响区域和不受影响区域。对不受影响区域的建筑物认为受施工影响程度可忽略不计；而部分或全部位于受影响区域的建筑物则要进行影响程度的判断，对受影响程度大者需要采取相应的处理措施。目前，对影响区域的划分，还没有统一的标准。但基本原则是：建筑物基础底部向下卧层地基土扩散附加应力的有效范围，应离开隧道周围和上方土体受扰动后的塑性区，以防止塑性区土体的施工沉降和后期固结沉降引起建筑物不能承受的差异沉降。一种简单实用的方法：假定基底压力按 45°向下扩散，影响范围边线定在隧道扰动区外，并认为隧道扰动区为 2R（R 隧道等效半径），如图 9.3-6 所示。

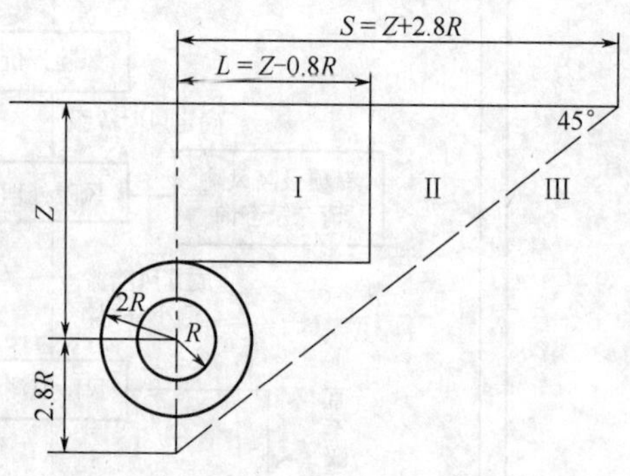

图 9.3-6　隧道施工的影响范围划分

其中，Ⅲ区为不受影响区域，而Ⅰ、Ⅱ区为受影响区域。且一般Ⅰ区的建筑需要采取托换、加固等措施来保证安全；Ⅱ区的建筑物会受到影响，但一般不会对安全和正常使用造成影响。对于受影响区域的建筑物特别是Ⅰ区的建筑物，为确定其受影响的程度以及是否需要采取措施和采取哪些措施，设计中必须对已有建筑物进行变形等预测分析，定量掌握其受隧道施工的影响程度。主要有两种预测方法：一是将建筑物和地层分开考虑的隔离法（把建筑物和地基分开考虑，首先进行地基变形预测分析，然后将隧道施工引起的地基变化作为建筑物的输入条件进行结构分析）；二是将建筑物和土层作为一个整体考虑的整体分析法（一般需用有限元等数值方法进行计算分析）。

对于本研究，首先是根据相关理论探讨邻近结构物的变形控制标准，然后根据监测数据及数值模拟等方法对施工风险进行评估，具体流程如图 9.3-7 所示。

9.4　隧道斜下穿排水箱涵段风险评估与控制

9.4.1　工程概况

浏阳河隧道在 DⅡK1562＋909～DⅡK1562＋966 段下穿京珠西铺道排水箱涵（隧道线路中线与排水箱涵纵向中线的交点位置为 DⅡK1562＋937.6），隧道与排水箱涵的平面位置关系及具体断面的关系如图 9.4-1 和图 9.4-2 所示。

排水箱涵用作长沙开发区排放污水及雨水，净空尺寸为 5 m×3 m（宽×高），基础为 0.5 m 厚混凝土，墙身为 0.3 m 厚钢筋混凝土，盖板为 0.5 m 厚钢筋混凝土。涵洞基础底距隧道拱

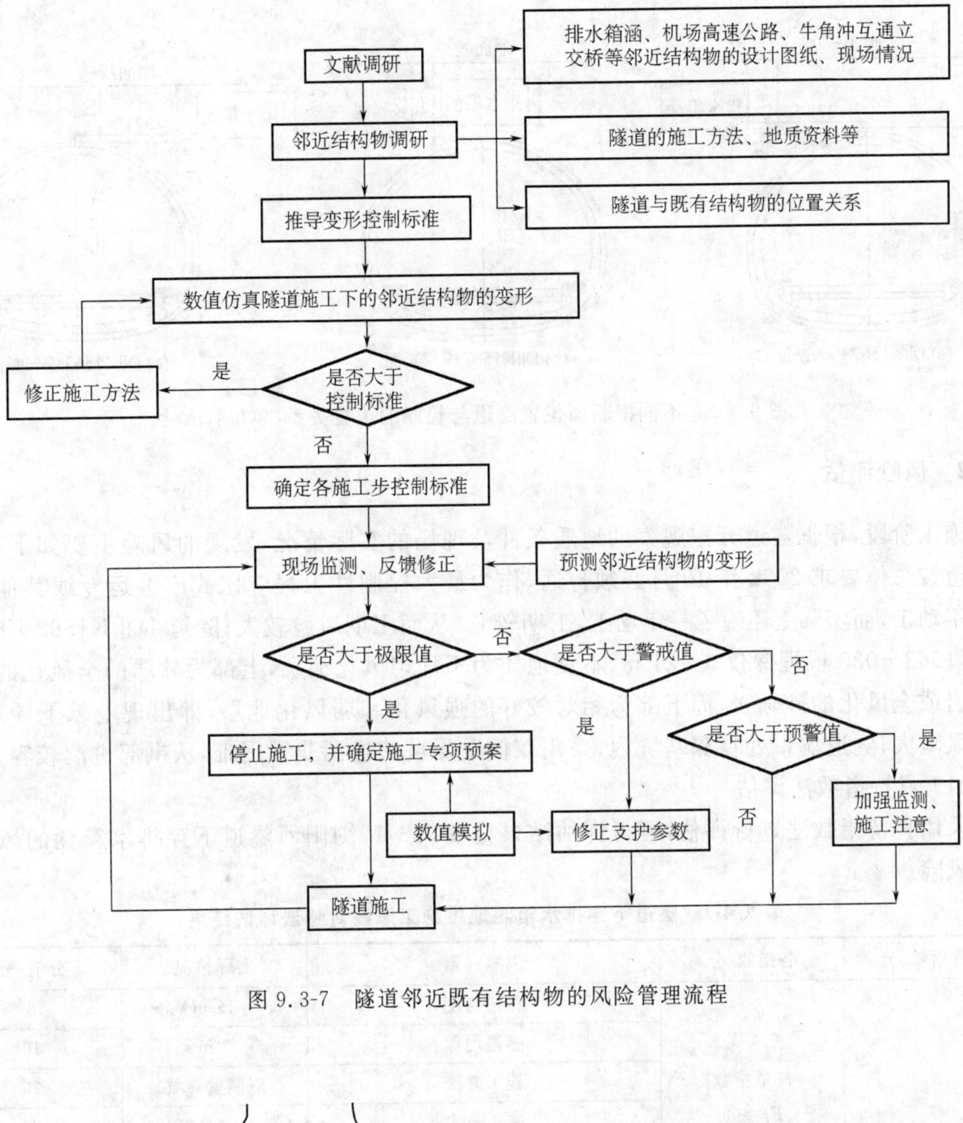

文献调研
排水箱涵、机场高速公路、牛角冲互通立交桥等邻近结构物的设计图纸、现场情况
邻近结构物调研
隧道的施工方法、地质资料等
隧道与既有结构物的位置关系
推导变形控制标准
数值仿真隧道施工下的邻近结构物的变形
是
修正施工方法
是否大于控制标准
否
确定各施工步控制标准
现场监测、反馈修正
预测邻近结构物的变形
是否大于极限值
否
是否大于警戒值
否
是
是
停止施工，并确定施工专项预案
是否大于预警值
是
否
加强监测、施工注意
数值模拟
修正支护参数
隧道施工

图 9.3-7 隧道邻近既有结构物的风险管理流程

西霞路
广州端
5 m×3 m 排水箱涵
2#检查井
3#检查井
隧道边界
隧道中线
隧道边界
浏阳河隧道
武汉端
DIIK1562+860
经贸西路
DIIK1562+909.2
DIIK1562+937.6
19°32′17″
DIIK1562+966

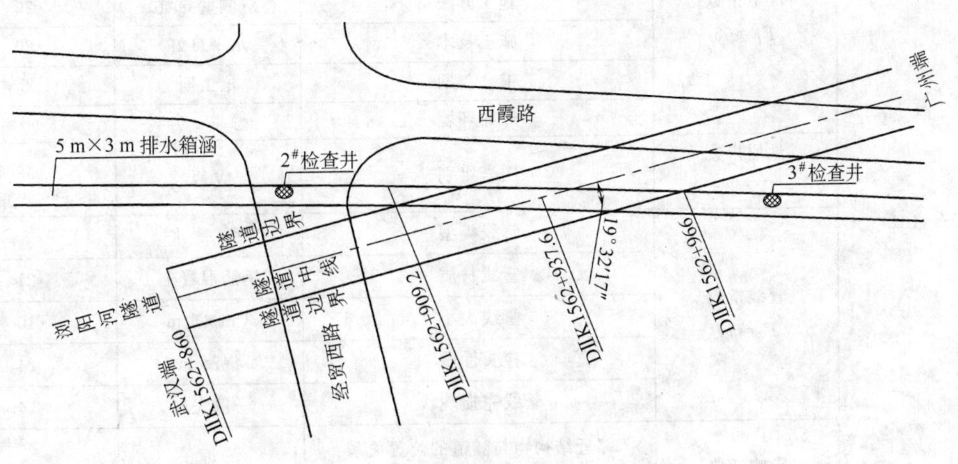

图 9.4-1 隧道轴线与箱涵的位置关系

顶最小高度仅 0.7 m,与隧道斜交 20°,影响长度 56.8 m。

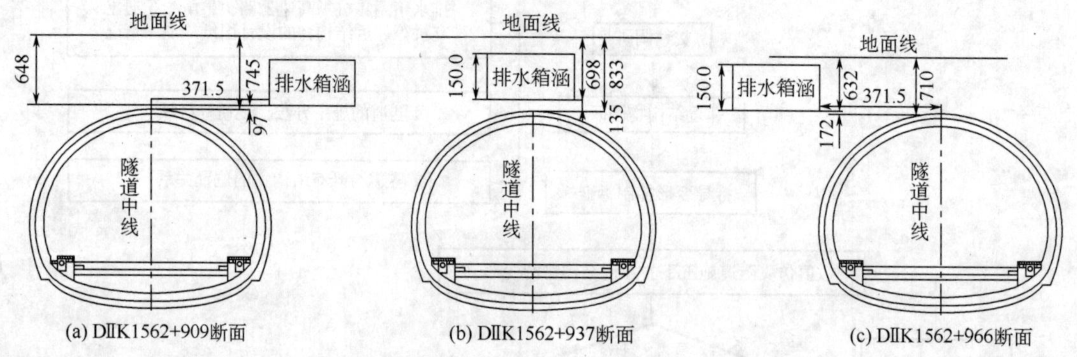

图 9.4-2　不同横断面位置隧道与箱涵的位置关系(单位:cm)

9.4.2　风险评估

施工阶段,根据隧道开挖观察的地质条件及现场的实际情况,发现的风险主要如下:浏阳河隧道按总体要求 2008 年 10 月必须打通,作为最大控制性工程应比武广客运专线其他标度早一年动工,而实际上还晚了一年动工,工期较紧,从而工期风险较大;隧道 DⅡK1562+860～DⅡK1563+020 段埋深仅 6～21 m,不良地质为不均匀风化地层,上部为软弱的全风化的泥质粉砂岩或全风化的砂砾岩,而下部为相对较好的强风化和弱风化地层,即出现上软下硬地层,地质风险大;隧道洞口处在深基坑内,采用双侧壁导坑法进洞非常困难,从拱部进洞较容易。

(1) 肯特指数法评估

采用肯特指数法进行评估,可得评估结果见表 9.4-1,浏阳河隧道下穿排水箱涵的风险为高度风险。

表 9.4-1　隧道下穿排水箱涵地段施工风险肯特法评估结果

综合指数/分	各指数/分	因　素	实际情况	分值/分
$TS=401$	隧道指数 $F_1=68$	隧道跨度	15 m	8
		隧道埋深	7 m	10
		施工方法	双侧壁导坑	20
		施工技术	水平良好	20
		工　期	抢工期	5
		外界环境	恶　劣	5
	地层指数 $F_2=85$	围岩级别	Ⅴ级	85
	管线指数 $F_3=77$	管线类型	污　水	8
		管线材质	钢筋混凝土	21
		管线大小	3 m×5 m	10
		接头性质	混凝土	24
		管线完损现状	一般完好	14
	影响指数 $MS=0.9$	邻近结构物与隧道的位置关系影响系数 S_1	极邻近	1
		邻近结构物的重要度影响系数 S_2	重　要	0.9

(2)模糊数学评估

采用模糊数学法进行评估。箱涵风险发生的概率估值为 0.8,确信程度为 VVC,取置信水平 λ=0.9,则可得风险发生的概率范围为[0.779,0.820],风险损失的估值见表 9.4-2(考虑各风险损失的权重相等,取置信水平 λ=0.9)。考虑各子风险损失的权重,可得综合风险损失值为 0.438,范围为[0.385,0.490];考虑风险发生的概率,可得风险评价值为 0.888,范围为[0.864,0.908],所以由模糊数学评估的结果为高度风险,这同肯特法评估结果相同。

表 9.4-2　排水箱涵风险事件损失的估计

风险损失	权　重	确信程度	损失估计值	模糊损失范围
经济损失	0.25	VC	0.4	[0.379,0.421]
工期损失	0.25	FC	0.4	[0.324,0.480]
人员伤亡	0.25	FC	0.2	[0.162,0.243]
环境损失	0.25	C	0.75	[0.675,0.816]

9.4.3　动态分部台阶法风险应对措施

风险应对是根据不同工法比选和专家法的结果,采用安全风险缓解措施,即采用新的开挖方法——分部台阶开挖工法。

隧道开挖施工方法常用的有双侧壁导坑法、CD 法、CRD 法等。双侧壁导坑法虽然主要应用于Ⅴ级围岩浅埋、偏压及洞口段,但其为先开挖隧道两侧的导坑,并进行初期支护,再分部开挖剩余部分的方法。CD 法主要应用于双线隧道Ⅳ级围岩深埋硬质岩地段以及老黄土隧道(Ⅳ级围岩)地段。CRD 法主要应用于Ⅳ级围岩深埋软质岩、浅埋、偏压地段以及Ⅴ级围岩深埋地段。

针对上软下硬地层及隧道洞口位于基坑内,采用双侧壁导坑法进洞非常困难,从拱部进洞较容易,根据专家会议意见和目前施工情况,提出从拱部进洞的分部开挖工法,先将上台阶分成左、右两个部分,并将中隔墙由以前的曲墙改变为直墙,这样,向其他工法如 CRD、CD 及三台阶法转换时更方便、快速;临时仰拱及中台阶的中隔墙可根据现场地质情况适当增设,衬砌及仰拱紧跟。该工法融合台阶法和中隔墙法的优点,工序干扰少,操作简单、安全可靠,适合中、大型机械进行施工,施工进度大大加快,并且临时支护少,降低了工程造价。工法转换的简图如图 9.4-3 所示,即无横向临时支撑时转换为 CD 法,有横向临时支撑时转换为 CRD 法。

9.4.4　风险应对措施力学机理

施工应对措施的力学机理主要从平面应变下不同侧压力力系数和不同椭圆形状隧道的周边应力分布角度进行分析,即是借鉴隧道的轴变理论。

通常,浅埋隧道的侧压系数 <1,由于使用功能要求以及其本身的特点和工程造价等因素的控制,大跨隧道一般做成扁平状,为了便于分析可近似地看成椭圆形,如图 9.4-4a 所示(实线为隧道实际轮廓线,虚线为近似的椭圆)。对于此时的隧道而言,恰恰是水平轴大于竖轴,根据"轴变理论",可知隧道形状很不利于隧道围岩的稳定性。但是分部开挖施工却可以很好的解决上述矛盾,如图 9.4-4b,隧道分部开挖工法下,隧道的竖轴大于水平轴,此时各分部开挖形状有利于隧道的稳定。

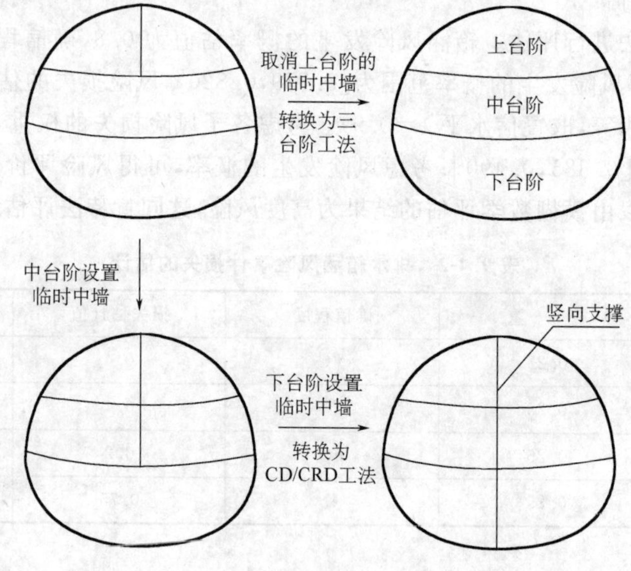

图 9.4-3　分部台阶工法和别的工法转换简图

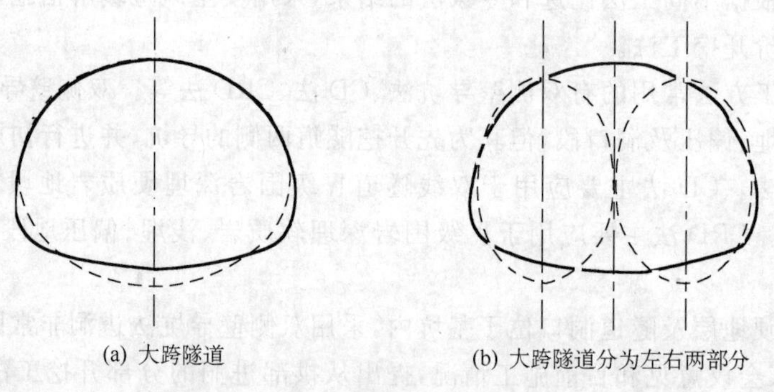

(a) 大跨隧道　　(b) 大跨隧道分为左右两部分

图 9.4-4　隧道分部开挖工法的力学机理

9.4.5　风险应对措施安全性分析

施工阶段风险应对措施的安全性分析，主要采用 FLAC3D 的数值模拟软件建立隧道施工的三维空间模型，从箱涵、地表、围岩和支护结构的变形受力等角度进行分析。

9.4.5.1　模型的建立

(1) 计算模型的简化

计算中假设原岩应力为大地重力场模型，模型中不考虑地下水的影响；预支护中小导管注浆看作安全储备，暂不考虑；而预支护(加固)中的大管棚，则采用提高其加固范围内的土体参数来等效模拟。但是对于加固参数的提高多少存在很大的随意性。参考相关文献可知，围岩越软弱，则预加固效果越明显，相关参数也提高得越明显，本文的加固参数提高是取相关文献提高效果的平均值。

对于加固范围的大小也有几种不同的看法：其一，为从隧道横断面上考虑加固范围，其二，从隧道纵断面上考虑加固范围。

① 情况一:从隧道横断面上考虑加固范围

管棚注浆采用单排管(图 9.4-5),假定浆液的扩散半径为 R,相邻两注浆孔间距为 S,则加固圈的厚度 D 为:

$$D=2\cdot[R^2-(S/2)^2]^{1/2} \tag{9.4—1}$$

相邻两管棚的间距设计为 0.4 m,管棚的扩散半径 $R=0.6S\sim0.7S$,则加固范围为 0.27～0.39 m。

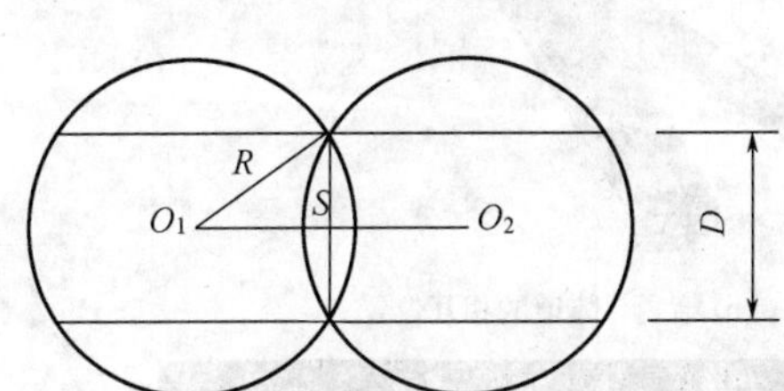

图 9.4-5　管棚加固范围计算示意图一

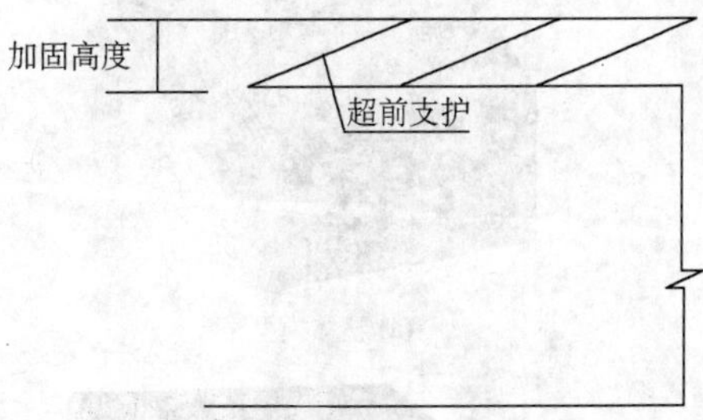

图 9.4-6　管棚加固范围计算示意图二

② 情况二:从隧道纵断面上考虑加固范围

该情况下的计算模型如图 9.4-6 所示。即支护长度在竖直方向上的投影长度。管棚的外插角为1°～3°,管棚长度为 18 m,则加固范围为 0.31～0.94 m。

综合情况一和情况二可知,情况一偏于安全,因此本文按照情况一进行分析,并且加固范围取为0.30 m。

锚杆、锁脚锚杆采用提高加固范围内的围岩参数进行模拟,初期支护中的喷射混凝土采用实体单元来模拟,其中型钢等效为喷射混凝土,如公式(9.4－2)所示。

$$E=E_0+(E_gA_g/L)/A_c \tag{9.4—2}$$

式中　E——折算后的混凝土弹性模量;

E_0——原混凝土弹性模量;

E_g——型钢弹性模量;

A_g——型钢截面积;

L——每榀钢架的间距;

A_c——喷射混凝土截面积。

根据设计资料,取 $E_0=23$ GPa, $A_c=250\ 000\ \text{mm}^2$, $E_g=210$ GPa, $A_g=3\ 557.8\ \text{mm}^2$, $L=0.6$ m。代入(9.4－2)式,得 $E=29.92$ GPa。

上台阶中墙的临时钢支撑也同样采用(9.4-2)式进行等效处理,并用实体单元模拟。围岩视为各向同性体,采用 Mohr-Column 屈服准则;二次衬砌采用实体单元进行模拟。材料参数中的泊松比按照地质资料中给的侧压力系数进行换算而得,公式如(9.4-3)所示。

$$\lambda=\mu/(1-\mu) \tag{9.4—3}$$

式中　λ——侧压力系数;

μ——泊松比。

对于围岩释放系数(即围岩、初期支护、二次衬砌各自承受荷载的比例)具有很大的不确定性,其与围岩条件、施工方法、支护措施等紧密相关[59]。根据浅埋暗挖法的工法要点:"紧支护、早封闭",假定开挖后立即进行初期支护,即支护和围岩共同承载受力。

(2) 网格划分与计算参数

三维几何模型及网格划分如图 9.4-7 所示，计算力学参数见表 9.4-3，其中围岩、初期支护、二次衬砌和箱涵用实体单元模拟，总计有 25.8 万个单元，22.9 万个节点。

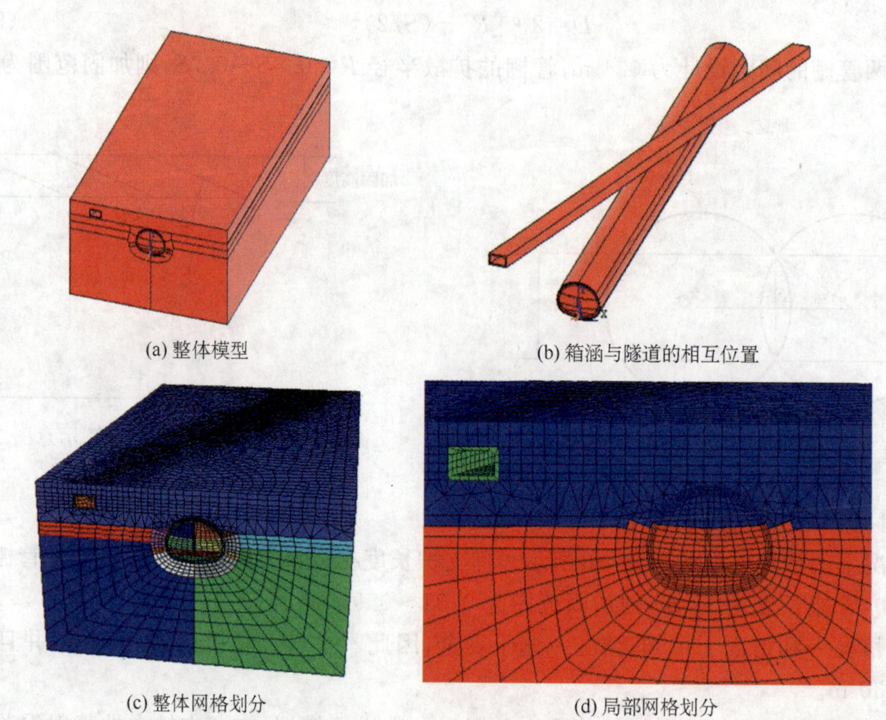

(a) 整体模型　(b) 箱涵与隧道的相互位置　(c) 整体网格划分　(d) 局部网格划分

图 9.4-7　几何模型和网格划分

表 9.4-3　计算力学参数

材料名称	E(GPa)	γ(kN/ m^3)	μ	c(kPa)	φ(°)	厚度(m)
1(1)围岩	0.007	20	0.43	38.4	15.3	—
4(3)围岩	1.48	23	0.22	860	39	—
管棚等效加固	0.28	20	0.34	383	26	—
初期支护	29.92	22	0.2	—	—	0.25
中墙支护	26.98	22	0.2	—	—	0.18
1(1)围岩锚杆加固等效	0.007	20	0.43	383	26	3.5
4(3)围岩锚杆加固等效	1.48	23	0.22	1720	46.6	3.5
二次衬砌	32.25	25	0.2	—	—	0.60

注：1(1)围岩为填土；4(3)围岩为弱风化泥质粉砂岩等。

9.4.5.2　排水箱涵三维变形形态及安全性分析

(1) 箱涵整体变形形态

图 9.4-8～图 9.4-11(图中单位：mm)给出了左侧上台阶开挖过箱涵前(上台阶左侧开挖 48 m)、过箱涵时(上台阶左侧开挖 78 m)、过箱涵后(上台阶左侧开挖 108 m)及二次衬砌施工完成后的变形图。从图中分析可知：

① 整体上，随着隧道开挖的推进，开挖面距离箱涵越来越越近，箱涵沉降的集中区也相对前移；

② 上台阶开挖 48～78 m 时，箱涵距离开挖面较近一侧下沉较大，而箱涵的前端发生略微隆起，后端无变形发生；

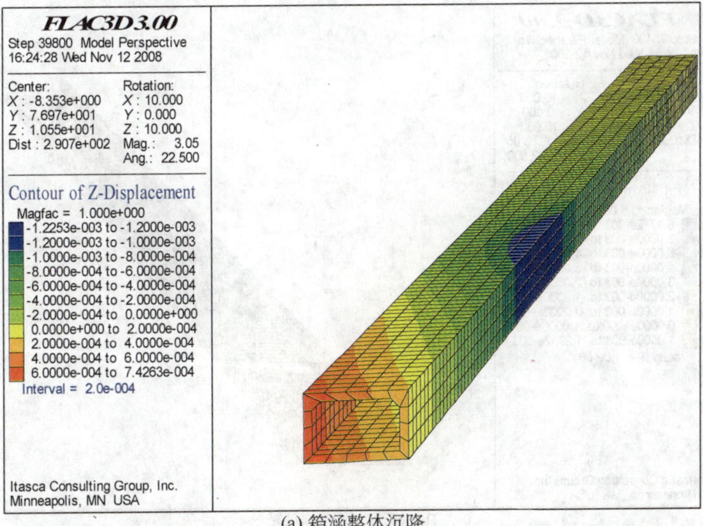

(a) 箱涵整体沉降

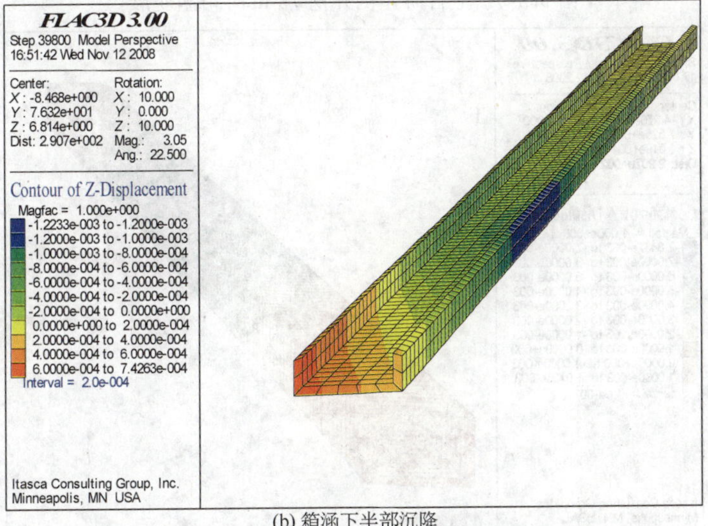

(b) 箱涵下半部沉降

图 9.4-8　上台阶左侧开挖 48 m 时箱涵变形

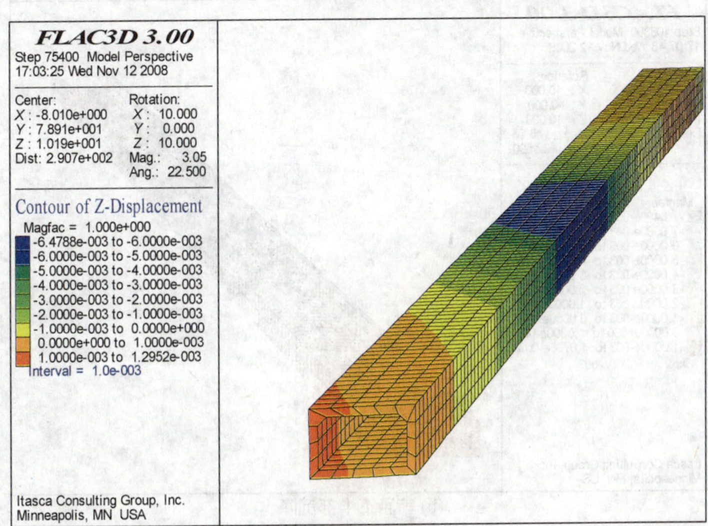

(a) 箱涵整体沉降

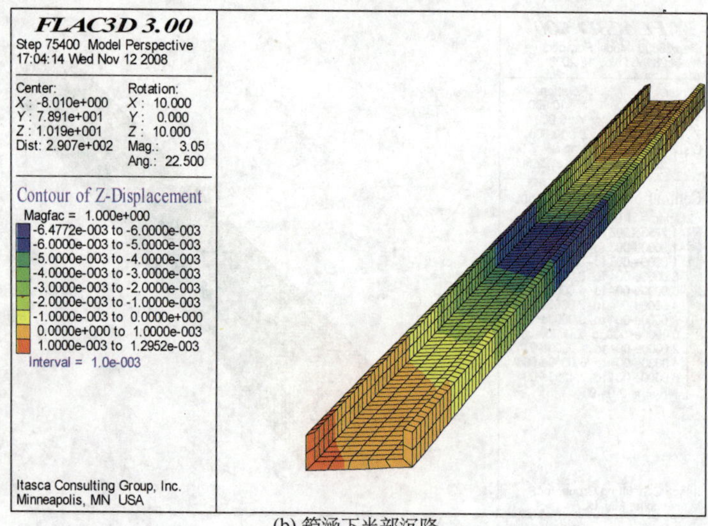

(b) 箱涵下半部沉降

图 9.4-9 上台阶左侧开挖 78 m 时箱涵变形

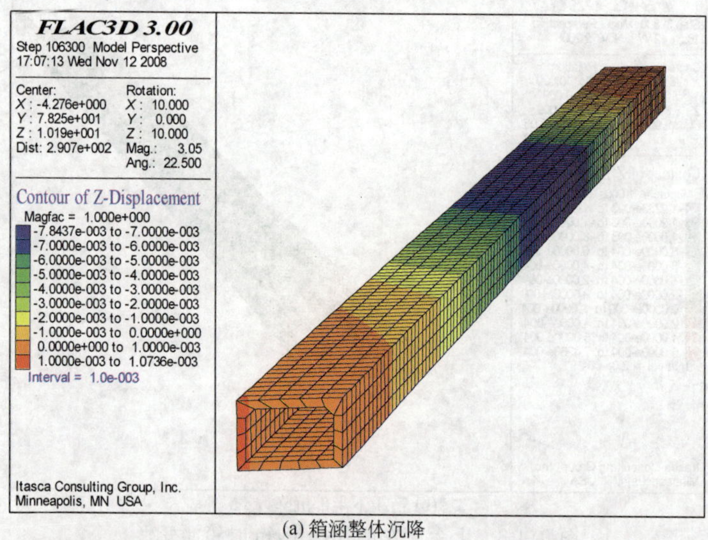

(a) 箱涵整体沉降

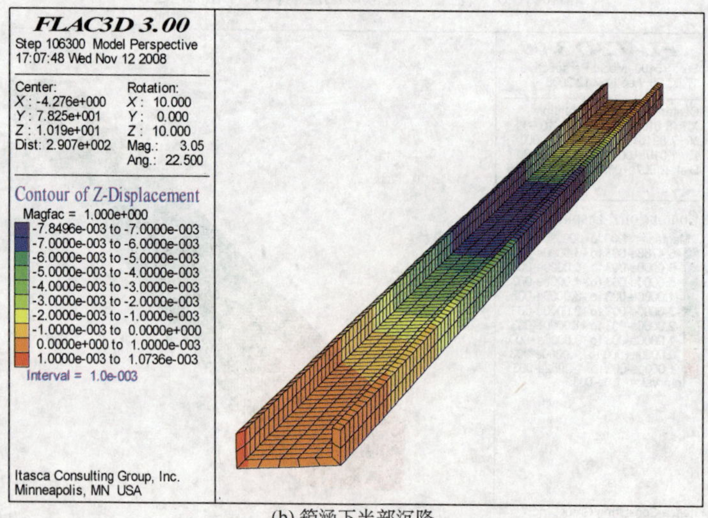

(b) 箱涵下半部沉降

图 9.4-10 上台阶左侧开挖 108 m 时箱涵变形

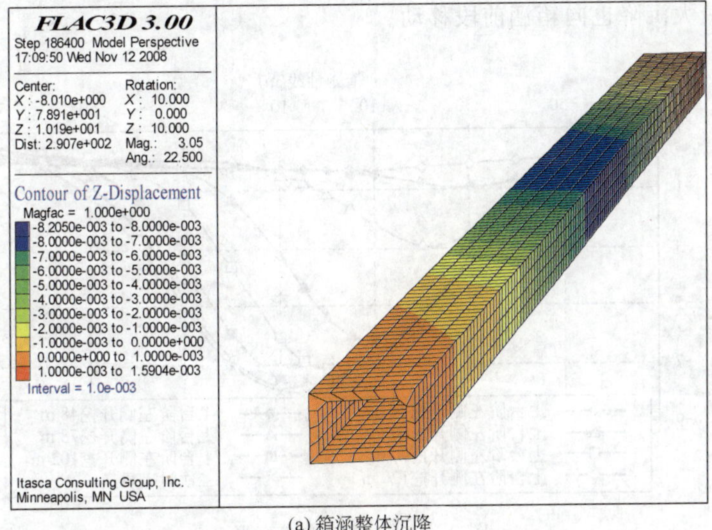

(a) 箱涵整体沉降

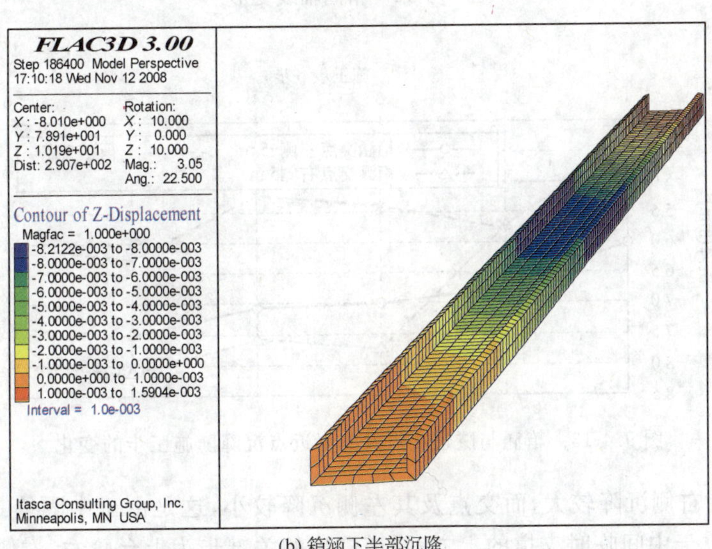

(b) 箱涵下半部沉降

图 9.4-11　二次衬砌施工完成时箱涵变形

③ 上台阶开挖 108 m 时，箱涵与隧道轴线交点附近下沉较大，而交点附近的两侧出现部分隆起，而箱涵的前端发生略微隆起；

④ 隧道开挖完成后，箱涵的变形类似于两端外伸的梁，在隧道开挖上方发生下沉，而两端隆起。

(2) 箱涵轴线变形形态及安全性分析

图 9.4-12 给出了箱涵轴线的变形随着开挖的变化情况(0 表示箱涵与隧道轴线的交点，负数表示箱涵前部分与交点的距离，正数表示箱涵后部分与交点的距离，以下均如此)，图 9.4-13给出了箱涵与隧道交点位置及其左右邻近点随施工步的变化曲线(1 表示上台阶左侧开挖，2 表示上台阶右侧开挖，3 表示中台阶开挖，4 表示拆除中墙临时支撑，5 表示下台阶开挖，6 表示施作二次衬砌)。分析图中数值可知：

① 箱涵的最终沉降形状为左右对称，且类似于 Peck 曲线，沉降主要影响区位于交点左右 40 m，最大沉降约 8 mm，小于变形控制标准，表明此工法下施工，箱涵的安全性可以保证。

② 同箱涵的整体变形相对应，轴线也出现了交点附近沉降大，而两端隆起的现象；随着隧

道开挖的推进，最大沉降也向箱涵前段移动。

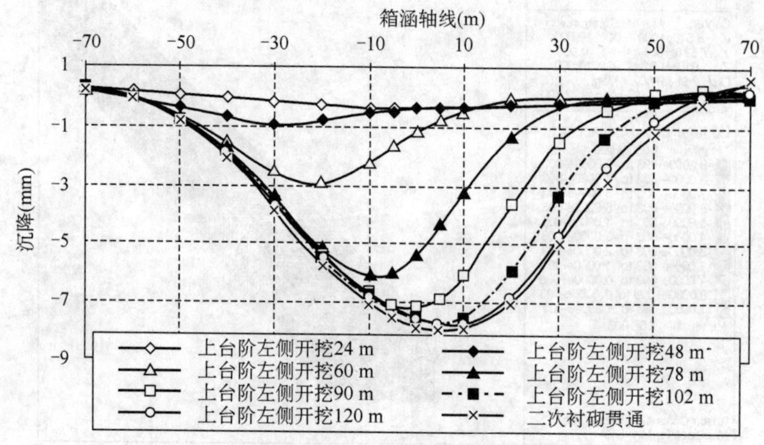

图 9.4-12 箱涵轴线变形

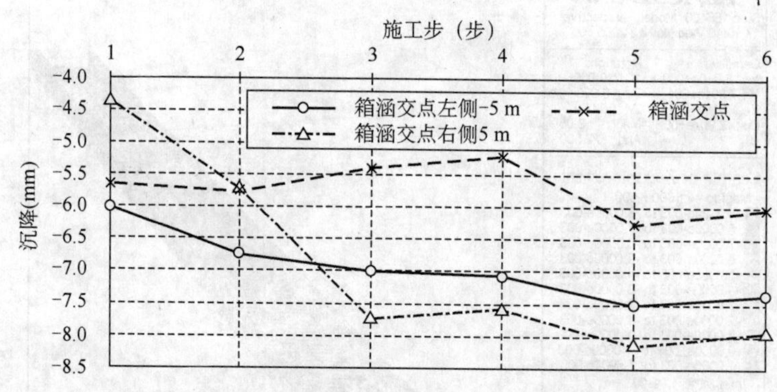

图 9.4-13 箱涵与隧道交点及其附近点沉降随施工步的变化

③ 箱涵交点右侧沉降较大，而交点及其左侧沉降较小，这是由于中隔墙是向先行洞侧弯曲的，并且交点位于中间临时支撑的上方；隧道施工的关键步为上台阶左、右侧开挖，其次为拆除中墙临时支护。

(3) 箱涵横向变形形态

图 9.4-14～图 9.4-16 给出了箱涵与隧道相交前、相交、相交后的三个断面位置下部的横

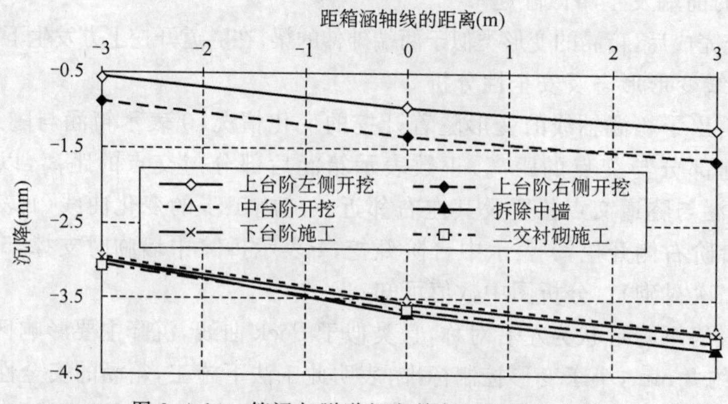

图 9.4-14 箱涵与隧道相交前断面的横向变形

向变形(0 表示箱涵与隧道轴线的交点,负数表示箱涵的左侧,正数表示箱涵的右侧)。从图中分析可知：

① 在箱涵与隧道相交前,随着开挖的推进,箱涵靠近开挖一侧(右侧)出现下沉,而远离开挖一侧(左侧)出现隆起,即箱涵底板发生倾斜,且倾斜度越来越大;

② 在箱涵与隧道的相交处,首先是轴线沉降较两侧小,而后较两侧大,这主要是临时中墙存在与拆除的缘故;

③ 在箱涵与隧道相交后,箱涵底板出现左侧较右侧沉降大,原因是过箱涵后,开挖面离箱涵左侧较近;

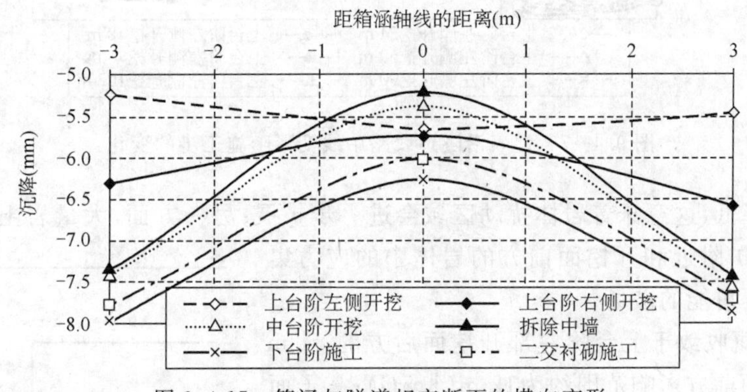

图 9.4-15　箱涵与隧道相交断面的横向变形

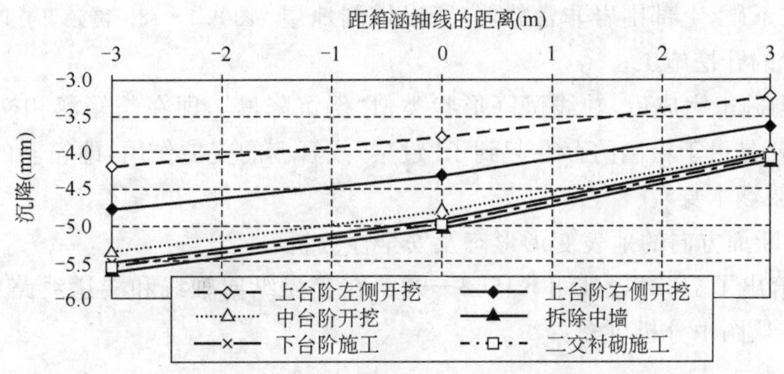

图 9.4-16　箱涵与隧道相交后断面的横向变形

综合上述分析可知,箱涵的变形不仅有轴线方向的弯曲变形,还有横截面方向的扭转变形,变形较复杂。

9.4.5.3　地表变形形态及安全性分析

(1) 隧道线路中线方向的地表变形形态

图 9.4-17 给出了隧道开挖过程中地表纵断面沿隧道线路中线的变形。从图中分析可知：

① 随着开挖的推进,沉降曲线也向前移动,并沉降越来越大,且呈现明显的台阶分布;

② 在上台左侧开挖到 132 m 前,基本上都是在离开挖面前方 6 m 时,出现地表隆起,这主要是由于地层中位移所致。由于在掌子面前方一定范围内,岩土受到扰动,产生应力重分布,从而使岩土向掌子面方向移动,同时地表也开始下沉。当岩土向掌子面方向移动(V)的增长大于地表下沉(W)的增长时,地表就产生相对隆起,如图 9.4-18 所示。这也可以从围岩中应力场的变化得到证明,由于开挖隧道的结果,使得开挖面前方一定范围内的未开挖岩体的三向

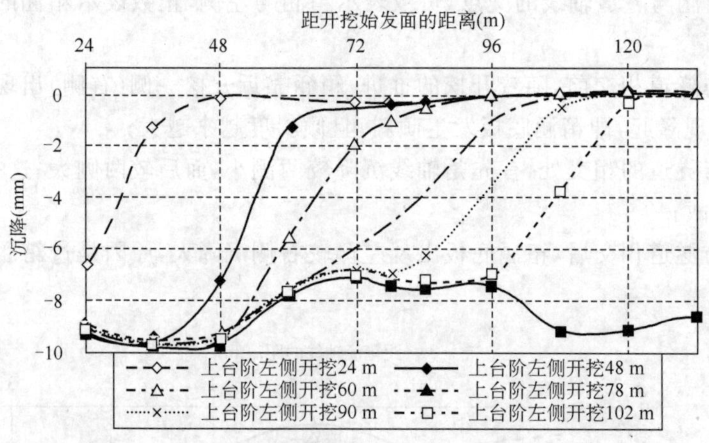

图 9.4-17 地表沿隧道线路中线变形随施工步的变化

约束应力状态降低，这意味着岩体扰动区域会进一步扩展；另一方面，大量岩土的开挖造成应力重分布，在支护附近和开挖面前方的岩体中的应力集中将导致变形及可能的破坏。

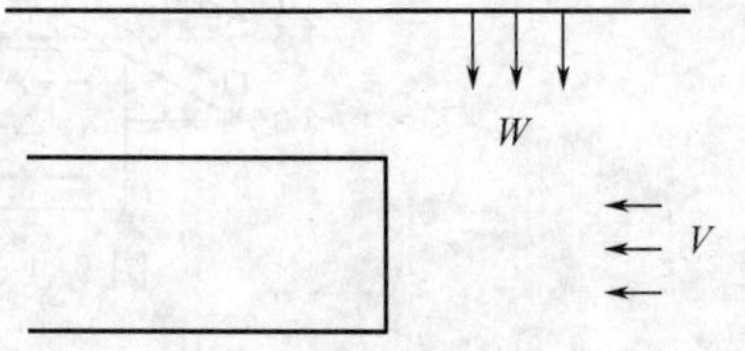

图 9.4－18 隧道开挖时地层变位示意

③ 沉降大概收敛于上台阶左部开挖面后方的 84 m（约 5D），开挖面前方影响范围约为12 m(1.5D)；掌子面位置发生沉降约占总沉降的 76%，较大，这是因为该地段的围岩为上软下硬，上部围岩非常软弱，所以控制地层沉降重在上台阶的开挖施工；

④ 二次衬砌施工完成后，轴线沉降形状类似“倒沉降槽”，即在与箱涵相交附近的沉降较其两侧小，这主要是由于箱涵的存在起到了“过梁”或管棚的支护作用，即箱涵的存在对变形是有利的(不考虑箱涵本身)。

(2) 隧道横断面方向的地表变形形态及安全性分析

图 9.4-19 给出了 78 m 处(DⅡK1562＋938，在箱涵纵向轴线和隧道线路中线交点附近）的横断面沉降。从图中分析可知：

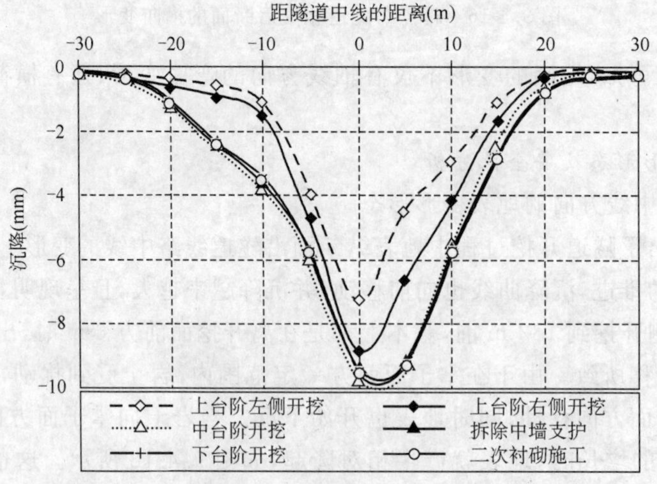

图 9.4-19 地表横向变形

① 上台阶左侧到达时，地表变形为不对称，靠近左侧的沉降较大，其后各开挖步下地表变形成对称分布。

② 主要沉降发生在中线附近两侧 15 m(约 2D 洞径)，而在 15 m 以后地表沉降较小，不到 1 mm。

③ 上台阶左侧开挖面到达时，地表已发生了大部分的沉降；其次较大的地表沉降为上台阶左侧和上台阶右侧。所以，要控制地表沉降主要在上台阶的开挖，这同一般的台阶法相似。

④ 地表最终的沉降形状为中线点最大，且较大的沉降位于中线的右侧，这是因为中墙的形式为右凸起，且右侧没有箱涵，左侧有箱涵的支撑作用，地表最终沉降约 9.5 mm，小于沉降的控制标准值，表明该施工方法是安全的。

9.4.5.4　围岩赋存状态

图 9.4-20～图 9.4-22 给出了隧道施工工程中围岩的赋存状态，也即塑性区分布。从图中分析可知：

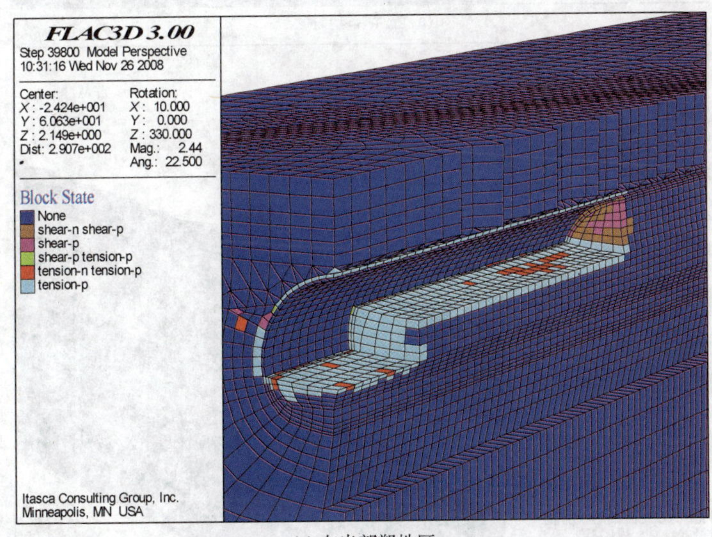

(a) 左半部塑性区

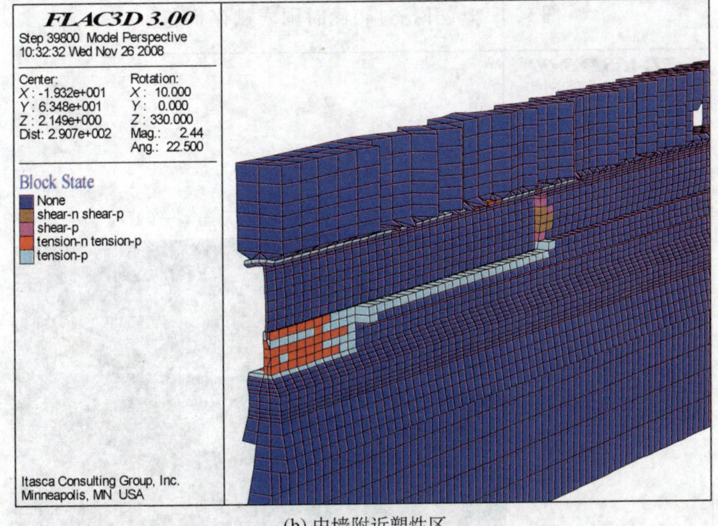

(b) 中墙附近塑性区

图 9.4-20　开挖过箱涵前围岩赋存状态

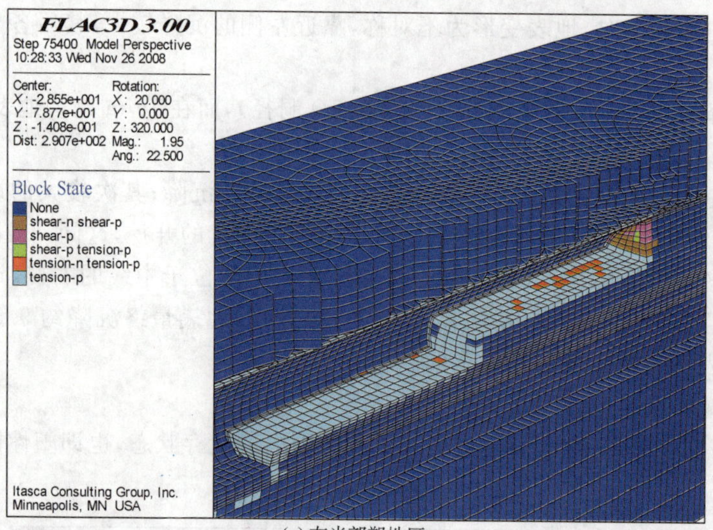

(a) 左半部塑性区

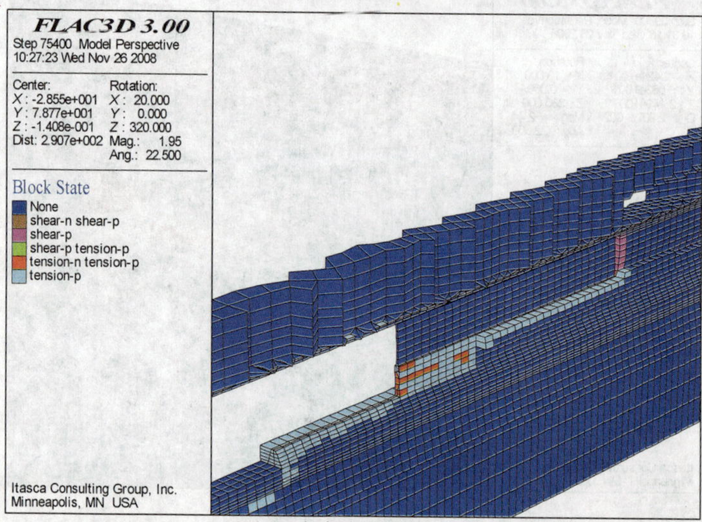

(b) 中墙附近塑性区

图 9.4-21　开挖过箱涵时围岩赋存状态

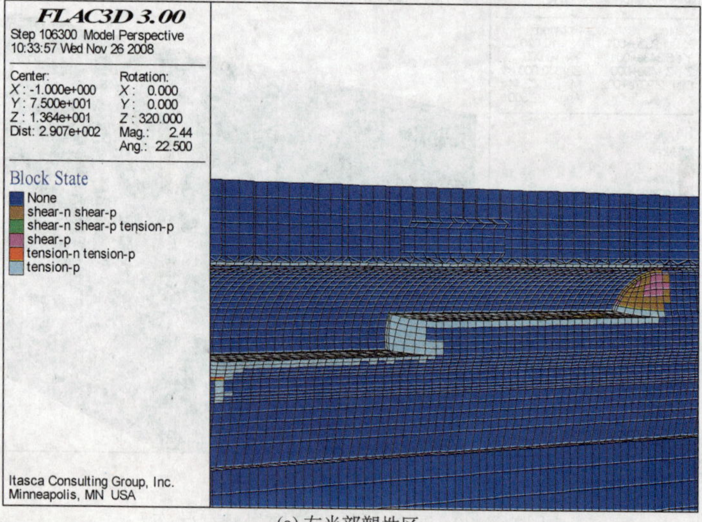

(a) 左半部塑性区

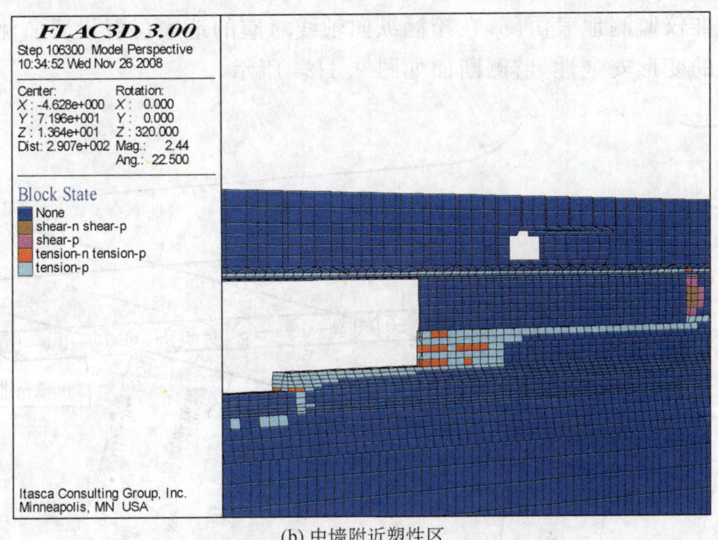

(b) 中墙附近塑性区

图 9.4-22　开挖过箱涵后围岩赋存状态

(1) 过箱涵前，各开挖底板出现拉应力屈服塑性区，在各台阶的交界处塑性区范围较大；另外，开挖掌子面前方 1 m 范围和上台阶拱脚处出现剪切屈服塑性区；

(2) 中台阶的岩柱均出现大范围的拉力屈服塑性区，这是因为中台阶中墙主要为单向受力，少了左右两侧约束作用；塑性区主要位于隧道周围，其余为弹性区。

9.4.5.5　隧道施工关键步

以箱涵中线与隧道线路中线的交点作为研究对象(模型中为开挖 78 m 处，即断面 DⅡK1562+938，靠近 DⅡK1562+937.6)，其随施工开挖的沉降变化如图 9.4-23 所示。从中可以看出：测点的最终沉降约为 9.72 mm；上台阶开挖面到达测点时，地表先期下沉为 7.3 mm，约占总沉降 75%；中台阶到达时，地表累计沉降为 9.5 mm，约占总沉降的 98%；二次衬砌到达时，测点略微隆起。

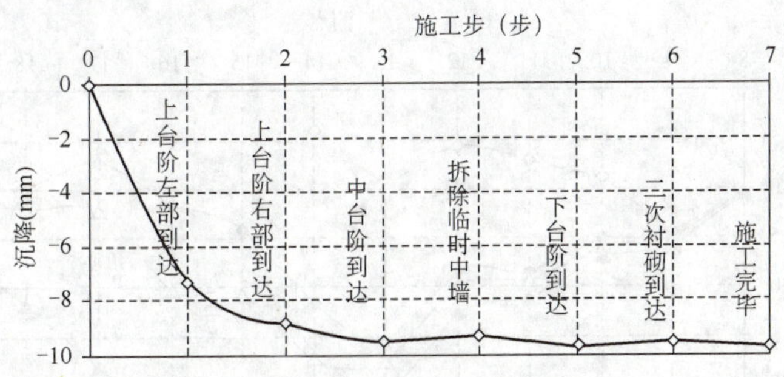

图 9.4-23　交点沉降随施工步的变化

9.4.5.6　开挖工序优化

从上面的地表沉降和地层变形的分析结果可知：先开挖一侧的地层沉降大于后开挖一侧的，所以，应先开挖距离箱涵近的一侧。

9.4.6　风险监控

(1) 监测情况及测点布置

采取电子水准仪监测地表沉降，在箱涵纵向轴线对应的地表位置设置监测点，通过地表监测数据判断箱涵的变形安全性，监测断面如图 9.4-24 所示。

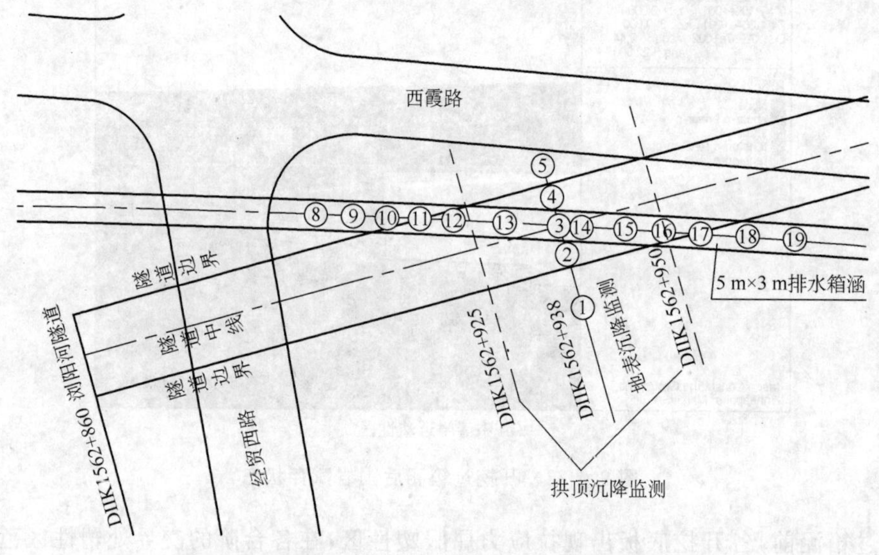

注：监测点 3 和监测点 14 为共用一个沉降标志。

图 9.4-24　箱涵地段地表监测布置图

(2) 地表沉降监测结果分析

隧道施工引起箱涵纵向的沉降曲线如图 9.4-25 所示(实为箱涵上方地表的沉降)。从图 9.4-25 中分析可知：监测初期，由于隧道洞内采用管棚、小导管注浆的原因，掌子面前方 1 倍洞跨范围内出现了微小的隆起变形，随着开挖向前推进，地表开始出现了沉降。隧道施工引起排水箱涵地段地表的沉降规律以隧道断面 DK1562＋938 为例进行重点分析，其横断面沉降曲线如图 9.4-26 所示，测点 3 沉降的时程曲线如图 9.4-27 所示。

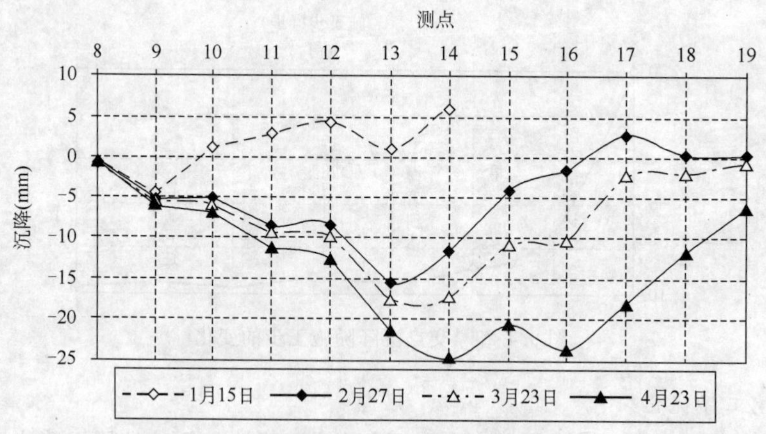

图 9.4-25　隧道施工引起箱涵纵向的沉降曲线

从图中分析可知：

1) 沉降槽形状总体上关于隧道中线对称，最大沉降值达到了 24 mm；

2) 2007 年 12 月 10 日以前，主要由于上台阶的开挖里程未到所测断面，测点的最大沉降值在 5 mm 以内，2007 年 12 月 10 日以后，由于受开挖影响，测点出现了较大的沉降，而且沉降速率较大，2008 年 1 月 21 日以后，由于掌子面顺利通过了监测断面，因此，沉降速率有所变缓，逐渐稳定于 25 mm 左右；

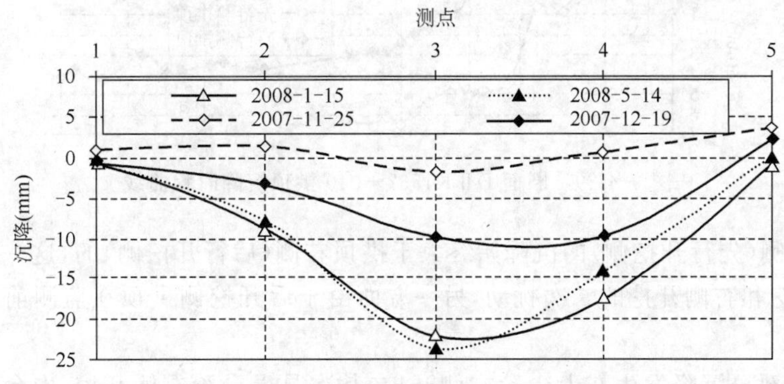

图 9.4-26　隧道断面 DK1562＋938 横断面沉降曲线

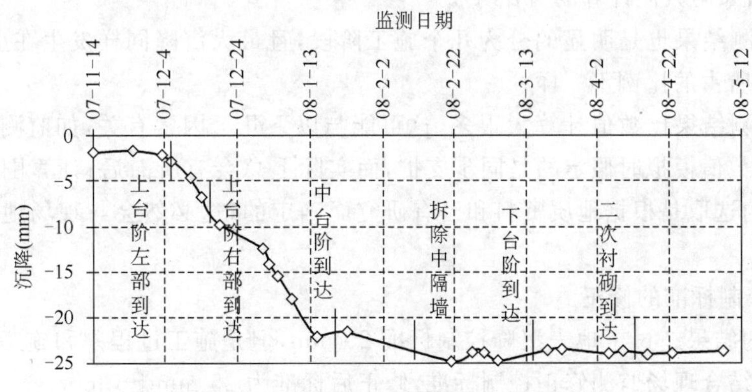

图 9.4-27　测点 3 沉降的时程曲线

3）结合现场的施工进度及施工日志，可以得到各开挖步所对应的沉降，并且变形的主要阶段位于上台阶的左、右两侧开挖。

（3）洞内拱顶沉降监测结果分析

隧道内部分断面的拱顶沉降如下图 9.4-28 和图 9.4-29 所示（图中数字：① 表示上台阶左侧到达；② 表示上台阶右侧到达；③ 表示中台阶到达，后续施工阶段未进行监测，并且从数值计算也知位移主要发生在较软弱的上台阶施工中）。从图中分析可知：

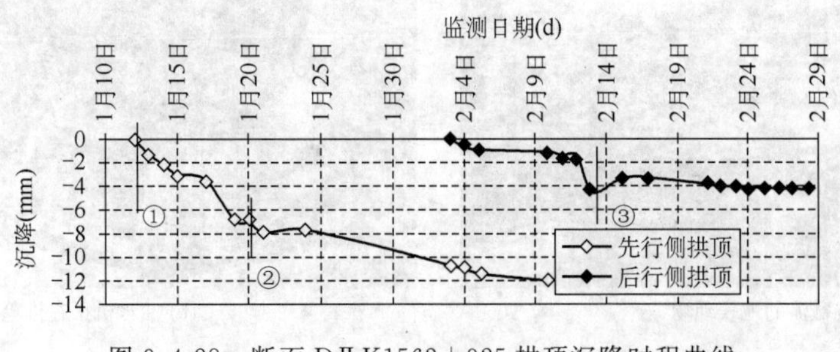

图 9.4-28　断面 DⅡK1562＋925 拱顶沉降时程曲线

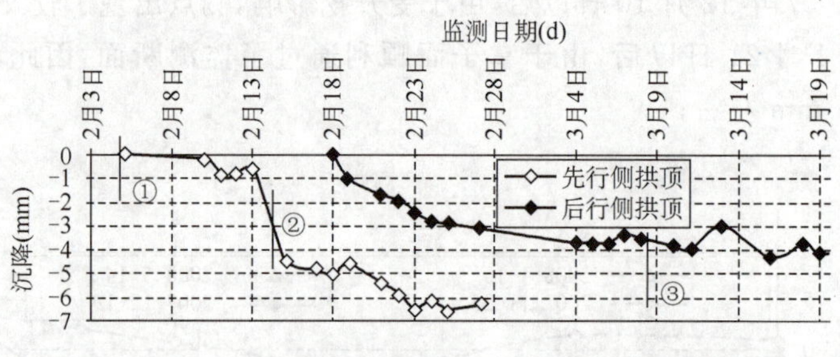

图 9.4-29　断面 DⅡK1562＋940 拱顶沉降时程曲线

1）拱顶左侧(先行开挖侧)的沉降始终大于拱顶右侧(后行开挖侧)的，这一方面由于先开挖侧受左侧开挖和右侧开挖的二次扰动，另一方面由于后开挖侧拱顶在监测前已发生了一部分先期位移。

2）拱顶大部分沉降发生在上台阶左侧开挖，其次是上台阶右侧开挖，中台阶掌子面到达后，沉降变化很小。

(4) 监测结果同数值计算的对比分析

1）现场监测结果也是明显的分为几个施工阶段，且最大沉降同样发生在上台阶左、右两侧的开挖，只是所占的比例不一样；

2）现场监测结果比数值计算大很多，这可能与以下几个因素有关，如监测期间降雨劣化围岩力学性能；数值模拟时假定的是同步支护，而实际上总会有所滞后；计算围岩参数特别是加固等效参数的选取是根据地质资料和已有研究而确定的，这必然会与现场地质情况有一些出入。

(5) 变形控制标准的修正

现场监测的结果超过了地表沉降控制标准 20 mm，但是施工过程中和施工完毕后箱涵是安全的，从而要结合现场监测修正控制标准，修正后标准为 25 mm±5 mm。

9.4.7　风险应急预案

施工前，为避免箱涵内流水下渗软化隧道拱顶周边围岩，造成箱涵沉降断裂，进行排水箱涵截流引水施工，确保在施工期内涵内无水。必要时采用涵底注浆。具体如下图 9.4-30 所示，在此处设钢筋混凝土止水墙，增设大功率抽水机两台(备用一台)，各配 ϕ200 mm 的排水管接。

(a) 截流的地表现场

(b) 抽水机正在排箱涵的水

图 9.4-30　箱涵截流现场照片

(2) 依据监测信息及时调整工法

监控量测的分析结果和建议,包括上述所讨论的掌子面暴露的地质情况及地表和支护结构的观测,在第一时间反馈给项目分队总工程师,并下发给各个工区,以便及时指导施工;发现监测值有明显异常时,监控量测的分析结果应第一时间反馈给项目分队经理及总工程师,以便迅速采取相应措施,调整施工方法和措施,如根据监测资料确定是否要施作上台阶的横向临时支撑,从而可以形成封闭结构,或采取人工开挖留核心土等,有利于控制沉降。

9.5　隧道邻近牛角冲互通立交桥风险评估与控制

9.5.1　现场概况

浏阳河隧道在DⅡK1563+290里程处下穿长永高速公路,且此位置为牛角冲互通式立体交叉,如图9.5-1～图9.5-3所示。

图 9.5-1　隧道与立交桥立体关系

牛角冲互通式立体交叉是长沙至湘潭高等级高速公路上的一个路线交叉工程,被交叉道路是国道319新线一级汽车专用公路。桥涵设计荷载全立交内均为:汽车-超20,挂车-120。桥面宽度与路基同宽(包括中央分隔带及边分隔带)。地震烈度长沙地区为6度,桥涵已按规定考虑抗震设防。

根据设计资料,牛角冲立交墩台均采用扩大基础,底面高程约为39～40 m之间。最近墩台距离隧道结构边缘水平距离约为16 m,桥梁墩台基础与隧道拱顶高差约为10 m。交叉范围内地质情况主要为砂砾岩地层,围岩级别为Ⅴ级。

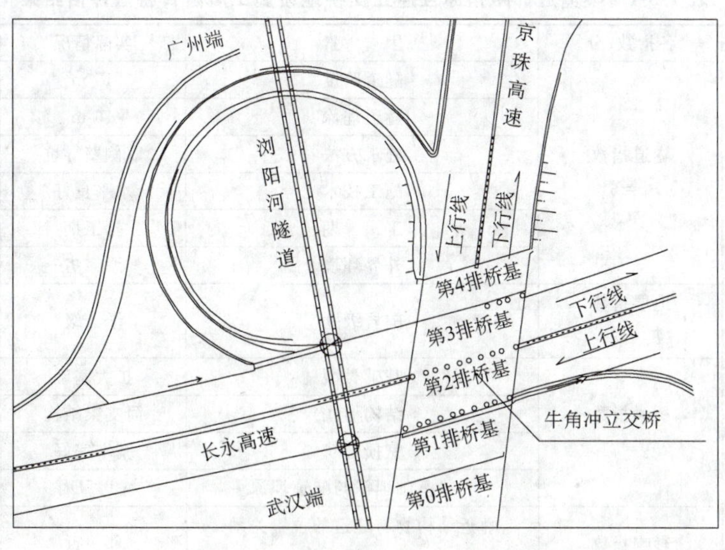

图 9.5-2　隧道与立交桥平面关系

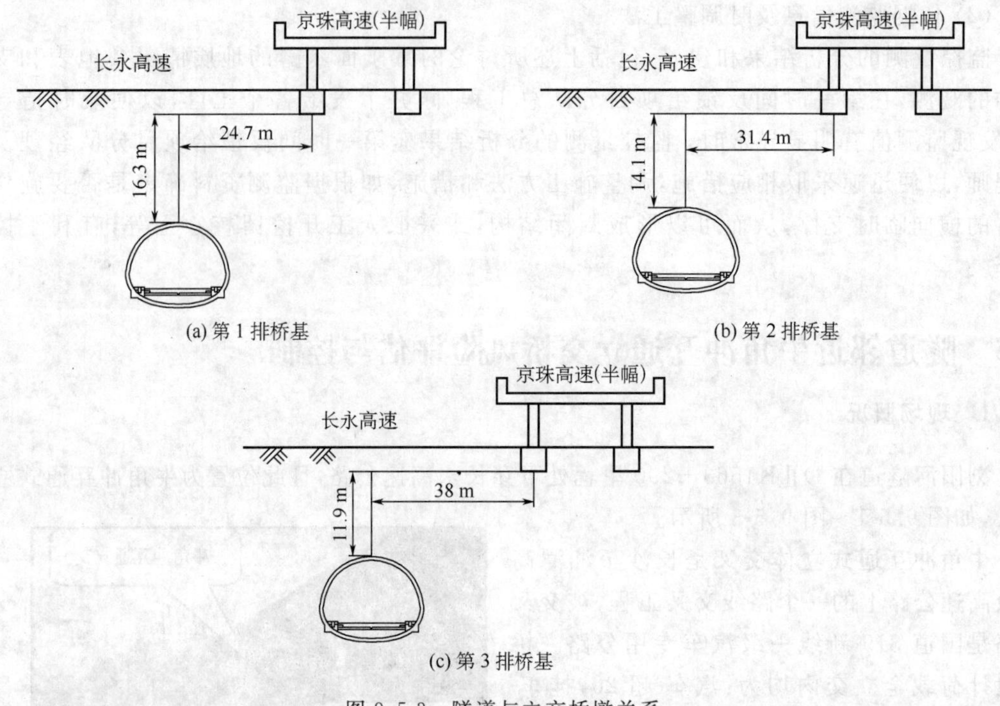

图 9.5-3　隧道与立交桥墩关系

9.5.2　风险评估

互通立交桥连接长永高速公路和京珠高速公路,重要性不言而喻,隧道施工可能引起桥梁的破坏。施工阶段,因为隧道动工较迟和原设计方案的施工进度慢,难以满足隧道的工期要求。

(1) 肯特指数法评估

采用肯特指数法进行评估,评估结果见表 9.5-1,进一步可以判断浏阳河隧道近邻牛角冲互通立交桥的风险为中度风险。

表 9.5-1　隧道近邻牛角冲互通立交桥地段施工风险肯特法评估结果

综合指数/分	各指数/分	因　素	实际情况	分值/分
$TS=295$	隧道指数 $F_1=61$	隧道跨度	15 m	8
		隧道埋深	16 m	8
		施工方法	双侧壁导坑	15
		施工技术	水平良好	20
		工　期	抢工期	5
		外界环境	恶　劣	5
	地层指数 $F_2=85$	围岩级别	Ⅴ 级	85
	桥梁指数 $F_3=71$	基础类型	扩大基础	20
		结构形式	简支梁结构	20
		完损现状	基本完好	15
		桥梁基础埋深与隧道埋深	$1.7D$	16
	影响指数 $MS=0.8$	邻近结构物与隧道的位置关系影响系数 S_1	邻　近	0.8
		邻近结构物的重要度影响系数 S_2	重　要	1

(2) 模糊数学评估

采用模糊数学法进行评估。箱涵风险发生的概率估值为 0.8，确信程度为 VVC，取置信水平 λ=0.9，则可得风险发生的概率范围为[0.779，0.820]，风险损失的估值见表 9.5-2(考虑各风险损失的权重相等，取置信水平 λ=0.9)。考虑各子风险损失的权重，可得综合风险损失值为 0.438，范围为[0.385，0.490]；考虑风险发生的概率，可得风险评价值为 0.888，范围为[0.864，0.908]，所以由模糊数学评估的结果为高度风险，这同肯特法评估结果相同。

表 9.5-2　牛角冲互通立交桥风险事件损失的估计

风险损失	权重	确信程度	损失估计值	模糊损失范围
经济损失	0.25	VC	0.4	[0.379，0.421]
工期损失	0.25	FC	0.4	[0.324，0.480]
人员伤亡	0.25	FC	0.2	[0.162，0.243]
环境损失	0.25	C	0.75	[0.675，0.816]

9.5.3　风险应对措施安全性分析

风险应对措施为三台阶法施工(该方法经过专家论证，认为可行)。在专家论证的基础上，进一步建立三维数值模型，对隧道施工下的桥基础安全性进行分析。

(1) 模型的建立

由于隧道线路方向和互通立交桥斜交，为了有效分析隧道开挖过程对桥基以及长永高速公路路面的影响，按三者的实际位置关系建立几何模型，如图 9.5-4 所示。

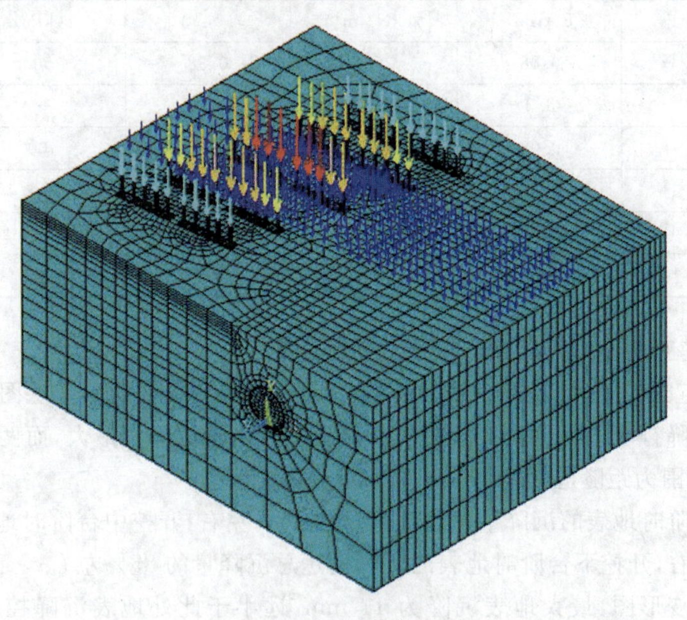

图 9.5-4　计算模型图

模型横向沿隧道前进右侧取 3 倍洞宽，左侧范围包括所有桥基础，向下取 3 倍洞高，向上取至地表面，纵向按实际影响开挖长度取 123 m。计算模型边界为四周及底边约束法向位移，地表面为自由面。计算模型虑到桥梁采用扩大基础的特点，通过计算实际桥梁的重量和荷载，然后把计算结果转化为均布荷载，施加在桥墩的顶面；长永高速公路行车荷载加在路面相应的位置，荷载布置如图 9.5-5 所示。

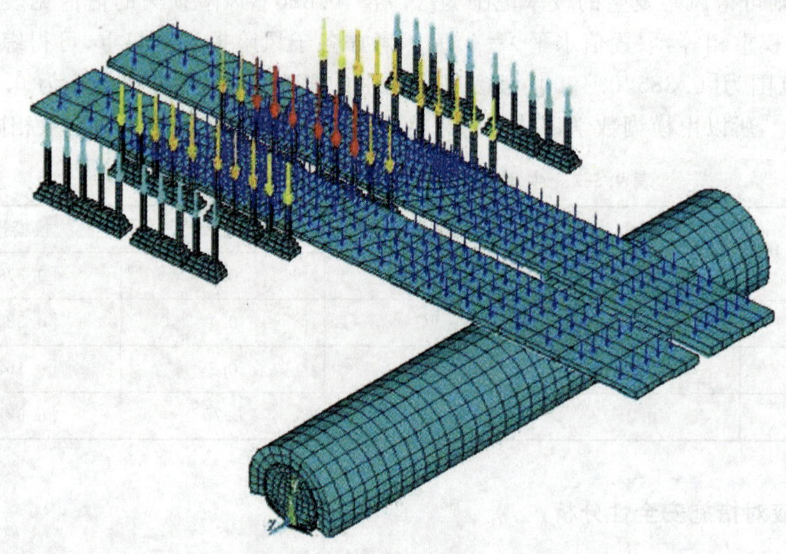

图 9.5-5 隧道与桥基、长永高速

隧道围岩材料特性采用 Mohr-Coulomb 弹塑性模型，桥基、喷射混凝土与二次衬砌采用线弹性模型，管棚超前预支护以及锚杆采用参数等效方法处理，计算参数见表 9.5-3。

表 9.5-3 计算模型的主要物理力学参数

材料名称	E(GPa)	γ(kN/ m^3)	μ	c(kPa)	φ(°)
Ⅴ级围岩	0.08	25.2	0.38	50	34
管棚等效加固	3.2	26.3	0.20	—	—
锚杆等效加固	0.08	25.2	0.38	400	48.8
初期支护	29.92	22	—	—	—
二次衬砌	32.25	25	0.2	—	—
桥　　基	28	25	0.5	—	—

(2) 长永高速互通段路面沉降形态及安全性分析

隧道开挖引起道路地表(道路中线)沉降曲线变化如图 9.5-6 所示。从图中可以看出：

1) 路面的沉降符合 Peck 的沉降槽理论，隧道中线附近沉降量最大，而两边的沉降量逐渐减小，横向影响范围为距隧道轴线 15 m(为 1D)左右；

2) 开挖上台阶时地表的沉降量达总沉降量的 45％左右，开挖中台阶时地表的沉降量达总沉降量的 65％左右，开挖下台阶时地表的沉降量达总沉降量的 85％左右；

3) 根据最终变形图，最大地表沉降为 11 mm，远小于此处地表沉降控制标准的预警值 27 mm，所以路面很安全。

(3) 京珠高速桥基础变形形态及安全性分析

1) 单个桥墩沉降安全性分析

隧道动态施工引起桥梁各排桩基础沉降分布如图 9.5-7 所示。从图中分析可知：

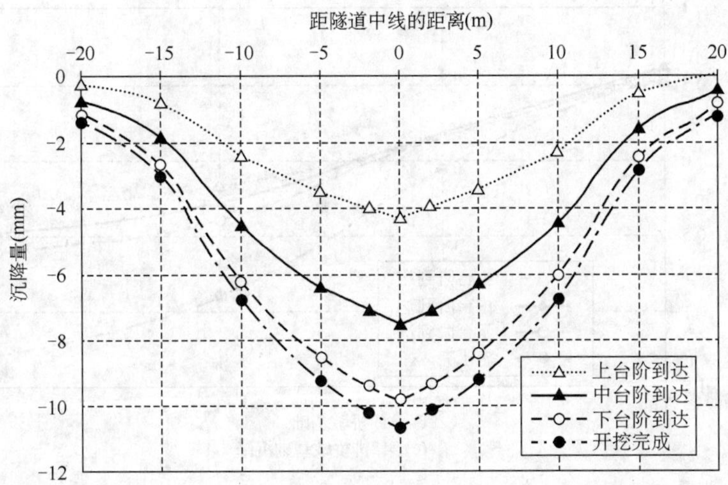

注:0 点为隧道轴线与长永高速的交点,其他的为顺长永高速向前后各延伸 20 m 范围的距离。

图 9.5-6　隧道开挖引起道路中线沉降变化

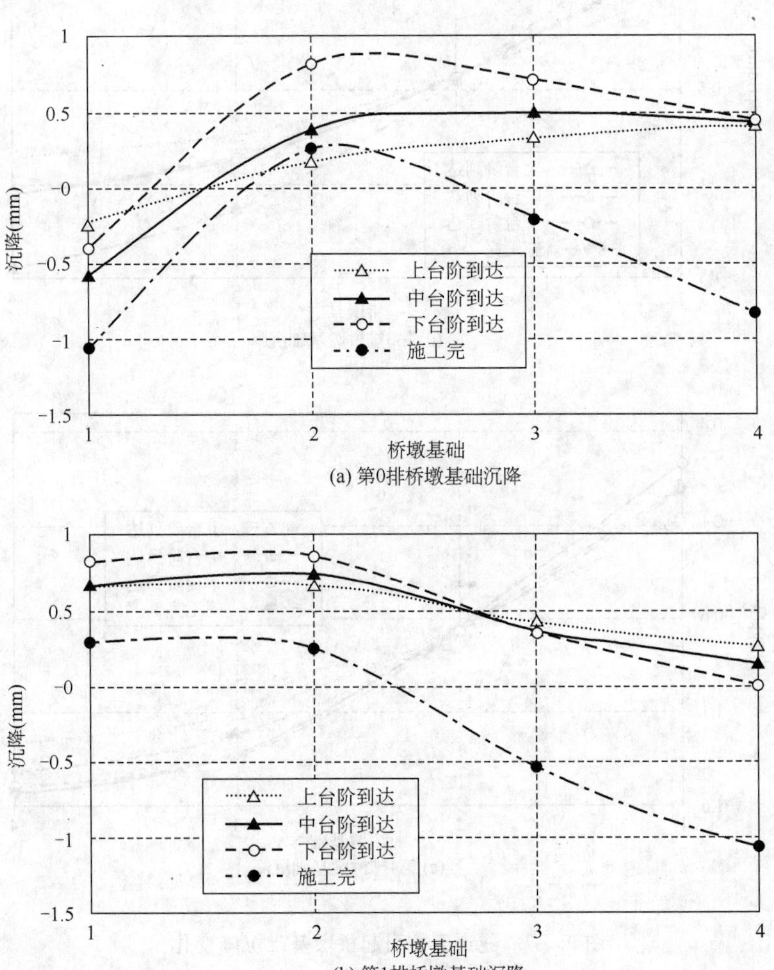

(a) 第0排桥墩基础沉降

(b) 第1排桥墩基础沉降

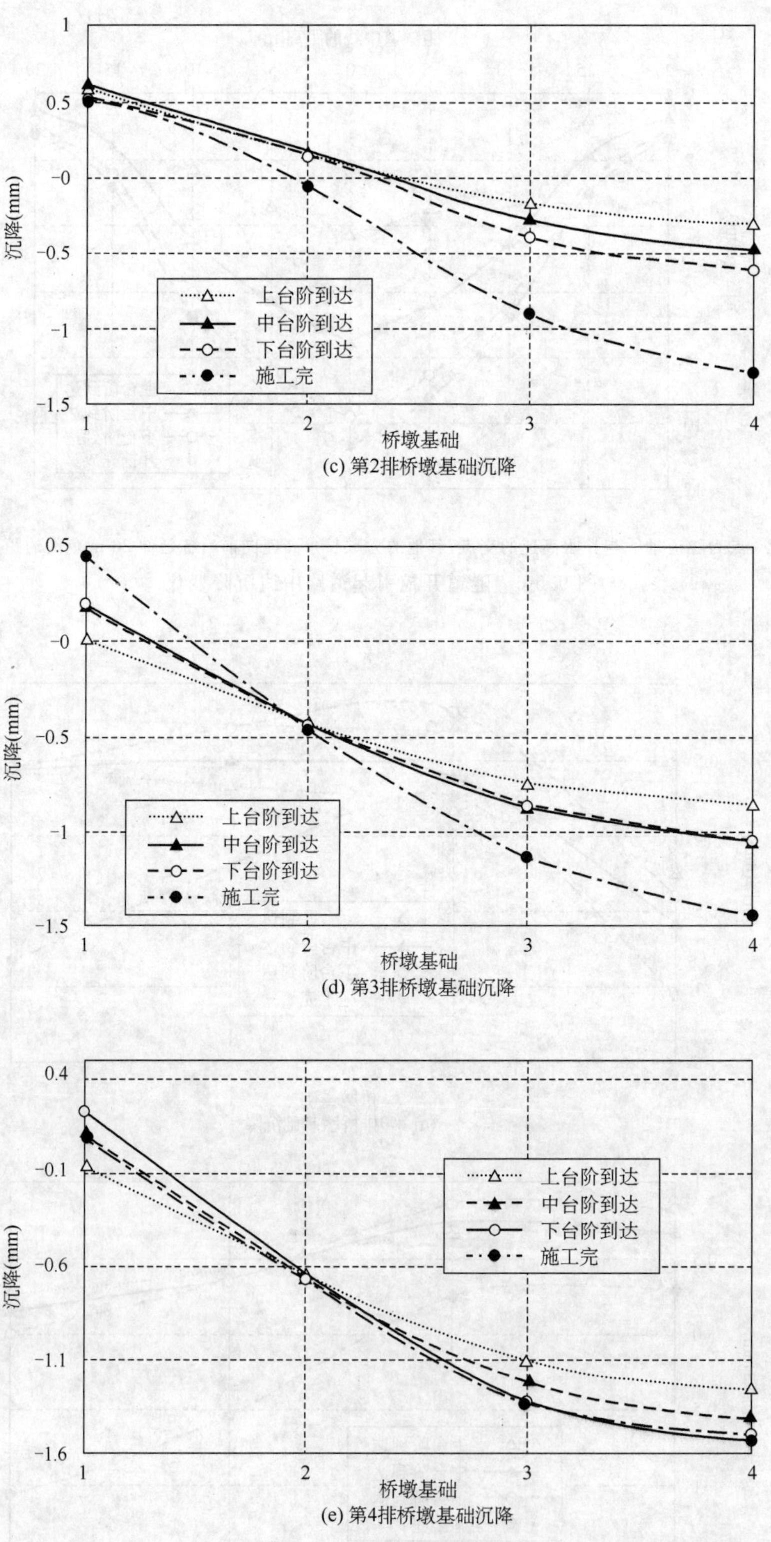

图 9.5-7 隧道开挖引起桥墩基础沉降变化

① 隧道的上、中、下台阶开挖对桥梁基础沉降影响不是很明显，桥梁基础随距隧道轴线的远近不同而稍微有些差别，总体上对于每排桥敦而言，距隧道中线近的桥墩基础沉降的要大些；

② 上、中、下台阶施工所引起的沉降量差别不大；

③ 桥梁基础的最终沉降量小于 10 mm 的极限值，也小于预警值的 6 mm，所以隧道开挖对桥梁基础的单墩沉降量来说是安全的。

2）桥梁基础的横桥方向沉降差安全性分析

桥梁基础横桥方向沉降差随隧道开挖变化如图 9.5-8 所示。从图中可以看出：

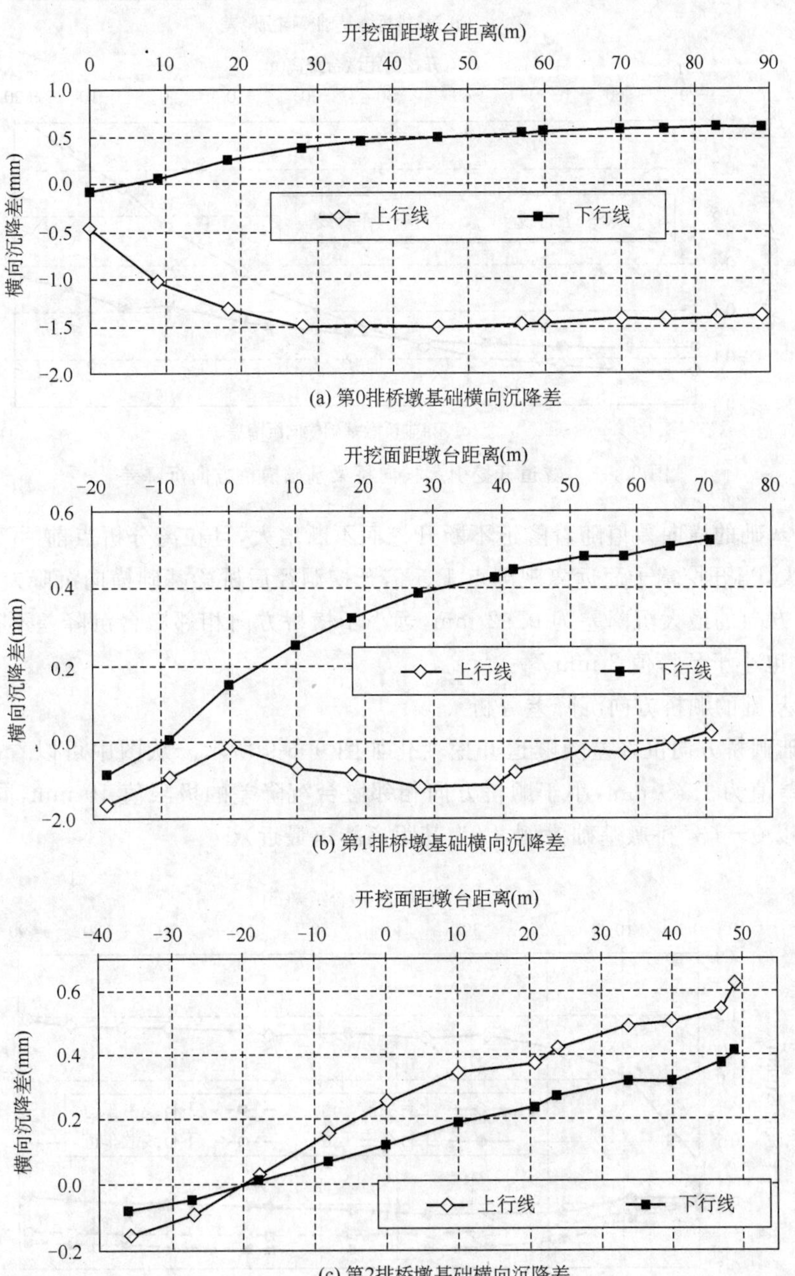

(a) 第0排桥墩基础横向沉降差

(b) 第1排桥墩基础横向沉降差

(c) 第2排桥墩基础横向沉降差

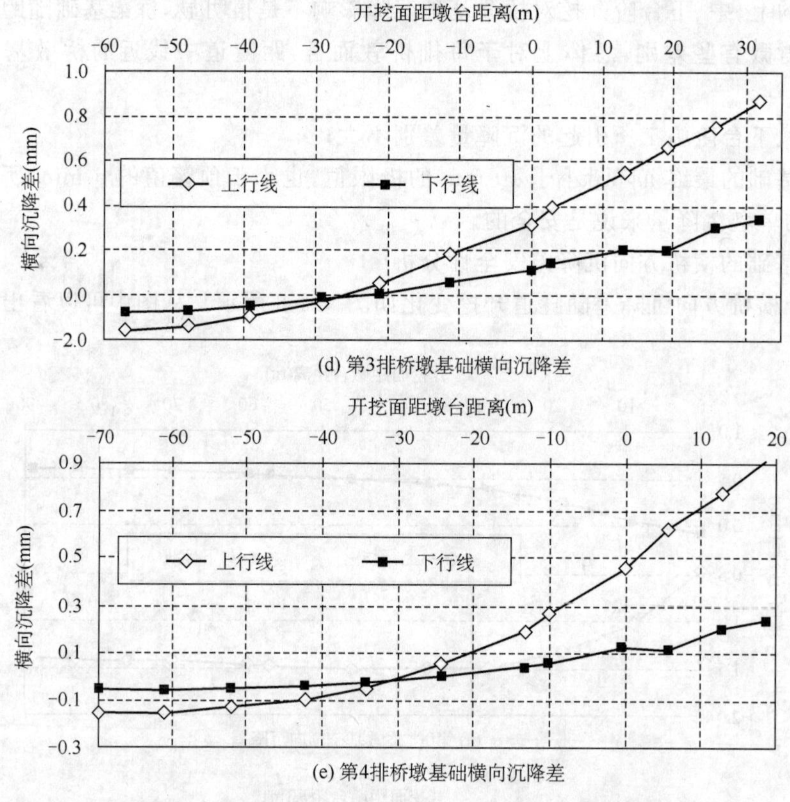

图 9.5-8　隧道开挖引起横向桥梁基础横桥方向沉降差

① 桥梁基础的横向差值随着隧道不断开挖而不断增大，且在离分析点前后 1.5 倍开挖洞径时影响最大，当开挖掌子面远离观测点 1.5 倍开挖洞径后桥梁基础横向沉降差值很快稳定；

② 横桥方向的最大沉降差为 0.92 mm，远小于横桥方向相邻墩台沉降差不得超过 5 mm 的规定，同时也小于预警值 3 mm。

3）桥梁基础的顺桥方向沉降差分析

桥梁基础顺桥方向沉降差随隧道开挖变化如图 9.5-9 所示。从图中可以看出：顺桥方向沉降量最大差值为 1.49 mm，小于顺桥方向相邻墩台沉降差的极限值 10 mm，同时也小于预警值 6 mm（以 0－1 号桥墩基础为例，因为其距离隧道最近）。

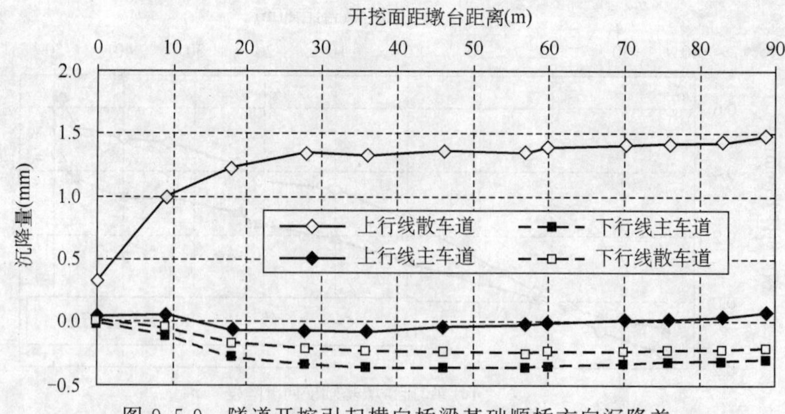

图 9.5-9　隧道开挖引起横向桥梁基础顺桥方向沉降差

（4）围岩赋存状态

部分施工步下围岩赋存状态如图 9.5-10 所示。

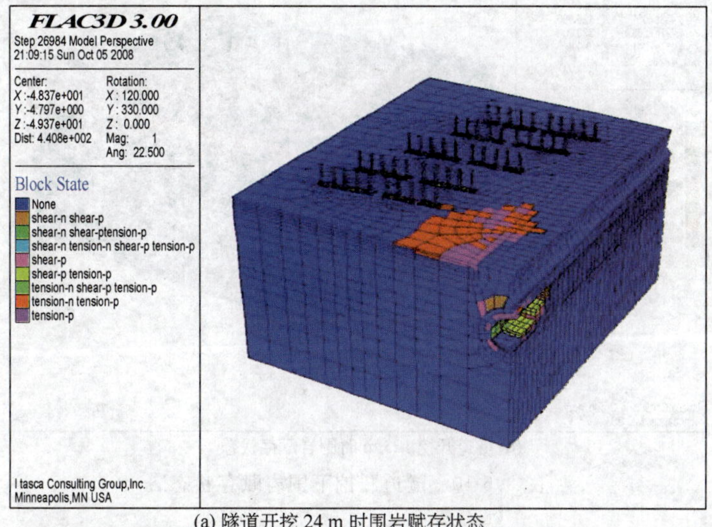

(a) 隧道开挖 24 m 时围岩赋存状态

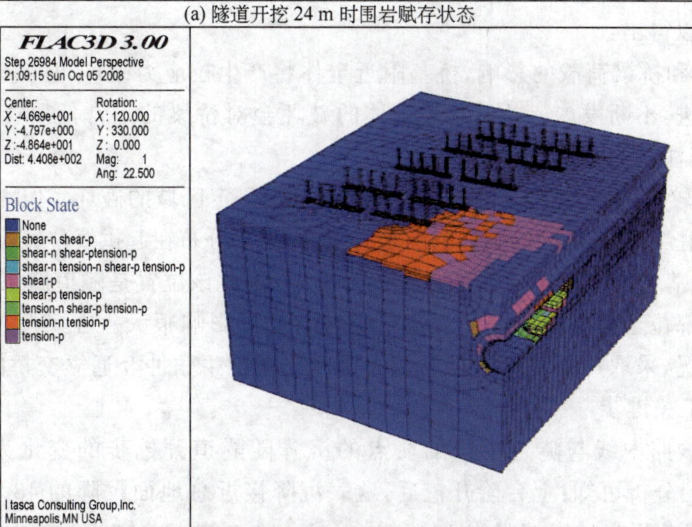

(b) 隧道开挖 41 m 时围岩赋存状态

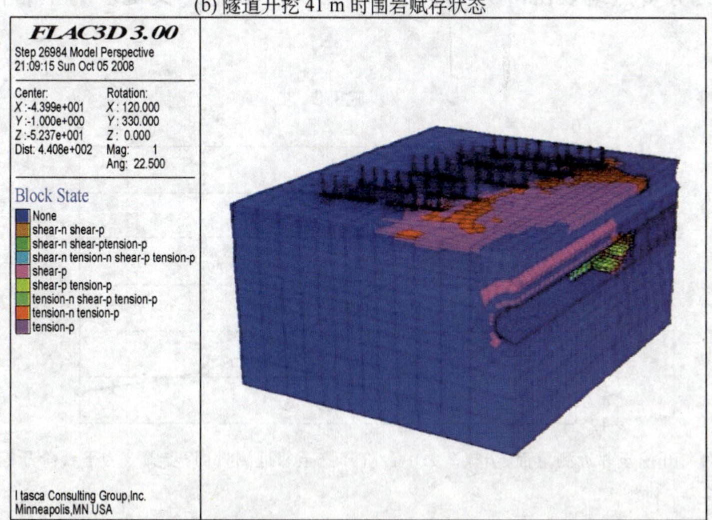

(c) 隧道开挖 83 m 时围岩赋存状态

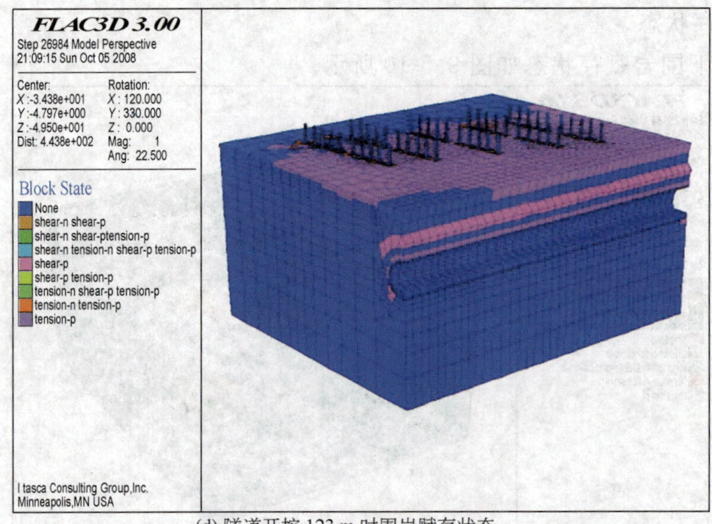

(d) 隧道开挖 123 m 时围岩赋存状态

图 9.5-10　隧道开挖下围岩赋存状态

由图分析可以得出：

① 由于开挖和桥梁荷载的影响，桥基附近土体将产生拉应力破坏，且其破坏范围较大，并随着工作面的推进，不断发展。桥基附近土体的破坏会对桥梁的正常使用产生非常不利的影响，所以此为施工注意的重点。

② 因为土质较差为Ⅴ级围岩，在掌子面前方会发生一定区域的破坏。但由于大管棚注浆等超前预支护的作用，在隧道周围的破坏范围是有限的，主要分布在起拱线位置 45°以上的范围。

③ 隧道与桥基之间的土体塑性区分布较为集中，因此该位置是隧道施工与桥基相互影响的集中区域。该部位土体性能的好坏对基础受力与变形影响很大。在实际施工过程中，可根据监测的具体情况，采取加固基础附近的土体措施来保护牛角冲互通立交桥的安全。

(5) 隧道施工关键步

以高速公路线路中线与隧道中线的交点的沉降随隧道开挖步的变化为分析依据，如图 9.5-11所示。从图分析可知：上台阶开挖后，地表沉降接近总地面沉降的 48%，中台阶开挖后达到 78.7%，最终分析点地表沉降为 10.7 mm；三台阶法施工关键步为上台阶以及中台阶开挖施工。

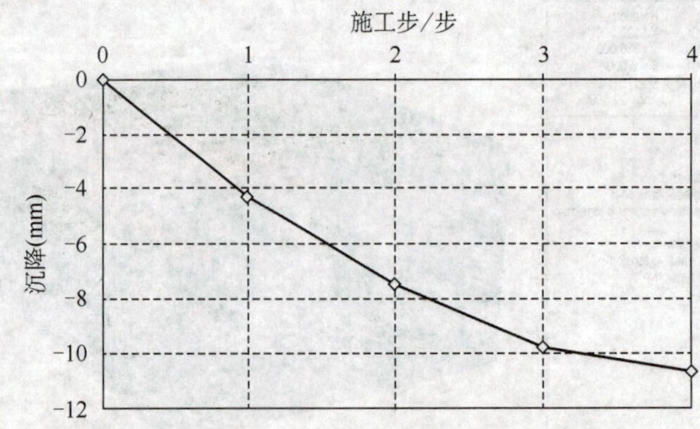

注：步骤 1 为上台阶开挖至邻近测量面；步骤 2 为中台阶开挖至邻近测量面；步骤 3 为下台阶开挖至邻近测量面；步骤 4 为仰拱填充；步骤 5 为二衬施工。

图 9.5-11　路面某测点沉降随施工步的变化

9.5.4　风险监控

(1) 监测情况及测点布置

为观测桥梁基础沉降，在立交桥基础上层覆土布置了沉降观测点，测点具体布置如图 9.5-12～图 9.5-13 所示(图中单位：cm)。

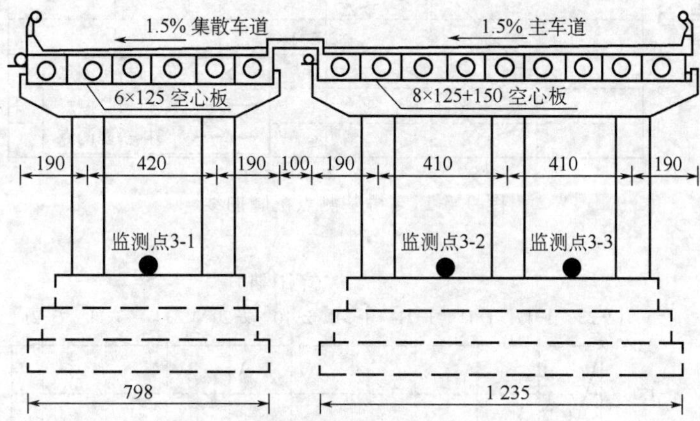

图 9.5-12　桥墩沉降监测布置图(剖面以第 3 排桥基为准)

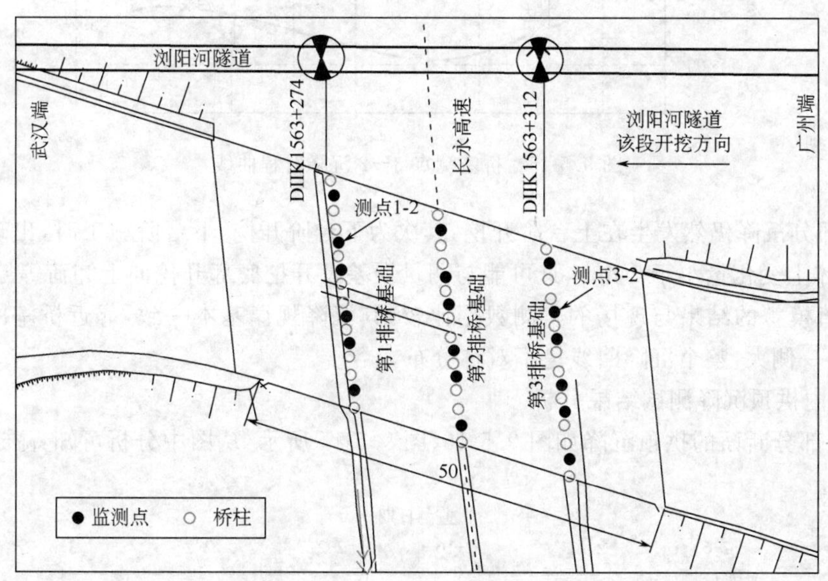

图 9.5-13　桥墩沉降监测布置图(平面)

(2) 桥梁基础沉降测试结果分析

桥基测点总沉降曲线如图 9.5-14 所示，第 3 排桥墩测点 3-2 的沉降时程曲线如图 9.5-15 所示。从图中分析可知：

1) 距离隧道中线距离较小的测点沉降值要比距离远的测点沉降值大，如第 1 排测点距隧道线路中线距离最近，所以其沉降也较其他排测点大，同数值模拟的结果接近。

2) 第 2 排桥基和第 3 排桥基的测点沉降相近；最大沉降值出现在第 1 排桥基的 1－2 测

点(测点位置如图 9.5-13 所示),大小为 6.37 mm,小于桥墩基础的控制标准 10 mm。

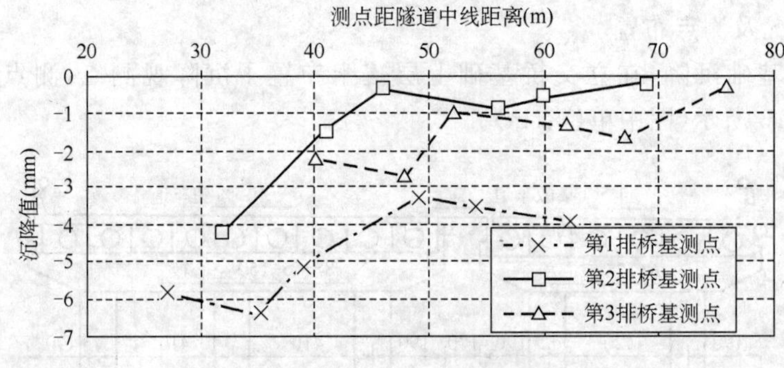

图 9.5-14　桥基测点沉降曲线

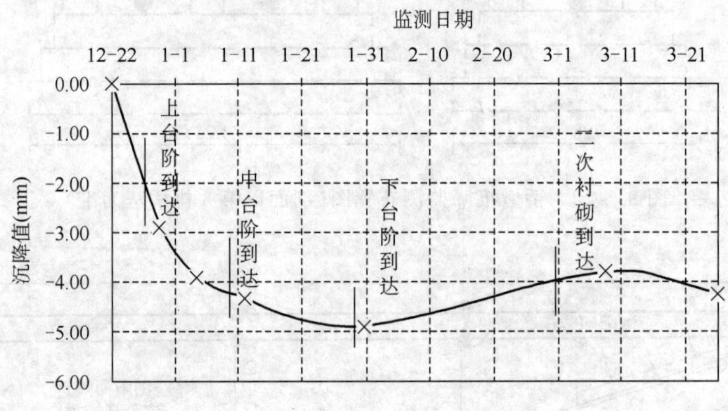

图 9.5-15　桥基测点 3－2 沉降时程曲线

3) 大部分沉降仍然发生在上台阶开挖,其次为下台阶开挖,下台阶施工时,出现了略微的隆起,但整体上变化量小于 1 mm,这可能与测量误差及开挖底部开挖向上卸荷等原因有关。

4) 数值模拟的结果与现场的实测数据比较,其沉降规律基本一致:靠近桥基的测点沉降值明显比另一侧大,整个沉降曲线呈不对称分布。

(3) 洞内拱顶沉降测试结果分析

隧道内部分断面的拱顶沉降如图 9.5-16、图 9.5-17 所示,从图中分析可知:隧道在上台阶

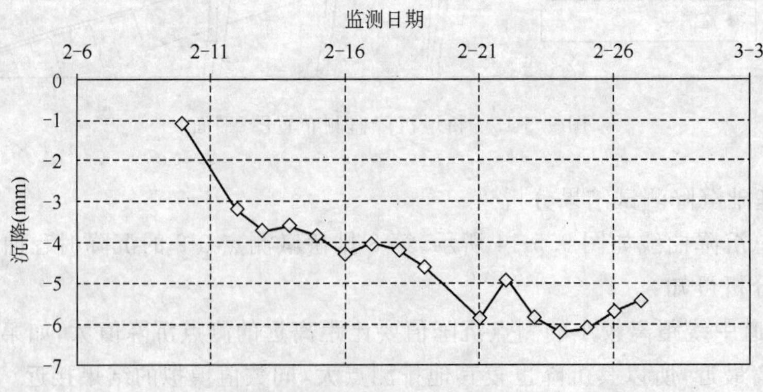

图 9.5-16　DⅡK1563＋240 暗洞拱顶沉降时程曲线

到达后，拱顶的沉降速率最大；中台阶掌子面到达后，沉降速率逐渐变小；在下台阶开挖再次出现小的范围的波动。拱顶大部分沉降发生在上台阶开挖，其次是中台阶开挖，下台阶掌子面到达后，沉降趋向稳定。

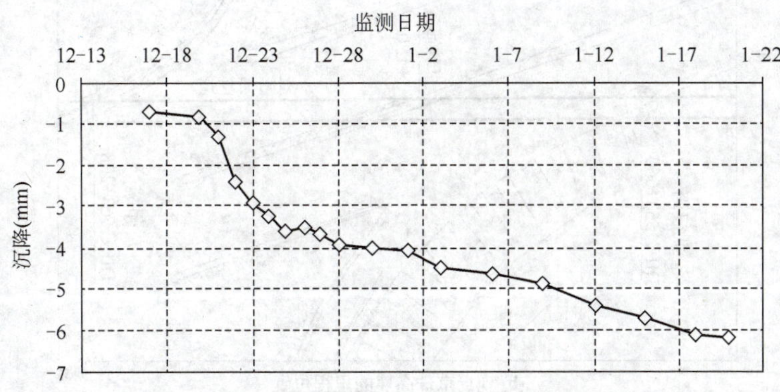

图 9.5-17　DⅡK1563＋310 拱顶沉降时程曲线

9.5.5　施工阶段风险应急预案

根据现场监测数据和对牛角冲互通立交桥的观察情况，采取如下的应急预案：若路面沉降过大，采用洞内注浆；若立交桥沉降过大，首先采用洞内向桥基方向进行单侧加固，若仍不能控制沉降，则对桥基础进行注浆加固。

9.6　隧道斜下穿京珠高速公路风险评估与应对

9.6.1　现场概况

浏阳河隧道在 DⅡK1563＋060～DⅡK1563＋208 处下穿京珠高速公路(图 9.6-1)，中心里程为 DⅡK1563＋120，隧道平均覆土厚度为 18 m，而且在 DⅡK1563＋060 处为京珠高速公路的一侧边坡。

9.6.2　风险评估

设计阶段未把浏阳河隧道下穿京珠高速公路段看作风险。京珠高速公路是国家的主要干线，每天的车流量很大，隧道施工若引起路面沉陷破坏，则会对交通造成严重影响，造成重大的经济损失和不良的社会影响，因此，很有必要对其开展风险评估。

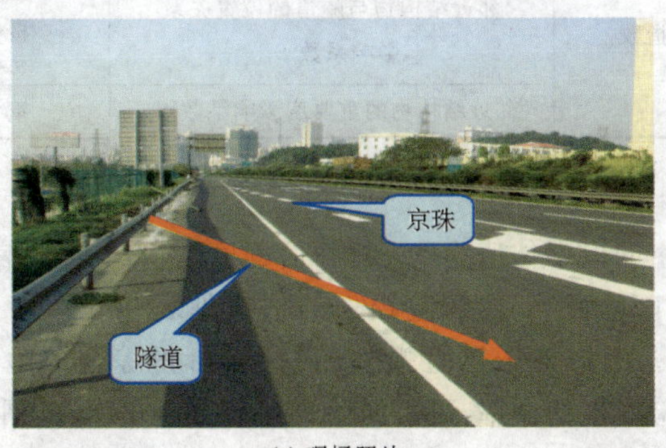

(a) 现场照片

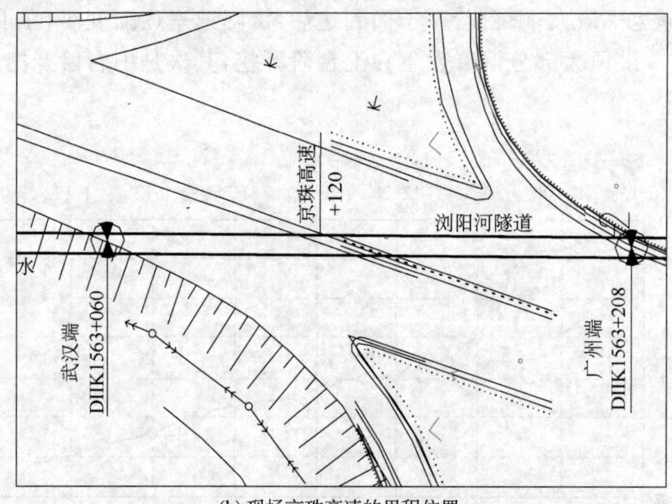

(b) 现场京珠高速的里程位置

图 9.6-1　不同横断面位置隧道与京珠高速公路的位置关系

(1) 肯特指数法评估

采用肯特指数法进行评估，评估结果见表 9.6-1，浏阳河隧道近邻牛角冲互通立交桥的风险为中度风险。

表 9.6-1　隧道下穿京珠高速地段施工风险肯特法评估结果

综合指数/分	各指数/分	因　素	实际情况	分值/分
TS 383	隧道指数 $F_1=60$	隧道跨度	15 m	8
		隧道埋深	18 m	7
		施工方法	双侧壁导坑	15
		施工技术	水平良好	20
		工　期	抢工期	5
		外界环境	恶　劣	5
	地层指数 $F_2=85$	围岩级别	Ⅴ　级	85
	路面指数 $F_3=75$	结构形式	沥青路面	40
		完损现状	完好	20
		路面基层距隧道隧道拱顶的距离	2.5*D*	15
	影响指数 $MS=1$	邻近结构物与隧道的位置关系影响系数 S_1	极邻近	1
		邻近结构物的重要度影响系数 S_2	重　要	1

(2) 模糊数学评估

牛角冲互通风险发生的概率估值为 0.72，确信程度为 VC，取置信水平 $\lambda=0.9$，则可得风险发生的概率范围为[0.683，0.755]，风险损失的估值见表 9.6-2(考虑各风险损失的权重相等，取置信水平 $\lambda=0.9$)。考虑各子风险损失的权重，可得综合风险损失值为 0.35，范围为[0.306，0.396]；考虑风险发生的概率，可得风险评价值为 0.818，范围为[0.780，0.852]，所以由模糊数学评估的结果为高度风险，这比肯特法评估结果高一个风险等级，但评价结果范围的一部分仍落在中度风险中，所以两种方法评估结果整体上还是一致的。

表 9.6-2 下穿京珠高速公路风险事件损失的估计

风险损失	权 重	确信程度	损失估计值	模糊损失范围
经济损失	0.25	FC	0.35	[0.283,0.421]
工期损失	0.25	VC	0.25	[0.237,0.263]
人员伤亡	0.25	FC	0.2	[0.162,0.243]
环境损失	0.25	C	0.6	[0.54,0.658]

9.6.3 风险应对措施安全性分析

风险应对为风险缓解措施，即采用三台阶施工方法，并根据实际的变形情况，可用三台阶核心土法，及三台阶临时仰拱法。

主要通过建立浏阳河隧道斜下穿京珠高速公路三台阶法施工的三维仿真模型研究公路路面的变形、围岩的稳定情况等来分析应对措施的安全性。

(1) 计算模型及参数

模型如图 9.6-2 所示，围岩和二次衬砌采用实体单元，初期支护采用壳单元；开挖进尺取 2 m，各台阶错开距离参照设计图纸和现场施工确定；模型范围在横向上左右边界及下边界到隧道中心为 35 m，纵向上隧道长度取 240 m；模型四周及底边约束法向位移，顶面为自由表面。总计有 114 133 个实体单元，110 626 个节点。材料参数见表 9.6-3。

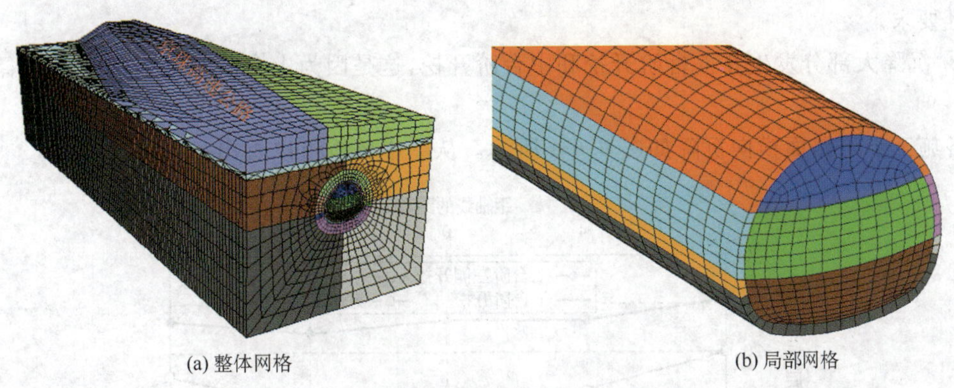

(a) 整体网格　　(b) 局部网格

图 9.6-2 三台阶工法的三维模型

表 9.6-3 计算力学参数

材料名称	E(GPa)	γ(kN/ m^3)	μ	c(kPa)	φ (°)
1(1)围岩	0.007	20	0.43	38	15
4(3)围岩	1.48	23	0.22	860	39
6(2)围岩	0.08	25.2	0.38	50	34
管棚等效加固	3.2	26.3	0.20	—	—
锚杆等效加固	0.08	25.2	0.38	400	48.8
临时支护	26.98	22	—	—	—
初期支护	29.92	22	—	—	—
二次衬砌	32.25	25	0.2	—	—

注：1(1)围岩人工填土层；4(3)围岩为弱风化泥质粉砂岩等；6(2)围岩为砂砾岩、砾岩等。

(2) 路面变形形态及安全性分析

下面着重分析京珠高速公路半幅路面的纵向(沿京珠高速公路走向)和横向(垂直于京珠高速公路公路走向,即沿路面的横断面方向上),并以路面走向与隧道走向的交点为中心 0 点,以开挖的前向为正方向,开挖的后方为负方向。

各施工步下路面纵向沉降如图 9.6-3 所示。从图中分析可以看出:

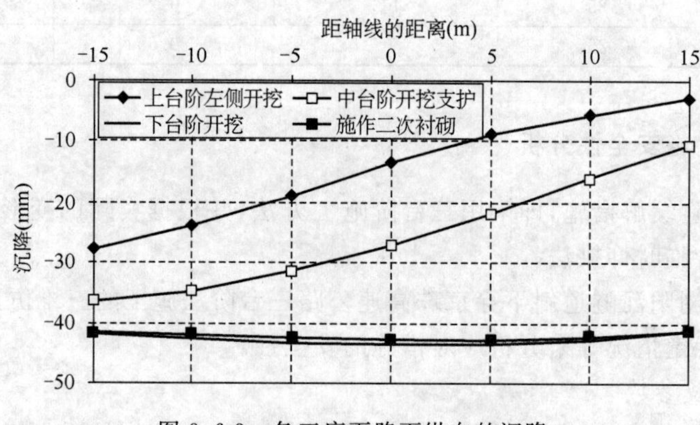

图 9.6-3 各工序下路面纵向的沉降

① 由于隧道为斜下穿京珠高速公路,且隧道的开挖跨度很大,所以开挖引起的路面纵向沉降近似与隧道纵向的沉降,而并没形成明显的沉降槽。

② 路面的最终沉降达到 43 mm,小于控制标准的极限值,表明现有工法下仍能满足变形安全性要求。

③ 沉降大部分发生在上台阶开挖和中台阶开挖,这是因为上台阶开挖引起的应力释放引起的。

各施工步下路面横向沉降如图 9.6-4 所示。从图中分析可以看出:

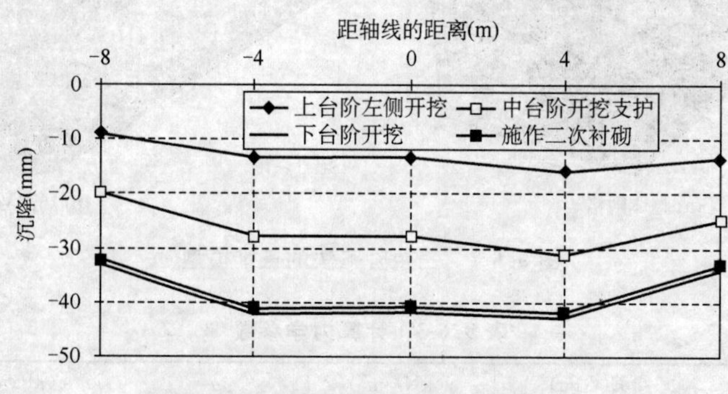

图 9.6-4 各工序下路面横向的沉降

①路面横向沉降在中心附近沉降最大,且半幅路面均处于沉降区,这是由于隧道开挖跨度大,导致变形影响范围较大。

②路面横向最大的最终沉降达到 42 mm,未超过变形的控制标准,但仍应注重实际施工安全及支护措施到位。

(3) 围岩赋存状态

部分施工步下的围岩赋存状态如图 9.6-5 所示。从中分析可以看出:

① 在上台阶开挖面前方 2 m 围岩位于塑性区,这是由于此处开挖卸荷,掌子面少了约束

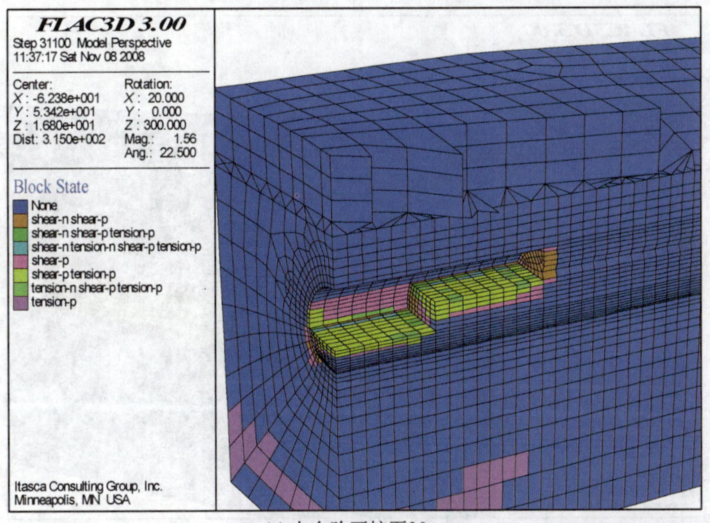

(a) 上台阶开挖至30 m

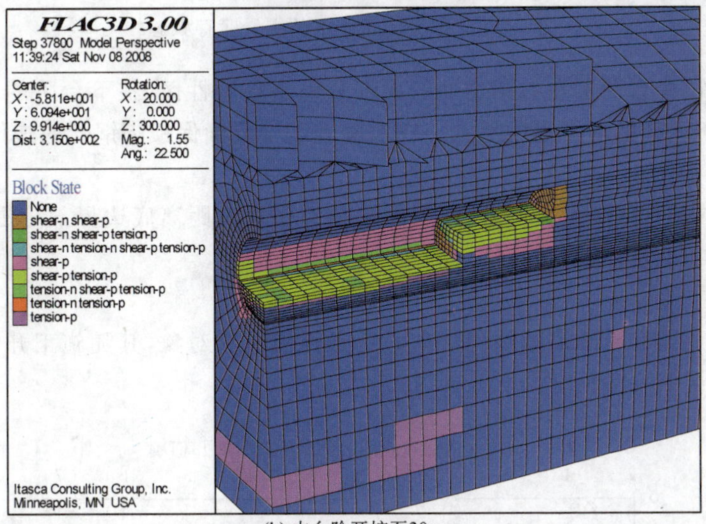

(b) 中台阶开挖至30 m

(c) 下台阶开挖至30 m

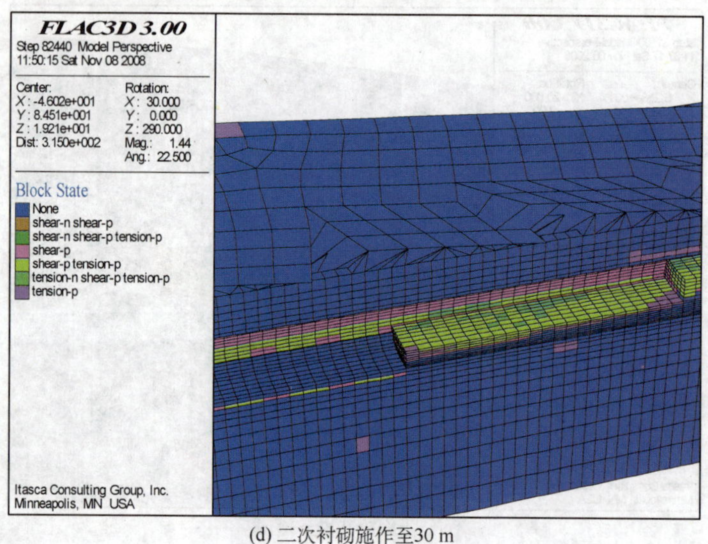

(d) 二次衬砌施作至30 m

图 9.6-5　部分施工步下的围岩赋存状态

作用引起的；另外，中台阶的左右拐角处的大部分也出现塑性区，在下台阶的墙脚处出现部分塑性区，这是由于此处的应力集中所致。在实际施工中要确保锁脚钢管的施作质量，要注意观测该掌子面的稳定性。

② 围岩整体上处在弹性状态，只在洞周小范围围岩及距离底边界部分围岩位于塑性区；从围岩的赋存状态，也可推断该方法可行。

(4) 隧道施工关键步

以隧道线路中线和京珠高速线路的中心交点作为研究对象，其随施工开挖的沉降变化如图 9.6-6 所示。从中可以看出：

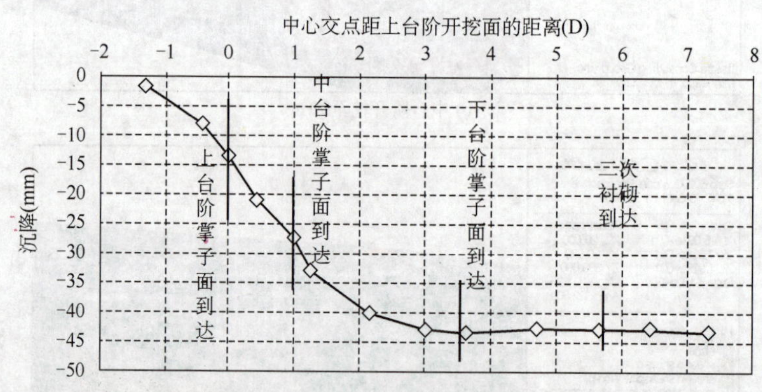

图 9.6-6　交点随施工开挖的沉降

① 隧道上台阶开挖对开挖面前方的影响长度约 1.5D(D 为隧道等效洞径，约 14 m)，对后方的影响长度约 2D。

② 该交点的最终沉降约为 43.64 mm；上台阶开挖面到达交点时，地表的先期下沉为 13.43 mm，约占总沉降的 30.77%；中台阶到达时，地表累计沉降为 27.36 mm，约占总沉降的 62.69%；下台阶到达时，地表累计沉降为 43.30 mm，约占总沉降的 99.22%；二次衬砌到达时，交点略微隆起。

9.6.4　风险监控

(1) 监测情况及测点布置

由于京珠高速公路每天的车流量较大，为安全起见，在高速公路的两侧路缘埋设测点，每侧埋设 7 个测点，间距为 5 m 一个，如图 9.6-7 所示。

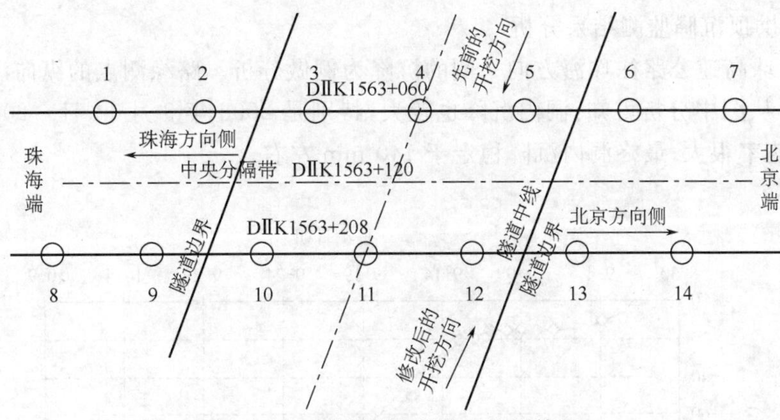

图 9.6-7　现场测点标志及监测情况

(2) 地表沉降监测结果分析

下面以京珠高速公路往珠海方向一侧的沉降为例做分析。路缘测点的纵向沉降曲线如图 9.6-8 所示，测点 6 的沉降时程曲线如图 9.6-9 所示。从图中分析可知：

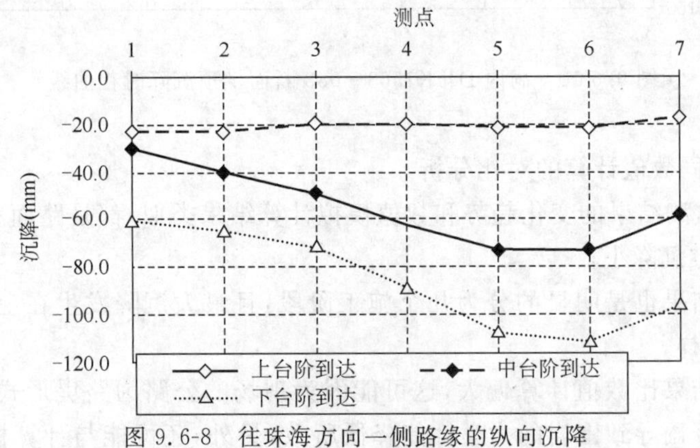

图 9.6-8　往珠海方向一侧路缘的纵向沉降

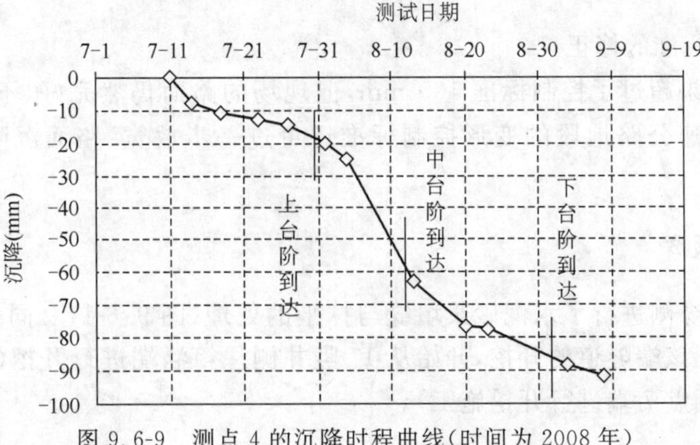

图 9.6-9　测点 4 的沉降时程曲线(时间为 2008 年)

1）路缘沉降最大并不在中心测点 4，而是在测点 6 的位置附近，这是由于隧道在对向施工中，先是从测点 7 这边最先到达，且隧道与公路为斜交，所以沉降最大的发生在靠近开挖掌子面的一侧，而不是在开挖掌子面的前方。

2）沉降主要发生在上台阶开挖和中台阶开挖，下台阶通过后沉降的变化很小，例如测点 4，上台阶开挖发生越 60 mm，中台阶开挖发生 20 mm。

（3）洞内拱顶沉降监测结果分析

下面以京珠高速公路往珠海方向一侧的沉降为例做分析。路缘测点的纵向沉降曲线如图 9.6-10 所示。从图中分析可知：洞内沉降也较大，特别是 2008 年 9 月 14 日～2008 年 9 月 20 日之间，沉降速率很大；最终洞内沉降稳定于 140 mm 左右。

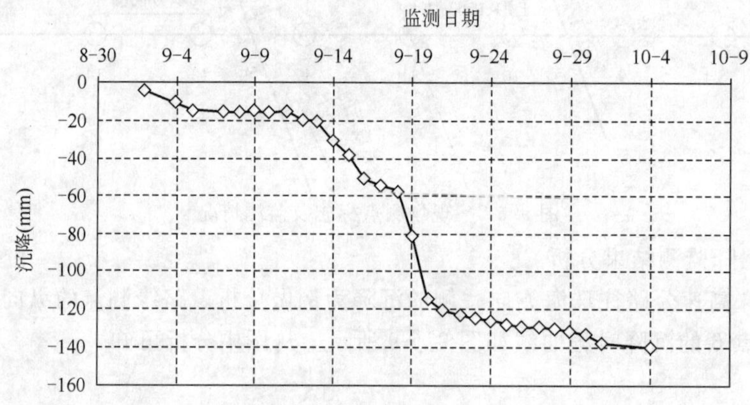

图 9.6-10　洞内 DⅡK1563＋083 断面拱顶沉降时程曲线

（4）监测结果同数值计算的对比分析

1）现场地表监测结果的变化趋势和数值模拟计算结果类似，都是路面在开挖侧的后方沉降大，而在开挖前方沉降小；

2）现场监测结果也是明显的分为几个施工阶段，且最大沉降发生在上台阶和中台阶，只是所占的比例不一样；

3）现场监测结果比数值计算偏大，这可能因为现场的公路为路堤形式，且一侧有土质边坡，加上监测期间降雨导致围岩的力学性能降低所致，另外，还可能与计算模型参数和应力释放选取等有关。

（5）变形控制标准的修正

现场监测的结果超过了控制标准 100 mm，但现场的路面仍然完好，不影响正常通车，说明隧道下穿京珠高速公路地段的变形控制标准还可进一步放宽：路面沉降沉降标准修正为 110 mm±10 mm。

9.6.5　风险应急预案

对沉陷大的路缘侧进行了水泥砂浆填缝与抹平的处理（图 9.6-11），同时在此处路堤边坡采用木支撑，并停止该端隧道的开挖，开始从 1# 竖井侧往箱涵端进行开挖（即监测点图 9.6-7 中，从测点 1 端向测点 7 端进行开挖施工）。

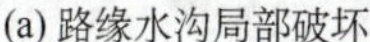
(a) 路缘水沟局部破坏

(b) 路缘侧与路面差异沉降处用水泥砂填缝处理

图 9.6-11　京珠高速公路路缘的沉降情况

9.6.6　修正变形监测标准

经过现场监测修正后的变形监测标准见表 9.6-4,可知:初步拟定的变形控制标准与修正后的变形标准较接近。

表 9.6-4　修正后的浏阳河隧道变形监测控制标准

项　　目		预警值(mm)	警戒值(mm)	极限值(mm)
无邻近结构物段 DⅡK1563＋320 ～DⅡK1563＋410		30	40	50
下穿京珠高速地段		65±6	90±8	110±10
下穿排水箱涵地段		15±3	20±4	25±5
邻近牛角冲互通立交桥段	地表沉降	27	36	45
	桥墩单墩沉降	6	8	10
	桥墩横向沉降差	3	4	5
	桥墩顺向沉降差	6	8	10

9.6.7　小　　结

综合应用肯特指数法、模糊数学、理论分析、数值模拟、专家法论证、监控量测等方法对浏阳河隧道施工邻近结构物重大风险源进行了风险评估和管理,并结合现场监测对控制标准进行了修正,主要结论如下:

(1) 下穿排水箱涵段原设计双侧壁导坑工法的风险为高度,提出的动态分部台阶工法风险缓解措施是安全可行的,获得了各施工步的变形控制标准、关键工序为中隔墙左侧上部的开挖和拆除临时支护,施工优化原则为先开挖距离箱涵(或其他建筑物)较远的一侧,进一步分析了地表监测中出现隆起的原因。现场风险监测也表明其能满足施工安全性及工期的要求,同时制定了箱涵地段截留及加固箱涵与隧道间土体的应急预案。

(2) 近互通立交桥段风险为中度,提出三台阶法风险缓解措施。隧道—围岩—桥基—路面的耦合仿真和监测表明其能满足桥的安全,并推算了施工关键步及各施工步沉降控制标准,提出了从洞内向桥基方向注浆加固和加固桥基础周围土体的应急措施。

(3) 下穿京珠高速公路段风险为中度,通过数值模拟研究现场施工方法下京珠路面及围岩的变形安全性，结果表明该工法是可行的；现场路面沉降监测沉降分为几个阶段（和施工过程相对应），最终沉降较数值模拟的大，同时，提出了对沉陷大的路缘侧进行水泥砂浆填缝与抹平的处理，在此处路堤边坡采用木支撑，并停止该端隧道的开挖，开始从 1# 竖井侧往箱涵端进行开挖的方案。现场的施工及后续监测表明，这种措施是可行有效的。

(4) 由于现场观测到的隧道和邻近结构物较安全，结合现场实际的监测结果，进一步修正初步探讨拟定的变形控制标准，修正后的变形标准较既有拟定变形控制标准接近，只是放宽了一个浮动范围。因此，变形控制标准的确定是一个复杂的问题，应根据具体工程现场监测结果和工程经验，分析围岩及支护结构的稳定状态及周边环境的安全状况，对预先确定变形控制基准进行修正。

9.7　隧道穿越风化槽地段隧道塌方风险评估与控制

风化槽地段最易发生的风险为塌方风险。塌方是最为常见的、比较典型的事故。造成塌方的原因多种多样，有地质上突发的因素，也有人们认识上的因素，但归根到底，地质因素是决定性的，因此加强施工地质工作是避免和防止塌方事故发生的根本手段。必须改变"地质工作是设计人员的任务，而不是施工人员的事"的传统观念。

9.7.1　隧道塌方与掌子面崩塌统计

9.7.1.1　隧道塌方统计

诱发隧道塌方的主要原因既有地质上的内因，也有施工方法和措施不当的外因，见表 9.7-1和图 9.7-1 所示。

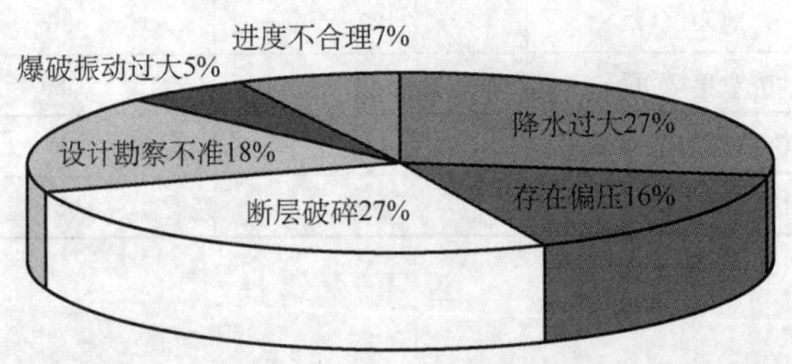

图 9.7-1　塌方诱发因素所占的比例

表 9.7-1　部分隧道塌方统计

隧道名称	围岩级别	开挖跨度(m)	地下水情况	埋深(m)	偏压情况	塌方量
青岭隧道	Ⅴ	13	地下水不发育	75	—	15 000
靠椅山隧道	Ⅳ	17.04	地下水不发育	70	—	20 000
梁家山隧道	Ⅴ	14.1	较发育	60	—	2 500
油房头隧道	Ⅴ	13	一般	15	—	1 400
柳川隧道	Ⅴ	17.5	地下水发育	63.3	—	20 000
乌坑坝隧道	Ⅴ	13	地下水发育	26	—	450
旦架哨隧道	Ⅴ	16.8	地下水丰富，有涌水	40	—	900
东皋岭隧道	Ⅵ	14.8	节理面充水，地下水补给充分	12	—	17 000

续上表

隧道名称	围岩级别	开挖跨度(m)	地下水情况	埋深(m)	偏压情况	塌方量
马鞍石隧道	Ⅳ	10.48	地下水丰富	18	—	320
陈峪岭隧道	Ⅳ	9	地下水发育	11	存在偏压	1 400
坨家山隧道	Ⅳ	10.83	连降暴雨,裂隙水发育	70	—	1 000
上村隧道	Ⅳ	12	掌子面有压力水流出	33	—	860
葵岗隧道	Ⅵ	14	岩溶水十分丰富,地下水出漏	40	—	635
土家湾隧道	Ⅴ	13.4	含水量大,且降雨量很大	31~35	—	800
关口垭隧道	Ⅳ	11.1	连降大雨,掌子面有成股水流出	25~32	存在偏压	8 800
二道垭隧道	Ⅴ	12	渗水严重,正值雨季	50	—	900
火车岭隧道	Ⅴ	11	一般	55	—	350
萝卜顶隧道	Ⅴ	11	地下水不发育	40	—	1 600
上虎峪隧道	Ⅴ	14.5	不发育	4.5	—	150
铁营隧道	Ⅴ	9.7	—	16	—	2 000
范家岭隧道	Ⅳ	单洞 11.6	地下水较发育	50	—	3 700
土地坳隧道	Ⅴ	单洞 12.6	地下水不发育	10	—	地表塌陷 3 m×3 m 的坑
殿会坪隧道	Ⅴ	6.5	地下水较发育	6	严重偏压	冒顶面积 3 m×3 m
二庄科隧道	Ⅴ	13.9	地下水滞留	18	严重偏压	6 000
石牙山隧道	Ⅳ	12.6	有少许渗水	43	存在偏压	150
喇嘛梁隧道	Ⅲ	9.7	地下水丰富	20	—	100
城岭隧道	Ⅳ	16.75	地下水发育	45	—	1 200
云阳山隧道	Ⅴ	12.3	地下水发育	20	—	8 000
父子关隧道	Ⅴ	11.3	渗水、滴水现象严重	6	存在偏压	掌子面塌方
后祠隧道	Ⅳ	12	地下水丰富	19	—	10 m 塌方段

(1) 地质因素

1) 穿过断层及破碎带,一经开挖潜在应力释放;2) 通过各种堆积体,因结构松散颗粒间无胶结或胶结差;3) 在挤压破碎带、岩脉穿插带、节理密集带等碎裂结构地质中,一经开挖则失稳;4) 小褶曲、错动发育地段;5) 软弱岩体在地下水作用下,软弱面强度降低;6) 地下水的软化、浸泡、冲蚀、溶解等。

(2) 施工方法及措施不当

1) 工序不合理,工序时间间隔过长,地层暴露时间过久;2) 喷锚不及时;3) 支撑架设质量欠佳,与围岩不密贴,空隙填不实或连接不够稳定;4) 抽换支撑操作不当,或支撑受力过大未及时加固;5) 爆破作业不当,用药量过多;6) 处理危石不及时,危石坠落牵动岩层坍塌。

(3) 自然因素

由于地壳运动是地球的内部运动,当前世界上还没有成熟的理论能够解释地球内部的构造运动。这种运动对外表现为地震与复杂的地应力活动,地震的发生对人类来说是不可抗拒的。如果在隧道区域内发生地震或受到强地应力影响,便不可避免地会诱发巨大规模的塌方。

对上述原因和图表做进一步的分析可知:断层破碎带和降水占的比例最多,这是因为断层破碎带处的围岩力学性能差(弹性模量、内摩擦角和黏聚力较小,围岩的自稳时间短,自稳能力差);降水一方面劣化围岩力学性能,另一方面是降低了围岩的有效应力,从而更易屈服失稳,如图 9.7-2(图中横坐标为正应力,纵坐标为剪应力)所示。

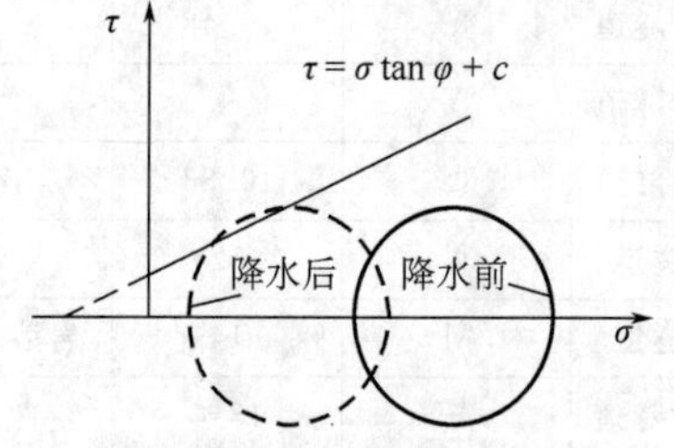

图 9.7-2 降水下围岩屈服应力变化示意

9.7.1.2 隧道掌子面崩塌形态统计

日本根据多达 9 000 个隧道掌子面施工的数据,统计了掌子面典型的崩塌类型见表 9.7-2。

根据统计可知:

(1) 涌水对掌子面崩塌的影响很大,表中崩塌大多与地下水有关。一般说掌子面涌水量在 100 L/min 时,可以作为掌子面稳定和坍塌的判断基准,而在 500 L/min 以上几乎都是坍塌。

(2) 在砂性地层中,主要由于其黏聚力很小或者为 0,从而较易崩塌;在软岩及含有节理或层理面的围岩中,也是由于层间的黏聚力小,抗剪强度低而造成的;另外,在软弱破碎围岩中,主要是由于开挖卸荷,围岩失去平衡,进而松弛而造成的。

(3) 综上可知:要保持隧道开挖掌子面的稳定,一要注重地下水的处理,二要提高围岩自身强度,即围岩自承能力。

表 9.7-2 典型掌子面崩塌形态

围 岩	崩塌形态	状况和原因	崩塌形态	状况和原因
土 砂	砂层 砂随地下水流出 不透水层(黏性土层)	下部黏土层是不透水层,上部滞留的地下水流出	风管 干燥砂的崩落 用井点降水法降低水位	因排水和通风使砂层干燥,丧失黏聚力而崩落
软 岩	漏水 滑动层 涌水 核心土 上半台阶 顺层滞水砂岩层	逆向的滞水砂岩和泥岩互层松弛,节理面剪切强度不足而崩落	二次崩塌 涌水 透水、不透水互层 涌水 一次崩塌 核心土 上半台阶 斜路 下半台阶	顺层围岩是不透水层,因上部透水层的土压、水压而崩塌
破碎围岩	破碎带 黏土层 基岩 突然涌水 崩塌 回涌水土砂流出	破碎带因涌水流而崩落,视水压的大小和块体的咬合程度,崩塌规模有所不同	3~5 m 2~3 m 破碎带 崩塌 剪切破坏 60° 前后	在没有涌水的破碎围岩中,随开挖而松弛,失去平衡而崩塌
裂隙发育的围岩	崩塌 互层 倾斜的逆层易引起崩塌	顺层的岩体虽然坚硬,但随层理面剥落而崩落	千枚岩薄层夹在岩体 节理 崩塌	在裂隙发育的围岩中,层薄而且强度小,沿其面剥落,形成大规模的崩塌

此外,埋深对掌子面自稳性的影响也很大。浅埋与深埋相比,主要是很难形成承载拱,开挖会直接波及到地表。根据已有的实测结果,变形首先在掌子面前方的围岩急剧下沉,并向前方扩展,在地表形成沉降槽,沉降槽的坡度与围岩中发生的剪应变相对应。超过围岩的极限剪应变就会发生地表开裂,如图 9.7-3(图中 D 为隧道跨径,H 为隧道拱顶埋深)和图 9.7-4 所示。

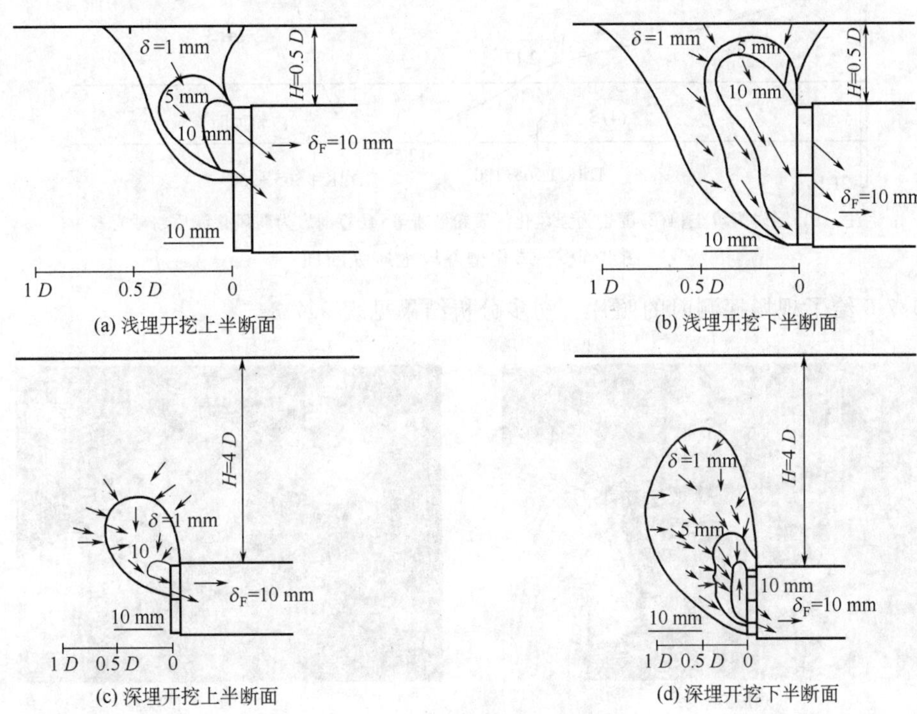

图 9.7-3　典型掌子面崩塌形态

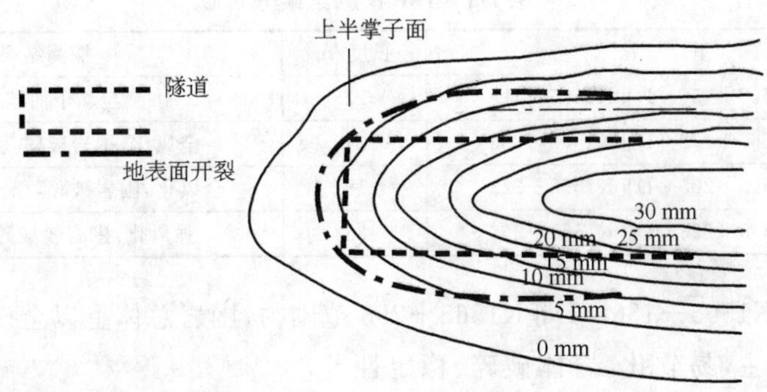

图 9.7-4　地表沉降槽和开裂

9.7.2　隧道过风化槽段地质情况探测

2# 竖井洞身暗挖段地质纵断面如图 9.7-5 所示,其主要穿越强至弱风化泥质粉砂岩、粉砂质泥岩、泥岩,夹薄层石膏和泥灰岩,岩体完整性差,均为软岩,易风化、软化,且岩溶较为发育,岩层破碎,节理发育不均,裂隙水发育,岩层风化极不均匀。在竖井广州端 DⅡK1565+120～DⅡK1565+250 段出现风化槽谷,强风化最大深度达 53.6 m,已深入至隧道开挖底部。采用 TSP 超前地质预报探明风化槽的分布情况,水平钻芯取样测定其具体的地质情况。

(1) TSP 超前地质预报结果

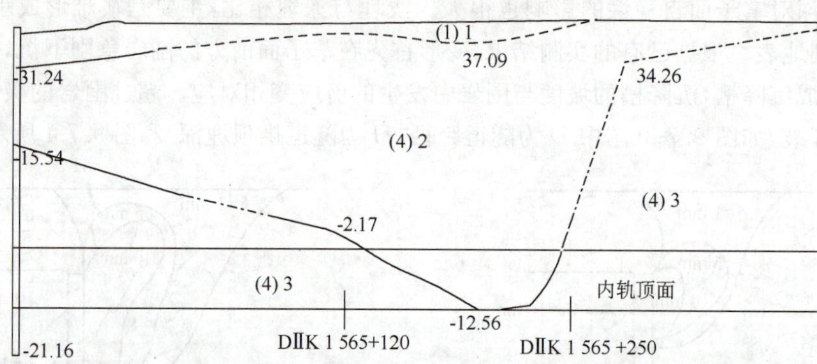

注：1(1)围岩为填土；4(2)围岩为强风化泥质粉砂岩等；4(3)围岩为弱风化泥质粉砂岩等。

图 9.7-5 风化槽谷段地质纵断面

图 9.7-6 给了现场探测时的照片。初步分析结果见表 9.7-3。

(a) 边墙测线

(b) 调试仪器

图 9.7-6 TSP 现场探测时的部分照片

表 9.7-3 TSP 探测结果分析

序号	里程	长度/m	探测结果推断
1	DⅡK1565＋156～DⅡK1565＋178	22	与掌子面基本一致。
2	DⅡK1565＋178～DⅡK1565＋205	27	全风化，围岩破碎，稳定性差，含水。
3	DⅡK1565＋205～DⅡK1565＋223	18	全风化，围岩破碎，稳定性差，可能含水。
4	DⅡK1565＋223～DⅡK1565＋256	33	强风化，围岩较破碎，稳定性较差。

在探测段 DⅡK1565＋156～DⅡK1565＋256 范围内，围岩总体上以全～强风化泥质粉砂岩和粉砂质泥岩为主，易软化、岩体破碎、稳定性差，局部含水。施工过程中及时支护，避免强烈扰动围岩，以免塌方事故的发生；注意防排水，避免突水事故的发生。为进一步提高 TSP 预报的准确性，应做好地质素描，与 TSP 预报进行比对。

(2) 水平钻芯试验结果

为了准确掌握该里程段的地质情况，在施工至 DⅡK1565＋120 断面时，对该段围岩进行了水平钻探取芯试验(钻入深度 50.04 m)，取芯试样如图 9.7-7 所示，分析结果见表 9.7-4。

图 9.7-7 全部取芯结果

表 9.7-4 TSP 探测结果分析

序号	里程	长度/m	取芯结果分析
1	DⅡK1565+120～DⅡK1565+127.63	7.63	弱风化泥质砂岩,部分地段含有少量的石膏夹层,围岩结构较稳定,含水量率为 15.5%
2	DⅡK1565+127.63～DⅡK1565+132.15	4.52	强风化泥质砂岩,围岩较破碎,部分含有少量泥块,围岩结构稳定性较差
3	DⅡK1565+132.15～DⅡK1565+136.8	4.75	全风化泥质砂岩,大部分为泥块,围岩较破碎、松散,含水率为 22.2%,围岩稳定性差
4	DⅡK1565+136.8～DⅡK1565+150.12	13.32	黄褐色泥层结构,部分地段含有灰质层,泥质松散,含水率为 22.2%,围岩结构稳定性差
5	DⅡK1565+150.12～DⅡK1565+160.44	10.32	黄褐色泥层结构,部分地段含少量砂砾,泥质较松散,黏性较大,含水率为 15.5%,围岩结构稳定性较差
6	DⅡK1565+160.44～DⅡK1565+170.04	9.6	黄褐色泥层结构,部分地段含砂砾,地质较破碎、松散,含水率为 22.2%,围岩结构稳定性较差

9.7.3 隧道塌方风险评估

本节主要结合强度折减法,并利用数值仿真软件研究隧道的稳定性及其失稳(塌方)的形态、相应的安全系数,这样就可定量化评价隧道在某处的安全性,并能较直观形象地给出相应的潜在破坏面及其应力场、位移场分布等。

9.7.3.1 强度折减法思路

长期以来,人们习惯以安全系数(稳定系数)来表达岩土工程的稳定与安全程度。传统的稳定安全系数是由 Bishop(1955)提出的,他将 F 定义为土体的实际抗剪强度与阻止破坏所需的最小抗剪强度之比,用公式表述为:

$$F=\frac{\tau_f}{\tau} \tag{9.7—1}$$

式中 τ_f——土体的抗剪强度;

τ——极限平衡所需要的剪应力。

按照这个定义无法将有限元数值分析的应力/应变结果与稳定安全系数建立起关系。对于边坡工程来说,这方面的研究一直是热点问题。但传统意义上的安全系数是用极限平衡法推求的,而极限平衡法无法考虑岩体变形情况,对复杂的边坡工程更是爱莫能助。Duncan(1996)提出了另一种描述安全系数 F 的定义:将土体的抗剪强度除以一个系数 F 使土坡达到临界破坏状态,这个系数 F 就是坡体的安全系数,用公式表述为

$$\tau=\frac{\tau_f}{F} \tag{9.7—2}$$

进一步可以表述为

$$\tau=\frac{\tau_f}{F}=\frac{c+\sigma\tan\varphi}{F}=\frac{c}{F}+\sigma\frac{\tan\varphi}{F} \tag{9.7—3}$$

令

$$\begin{cases} c'=\dfrac{c}{F} \\ \varphi'=\arctan(\dfrac{\tan\varphi}{F}) \end{cases} \tag{9.7—4}$$

上式就是强度折减法中安全系数的定义。用这个定义可以将有限元计算与稳定安全系数建立对应关系。因此，强度折减有限元法的基本原理就是将坡体强度参数黏聚力 c 和内摩擦角 φ 值同时除以一个折减系数 F 得到一组新的 c'、φ' 值，然后作为新的材料参数输入，再进行试算；当计算不收敛时，对应的 F 被称为坡体的最小稳定安全系数，此时坡体达到极限状态，发生剪切破坏，同时可得到坡体的破坏滑动面。两种稳定安全系数定义的方法本质上是一致的。

目前强度折减法应用已有相当成熟的有限元技术，且具有传统意义上安全系数的含义，因而在边坡工程上应用非常活跃，理论也发展得较为成熟。由强度折减法的基本原理可以看出，它也能应用于隧道等地下工程的稳定性评价。

极限分析有限元法通过对岩土体强度参数的折减，使岩土体处于极限状态，因而有可能使岩土体显示潜在的破裂面，并求得稳定安全系数，这在边(滑)坡稳定分析中取得了成功，但应用于隧道工程中算出的塑性区往往是一大片，而不像边(滑)坡岩土体内存在明显的剪切带，因而要找出围岩内的破裂面较困难。

认为极限状态时围岩发生塑性应变(或者位移)突变时的情况就是围岩发生流动破坏的情况，因而可依据塑性应变或者位移突变来确定潜在破坏面。朱合华采用强度折减法分析了连拱隧道在施工过程中边坡的稳定性情况，得出了坡体的稳定安全系数随施工的进行逐渐减小，最后趋于稳定的结论；尹莹用有限元强度折减法对海底隧道进行稳定性分析。

将有限元强度折减法应用到求解隧道的稳定安全系数时，应注意隧道是整体失稳还是局部失稳。从实际观察到的情况看，隧道受剪破坏的安全系数也可分为两种：一种是引起隧道整体失稳，其相应的是整体安全系数；另一种是引起隧道局部失稳，一般发生在节理裂隙岩体中，其相应的是局部安全系数。本节内容是一种探索性的尝试，只限于研究受剪破坏的整体安全系数，采用强度折减有限元法求安全系数与潜在破坏面。

9.7.3.2 隧道塌方失稳评估判剧

强度折减法应用到隧道稳定的评估中，必须要解决隧道稳定或不稳定(塌方)的标准问题。由于隧道失稳受影响因素较多(如工程地质和水文地质条件、围岩性质、开挖方法、隧道断面形状及大小等等)，到目前为止，还没有一个统一的失稳标准。由于这个问题具有重大的工程实际意义，一些国家和部门都在进行这方面的研究工作，并提出了一些相应的规定。

总的来讲主要有以下几种判别标准：

(1) 围岩强度判剧　围岩强度标准的理论基础是强度破坏准则(如 Mohr-Coulomb 准则、Drucker-Prager 准则等)，即在低约束压力条件下，当围岩内某些截面的剪应力超过破坏理论规定的滑动界限范围时，岩体就发生剪切屈服破坏。也即从塑性区判别围岩的稳定性。

(2) 围岩的极限应变　极限应变是围岩破坏极限时的应变，一般由岩石的单轴试验得到。许多试验表明，室内试验和原位试验结果几乎一致，因此可以通过室内试验求得原位围岩的极限应变值。

(3) 围岩位移判剧　隧道结构失稳前，特别是临界状态下，其位移、声发射等物理量要发生于不同于稳定期的变化，这种变化可以预测围岩失稳。

本节将根据以下原理进行判断：

如果隧道失去稳定，将产生很大的位移，滑体由稳定静止状态变为运动状态，其位移和塑性应变不再是一个定值，而是处于无限塑性流动状态，这就是隧道破坏的特征。

另外，有限元的计算迭代过程就是寻找外力和内力达到平衡状态的过程，整个迭代过程直到一个合适的收敛标准得到满足才停止。可见，如果隧道失稳破坏，滑动面上将产生没有限制的塑性变形，有限元程序无法从有限元方程组中找到一个既能满足静力平衡又能满足应力—应变关系和强度准则的解，此时不管是从力的收敛标准，还是从位移的收敛标准来判断有限元计算都不收敛。

为此，以特征部位拱顶沉降、地表中线点沉降、最大塑性应变、最大主应力(主拉应力)的突变性或不收敛性、塑性区是否贯通及计算是否收敛作为隧道失稳的判据。

9.7.3.3　隧道塌方稳定评估

在台阶法施工中，隧道的关键步骤一般是上台阶开挖，而隧道的风险事故也大多发生在上台阶，特别是掌子面附近，因此，应用强度折减法，首先对上述风化槽地段DⅡK1565＋120断面上台阶开挖时横向的稳定性进行分析。为了减少试算的例子，对材料的折减首先从1开始按0.5递增进行参数折减(如1、1.5、2、2.5等)，当发现上述指标发生突变、或塑性区贯通时，则在该折减系数和上一折减系数之间按0.1的递增进行折减。本文最终试算的折减系数见表9.7-5。

表9.7-5　强度折减系数

折减系数	1	1.5	1.6	1.7	1.8	1.9	2
c(kPa)	35	23.3	21.9	20.6	19.4	18.4	17.5
φ(°)	25	17.3	16.2	15.3	14.5	13.8	13.1
折减系数	2.1	2.2	2.3	2.4	2.5	3	3.5
c(kPa)	16.7	15.9	15.2	14.6	14.0	11.7	10.0
φ(°)	12.5	12.0	11.5	11.0	10.6	8.8	7.6

(1) 特征部位的指标随折减系数的变化

图9.7-8给出了拱顶沉降、地表中线点沉降、最大塑性应变、最大主应力(以压为负)等随折减系数的变化，图9.7-9给出了各无量纲指标梯度随折减系数变化。从图中可知：

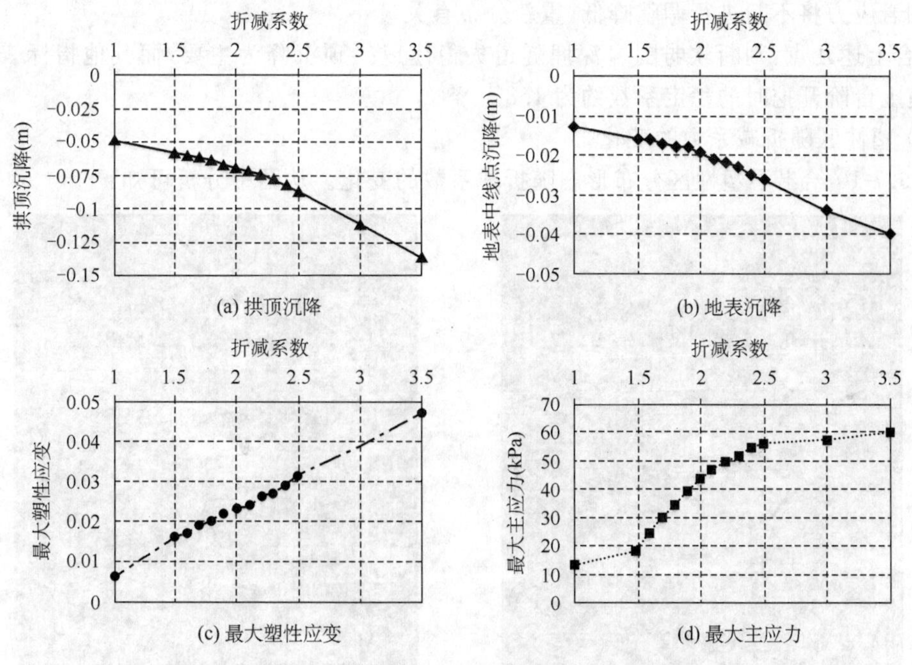

图9.7-8　不同指标同折减系数的关系曲线

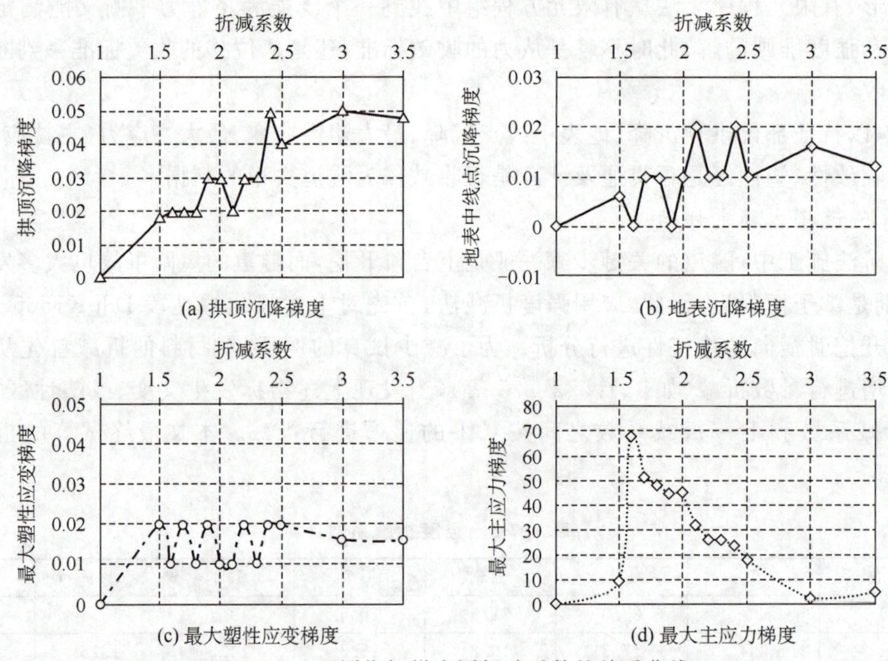

图 9.7-9　不同指标梯度同折减系数的关系曲线

1）整体上，拱顶沉降和地表中线点沉降都随着折减系数的增加而增大，但各自增加的梯度不一样，拱顶沉降梯度要比地表梯度增加的快些；当折减系数大于 1.8 时，拱顶沉降梯度出现显著上升，可以判断隧道的横向稳定系数为 1.8，而地表的沉降梯度则出现抖动状态，这与此处为深埋，洞内沉降不宜波及到地表有关。

2）最大塑性应变随折减系数的增加而增大，塑性应变梯度随着折减系数出现波动；最大主应力随折减系数的增加表现为先增加而后区域平缓，这与折减系数的增加，塑性区越来越大，则围岩应力将不断进行调整降低，重新分布有关。

综合上述几点：判断软弱围岩深埋隧道失稳应以拱顶沉降为主要，而其他指标表现不明显；隧道上台阶开挖时的稳定系数约为 1.8。

（2）塑性区随折减系数的变化

图 9.7-10 给出了塑性区分布形态随折减系数的变化。从图中分析可知：

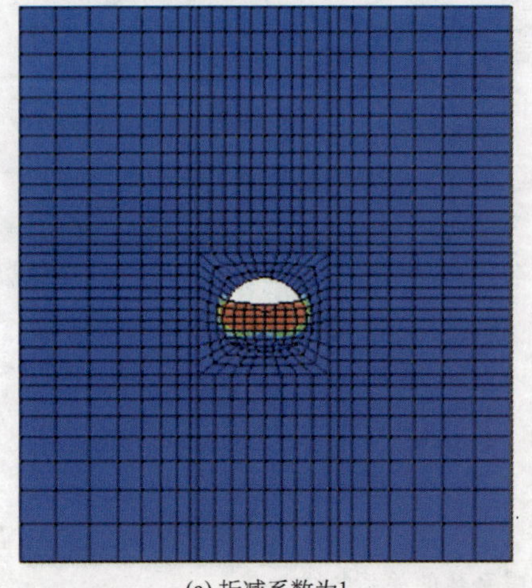

(a) 折减系数为1

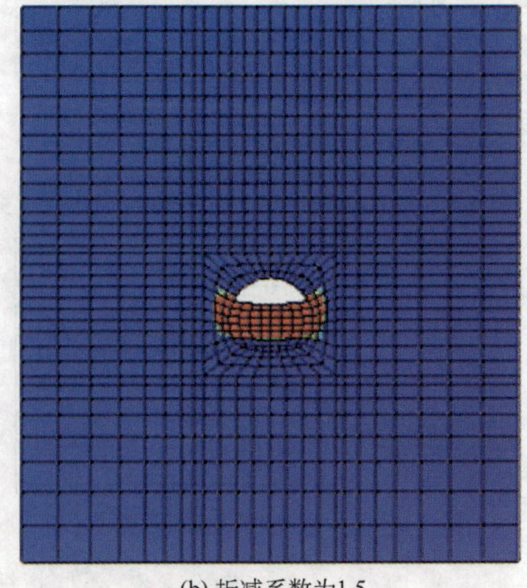

(b) 折减系数为1.5

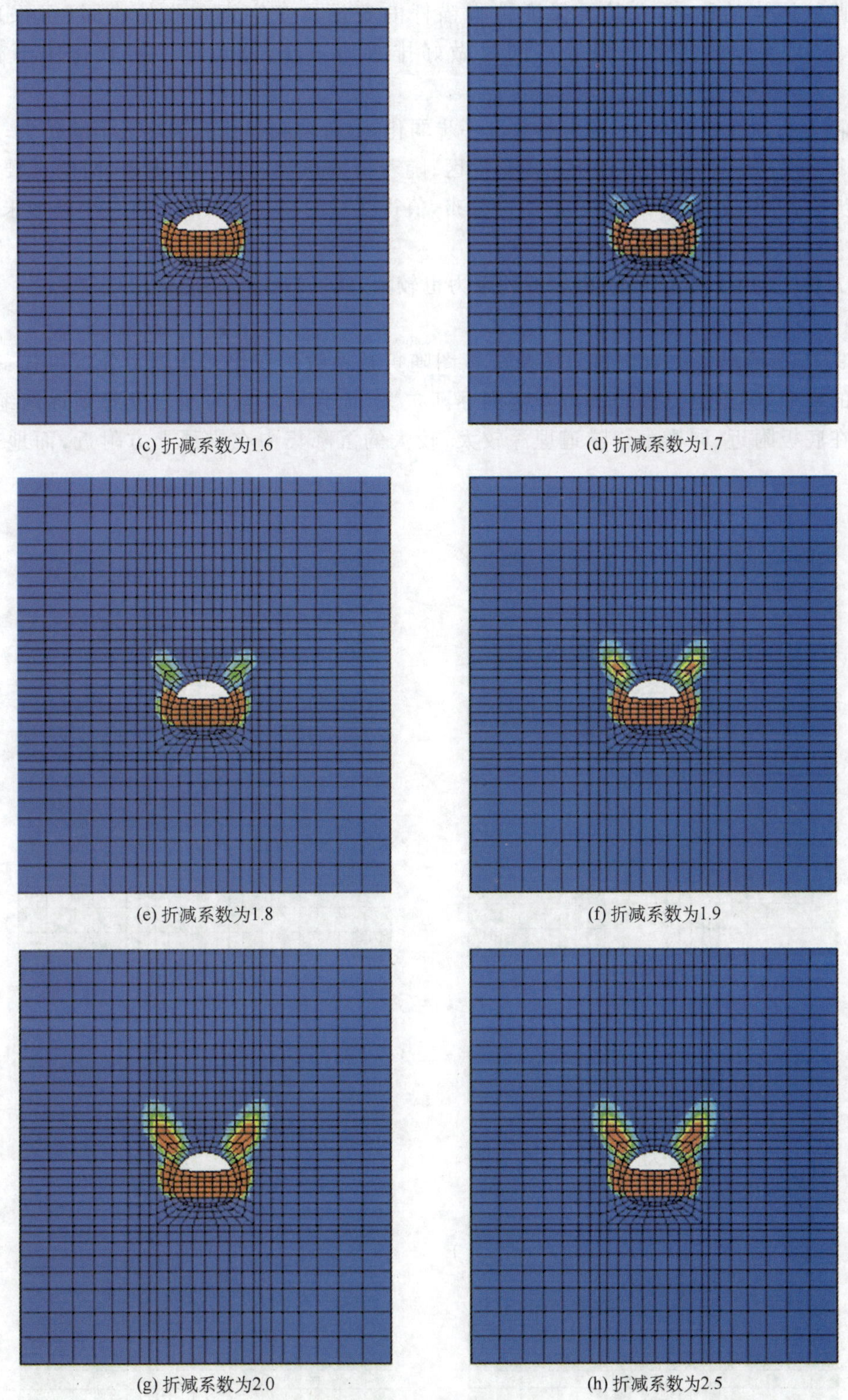

图 9.7-10 不同折减系数下塑性区分布形态

1）未折减时，塑性区发生在上台阶的两侧拱脚和底板处，这是由于拱脚处应力集中和底板的开挖卸荷有关，另外底板相对于拱顶，其曲率半径大，对受力不利，建议施工时应注重此处围岩的稳定，尤其要保证锁脚锚杆的安设及工字钢落脚的稳固（可采取混凝土垫块、扩大落脚的接触面积等），同时做好排水的工作，避免进一步软化中下台阶的围岩。

2）随着折减系数的增大，围岩参数进一步弱化，上台阶底板处的塑性区不断扩大；当折减系数为 1.7 时，隧道两侧拱腰开始出现塑性区；随着折减系数的进一步提高，两侧拱腰的塑性区进一步扩展，形成"猫耳朵形状"的塑性分布，值得注意的是在拱顶附近有一小区域未出现塑性区；

3）总体上，由于隧道深埋，围岩的约束力也较大，所以塑性范围较小。

(3) 围岩位移分布随折减系数的变化

图 9.7-11 给出了围岩位移云图及矢量图随折减系数的变化。从图中分析可知：随着折减系数的增加，隧道上方围岩的沉降范围逐渐扩大，而台阶底板的围岩隆起则逐渐缩小，最后集中在底板附近；同样由于隧道埋深较大，较大的沉降集中在拱顶上方附近，而地表沉降较小。

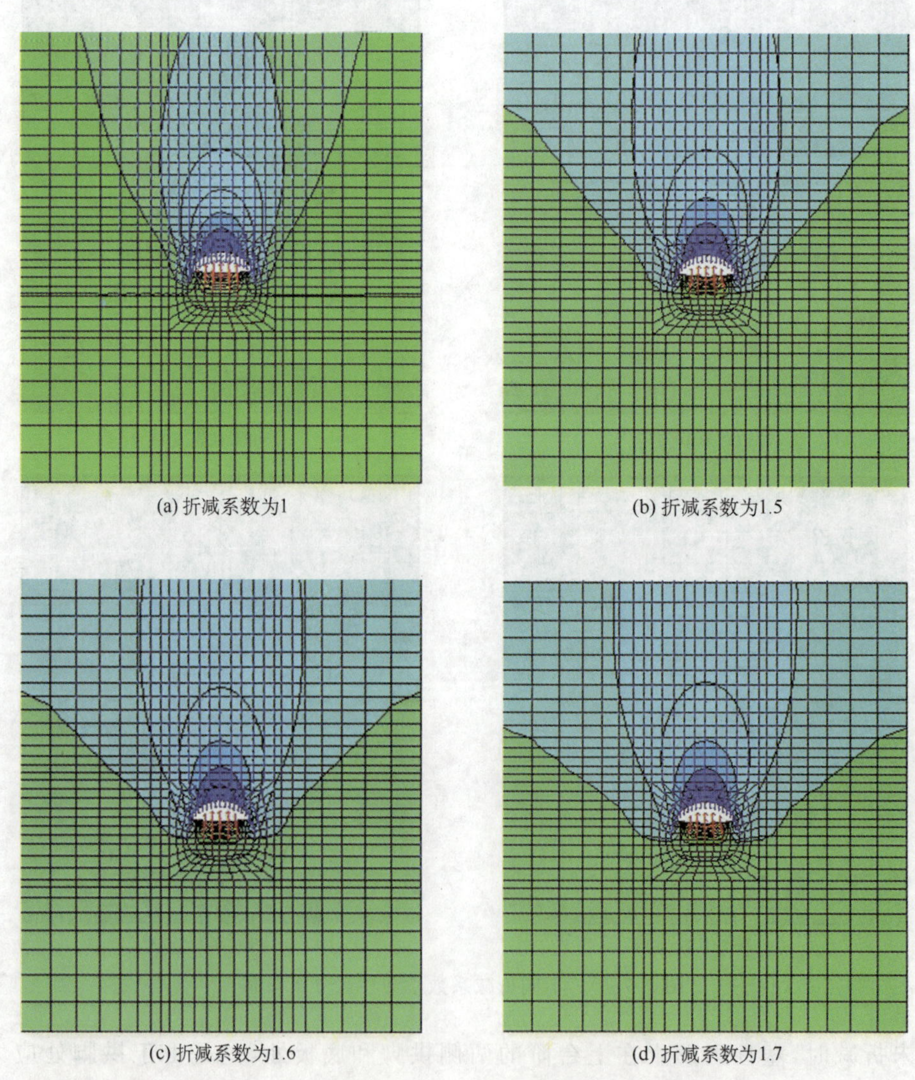

(a) 折减系数为1　(b) 折减系数为1.5

(c) 折减系数为1.6　(d) 折减系数为1.7

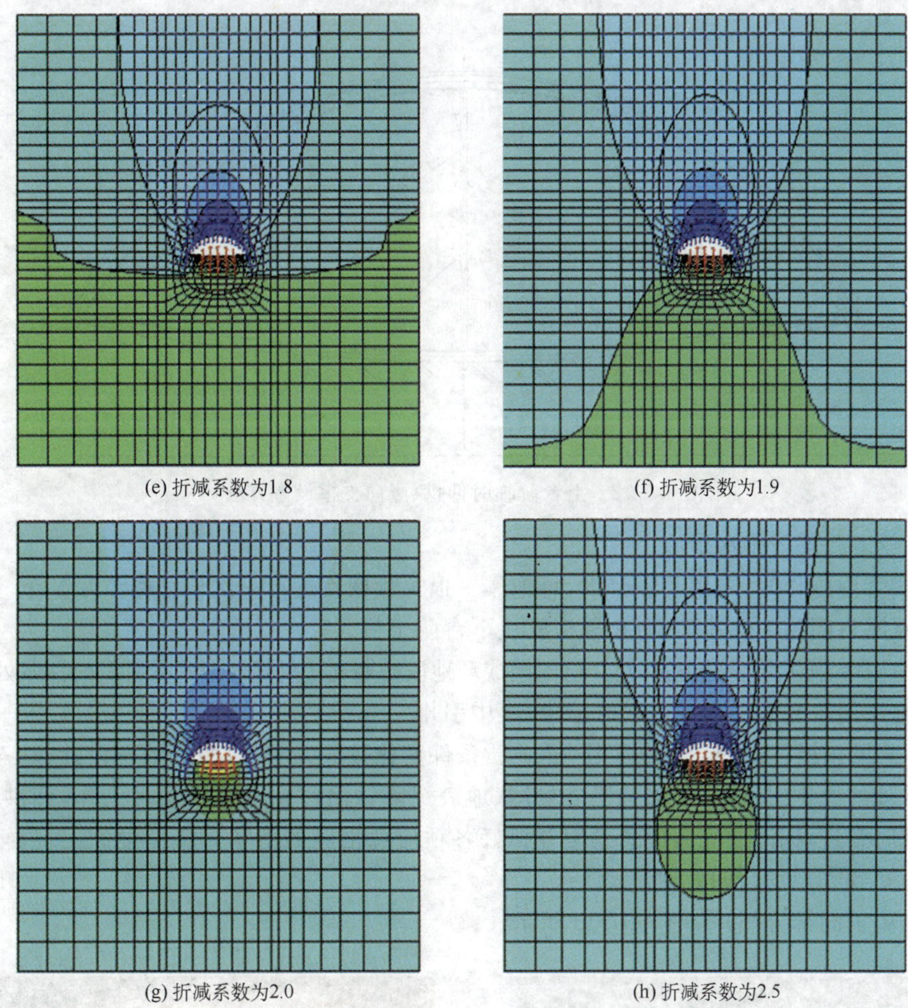

(e) 折减系数为1.8　(f) 折减系数为1.9

(g) 折减系数为2.0　(h) 折减系数为2.5

图 9.7-11　不同折减系数下位移矢量及云图分布形态

9.7.4　过风化槽段风险应对措施

根据现场实际的地质情况，研讨制定具体的风险应对措施：

(1) 该段超前支护设计采用 18 m 长 $\Phi108$ 长管棚套打 $\Phi42$ 超前小导管，施工工法采用三台阶临时仰拱加设竖向钢支撑法施工(图 9.7-12)，竖向钢支撑是否向二、三台阶延长，视地质情况而定。

(2) 控制拱顶下沉的施工措施

① 上台阶开挖完成后，及时喷射混凝土封闭掌子面，并在掌子面施设适量的小钢管，以利于排水、起到稳固岩体的作用，尽快使上台阶钢架和临时仰拱封闭成环。

② 台阶拱脚处需打设锁脚钢管，倾角以 30°～40°为宜，锁脚钢管与初期支护钢架之间应焊接牢固。

③ 加强初期支护、钢拱架背后回填注浆，使初期支护与围岩紧贴、密实。

④ 最大预留变形量暂按 25 cm 控制，施工时根据实际沉降监控量测结果进行动态调整。

(3) 初期支护厚度由 25 cm 调整到 28 cm，工字钢架由 I20a 调整到 I22b，间距 0.6 m；临时仰拱根据实际增设 I20a 竖向钢支撑，临时仰拱喷射混凝土厚度由 18 cm 调整为 20 cm。

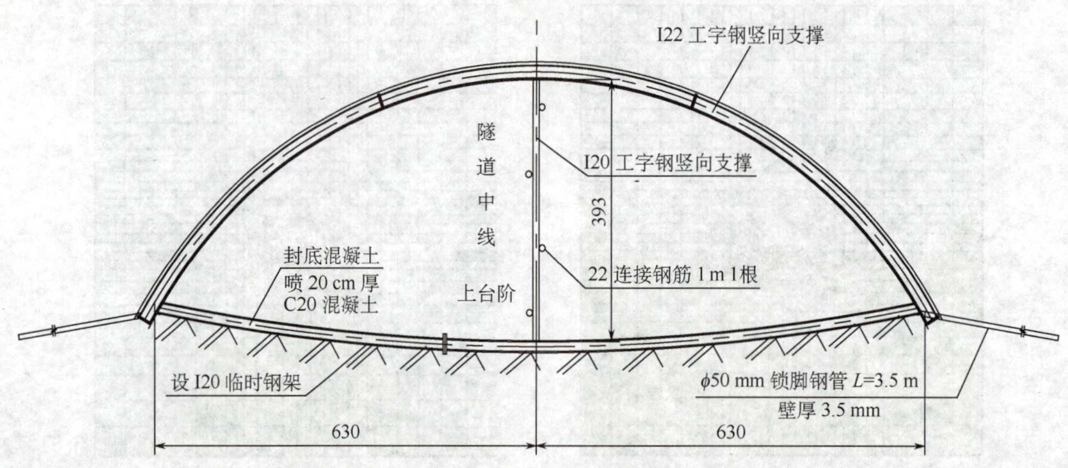

图 9.7-12 上台阶临时仰拱、竖向支撑设置方法

(4) 隧道施工防排水措施

① 长管棚施作时,采用间隔打设,每施作一根长管棚就进行一次长管棚注浆。

② 及时封闭施工作业面,防止浸泡软化下台阶土体。

③ 采用堵、排相结合的方式,对于已封闭成环地段初期支护局部渗漏水处宜及时注浆处理。

④ 施工用水和裂隙水必须及时汇槽,集中引排。

(5) 此风化槽谷段围岩风化不均匀,地质条件变化较大,施工时要按动态设计、动态施工、信息化管理的原则组织,必须加强围岩量测、地表沉降量测和超前地质预报工作,仰拱和二次衬砌要及时跟进,同时要完善应急预案并抓好各项应急措施的落实。施工中如出现异常情况应及时通知各方现场踏勘处理。

现场施工的部分照片如图 9.7-13 所示。

(a) 临时中墙

(b) 上台阶支护

图 9.7-13 现场施工照片

9.7.5 隧道施工塌方预防措施和应急预案

隧道塌方风险评估的等级如果为Ⅲ、Ⅳ级风险则必须采取风险规避或风险缓解措施;Ⅱ级风险应予以监控,而Ⅰ级风险则可忽略。

9.7.5.1 隧道塌方风险段施工预防措施

施工中隧道塌方易发地段应积极采取风险预防措施:

(1) 注重该段施工地质的勘测，必要时把超前地质预报纳入施工工序；同时要注意观测掌子面暴露的地质情况，如果发现围岩地质条件与勘察资料严重不符合，应及时向监理单位、设计单位和业主单位反应，变更支护参数。

(2) 加大监控量测频率和量测信息的反馈，以及时指导施工。隧道监控量测是隧道施工的一个"诊断器"，通过围岩的变形和结构内力分析，了解围岩变化情况，根据预报和分析结果及时调整支护参数，预防隧道塌方发生。

(3) 加强现场管理人员的监控力度和现场劳动力、机械设备的配备，满足现场安全、快速施工的需要。

(4) 加强现场施工员、技术员的现场值班检查，严控施工质量，特别是初期支护钢架间距、钢架的净空及垂直度、钢架连接钢板的连接质量、纵向连接筋的焊接及钢筋网片的搭接、锁脚导管的长度及与钢架的焊接、临时仰拱的安装焊接质量、喷射混凝土的厚度等必须严格按设计和规范要求施作到位。

(5) 推行"弱爆破、短进尺、早封闭、强支护"的施工理念。

(6) 对围岩进行辅助预加固/预支护措施，如管棚、超前小导管、超前锚杆、洞内或地表注浆加固等，以提高围岩的自稳能力。

9.7.5.2 隧道塌方风险段应急预案

隧道塌方发生后，施工方应该采取积极有效的措施，防止塌方范围的进一步扩大，把损失减低到最小程度，一般性的塌方处理措施如下：

(1) 加强现场施工应急物资储备，洞内配备一定数量的 $\phi300$ 圆钢管、枕木、圆木、4 m 工字钢、4 m 导管、钢筋网片、编织袋、水泥等。

(2) 当发现坍塌时，发现人应及时发出警告信号，在危险区域的人员立即撤离，同时禁止其他工作人员接近或进入危险区域。工作人员撤离至安全位置后，及时清点现场施工人员数量，查看有无人员伤亡情况。现场负责人或值班安全员、工班长等立即报告项目经理部领导，并立即启动应急抢险程序。

(3) 成立塌方抢险领导小组，在洞内外设立警戒线，昼夜监视塌方体及控制无关人员进入塌方危险区；同时上报监理单位、业主单位和设计单位等；若事故影响范围大，则应与当地应急部门联系(含医院、公安、消防、政府等)。

(4) 组织有经验的抢险施工队伍，及时提供塌方处理的材料和机械，做好后勤保障。隧道塌方处理前，必须详细观察坍塌范围、形态、坍穴的大小，分析塌方形成的原因和地下水活动情况，制定处理方案。隧道塌方后应先加固未塌方段，防止坍穴进一步扩大，同时加强排水工作。

(5) 对于不同的塌方规模，可以参照如下的措施：

① 当塌方规模较小时，首先加固坍体，尽快施作喷射混凝土和锚喷联合支护，封闭坍穴顶部和侧部，然后清渣。亦可在保证安全的前提下，在塌方体上架设临时支架，稳定顶部后清渣。

② 当塌方规模很大，坍渣封堵洞身时，采用先护后挖的方法，在查清坍穴规模大小的穴顶位置后，采用管棚注浆稳固围岩和坍体，待其稳定后再按先上部后下部的顺序清除坍体。

③ 当塌方冒穿地表时，在处理前应先支护坍穴口，地层极差时，再在坍穴口附近地面采用地表锚杆加强，洞内采用钢架和超前管棚联合支护通过坍体。塌方段应采取有效措施，防止地表水流入或下渗到坍穴和坍体内。坍穴口回填标高应高于地面封口。

(6) 塌方地段的模筑衬砌背后与坍穴周壁间必须紧密支撑。塌方较小时，用浆砌片石或干片石将其回填；坍穴大时，先用浆砌片石回填 2 m，其上空间再采用型钢等顶住围岩。特大坍穴根据具体情况，现场确定处理方案。

(7) 塌方段开挖，视具体情况尽量采用扰动小的施工方法，如短台阶留核心土法、CD法等。

(8) 事故处理完毕后，应组织相关人员进行事件的调查、分析和总结，并存档备案。

以上是隧道塌方风险的一般性应对措施，若出现特殊情况，应该请专家现场"会诊"提出合理的措施。

9.7.6 过风化槽段的施工效果分析

图 9.7-14 给出了断面 DⅡK1565＋165 的拱顶沉降时程曲线，从图中分析可知：变形总体呈现台阶形状，安设竖向钢支撑后，拱顶沉降速率变缓；当中台阶的掌子面开挖到此断面时，由于此时要拆除临时竖向钢支撑，拱顶又出现一定的下沉。由此可见竖向支撑对于控制拱顶沉降的效果是非常明显的，也表明提出的风险应对措施是合理可行的。

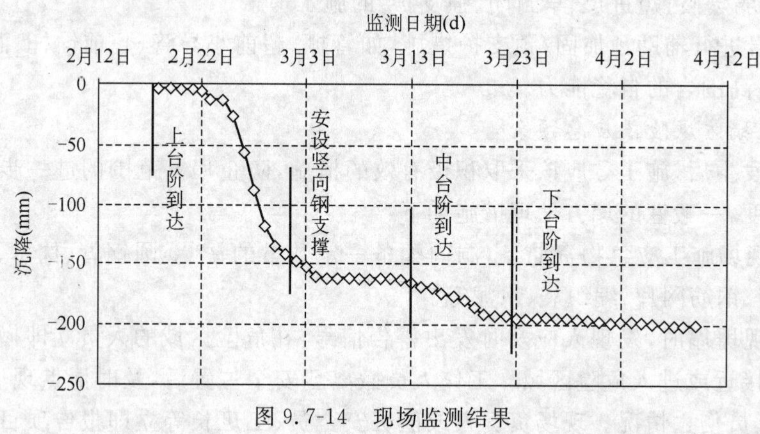

图 9.7-14　现场监测结果

9.7.7 总　　结

(1) 根据文献调研，收集了掌子面不同崩塌形态，分析了浅埋隧道和深埋隧道掌子面失稳的形式，探明了地下水、软弱围岩及软弱结构面是掌子面坍塌的主要诱因；影响隧道塌方的主要因素有降雨、偏压、围岩软弱破碎及施工方法。

(2) 在探明风化槽地质情况的基础上，评估该段塌方风险：综合评估塌方风险为高度风险，应用强度折减法定量分析隧道的稳定性，计算结果表明上台阶开挖时横向的稳定安全系数为 1.8，横向破坏首先在两侧拱脚附近，然后向拱腰发展。

(3) 过风化槽段提出了台阶＋竖向钢支撑的施工方法，并研究了隧道坍塌的预防措施和不同塌方规模的应急预案；监测结果显示在采取对应措施后，围岩的变形趋于稳定；隧道现已顺利通过该风化槽地段，未发生重大坍塌事故，表明隧道塌方应对方案和预防措施是合理可行的。

9.8 隧道进口人工填土超浅埋地段风险评估与控制

9.8.1 施工阶段风险评估

隧道进口 DⅡK1560＋914～DⅡK1561＋010 段为原修建京珠高速公路弃土，填土层厚度为 10～20 m 不等，主要为素填土、杂填土，土质主要成分为棕黄色砂黏土，堆积年代较新，结构松散，标贯击数 4～17 击，含水量受雨水影响较大，工程性质极差，填土深入到隧道边墙脚，围岩级别为Ⅵ级。本段隧道埋深 9～10 m 左右，属浅埋。

设计采用双侧壁导坑法施工。DⅡK1560＋914～＋954 段洞口采用 ϕ108 超前长管棚支护；DⅡK1560＋954～DⅡK1561＋010 段采用洞身 ϕ108 超前长管棚套打 ϕ42 超前小导管，管棚环向间距 40 cm，ϕ42 小导管长 3.5 m，环向间距 40 cm；由于 DⅡK1560＋923.6～DⅡK1561＋010 段隧道两侧采取地表钻孔桩加固处理，钻孔桩直径 ϕ800，设置在隧道结构开挖线外 40 cm，纵向间距 1.2 m，桩底标高为仰拱结构底以下 2 m。

隧道洞口仰坡率按 1∶1 施工，拱墙及仰拱采用工字钢支撑，间距 50 cm，喷射 C25 混凝土，厚 28 cm，边墙采用普通砂浆锚杆，锚杆长 4 m，锚杆间距 1.0×1.0 m(环、纵)。侧壁导坑临时支护采用 I18 的工字钢支撑，间距 50 cm，喷射 C20 混凝土，厚 18 cm。

图 9.8-1 给出了现场施工的情况。洞口大管棚施作完成后，2007 年 2 月 28 日右侧壁导坑开始进洞，因连续阴雨，人工填土地层含水量增加，3 月 6 日地表出现 1～2 cm 的裂纹，至 3 月 10 日地表裂纹发展为三道较大的裂缝(进洞前已用砂浆封闭地表裂缝)，裂缝长度 3～15 m，裂缝最大宽度达 7 cm；地表最大日下沉达 10 cm，累计达 16 cm；右侧壁导坑拱顶下沉累计达 12 cm，水平收敛累计达 50 mm，侧壁上导坑内初期支护有两道环向裂缝。由于上述各项指标发展趋势很快，人工填土结构松散，粘结力差，隧道仰坡有沿隧道中线纵向流坍的趋势，现场立即停止了施工，地表裂缝如图 9.8-2，拱顶沉降量测资料如图 9.8-3 所示。

(a) 右导坑下侧立钢架

(b) 左导坑开挖出渣

图 9.8-1　现场的双侧壁导坑施工

(a) 地表裂缝

(b) 钢卷尺测裂缝宽度

图 9.8-2　现场施工引起的地表裂缝

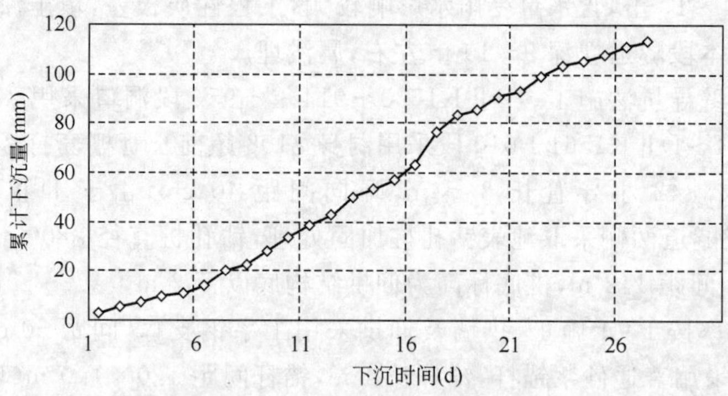

图 9.8-3 拱顶沉降时程曲线

因此，在该地段采用设计推荐的方案很难满足施工安全性的要求，风险发生的概率为很可能，风险发生的后果为严重的，采用风险矩阵法，可知风险等级为极高风险。

9.8.2 施工阶段风险控制

根据现场施工情况调查，并经过多方共同分析研究，采取综合的风险规避措施，即首先地表减载，利用钻孔桩加横撑，支撑洞顶两侧填土，然后进行暗挖，具体方案如图 9.8-4 所示。

(1) 地表减载处理

将 DⅡK1560＋923.6～DⅡK1561＋010 段钻孔桩范围间的人工填土地层采取垂直明挖减载处理，开挖深度为地面至内轨顶面标高上 10.68 m，在施工完成隧道防水和二次衬砌并达到混凝土设计强度后，适时夯填土至原地面线。

(2) 钢支撑设置

分别在基坑顶面以下 3 m 及 8 m 位置内侧设置二道 ϕ609、壁厚 14 mm，水平间距 3.6 m 的横向钢支撑，围檩采用 I56b 双拼工字钢。

(3) 套拱加固

在完成地表减载及钢支撑施工后，在隧道洞顶设置套拱加固，套拱采用 1.0 m 厚 C30 钢筋混凝土，套拱内侧与二次衬砌外侧距离为 10 cm。

(4) 锚杆加固

在隧道最大跨度处上、下各 0.75 m 位置设置 2 根 ϕ32 锚杆，锚杆钻孔直径为 ϕ110，纵向间距 1.2 m，并结合隧道初期支护中的 I20a 钢架设置[20 槽钢纵向连接，形成共同受力体系。

(5) 套拱与钻孔桩连接

套拱在拱座与钻孔桩交接处采用植筋后锚固方式连接，钢筋采用 ϕ25HRB335 钢筋，纵向间距 200 mm。

(6) 套拱与初期支护钢架连接

套拱与初期支护 I20a 型钢钢架采用预埋钢板方式，预埋钢板与钢架连接钢板进行四周全面焊接，接头处焊缝高度 $h_f=12$ mm。

(7) 隧道内施工改用三台阶法。

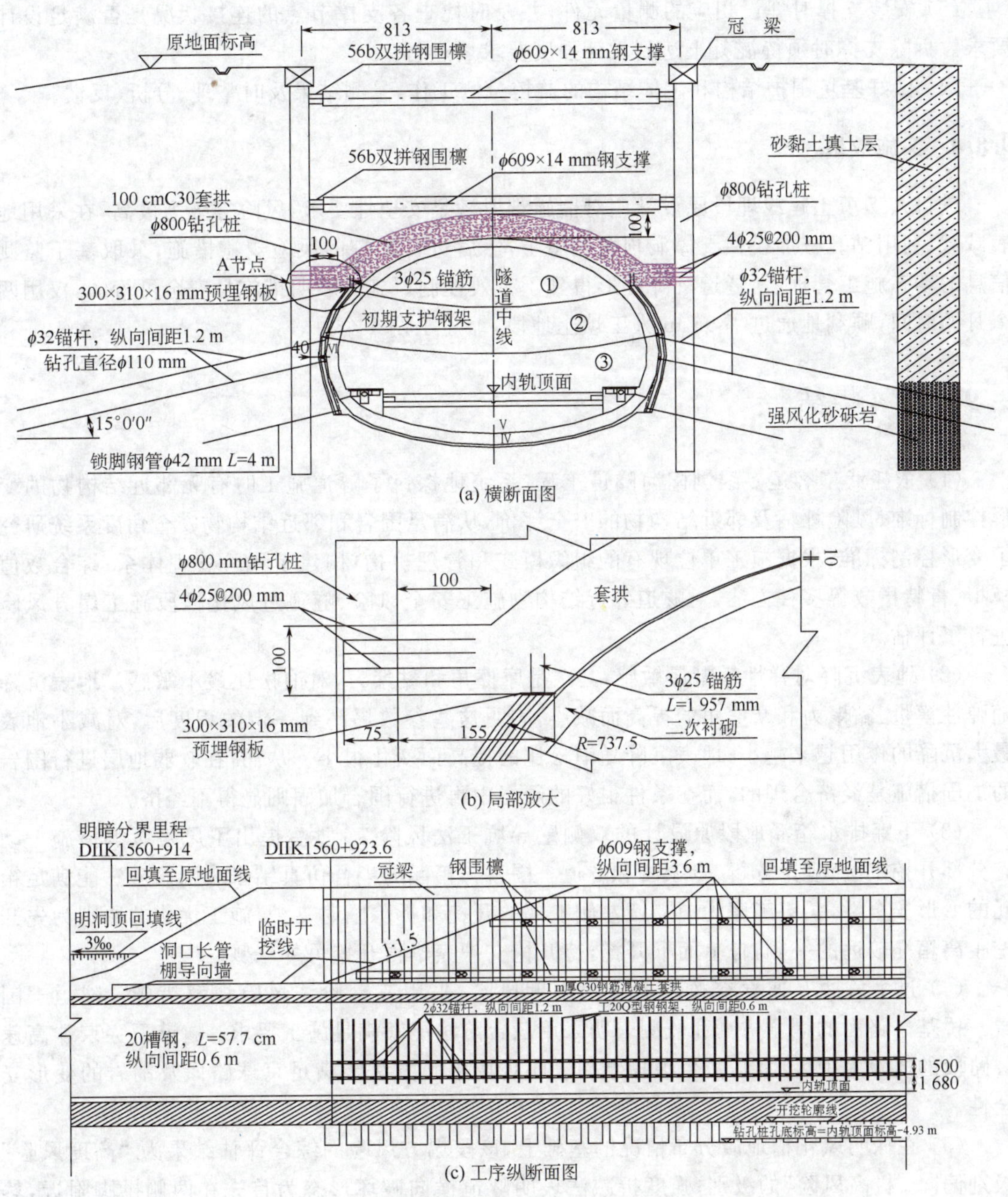

图 9.8-4　穿越人工填土层施工方案(单位:cm)

9.8.3　施工阶段风险应对措施注意事项

(1) 施工前制定详细的施工方案及预案,规避施工风险。

(2) 人工填土层施工避开雨季,同时施工前做好地表的截排水措施,防止地表水渗入基坑,做好基坑防雨水措施及排水工作。

(3) 土方开挖时,弃土堆放应远离基坑边坡顶 10 m 以外,弃土高度不得大于 2 m。

(4) 施工坚持“短进尺、弱爆破、强支护、早封闭、勤量测”的原则,隧道开挖方式采用弱爆破或机械开挖,如爆破应严格控制炮眼深度及装药量,减少开挖对围岩的扰动。

(5) 安装支撑时埋设相应的测量元件,并及时检查各支撑节点的连接状况是否满足设计要求。拆除支撑时须待混凝土达到设计强度要求后进行。

(6) 做好基坑围护结构和主体结构的监控量测工作,量测结果及时整理、分析、反馈。

9.8.4 实施效果

进口人工填土超浅埋段原设计应对措施难以满足安全性要求,风险等级为极高,在采用地表减载、利用钻孔桩加设横支撑洞顶两侧填土,然后进行暗挖的风险规避措施,采取基于监测信息的动态施工管理后,隧道沉降变形得到了有效控制。施工表明措施是安全可行的,仅用两个月的时间,顺利地通过了 96 m 人工填土地段,缩短工期 4 个月。

9.9 总 结

(1) 依托武广客运专线浏阳河隧道工程,系统地探讨了隧道施工时有无邻近结构物的变形控制标准、风险评估及邻近结构物的安全评价,从满足围岩和邻近结构物安全角度系统研究了变形控制标准;根据施工单位现有的组织模式和管理机构,构建了风险管理体系;综合数值模拟、肯特指数等多种方法,对隧道邻近结构物施工安全风险、隧道过风化槽段施工塌方风险进行了评估。

(2) 地表沉降对弹性模量最敏感,其次是摩擦角和黏聚力,对泊松比最不敏感。地表沉降随弹性模量、黏聚力和摩擦角的提高而减小,表明这些参数提高到一定的程度后,对减小地表最大沉降的作用越来越小;地表沉降随泊松比的提高而变化很小。从而,在软弱地层进行围岩的加固措施是经济合理的,而在条件很好的硬岩中再进行围岩加固则显得不经济。

(3) 下穿排水箱涵地段原设计的双侧壁导坑工法风险为高度,提出了风险缓解措施—动态分部开挖工法;理论分析、专家法和隧道—围岩—箱涵的耦合仿真结果表明该工法能满足箱涵的变形安全性,关键工序为中隔墙左侧上部的开挖和拆除临时支护,施工优化的原则为先开挖距离箱涵较远的一侧,自上而下开挖,待开挖支护完毕再开挖另外一侧。

(4) 过牛角冲互通立交桥段风险为中度风险,采用三台阶法风险缓解措施。隧道—围岩—桥基—路面的耦合仿真和监测表明采用三台阶法能够满足施工要求。隧道下穿京珠高速公路段的风险为中度风险,数值模拟结果表明现场施工方法能满足京珠路面及围岩的变形安全性。

(5) 在探明风化槽地质分布情况的基础上,该段塌方风险的综合评估结果为“高度风险”级别偏向“极高风险”的级别;强度折减法表明隧道横向破坏形态为首先在两侧拱脚附近,然后向拱腰发展,安全系数为 1.8。

(6) 进口人工填土超浅埋段原设计图纸提供的风险应对措施难以满足安全性要求,风险等级为极高,提出了地表减载、利用钻孔桩加横撑支撑洞顶两侧填土,然后进行暗挖的风险规避措施。施工表明措施是安全可行的,缩短工期近 4 个月。

以上成果拓展了隧道风险评价及管理的方法,丰富了现有隧道施工技术,解决了隧道工程中变形监测与评估基准的关键技术问题,拓展了隧道塌方突发事件风险的评估方法,现已成功应用于浏阳河隧道实际施工,保证了邻近结构物及隧道的安全。

第10章　东庐山隧道施工安全风险管理

10.1　工程概况

沪宁城际高速铁路东庐山隧道全长2908 m，起讫里程为DK49＋225～DK52＋133，为新建铁路双线隧道。

隧址地处南京东庐山森林保护区，主要为低山丘陵区，相对高差100～200 m，地形起伏较大，自然坡度约15°～40°，植被发育，为松树林及低矮灌木。隧道进口位于溧水县同砚坊村南约150 m；出口位于溧水县吕家山村后，坡面较缓，植被茂盛，残留有基岩球状风化产物。

10.1.1　工程水文地质

表层为第四系残坡积粉质黏土，土黄～黄灰色，硬塑，夹碎石。下伏基岩主要为侏罗系上统龙王山组安山岩、侏罗系上统大王山粗面岩，隧道区主要的断层及破碎带分见表10.1-1。

表10.1-1　隧道区主要破碎带性质一览表

破碎带编号	性　质	宽度(m)	与线路走向夹角(°)
F_1	平移断层	20	45°
F_2	平移断层	10	25°
F_3	岩性接触带	8	90°
F_4	破碎带	15	90°
F_5	平移断层	10	60°
F_6	平移断层	25	57°
F_7	破碎带	20	57°

地表水主要为雨季降水，汇集于沟谷，地下水主要为基岩裂隙水，地下水稍发育，构造带中裂隙水较发育。

10.1.2　设计施工简介

全隧Ⅴ级围岩387 m，Ⅳ级563 m，Ⅲ级644 m，Ⅱ级1 314 m，施工方法有：进出口Ⅴ级围岩采用明挖法，洞身Ⅴ级围岩采用三台阶四步开挖法施工、Ⅳ级围岩断层破碎带采用三台阶临时仰拱法施工、Ⅳ级围岩一般地段采用三台阶法施工、Ⅲ级围岩采用台阶法施工、Ⅱ级围岩采用全断面法施工。

10.1.3　工程重难点

(1) 隧道地质条件复杂，断层带较多(共计7个)，断层带的具体位置探明及施工控制是本隧道施工的重点。

(2) 隧道围岩等级分段较多,施工工法使用较多,工法快速转换是本隧道施工的难点。

(3) 断层破碎带及节理裂隙带透水性较好,地表水和地下水易沿断层或节理、裂隙通道下渗,施工中对水的处理是本工程的难点。

(4) 隧道地处东芦山风景区,隧道施工开挖时需尽量减少地下水的泄漏以防止产生地面塌陷和裂缝,防止因地下水位的下降造成地表动植物破坏;同时还应避免破坏植被造成水土流失,环境保护是本工程的难点。

(5) 隧道进出口和垭口明挖施工时,容易产生隧道坍塌、边坡失稳等地质灾害。

10.2　隧道施工安全风险评估依据

东庐山隧道工程地质、水文地质条件较为复杂,隧道施工中不可避免地会遇到各种风险,开展风险评估及控制研究十分必要。

由于涉及面很广、问题复杂、工作量很大,很难在短期内对隧道工程进行全面的风险分析和评估。根据东庐山隧道工程的特点和目前的进展情况,风险评估和控制主要针对施工阶段的"安全风险"和"环境风险"进行。

东庐山隧道施工安全风险评估主要依据是:

(1) 业主制定的风险管理方针及策略;

(2) 相关的国家和行业标准、规范及规定;

(3) 隧道设计施工资料;

(4) 各阶段审查意见;

(5) 上阶段评估结果。

10.3　隧道施工安全风险识别

风险识别主要采用了专家调查法。包括:现场考察、专家问询、问卷调查等方式进行。

(1) 现场考察

建设单位先后多次组织专家到现场进行考察,根据东庐山隧道工程实施的基本条件和现场及周围环境获取第一手材料,预测和判断可能存在的风险因素。

(2) 专家问询

东庐山隧道风险管理研究小组通过向东庐山隧道施工单位技术管理人员、监理工程师、项目业主管理人员和有关隧道专家提出一系列有关东庐山隧道施工风险的问题,获取各种信息,为东庐山隧道风险管理研究小组拟定初始风险清单定了基础。

(3) 问卷调查

东庐山隧道风险管理研究小组先后向多位被调查者发出了调查问卷,被调查者具有广泛的代表性,有东庐山隧道施工单位的项目经理、项目总工、监理工程师、设计单位代表、建设单位技术管理人员以及省内知名的隧道专家,这些专家曾多次到东庐山隧道施工现场进行考察,对东庐山隧道的施工现状和环境条件较为熟悉。风险管理小组在收回问卷之后,进行整理、归纳、统计,再反馈给被调查者,并就东庐山隧道施工阶段安全、环境方面的 7 个基本风险达成了一致意见,见表 10.3-1～表 10.3-7。

表 10.3-1　东庐山隧道主要风险识别清单之一

风险名称	风险构成(风险表现形式)
风险 1(F1): 断裂带涌突水、突泥	F_1:断层破碎带宽约 20 m,主要表现为裂隙水,涌水规模中等偏低
	F_2:平移断层破碎带宽约 10 m,岩体较破碎,裂隙较发育,表现为裂隙水,涌水规模中等偏低
	F_3:岩性接触破碎带,接触带内岩性破碎,较易发生突泥
	F_4:破碎带,破碎带宽约 15 m,裂隙较发育,涌水规模中等偏高
	F_5:平移断层破碎带宽约 10 m,裂隙水较发育,涌水规模中等偏高
	F_6:平移断层破碎带宽约 25 m,裂隙较发育,涌水规模中等
	F_7:破碎带,物探低速异常带,破碎带宽约 20 m,涌水规模简单

表 10.3-2　东庐山隧道主要风险识别清单之二

风险名称	风险构成(风险表现形式)
风险 2(F2): 隧道顶部地表水源枯竭	因隧道开挖,形成新的地下水排泄通道,改变原有地表、地下水系统的补、径、排条件,生态改变
	地表水全部入渗,无法贮存
	井、泉枯竭,无法恢复

表 10.3-3　东庐山隧道主要风险识别清单之三

风险名称	风险构成(风险表现形式)
风险 3(F3): 隧道顶部地面沉降和房屋裂损	浅埋段地层扰动,地表沉陷
	地表水、地下水下渗导致覆盖土无浮托力及真空吸蚀作用
	季节性暴雨作用,地下水强烈
	建筑物强度不足,如土坯墙等不受力结构

表 10.3-4　东庐山隧道主要风险识别清单之四

风险名称	风险构成(风险表现形式)
风险 4(F4):围岩失稳 风险 4.1(F4.1):断裂破碎带及影响带隧道塌方冒顶	一般少水断裂带如 F_1、F_2、F_6、F_7,有小型塌方的可能
	含水较大的断裂带如 F_3、F_4、F_5,可能有较大规模塌方冒顶
	节理切割,硬软相间层状平缓倾斜地层,可能产生顶板坍塌,落石掉块
风险 4(F4):围岩失稳 风险 4.2(F4.2):软弱围岩	第四系残坡积层,主要对隧道两端洞口段及高边坡的影响
	全强风化安山岩
	破碎岩

表 10.3-5　东庐山隧道主要风险识别清单之五

风险名称	风险构成(风险表现形式)
基本风险 5(F5): 弃渣场对环境的影响	进口正洞弃渣场占地恶化环境
	出口正洞弃渣场占地恶化环境
	垭口弃渣场占地恶化环境

表 10.3-6　东庐山隧道主要风险识别清单之六

风险名称	风险构成(风险表现形式)
基本风险 6(F6)： 隧道洞口边仰坡失稳 (滑坡、崩塌对环境影响)	隧道洞口边坡较高，为石质边坡，坡陡，有坡积层
	雨季(天)施工，边坡受雨水冲刷
	未作截水天沟或排水设施不完善
	边坡开挖时爆破设计参数不当

表 10.3-7　东庐山隧道主要风险识别清单之七

风险名称	风险构成(风险表现形式)
基本风险 7(F7)： 隧道衬砌结构破损	腐蚀性地下水对混凝土的腐蚀
	普遍的渗漏水，影响隧道长期稳定及运营

10.4　应用层次分析法确定风险权重

10.4.1　基本风险 F1：隧道涌突水、突泥

根据东庐山隧道隧址的地质条件，隧道施工过程中主要表现为断裂带涌突水突泥，其引起风险因素及其权重如下，基本风险 F1 构成如图 10.4-1 所示。

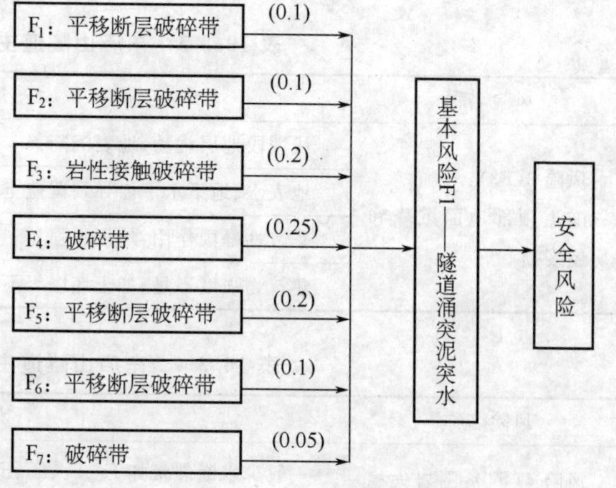

图 10.4-1　基本风险 F1 构成

(1) F_1：平移断层破碎带宽约 20 m，断层与线路走向呈约 45°相交，主要表现为裂隙水，涌水规模中等偏低，权重 0.1。

(2) F_2：平移断层破碎带宽约 10 m，岩体较破碎，裂隙较发育，表现为裂隙水，涌水规模中等偏低，权重 0.1。

(3) F_3：岩性接触破碎带，地表出露于 DK49＋785～＋810，物探纵波速度为1.8 km/s，接触带内岩性破碎，较易发生突泥，权重 0.2。

(4) F_4：破碎带，地表出露于 DK50＋465～＋480，物探纵波速度为 2.8 km/s，破碎带宽约 15 m，裂隙较发育，涌水规模中等偏高，权重 0.25。

(5) F_5：平移断层破碎带宽约 10 m，该断层带的物探低速异常，物探纵波速度为2.4km/s，裂隙水较发育，涌水规模中等偏高，权重 0.25。

(6) F_6：平移断层破碎带宽约 25 m，物探纵波速度为 3.2 km/s，裂隙较发育，涌水规模中等，权重 0.15。

(7) F_7：破碎带，物探低速异常带，破碎带宽约 20 m，涌水规模简单，权重 0.05。

10.4.2　基本风险 F2：隧道顶部地表水源枯竭

这项风险事件对环境的影响较大，其引起风险的因素如下，基本风险 F2 构成如图 10.4-2 所示。

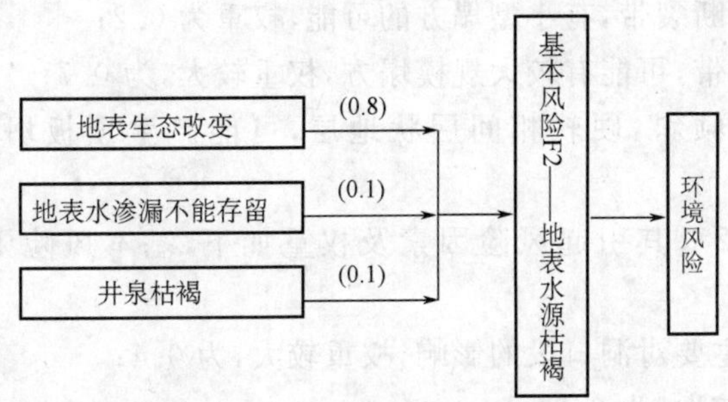

图 10.4-2　基本风险 F2 构成

(1) 因隧道开挖,形成新的地下水排泄通道,改变原有地表、地下水系统的补、径、排条件,生态改变,权重 0.8;

(2) 地表水全部入渗,无法贮存,权重 0.1;

(3) 井、泉枯竭,无法恢复,权重 0.1。

10.4.3　基本风险 F3:进口段隧道顶部地面沉陷和房屋裂损

其风险因素如下,基本风险 F3 构成如图 10.4-3 所示。

(1) 隧道开挖导致地表沉陷和房屋裂损,权重 0.4;

(2) 地表水、地下水下渗导致覆盖土无浮托力及真空吸蚀作用,权重 0.15;

(3) 季节性暴雨作用,地下水运动剧烈,权重 0.15;

(4) 建筑物强度不足,如土坯墙等不受力结构,权重 0.3。

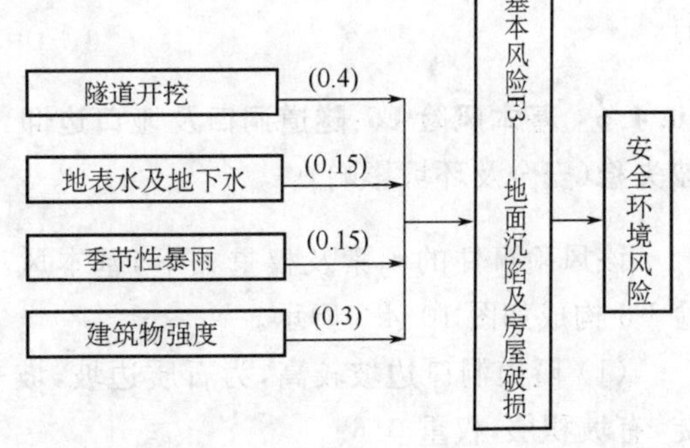

图 10.4-3　基本风险 F3 构成

10.4.4　基本风险 F4:围岩失稳

(1) 断裂破碎带及影响带隧道塌方(F4.1),其引起风险因素及权重如下,基本风险 F4.1 构成如图 10.4-4 所示。

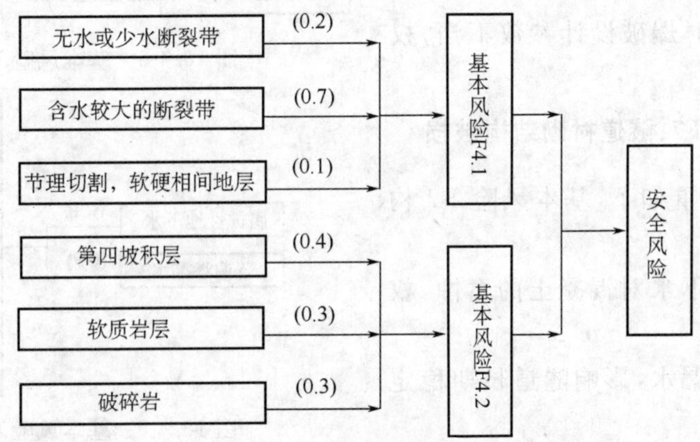

图 10.4-4　基本风险 F4 构成

1）一般少水或无水断裂带，有小型塌方的可能，权重为0.2；

2）含水较大的断裂带，可能有较大规模塌方，权重较大，为0.7；

3）节理切割，平缓倾斜，硬软相间层状地层，可能产生顶板坍塌，落石掉块，其权重为0.1。

（2）软弱围岩（F4.2），其引起风险因素及权重如下，基本风险F4.2构成如图10.4-4所示。

1）第四系坡积层，主要对洞口段的影响，权重较大，为0.4；

2）软质岩层，权重较大，为0.3；

3）破碎岩，权重较大，为0.3。

10.4.5 基本风险F5：弃渣场对环境的影响

该风险包括三个影响因素，因素及权重如下，基本风险F5构成如图10.4-5所示。

（1）进口正洞弃渣场占地恶化环境，权重0.3；

（2）出口正洞弃渣场占地恶化环境，权重0.3；

（3）垭口弃渣场占地恶化环境，权重0.4。

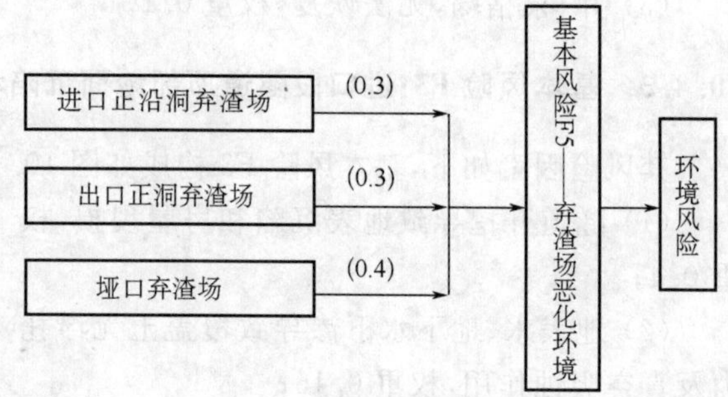

图10.4-5 基本风险F5构成

10.4.6 基本风险F6：隧道洞口及垭口边仰坡失稳（安全及环境影响）

该风险事件的因素及权重如下，基本风险F6构成如图10.4-6所示。

（1）隧道洞口边坡较高，为石质边坡，坡陡，有坡积层，权重0.6。

（2）雨季（天）施工，边坡受雨水冲刷，权重0.1。

（3）未作截水天沟或排水设施不完善，权重0.1；

（4）边坡开挖时爆破设计参数不当，权重0.2。

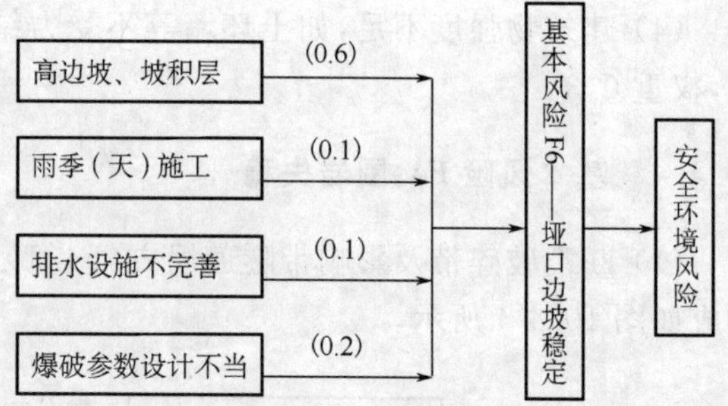

图10.4-6 基本风险F6构成

10.4.7 基本风险F7：隧道衬砌结构破损

风险因素及权重如下，基本风险F7构成如图10.4-7所示。

（1）腐蚀性地下水对混凝土的腐蚀，权重0.1；

（2）普遍的渗漏水，影响隧道长期稳定及运营，权重0.9。

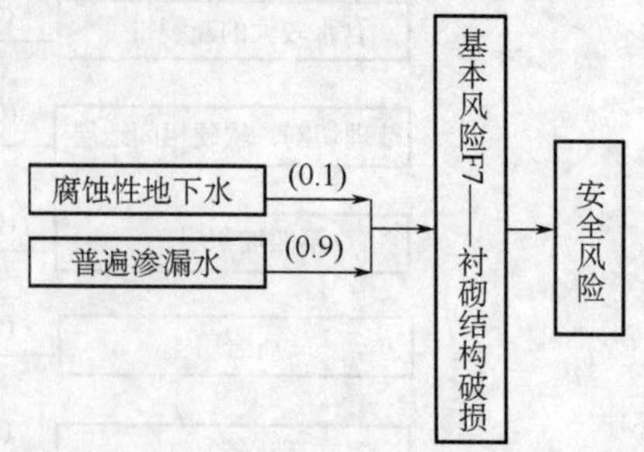

图10.4-7 基本风险F7构成

10.4.8　基本风险 F8:其他风险

其他风险是指:引起安全性风险和影响环境风险的其他不可预见性因素。

10.5　隧道风险因素相对权重确定

10.5.1　隧道工程基本风险系统的构成及分类

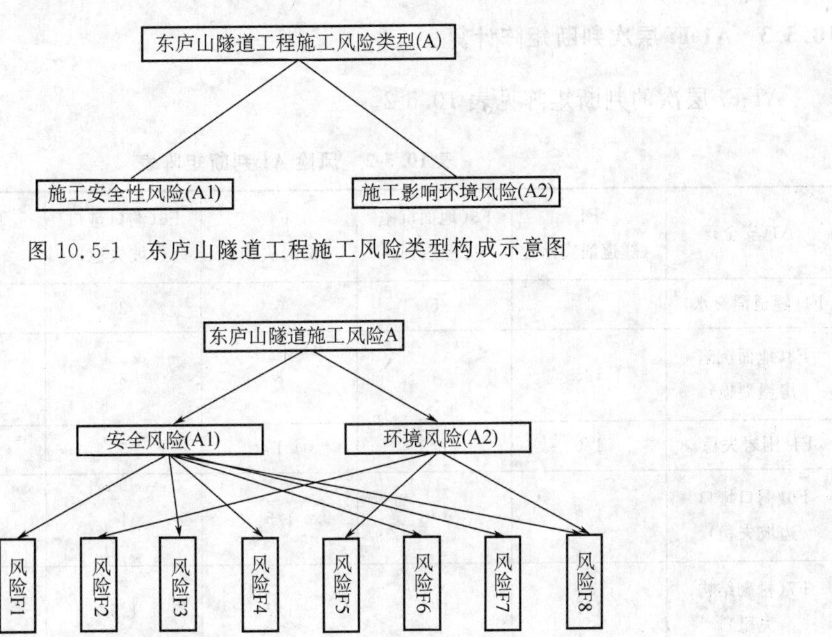

图 10.5-1　东庐山隧道工程施工风险类型构成示意图

图 10.5-2　东庐山隧道工程施工风险层次结构示意图

东庐山隧道风险管理研究专家小组在调查分析研究的基础上,采用层次分析法,构造了不同层次的判断矩阵,并分别计算出他们的最大特征根、与此相对应的特征向量、各层次的单排序以及进行判断矩阵的一致性检验。

10.5.2　A-A*i* 层次判断矩阵计算

A-A*i* 层次的判断矩阵见表 10.5-1。

表 10.5-1　A-A*i* 层次的判断矩阵

A	A1(安全)	A2(环境)	A	A1(安全)	A2(环境)
A1(安全)	1	5	A2(环境)	1/5	1

A-A*i* 层次判断矩阵的相关参数计算如下:

(1) 求 A-A*i* 层次判断矩阵每一行所有元素的几何平均值。

$$\bar{\omega}_1=\sqrt{1\times5}=2.236$$

$$\bar{\omega}_2=\sqrt{1\times\frac{1}{5}}=0.447$$

(2) 将 $\bar{\omega}_i$ 归一化处理,并计算 W_i

$$W_1 = \frac{\bar{\omega}_1}{\sum_{i=1}^{2}\bar{\omega}_i} = \frac{2.236}{2.236 + 0.447} = 0.833$$

$$W_2 = 0.167$$

(3) 计算 A-Ai 层次判断矩阵的最大特征根 $\lambda_{\max}$。由于 A-Ai 层次判断矩阵为二阶判断矩阵,易知 $\lambda_{\max}=2$,$CI=0$,$CR=0<0.1$,满足一致性检验要求。

10.5.3　A1-Fi 层次判断矩阵计算

A1-Fi 层次的判断矩阵见表 10.5-2。

表 10.5-2　风险 A1 判断矩阵表

A1(安全)	F1(隧道涌突水)	F3(地面沉陷房屋裂损)	F4(围岩失稳)	F6(洞口垭口边坡失稳)	F7(衬砌结构失稳)	F8(其他)
F1(隧道涌突水)	1	5	6	3	7	9
F3(地面沉陷房屋裂损)	1/5	1	3	3	3	5
F4(围岩失稳)	1/6	1/3	1	5	7	9
F6(洞口垭口边坡失稳)	1/3	1/3	1/5	1	7	9
F7(衬砌结构失稳)	1/7	1/3	1/7	1/7	1	8
F8(其他)	1/9	1/5	1/9	1/9	1/8	1

A1-Fi 层次判断矩阵的相关参数计算如下:

(1) 求 A1-Fi 层次判断矩阵每一行所有元素的几何平均值:

$\bar{\omega}_1=(1\times5\times6\times3\times7\times9)^{\frac{1}{6}}=4.222\ 3$;

$\bar{\omega}_2=(0.2\times1\times3\times3\times3\times5)^{\frac{1}{6}}=1.732$;

$\bar{\omega}_3=\left(\frac{1}{6}\times\frac{1}{3}\times1\times5\times7\times9\right)^{\frac{1}{6}}=1.611\ 3$;

$\bar{\omega}_4=\left(\frac{1}{3}\times\frac{1}{3}\times\frac{1}{5}\times1\times7\times9\right)^{\frac{1}{6}}=1.057\ 7$;

$\bar{\omega}_5=\left(\frac{1}{7}\times\frac{1}{3}\times\frac{1}{7}\times\frac{1}{7}\times1\times8\right)^{\frac{1}{6}}=0.445\ 1$;

$\bar{\omega}_6=\left(\frac{1}{9}\times\frac{1}{5}\times\frac{1}{9}\times\frac{1}{9}\times\frac{1}{8}\times1\right)^{\frac{1}{6}}=0.180\ 2$。

(2) 将 $\bar{\omega}_i$ 归一化处理,并计算 W_i

$$W_1=\frac{4.222\ 3}{4.222\ 3+1.732+1.611\ 3+1.057\ 7+0.445\ 1+0.180\ 2}=\frac{4.222\ 3}{9.248\ 6}=0.456\ 5;$$

$$W_2=\frac{1.7332}{9.2486}=0.1873;$$

$$W_3=\frac{1.6113}{9.2486}=0.1742;$$

$$W_4=\frac{1.0577}{9.2486}=0.1144;$$

$$W_5=\frac{0.4451}{9.2486}=0.0481;$$

$$W_6=\frac{0.1802}{9.2486}=0.0195。$$

(3) 计算 A1-Fi 层次判断矩阵的最大特征根 $\lambda_{\max}$。记 A1-Fi 层次判断矩阵为 A_1，则有：

$$A_1W=\begin{bmatrix}1 & 5 & 6 & 3 & 7 & 9\\ \frac{1}{5} & 1 & 3 & 3 & 3 & 5\\ \frac{1}{6} & \frac{1}{3} & 1 & 5 & 7 & 9\\ \frac{1}{3} & \frac{1}{3} & \frac{1}{5} & 1 & 7 & 9\\ \frac{1}{7} & \frac{1}{3} & \frac{1}{7} & \frac{1}{7} & 1 & 8\\ \frac{1}{9} & \frac{1}{5} & \frac{1}{9} & \frac{1}{9} & \frac{1}{8} & 1\end{bmatrix}\times\begin{bmatrix}0.4565\\0.1873\\0.1742\\0.1144\\0.0481\\0.0195\end{bmatrix}=\begin{bmatrix}3.2936\\1.3862\\1.3970\\0.8760\\0.3730\\0.1458\end{bmatrix}$$

$$\begin{aligned}\lambda_{\max}&=\sum_{i=1}^{n}\frac{(A_1\bar{\omega})_i}{n\bar{\omega}_i}\\&=\frac{3.2936}{6\times0.4565}+\frac{1.3862}{6\times0.1873}+\frac{1.3970}{6\times0.1742}+\frac{0.8760}{6\times0.1144}+\frac{0.3730}{6\times0.0481}\\&\quad+\frac{0.1458}{6\times0.0195}=6.4874\end{aligned}$$

$$CI=\frac{\lambda_{\max}-n}{n-1}=\frac{6.4874-6}{6-1}=\frac{0.4864}{5}=0.09728$$

查表 10.5-3 得，$RI=1.24$

$$CR=\frac{CI}{RI}=\frac{0.09728}{1.24}=0.0784<0.1。$$

因此，Al-Fi 层次判断矩阵满足一致性检验要求。

表 10.5-3　随机性指标 *RI* 值

N	1	2	3	4	5	6	7	8	9	10	11
RI	0	0	0.58	0.9	1.12	1.24	1.32	1.41	1.45	1.49	1.51

10.5.4　A2-Fi 层次判断矩阵计算

A2-Fi 层次判断矩阵见表 10.5-4。

表 10.5-4 风险 A2 判断矩阵表

A2(环境风险)	F2(隧道顶部水源枯竭)	F5(弃渣)	F8(其他)
F2(隧道顶部水源枯竭)	1	7	9
F5(弃渣)	1/7	1	7
F8(其他)	1/9	1/7	1

A2-Fi 层次判断矩阵的相关参数计算如下：

(1) 求 A2-Fi,层次判断矩阵每一行所有元素的几何平均值：

$$\bar{\omega}_1=(1\times7\times9)^{\frac{1}{3}}=3.979;$$

$$\bar{\omega}_2=\left(\frac{1}{7}\times1\times7\right)^{\frac{1}{3}}=1.0;$$

$$\bar{\omega}_3=\left(\frac{1}{9}\times\frac{1}{7}\times1\right)^{\frac{1}{3}}=0.251\ 3;$$

(2) 将 $\bar{\omega}_i$ 归一化处理,并计算 W_i

$$W_1=\frac{3.979}{3.979+1.0+0.251\ 3}=\frac{3.979}{5.230\ 3}=0.760\ 8;$$

$$W_2=\frac{1.0}{5.230\ 3}=0.191\ 2;\quad W_3=\frac{0.251\ 3}{5.230\ 3}=0.048;$$

(3) 计算 A2-Fi 层次判断矩阵的最大特征根 $\lambda_{\max}$。记 A2-Fi 层次判断矩阵为 A_2,则有：

$$A_2W=\begin{bmatrix}1 & 7 & 9\\ \frac{1}{7} & 1 & 7\\ \frac{1}{9} & \frac{1}{7} & 1\end{bmatrix}\times\begin{bmatrix}0.760\ 8\\0.191\ 2\\0.048\end{bmatrix}=\begin{bmatrix}2.531\ 2\\0.635\ 9\\0.159\ 8\end{bmatrix}$$

$$\lambda_{\max}=\sum_{i=1}^{n}\frac{(A_2\bar{\omega})_i}{n\bar{\omega}_i}=\frac{2.531\ 2}{3\times0.760\ 8}+\frac{0.635\ 9}{3\times0.191\ 2}+\frac{0.1598}{3\times0.048}=3.062\ 8$$

$$CI=\frac{\lambda_{\max}-n}{n-1}=\frac{3.062\ 8-3}{3-1}=\frac{0.062\ 8}{2}=0.031\ 4$$

查表 10.5-3 得,$RI=0.58$

$$CR=\frac{CI}{RI}=\frac{0.031\ 4}{0.58}=0.054\ 12<0.1。$$

因此,A2-Fi 层次判断矩阵满足一致性检验要求。

10.5.5 计算综合权重并对 Fi 层次进行排序

计算出基本风险 Fi(i=1,2,…,8)相对于施工风险 A 的总风险权重 Wi(i=1,2,…,8),再根据综合权重大小对基本风险 Fi 进行排序,计算见表 10.5-5。

表 10.5-5 综合权重计算结果及 Fi 层次排序

层次 Ai \ 层次 Fi	A1	A2	W	排序
	0.843	0.157		
F1	0.454 6	0	0.383 2	1
F2	0	0.760 8	0.120 6	4

续上表

层次 Ai / 层次 Fi	A1	A2	W	排序
	0.843	0.157		
F3	0.187 3	0	0.157 9	2
F4	0.174 2	0	0.146 9	3
F5	0	0.191 2	0.030 0	7
F6	0.114 4	0	0.096 4	5
F7	0.048 1	0	0.040 5	6
F8	0.019 5	0.048	0.024 5	8

10.5.6　隧道施工基本风险系统图

根据东庐山隧道施工阶段风险因素多级递阶结构和各基本风险的相对权重、综合权重的计算结果，以及基本风险的排序情况，可构建东庐山隧道工程施工风险系统图，如图 10.5-3 所示。

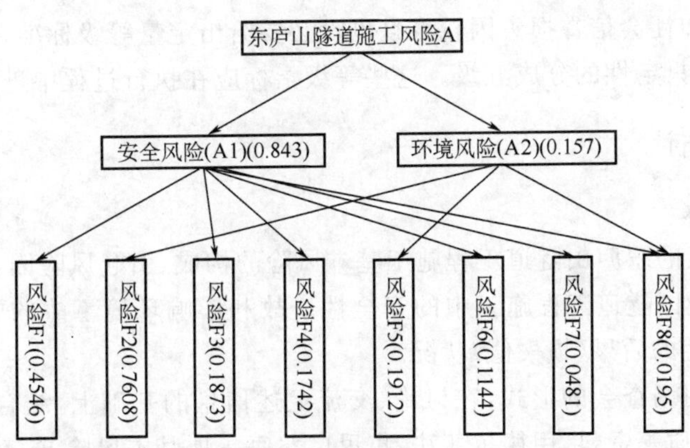

图 10.5-3　东庐山隧道施工基本风险系统图

图中内容确定了东庐山隧道的相关风险，识别了引起这些风险的主要因素及其可能产生的后果，用层次分析法计算了基本风险的综合权重，同时根据综合权重的大小，全依次为 F1（隧道涌突水、塌方）、F3（地面沉陷房屋裂损）、F4（围岩失稳）、F2（隧道顶部水源枯竭）、F6（洞口垭口边坡失稳）、F7（衬砌结构失稳）、F5（弃渣场对环境的影响）、F8（其他）。

10.6　隧道风险估计

东庐山隧道工程风险识别仅对在施工阶段存在哪些基本风险进行了识别和分类，但基本风险事件发生的可能性以及风险事件发生的后果等问题还有待做进一步的分析估计。因此，在对东庐山隧道工程风险评价之前进行风险评估是十分必要的。

10.6.1　隧道风险估计方法的选择

根据工程项目风险估计的有关理论和方法，东庐山隧道工程风险估计参照以往类似的隧道工程施工过程中，曾经发生的安全和影响环境的事件，结合东庐山隧道工程的水文地质、工程地质条件等环境因素,凭借专家的经验,采用专家调查法,分析和估计基本风险事件发生的概率、所产生的后果(损失值)及每一项后果发生的可能性(概率),因此,东庐山隧道工程的风险估计是一种介于主观估计和客观估计之间的"中间估计"。

隧道工程风险估计主要是为了回答"隧道工程单个风险有多大"的问题。采用风险期望损失值的估计方法,可比较圆满地达到东庐山隧道工程风险估计的目的。

风险期望损失值估计方法是一种估计风险事件发生的几种后果(如:工期延误、人员伤亡、增加造价等)的损失值及每种后果发生的概率,由此可作出"风险大小"的估计。

10.6.2 隧道风险估计控制标准

我国隧道风险评价的标准是为我国隧道建设管理服务的,它的制定必须是科学的、实用的,它的制定应符合国家和地方的环境保护、卫生标准、劳动防护等相应政策规定的要求。标准的条款应反映公众的价值和灾害承载能力,同时又必须考虑社会的经济承受能力。

我国铁路隧道风险的频率和后果损失等级是在国际隧道协会风险等级划分的基础上,参考国内有关事故等级标准和规定分为四级。鉴于绝对标准有时不够合理,因此我国《铁路隧道风险评估与管理暂行规定》对直接经济损失、第三方经济损失和工期延误提出了相对等级标准。环境影响损失和社会信誉损失因较难且也没必要给出定量等级标准,故《地铁及地下工程建设风险管理指南》只定性的分成五级。这些等级指标应在执行过程中进行检验。

10.6.3 隧道风险估计

10.6.3.1 具体步骤

(1) 熟悉已确定的东庐山隧道工程施工基本风险的构成、引起风险因素及其权重的资料。

(2) 收集以往我国隧道工程施工中的安全性事故和影响环境事故的资料;了解各项事故的形成因素及其产生的后果(损失值)状况。

(3) 专家组采用调查会的形式,在讨论、交流上述信息的基础上,结合东庐山隧道工程的设计、施工、水文、地质等资料,用德尔菲法,集思广益每一项基本风险 Fi(i=1,2,…,8)发生的概率 Pi 归纳、汇总。

(4) 专家组对每项风险事件的后果性质、损失值大小及引起该后果的概率进行面对面的广泛议论,自由地发表自己的见解。

(5) 用德尔菲专家函询方法,由专家组专家,以背靠背的形式,就风险事件后果性质、损失值及其后果概率做出专家调查意见表。

(6) 采用统计分析的方法,将各个专家调查意见汇总,即为本项目风险估计的结果。

10.6.3.2 概率估计

表 10.6-1 东庐山隧道基本风险概率表

基本风险 Fi	F1	F2	F3	F4	F5	F6	F7	F8
概率 Pi	0.9	0.9	0.7	0.8	0.9	0.8	0.7	0.5

10.6.3.3 后果估计

(1) 基本风险 F1:隧道涌突泥、突水、塌方,其后果性质是:人员伤亡、设备损坏、工期延误以及增加造价。

由图 10.6-1 可知,基本风险 F1 的风险估计值 S_1 为:

$$S_1 = P_1 \sum_{j=1}^{4}(p_{1j}x_{1j}) = 0.9 \times (0.6 \times 500 + \times 0.8 \times 700 + 0.9 \times 1\,800 + 1.0 \times 5\,000) = 6\,732(\text{万元})$$

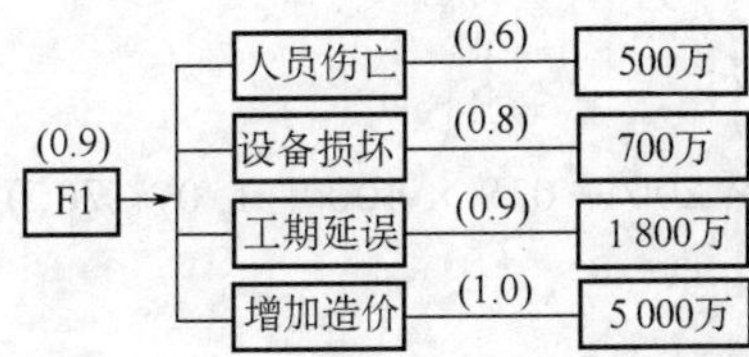

图 10.6-1　基本风险 F1 的后果估计

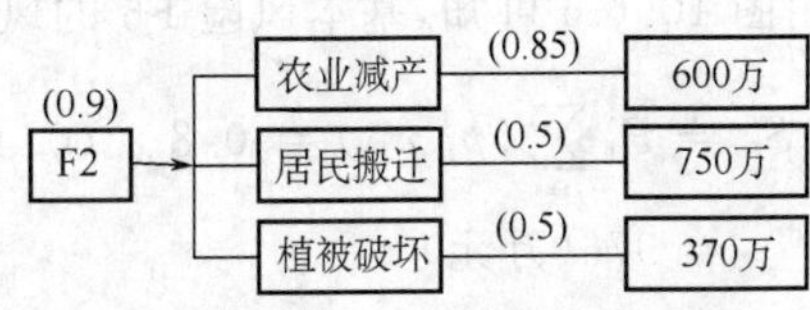

图 10.6-2　基本风险 F2 的后果估计

(2) 基本风险 F2:隧道顶部水源枯竭,其后果是造成农业减产、居民搬迁以及植被破坏。由图 10.6-2 可知,基本风险 F2 的风险估计值 S_2 为:

$$S_2 = P_2 \sum_{j=1}^{3}(p_{1j}x_{1j}) = 0.9 \times (0.85 \times 600 + 0.5 \times 750 + 0.5 \times 370) = 963(\text{万元})$$

(3) 基本风险 F3:地面沉陷房屋裂损,其后果性质是:因地面塌陷,房屋裂损引起的赔偿。由图 10.6-3 可知,基本风险 F3 的风险估计值 S_3 为:

$$S_3 = P_3 p_3 x_3 = 0.79 \times (0.6 \times 400) = 168(\text{万元})$$

(4) 基本风险 F4:围岩失稳。基本风险 F4 的风险形式有:

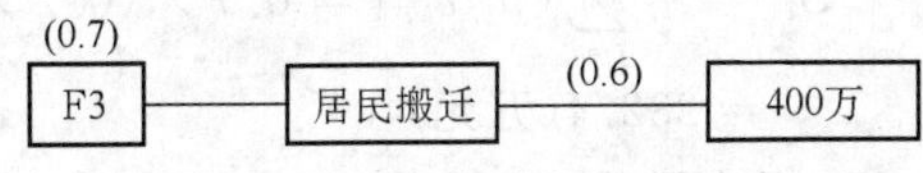

图 10.6-3　基本风险 F3 的后果估计

风险 4.1:断裂破碎带导致隧道突泥、突水及塌方,造成人员伤亡、设备损坏、工期延误以及增加造价。

风险 4.2:软弱围岩失稳,造成工期延误和费用增加。

由图 10.6-4 可知,基本风险 F4 的风险估计值 S_4 为:

$$S_4 = P_4 \sum_{j=1}^{4}(p_{1j}x_{1j}) = 0.8 \times [0.4 \times (0.2 \times 200 + 0.35 \times 80 + 0.65 \times 460 + 0.8 \times 600) + 0.6 \times (0.45 \times 140 + 0.2 \times 180)] = 180.32(\text{万元})$$

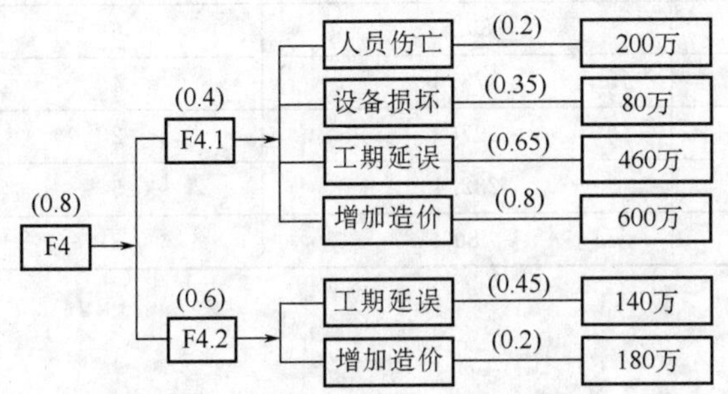

图 10.6-4　基本风险 F4 的后果估计

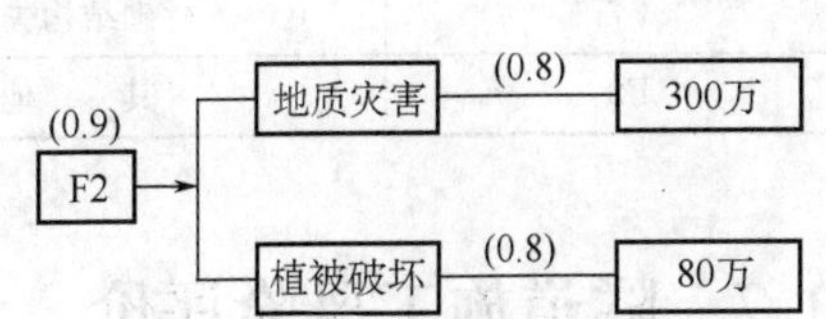

图 10.6-5　基本风险 F5 的后果估计

(5) 基本风险 F5:弃渣场对环境的影响,其后果性质是:植被破坏,泥石流等地质灾害。由图 10.6-5 可知,基本风险 F2 的风险估计值 S_5 为:

$$S_5 = P_5 \sum_{j=1}^{2} (p_{1j} x_{1j}) = 0.9 \times (0.8 \times 300 + 0.8 \times 80) = 273.6(\text{万元})$$

(6) 基本风险 F6:洞口垭口边坡失稳,其后果是造成人员伤亡、设备损坏、工期延误以及增加造价。

由图 10.6-6 可知,基本风险 F6 的风险估计值 S_6 为:

$$S_6 = P_1 \sum_{j=1}^{4} (p_{1j} x_{1j}) = 0.8 \times (0.4 \times 100 + 0.6 \times 200 + 0.9 \times 400 + 1.0 \times 700) = 976(\text{万元})$$

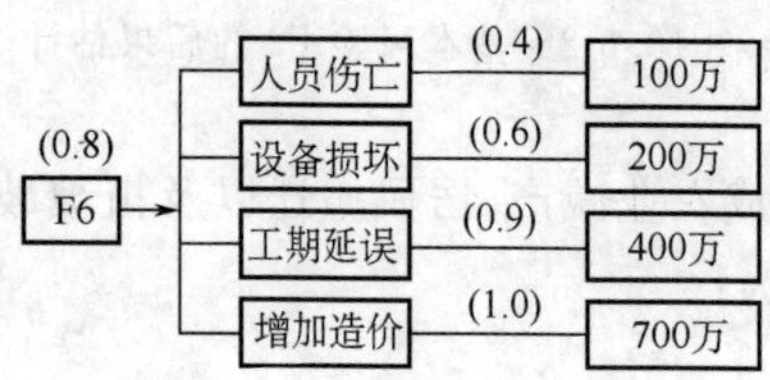

图 10.6-6　基本风险 F6 的后果估计

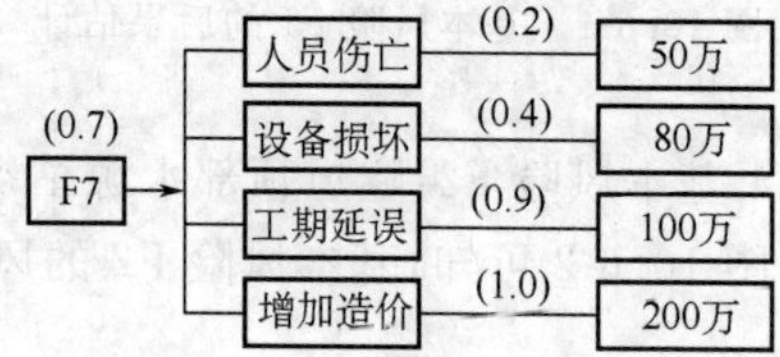

图 10.6-7　基本风险 F7 的后果估计

(7) 基本风险 F7:衬砌结构失稳,其后果是:造成人员伤亡、设备损坏、工期延误以及增加造价。

由图 10.6-7 可知,基本风险 F7 的风险估计值 S_7 为:

$$S_7 = P_7 \sum_{j=1}^{4} (p_{1j} x_{1j}) = 0.7 \times (0.2 \times 50 + 0.4 \times 80 + 0.9 \times 100 + 1.0 \times 200) = 232.4(\text{万元})$$

(8) 基本风险 F8:其他不可预见风险,预计损失 80 万元。

根据以上计算结果,可按每个基本风险的期望损失值(风险估计值)的大小进行初步排序,为下一步风险评价提供参考。初步排序结果见表 10.6-2。

表 10.6-2　东庐山隧道工程基本风险期望损失值(风险估计值)

风险代号(Fi)	风险基本名称	期望损失值 S_i(万元)	风险大小排序
F1	隧道涌突泥、突水、塌方	6 732	1
F2	隧道顶部水源枯竭	963	3
F3	地面沉陷房屋裂损	168	7
F4	围岩失稳	180.32	6
F5	弃渣场对环境的影响	273.6	4
F6	洞口、垭口边坡失稳	976	2
F7	衬砌结构失稳	232.4	5
F8	其　他	80	8

10.7　隧道施工风险评价

10.7.1　隧道风险评价目的

东庐山隧道工程在风险估计阶段分别对各基本风险的发生概率(可能性)和引起的损失进行了分析讨论,但没有涉及各基本风险的共同作用,也没有去考虑各基本风险事件的发生概率和引起损失的综合后果。因此，在东庐山隧道工程风险管理中，在各基本风险事件的共同作用下，对东庐山隧道工程项目的整体风险进行分析评价是一个必不可少的环节，其主要目的是：

(1) 通过风险评价，计算出各基本风险的风险评价值，并按风险评价值的大小确定各基本风险的先后顺序。

(2) 在各基本风险排序的基础上，确定哪些风险是重点控制对象，哪些风险是次要控制对象，哪些风险是一般控制对象，为制定风险控制措施提供依据。

(3) 分析各基本风险事件的内在联系和整体风险水平。

虽然项目风险因素众多，但这些因素之间往往存在着内在的联系。风险评价就是从项目整体出发，分析各风险之间的因果关系，保障项目风险的科学管理。另外，风险的可预见性、发生概率和后果的大小三个方面可以多方式组合，使项目的整体风险评价变得十分复杂。帕累托二八原理表明，20%的风险构成了对项目严重威胁的 80%。一般情况下，项目面临的各种风险的严重性和发生频率都呈现这种分布规律，即后果严重的风险出现的机会少，可预见性低；出现机会多的风险，后果不严重，可预见性也相当高。项目的所有风险中只有一小部分对项目威胁最大，才会造成项目停顿。但是，如果一种风险虽然可预见性很高，但损失或损害后果却相当严重，那么我们就必须要考虑其中是否有风险的综合作用。当两个或更多的风险以某种方式联系在一起时，就会发生综合作用。

10.7.2　隧道风险评价流程

上述风险估计只是对东庐山隧道工程项目基本风险分别进行了估计或量化。而风险评价则考虑基本风险综合起来的整体风险。其基本评价模型如图 10.7-1 所示。

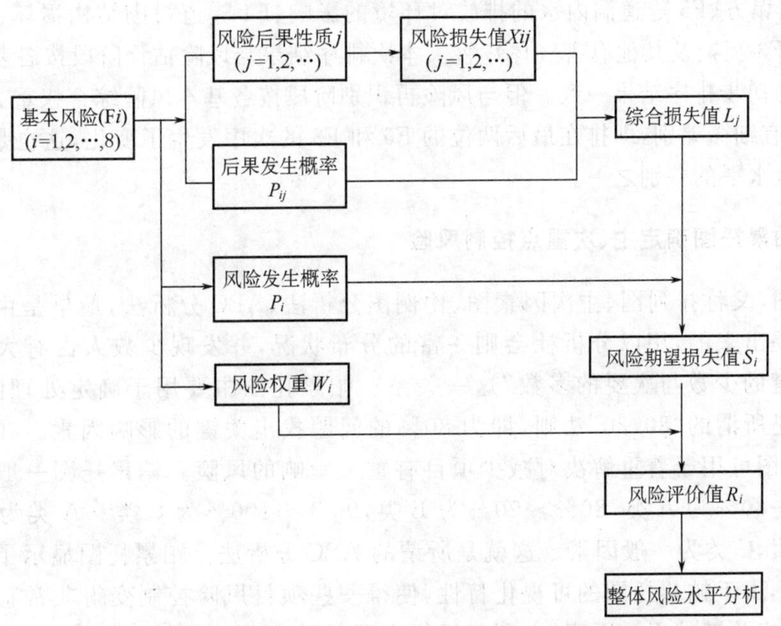

图 10.7-1　东庐山隧道工程风险综合评价流程图

10.7.3　风险评价值的计算及风险排序

根据风险再识别阶段，用层次分析法计算确定的各基本风险综合权重 W 和风险估计阶段

确定的期望损失值 S_i,可计算出风险评价值 R_i,即 $R_i = S_i \times W_i$。由于风险评价值考虑了各基本风险的综合权重,即考虑了各基本风险事件的综合作用,代表了整体风险水平,因此,可根据风险评价的大小对各基本风险进行最终排序。计算过程和结论详见表 10.7-1。

表 10.7-1　东庐山隧道工程风险评价指标计算表

序号	风险代号		F1	F2	F3	F4	F5	F6	F7	F8	合计
1	A1	W_1	0.454 6		0.187 3	0.174 2		0.114 4	0.048 1	0.019 5	1.0
2		$WA1$	0.843		0.843	0.843		0.843	0.843	0.843	
3	2	W_2		0.760 8			0.191 2			0.048	1.0
4		$WA2$		0.157			0.157			0.157	
5	风险权重 W_i		0.383 2	0.120 6	0.157 9	0.146 9	0.030 0	0.096 4	0.040 5	0.024 5	
6	总损失值 L_i		7 480	1 070	240	225.4	304	1 220	332	160	11 031.4
7	风险概率 P_i		0.9	0.9	0.7	0.8	0.9	0.8	0.7	0.5	
8	期望损失值 S_i		6 732	963	168	180.32	273.6	976	232.4	80	
9	综合评价值 ($R_i = S_i \times W_i$)		25 710.7	198.4	26.5	26.5	8.2	94	9.4	1.96	2 944.66
10	风险排序大小		1	2	5	4	7	3	6	8	

根据表 10.7-1 中风险评价值的计算结果,各基本风险由大到小的最终排序为 F,隧道涌突水、F2 隧道塌方、F5 隧道洞内水的排放对环境的影响、F4 隧道衬砌结构损坏、F6 弃渣场对环境的影响、F3 瓦斯及其他有害气体危害。本次排序结果与风险估计阶段按各基本风险期望损失值大小的初步排序结果一致。但与风险再识别阶段按各基本风险综合权重大小的初步排序结果相比,有细微差别,即排在最后两位的 F6 和 F3 的次序发生了变化,这也是整体风险水平与单个风险水平的差别之一。

10.7.4　用帕累托图确定主、次重点控制风险

帕累托图,又称排列图、主次因素图、比例图分析法、ABC 分析法,最早是由意大利经济学家帕累托提出来的,用以分析社会则一富的分布状况,并发现少数人占有大量财富的现象,所谓"关键的少数与次要的多数"这一关系。帕累托图主要用于确定处理问题的顺序,其科学基础是所谓的"80/20"法则,即为 80%的问题找出关键的影响因素。在项目风险监控中,帕累托图可用于着重解决对减少项目有重大影响的风险。帕累托图一般将影响因素分为三类:0~80%为 A 类,80%~90%为 B 类,90%~100%为 C 类。A 类为主要因素,B 类为次要因素,C 类为一般因素。这就是所谓的 ABC 分析法。帕累托图显示了风险的相对重要性,同时,由于帕累托图的可视化特性,使得一些项目风险控制变得非常直观和易于理解,有利于确定关键性影响因素,有利于抓住主要矛盾,有利于重点地采取有针对性的应对措施。

帕累托图的结构由两个纵坐标、一个横坐标、几个直方柱和一条折线组成。其中,左纵坐标表示频数(件数、次数等),右纵坐标表示频率(用百分比表示);横坐标表示影响质量的各种因素,按影响程度的大小从左到右依次排列;折线表示各因素大小的累计百分数,由左向右逐

步上升,此线称为帕累托曲线。纵坐标除用质量问题的次数来表示外,也可用经济损失来表示。

帕累托图显示了每个项目风险类别的发生频率,便于了解出现最为频繁的风险和确定各项目风险后果,有助于项目管理决策人员根据项目目标和主观判断及时采取有效的对策措施。

参照帕累托图绘制原理,以期望损失值为频数,按期望损失值的大小重新排列基本风险,计算频数总值,并算出各基本风险的频率和累计百分比,绘制直方图,画出累计百分比曲线,即帕累托曲线。详见表 10.7-2 和图 10.7-2。

表 10.7-2　东庐山隧道工程基本风险频率和累计百分比计算表

序号	风险代号	频率(期望损失值)	频率(%)	累计百分比(%)
1	F1	6 732	70.08	70.08
2	F6	976	10.16	80.24
3	F2	963	10.03	90.27
4	F5	273.6	2.85	93.12
5	F7	232.4	2.42	95.54
6	F4	180.32	1.88	97.42
7	F3	168	1.75	99.17
8	F8	80	0.83	100
合　计		9 605.32	100	

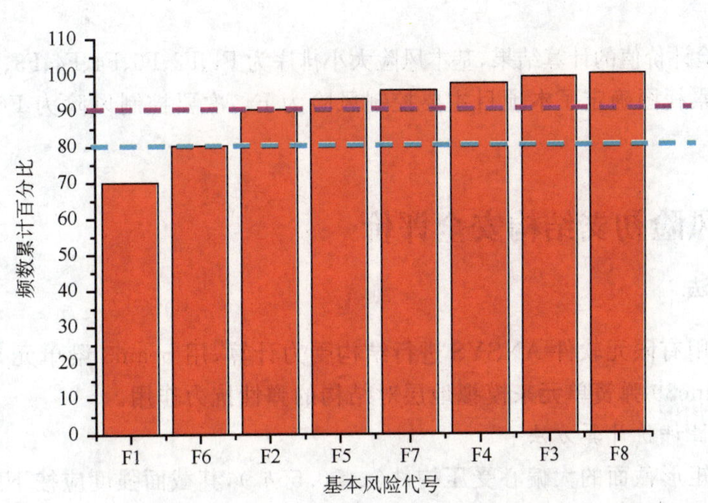

图 10.7-2　东庐山隧道工程风险帕累托图

根据帕累托图的绘制原理和 ABC 分析法的基本含义,从表 10.7-3 和图 10.7-2 的结果可以确定累计百分比在 80%以内的基本风险 F1(隧道涌突水、塌方)为重点控制风险,累计百分比在 80%～90%的基本风险 F6(洞口、垭口边坡失稳)为次重点控制风险,其余的为一般控制风险。

10.7.5 隧道整体风险水平分析

前面内容确定了东庐山隧道工程基本风险的大小排序，并进一步确定了各基本风险中的主要、次要和一般控制风险。结合东庐山隧道工程风险估计成果，可以发现 F1、F6 的风险发生概率均很大(0.8～0.9)，损失后果也相当严重，期望损失值均排在前二位。

隧道突泥、突水、塌方在隧道施工过程中是最为常见、比较典型的一种事故。造成塌方的原因多种多样，有地质上的突发因素，也有施工方法和措施不当的因素，但归根结底，地质因素是决定性的。在地质因素中，除隧道穿过堆积体断层破碎带、挤压破碎带和地质构造严重、节理发育带以外，岩层软硬相间，或有软弱夹层的岩体，在地下水的作用下，软弱面的强度将大大降低，易发现滑坍。另外，地下水的软化、浸泡、冲蚀、溶解等作用，降低了围岩类别，特别是在与上述地质因素共同作用下，将加剧岩体失稳，如处理不及时或措施不当，极易发生大的坍塌，从东庐山隧道工程施工阶段基本风险及其构成因素可以看出，基本风险 F1(隧道涌突水、塌方)的构成因素有比较典型的构造破碎带，且破碎带内裂隙水比较发育，容易引起隧道突泥、突水，进而可能发生塌方这样的比较大的风险。

另外，基本风险 F6(洞口、垭口边坡失稳)属于次重点控制风险，其风险的构成因素中，主要还是考虑高边坡的稳定性，其次与基本风险 F1 中所描述的地质情况也有一定的关系。

因此，上述的分析结论再次证明基本风险 F1(隧道涌突水、塌方)及基本风险 F6(洞口、垭口边坡失稳)是东庐山隧道工程风险管理中的重点控制风险及次重点控制风险。

10.7.6 隧道风险评价结论

(1) 东庐山隧道工程各项基本风险的总损失值估计为 11 031.4 万元。

(2) 在考虑各项基本风险发生概率的基础上，该工程项目的期望损失值(风险估计值)为 9 605.32万元。

(3) 根据风险评价值的计算结果，基本风险大小排序为 F1、F2、F6、F4、F4、F3、F7、F5、F8。

(4) 应用帕累托图确定了本项目主要控制风险为 F1，次要控制风险为 F6，其余的为一般控制风险。

10.8 重点风险初支结构安全评价

10.8.1 计算方法

采用大型通用有限元软件 ANSYS 进行结构受力计算，用 beam3 梁单元来模拟结构的初期支护，用 combine39 弹簧单元来模拟地层对结构的弹性抗力作用。

10.8.1.1 安全性评价计算方法

钢筋混凝土矩形截面的大偏心受压构件($x \leqslant 0.55h_0$)，其截面强度应按下式计算：

$$KNe \leqslant R_w bx(h_0 - x/2) + R_g A_g'(h_0 - a') \quad (10.8—1)$$

式中 K——安全系数；

N——轴向力；

b——截面的宽度(m)；

h——截面的高度(m)；

h_0——截面的有效高度(m)，$h_0 = h - a$；

e, e'——钢筋 A_g 和 $A_g{}'$ 的重心至轴向力作用点的距离(m)；

a, a'——自钢筋 A_g 和 $A_g{}'$ 的重心分别至截面最近边缘的距离(m)；

R_w——混凝土的弯曲抗压极限强度；

R_a——混凝土的抗压极限强度；

R_g——钢筋的抗拉或抗压计算强度；

$A_g, A_g{}'$——受拉和受压区钢筋面积(m^2)。

钢筋混凝土矩形截面的小偏心受压构件($x>0.55h_0$)，其截面强度应按下式计算：

$$KNe \leqslant 0.5R_a bh_0{}^2 + R_g A_g{}'(h_0 - a') \tag{10.8—2}$$

式中符号意义同以上说明。

10.8.1.2　计算原则

1) 计算模式：荷载—结构模式；2) 荷载组合：1.0×永久荷载＋1.0×可变荷载；3) 初支承受施工阶段全部荷载；4) 土体抗力：采用局部变形理论考虑弹性抗力。

围岩深埋浅埋按《铁路隧道设计规范》(TB 10003—25)计算方法确定，见表 10.8-1。

表 10.8-1　浅埋隧道覆盖厚度值

围岩级别	Ⅲ	Ⅳ	Ⅴ
单线隧道	5～7	10～14	18～25
双线隧道	8～10	15～25	30～35

注：考虑结构安全，程序计算中取上表达上限值。

10.8.1.3　土压力计算

土压力《铁路隧道设计规范》(TB 10003—25)计算方法确定，浅埋隧道按附录 E 计算土压力。

10.8.1.4　计算参数

(1) 地层

平均重度：$\gamma=22.500\ kN/m^3$，根据《工程岩体分级标准》(GB 50218—94)计算平均值；侧压力系数：$\lambda=0.50$，根据《铁路隧道设计规范》(TB 10003—25)隧道侧压力系数计算方法选取。

(2) 支护材料性质

结构重度：$\lambda=25\ kN/m^3$；喷混凝土 C20：弹模 $E=28$ GPa，泊松比 $\mu=0.17$，极限抗压强度 $R_a=15.5$ MPa，弯曲抗压强度 $R_a=19.4$ MPa；钢筋 HRB335：弹模 $E_g=210$ GPa，抗压或抗拉计算强度 $R_g=360$ MPa。

(3) 计算截面等效刚度及强度

初支计算截面：按刚度等效原理计算得到喷混凝土＋格栅钢架和喷射混凝土＋钢拱架的等效弹性模量。

10.8.2　计算结果分析

由于计算成果较多，限于篇幅，这里只列出有代表性几种工法的部分成果。

10.8.2.1　洞口三台阶四步开挖初期支护安全评价

(1) 上台阶左部开挖

结构弯矩和轴力如图 10.8-1 所示(图中弯矩单位：N·m，轴力单位：N，其他图类似)，结构单元安全系数曲线如图 10.8-2 所示(图中横坐标为各单元按编号顺序展开分布图，纵坐标为计算安全系数值，其他图类似)。计算表明，最大安全系数：121.12，最小安全系数：6.45。从计算结果看，拱脚处为结构受力最不利处，总体安全性合格。

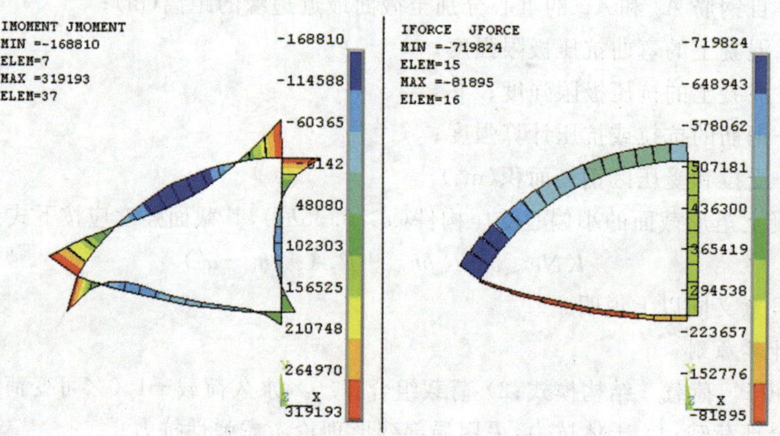

图 10.8-1　结构弯矩和轴力图

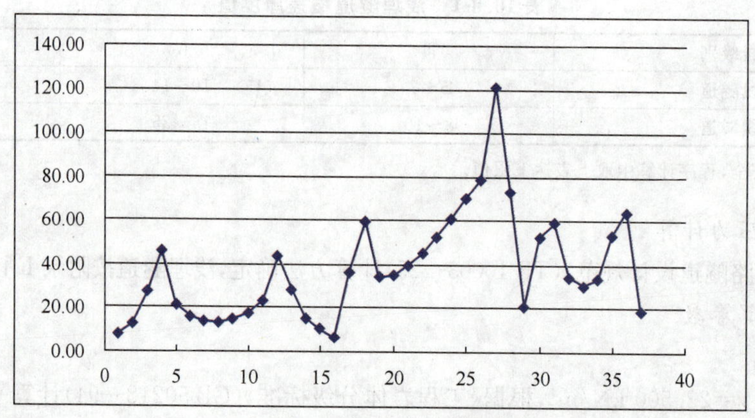

图 10.8-2　结构单元安全系数曲线

(2) 上台阶右部开挖

结构弯矩和轴力如图 10.8-3 所示，结构单元安全系数曲线如图 10.8-4 所示。

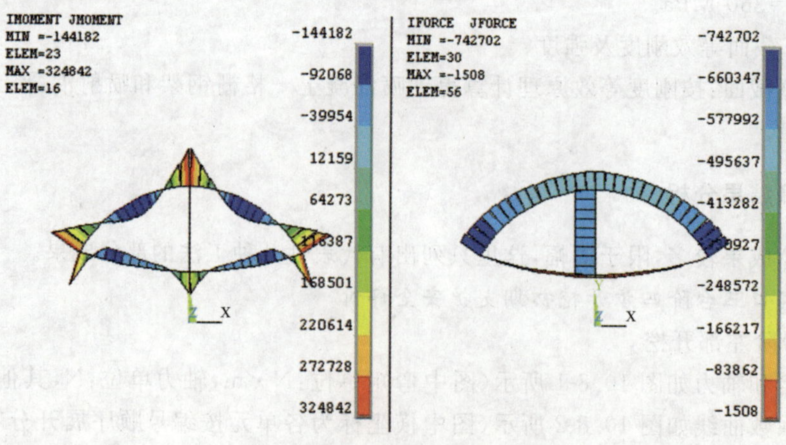

图 10.8-3　单元弯矩和轴力图

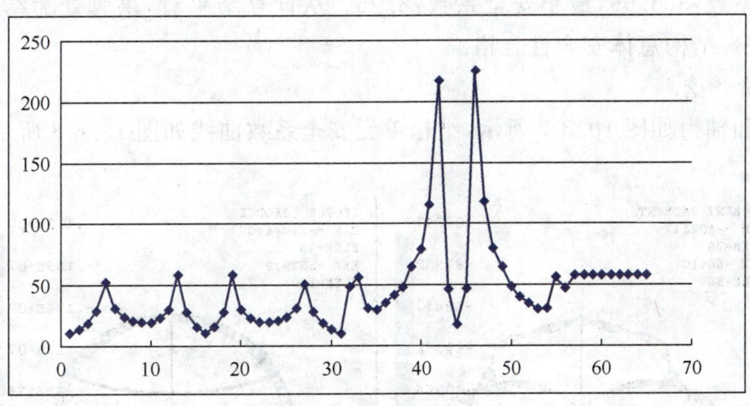

图 10.8-4　结构单元安全系数曲线

最大安全系数:225.1,最小安全系数:10.31。从计算结果看,拱脚和拱顶处为结构受力最不利处,总体安全性合格。

(3) 中台阶开挖

结构弯矩和轴力如图 10.8-5 所示,结构单元安全系数曲线如图 10.8-6 所示。

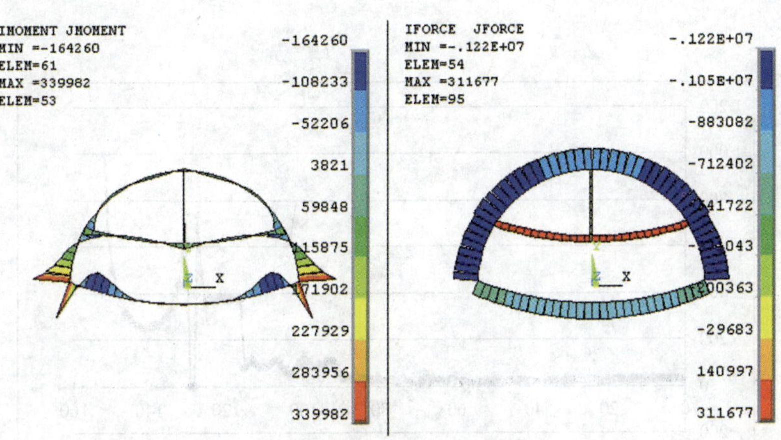

图 10.8-5　单元弯矩和轴力图

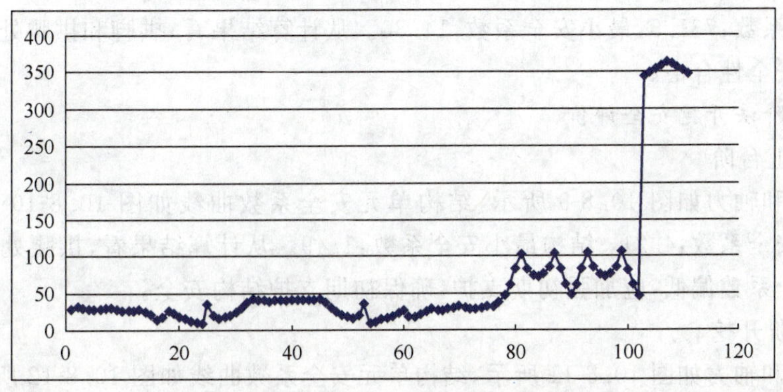

图 10.8-6　结构单元安全系数曲线

最大安全系数:363.09,最小安全系数:8.26。从计算结果看,拱脚处为结构受力最不利处,应加强支护。结构总体安全性合格。

(4) 下台阶开挖

结构弯矩和轴力如图 10.8-7 所示,结构单元安全系数曲线如图 10.8-8 所示。

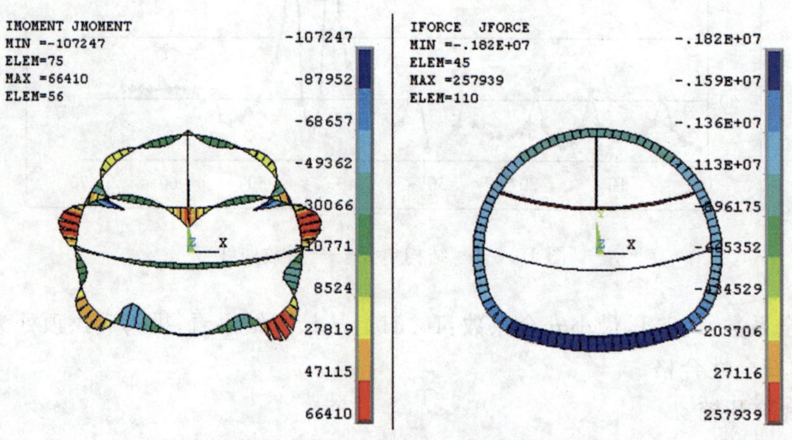

图 10.8-7 单元弯矩和轴力图

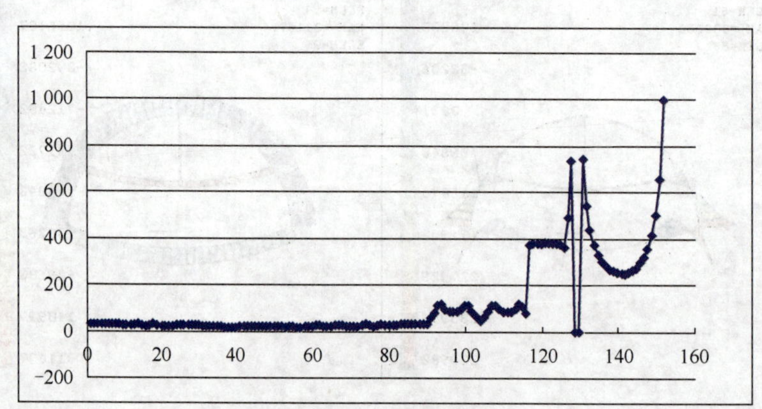

图 10.8-8 结构单元安全系数曲线

最大安全系数:731.5,最小安全系数:14.80。从计算结果看,拱脚和拱腰处为结构受力最不利处,总体安全性合格。

10.8.2.2 台阶法开挖安全评价

(1) 开挖上台阶

结构弯矩和轴力如图 10.8-9 所示,结构单元安全系数曲线如图 10.8-10 所示。计算表明,结构最大安全系数:4.21,结构最小安全系数:1.49。从计算结果看,拱腰处为结构受力最不利处,其安全系数偏低,应加强初期支护,确保初期支护结构安全。

(2) 下台阶开挖

结构弯矩和轴力如图 10.8-11 所示,结构单元安全系数曲线如图 10.8-12 所示。

结构最大安全系数:10.47,结构最小安全系数:5.14。从计算结果看,拱顶和拱腰处为结

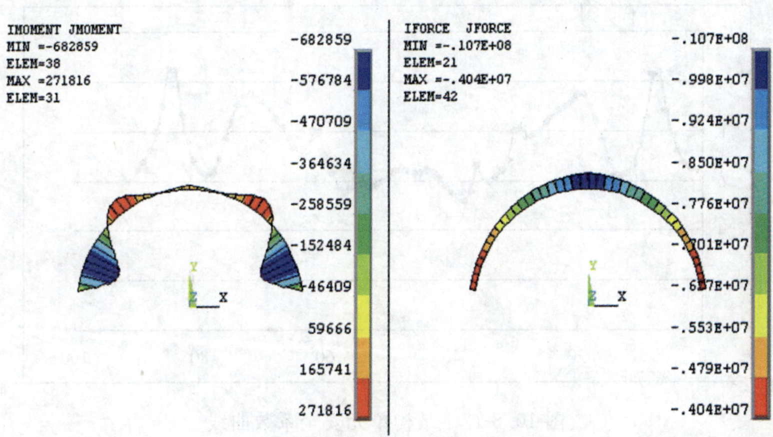

图 10.8-9　单元弯矩和轴力图

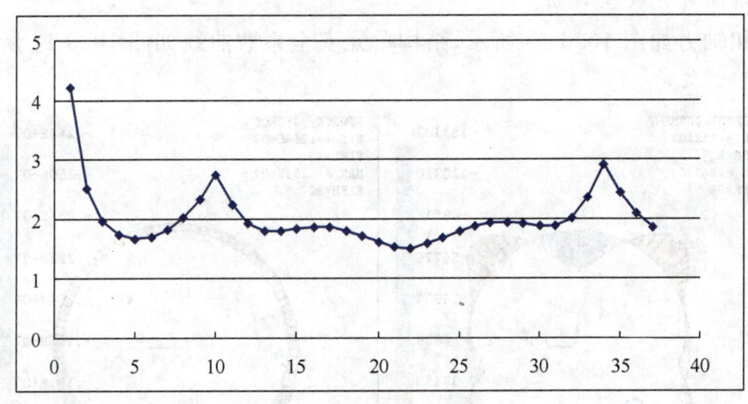

图 10.8-10　结构单元安全系数曲线

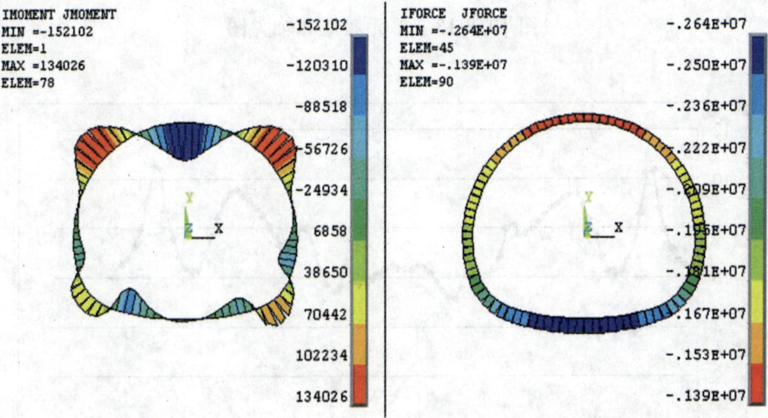

图 10.8-11　单元弯矩和轴力图

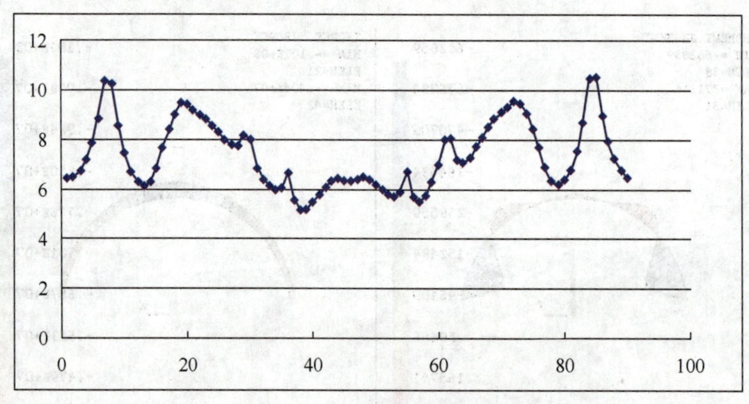

图 10.8-12　结构单元安全系数曲线

构受力最不利处，总体安全性满足。初期支护结构封闭成环后，结构整体安全性大大提高，建议尽早使初期支护封闭成环，确保结构受力合理和安全。

10.8.2.3　全断面开挖安全评价

结构弯矩和轴力如图 10.8-13 所示，结构单元安全系数曲线如图 10.8-14 所示。

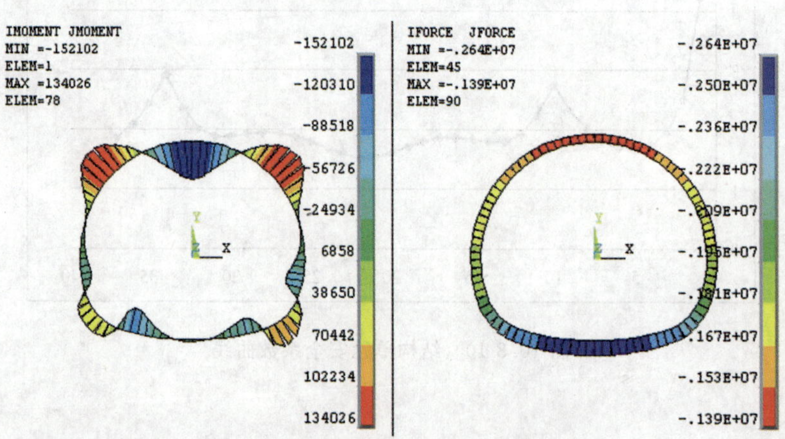

图 10.8-13　单元弯矩和轴力图

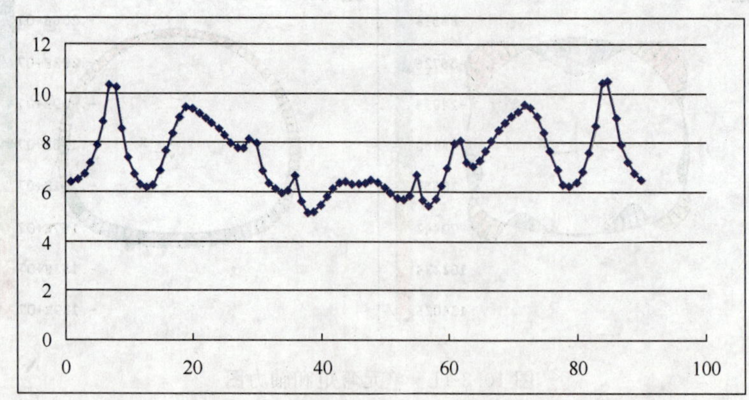

图 10.8-14　结构单元安全系数曲线

结构最大安全系数:10.47，结构最小安全系数:5.14。从计算结果看，拱顶和拱腰处为结构受力最不利处，总体安全性合格。

10.8.2.4　三台阶三步开挖法安全评价

(1) 上台阶开挖

结构弯矩和轴力如图 10.8-15 所示，结构单元安全系数曲线如图 10.8-16 所示。

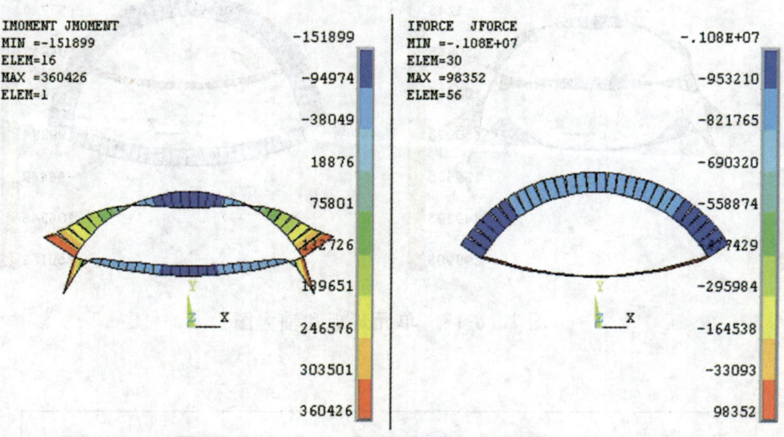

图 10.8-15　单元弯矩和轴力图

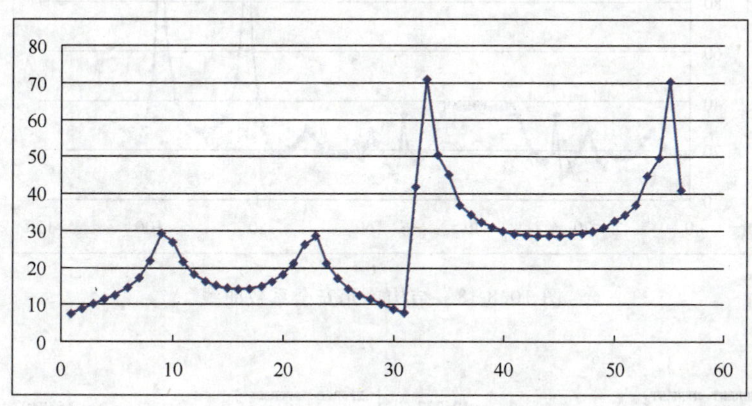

图 10.8-16　结构单元安全系数曲线

结构最大安全系数:70.86，结构最小安全系数:7.24。从计算结果看，拱脚处为结构受力最不利处，应加强初期支护，但初期支护结构总体安全性合格。

(2) 中台阶开挖

结构弯矩和轴力如图 10.8-17 所示，结构单元安全系数曲线如图 10.8-18 所示。计算表明，结构最大安全系数:108.27，结构最小安全系数:8.23。从计算结果看，拱脚处为结构受力最不利处，应加强初期支护，但初期支护结构总体安全性合格。

(3) 下台阶开挖

结构弯矩和轴力如图 10.8-19 所示，结构单元安全系数曲线如图 10.8-20 所示。

结构最大安全系数:964.85，结构最小安全系数:14.6。从计算结果看，拱顶和拱腰处为结构受力最不利处，总体安全性满足。从计算得出，初期支护结构封闭成环后，结构整体受力得到极大改善，结构整体安全得到提高。建议尽早使初期支护结构封闭成环。

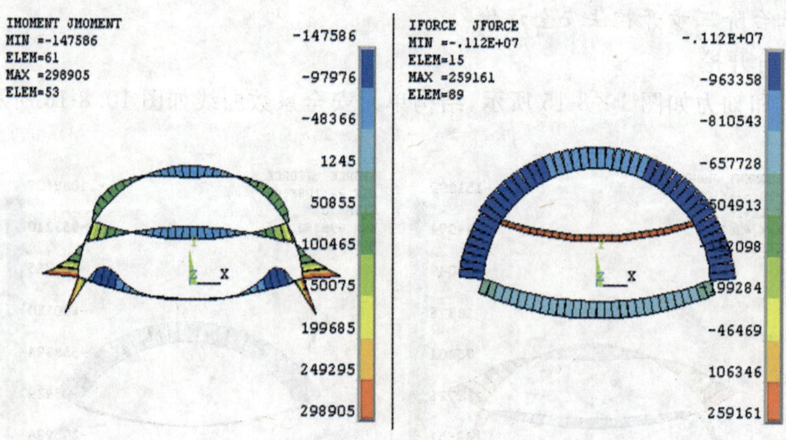

图 10.8-17　单元弯矩和轴力图

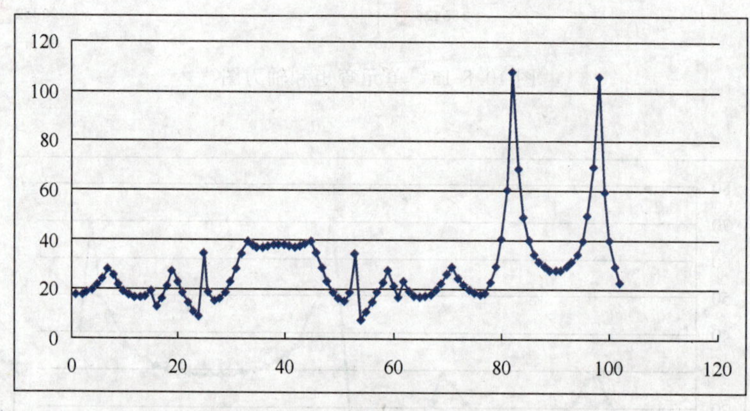

图 10.8-18　结构单元安全系数曲线

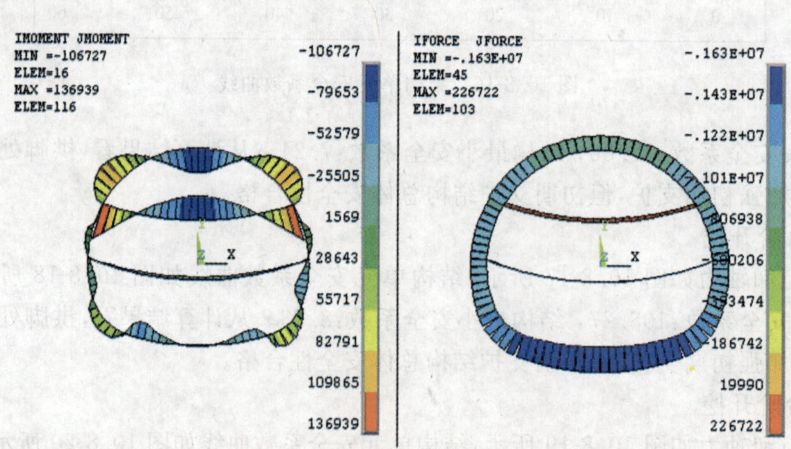

图 10.8-19　单元弯矩和轴力图

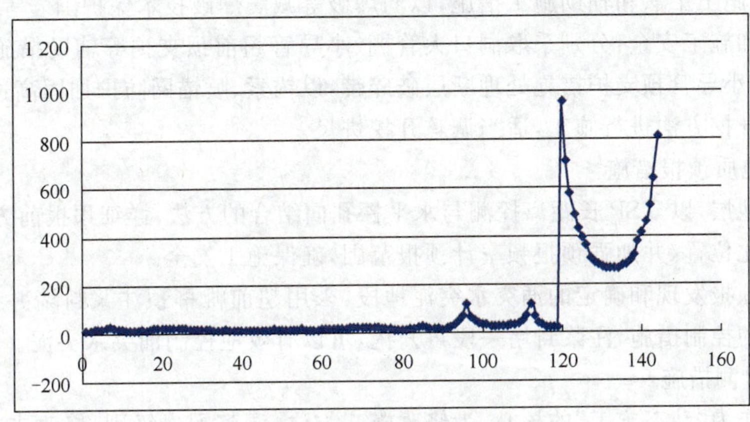

图 10.8-20　结构单元安全系数曲线

10.8.3　结　论

分别计算了台阶法、三台阶临时仰拱法、三台阶四部开挖法、全断面法开挖时初期支护结构各个部分的轴力、弯矩及安全系数。通过以上计算分析，得到以下初步结论：

最不利位置一般在初期支护的连接处，初期支护拱腰、初期支护拱脚。安全系数基本都大于3.0，个别接头点小于2.0，但都大于1.4。

综上所述，上述计算各种工况中没有考虑管棚超期支护、小导管注浆加固作用，故计算结果偏于保守。

10.9　隧道施工风险控制

通过对东庐山隧道工程再识别、估计和评价，对本项目存在的基本风险、风险发生概率、后果损失程度以及主要、次要控制风险等方面有一定的了解。在此基础上，应制定有效的风险控制措施，降低风险事故的发生概率和减少风险事故损失。

风险控制是风险管理的一个组成部分，其实质是在风险辨识、风险估计、风险评价等风险分析的基础上，针对工程项目施工可能存在的风险因素，积极采取控制技术以清除风险因素或减小风险的危险性。也就是说，在事故发生之前，降低事故发生的可能性；在事故发生时，将损失减少到最低限度，从而达到降低风险损失的目的。

风险控制技术类型很多，对一般项目而言，主要控制技术有：避免风险、损失控制、分散风险和转移风险等。风险技术的选择因项目特征而异。东庐山隧道工程的风险特征是：风险发生概率大、后果损失严重。因此，其风险的控制主要应采用损失控制技术。

10.9.1　重点风险F1(隧道涌突水、突泥、塌方)控制

东庐山隧道涌突水风险作为本项目重点控制对象，且与其他风险有一定的耦合作用，其风险控制措施的制定和效果对整个项目的风险控制起到至关重要的作用。根据以往的工程经验，认为加强超前地质预报和注浆堵水是目前解决东庐山隧道涌突水和塌方的有效途径。

针对不同的地质危害所形成的工程风险，主要采取在施工中加强超前地质预报和监控量

测，选取合适的施工工法和辅助施工措施，以弱爆破等减震爆破技术保护围岩等技术手段实现隧道结构稳定和施工安全：分别采取洞口大管棚、小导管超前预支护等辅助措施处理浅埋、偏压地层；以双层小导管预支护措施处理断层破碎带，以锚索、喷锚网防护加固高边坡，并不同地层采用不同的开挖方法进行施工，适当调整开挖进尺。

(1) 超前地质预报措施

对于软弱地层，以 TSP 长距离探测与水平探孔向结合的方法，详细预报前方地质，及早掌握洞身地质变化位置，并加强预报频率计预报范围，确保施工安全。

对于预测预报发现和确定的涌突水突泥地段，采用超前帷幕预注浆封堵并确定封堵成功后再进行开挖的控制措施，注浆封堵一段再开挖，可以有效地控制涌突水突泥。

(2) 监控量测措施

监控量测作为"动态施工"的核心，为修改施工方法、调整围岩级别、修改支护设计参数提供依据，在浅埋、断层破碎带提高监测频率，指导日常施工管理，确保施工安全和质量。

(3) 弱爆破施工措施

为充分提高围岩的自稳能力，按照"保护围岩"的原则，施工中采用光面爆破，实施分段爆破减震技术，以减少单次爆破冲击和爆破波峰值的叠加，实现减少对围岩的扰动，控制围岩的变形和超挖。

1）控制最大一段起爆药量

根据《爆破安全规程》(GB 6722—2003)对爆破振动安全允许距离的规定，为保护围岩、初期支护和衬砌混凝土结构，以质点允许振速控。

制在$[V_{max}]=10$ cm/s 为计算依据，利用萨氏公式 $Q_{max}=R^3(V/K)^{3/a}$，反算出单段最大装药量，以控制光面爆破的装药量，实现减振目的。

2）确定爆破参数及起爆方法

按照光面爆破原则，以工程类比或以往施工经验确定最小抵抗线、周边眼间距、线装药量及相对距等爆破参数，并设计掏槽眼布置方式、周边眼装药结构和起爆方式。

爆破采用 2 号岩石硝铵炸药，周边眼以小药卷间隔装药，导爆索传爆，其他炮眼采用连续柱状装药；采用多段微差毫秒雷管由里向外按掏槽眼→辅助眼→周边眼顺序起爆，周边眼比辅助眼要跳 2 段，间隔时间为 50～100 ms，且用同一段雷管同时起爆。

(4) 施工工法措施

根据软弱岩层特点，在施工中分别采用三台阶四步开挖法、三台阶临时仰拱法分部开挖，降低开挖高度。减小开挖跨度，控制围岩的松弛变形。施工时按照"短进尺、快支护、弱爆破、浆严注"的原则，每循环进尺不得超过 1.2 m(1～2 榀刚架)，采用减振控制爆破，严格控制装药量，减少爆破对围岩的震动；并根据不同的围岩情况，适当调整施工工法。

(5) 掌子面稳定措施

浅埋软弱地层掌子面易失稳引起拱顶坍塌，故对掌子面斜上方加固尤为关键，在开挖前采取超前小导管预注浆(V 级围岩以双层小导管预注浆，IV 级围岩以单层超前小导管预注浆)对拱顶破碎层进行加固，以在拱顶形成承载拱，确保施工安全；注浆时严格注浆工艺，要体现"浆严注"原则，确保注浆质量；同时对开挖后的掌子面，要及时初喷 6～10 cm 后 C25 混凝土封闭掌子面，防止大气和水汽加强破碎岩层的风化速度。

(6) 及时支护措施

通过不良地段的各施工工序之间的距离尽量缩短，尽快使全断面支护封闭，减少岩层暴露时间，抑制围岩过大变形。

1）每循环开挖后，要及时初喷 4～6 cm 混凝土封闭岩面，抑制围岩的风化松弛，并按设计要求快速架立刚架、施工锚杆、挂网、喷射混凝土施工，构成强支护体系，及时形成封闭结构。

2）对软弱围岩段变形较大部位，在分部开挖处需设置临时仰拱（刚架）封闭成环；或对拱脚、隧底松散软弱部位，采取注浆固结措施，提高承载力。

3）全断面初期支护完成后，要求仰拱和二次衬砌紧跟开挖，以使永久支护体系尽早发挥作用。

10.9.2　次重点风险控制

在边坡开挖前先做洞顶截水天沟，截排地表水；然后以挖机清除表层覆土或植被，露出基岩，然后采用浅眼松动爆破方式，自上而下进行分台爆破，并采取防护措施控制飞石措施。并严格按照设计分级及时进行边坡防护和加固。

在施工过程中和施工后，加强对边坡变形、变位的监测，及时提供边坡变化信息。

(1) 边坡开挖及加固

边坡开挖自上而下进行，开挖一级加固防护一级，随挖随护，不得将边坡全部开挖完后再进行防护；高边坡在开挖一级后及时按设计要施工锚网喷防护。

(2) 控制爆破

1）控制爆破原则

以确保边坡稳定和施工安全为目的，减小爆破对边坡结构的破坏和爆破振动产生的破坏，控制爆破时爆破体的飞石产生及飞扬距离。

2）控制爆破方法

根据边坡位置及特点，选取多循环、小规模、小孔距的浅孔台阶松动爆破方案，其特点是“孔浅、眼多、药少、覆盖强、间隔微差”，分台逐层地进行剥离控制爆破，力求岩石原地龟裂松动，避免石块的扬弃，并采用钢管排架和爆体覆盖相结合的防护措施，抑制爆破飞石、滚石。

(3) 爆破设计

1）布孔方式

“垭口”边坡爆破按平行于线路布置纵向台阶横向分台，每级台阶按宽度平行线路方向布设 2～4 排炮孔，爆破方向垂直于线路方向；出口明洞开挖按纵向分台，爆破方向平行于线路方向；炮孔在设计边坡上按设计坡率布设一排顺坡的炮孔，其余炮孔均采用垂直钻孔。

2）孔网参数

炮孔直径 $\phi=40$ mm. 孔深 $L=1.5\sim1.8$ m；炮眼间距 $a=1$ m，炮眼排距 $b=1$ m，抵抗线 $W=1$ m，最外侧炮孔边坡外侧平均抵抗线 $W_b>1.5W=1.5$ m；且不小于 $1.2a$。

3）炸药单耗

根据现场特点及岩石性质，炸药单耗 K 取 0.25～0.4 kg/m^3。

4）药量计算

主炮孔单孔药量计算公式为：

$$Q=K\times a\times b\times L$$

式中：Q 为单孔药量；K 为炸药单耗；a 为炮孔间距；b 为炮孔排距；L 为孔深。

边孔和预裂孔按主炮孔装药量的 0.7 倍取值。具体单孔装药量应考虑边坡局部地形、石质以及实际钻孔等情况，并根据前次爆破的实际效果，作适当调整。

5）堵孔

堵塞物可用钻孔附近的岩屑或爆区周围的土砂混合物，充填时尽可能地使其密实；设计堵孔长 0.7 m，在任何情况下，保证堵孔长不小于 0.5 m。

6）起爆网络

使用毫秒雷管孔内延期毫秒微差起爆，微差间隔取 50 ms，“垭口”边坡爆破按先预裂眼（设计边坡孔）→边坡孔→中间孔顺序起爆，出口明洞开挖按 “V”型起爆网络起爆，均采用孔底集中装药结构。

7）最大一段齐爆药量控制

根据《爆破安全规程》(GB 6722—2003）对爆破振动安全允许距离的规定：对一般砖房和钢筋混凝土结构房屋，爆破安全振速控制在 $[V_{max}]=5$ cm/s；利用萨氏公式 $Q_{max}=R^3(V/K)^{3/a}$，按最近影响距离 50 m，计算出单段最大装药量，以控制爆破的装药量，实现减振目的。

（4）边坡监测

1）为了确保施工期边坡的稳定，对边坡外部变形进行监测：监测的部位包括开挖坡面、平台和开口线外，通过在边坡平台、坡顶布设的观测点进行观测和对观测数据进行整理、分析，掌握边坡的位移变化，做出位移—时间曲线，通过对曲线的分析判断坡体的变形趋势和评估和判断高边坡的稳定状况。

2）施工期巡查：定期进行边坡的巡查工作，检查内容包括边坡是否出现裂缝，以及裂缝的变化情况（裂缝的深度及宽度）、是否出现剥落或掉块现象，坡表有无隆起或下陷，排、截水沟是否通畅，渗水量及水质是否正常等，并做好巡视记录。

10.9.3　一般风险控制

（1）围岩失稳风险的控制

1）准确划分围岩级别；

2）根据围岩级别选用正确的施工方法；

3）对断层破碎带采用先加固后开挖的方法，例如用打超前锚杆，超前小导管注浆，大小管棚等工程措施；

4）对硬软相间、软质岩、破碎地层等，开挖中必须进行控制爆破并适当加大开挖断面预留变形以确保净空断面值，加强初期锚喷支护，加强围岩变形量测及监控，及时进行信息反馈并采取相应措施。

（2）隧道衬砌结构破损风险的控制

1）涌突水突泥严重地段，增设水压计监测水压，以判断作用在衬砌上的水压力；

2）断层破碎带地层，有涌突水突泥地段，衬砌结构必须加强（加厚或采用钢筋混凝土）；

3）断层破碎带地层，有涌突水突泥地段，隧道衬砌净空应适当增大，即预留有必要时进行衬砌厚度补强的可能，预留厚度一般不小于 20 cm；

4)对于地下水对混凝土有腐蚀性的地段，采用抗腐蚀性水泥。

10.9.4　风险控制效果评价

由风险损失值，实施风险控制方案的估计成本值(C_i)和风险控制方案的控制概率(f_i)动可计算出实施风险控制方案后，能获得的效果，也就是风险损失减少值，即风险控制效果评价值(T_i)。

$$T_i = L_i - \frac{c_i}{f_i}$$

风险控制效果系数 t_i 计算公式如下：

$$t_i = \frac{T_i}{L_i}$$

以上 T_i、t_i 值均为越大越好。

重点风险 F1(隧道涌突水)风险控制效果评价：

东庐山隧道涌突水和塌方风险采用超前地质预报和注浆堵水方案进行控制，估计成本值为 1 200 万元，风险控制概率估计为 85%以上，风险损失值为 6 732 万元。即风险损失减少值为 5 320 万元，效果系数为 79.03%，控制效果较好。

$$T_1 = L_1 - \frac{c_1}{f_1} = 6\ 732 - \frac{1\ 200}{0.85} = 5\ 320;$$

$$t_1 = \frac{T_1}{L_1} = \frac{5\ 320}{6\ 732} = 79.03\%。$$

10.10　风险评估结论及建议

10.10.1　结　　论

本次着重对东庐山隧道施工中安全风险和环境风险的评估和控制研究，并得出以下结论：

(1) 东庐山隧道工程中共有 8 项基本风险，其中有 6 项属于安全风险，有 4 项属于环境风险。

(2) 两大类风险对于东庐山隧道总风险中的权重是安全风险为 0.843，环境风险为 0.157。

(3) 对各个基本风险进行估计后，得到结果：东庐山隧道工程总体风险总损失值为 11 031.4万元；风险估计值(期望损失值)为9 605.32万元。

(4) 对东庐山隧道各基本风险做出评估后，认为涌突水、突泥及塌方为第一重点风险；洞口、垭口边坡稳定性为次重点风险。

(5) 对提出的重点风险，研究了控制风险的对策，得出结论：东庐山隧道工程风险控制方案，预计运用成本 1 200 万元，可减少损失达 5 320 万元，效果系数达 79%；若从东庐山隧道工程全部基本风险总损失来看，控制方案的效果系数可达 48.2%。

(6) 通过对施工过程初期支护结构的安全评价，得到以下结论：最不利位置一般在初期支护的连接处，初期支护拱腰、初期支护拱脚。安全系数基本都大于 3.0，个别接头点小于 2.0，但都大于 1.4。上述计算各种工况中没有考虑管棚超期支护、小导管注浆加固作用，故计算结果偏于保守。

10.10.2　建　　议

(1) 对于隧道工程的风险评估研究，这仅是风险管理与控制的开始。希望风险管理活动能纳入到工程管理的范畴，使之逐步改进、完善和推广应用。

(2) 为控制风险而运用的成本费，由业主直接掌管，作为实施风险对策的专项基(资)金。

(3) 可采用风险转移策略适当转移风险。比如通过向保险公司交纳一定数额保险费,当风险发生时以获得保险公司补偿,即将风险部分转移给保险公司。又如业主与承包人共同分担风险的问题。这个问题的关键是制订与风险分担有关的合同条款,一旦出现了风险问题,按照合同条款认定由哪一方承担工程风险所带来的损失。

(4) 初支结构安全评价得出,初期支护结构封闭成环后,结构整体受力得到极大改善,结构整体安全得到提高,建议尽早使初期支护结构封闭成环。

第3篇　隧道施工安全风险管理信息化技术

本篇紧密结合第1篇和第2篇中的研究内容和成果，主要介绍了隧道施工安全风险管理软件系统开发的软硬件环境以及所开发的隧道施工安全风险管理软件系统模块组成及功能，同时简要介绍了软件系统在实践中的应用情况。

第11章　隧道施工安全风险管理软件系统

11.1　概　　述

隧道风险管理是隧道工程项目管理的重要组成部分，现有的风险管理与控制软件在计算方法等方面达到了较高水平，但是全面的、适用性强、认可度高的隧道风险管理信息系统还没有形成。从对隧道风险集成动态的风险管理研究来看，现在的风险管理软件无法适应风险管理的要求。风险管理需要的是一个信息化平台，它以 Internet 分布式应用模式实现隧道施工的风险管理，它涵盖隧道工程的整个生命周期，可远程网络实时监控隧道现场施工（监控形式丰富，如 GIS、三维虚拟现实、移动通信等），可自动读取现场智能安全仪器监控数据，可移动办公，并对风险管理要素（如风险事件、风险因素、风险处理措施等）进行规范化、标准化，将来还会演化出隧道施工的领导决策系统、专家经验系统。

传统的风险管理软件大都是基于电子表格的分析模式，缺少统一的模型和数据，完全取决于分析者的经验和判断，这些不足之处限制了风险管理作用的发挥。隧道工程可视化风险管理软件采用生动形象的程序或模块化语言来满足这方面的需求，软件由通用模块、程序模块、方法库模块等组成。用户在操作时，可根据需要选择合适的模块，按照内在的逻辑关系联系在一起，引导操作者完成一条完整隧道的风险管理工作。

11.2　风险管理信息系统开发策略

11.2.1　系统开发目标

本软件开发要求达到以下两方面功能。

11.2.1.1　风险评估与管理功能

(1) 制定风险管理计划（包括组织机构、评估对象范围、目标、策略和风险接受准则）等内容；

(2) 根据设计阶段评估结果、施工地质、资源配置及施工方案进行风险再识别（建立风险核对表、采用专家法进行评估，最终得到风险清单）；

(3) 逐项进行风险估计，并进行分级（得到风险初始等级表）；

(4) 根据施工单位自身情况建立风险接受标准,进行风险评估;

(5) 针对风险评估结果,制定风险应对措施(得到风险评估综合表);

(6) 将风险责任具体到相应的责任人以及完成的时间等(得到最后的风险登记表);

(7) 建立风险数据库和风险应对措施数据库等,为软件执行风险评估与控制提供参考信息,也能跟踪记录存储后续信息,并方便以后查询和借鉴。

11.2.1.2　综合集成功能

(1) 工程参与各方共同的信息交流平台,在平台上可以随时了解工程的安全动态信息;

(2) 工程参与各方可以根据各自的需要,采用风险评估与管理流程中各个独立的模块对工程的风险进行评估与管理;

(3) 在平台上集成专家系统(可以在网络上对风险进行实时评估与管理);

(4) 留有许多接口,可以导入相关专业软件的计算数据,同时可以方便延伸到其他风险管理目标或其他类型工程的风险管理;

(5) 并入实时和远程监控系统,使系统可以对重点风险源或部位进行实时动态监控,可视化查询与预警;

(6) 通过网络发布信息、网络学习等附加功能。

11.2.1.3　整体功能要求

(1) 工程施工全过程风险评估与控制;

(2) 动态的风险管理;

(3) 工程风险事故的统计与分析;

(4) 隧道风险可视化预警与查询;

(5) 数据报表生成、查询、修改、打印等;

(6) 方便与 EXCEL、WORD 交互;

(7) 整个软件是一个开放的系统,方便以后功能扩展;

(8) 具有专业知识的人员能熟悉使用,一般人员在较短的学习后也能操作使用。

11.2.2　系统开发方法

整个系统的开发依照软件工程规范,采用集中设计和开发的思想。对于具有独立功能的模块,进行相对独立开发;并注意相应接口的开发以保证系统的完整性和相对独立性,对于已成熟的模块采用软件集成与移植的方法进行开发,加快软件运行速度,提高软件的稳定性和质量,力求系统操作简单、功能完善,同时使数据具有较好的共享性。

具体的开发方法可概括为以下几点:

(1) 以系统开发方法论为原则,将系统分解成各个功能模块,并分析这些模块的基本属性及其关系,从而提出系统的任务、要求和内容。

(2) 进行系统设计时,首先制定规范即给出系统开发中应共同遵守的标准,如行业或部门统一的数据模式、标准的代码体系、规范的图式图例、约定的处理方式和通用的软件接口等;然后将系统按功能划分成模块层次结构,确定每个模块的功能、模块间的调用关系及其接口;最后确定实现系统功能需求所必需的算法,以及算法与模块间的控制方式。

(3) 提出系统的框架体系结构,进行功能分析、数据流程、模块划分及界面设计,在框架内填入细节,用源程序表达软件的细节。

(4) 借鉴国内外先进的风险软件的研究成果,进行专业模块开发,同时探索数据库、图形库、评估模型库的联合集成，提高和强化其数据管理和处理功能。

(5) 根据设计和开发情况，对系统进行调试，保证各个功能模块的协调运行，实现相应的逻辑功能。

(6) 在软件设计中，自始至终把可维护性放在首位，并强调软件的稳健性。

11.2.3　系统开发依据

(1)《地铁及地下工程建设风险管理指南》

(2)《铁路隧道风险评估与管理暂行规定》

(3)《隧道工程风险管理指南》

11.3　系统总体结构需求

11.3.1　系统开发技术

(1) 采用 B/S 设计框架：J2EE 技术；JCS(Java Client Server) 技术；JW Framework 开发平台；Hibernate 技术。

(2) 数据库为：跨数据库 Oracle，(也可选用 SQL Server，MySQL 等)。

(3) 开发工具：JBuilder 2005，Macromedia DreamWeaver MX 2004。

(4) 建模工具：Rational Rose 2002。

(5) 开发语言：Java 1.5.0，ANSI SQL，JSP 2.0，Javascript 1.3，HTML 4.01。

(6) 建模语言：UML 1.4 (统一建模语言)。

(7) 开发过程管理：建立在 UML 基础上的增量式迭代式开发。

11.3.2　系统要求软件环境

(1) 操作系统：服务器：WindowsXP、Windows 2003 Server；客户端：WindowsXP；

(2) 数据库：常用数据库(推荐用 Oracle8i 以上)；

(3) Java：JDK 1.5.0 以上；

(4) WEB 服务器：tomcat 5.5.0 以上；

(5) 运行平台：JW Framework 信息化平台；

(6) 浏览器：IE 6.0 以上。

11.3.3　系统要求硬件环境

(1) 网络：有线局域网、无线局域网；

(2) 服务器：CPU 2.0G 以上的 PC 机即可；

(3) 客户端：CPU 1.5G，内存为 256 M 的 PC 机即可。

11.3.4　系统逻辑图

系统采用 IT 界最成熟、应用最广且先进的 J2EE 技术；操作系统采用 Microsoft windows2003 Server；数据库采用 Oracle 8i 以上，安全性高，性能高，数据容纳量大；与数据库的连接模块采用目前先进的 hibernate 技术，具有跨数据库特性；WEB 服务器采用 tomcat 5.5.0，性能高且稳定，而且是免费的。

由于JW Framework有大量的中间件，所以不需Weblogic等商用的WEB服务器及中间件支持。采用JCS平台技术，能保证本系统的研发成本低且研发周期短。

采用B/S结构，使系统部署简便，扩充性好。系统逻辑图如图11.3-1所示。

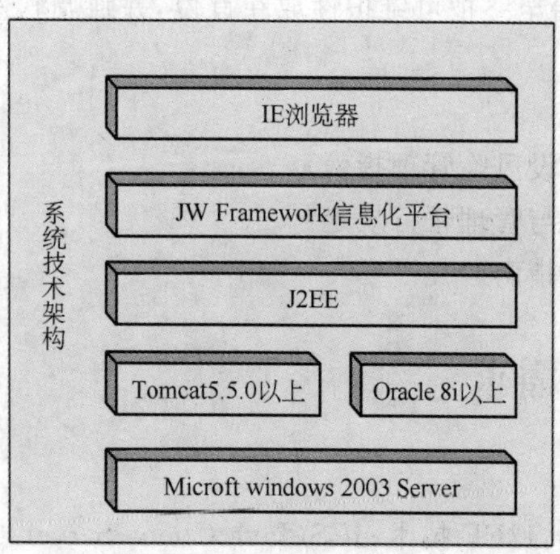

图11.3-1 系统逻辑图

11.3.5 系统物理拓扑结构图

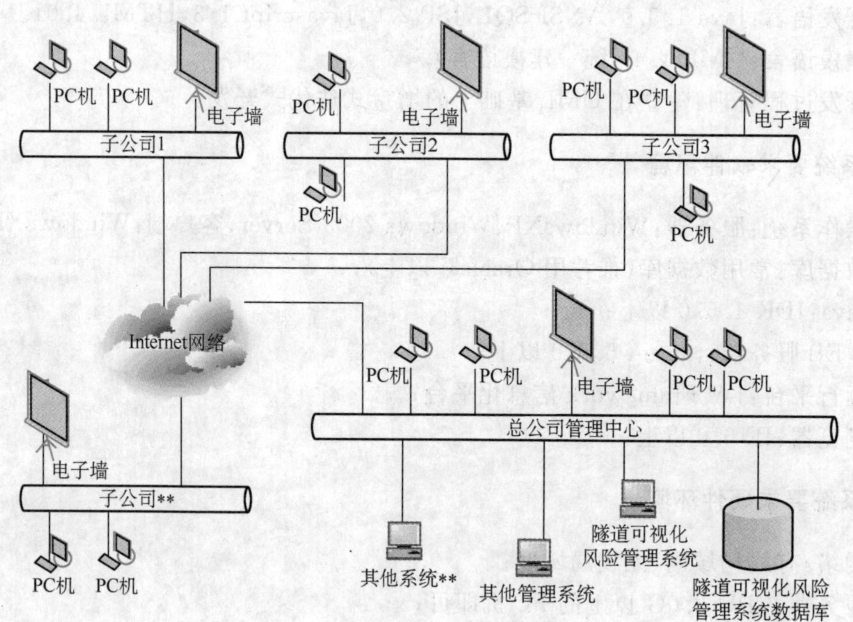

图11.3-2 系统物理拓扑结构图

11.3.6 系统总体设计

隧道工程可视化风险管理软件采用生动形象的程序或模块化语言来满足这方面的需求，软件由通用模块（计划模块、识别模块、评估模块、响应模块、报告模块）、程序模块、风险识别方法模块组、风险分析方法模块组等组成。用户在操作时，可根据需要选择合适的模块，按照正确的逻辑关系联系在一起，完成一个完整的隧道风险管理。

11.4　风险管理软件系统简介

该软件系统共包括工程项目创建、风险计划制定、风险识别、风险评估、风险处理、风险监控、风险管理报告生成、风险库维护、系统管理、帮助等菜单和模块。如图 11.4 所示。

图 11.4　隧道工程施工安全风险管理系统界面及组成模块

该软件系统在结合武广客运专线金沙洲隧道、武广客运专线浏阳河隧道、宁杭客运专线东庐山隧道风险管理案例研究过程中进行了调试和应用，实践表明软件系统运行稳健，能够在实践中进行应用。

11.5　软件组成模块及功能

11.5.1　工程项目模块

工程项目模块包括工程项目创建和激活当前管理工程两个子模块。如图 11.5-1 所示。

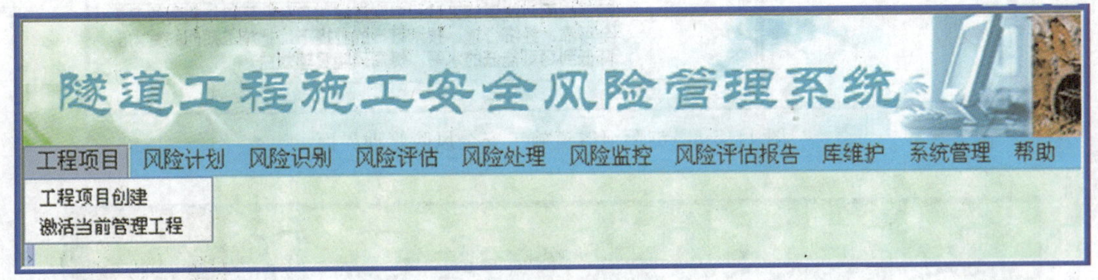

图 11.5-1　工程项目模块操作界面

(1) 工程项目创建模块

工程项目创建模块可以同时对需要进行风险管理的多个隧道进行创建和管理，系统可维护隧道工程的设计能力达 10 万个。同时可以利用界面工具按钮，对创建的隧道项目进行排序上下移动、项目增删、查看属性、修改隧道工程项目，金沙洲隧道施工安全风险管理界面如图 11.5-2 所示。浏阳河隧道施工安全风险管理界面如图 11.5-3 所示。东庐山隧道施工安全风险管理界面如图 11.5-4 所示。

(2) 激活当前管理工程

激活当前管理工程可以对当前需要进行管理的隧道进行激活，以后所有的操作都是针对被激活的隧道。如图 11.5-5 所示。

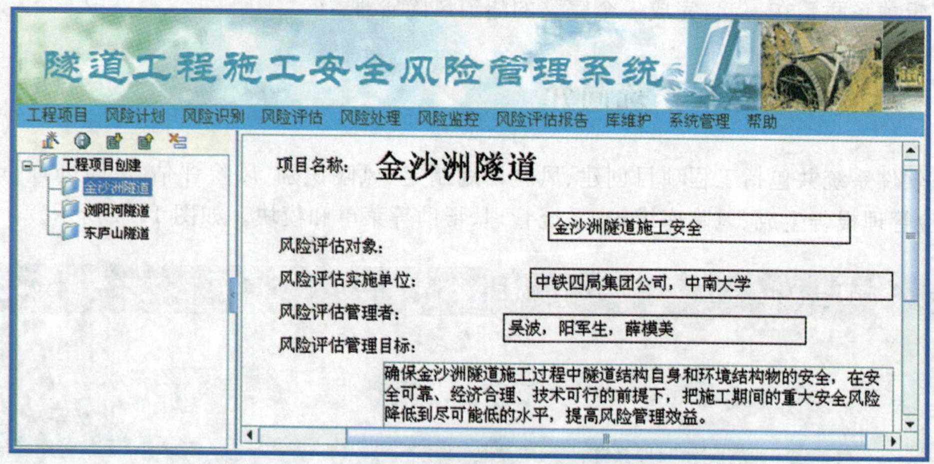

图 11.5-2　金沙洲隧道施工安全风险管理界面

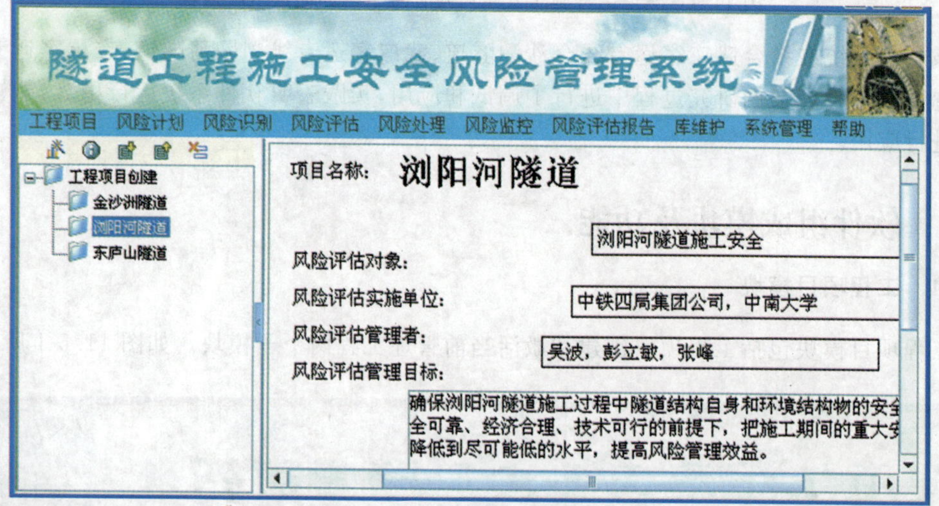

图 11.5-3　浏阳河隧道施工安全风险管理界面

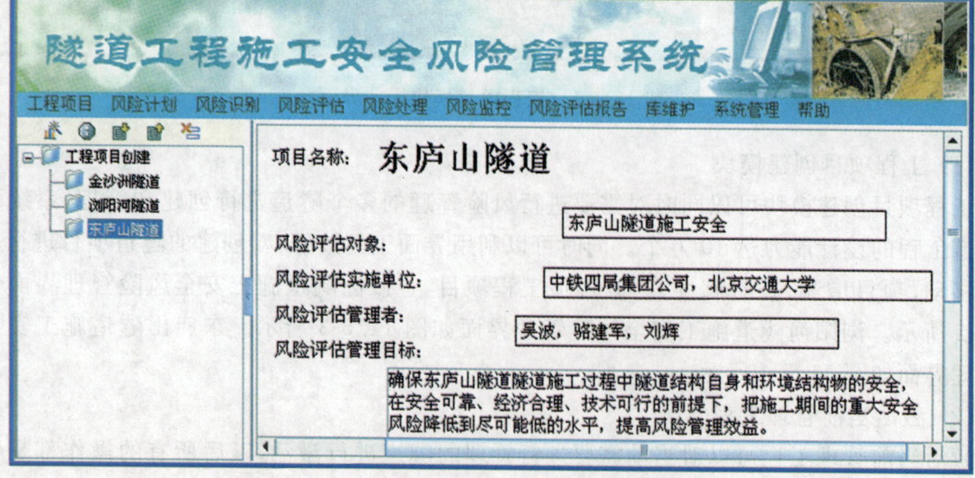

图 11.5-4　东庐山隧道施工安全风险管理界面

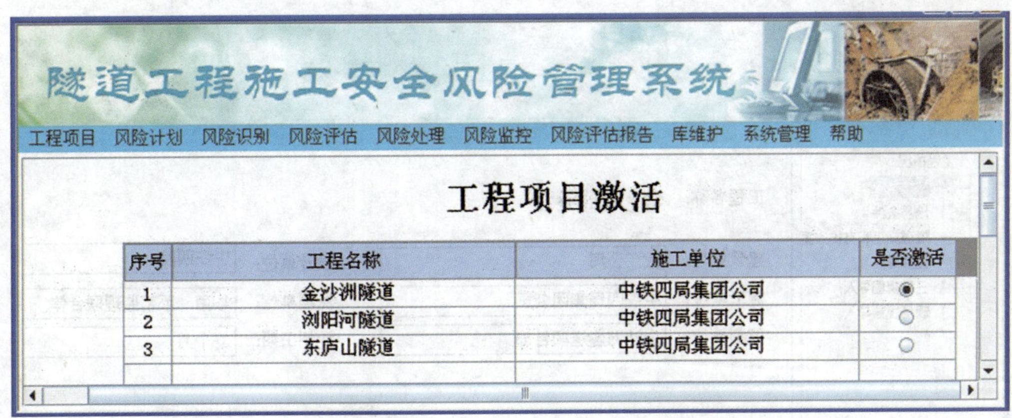

图 11.5-5　激活当前管理工程操作界面

11.5.2　风险管理计划

风险管理计划是风险管理组织进行风险管理的子系统，是对前面已经维护的隧道工程的一些基本信息进行维护，是全部风险管理过程的基础环节，由风险项目组成员在项目开始之初完成。包括工程概况、风险管理机构、风险各类概率等级和后果等级标准、风险接受准则、风险评估范围等模块，如图 11.5-6 所示。

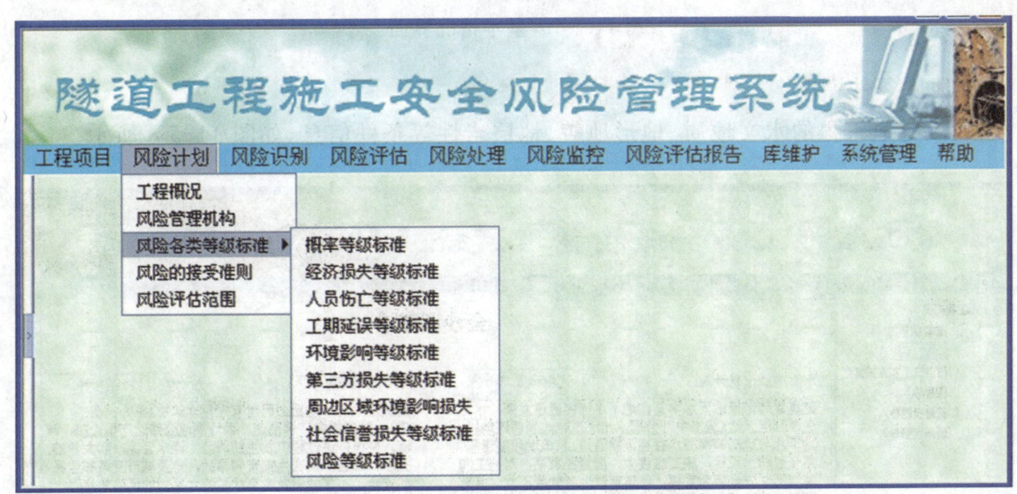

图 11.5-6　风险计划模块界面

11.5.2.1　工程概况模块

本模块是维护隧道工程的基本信息，它又分为下面几个子模块。

(1) 基本情况模块

维护隧道工程的一些基本信息，隧道所在工程的基本情况介绍，隧道工程基本技术参数维护、隧道周围第三方构筑物介绍(包括：所跨越的江河湖海、邻近或穿越既有轨道线路(含铁路)或公路的工程、邻近或穿越既有桥梁的工程、邻近或穿越有重要保护的建(构)筑物或水利设施等工程、邻近或穿越既有重要市政管线的工程、邻近或穿越地表建筑物等)，如图 11.5-7 所示。

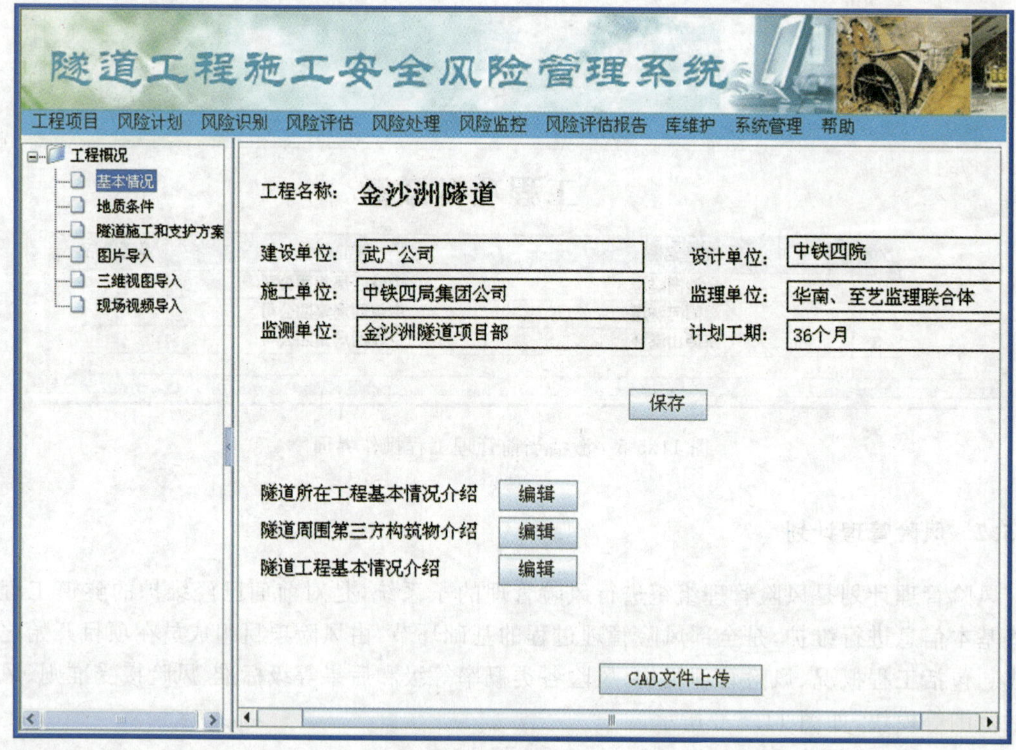

图 11.5-7　基本情况界面

（2）地质条件模块

输入该隧道工程的水文地质、地形地貌、地层岩性等条件信息，如图 11.5-8 所示。

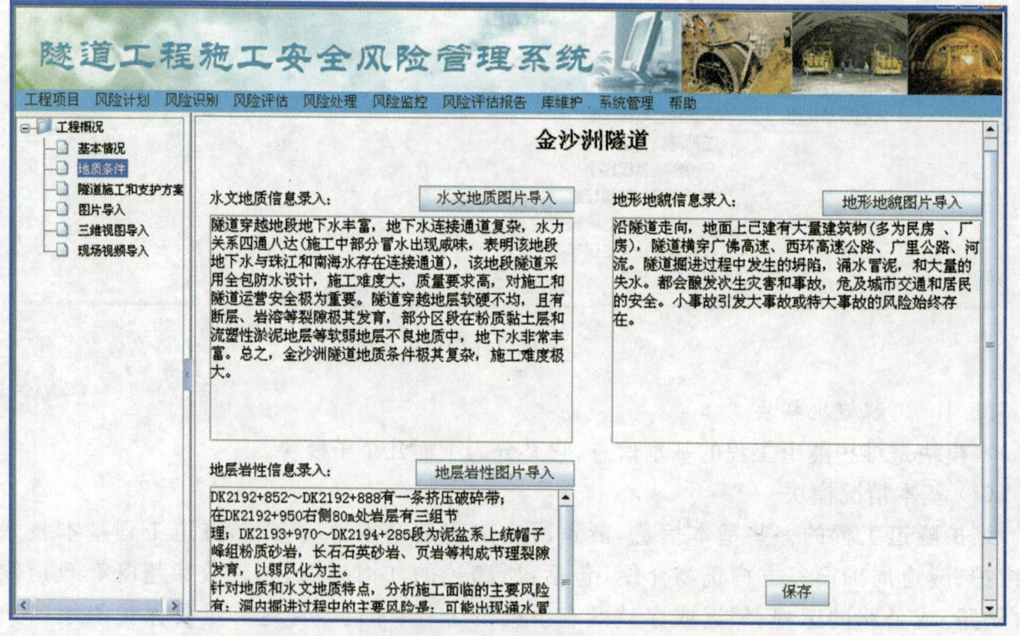

图 11.5-8　地质条件界面

(3) 隧道施工和支护方案模块

输入该隧道工程的施工和支护方案，即把隧道工程分解成多段进行研究，如图 11.5-9 所示。

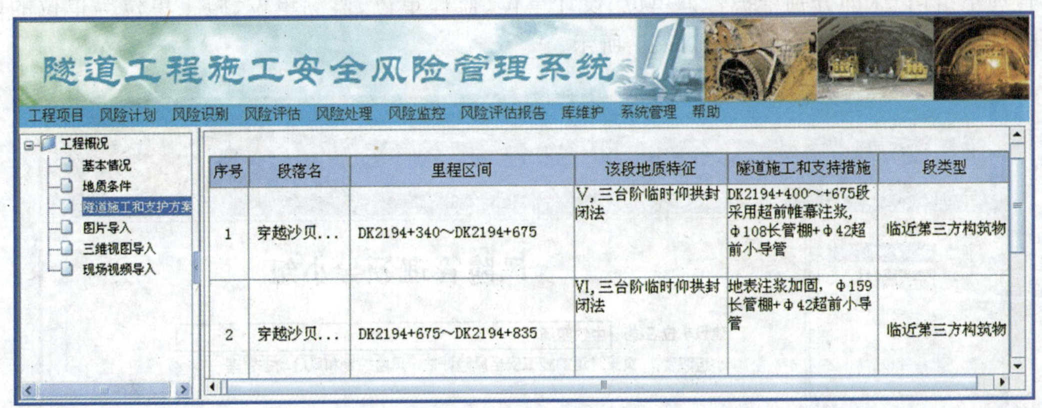

序号	段落名	里程区间	该段地质特征	隧道施工和支持措施	段类型
1	穿越沙贝...	DK2194+340～DK2194+675	V,三台阶临时仰拱封闭法	DK2194+400～+675段采用超前帷幕注浆，φ108长管棚+φ42超前小导管	临近第三方构筑物
2	穿越沙贝...	DK2194+675～DK2194+835	VI,三台阶临时仰拱封闭法	地表注浆加固，φ159长管棚+φ42超前小导管	临近第三方构筑物

图 11.5-9　隧道施工和支护方案界面

(4) CAD 图导入模块

把该隧道工程的 CAD 工程图上传到系统数据库中心保存，如图 11.5-10 所示。

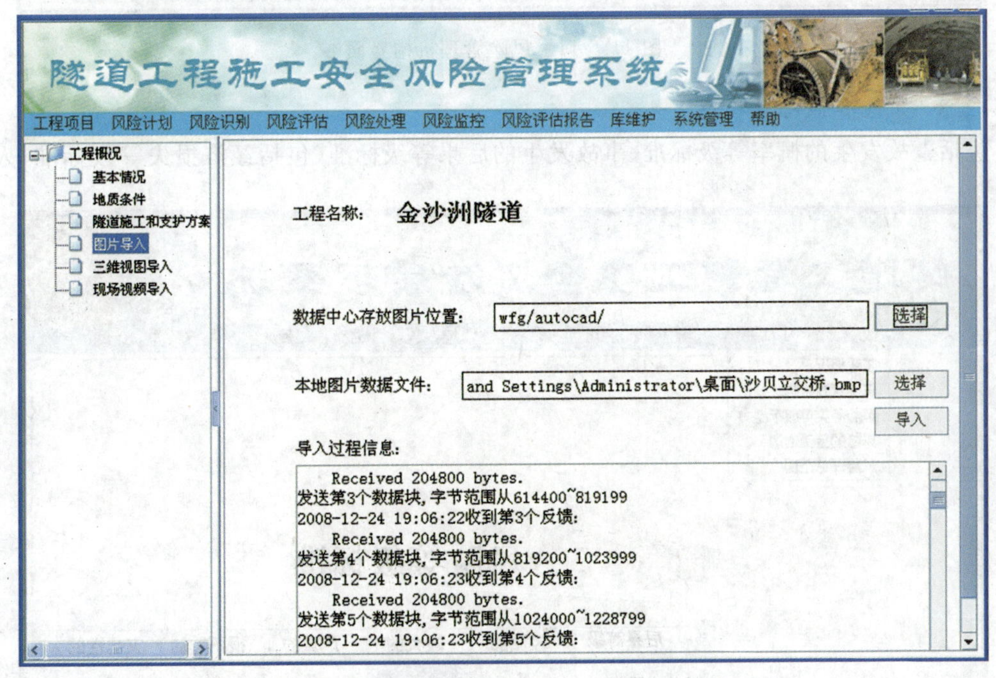

图 11.5-10　图片导入界面

(5) 三维视图导入模块

把该隧道工程的 3D 三维虚拟仿真数据文件上传到系统数据库中心保存，以便被其他模块(主要是监控模块调用)。界面与图 11.5-10 类似。

(6) 现场视频导入模块

把该隧道工程现场拍摄的视频数据文件上传到系统数据库中心保存，以便被其他模块(主要是供隧道专家通过该系统远程查看施工现场)。界面与图 11.5-10 类似。

11.5.2.2　风险管理机构模块

维护隧道工程的风险管理领导小组信息(如领导小组职责、小组组长、副组长等成员);风险管理小组信息(即分别维护咨询单位、设计单位、监理单位、监测单位、施工单位等单位的职责、权限、人员职务等)。如图 11.5-11 所示。

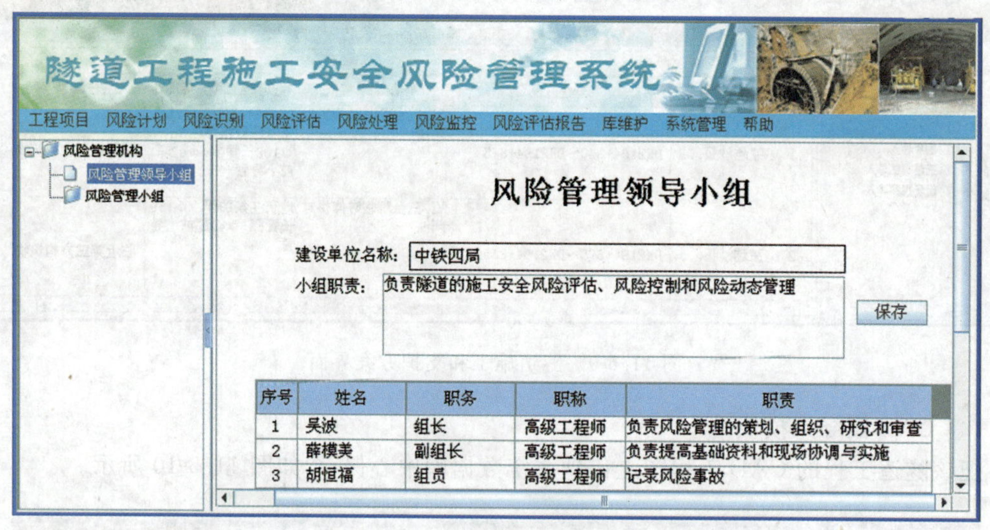

图 11.5-11　风险管理机构界面

11.5.2.3　风险等级标准模块

包括事故发生的概率等级标准、事故发生的后果等级标准(包括经济损失等级标准、人员

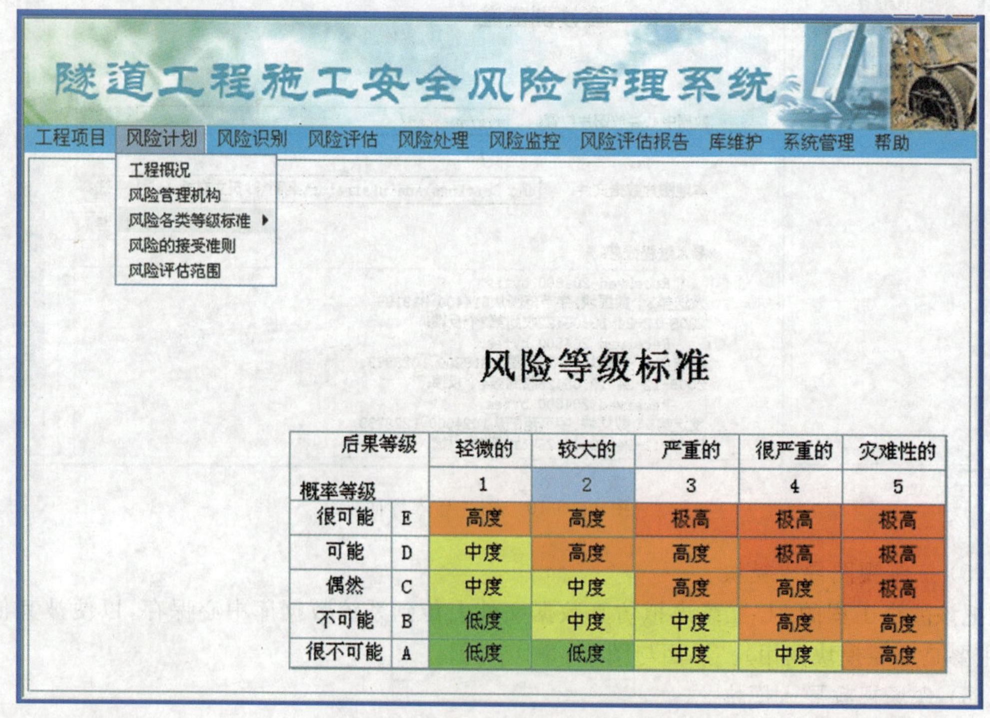

图 11.5-12　风险各类等级标准界面

伤亡等级标准、工期延误等级标准、环境影响等级标准、第三方损失等级标准、社会信誉损失等级标准、周边区域环境影响等级标准)、风险分级等级标准。这些标准已维护在软件数据库里，可直接调用，风险分级标准模块如图 11.5-12 所示。

11.5.2.4　风险接受准则模块

综合考虑隧道风险水平和当前的技术、经济水平制定风险接受准则，标准已维护在软件数据库里，可直接调用，如图 11.5-13 所示。

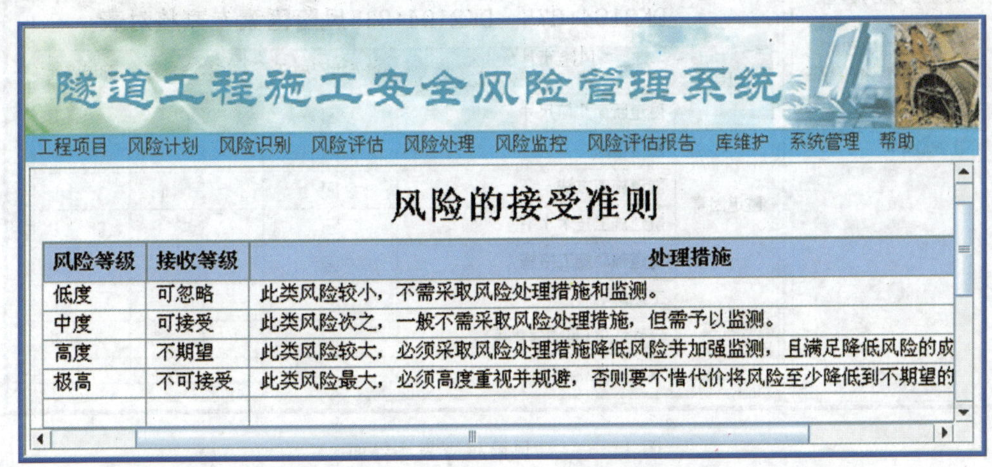

风险等级	接收等级	处理措施
低度	可忽略	此类风险较小，不需采取风险处理措施和监测。
中度	可接受	此类风险次之，一般不需采取风险处理措施，但需予以监测。
高度	不期望	此类风险较大，必须采取风险处理措施降低风险并加强监测，且满足降低风险的成
极高	不可接受	此类风险最大，必须高度重视并规避，否则要不惜代价将风险至少降低到不期望的

图 11.5-13　风险接受准则界面

11.5.3　风险识别模块

风险识别包括风险因素分析、建立初步识别清单和确定风险事故，即利用风险调研表或检查表建立初步风险清单。

风险识别方法很多，如：核查表法、专家调查法、层次分析法、项目结构分解法。在一次风险管理过程中，可选其一，即在风险识别时系统可任选一识别方法模块，它们是分别独立运行的模块。当前系统只实现了核查表法。

风险识别不是一次就可以完成的事，它是在项目的自始至终定期进行。风险识别的结果就是得到风险清单。风险识别方法界面如图 11.5-14 所示。

(1) 核查表法模块

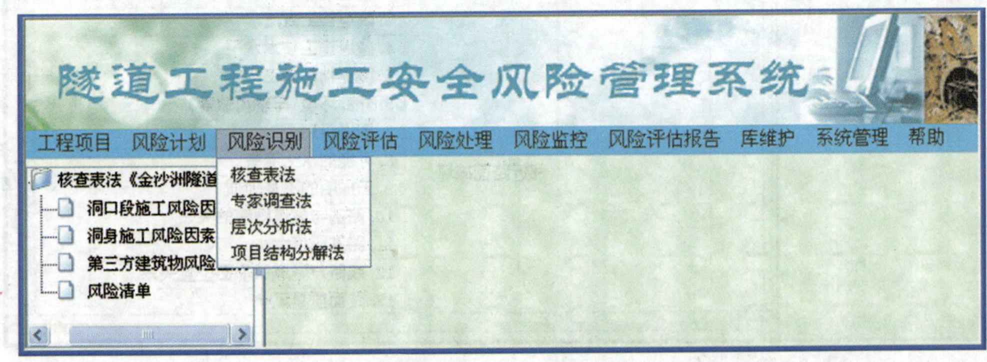

图 11.5-14　风险识别方法界面

从标准风险事件库、风险因素库中选取该隧道工程可能发生的风险事件及其产生的因素。包括洞口、洞身、第三方等三个单元，风险核查表法界面如图 11.5-15 所示。

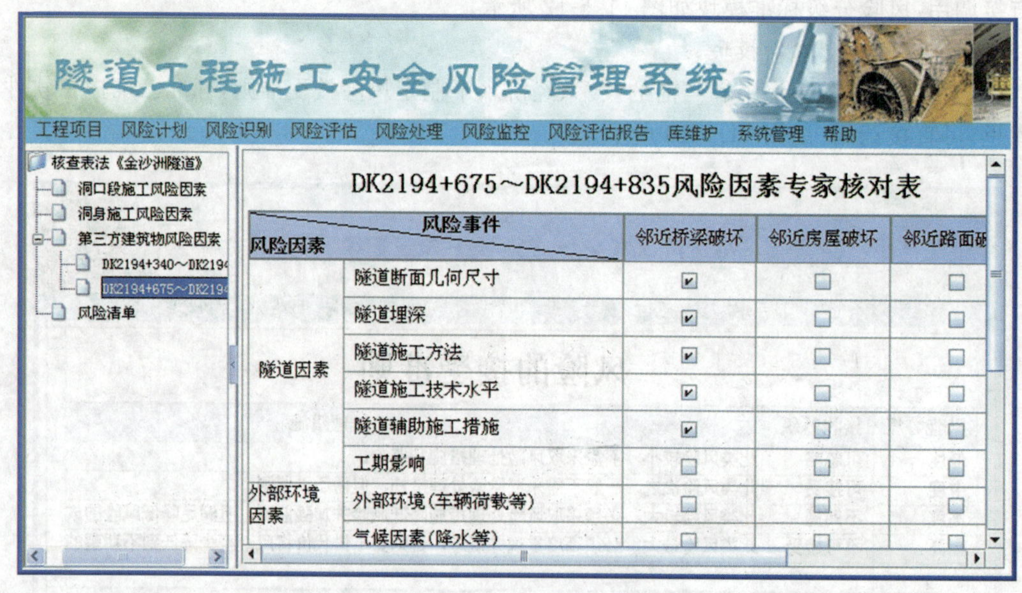

图 11.5-15　风险核查表法界面

(2) 风险清单模块

当为某隧道工程完成风险识别(分工程段进行)后，该模块归纳所有该隧道工程的风险事件，并在相关风险事件后编辑其后果描述信息。风险清单界面如图 11.5-16 所示。

图 11.5-16　风险清单界面

11.5.4　风险评估模块

对隧道工程识别出来的风险事件、风险因素，进行定量和定性相结合的方法评估其发生概率、同级风险因素的相互关联性以及产生的后果，是衡量风险概率和风险产生后果对项目工程目标影响程度过程。

风险评估方法很多，如：$R=P\times C$ 矩阵法、风险因子计算法、PERT 估计法、决策树分析法、故障树法、蒙特卡罗模拟法、结构可靠度理论法、随机有限远数值计算法、时效概率分析法、结构损伤分析法、专家调查法、层次分析法、项目结构分解法。在一次风险管理过程中，可选其一，即在风险评估时系统可任选一评估方法，它们是分别独立运行的模块(每一个又包括一个或多个子模块)。当前系统只实现了 $R=P\times C$ 矩阵法，它又由许多子模块构成。风险评估菜单界面如图 11.5-17 所示。

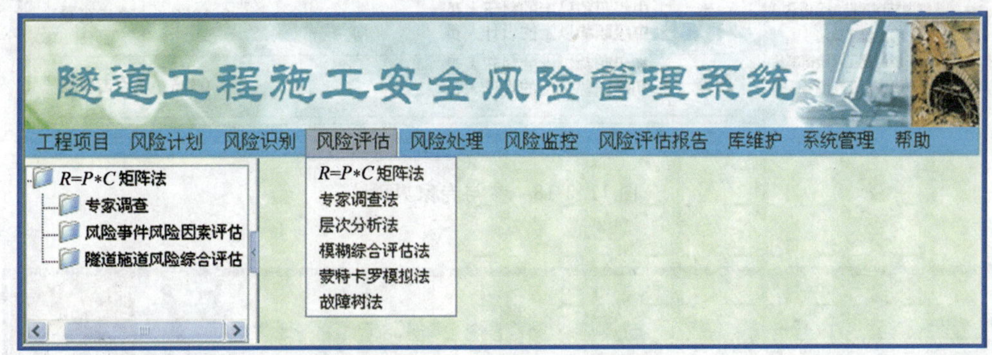

图 11.5-17　风险评估菜单界面

11.5.4.1　专家调查

(1) 确定专家成员

从隧道专家库中为某隧道工程项目选择相关专家成员，根据专家成员的经验和能力分成四类：一类专家、二类专家、三类专家、四类专家。每类专家的权威性指数不一样(他或她提供的风险评估值在计算时会自动乘以其得到的权威性指数)。当为某隧道工程选定专家成员且为各成员设置类别后，系统会自动计算各位专家的权威性指数，具体算法为：首先计算专家的总人数，然后假设人数一类为 A 人、二类为 B 人、三类为 C 人、四类为 D 人。令 E＝4×A＋3×B＋2×C＋1×D。则权威指数一类为 4/E、二类为 3/E、三类为 2/E、四类为 1/E。一个隧道工程的所有专家成员的权威性指数之和为 1。如图 11.5-18 所示。

(2) 专家调查管理

为某隧道工程确定专家后，该专家就可登录本系统的专家调查管理模块进行相关的工作。专家完成自己全部工作后，界面上以蓝色表示；若还未开始工作则以红色表示；若工作进行了一部分，则绿色、粉红表示(此两色分别表示专家完成部分工作的程度)。如图 11.5-19 所示。

可以通过专家调查管理模块来确定风险概率等级、风险因素影响后果等级以及风险因素权重，也可以直接相应的模块了确定。

(3) 确定风险概率等级。点击专家调查界面的某专家，即进入风险事件概率调查界面，该专家即为某隧道工程的各项风险事件根据自己的经验来输入值。输入完概率值后点击统计按钮会统计自己的局部值，点击保存则把输入概率值和统计值一起保存一中央数据库里。每个

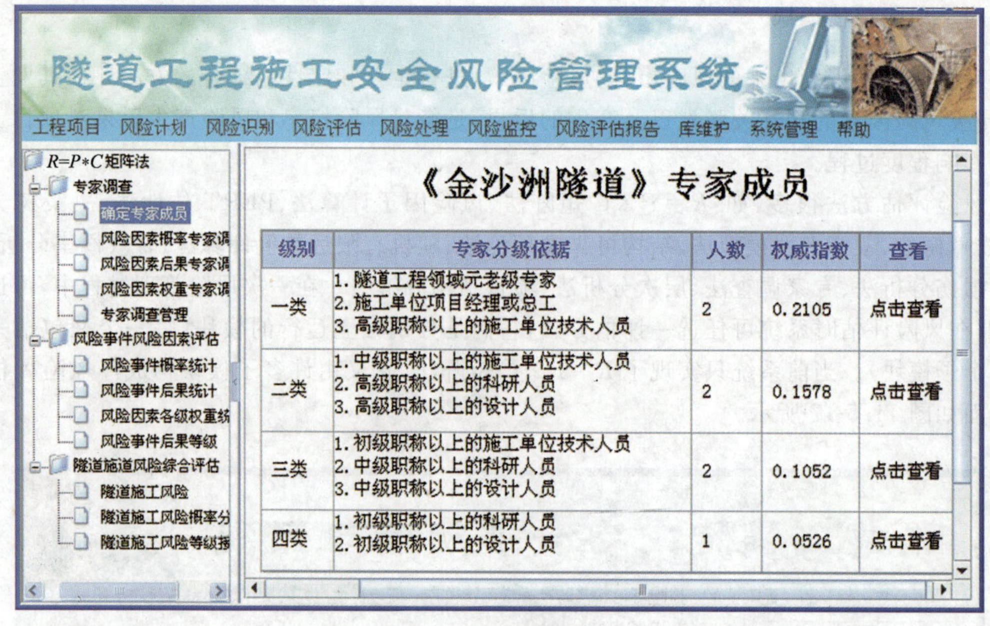

图 11.5-18　参与专家界面

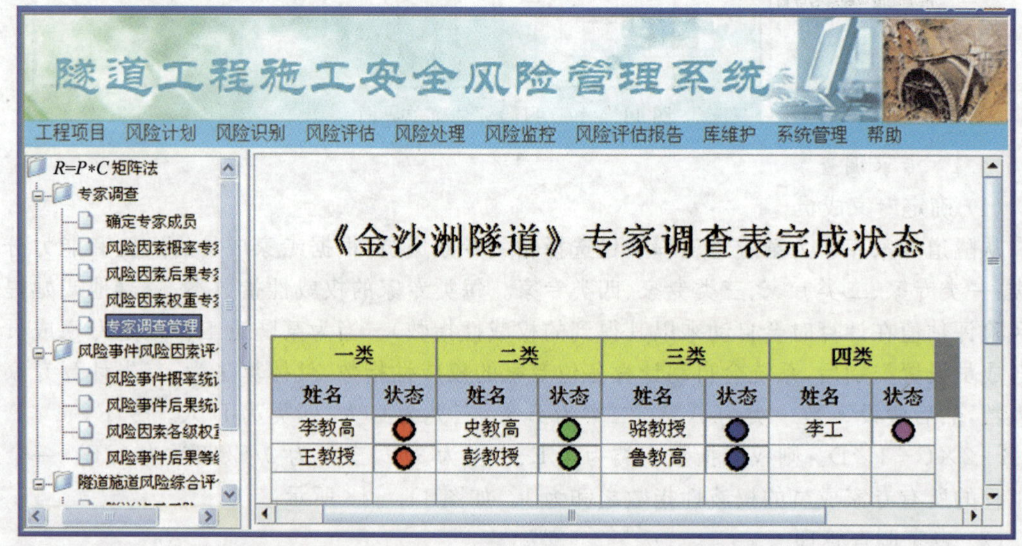

图 11.5-19　专家调查法完成显示界面

风险事件概率输入值有约束条件，即只能有一种可能性，系统会自动校验。风险事件概率确定界面如图 11.5-20 所示。

(4) 确定风险因素权重。点击风险事件概率调查界面的风险因素权重调查列，即进入该风险事件一级风险因素间的权重输入界面。输入完两两间的权重后点击统计按钮会统计自己在该风险事件下一级风险因素的权重值，点击保存则把输入值和统计值一起保存在中央数据库里。

在该表中选择某值后，其对角线另一侧值会自动填上，左对角线的值会自动填上 1，也就

隧道名称：金沙洲隧道

专家姓名：李教高　专家级别：一级　权威性指数：0.21052632

序号	风险事件	所在分段	风险发生的可能性（Wi，i=1，5）					Pnj	风险因素权重调查	风险因素后果调查
			很可能	可能	偶然	不可能	很不可能	Wi×Kj		
			0.3～1	0.03～0.3	0.003～0.03	0.0003～0.003	0～0.0003			
1	塌方	DK600+8...							开始	开始
2	瓦斯	DK600+8...							开始	开始
3	突水(泥、石)	DK600+8...							开始	开始
4	大变形	DK600+8...							开始	开始
5	岩爆	DK600+8...							开始	开始
6	地表失水	DK600+8...							开始	开始
7	山体开裂变形	DK600+9...							开始	开始
8	坍塌	DK600+9...							开始	开始
9	邻近路面破坏	DK2194+...							开始	开始
10	邻近桥梁破坏	DK2194+...							开始	开始

统计　保存　设置页面　打印预览　打印　关闭窗口

图 11.5-20　风险概率等级确定界面

是该表只有右上角部分的表格可编辑。输入值只能是 1,2,3,4,5,6,7,8,1/2,1/3,1/4,1/5,1/6,1/7,1/8,1/9。这些输入值的约束关系系统会自动处理。再点击表中'二级风险因素权重调查'列，进入该一级风险因素下的二级风险因素间的权重值调查，界面与该界面一致。风险因素权重确定界面如图 11.5-21 所示。

事件的一级风险因素权重

事件名称：邻近桥梁破坏

风险因素名称	隧道因素	地质因素	建(构)筑物因素	工程措施因素	权重值	二级风险因素权重调查
隧道因素	1					开始！
地质因素		1				开始！
建(构)筑物因素			1			开始！
工程措施因素				1		开始！

判断举证一致性比例　统计　保存　关闭窗口

图 11.5-21　风险因素权重确定界面

(5) 确定风险后果等级。点击'风险事件概率调查'界面的'风险因素后果调查'，即进入该风险事件的最终二级风险因素后果调查界面，每个二级风险因素选择一个后果后，点击'保存'则把输入值提交到中央数据库保存。每个风险因素的后果只能有一个选项，系统会自动处理。风险因素影响后果确定界面如图 11.5-22 所示。

风险事件名称：邻近桥梁破坏

风险因素对影响后果调查

序号	风险事件	所在段落	风险因素1	风险因素2	风险因素发生对上层风险因素影响等级 轻微的 1	较大的 2	严重的 3	很严重的 4	灾难性的 5
1	邻近桥梁破坏	DK2194+675～DK2194+835	隧道因素	隧道断面几何尺寸	●	○	○	○	○
				隧道埋深	○	●	○	○	○
				隧道施工方法	○	○	●	○	○
				隧道施工技术水平	○	○	○	●	○
				隧道辅助施工措施	○	○	○	●	○
			地质因素	围岩级别	○	●	○	○	○
				可能的水土流失	○	○	○	●	○
				未探明的不良地质	○	●	○	○	○
			建(构)筑物因素	桥梁基础类型	○	○	●	○	○
				桥梁结构形式	○	●	○	○	○
				桥梁健康状况	○	●	○	○	○
				桥梁基础与隧道的埋深关系	○	●	○	○	○
				桥梁与隧道的平面位置关系	●	○	○	○	○
			工程措施因素	监控量测	○	●	○	○	○
				建(构)筑物保护措施	○	●	○	○	○

保存　关闭窗口

图 11.5-22　风险因素后果等级确定界面

11.5.4.2　风险事件风险因素评估

(1) 风险事件概率统计

当所有为该隧道工程分配的专家均对该工程的风险事件概率打分完毕后就可对该隧道工程的风险事件概率按照相关算法进行统计。

为了提高整个系统性能和负载能力，概率的统计工作会自动分布式下载到本地计算。点击表中风险事件概率统计列的某行，即可统计该行风险事件的概率值；统计完成后再点击查看统计结果列，即可查看统计结果值。如图 11.5-23 所示。

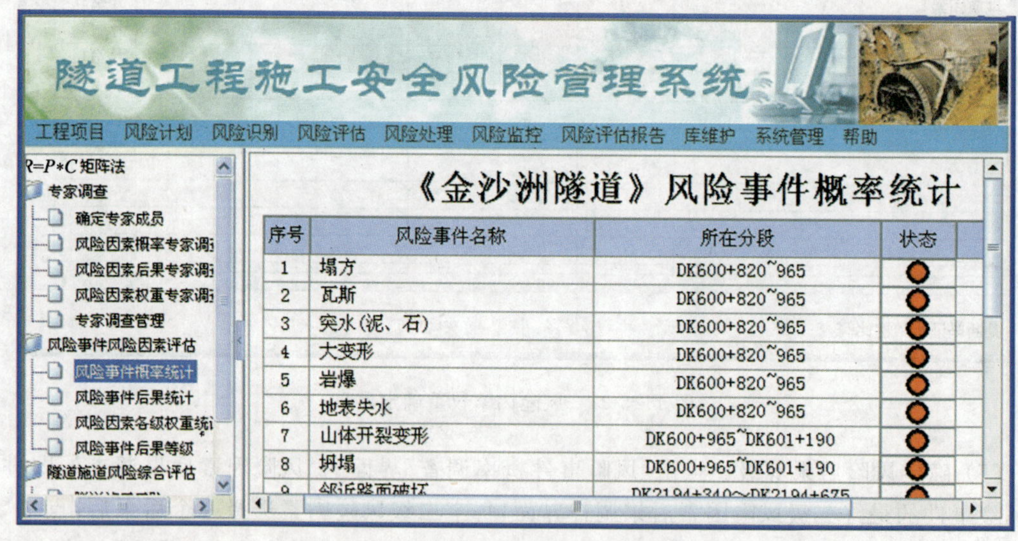

图 11.5-23　风险事件统计界面

(2) 风险事件后果统计

当所有为该隧道工程分配的专家均对该工程的二级风险因素的后果打分后，且风险因素的一、二级权重也统计完毕，就可对该隧道工程的风险事件、一级风险因素的后果按照相关算法进行统计。为了提高整个系统性能和负载能力，后果的统计工作会自动分布式下载到本地计算。

点击表中风险事件后果统计列的某行，即可统计该行风险事件及其一级风险因素后果值；统计完成后再点击查看统计结果列，即可查看统计结果值。如图 11.5-24 所示。

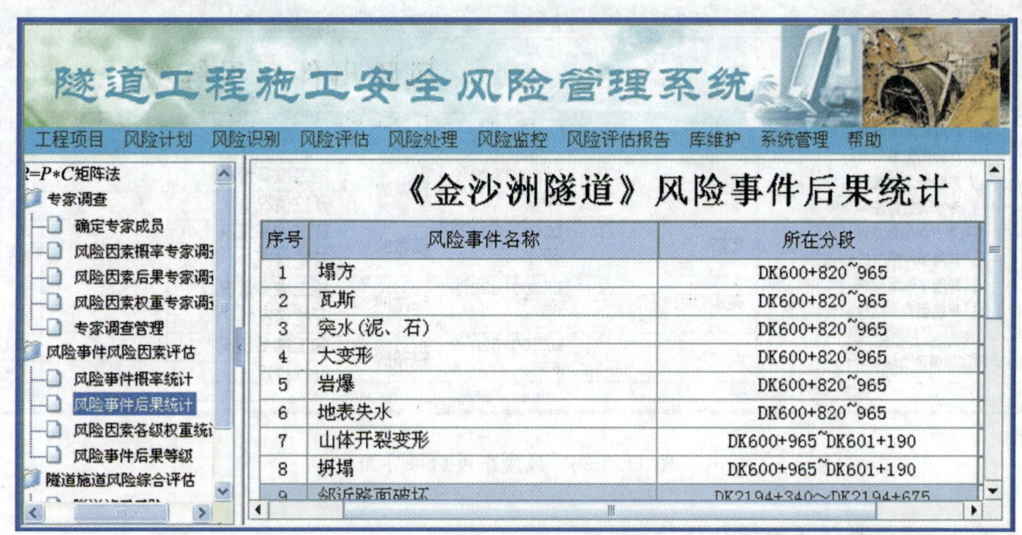

图 11.5-24　风险事件后果统计界面

(3) 风险因素各级权重统计

当所有为该隧道工程分配的专家均对该工程的一、二级风险因素的权重打分后就可对该隧道工程的风险因素权重按照相关算法进行统计。

为了提高整个系统性能和负载能力，权重的统计工作会自动分布式下载到本地计算。点击表中风险因素各级权重统计列的某行，即可统计该行风险事件的一、二级风险因素权重值；统计完成后再点击查看统计结果列，即可查看统计结果值。如图 11.5-25 所示。

隧道工程施工安全风险管理系统

工程项目 风险计划 风险识别 风险评估 风险处理 风险监控 风险评估报告 库维护 系统管理 帮助

R=P*C矩阵法
专家调查
确定专家成员
风险因素概率专家
风险因素后果专家
风险因素权重专家
专家调查管理
风险事件风险因素评
风险事件概率统计
风险事件后果统计
风险因素各级权
风险事件后果等
隧道施道风险综合评

《金沙洲隧道》风险因素各级权重统计

序号	状态	风险事件名称	所在分段	查看
1		塌方	DK600+820~965	查
2		瓦斯	DK600+820~965	查
3		突水(泥、石)	DK600+820~965	查
4		大变形	DK600+820~965	查
5		岩爆	DK600+820~965	查
6		地表失水	DK600+820~965	查
7		山体开裂变形	DK600+965~DK601+190	查
8		坍塌	DK600+965~DK601+190	查

图 11.5-25　风险因素权重统计界面

(4) 风险事件后果等级

当某隧道工程的各项统计工作完成后，即可查看该工程的所有风险事件后果等级信息。如图 11.5-26 所示。

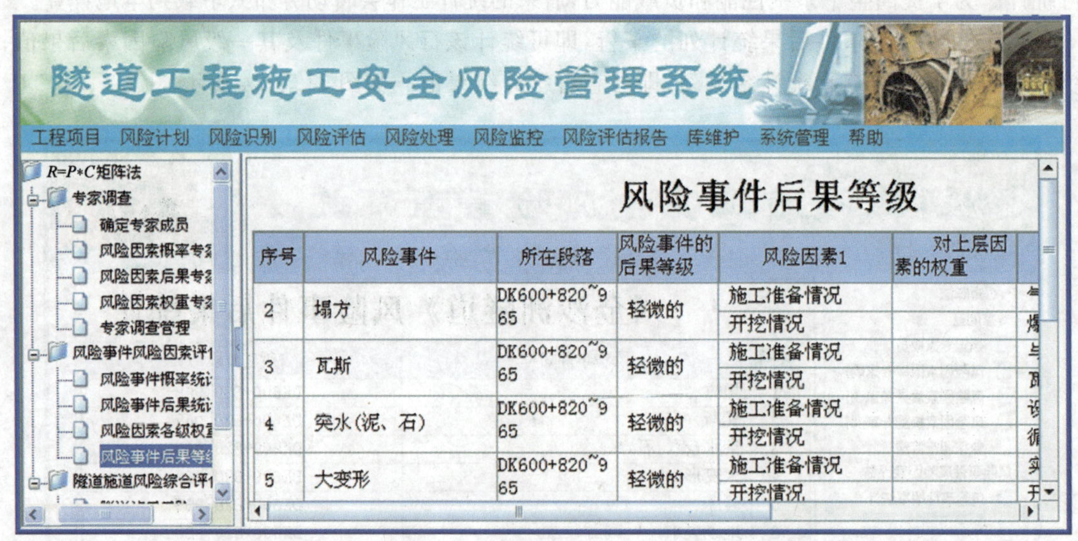

图 11.5-26 风险事件后果界面

11.5.4.3 隧道施工风险综合评估

(1) 隧道施工风险

查询隧道工程的风险事件发生概率和后果等级信息。如图 11.5-27 所示。

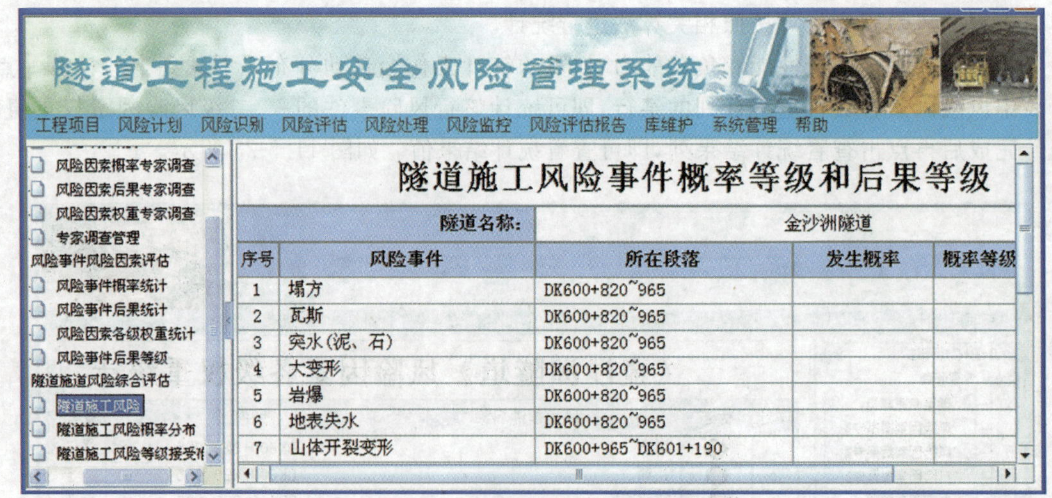

图 11.5-27 风险等级查询界面

(2) 隧道施工风险概率分布

查询隧道工程的风险事件在各级概率等级中的分布信息。如图 11.5-28 所示。

(3) 隧道施工风险等级接受准则

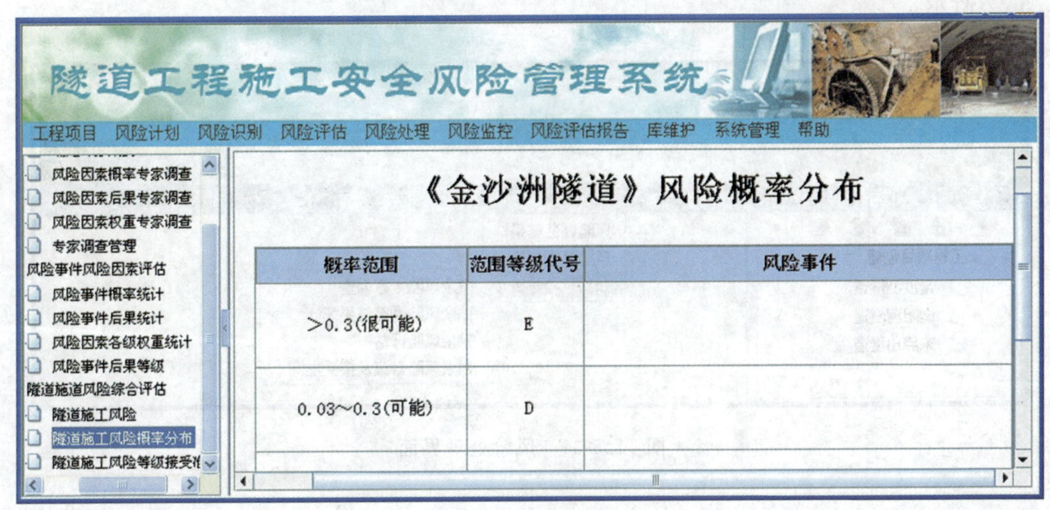

图 11.5-28　风险概率查询界面

查询隧道工程的风险事件的概率、概率等级、后果等级、风险等级、接受准则等信息。如图 11.5-29 所示。

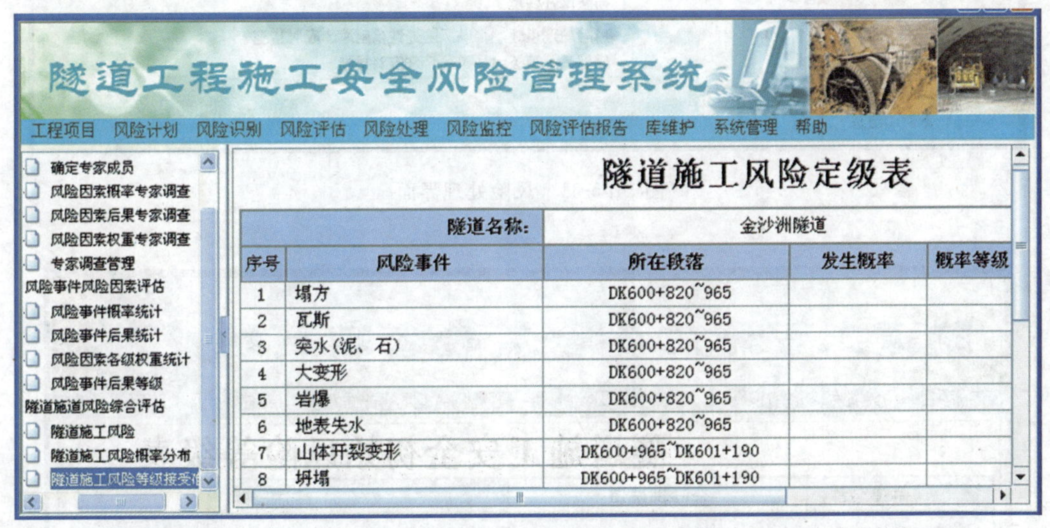

图 11.5-29　风险综合查询界面

11.5.5　风险处理模块

在为隧道工程风险辨识和风险评估后，从风险应对措施数据库选取或新建一个或多个可行的风险处置方案，并进行方案比选，然后提出最经济、最安全合理的风险处置方案。风险处置主要有四种方式：风险消除、风险降低、风险转移、风险自留。如图 11.5-30 所示、图11.5-31 所示。

(1) 风险评估结果模块

当某隧道工程风险识别和风险评估后，根据结论从列出的该工程所有风险事件中挑选出需被处理的风险事件。点击保存按钮，则把被选中的风险事件上传中央数据库保存。如图

11.5-32 所示。

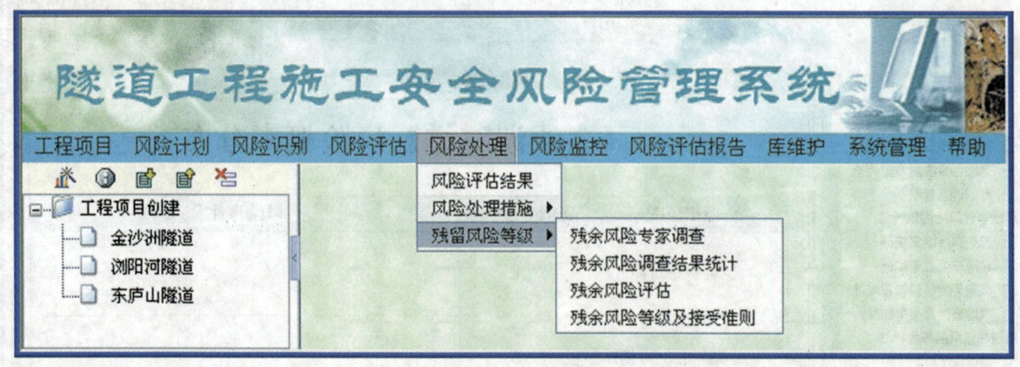

图 11.5-30 风险处理界面

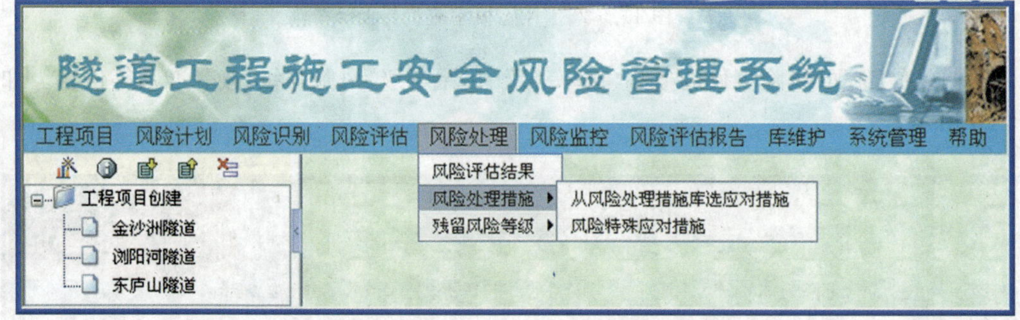

隧道工程施工安全风险管理系统

工程项目 风险计划 风险识别 风险评估 风险处理 风险监控 风险评估报告 库维护 系统管理 帮助

隧道施工安全初始风险等级表

序号	隧道分段	要处理否	风险事件	风险因素	概率等级	后果
	隧道名称:		金沙洲隧道	评估日期:		
1		✔	塌方	1. 施工准备情况 2. 开挖情况	01	轻
		✔	瓦斯	1. 施工准备情况 2. 开挖情况	01	轻
		✔	突水(泥、石)	1. 施工准备情况 2. 开挖情况	01	轻
		✔	大变形	1. 施工准备情况 2. 开挖情况	01	轻
		✔	岩爆	1. 施工地质勘察	01	轻

图 11.5-32 风险初始等级界面

(2) 从风险处理措施库中选择应对措施模块

当为某隧道工程选择需要被处理的风险事件后，本模块则为每个被选择的风险事件从标准库中选择一个或多个应对措施，并确定相关责任人。如图 11.5-33 所示。

图 11.5-33　风险常规措施界面

当为某隧道工程选择需要被处理的风险事件后，本模块则为每个被选择的风险事件从标准库中选择一个或多个应对措施，并确定相关责任人。如图 11.5-34 所示。

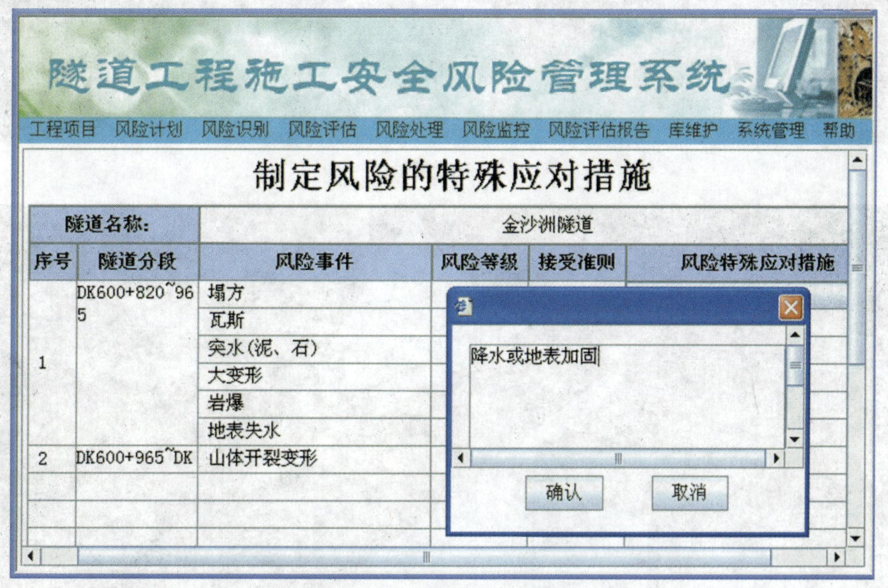

图 11.5-34　特殊处理措施输入界面

(3) 残留风险等级模块，包括残留风险专家调查、残留风险结果统计、残留风险评估、残留风险等级和接受准则等内容，相关处理与初始风险类似。

11.5.6 风险监控模块

风险监控模块包括风险信息监控和实时监控，如图 11.5-35 所示。对特殊的施工关键点，当系统监测到有风险事件(即将)发生时，用三维视图虚拟现场显示风险事件发生的部位(声音、闪烁等方式)。如图 11.5-36 所示。

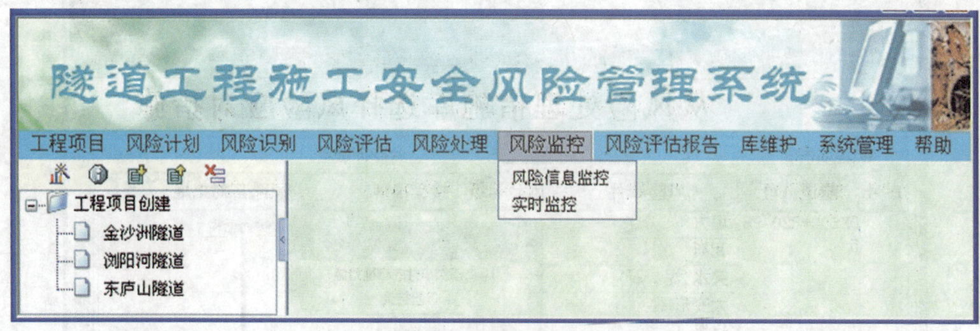

图 11.5-35　风险监控模块界面

(a) 3D虚拟图

(b) 3D虚拟图

图 11.5-36　3D 虚拟图

11.5.7　风险报告生成

隧道风险评估报告是隧道风险评估过程的记录，应将风险评估的过程、采用的评估方法、获得的评估结果等写入评估报告中。风险评估报告应内容全面，数据完整，客观公正，提出的对策措施全面、且具有可操作性。本部分由一系列的子模块构成，进入每个子模块，显示自己相关部分内容。风险评估报告包括报告内容定义、报告内容选择、报告生成三部分，如图 11.5-37所示。

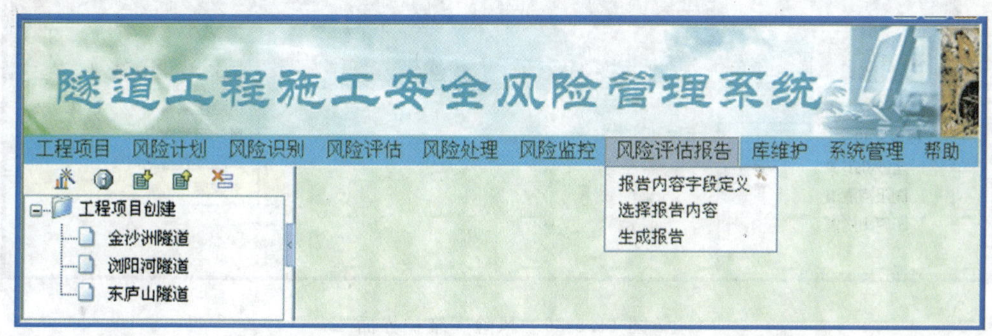

图 11.5-37　风险评估报告界面

包括编制依据模块、隧道工程概况模块（隧道概况模块、水文地质概况模块、施工支护方案模块）、风险评估程序及方法模块（评估对象目标模块、评估方法模块、相关标准模块、评估流程模块）、风险评估内容模块（风险清单模块、初始风险等级评定模块）、风险对策措施及建议模块（风险事件对策措施模块、残余风险等级模块）、风险评估结论（风险评价及残余等级模块、安全风险评价纵断面图模块）、相关附录（风险清单表模块、初始风险等级表模块、风险因素权重表模块、风险对策措施表模块、残余风险等级表模块）。生成界面如图 11.5-38 所示。

风险报告生成
编制依据
隧道工程概况
隧道概况
水文、地质
施工、支护
风险评估程序
评估对象、
评估方法
相关标准
评估流程
风险评估内容
风险清单
初始风险等
风险对策措施
风险事件对
残余风险等
风险评估结论
风险评价及
安全风险评
相关附录
风险清单表
初始风险等
风险因素权
风险对策措
残余风险等

4.2　隧道施工初始风险评估结果

隧道名称		金沙洲隧道		评估日期	2008-12-12			
序号	隧道分段	要处理否	风险事件	风险因素	概率等级	后果等级	风险等级	接受等级
1	DK2194+620-DK2194+650		塌方	地质情况、开挖情况、支护及衬砌情况、监控量测、防排水措施、隧道特征、施工管理	可能	严重的	高度	不期望
			突涌水	地质情况、开挖情况、支护及衬砌情况、监控量测、防排水措施、隧道特征、施工管理	可能	较大的	高度	不期望
			大变形	地质情况、开挖情况、支护及衬砌情况、监控量测、防排水措施、隧道特征、施工管理	偶然	较大的	中度	可接受
			地表失水	地质情况、开挖情况、支护及衬砌情况、监控量测、防排水措施、隧道特征、施工管理	偶然	轻微的	中度	可接受
2	DK2194+650~DK2194+700		下穿广佛立交	地质情况、开挖情况、支护及衬砌情况、监控量测、桥梁健康状况、桥梁基础类型、桥梁刚度、施工管理	可能	严重的	高度	不期望
			地表下沉	地质情况、开挖情况、支护及衬砌情况、监控量测、施工管理	偶然	轻微的	中度	可接受
			路面开裂	地质情况、开挖情况、支护及衬砌情况、监控量测、路面刚度、施工管理	可能	轻微的	中度	可接受
3	DK2196+040~+300		淤泥地层	地质情况、开挖情况、支护及衬砌情况、监控量测、防排水措施、隧道特征、施工管理	可能	较大的	高度	不期望
			突水（泥）	地质情况、开挖情况、支护及衬砌情况、监控量测、防排水措施、隧道特征、施工管理	偶然	严重的	高度	不期望
4	DK2196+110~+555		建设大道管线破坏	地质情况、开挖情况、支护及衬砌情况、监控量测、防排水措施、隧道特征、施工管理	可能	严重的	高度	不期望
			岩溶涌水	地质情况、开挖情况、支护及衬砌情况、监控量测、防排水措施、隧道特征、施工管理	偶然	严重的	高度	不期望

图 11.5-38　风险报告生成界面

11.5.8 库维护

对隧道风险管理的核心数据如风险因素、风险事件、风险处理应对措施、专家库等进行标准化,通过不断的长期积累、丰富和完善,可以充分体现风险管软件的优越性和技术经济效益。如图 11.5-39 所示。

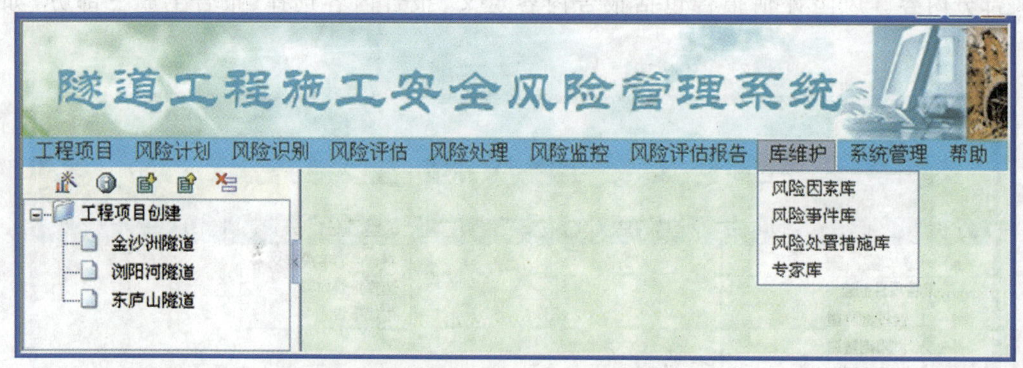

图 11.5-39 风险库维护界面

(1) 风险因素维护模块

对隧道施工安全过程中所遇到的风险因素进行编码和标准化并维护进系统里,可添加、删除、修改等操作。风险因素也是按洞口、洞身、第三方结构物进行分类,风险因素分有一级风险因素和二级风险因素之分。如图 11.5-40 所示。

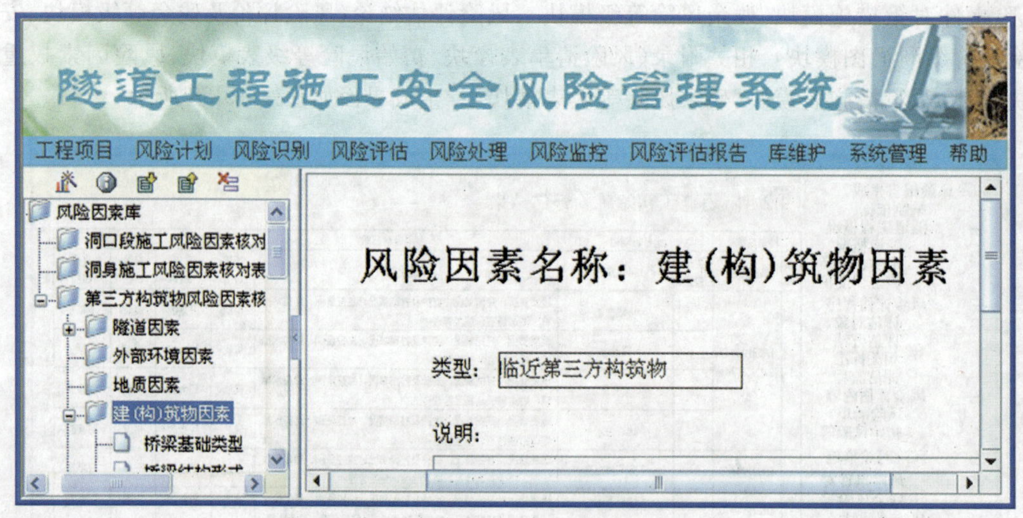

图 11.5-40 风险因素库界面

(2) 风险事件维护模块

对隧道施工安全过程中所遇到的风险事件进行编码和标准化并维护进系统里,可添加、删除、修改等操作。风险事件是按洞口、洞身、第三方结构物进行分类。如图 11.5-41 所示。

(3) 风险处理措施库

对隧道施工安全过程中所遇到的风险事件的处理措施(方法)进行编码和标准化并维护进

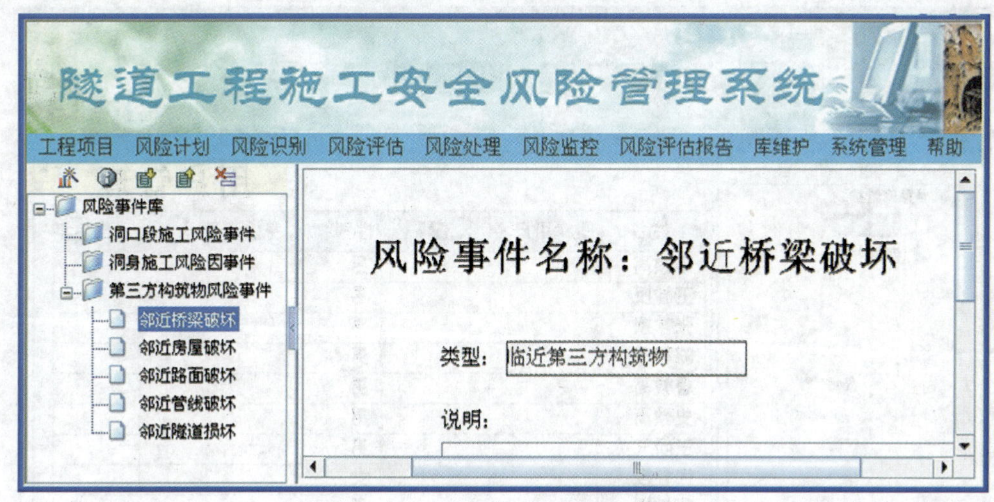

图 11.5-41　风险事件库界面

系统里，供所有隧道专家选择。可添加、删除、修改等操作。

风险处理措施是按风险事件来进行分类，每类风险事件又按风险接受、风险减轻、风险转移、风险规避再分类，每类可维护一个或多个处理措施（方法）。随着隧道风险管理系统的广泛应用，风险处理措施库会越来越丰富和完善，使隧道风险管理中的处理过程真正纳入规范化的管理流程之中。如图 11.5-42 所示。

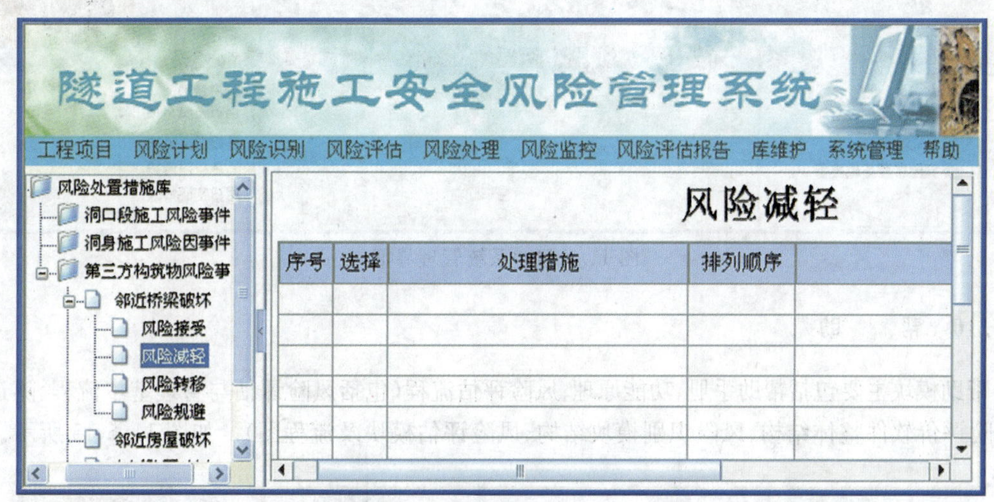

图 11.5-42　风险处理措施库界面

（4）专家库

构建内部和外部专家库，在风险管理过程中，将专家的经验知识充分结合和利用。如图 11.5-43 所示。

11.5.9　系统管理

系统管理包括用户维护、用户权限维护、基础数据维护、角色权限维护、用户密码修改等子模块。如图 11.5-44 所示。

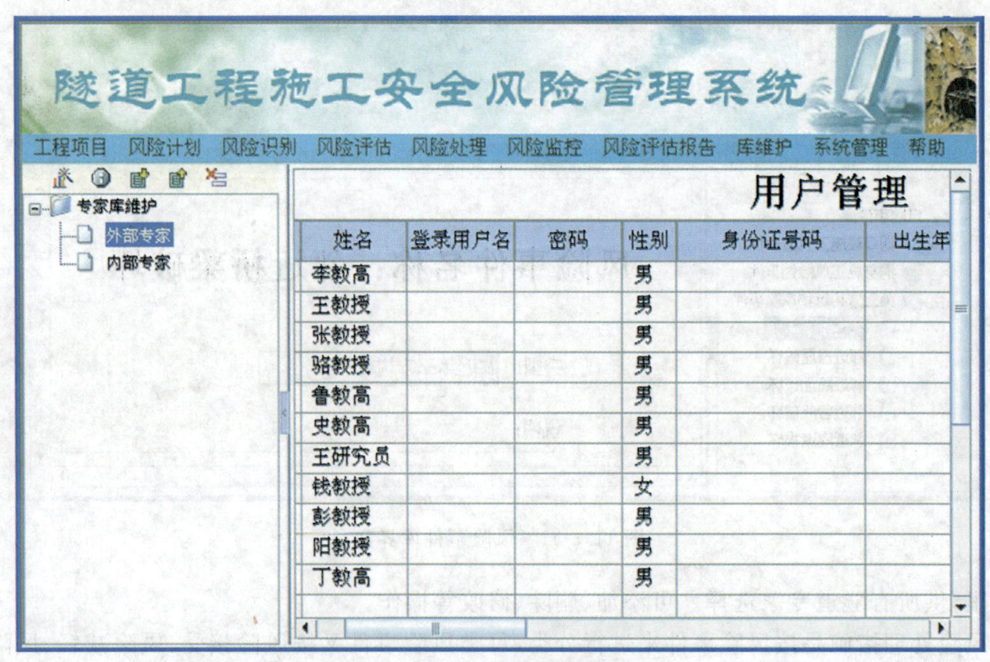

图 11.5-43　专家库维护界面

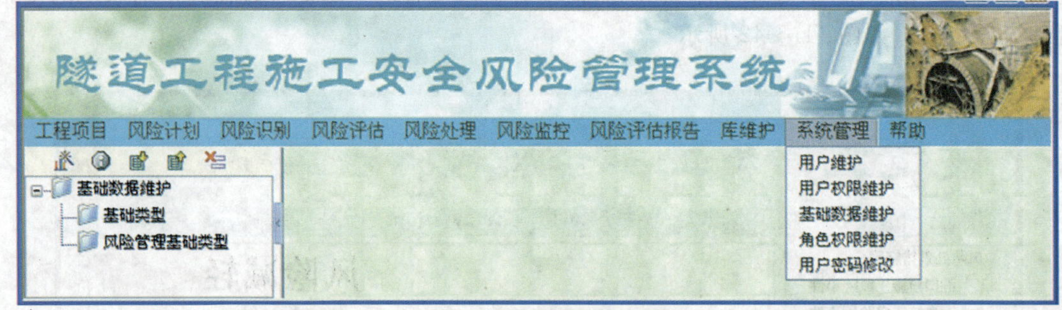

图 11.5-44　系统管理界面

11.5.10　帮　　助

帮助模块主要包括帮助手册、功能原理、风险评估流程(包括风险评估与管理基本流程、隧道安全风险评价软件整体结构、风险识别模块结构、风险评估模块及流程图)。如图 11.5-45 所示。

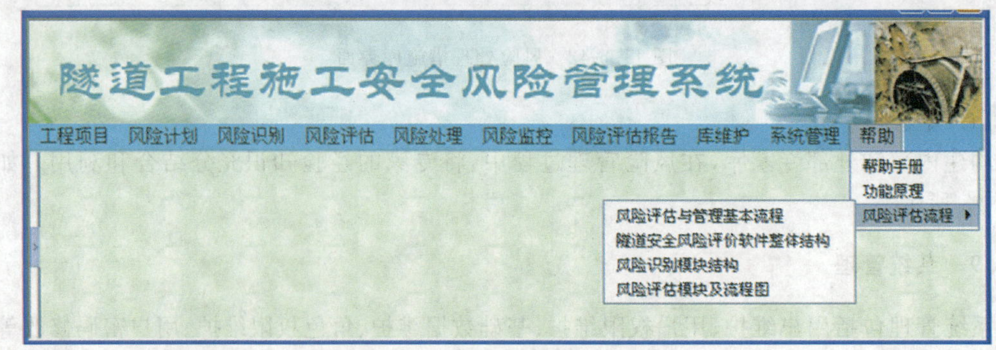

图 11.5-45　帮助菜单界面

11.5.11　小　　结

本软件系统针对隧道工程项目的特点，构造风险源库、风险应对措施库、风险计划、识别、评估、决策、跟踪、监控、三维可视化预警、评估报告生成、系统管理、用户账户管理、系统扩展接口等模块，形成系统的整体框架，主要有以下特点：

(1) 软件采用分布式操作系统，移动办公，能够完成城市隧道、山岭隧道矿山法施工隧道的全过程风险评估与管理工作，拥有风险案例数据库、风险识别方法数据库、风险接受标准库、风险处理常规措施库、专家数据库和用户维护与管理数据库，数据库的建立遵循科学化、标准化、兼容性强。完成整体系统功能框架，完成风险管理所需的基本功能。

(2) 系统采用 B/S 结构，J2EE 技术；JCS(Java Client Server)技术；JW Framework 开发平台；Hibernate 技术和 Oracle 数据库构建了风险管理信息系统的整体框架。

(3) 中央数据库拥有风险案例数据子库、风险识别方法数据子库、风险评估方法数据子库、风险接受标准子库、风险处理常规措施子库、专家数据子库和用户维护与管理数据子库，数据库的建立科学化、标准化、兼容性强。

参考文献

[1] 钱七虎，戎晓力. 中国地下工程安全风险管理的现状、问题及相关建议[J]. 岩石力学与工程学报，2008，27(4)：649～655.
[2] 地铁及地下工程建设风险管理指南[S].
[3] 铁建设〔2007〕200号. 铁路隧道风险评估与管理暂行规定[S].
[4] 陈伟珂，黄艳敏. 工程风险与工程保险[M]. 天津：天津大学出版社，2005.
[5] 孙华山. 安全生产风险管理[M]. 北京：化学工业出版社，2006.
[6] 陈国华. 风险工程学[M]. 北京：国防工业出版社，2007.
[7] 蔡庄红，何重玺等. 安全评价技术[M]. 北京：化学工业出版社，2008.
[8] 刘景良等. 安全管理[M]. 北京：化学工业出版社，2008.
[9] 刘铁民等. 安全生产管理知识[M]. 北京：中国大百科全书出版社，2008.
[10] 于殿宝. 事故管理与应急处置[M]. 北京：化学工业出版社，2008.
[11] 王家远，刘春乐. 建设项目风险管理. 北京：中国水利水电出版社，2004.
[12] 吴　波. 城市地下工程技术研究与实践[M]. 北京：中国铁道出版社，2008.
[13] 李志强. 公路建设项目风险预警管理系统研究[D]. 西安：长安大学，2006.
[14] 赵存明，卢立波. 公路隧道施工安全管理与控制[M]. 北京：人民交通出版社，2009.
[15] TB 10304—2009. 铁路隧道工程施工安全技术规程[M]. 北京：中国铁道出版社，2009.
[16] 中国中铁四局集团有限公司. 安全生产读本[R]. 2009.
[17] 中国中铁四局集团有限公司. 高风险工序安全管理监控要素示范卡片[R]. 2009.
[18] 吴波，张峰，彭立敏，施成华，安永林等. 浏阳河隧道施工关键技术和风险管理研究[R]. 2009.
[19] 铁建设〔2008〕105号. 铁路隧道超前地质预报技术指南[M]. 2008.
[20] 吴波，薛模美，阳军生，傅金阳等. 金沙洲隧道施工关键技术和风险管理研究[R]. 2009.
[21] 白云，丁志诚. 隧道掘进机施工技术[M]. 北京：中国建筑工业出版社，2008.
[22] 马学东等. 建筑施工安全技术与管理[M]. 北京：化学工业出版社，2008.
[23] 王起全，徐德蜀. 安全评价操作务实[M]. 北京：气象出版社，2009.
[24] 庄越，雷培德. 安全事故应急管理[M]. 北京：中国经济出版社，2009.
[25] 曹进等. 建筑工程施工安全与计算[M]. 北京：化学工业出版社，2008.
[26] 吴波，鲁灵悍，骆建军等. 复杂地质与环境条件下隧道施工安全风险管理研究与应用[R]. 2009.